当代中国妇女

CONTEMPORARY CHINA: WOMEN

當代中國出版社
Contemporary China Publishing House
2020年·北京

图书在版编目(CIP)数据

当代中国妇女 / 《当代中国》丛书编辑委员会编
. -- 北京 : 当代中国出版社 , 2020.7
(《当代中国》丛书)
ISBN 978-7-5154-0964-1

Ⅰ . ①当…　Ⅱ . ①当…　Ⅲ . ①妇女工作 – 概况 – 中国
– 现代　Ⅳ . ① D442.6

中国版本图书馆 CIP 数据核字 (2019) 第 173389 号

出 版 人　曹宏举
责任编辑　宗　边
特约编辑　陈立旭
责任校对　康　莹
印刷监制　刘艳平
装帧设计　创世禧图文
出版发行　当代中国出版社
地　　址　北京市地安门西大街旌勇里 8 号
网　　址　http: //www. ddzg. net　邮箱: ddzgcbs@sina. com
邮政编码　100009
编 辑 部　(010) 66572264　66572154　66572132　66572180
市 场 部　(010) 66572281　66572161　66572157　83221785
印　　刷　北京润田金辉印刷有限公司
开　　本　787 毫米 × 1092 毫米　1/16
印　　张　37 印张　542 千字
版　　次　2020 年 7 月第 1 版
印　　次　2020 年 7 月第 1 次印刷
定　　价　250.00 元

ISBN 978-7-5154-0964-1

《当代中国妇女》

主要撰稿人

绪　论　柳勉之

第一编　黄晓瑜　柳勉之

第二编　沈渌颖　侯　荻　左智惠　董岫超　何　虹　宋红蕾
　　　　刘延功

第三编　樊爱国　吴维之

第四编　左诵芬　李　锦　宋红蕾　姚　明　姜少英　罗铁先

第五编　罗铁先　李　林　姚　明

第六编　徐曼琴　韩学智　刘亦云　刘光敏　郑任秋　龚　良
　　　　徐　民　白　玫　朱美德　姚德玲　徐学海　杨雪洁

结束语　王庆淑

《当代中国》丛书再版说明

《当代中国》丛书作为新中国成立以来第一套大型当代中国国史和国情丛书，是新中国国史研究领域的标识性作品。该丛书以无可辩驳的史实客观呈现了新中国成立以后近40年我们党带领全国人民所取得的社会主义建设的伟大成就，是改革开放前后两个时期有机衔接的忠实记录。

《当代中国》丛书是20世纪80年代初胡乔木同志提议，经中共中央书记处批准，由中宣部向全国部署，交由中国社会科学院规划和编辑出版，是新中国成立后由中央组织的首次大规模编写中华人民共和国历史的工程。《当代中国》丛书共150卷，208册，约1亿字，3万幅珍贵历史图片。丛书内容广泛，几乎涵盖新中国成立以来各条战线、各个地区社会主义革命和社会主义建设事业的发展过程、辉煌成就。按内容区分，有部门（行业）卷、地方卷、专题卷，还有不限于某个部门或某个方面的综合卷。

1999年6月30日，《当代中国》丛书完成总结大会在北京人民大会堂召开，时任中共中央总书记、国家主席江泽民，国务院总理朱镕基，副总理李岚清等党和国家主要领导同志亲切会见了与会代表。江泽民总书记对丛书的完成表示热烈祝贺和高度评价，同时发表重要讲话。他指出：《当代中国》丛书为研究有中国特色社会主义的伟大事业的发展进程、经验和规律，为在广大干部和群众中开展爱国主义、集体主义、社会主义思想教育，提供了丰富的史料和生动的教材。大家应该充分运用这部丛书的科研成果，为资政育人服务，为推进改革开放和现代化建设服务。同年，《当代中国》丛书荣获第四届中国国家图书奖荣誉奖。

由于本丛书第一版时间久远，版本陈旧，且至今市面无存，为服务广大读者，我们推出了该丛书的新版本。目前再版这套丛书，既是向2019年新中国成立70周年奉献的一份厚礼，也是向2020年全面建成小康社会和2021年中国共产党成立100周年敬献的贺礼。

本次再版的总体原则是在尊重史实和时代语境的前提下，保持丛书既有框架和内容，个别调整体例、订正错讹。本次再版，我们邀请专业人员对各卷英文目录做了全面修订，使之更加准确、简洁。我们还提升了用材、装帧质量，务使该丛书以更好的面貌呈现给广大读者。

本次再版得到了中国社会科学院哲学社会科学创新工程和当代中国研究所的鼎力支持与帮助，在此谨表诚谢。

2019年，习近平总书记对在“不忘初心、牢记使命”主题教育中学习党史、新中国史作出重要指示。我们真诚希望，通过本丛书再版，能为全国广大读者增添一套新的、更为全面系统的学习教材，起到进一步传承红色基因、坚定理想信念的作用，做到知史爱党、知史爱国。

当代中国出版社

2019年12月

总　序

中华人民共和国，作为一个伟大的社会主义国家，屹立于世，已经整整35个春秋。

当此之际，我们决定把30多年来的历史经验，分门别类，加以总结，编纂成书，陆续付梓，以献给这一伟大事业的创业者和建设者，献给行将参加到这一事业中来的一代又一代新的建设者，献给全国各族同胞和世界上一切关心我们事业的朋友们。

在中华民族5000多年的文明史上，我们当代的历史——中华人民共和国的历史，是最辉煌的篇章。这个时期，中国大地上社会的发展，历史的进步，各项事业的兴旺，人民的团结，都是空前的。我们并不满足于既有的初步成就，并不想以此矜夸于人，但是我国人民通过30多年的实践，确实重新建立了充分的民族自信。实践本身向全世界宣告，有着古老文明的中华民族，在中国共产党领导下，恢复了和勃发着青春的活力，她完全有能力在比较短的时间内，扎扎实实，以比较高的速度，迎头赶上，跻身于世界先进民族之林。

中华人民共和国的历史，是一部艰苦卓绝的社会主义创业史。其所以艰苦卓绝，一则是由于我们的基础太差，起点太低；二则是由于我们没有经验。如何把一个贫困落后的半殖民地半封建的旧中国改造和建设成为一个富强先进的社会主义新中国，不仅在我国的历史发展中是前无古人的创新之举，而且在世界范围内也无成例可援。我们固然可以参考和借鉴别人的经验，但从根本上来说，却只有靠我们自己运用马克思列宁主义的普遍真理，独立地认识和分析中国的特殊国情，以无畏的革命创造精神和严格的科学态度，找出一条中国化的建设社会主义的道路。只有这样，振兴中华的大业才会事半功倍，卓有成效。在革命战争年代，我们把马克思列宁主义普遍真理和中国革命具体实践相结合，形成了适合中国情况的科学的指导思想，即毛泽东思想。是否坚持马克思列宁主义普遍真理和中国革命具体实践相结合，是决定新民主主义革命成败的关键。新中国成立以来的历史实践表明，这同样是决定我国社会主义事业成败的关键。30 多年来，中国人民为此贡献了智慧，付出了劳动，备尝了失误的苦痛和成功的欢欣。党的十一届三中全会以后，我们总结过去正反两方面的丰富经验，坚持和发展马克思列宁主义、毛泽东思想，逐步制定和完善各方面的方针政策，在探索建设有中国特色的社会主义的道路上，有许多新的创造，取得了重大的成就。在 1982 年党的第十二次全国代表大会上，邓小平同志提出：“把马克思主义的普遍真理同我国的具体实际结合起来，走自己的道路，建设有中国特色的社会主义，这就是我们总结长期历史经验得出的基本结论。”建设有中国特色的社会主义，这是一个实践的过程，又是我们的认识不断提高和深化的过程，这是我们的出发点，又是我们的奋斗目标。我们完全可以自豪地说，沿着这条道路前进，通过全体共产党人和各族人民脚踏实地的艰苦奋斗，把我们的祖国建设成为一个高度文明、高度民主的社会主义的现代化强国，是指日可待的。

社会主义中国的历史还在发展。我们有责任把我国走过的道路和取得的经验，介绍给全国各族人民，介绍给世界人民。我国人民必能从中吸取到爱国主义和社会主义的可贵教益，国外一切关心中国的人也能够由此增进对社会主义新中国的了解。这就是我们编撰出版这套《当代中国》丛书的主要目的。

《当代中国》丛书，将遵循实事求是的科学的态度，不虚美，不掩过，用可靠的事实资料，如实地写出新中国30多年的建设史，为世人为后代留下一部科学的信史。我们深信，只要把30多年建设的成功和挫折的经验，运用马克思列宁主义、毛泽东思想一一加以科学的总结，那就会使之成为传诸后世的国宝。

当然，任何珍贵的历史经验，都不应变成妨碍人们继续前进的沉重负担。我们不仅不能重复过去的错误，也不能为成功的经验所束缚，而故步自封。历史经验的可贵，在于提供给人们继续前进的力量，在于给人们研究和解决新问题以智慧。现在，为了实现社会主义现代化，全面进行经济改革和技术革命的历史任务，已经提上了议事日程。这些在新的历史条件下面临的重大的新课题，显然是不可能从既往的历史经验中找到现成答案的。我们的任务在于，正确运用历史经验，从中得出规律性的认识，以便用科学性和革命性紧密结合的革新精神，去迎接我国社会主义现代化建设的新高潮。

《当代中国》丛书编辑委员会

1984年5月3日

序　言

《当代中国妇女》是《当代中国》丛书中的一卷。这本书如实地记载了中华人民共和国成立后，中国各族各界妇女在马列主义、毛泽东思想指导下，在中国共产党领导下，在社会主义改造和建设中，在改革开放中做出的巨大贡献；记载了中国妇女在政治、经济、文化教育、社会及家庭各方面地位提高的光辉历程；记载了中国妇女和儿童生活的变化；记载了中国妇女与世界各国妇女间友谊的发展和为推进国际妇女运动所作的努力；记载了一代新型中国妇女不畏艰险，奋发进取，大胆开拓，勇于创新，自尊、自信、自立、自强的精神风貌。同时，也实事求是地反映、分析了当前中国妇女遇到的困难和问题，总结了40余年来中国妇女解放所取得的宏伟成就和经验教训，探索了妇女解放运动的发展规律，是新中国建立以后出版的第一部关于当代中国妇女的史书。

历史的经验值得注意。中国妇女解放运动的历史经验也值得注意。

在半殖民地半封建的旧中国，亿万劳动妇女在帝国主义、封建主义、官僚资本主义的统治下，生活在贫穷苦难之中。新中国建立以后，中国妇女的地位发生了天翻地覆的变化。广大妇女扬眉吐气。从旧社会被压在最底层的奴隶，变成了参与和管理国家大事的主人；变成了有独立人格并有本领为祖国、为人民创造物质财富和精神财富的社会劳动者；变成了各行各业、各个领域中不可缺少的生力军和骨干力量，被人民誉为社会主义的“半边天”。特别是中共十一届三中全会以后，在以经济建设为中心、坚持四项基本原则、坚持改革开放以及自力更生、艰苦奋斗的路线指引下，国家为妇女施展才能开辟了更加广阔的天地。广大妇女满怀热情地投入社会主义现代化建设和改革开放，涌现出一批又一批贡献杰出的劳动模范、先进工作者、有胆有识的女厂长和女经理、有真才实学的女知识分子及专家学者。她们受到社会各方面的尊敬和称赞。这些巨大变化，是中国共产党的正确领导，是马克思主义及其妇女解放理论与中国妇女运动实际相结合的胜利硕果。四十余年的历史事实证明，没有中国共产党的领导，没有马克思主义指导，没有社会主义新中国，没有国家宪法与法律对妇女合法权利的保障，就不可能有广大妇女今天的地位和进步；没有亿万妇女的艰苦奋斗和无私奉献，社会主义建设事业也不可能有今天这样伟大的成就，妇女解放的覆盖面也不可能象现在这样宽广。坚定不移地建设有中国特色的社会主义，才能逐步走向彻底解放，这是一条颠扑不破的真理。在任何时候、任何情况下都应该牢记。我们要紧紧围绕经济建设这个中心，积极参与改革、开放，促进社会生产力的发展，在国家富裕、社会进步中，把妇女解放推上新台阶。

1990 年，在首都各界纪念“三八”国际妇女节八十周年的大会上，中共中央总书记江泽民发表的题为《全党全社会都要树立马克思主义妇女观》的重要讲话，是对中国妇女运动、特别是四十余年来妇女运动的高度概括与总结，是指引全党和全社会在妇女解放领域坚持四项基本原则、反对资产阶级自由化、牢固树立马克思主义妇女观的思想武器和理论武器，也为进一步研究解决新的历史时期妇女运动中出现的新情况、新问题指明了方向。它对促进中国妇女解放事业沿着建设有中国特色的社会主义道路健康发展，具有十分重要的意义。

《当代中国妇女》是一部综合性的当代中国妇女史书。本书的编者，力求学习和运用马列主义、毛泽东思想及其妇女观，邓小平同志关于建设有中国特色的社会主义的理论及对妇女工作的论述，遵照中国共产党的基本路线，以及中共中央对妇女工作的指示，反映妇女的业绩及自身地位的变化，它对从事妇女工作的同志和广大读者有重要的参考价值。

人的认识有一个发展过程，妇女生活又是丰富多彩的，绝不是一本书所能全面完整概括的。希望在今后的岁月里，妇女界及社会各方热心人士共同努力，出版一批从妇女群众的实际情况出发，反映富有中国特色的妇女解放的优秀著作，以繁荣妇女解放理论的园地，让马克思主义妇女观与中国妇女解放的实践相结合，光芒四射，永远指导我们的行动。

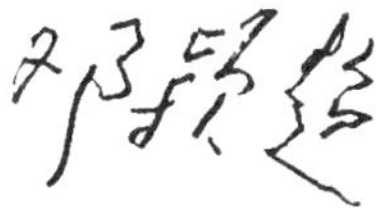

1991 年 7 月

目录

第一编
新中国成立以后妇女运动的历程

第二编
各族各界妇女（上）

第三编
各族各界妇女（下）

第四编
婚姻家庭儿童

第五编
中国的妇女组织

Contents

Part Four

Marriage, Family and Children

Part Five

Women Organization in China

Part Six

Chinese Women Have Friends All over the World

绪　论

从1840年鸦片战争到1949年中华人民共和国成立，是中国人民，包括占半数的妇女，长期进行反帝反封建斗争并取得伟大胜利的历史，也是中国妇女解放运动发生、发展和取得重大成就的历史。新民主主义革命时期的妇女运动，为社会主义时期的妇女运动开辟了道路，奠定了基础。

一、半殖民地半封建社会妇女的苦难生活

半殖民地半封建中国的广大妇女，处在社会的最底层，遭受残酷的剥削和压迫。

帝国主义、封建主义和官僚资本主义相互勾结压迫人民，禁锢妇女。广大妇女受政权、族权、神权和夫权的支配。她们在专制独裁政权的统治下，没有参政权和政治上的一切自由权利；族长、家长执掌着一套封建的规矩，可以惩罚和处死妇女；反动统治阶级还用所谓鬼神迷信的“精神鸦片”来愚弄和毒害妇女；妇女受男权支配，在家从父、出嫁从夫、夫死从子，没有独立的人格，甚至连使用自己姓名的权利也被剥夺；包办买卖婚姻制度和童养媳、等郎媳等种种封建恶习，使妇女的痛苦尤深，族长、家长还强迫青年妇女为死去的丈夫守节，牺牲一生的幸福。

在旧社会，女工、农妇等劳动妇女过着非人的生活。

中国的女工不仅受到本国资产阶级和封建势力的剥削和压迫，尤其受帝国主义侵略和外国资本主义的压迫和剥削。女工是最廉价的劳动力，工时长，一般每天要干14至17小时；工资低，男女同工不同酬。如上海缫丝、棉纺等17种产业，1931年男工月平均工资24.48元，女工月平均工资只有10.36元；劳动条件恶劣，没有劳动保护和社会保险，产前产后没有休息，往往一

怀孕即被解雇，伤残病老就被踢出厂门；厂方将种种虐待加在女工身上，不仅有罚工、克扣工资、严刑拷打，还有搜身、调戏和强奸等人身污辱。1924年2月上海丝厂失火，女工被关锁在宿舍内，厂主怕丢失货物，竟不肯开锁救人，以致烧死女工300多人。包身工的处境更为悲惨。她们都是包工头从农村招来的女童和女青年，契约规定的包工期限长达3年、5年，甚至7年、8年，工资全部交包工头，上下班由包工头押送，不许与外界有任何的联系。她们吃的是霉米、烂菜，住的是臭虫成堆、蚊蝇成群的“鸽子笼”，有病得不到医治，往往未到包工期满就被折磨而死。

农村妇女处在水深火热之中。名目繁多的苛捐杂税、高额地租、“驴打滚”的高利贷，压得农民喘不过气来，许多农家妇女，被抢或被逼给地主顶租、抵债。大小军阀争相抓丁扩兵，许多妇女失去丈夫、儿子，生活处于绝境。由于帝国主义倾销工业品和中间商人控制产品的销售，农村妇女从事的手工业生产濒于破产。天灾加重了农民的苦难，如1936年有15个省洪水成灾，庄稼被席卷一空，至少有28万人丧生，8000万人无家可归，冻饿或病死不计其数，易子而食的惨剧到处发生，许多妇女沦为娼妓。

旧中国大多数妇女没有受教育的权利，文盲占90%以上。即使有少数女子受到一定教育，也很难找到职业。

在旧社会，中国妇女还受到帝国主义侵略者的残酷迫害。

帝国主义武装入侵中国，所到之处，烧杀掳掠，无恶不作。特别是日本帝国主义发动侵华战争，使中华民族遭受空前浩劫。日军对中国妇女大规模地奸淫、杀戮，惨绝人寰。从1938年到1945年，晋冀鲁豫四省的2290万妇女中，有10万被杀害，36.3万被强奸。南京沦陷时，日军对当地人民进行惨无人道的大屠杀，还四处搜罗妇女，集体奸淫。上海等地的日本浪人，设庞大的机构，把掠来的妇女儿童运往天津、大连等地转运国外贩卖。

二、中国共产党领导妇女走上解放的道路

苦难的中国妇女迫切要求解放，妇女运动的先驱们从旧民主主义革命时期，在探索救国救民之路的同时，就开始探索妇女解放之路。“五四”运动揭

开了由无产阶级领导的新民主主义革命的序幕，也开辟了妇女解放运动的新纪元。“五四”运动中，传播了马克思主义关于妇女解放的学说，宣传了俄国妇女走社会主义道路取得解放的榜样，涌现了一批接受马克思主义的妇女人才。其中杰出的代表有向警予、郭隆真、缪伯英、蔡畅、邓颖超等，这就为中国共产党的成立和领导妇女运动准备了理论基础和干部条件。1921 年中国共产党成立后，中国的妇女解放运动，成为中国共产党领导的新民主主义革命运动的组成部分，争取妇女解放的事业有了正确的政治方向。

中国共产党在建立前后，就大力传播马克思主义及妇女解放的理论。许多中共早期领导人研究中国妇女问题及妇女解放的道路，与当时社会上反马克思主义的思潮展开激烈论战，引导无产阶级妇女运动同资产阶级女权运动及改良主义、无政府主义影响划清界限。其中，中国最早的马克思主义者、中国共产党的主要创始人之一李大钊，在五四时期新文化运动中和建党初期，就有关于妇女解放问题的精辟论述。他认为妇女受压迫的根源是由于私有制和剥削阶级的产生。只有根本改变现有的经济制度，“将独占的分配变为公平”，女子才能挣脱阶级压迫，实现男女平等，求得妇女解放。他还指出：没有广大妇女的解放，社会和世界文明就象“半身不遂”。中共最早的妇女运动领袖向警予，也写过许多文章，用马克思主义及其妇女观，分析中国的妇女问题，指导妇女运动。她说：“女子降为奴隶地位，全是私有财产制的罪过；女子解放的先决条件是改造社会，朝着社会主义、共产主义方向走；劳动解放，即人类解放，与妇女解放是天造地设的伴侣；劳动妇女是国民革命的前卫、妇女解放的先锋，知识妇女是妇女运动的‘起重机’，要与劳动妇女、社会实际结合。”她致力于建立和发展国内、国际妇女运动联合战线，在联合战线中坚持有团结，也有适当的批评、斗争的原则。

中国共产党在长期斗争实践中，注意批判对待妇女和妇女问题上的封建思想和资产阶级意识，把马克思主义及其妇女解放的理论与中国革命和中国妇女运动的实际紧密结合起来，逐步形成了关于妇女解放的一系列观点。其要点是：

1. 在半封建半殖民地的旧中国，妇女和男子同受的帝国主义、封建主义、官僚资本主义（以下简称三座大山）的压迫，以及比男子多受的一重夫权压迫，其根源都是生产资料私有制和阶级剥削制度所造成的，妇女必须和男子齐心协力，并肩战斗，铲除被压迫的根源，以开拓妇女解放的道路。

2. 中国妇女解放事业，是中国人民革命事业和社会主义事业的一部分，也是整个人类解放事业的一部分。妇女解放是一个长期的历史过程。在中国，只有在共产党领导下，首先取得新民主主义革命的胜利，为走向社会主义创造条件，然后进行社会主义革命和社会主义建设。经过这两个革命阶段，妇女才能从法律上到事实上逐步争取男女平等、妇女解放。而妇女的彻底解放，则须伴随着共产主义的实现。

3. 中国妇女是决定革命胜负和建设兴衰成败的一支力量，她们和男子一样，是创造历史、推动社会发展的动力。

4. 妇女解放运动必须与各个革命时期的中心工作任务和斗争形式相结合。新民主主义革命时期，革命的中心任务是推翻三座大山，主要的斗争形式是进行武装斗争，妇女解放运动就要教育和动员妇女，从各自的实际出发，从各个方面支援和参加人民革命战争，在这个大前提下，反对束缚妇女的封建势力，保护妇女切身利益；在革命根据地，人民掌握了政权，妇女解放运动就要以教育组织妇女参加生产劳动，保障军需民用，支援人民革命战争，巩固、发展革命根据地的经济建设，提高妇女经济地位为中心。妇女解放运动既不能脱离党的中心工作孤立地进行，又要在中心工作中有意识地促进妇女解放运动。

5. 妇女参加社会生产劳动，为社会创造财富，取得自身的经济权利，这是妇女解放的一个基本条件。

6. 发动和组织妇女，必须把妇女的根本利益和切身利益结合起来，从解放妇女的切身问题入手，引导妇女为根本利益、长远利益而奋斗。

7. 建立和发展妇女界的统一战线，促进国内各民族、各界妇女大联合；并与国际妇女运动互相联系、互相学习、互相支援，广交朋友，借鉴适合于中国国情而又有益于中国革命和建设的经验，为我所用。

8. 在中国共产党领导下，建立并运用妇女组织，通过各种渠道，培养妇女干部，开展妇女解放运动。

上述观点，成为中国共产党领导中国妇女解放运动的指导思想。

中国共产党在中国革命的各个阶段，都根据当时的形势、党的中心工作任务、妇女的迫切要求，制定关于妇女运动的决议和指示，领导妇女运动。

在1922年7月召开的中国共产党第二次全国代表大会上，最早作出了《关于妇女运动的决议》,[①] 指明妇女解放运动的方向是在无产阶级领导下走社会主义道路；当前任务是帮助妇女获得普选权与一切政治上的自由权，保护女工和童工的利益，打破旧社会一切旧礼教对妇女的束缚，并规定在中国共产党中央设妇女部，中共第一名女中央委员向警予被任命为中共中央妇女部第一任部长。当时革命运动的重点是开展工人运动，向警予等女干部都深入工厂做女工工作，提高女工的阶级觉悟，女工们自觉地起来，进行经济斗争、政治斗争。1922年仅上海、湖北、广东三地，女工罢工的工厂就有60多个，参加的人数有3万人，先后罢工18次。

在1923年召开的中国共产党第三次全国代表大会上，根据国共两党合作、进行反帝反封建的国民革命的总方针，作出了《关于妇女运动决议案》[②]，明确指出了“打倒外国帝国主义”，“全国妇女运动大联合”的任务。为此，许多女共产党员以个人身份加入国民党，和国民党中央妇女部及地方党部的妇女部合作，进行妇女工作，争取了一部分女权运动组织参加到国民革命的队伍中来，发起、参与、建立了妇女协会、妇女联合会、女界国民会议促成会等各种妇女团体，通过多种形式，逐步实现了以女工、农妇为基础的各界妇女大联合，妇女解放运动前进了一大步。在响应省港罢工、促成国民会议、参加五卅运动、支援北伐战争中，掀起了妇女运动高潮。站在反帝反封建前列的女学生刘和珍、杨德群、魏士毅等人，在震惊中外的“三一八”惨案[③]中饮弹牺牲。1927年国民党右派叛变革命，疯狂镇压革命运动，大批女共产党员和进步妇女惨遭毒手，连国民党内的进步党员也不能幸免，与李

---

① 《中国妇女运动历史资料》（1921—1927）第29页，1986年人民出版社第一版。

② 《中国妇女运动历史资料》（1921—1927）第68页，1986年人民出版社第一版。

③ 1926年3月18日，为反对日本帝国主义的侵略和段祺瑞政府的卖国罪行，在中国共产党领导人李大钊等人领导下，北平各界人民齐集天安门召开声讨大会。会后游行至段祺瑞政府门前请愿，遭到镇压。当场打死50余人，造成“三一八”惨案。

大钊等20人在封建军阀的绞刑架下从容就义的，就有国民党左派女党员张挹兰。

为了在白色恐怖条件下坚持妇女运动，中国共产党中央常委于1927年8月作出的《最近妇女运动的决议案》[①] 指出：要训练女干部，使她们懂得秘密工作的知识，派人到女工农妇中做秘密宣传；秘密恢复被封闭的进步妇女组织；到反动妇女团体中去做工作，与左派国民党员共同组织妇女小团体。贯彻执行这些指示后，妇女运动逐渐恢复和发展。在艰苦的斗争中，许多优秀的女共产党员被反动派逮捕。她们坚贞不屈、英勇就义，其中著名的女烈士有向警予、郭隆贞、陈铁军、黄励、杨开慧、肖国华等人。

当时，中国共产党把革命主力从城市转入农村，开辟了农村包围城市、武装夺取政权的新的革命道路。1928年中国共产党第六次全国代表大会通过的《妇女问题决议案》[②]、《农民问题决议案》[③]，以及1929年12月第五十八号中央通告[④]中，都指出要特别加强农村妇女工作，发动农妇参加斗争，并注意解决其切身利益。在8个省300多个县的范围内建立的15个苏维埃地区，各级苏维埃政府贯彻临时中央政府颁布的一系列解放妇女和保护妇女权益的法令，党的妇女部、妇女工作委员会、政府的妇女生活改善委员会、妇女群众组织的女工农妇代表会等普遍建立起来，发挥了很大作用。妇女在各项工作中贡献了伟大的力量，表现了英雄的姿态。在红军主力撤离苏维埃地区，进行史无前例的二万五千里长征中，几千名女战士、女干部，在敌人前堵后追、飞机滥炸的条件下，爬雪山、过草地，英勇斗争，创造了人间奇迹。留在苏维埃地区的红军女战士和妇女群众，在坚持三年游击战争中，风餐露宿，为冲破敌人“围剿”、保卫革命根据地、保存红军和革命群众的力量做出了重大的贡献和牺牲。

抗日战争时期，国共两党再度合作，组成了广泛的抗日民族统一战线，

---

① 《中国妇女运动史》第273页，1987年春秋出版社出版。

② 《中国共产党第二次至第六次代表大会文件汇编》第309页。

③ 同上，第254页。

④ 《中共中央关于工人运动文件选编》上册，第406页。

进行全民抗战。适应这种新的形势，1937 年 9 月中共中央组织部发布《妇女工作大纲》[①]，指出要在妇女工作中坚持贯彻抗日民族统一战线的方针，“以动员妇女力量参加抗战，争取抗战的胜利”，并“从争取抗战民主自由中，争取男女在政治上、经济上、文化上的平等，改善与提高妇女的地位，反对一切封建束缚与压迫。”1939 年 2 月中共中央书记处做出《关于开展妇女工作的决定》[②]，要求“立刻建立与健全各级党委员会下的妇女部与妇女运动委员会，认真地经常检查与帮助其工作。”以后中国共产党还多次发布过对妇女工作的决议和指示。如 1943 年 2 月，为纠正妇女工作上主观主义、形式主义的错误，发布了《中国共产党中央委员会关于抗日根据地目前妇女工作方针的决定》[③]（以下简称《四三决定》），指出战斗、生产、教育是各抗日根据地当前三大重要任务。妇女应该特别努力参加生产，在发展根据地经济、支援前线方面做出贡献，这也是提高妇女政治地位、文化水准、生活水平，以达到解放的中心环节，所以妇女工作要以发动和组织妇女参加生产为中心任务。中国共产党领导建立的 19 个抗日根据地中，人民政府颁布和贯彻执行了一系列男女平等、保障妇女权益的政策法令，边区（省）、专、县各级党委设立妇女运动领导机构，配备专职或兼职干部，并普遍建立了妇女救国会，团结 7000 万妇女进行了艰苦的抗日救国和反封建斗争。中共中央南方局妇女委员会在指导和推动国民党统治区的妇女运动，支援抗日战争，提高妇女地位方面做了大量工作。沦陷区的妇女运动也在曲折的斗争中前进。亿万妇女投入抗日救国洪流，中国妇女运动发展进入一个新的历史阶段。

抗日战争胜利后，国民党政府蓄意挑起内战，企图消灭中国共产党和进步力量，实行专制独裁统治。中共中央为争取和平民主、制止内战，做了极大的努力。1945 年冬，蒋介石撕毁国共两党签订的以和平、民主、团结为基础的“双十协定”，向解放区发动了大规模进攻，解放区军民奋起抵抗；1946 年 6 月，蒋介石又不顾全国政治协商会议做出的和平决议和停战命令，以围

① 《六大以来党内文件汇编》下册，第 764 页。

② 同上，第 769 页。

③ 《中国妇女运动重要文献》第 7—9 页，1979 年 3 月人民出版社出版。

攻中原解放区为起点，向解放区全面进攻，把空前规模的全面内战，强加在中国人民头上。解放军及解放区的广大人民群众，紧急动员起来，英勇自卫。中共中央妇女委员会及中共中央南方局妇女委员会号召各界妇女，组成广泛的民族民主统一战线，为粉碎国民党军队的进攻，争取人民解放战争的胜利，解放全中国而斗争。1947 年 9 月，中国共产党土地会议制定了在土改中贯彻男女一齐发动、保障妇女切身利益的方针，并要求全党做妇女工作。1948 年 12 月发出《中国共产党中央委员会关于目前解放区农村妇女工作的决定》①，总结了过去五年来妇女工作的成绩和经验，指出，在解放战争获得伟大胜利、解放区日益扩大、一亿人口的老解放区进行了土改的新形势下，仍应继续执行《四三决定》确定的、以生产为中心的妇女工作方针，逐步引导妇女参加生产互助合作组织，在生产中有意识地解决妇女的切身问题，保护妇女的特殊利益。解放区妇女运动又有了新的发展，国民党统治区妇女的民主爱国斗争也日趋活跃，中国的妇女运动更加广泛、深入。

三、新民主主义革命时期妇女的巨大贡献

广大妇女在中国共产党领导下，政治觉悟日渐提高，她们冲破来自家庭、社会的封建束缚，战胜反动统治阶级的残酷迫害。英勇无畏地和男子并肩战斗，为赢得新民主主义革命的胜利做出了巨大贡献，为新中国的诞生建立了卓越的功勋。

（一）革命根据地妇女在支前、参战、土改、生产中奋勇当先。

1. 踊跃支前参战。

早在第一次国内革命战争的东征北伐中，妇女团体就发起募捐、慰劳、救护等活动，踊跃支前、随军参战，还产生了新民主主义革命时期的第一批女兵——中央军事政治学校武汉分校女生队。她们曾参加平息夏斗寅②叛军的

① 《中国妇女运动重要文献》第 13—20 页，1979 年 3 月人民出版社出版。

② 夏斗寅原为武汉国民政府所辖独立十四师师长，1927 年 5 月受蒋介石指使与四川军阀勾结，企图袭取武汉，叶挺率部英勇反击，中央军事政治学校武汉分校男女学员所编独立师与之配合，将夏斗寅叛军击退。

战斗，其中许多人后来又分别参加了第二次国内革命战争时期的南昌起义、秋收起义、广州起义。随着革命战争的发展，根据地参战支前的妇女越来越多，作用越来越大。譬如苏维埃地区的妇女，把送亲人当红军、武装保卫苏维埃当成自己的光荣任务。1929 年鄂东北红军在湖北黄安县檀树岗招兵，许多妇女送子、送郎当兵，几天就扩大红军 3000 人。1933 年中共江西省委妇女部部长李美群，在红五月扩军运动中，带头动员自己的新婚丈夫入伍上前线，掀起了兴国县妇女送亲人当红军的高潮。一周之内，数千名应征青年男子组成兴国模范师，开赴前线作战。当时兴国全县只有 23 万人口，先后参加红军的即有 8 万余人。由于有妇女支持这一个重要因素，到 1933 年粉碎敌人第四次“围剿”之后，正规红军达到 30 万人。许多青壮年妇女组织了运输队、担架队、救护队、慰劳队，为前线服务。女赤卫队、女子义勇军担任站岗放哨、侦察敌情和交通联络工作，必要时随军作战。琼崖革命根据地在 1930 年创建了著名的红色娘子军连，这是中国共产党领导组建的第一支妇女正规军队伍；1932 年川陕革命根据地又组建了妇女独立营，1934 年重新组编为妇女独立团，共有女指战员 2000 余名。这两支女子正规部队，在对敌作战中建立了功勋，付出了巨大的牺牲，在中国革命历史上写下了可歌可泣的一页。

抗日战争中，“母亲叫儿打东洋，妻子送郎上战场”成为妇女的自觉行动，在一次参军运动中，山东 10 个县和冀中 7 个县就有 5200 多名妇女亲自把儿子、丈夫送上前线。山东博兴县参军的 3000 人中，由妇女动员的占 80%。妇女们还为前方战士缝制衣被、鞋袜，运送粮食和副食品。据 1940 年统计，在晋察冀边区的冀中区，为前线服务的妇女有 384 万人，占该区妇女的 80%。据陕甘宁、晋察冀、鲁等地区 1941 年不完全统计，妇救会发动妇女做军衣 74.48 万套，做军鞋、军袜 79.74 万余双，送了大批鸡蛋，几千只猪羊作为慰问品，还捐献金银首饰 110 余两，银元 4358 块。山东海阳县 3 个分区的妇救会员，组织 306 个担架队，共有 1836 人参加，在 20 公里的道路上运送伤员。她们还组织了 259 个运输队，在 150 公里的道路上运送军粮。荣获“子弟兵母亲”称号的戎冠秀，是河北平山县下盘松村妇救会会长，她送两个儿子当了八路军，她组织妇女做的军鞋特别结实，交的军粮筛得最干净，并带领妇女抬担架、掩护和护理伤员，被评为支前模范。著名的八路军冀中回民支队司令员马本斋的母亲白文冠，鼓励和支持儿子英勇杀敌，她被日寇逮捕后，怒斥敌人胁迫她写信规劝儿子“归顺皇军”的卑劣伎俩，坚贞不屈地绝食殉国。

妇女直接参战的，有由青壮年组成的妇女自卫队。她们积极配合主力部队和游击队、武工队，埋地雷、挖地道、封锁要隘、构筑工事、运送弹药、看押俘虏，破坏敌人的交通运输和通讯设备。在八路军、新四军和地方部队中也有女指战员。例如印尼华侨李林，曾在山西雁北抗日游击队第八队任政治委员，在击退日军 7 次“扫荡”中屡建功勋。1940 年当敌人又一次发动“扫荡”时，李林负责掩护晋绥边区十一行署机关转移，途中被敌人包围，经过激烈战斗，她负伤后因寡不敌众，用最后一颗子弹射向自己的喉部，英勇牺牲。东江纵队娘子军连连长李玉珍，琼崖纵队的女战士刘秋菊，都是使日军闻风丧胆的女英雄，被描绘为“飞檐走壁的飞将”。八路军、新四军和抗日游击队中的大批女医务工作者，在硝烟弥漫的战场上，在设于洞穴、树林、破庙、河岸的后方医院，日以继夜、救死扶伤，涌现了许多白求恩式的白衣战士。

还有一批抗日女战士，因为坚持抗日、反对投降，在国民党当局发动的三次反共高潮中被杀害。如平江惨案中牺牲的新四军平江嘉义留守处女文书赵绿吟；“皖南事变”中牺牲的新四军军部女机要员施奇；被囚于上饶集中营，后又迁移到福建崇安的部分新四军指战员举行了赤石暴动，女战士瞿淑、戴庆哲、李捷、汪企求、杨瑞年、胡珍水、徐瑞芳等惨遭国民党特务杀害。

1946 年 6 月，国民党撕毁与中国共产党订立的停战协议，对解放区发动进攻，地主、还乡团等反动武装乘机屠杀革命人民。妇女们义无反顾地参加了民兵、自卫队、武工队，配合人民解放军作战，冀鲁豫部队还扩充了 3000 名女兵。山东组织了 22 万女民兵和 102. 5 万女自卫队员。她们中涌现出许多如著名民兵英雄刘虎巨那样威震敌胆的巾帼人杰。在临沂战役、莱芜战役、孟良崮战役、威海战役及西北战场上，妇女参加了各种支前工作。在运送和救治伤员中，有不少钢铁担架队一等功臣董力生那样的支前模范；有不少用自己奶汁救活重伤员的“红嫂”。1948 年 9 月至 1949 年 1 月，人民解放军进行了辽沈、淮海、平津三大战役。在这决定中国命运与前途的大决战中，解放区妇女的支援起了重大作用。热东[①]、辽东地区有100万妇女参加担架队，随军千里为辽沈战役前线服务。妇女们还参加修路，送军粮，缝制军装、军被、军鞋等工作，保证指战员吃饱穿暖，士气旺盛地歼灭敌人。河南、江苏、山东的妇女为淮海战役全力以赴。河南妇女仅碾军粮即达5.7亿斤。山东仅鲁南地区的妇女，就赶制军鞋400多万双、军装46万套、军袜116万双，干粮袋60多万条，口罩2万个、绑腿4.5万副，棉被4500床。江苏仅淮海地区即有妇女60万人为前线服务。在支援平津战役的30多万民工队伍中，妇女是一支活跃的力量。华北妇女千方百计节约口粮，保证供应军粮约60亿斤。在百万雄师下江南的渡江战役中，妇女们修路、架桥、运粮、制军装和被褥，鼓励丈夫、儿子、兄弟撑船划桨，载运解放军渡江。女船工们冒着敌人的炮火，巧妙地驾驶着船只，乘风破浪，一趟一趟地运送子弟兵抢渡长江。在欢庆南京解放时，人们无不称颂妇女们立下的丰功。

2. 积极参加革命根据地土地改革运动。

革命根据地消灭封建土地剥削制度的斗争，以解放战争时期的土地改革运动规模最大，妇女的作用尤为显著。在动员工作较好的地区，参加土改的妇女约占妇女总数的50%—60%，有些地区达80%；贫农团、新农会中妇女占40%左右。参加各级农民代表会的女代表，其百分比在村级约占30%左右，区级约占20%，县级约占10%。她们受压迫最重，痛苦最深，所以参加诉苦最踊跃，起的教育作用最大。如晋察冀边区北岳地区土改时，妇女参加诉苦的占整个农村劳动妇女人数80%以上。她们的诉苦，激起了群众对地主阶级的仇恨，也增强了妇女本身反封建斗争的斗志。很多农妇锻炼成为干部。仅太行、太岳、冀南3个地区，在土改后就有805名农妇参加了党、政、军和人民团体的工作，壮大了干部队伍。

3. 在生产中发挥重大作用。

第一次国内革命战争时期，何香凝领导的国民党中央妇女部，办过妇女

---

① 即原热河省东部。该省于1956年撤销，分别并入河北、辽宁两省及内蒙古自治区。

消费合作社，组织贫苦的家庭妇女缝制童装出售，力求使妇女了解妇女要谋求解放，必须在经济上谋求自立的道理。1925 年 6 月，广州妇女解放协会和省港罢工委员会在何香凝支持下，组织罢工的女工及工人家属，办了草鞋厂、缝纫厂、洗衣厂，解决罢工女工和工属们的生活困难，有力地支援了省港大罢工。在战争年代，大批青壮年男子奔赴战场，革命根据地妇女担负的生产任务很重，作用很显著。第二次国内革命战争时期，据江西中央革命根据地兴国县长冈乡调查，1933 年全乡青壮年 733 人，当红军的即有 320 人；留在乡里的劳动力 413 人，女子占 326 人，是生产上的主力。她们努力学习生产技术，成为农业生产的全把式；她们开垦荒地，扩大耕地面积；她们参加各种形式的互助合作组织，改善田间管理。由于妇女的辛勤劳动，农业获得了增产。如赣南、闽西地区，1933 年的农业生产量比 1932 年增加了 15%，闽浙赣根据地则增加了 20%。革命根据地的纺织厂、被服厂、兵工厂、斗笠厂中也有一定数量的女工。妇女参加生产，为保障军需民用、保卫红色政权做出了贡献，也大大提高了自己的家庭和社会地位。

抗日战争时期，1939 年陕甘宁边区就有 10 多万妇女参加农副业生产，开荒 6 万多亩，植树 7 万多株，还发展了养鸡、养蜂、养蚕、养猪，纺织等多项副业。1941 年，陕甘宁、晋冀鲁豫、晋西北 3 个地区的妇女开荒 59.33 万余亩，植树 57.3 万余株，养猪 15.3 万余头，养鸡 6 万多只，1943 年以后，开展了纺织运动。陕甘宁边区到 1944 年有 17 万左右的妇女参加纺织生产，共纺棉线、毛线 160 多万斤，织布 11 万多匹，解决了全边区军民用布量的 1/3，妇女出售纺织产品所得，占家庭总收入的 51.2%。山东解放区 1945 年组织了 80 万妇女的纺织大军，全区妇女一年纺织收入，足够维持 500 万人的全年生活。解放战争时期，随着解放区的巩固、扩大，妇女参加生产的人数和规模又进一步扩大了。在老解放区，妇女参加生产最好的地区，达到 100% 出工。有些地区，全家生活完全靠妇女生产来维持的占总户数的 1/7。新解放的东北地区妇女，原来无生产习惯，土改以后开始广泛地参加了大生产运动。纺织生产也发展很快。1947 年太行地区开展了有名的百日纺织运动，参加劳动的妇女 70 余万人，占全部女劳动力的 74%，比 1943 年增加了 10 倍，3 个多月即织布1741万平方米，保证了全区400万军民需用的布匹，战胜了被敌人封锁造成的严重困难。在生产中，许多妇女被评为劳动英雄和生产模范。陕甘宁边区1943年到1945年，评选出600多名妇女劳动模范，其中最著名的有农业劳动英雄马杏儿、郭凤英，纺织劳动英雄黑玉祥、刘桂英等。晋绥边区有妇女生产旗帜张秋林，冀南解放区有互助组模范郭爱妮，还有八路军军属生产模范陈敏等。她们善于团结群众，并创造了组织群众生产的好方法。

（二）国民党统治区和日军占领区妇女的艰苦斗争。

1. 积极投入抗日救亡运动。

1931年的“九一八”事变，激起了全国人民抗日的怒潮，工人掀起反日大罢工。上海23家日本纱厂的男女工人建立了抗日救国会，举行同盟罢工；郑州日本纱厂男女工人罢工，迫使日本厂主纷纷离华返日。全国各大中城市的学生集会游行，建立抗日团体，女学生还组织了反日救护队，慰问东北难民同盟队。北平、上海、南京、天津、济南、厦门、青岛等市的女学生，参加了向南京国民党政府3次请愿的斗争，要求对日宣战。1935年，女学生奋勇参加了“一二·九”抗日救亡运动。她们不怕军警的棍棒、水龙，不怕饥饿、严寒，连续参加“一二·九”、“一二·一六”的示威游行，后来又走出城市，到农村去扩大宣传。1935年12月21日上海成立妇女救国会，史良任总务部长，沈兹九、胡子婴任副部长，负责全面领导工作。接着南京、北平、天津、山西、广西、山东、河南、广州、武汉等省市也成立了妇女救国会。1936年12月22日发生救国会“七君子”被捕入狱事件，史良就是其中的一位。他们因爱国入狱，各方面人士群起向国民党政府提出抗议。1937年6月下旬，宋庆龄、何香凝等16人发起救国入狱运动，提出如果爱国有罪，愿与“七君子”同受处罚，并由宋庆龄率领，亲往关押“七君子”的苏州高等法院要求羁押。“七七”抗日战争爆发后，在中国共产党、广大人民群众一致要求下，7月31日，国民党政府不得不将“七君子”释放出狱。

2. 支援和参加抗日战争。

何香凝在法国听到“九一八”事变的消息后，立即回国。1931年12月28日，她在上海举办“救济国难书画展览”，并将新加坡爱国华侨委托她带回的捐款送往东北，支援东北义勇军。翌年在十九路军爱国将领指挥下，爆发了淞沪抗战。宋庆龄、何香凝发动妇女开办伤兵医院，组织了妇女慰劳队、救护队和难民救济队，并亲赴抗敌前线慰问十九路军将士。妇女们五天赶制了全新棉军装3万多套，献出金银首饰和衣物。全国许多地方的妇女也有组织地赴沪参战。著名的有广东女救护队约200人，南京女子救护队30人，四川抗日救国义勇军敢死队里也有3名女学生。1933年年初，日军进犯山海关和长城各口，喜峰口、冷口、古北口长城一线的中国守军奋起反击。北平各界妇女迅速动员起来，积极支援长城抗战。她们募集、赶制大量衣服、鞋袜、食品、日用品送往前线，组织女医务人员，奔赴硝烟弥漫的战场救护伤员，组织慰问团去医院为伤兵服务。张学良的夫人于凤至发起组织的、并任会长的北平市妇女救护慰劳联合会，4天之内，就集资数万元，为抗日将士赶制了钢盔、皮背心、毛袜子。1936年，29军在绥远与日军展开激战，蒙古族和汉族妇女以高昂的抗日热情，组织起来，承担起护理伤员的工作。上海、南京、太原、北平、天津的妇女界都展开了援绥活动。何香凝再次举办画展，集资赶制丝绵背心和毛巾等慰劳品；南京妇女爱国同盟会将募捐来的1.6万元、1500件皮大衣及其他慰问品送往绥远前线；太原女师学生在山西牺牲同盟救国会女会员带领下，组成救护队，到前线看护伤兵。

1937年“七七”卢沟桥事变之后，在国共两党第二次合作，进行全面抗战的新形势下，妇女抗日团体如雨后春笋般发展起来。至1938年5月已有105个，为宣传、动员、组织广大妇女投入抗日斗争，做了大量工作。如何香凝发起组织的上海劳动妇女服务团，主要成员是纺织女工。该团自1937年10月至1940年11月的三年中，随国民党第十八军罗卓英部行动，辗转苏、浙、皖、赣、湘、鄂、豫、闽8个省，行程2万里。她们在抗日士兵中宣传、演出，进行文化教育和纠正军风纪，遇有战事，立即上前线救护伤兵、清扫战场，还在部队驻地发动群众，组织妇女一起为士兵服务。谢冰莹组织的湖南妇女战地服务团，于1937年9月赴江浙前线，在嘉定、苏州一带的野战医院救护伤兵，捉汉奸、审俘虏，并做抗日宣传和民众的组织工作。四川和山西的妇女战地服务团、汉口基督教女青年会战地服务团，都在前线贡献了力量。广西省1937年冬成立了女学生军，共130多人。她们步行从桂林出发，20天后到达武汉，不久随五战区抗日军队转战鄂东、豫南、安徽一带，不少人在战斗中英勇牺牲。1938年5月，浙江绍兴组织了妇女营。她们和青年营配合，与日军交锋，十分英勇，曾得到当时兼任国民政府军事委员会政治部副部长周恩来的高度评价。新生活运动妇女指导委员会、战时儿童保育会、妇女慰劳总会，以及中苏文化协会妇女委员会、中华妇女节制会、基督教女青年会等团体，在后方进行了慰问伤员、抗日军属、收托难童、发动捐献等各种活动。从战地抢救出难童2万多名，收养在48所战时儿童保育院中。1939年"三八"节前后，各地妇女捐款500万元以上，仅重庆一地在3月5日"妇女献金日"一天，即募集63万元；1943年的捐献"妇女号"飞机运动中，妇女共捐献260余万元。

1938年6月，宋庆龄在香港发起组织保卫中国同盟，在整个抗日战争时期，广泛联系各国进步人士和援华团体，大力动员组织海外华侨，募集大量物资、现款，给全国各地的难民、灾胞、伤员、孤儿以有力的帮助。她还战胜各种艰难险阻，冲破重重封锁，为八路军、新四军、抗日游击队运去大批药品和重要的医疗器械，介绍了许多医术精良的大夫，如白求恩、柯棣华、巴苏、米勒等人，对援助八路军、新四军和抗日根据地人民坚持抗战，争取胜利起了巨大作用。

3. 日军占领区妇女的英勇反抗。

1931年"九一八"事变、东北三省被日军占领后，东北人民的抗日斗争就一直未停止过。汉族和朝鲜族妇女秘密组织妇女会、姊妹会等，积极开展抗日工作，为游击队侦察敌情、递送情报，输送军需物资，赶制军鞋，向群众宣传抗日。一批中共女党员深入群众，发动组织群众武装，参加武装斗争。如赵一曼，开始在东北从事工人运动，1934年调任中共株河中心县委特派员。她秘密组织农民自卫连，配合人民革命军作战，后来又到东北抗日联军任团政治委员，在与日军作战时被俘、从容就义。抗日联军中有一定数量的女指战员和女后勤人员，涌现了不少赵一曼式的女英雄。如抗联二路军第五军妇女团8名汉族和朝鲜族女战士，1938年在牡丹江支流乌斯浑河边同敌军遭遇，在女指导员冷云率领下，浴血奋战，每个人都遍体鳞伤，弹尽药竭后，互相搀扶着冲向了激流滚滚的乌斯浑河，壮烈殉国。

在沦陷于日军之手的大城市，妇女们参加了不同形式的斗争。例如孤岛时期的上海，中国共产党的地下组织，通过上海女界难民救济会、中国职业妇女俱乐部等妇女团体，发动组织妇女进行斗争。1939 年，中国职业妇女俱乐部举行物品慈善义卖会，她们战胜日伪暴徒捣乱的严重困难，募集了 10 万套棉衣送给新四军和救济上海租界上的难民，胜利完成了任务。这次义卖的成功大大鼓舞了上海人民的抗日情绪，使日伪当局又恨又怕，派遣特务枪杀了义卖主持人茅丽瑛。上海人民举行了大规模的公祭仪式，悼念烈士，对日军进行了一次大示威。

在北平，中共地下党组织先后由女党员周彬和王若君领导，用极为隐蔽的方式，传播马列主义，发展中共党员和中华民族解放先锋队员，积聚革命力量，并输送了近百名青年到解放区。著名教育家费起鹤的女儿费璐璐，利用家庭的经济地位和父亲的社会影响，搜集敌人情报，印发秘密文件，掩护中国共产党的干部，为解放区捐赠，购买、输送医疗器械及其他急需品。

广州市地下党中的女党员，有的驻守中共秘密机关，掩护领导干部；有的打进敌伪机关，搜集情报；有的深入工农群众和大中学校的学生中，发展中共外围组织“游击之友”，有的来往于广州和革命根据地之间，担任秘密交通工作。1945 年夏季抗日战争胜利在望，女共产党员们勇敢机智地参加了散发《告广州同胞书》的大规模行动，当一夜之间，广州大街小巷撒满以东江纵队、珠江纵队名义印制的传单时，全市人民精神为之振奋，日军惊恐万状。

天津、武汉、南京、杭州及其他许多日军占领的城市和农村，都有爱国女志士，出生入死，为国尽忠。

4. 在反美反蒋爱国民主运动中英勇奋斗。

日本投降后，国民党反动派在美帝国主义支持下，发动内战，向解放区进攻，国民党统治区妇女奋勇参加一浪高过一浪的反美、反蒋、反对内战的爱国民主运动。1945 年 11 月底，昆明西南联大等高等学校 3 万学生罢课，要求立即停止内战，撤退在中国的美国侵略军，成立民主联合政府，保障人民民主权利。云南国民党当局对学生运动疯狂镇压，发生了“一二·一”杀害4名爱国学生的惨案，其中女学生潘琰是中共秘密党员。1946年6月当国民党政府准备向华北、苏北解放区进攻时，上海60多个人民团体派代表于6月23日到南京请愿，上海的女工、女学生和民主妇女参加了10万人以上的欢送代表的大会，会后又参加了反内战大游行。代表们到南京下关车站，被国民党特务殴打，受伤多人，其中著名女教授雷洁琼受重伤，著名女记者浦熙修被打受伤。这就是震惊中外的“下关惨案”。当时国民党政府和美国帝国主义订立了种种丧权辱国的条约，使美军在中国国土上横行霸道、肆无忌惮。自1946年下半年至1947年2月，半年中美军肇祸事件达800起之多，其中不少是强奸妇女和军车碾死妇女儿童。1946年12月24日，美军强奸北京大学女学生沈崇的罪行被揭露后，全国50多万学生罢课、游行示威，抗议美军暴行，要求美军撤出中国，反对美帝国主义干涉中国内政。各地的爱国妇女纷纷参加学生的抗暴活动，上海各妇女团体组成中国妇女界抗暴联合会，统一行动，大力支持学生的正义斗争，香港、台湾妇女和海外华侨妇女亦积极声援。

1947年国民党政府在内战中军事失利，更加穷兵黩武，加紧征兵、征粮、征税，美国垄断资本和中国官僚资本结合，控制了整个国统区的经济生活，致使通货膨胀、物价飞涨、民不聊生，许多城市出现大规模的抢米风潮。反饥饿、反迫害、反内战的群众运动更加高涨。1947年5月20日，京、沪、苏、杭地区16所专科以上学校的6000多名学生，在南京举行反饥饿、反迫害、反内战游行，被警察、宪兵、特务打伤500多人。同一天，天津南开、北洋大学等高校游行的学生也遭特务殴打，许多学生受伤或被捕。其中不少女学生受重伤、遭逮捕，造成震惊中外的“五二〇”血案。上海、天津、广州、武汉等29个城市，有320万工人大罢工，响应学生的斗争。1948年1月，上海申新九厂6000多女工在国民党的军警特务用催泪弹、装甲车、马队包围攻击下，和1000多男工一起，英勇地同敌人斗争，她们被开除、被击伤、被逮捕，但是始终没有屈服。在遍及17个省、人数达100万的反征兵、反征税的农民武装起义队伍中，有大量妇女英勇地参加斗争。

国民党统治区的爱国民主运动，成为解放战争时期的第二条战线，加速了蒋家王朝的覆灭。当国民党官员准备逃离大陆时，妇女参加了反搬迁、反破坏的斗争。她们护厂、护校，保护铁路、桥梁、银行、仓库、物资、档案、电台等等，以配合解放军进城，迎接解放。

国民党当局发动内战和作垂死挣扎时，疯狂捕杀共产党人和进步知识分子，许多女中精英献出了宝贵的生命。如一批长期在国民党统治区工作，做出了重要贡献的女英雄，先后被国民党特务逮捕，囚禁在重庆“中美特种技术合作所”的渣滓洞、白公馆监狱。重庆解放前夕，国民党军警分批屠杀了300多革命志士，其中有谢葆贞、江竹筠、李青林、徐林侠、杨汉秀、胡其芬等女烈士20名；1947年在山西文水县云周西村，年轻的女共产党员刘胡兰因支援解放军被捕，英勇牺牲在敌人的铡刀下。她们和无数先烈一起，用鲜血浇开了解放之花，她们生的伟大，死的光荣！

（三）各界妇女大联合的实现。

在战争环境中，根据地、国统区、沦陷区，都处在隔离状态，妇女群众组织也无统一的领导机构。1945年3月8日在延安召开的解放区妇女界代表座谈会，倡议成立解放区妇女联合会，由陕甘宁边区妇联作发起人。6月20日，解放区妇女联合会筹备会正式成立。出席成立大会的有陕甘宁、晋绥、晋察冀、晋冀鲁豫、山东、华中、华南等各解放区筹备委员共40余人。筹备会选出常委13人。并选出筹委会主任蔡畅，副主任邓颖超、白茜，秘书长区梦觉。1948年9月，解放战争获得空前伟大的胜利，为了进一步搞好解放区的妇女工作，迎接全国解放，中共中央召开解放区妇女工作会议，由中共中央妇委副书记、解放区妇女联合会筹委会副主任邓颖超主持，于河北平山县举行了一次有各解放区妇女工作领导干部参加的妇女工作会议。这次工作会议，总结交流了各解放区妇女运动的经验。刘少奇、朱德、周恩来莅会作了报告。同年12月，中共中央根据九月妇女工作会议的建议，制定了《中国共产党中央委员会关于目前解放区农村妇女工作的决定》。决定中指出：“为适应全国革命发展的需要，集中妇女的战斗力量，解放区妇女团体，应当努力去联合全国一切反对美帝国主义、反对封建主义、反对官僚资本主义的妇女，共同为驱逐美帝国主义出中国，打倒国民党反动统治，建立统一的新民主主义的人民共和国而奋斗。”决定规定：“由解放区妇女团体发起，于1949年春季召开全国代表大会，成立全国民主妇女联合会，使全国妇女运动能在统一的方针领导下，更大的和更有力量的向前发展。”

根据该决定，由解放区妇女联合会筹委会副主任邓颖超等人，和原全国民主妇女团体的代表进行民主协商，确定成立全国妇女第一次代表大会筹备委员会。筹委会委员除原来解放区妇联筹委会常委13人外，增加了来自国统区的知名妇女14人为委员，其中筹委会常委7人，并推选蔡畅为筹委会主任，邓颖超、李德全为副主任，张琴秋为秘书长。1949年1月筹委会正式成立，积极进行筹备工作。

1949年3月24日至4月3日，中国妇女第一次全国代表大会在北平召开。到会代表474人，代表着各民族、各行业、各种宗教信仰和共产党、民主党派、无党派的广大妇女，毛泽东接见了全体代表，并为大会题词：“为增加生产、为争取民主权利而奋斗。”周恩来、刘少奇、朱德、任弼时也分别为大会题词。董必武代表中共中央在大会开幕式上讲话。会上，蔡畅致开幕词，邓颖超做《中国妇女运动当前的方针任务》的报告，蔡畅、李德全、康克清、刘亚雄等分别就国际妇女运动、国民党统治区的妇女运动、儿童保育工作、东北解放区城市妇女工作做了专题发言，雷洁琼致闭幕词。

邓颖超在报告中，回顾了自五四运动以来，中国妇女在中国革命各个时期的光辉业绩，阐明了革命即将在全国取得胜利的新形势，提出了当前妇女运动的总任务是：把反对帝国主义、封建主义、官僚资本主义的斗争进行到底，完全肃清国民党反动残余势力，建立统一的人民民主共和国，完成新民主主义革命，并分别讲明了老解放区、新解放区、待解放的国民党统治区妇女运动的具体任务。她还指出：要加强与国际民主妇女运动的联系，为彻底消灭法西斯、为人类的正义与持久和平、为制止任何侵略而奋斗。她在报告中，建议成立中华全国民主妇女联合会（简称全国民主妇联）。大会代表经过认真研究、热烈讨论，一致同意邓颖超的报告，通过了《中国妇女运动当前任务的决议》《中华全国民主妇女联合会章程》，选举产生了全国民主妇联执行委员会，推选何香凝为名誉主席（九月增选宋庆龄为名誉主席），选举蔡畅为主席，邓颖超、李德全、许广平为副主席。中国妇女联谊会、中华全国基督教女青年会、中华妇女节制会申请参加全国民主妇联，被批准为团体会员。从此，中国有了全国性的妇女运动的统一领导机构，在妇女运动史上开始谱写新的篇章。

第一编

新中国成立以后妇女运动的历程

第一章
社会主义改造时期（1949—1956 年）

1949 年 10 月 1 日中华人民共和国成立，标志着中国从半殖民地半封建社会进入一个崭新的历史时期。受尽苦难的中国妇女第一次挺起了胸膛，由千年的奴隶变成新社会的主人。中国历史的巨大变迁，使妇女走上了社会主义的光明大道。在中国共产党领导下，她们积极参加新中国的改造和建设事业，成为一支伟大的社会力量。社会主义政治、经济、文化的初步发展，也促使妇女的地位不断提高，推动妇女解放运动向前发展。

第一节　妇女翻身得解放

一、妇女获得平等的权利

新中国成立了人民民主专政的新型政权，人民政府颁布的法律和法令废除了歧视妇女的条文，明确规定妇女在政治、经济、文化教育、社会及家庭各方面享有同男子平等的权利，并在社会主义改造和社会主义建设中，监督保障这些法律的实施。

1949 年 9 月，中国人民政治协商会议第一届全体会议通过的《共同纲领》（临时宪法），第一次确定了人民民主国家实行男女平等和保护妇女儿童的政策，“中华人民共和国废除束缚妇女的封建制度。妇女在政治的、经济的、文化教育的、社会的生活各方面，均有与男子平等的权利。实行男女婚姻自由”，“推广卫生医药事业并注意保护母亲、婴儿和儿童的健康”。

1950 年 4 月 13 日，中央人民政府通过了共和国的第一部基本法《中华人民共和国婚姻法》，规定新中国实行废除包办强迫、男尊女卑、漠视子女利益的封建主义婚姻，实行男女婚姻自由、一夫一妻、男女权利平等、保护妇女和子女合法利益的新民主主义婚姻制度。提出禁止重婚、纳妾、收童养媳、干涉寡妇婚姻自由等侵害妇女利益的旧习俗，强调结婚和离婚自由的原则。婚姻法于5月1日起颁布实施，摧毁了几千年来的封建婚姻制度，从法律上保障了妇女的婚姻自主权，提高了妇女在家庭中的地位，深得广大人民群众，特别是青年男女的拥护。

1951年2月，政务院公布的《中华人民共和国劳动保险条例》规定，在实行劳动保险的企业内，男女职工劳动保险待遇相同，此外，女职工生育有产假，产假期间工资照发。1953年2月，中央人民政府制定的《全国人民代表大会及地方各级人民代表大会选举法》规定，妇女有与男子同等的选举权和被选举权。1954年9月第一届全国人民代表大会第一次会议通过的新中国第一部宪法，更明确规定："中华人民共和国妇女在政治的、经济的、文化的、社会的和家庭的生活各方面享有同男子平等的权利。婚姻、家庭、母亲和儿童受国家的保护。"

新中国成立头7年，妇女的各种权利、义务、利益，如选举权、被选举权、就业权、受教育权、婚姻自由权、财产继承权等都在法律上确定下来。在中国共产党领导下，全国民主妇联积极参与各种法律，特别是有关保护妇女儿童法律法规的制定工作，并协助有关部门贯彻执行，促使这些法律在实际生活中逐步实现。

获得初步解放的新中国妇女，在政治、经济、文化、社会、家庭生活中，充分运用法律赋予的权利。在第一届全国政治协商会议上，69名妇女代表与各界代表一起，共同磋商建国方略，起草国家临时大法和人民政府组织法。1954年9月，147名妇女代表出席第一届全国人民代表大会，讨论有关国家建设和保护妇女儿童权益的各项提案。广大妇女还积极参加了全民对宪法的大讨论。1953年和1956年，亿万妇女群众参加了基层普选活动和民主建政工作。1954年全国基层选举时，参加投票的女选民占全国女选民总数的84%，北京市城区参加投票的女选民达98%，天津市参加选举的妇女达95%以上。全国各地共选出人民代表大会代表566.9万人，其中妇女代表有98万多人，占基层代表总数的 17.3%，其中上海市当选为区人民代表的妇女占代表总数的 22%，天津市女人民代表占代表总数的 27.3%。1956 年全国第二次基层人民代表选举时，参加投票的妇女比 1953 年有所增加，当选的女代表有 100 多万人，占代表总数的 20.3%。

参政议政的女领导干部的人数也有增加。第一届全国政协委员中，有女委员 12 人，女常委 4 人。宋庆龄当选为中央人民政府副主席，蔡畅当选为中央人民政府政务委员，何香凝当选为华侨事务委员会主任，李德全任中央人民政府卫生部部长，史良为司法部部长。第一届全国人民代表大会后，担任中央人民政府副主席、正副部长、正副司局长的妇女，共有 60 余人。全国各级政府都有了女领导干部。

二、取缔残害妇女的娼妓制度

新中国成立后，不仅广大劳动妇女获得政治、经济、文化的权利，娼妓也被改造为新人。

娼妓制度是旧中国严重的社会问题之一，历代反动统治阶级迫使一批贫苦妇女落入火坑，以出卖肉体为生。国民党统治时期，把向妓女抽收“花捐”作为政府的一项财政收入，使娼妓制度更加合法化、商业化。

新中国成立后，人民政府把取缔娼妓制度作为社会改革的重要内容之一，采取的方针是打击首恶，改造一片，逐步缩小，最后消灭。具体做法是封闭妓院，管制老板，拘查嫖客，改造妓女。全国取缔娼妓活动主要有两种形式，一种是充分准备，突然袭击，全部封闭，一律收审，即北京类型。1950 年 11 月 21 日，北京市人民政府经过周密计划、统一行动，一夜之间封闭了全市 237 家妓院，集中老板、领家 454 人，收容妓女 1290 人，将她们安置在 8 个生产教养院。采取这种方式的城市还有上海、石家庄、归绥（后为呼和浩特）、哈尔滨、长春、大连等。另一种是武汉类型，做法是严格限制，加强管束，自我教育，逐步取缔。1951 年 7 月武汉市民政局制定了改造娼妓的方针，对市内原有和外埠流窜来的明娼暗妓进行了登记和调查，9 月成立了娼妓改造筹委会，分批组织妓女学习，同时结合镇压反革命运动，严惩了一批流氓首恶分子，并加紧户口检查，限制嫖客活动。经过一年的整治，武汉市的娼妓数量大大下降，原来253家私娼仅存四五家，5000多名以卖淫为业的妓女剩下200多人。1952年9月11日市人民政府下令，彻底取缔所有妓院、私娼和娼妓活动。

在处理有关人员时，人民政府采取了不同政策。对把妇女拉入火坑的封建恶霸、黑社会的流氓首恶及民愤极大的老板坚决打击，直至处以死刑；对一般以剥削妓女为生的老板、领家，视其罪恶轻重处以劳动改造或有期徒刑，没收妓院的全部财产，充作改造妓女的费用；对为妓院服务的挡手等，课以罚金或劳动改造，令其改换正当职业；对嫖客进行教育、罚款直至收审；对妓女主要进行教育和改造。

1950年至1953年，许多城市都建立了妇女生产教养院，由民政和妇联等单位抽调干部，负责收容和改造妓女的工作。采用的方法是组织学习，提高觉悟，参加劳动，改造恶习，医疮治病，重新做人。经过一段时间的学习、劳动和治病，曾被黑社会扭曲了形态的妓女，绝大多数转变了思想，改变了作风，恢复了健康。她们有的回到农村参加生产劳动，有的在城市里安排了工作，政府还帮助她们建立起安定美满的家庭。这些变化被拍成电影纪录片《烟花女儿翻身记》《姐姐妹妹站起来》，在社会上引起巨大反响。

第二节　为巩固和建设新中国做贡献

50年代初期，为保卫新生的人民共和国，粉碎国内外反动势力的侵略和颠覆阴谋，广大妇女同全国人民一起，积极参加了中国共产党领导的土地改革、镇压反革命、抗美援朝、恢复国民经济的工作，以及“三反”、“五反”等政治运动，在政治斗争、经济建设、文化发展中发挥了巨大作用。

一、参加改革封建土地制度的斗争

解放战争时期，中国共产党领导解放区人民进行了改革封建土地制度的斗争。新中国成立后，土地改革运动（以下简称“土改”）在3.1亿人口的新解放区继续展开。中国共产党把农村劳动妇女当作土改的重要力量，指出妇女工作应以发动农村广大劳动妇女参加土改为中心任务，坚决实行男女农民一齐发动，保护妇女合法权益的方针。中央人民政府副主席刘少奇在《关于土地改革问题的报告》中指出："农民协会应切实注意吸收农民家庭中的妇女参加，并吸收妇女中的积极分子来参加领导工作，为了保障妇女在土地改革中应得的利益和妇女在社会上应有的权利，并讨论有关妇女的各种问题，在农民协会中召集妇女会议或代表会议，是必要的。"

中华全国民主妇女联合会总结了老解放区妇女参加土改的经验，发动新区妇女群众积极参加土改。1950 年 9 月，全国民主妇联第一届三次执委扩大会上，蔡畅主席详细说明了新解放区土改中妇女工作的原则：贯彻土地法，按人口统一分配土地，正确划分妇女的阶级成分，确实有效地保障妇女的土地权；贯彻男女一齐发动的方针，克服忽视发动妇女的思想，吸收农民妇女参加农民协会，选拔妇女中的积极分子参加领导工作；注意宣传男女平等，适当解决妇女所受的特殊封建束缚，保障妇女应有的利益和权利；教育农民改变"分丁田不分女田"的旧的土地分配思想，帮助他们了解《土地法》规定的妇女不但有土地所有权，还有处理权，未婚女子应分"姑娘田"，已婚妇女可带田到婆家，寡妇改嫁允许带走属于她的一份土地等各项政策，确保"平分土地"原则在妇女中得到实现。

由于贯彻男女农民一齐发动的方针，新区土改运动迅速推开。大批妇女加入农民协会，壮大了反封建斗争的力量。1952 年统计，华东、中南、西南、西北四个大行政区有 4000 万农村妇女加入了农协，占农会会员总数的 1/3。在土改中，发动起来的妇女积极参加反霸诉苦斗争，在划分阶级、分配土地时，各地农会都吸收妇女参加土地分配委员会，女委员们注意维护妇女的权利，使妇女在土地分配中"人人有名字，个个有产权"。妇女群众还广泛参加了调查、评议、丈量土地等工作。在颁发土地证时，男女农民都在土地证上郑重地写上自己的名字，以前没有名字的妇女新起了名。童养媳、寡妇及还俗的尼姑也分得了土地。

到 1952 年年底，全国范围的土地改革基本完成，有 3.1 亿农民获得约 7 亿亩的土地，农村妇女成为土地和生产资料的所有者。土地的平均分配，是农村妇女获得经济权的基本条件。妇女成为土地的主人；农村妇女劳动力得到解放，逐渐变成劳动的能手；她们的政治、经济、社会和家庭地位都得到提高。

二、支援抗美援朝战争

当中国人民着手恢复经济、建设新国家的时候，美帝国主义派兵侵略朝鲜，并把战火燃到鸭绿江边。为保家卫国，支援朝鲜人民抗击侵略者的正义战争，中国人民派出自己的优秀儿女奔赴朝鲜前线。中国妇女也以崇高的爱国主义和国际主义精神投入抗美援朝运动。

1950 年冬季，中华全国民主妇女联合会在妇女群众中深入开展了抗美援朝的宣传，通过召开宣讲会、座谈会、时事展览、文艺演出等形式，广大妇女普遍受到爱国主义和国际主义教育。1950 年 11 月，有数十座大中城市的妇女举行反美游行。1951 年“三八”妇女节前后，又有 310 个大小城市、700 个市镇、600 个乡村，约 2000 万妇女举行了游行。据不完全统计，东北地区参加游行的妇女有 68.2 万人，华北地区有 73.4 万人，华东地区有 230.5 万人，中南地区有 983.6 万人，西南地区有 116.2 万人，西北地区有 500 余万人。

在抗美援朝运动中，城市女工和农村妇女都积极订立爱国公约，参加爱国生产竞赛，出勤率和生产效率大大提高。1950 年 11 月开展生产竞赛的初期，女工出勤率为 81.5%。经过动员，女工出勤率达到 94%。上海市纱厂原来开两班，抗美援朝时改为日夜连续开三班。武汉市有 2 万女工参加了生产竞赛，其中纱厂女工超额完成生产任务 13.4%。1951 年松江省（后属黑龙江省）有 19.3 万多妇女参加爱国生产竞赛运动，涌现出 648 个妇女模范班组，2724 个模范妇女人物。农村妇女提出“夺取农业大丰收，支援朝鲜前线”的口号。山西省榆社县裴志英互助组，制定了“比爱国，比互助，比学习，比单位面积增产”的计划，提出每月每人要为国家捐献 3 斤小米。河南省郑州郊区农妇提出每亩多打 10 斤小麦支援前线。很多农村妇女把家庭副业的一部分收入捐献给国家。她们说：“为了抗美援朝，要人有人，要钱有钱，随要随到。”

全国妇女发扬革命战争年代的光荣传统，在物质上给中国人民志愿军和朝鲜人民巨大的援助。成千上万的城乡妇女夜以继日地为前方将士赶制军大衣、棉被、军装、鞋袜、慰问袋等。1950 年 11 月至 12 月的 50 天中，山东省济南市的妇女就突击做军装 35 万套，军鞋 12 万双。青岛市妇女缝制军装 20 万套，军大衣 10 万件，军鞋 17 万双。广州市的妇女在短期内也完成 18 万套军装的任务。中华全国民主妇女联合会还在各界妇女中发起爱国募捐活动，全国民主妇联名誉主席何香凝带头捐款。著名豫剧女演员常香玉率剧团用演出款项捐献"香玉剧社号"飞机 1 架。许多妇女把珍藏多年的金银首饰拿出来。全国妇女捐款达 433 亿元（旧币），共购买飞机 59 架，大炮 2 门。妇女群众将捐献的飞机命名为"妇女号"或"三八"号。

组建中国人民志愿军的动员令发布后，许多母亲动员儿子，妻子动员丈夫，未婚妻鼓励未婚夫，姐妹鼓励兄弟报名参军。天津市郊区有 105 位母亲送自己的儿子赴朝鲜作战。吉林省长岭县参加志愿军的有 1200 人，其中妇女动员参军的有 567 人。山东省胶县、高密、即墨、即东 4 个县送子送夫参军的妇女有 4200 多人。大连市一位 5 个孩子的母亲王老太太，解放战争时期已送 3 个儿子参加了解放军，现在又送两个女儿参加志愿军。大中学校的女学生也争先恐后投考军校。1951 年上海市投考军校的女青年有 3942 人，武汉市有 2591 人，广州市有 3500 人，重庆市有 5900 多人，天津市投考军校的女学生占 1/3。长春、哈尔滨、大连、沈阳、安东（后为丹东）等市的女学生还组织起战地服务队、救护队、输血队，志愿到朝鲜前线服务。仅沈阳市第五中学就有 800 多名女学生参加了输血队。各大中城市还组织了赴朝医疗队，报名到朝鲜战场服务的医务工作者中半数是妇女。志愿军的女医务工作者在朝鲜前线奋不顾身地抢救中朝人民战士，80% 的人都立下战功。

三、争取国家经济状况的好转

在旧中国，由于国民党反动政府的腐败统治和长期战争的破坏，到 1949 年新中国成立前夕，经济处于全面崩溃的境地。50 年代初期，中国共产党提出了恢复和发展生产，实现国家财政经济根本好转的建设方针。中央人民政府政务院连续发出关于统一国家财政经济工作，调整工商业，调整税收，取缔投机商等指示，全国民主妇联的工作也以生产为中心。在发展生产、繁荣经济、公私兼顾、劳资两利、城乡互助、内外交流的原则下，各级民主妇联组织妇女群众参加工业、手工业、军用工业的生产和商品流通工作。主要做法是：第一，与政府财政机关、合作社、国营和私营企业等密切配合，组织妇女参加各种形式的以工代赈，生产自救，转业训练，帮助妇女开辟生产门路，解决她们在生产中的困难。第二，走群众路线，集社会游资，提倡“靠山吃山，靠水吃水”、“就地取材，有啥搞啥”的原则，组织妇女从事多种临时性、季节性生产。第三，与工会共同组织已就业妇女学习文化，提高技术，改进产品质量，在生产发展的基础上逐步改善女工的生活。第四，关心妇女群众生活，解除束缚妇女参加生产的障碍，协助人民政府发展儿童保育和妇幼卫生事业，增设保育机构，团结改造旧保教人员，贯彻政务院劳动保护条例中规定的妇幼待遇，改善工厂卫生设备。

在国民经济的恢复和发展时期，人民政府实行了多种经济形式并存的政策，不仅避免了革命转折时期对生产力的破坏，还为群众，特别是妇女的就业打开了门路。新中国成立初期，全国 400 万失业人口中，有相当一部分是女工、女职员，各城市还有大量家庭妇女迫切要求谋取职业，亟待解决温饱问题。从 1952 年全国各类失业人员登记的比例中可以看到：失业职工中男性有 40.7 万，女性有 17.9 万；失业知识分子中男性有 4.5 万，女性有 3.6 万；失业的小工商业主、摊贩中男性有 10.3 万，女性有 0.6 万；要求就业的家庭妇女和青年女学生有 31.5 万。1952 年年底，全国已登记要求就业的妇女有 58.2 万多人，占全国待业人员登记总数的 41.4%。一边是倒闭、闲置的企业和紧缩的市场，另一边是众多的失业人口和等待救济的灾民，面对这种尖锐矛盾，人民政府果断地采取措施，恢复生产，疏通流通渠道，组织群众自救。各城市先后成立劳动就业委员会，对失业求职人员采取“边登记，边处理”的办法，各级妇女联合会和劳动就业委员会与用人单位协商，统一调配、安置了一部分妇女就业，国营企业、私营工厂、街道临时生产组都吸收了相当数量的妇女参加生产。3 年时间里，国家使 220 余万失业工人和失业知识分子重新就业，其中有不少女工和家庭妇女，仅天津市就有2万余名失业女工和3万多名家庭妇女走上生产岗位。1952年，全国女职工人数从1949年的60万人上升到184.8万人。

第三节　在生产资料所有制改造中前进

一、中国妇女第二次全国代表大会

经过3年的努力，中国共产党领导人民胜利完成了全国范围的土地改革任务，没收了官僚资本企业，并把其改造为社会主义国营企业，实现了财政经济的基本好转，使工农业生产总值超过旧中国的最高水平。1952年，中国共产党提出了过渡时期的总路线：要在一个相当长的时期内，逐步实现国家的社会主义工业化，并逐步实现国家对农业、对手工业和对资本主义工商业的社会主义改造。

为贯彻中国共产党的过渡时期总路线，教育和动员全国妇女参加社会主义改造和社会主义建设，1953年4月15日至23日，中国妇女第二次全国代表大会在北京召开。全国民主妇联副主席邓颖超作了《四年来中国妇女运动的基本总结和今后任务》的工作报告。报告肯定了自第一次全国妇女代表大会召开四年来，妇女运动取得的成绩，总结了妇女运动的4条基本经验：（1）把中国共产党和人民政府提出的革命与建设的中心任务与妇女解放事业结合起来；（2）以发动和组织妇女参加生产为妇女工作的中心任务；（3）在各项工作中贯彻男女一齐发动的方针；（4）在完成中心任务的过程中，逐步解决妇女的特殊问题。邓颖超还特别指出，妇女群众参加生产是促进男女地位平等，彻底解放妇女的关键，发动妇女参加生产劳动和各项社会公益事业，是中国经济建设时期的妇女工作方针。

大会根据国家建设的新形势和全国人民为实现国家工业化，逐步过渡到社会主义的奋斗目标，确定今后妇女运动的任务有：在城市协助工会做好女工和职工家属的工作，动员她们积极参加爱国增产节约运动，学习先进技术，提高劳动生产率，并注意解决有关女工安全生产、劳动保护等问题。在农村，教育和组织妇女积极参加农副业生产，鼓励在自愿原则下参加互助合作运动，在条件许可和群众完全自愿的情况下，逐步建立农忙托儿组织。团结知识妇女，教育她们要面向厂矿和农村，深入实际，深入群众，改造思想，学习先进的科学技术，为生产和人民服务。继续宣传婚姻法，清除重男轻女的封建残余思想，提倡男女平等，婚姻自由，建立民主和睦、团结生产的幸福家庭，保护妇女合法利益。继续发展妇婴卫生和儿童保育工作，宣传育儿知识和新法接生，配合人民政府卫生部门培训农村助产员和工厂保育员。动员和组织妇女群众参加文化学习，提高政治觉悟和文化水平，中共和政府、群众机关的女工作人员要学习马列主义理论和先进经验，提高业务能力。贯彻民族平等团结的原则，加强各民族妇女的团结，重视培养少数民族妇女干部，稳步推进少数民族地区的妇女工作。积极参加国际妇女和平民主运动，进一步扩大和加强与世界各国妇女的联系。这些任务涉及到妇女工作的各个方面，突出了生产建设的方针，强调围绕国家建设事业解决妇女特殊问题，符合过渡时期总路线的精神。

第二次全国妇女代表大会继续推选宋庆龄、何香凝为全国妇联名誉主席，蔡畅为主席，副主席有邓颖超、李德全、许广平、史良、章蕴。

二、农村妇女走上合作化道路

全国范围的土地改革胜利完成，激发起农业生产者极大的劳动积极性，农业生产有了显著发展。但是农业个体经济受到自然条件、物质条件、劳动力条件的极大限制。中国共产党根据中国农业人口众多，物质基础薄弱的实际和新民主主义经济中农业生产互助合作运动的经验，决心对农业实行社会主义改造，领导5亿农民走社会主义农业合作化道路。1953年12月中共中央公布了《关于发展农业生产合作社的决定》，确定农业改造的三个步骤，即互助组、初级农业生产合作社到高级农业生产合作社。

农业社会主义改造是中国农村的历史性事件，为顺利引导刚刚获得自己土地的农民走互助生产的道路，发动占农业人口半数的农村妇女是一个重要任务。1954年1月29日，中华全国民主妇联在《人民日报》上撰写了《必须用总路线的精神教育广大农村妇女》的社论。3月，全国民主妇联副主席章蕴又在纪念“三八”国际劳动妇女节大会上，发表《积极领导农村妇女参加农业互助合作运动》的讲话。5月，全国民主妇联召开第一次全国农村妇女工作会议，研究了农业社会主义改造中农村妇女工作的方针和任务。会后，发出《关于当前农村妇女工作的指示》，提出过渡时期农村妇女工作的根本任务，是进一步教育和组织广大农村妇女贯彻国家过渡时期的总路线，逐步实现对农业的社会主义改造，不断发展农业生产力，使农业生产的发展与国家社会主义工业的发展相适应，并在这个基础上争取逐步实现农村妇女的进一步解放。

各级民主妇联发动农村妇女参加农业社会主义改造的具体做法是：（1）在中共各级党组织统一领导下，反复进行过渡时期总路线的教育和集体主义教育，使广大农村妇女拥护和支持合作化的各项措施。（2）在自愿互助的原则下，动员妇女加入农业生产合作社、农村供销合作社、农村信用合作社等组织。（3）教育妇女树立劳动光荣的思想，积极参加各种集体生产，与男农民一起不断提高单位面积产量。（4）在发展生产的基础上，改善农村妇女和儿童的物质文化生活，开展妇婴卫生和互助托儿工作，宣传和贯彻国家的男女平等、婚姻自由和保护妇女、儿童权益的政策。

在农业合作化运动高潮中，妇女积极分子带头入社。被誉为“子弟兵母亲”的戎冠秀、全国劳动模范申纪兰、植棉模范张秋香、老赤卫队长李友秀、吉林榆树县的郭淑珍等，都是走合作化道路的带头人。到1956年，全国已有1.2亿农户的妇女参加了农业合作社。

合作化运动使农民初步走上集体劳动的道路，在农业合作社的各项生产中，实行男女分工分业，妇女劳动力的使用和管理逐步得到重视。妇女生产的规模和范围不断扩大，农、林、牧、副、渔各业的生产都有妇女参加。在合作社里，男女社员按劳计工分。农村妇女有了自己的收入，经济地位提高了。集体生产促进了农村托幼事业的发展，各种托儿小组、农忙托儿所、常年托儿所建立起来。1956年6月，国务院下发了《关于高级农业生产合作社示范章程草案》，对农村妇女的权利作了若干规定，如妇女同男子有平等入社的机会，入社后男女社员有同等的权利和义务；合作社应尽量帮助女社员克服参加生产所遇到的障碍和困难，在分配生产任务时注意她们的特长和生理特点；女社员生育时，酌量给以帮助；无条件地实行男女同工同酬；合作社的领导人员和工作人员里，女社员应占一定比例。这些规定保障了农村妇女在合作社中的基本权利。至1957年9月，全国75.6万个农业生产合作社中，70%—80%的社有了女社长或女副社长，约计50余万人，妇女担任社务委员和生产队长的为数更多。

从农业初级合作社到高级合作社的过程中，出现过急过快的问题，初级社还未巩固就急于过渡到高级社；农业生产过分强求集体形式，忽视了男女社员体力上的差异；集体生产还缺乏统筹管理经验，合理安排和使用妇女劳动力不够；虽然动员女社员参加集体生产，但没有充足的物质条件解决妇女同时要养育子女、操持家务的困难。这些问题在农村生产关系的急剧变革中，暴露得越来越明显，影响了农村妇女坚持集体生产的积极性和生产效率。

三、个体女手工业者参加合作化运动

根据中国共产党提出的过渡时期总路线的要求，在第一个五年计划开始时，国家对手工业进行了社会主义改造。1956年春，全国范围的手工业社会主义改造掀起高潮，1957年年初，全国基本实现了手工业合作化。

在传统的手工业生产中，妇女占相当大的比例，尤其在服装、针织、编织、刺绣、挑补、特种工艺、印染、印刷、装订等行业，妇女约占50%以上，有的达90%以上。像苏绣、湘绣、顾绣、常熟花边、汕头抽纱等，几乎全部由妇女生产。过去妇女从事个体手工业生产，形式分散、设备落后、产量很低，在生产和销售过程中遇到许多困难，尤其受到私商的盘剥，长期处于朝不保夕的境遇。中国共产党和人民政府提出对手工业进行社会主义改造，受到广大女手工业者的拥护。

为推动城乡女手工业者积极参加社会主义改造，1954年12月，在全国民主妇联召开的城市妇女工作会议上，提出要在基层手工业生产合作社里开展妇女工作，对女手工业者进行社会主义思想教育及男女平等教育，鼓励女手工业者学习和提高生产技术，在手工业合作社内推广建立简便托儿组织等。

1955 年手工业社会主义改造在全国逐步展开，仅北京市组织的 317 个手工业生产合作社中，有女社员 1.09 万名，占全市手工业合作社职工总数的 40%。江西省九江市 9 个手工业生产合作社中，女社员占 44%。广西南宁市的手工业生产合作社中，女社员占 56%。在著名的苏绣之乡苏州市，1956 年，从事苏绣的 1.89 万妇女中，已有 1.29 万人加入了生产合作社。湖南省长沙市 1955 年成立第一个湘绣供销合作社时，有社员 201 人，1956 年全市 5000 名湘绣手工业者全部加入合作社。1956 年全国手工业社会主义改造高潮中，加入合作社的女社员约 150 万人，占全体社员总数的 30% 左右。

手工业的社会主义改造，使手工业生产摆脱了私人资本主义的支配、控制和盘剥，由于与国营经济联系和合作，解决了生产和销售的困难，手工业者的就业、生活都有了保障。组织起来集体经营，进行合理分工，统一使用劳力，提高了女手工业者的劳动生产率，促进了女手工业者生产技术的提高。合作社实行按件记工，男女同工同酬，鼓励了女手工业者的生产积极性，女手工业者的福利、劳保、孩子拖累等问题逐步得到适当解决。手工业改造还激发了女手工业艺人的生产热情，一些濒临绝境的手工艺术获得新生。

经过社会主义改造运动，过去受歧视的女手工业者成为国家集体所有制的女职工，她们生产的许多产品满足了人民生活的需要，还为国家创造大量外汇。一些女社员担任了手工业生产合作社的领导工作，许多人被选为劳动模范和先进生产者。湖南长沙市 9 个手工业生产合作社中，有 108 名妇女担任了领导职务。北京市在手工业合作化运动中，有 159 名女社员加入了中国共产党，473 人加入了共产主义青年团，601 人被提拔为干部。1956 年召开全国先进生产者代表大会时，河南省漯河市针织社的吴念华、苏州市刺绣工艺美术社的李娥英、上海市群建针织社的朱阿花、北京市毛织社的阎玉林等，被选为女手工业者的先进代表出席了大会。

四、工商界妇女的改造与进步

新中国成立后，中国共产党和人民政府对资本主义工商业采取了利用、限制、改造的政策，通过委托加工、计划订货、统购包销、公私合营、全行业公私合营等从低级到高级的国家资本主义的过渡形式，实现了对资产阶级的和平赎买和对资本主义工商业的改造。到 1956 年年底，全国有 40 万户的私营工商业实行了公私合营，另外有 144 万余户小私营商业实行了合作化，全部资本主义工商业基本实现了社会主义改造。

在社会主义改造过程中，大多数女工商业者和工商业者家属表示愿意接受改造，但也有一部分人对社会主义改造的方针政策不理解，担心产业被没收，生活无着落；收入减少，生活下降；害怕戴资本家的帽子，儿女没有前途；有些人情绪低落，牢骚满腹，阻止丈夫、子女去开会，或帮助丈夫藏匿财物、抽逃资金。工商业者家属和女工商业者在私营工商业者中占半数以上，她们对社会主义改造的态度，直接影响她们的丈夫及亲属，当时流传着“首长一天报告，不如太太三句话”的说法。所以，对资产阶级妇女的改造工作，是化消极因素为积极因素的重要步骤之一。

为引导资本主义工商业者走社会主义改造之路，1953 年 9 月，毛泽东在同民主党派和工商界代表谈话时系统地说明了经过国家资本主义完成对私营工商业的社会主义改造的形式、方法、时间和利润分配等一系列具体政策。1955 年 10 月，中共中央又邀集资产阶级代表人物举行座谈会，毛泽东、周恩来、陈云等国家领导人讲了话，肯定几年来工商业者的进步，号召他们认清社会发展规律，掌握自己的命运，积极接受改造。11 月，中共中央做出了《中央关于资本主义工商业改造问题的决议》。这个时期，各级民主妇联也在女工商业者和工商业者家属中做了大量深入细致的教育工作，召开各种工商业者家属座谈会、报告会，反复交待国家对资本主义工商业改造的政策，组织她们参观国营工厂，访问工人家庭，帮助她们认清国家的前途和自己应有的选择。

为迎接私营工商业社会主义改造的高潮，1956 年 3 月 29 日至 4 月 6 日，中华全国民主妇联、中华全国工商联和中国民主建国会联合在北京召开全国工商业者家属和女工商业者代表会议。参加大会的有知名的女资本家、工商界上层人物的家属、全国各地工商业者家属代表及港澳工商界妇女观光团的全体成员。中央人民政府主席毛泽东接见了与会代表。国务院副总理陈云作了重要报告。他详细说明了人民政府对公私合营后企业改组、改善经营管理、私方人员的安排和待遇、小商业户经销代销等政策，鼓励工商界妇女为建设繁荣富强的社会主义国家做贡献。中华全国民主妇联副主席邓颖超作了《跟着祖国前进，为社会主义贡献力量》的报告，她肯定了工商业者家属和女工商业者在社会主义改造中的特殊作用，勉励她们进一步改造自己，并帮助自己的丈夫和亲属接受改造，积极搞好生产经营，处理好家务和教育好子女；建立互助互勉、共同进步、团结和睦的新式家庭；树立劳动光荣的思想，养成劳动习惯，积极参加社会活动和社会公益事业。190余名工商业者家属和女工商业者代表也在大会上发了言，她们以亲身感受，生动地说明旧中国资本主义工商业没有出路，工商业者家属虽然生活富足，但仍然处于附属地位，没有真正的幸福，只有社会主义才能繁荣工商业和解放妇女。

这次大会进一步推动了对私营工商业者家属和女工商业者的改造。全国20多个省、市、自治区民主妇联迅速组织传达会议精神，上海市组织了97场传达大会，有6万多工商业者家属参加。西安市举行了43场报告会和41次座谈会，约80%以上的工商界妇女受到教育。过去对社会主义改造抱有怀疑、抵触态度的资方家属，经过学习大多数人转变了思想，许多人鼓励亲人申请公私合营，服从行业全面规划和人事安排，帮助清产核资，改善经营管理，当公私合营高潮到来时，她们张灯结彩参加庆贺。1956年1月，北京市各行业全部实行公私合营时，2500名工商业者家属敲锣打鼓上街庆祝，还有1000余名妇女到全国民主妇联报喜。广州市实行全市公私合营时，有近万名工商业者家属参加庆祝活动。

经过社会主义改造，工商界妇女普遍提高了思想觉悟，绝大多数愿意成为自食其力的新人，对国家的社会主义建设做出贡献。公私合营后，资方人员得到适当安排，工商业者和家属愿意将多年积蓄的黄金、白银、美元、人民币等投入企业，扩大再生产。蚌埠市私营隆祥百货商店的资方人员许庆成，召开家庭会议，决定把积存的20两黄金和1000多枚银元投入商店。上海市百达棉织厂资方人员季振之，在全家支持下拿出400多两黄金投入企业。许多工商界妇女，经过社会主义改造运动，提高了改造思想的自觉性，逐步树立起劳动光荣的思想，一些人还走上为人民服务的岗位。1956 年北京、上海、天津 3 个市，由工商业者家属出资开办的托儿所有 84 处。上海市有 1000 多名工商业者家属当上街道扫盲教师，在徐汇、静安、卢湾、长宁、黄浦、虹口等区的基层妇女代表会和居民委员会里，都有工商业者家属参加工作。

公私合营后，不少女工商业者成为新型的企业管理者。上海被称为“金笔汤”的女工商业者汤蒂因，在旧社会虽然竭尽全力经营，都没有使企业发展起来。新中国成立前夕，她办的绿宝金笔厂已经奄奄一息，新中国成立后，国家配给她黄金、白金、白银等原料，生产迅速恢复和发展。1955 年上海制笔工业实行全行业公私合营，绿宝金笔厂并入华孚金笔厂，后来改名英雄金笔厂，汤蒂因成为拥有 1300 多工人企业的经理。新中国成立 40 余年来，英雄金笔厂的产品质量一直名列全国金笔榜首。1964 年她被选为全国人民代表大会代表，1979 年被选为全国第五届政协委员、全国工商联委员。80 年代她还担任上海制笔工业公司顾问，中国制笔协会理事长。

1949 年到 1956 年，中国妇女在国家经济的恢复和发展以及社会主义改造中发挥了积极作用，她们自身的政治、经济、社会地位有了显著提高。这一时期，中国妇女运动发展顺利。

第二章
大规模建设社会主义时期
（1957—1965 年）

生产资料所有制方面的社会主义改造胜利完成后，中国进入全面建设社会主义的时期。中国共产党和人民政府在这个时期的首要任务是发展国民经济，解决生产力落后于人民生活需要的主要社会矛盾，发动全国人民参加社会主义经济建设。在 1956 年 9 月中国共产党召开的第八次全国代表大会上，全国民主妇联副主席邓颖超对建设时期的妇女运动提出几个基本原则：（1）更广泛地动员妇女参加社会主义建设，有计划地吸收妇女参加社会劳动。（2）按照国家劳动力调配计划及妇女的特长和特殊情况，恰当地使用妇女劳动力，合理规定男女职工的比例。（3）在生产中注意保护妇女儿童的安全、健康和应得的权益，主要依靠工矿、企业、机关、学校、农业、手工业合作社举办托儿组织，也应注意依靠社会力量举办各种群众性的托儿组织。（4）贯彻男女同工同酬的原则，保护妇女的劳动积极性。（5）发展社会服务事业，逐步减轻妇女的家务劳动。（6）有计划地扫除妇女文盲，吸收大量的女青年进入中等、高等学校，改变妇女文化落后的状况。（7）更加扩大和巩固国内外妇女的团结，加强妇女中的统一战线工作。这就明确了社会主义建设时期妇女运动的任务。

第一节　各族妇女广泛参加社会主义经济建设

一、妇女参加社会劳动的规模不断扩大

经过土地改革和社会主义所有制改造，妇女劳动力获得解放，农村妇女

参加农业生产的人数，从50年代初期的20%增加到70%，全国城市女工由60万人发展到1957年的328.6万人。全国经济工作发展顺利，1957年是新中国成立以来效益最好的年份之一，国民经济的持续增长和工农业基本建设规模的扩大，为妇女广泛参加社会劳动进一步提供了条件。

中国的个体农民走上集体化道路后，为农业的发展和农业技术的改革，集中了必要的劳力、财力和生产工具；农、林、牧、副、渔各业有了新的发展；兴修水利、改良土壤、培育良种、革新农具等工作也开展起来。农业生产门类的扩大，需要动员更多的妇女投入生产。1956年春夏两季，全国民主妇联组织广大农村妇女参加了对《一九五六年——一九六七年全国农业发展纲要》的讨论，激发了农村妇女参加生产的热情。许多农业合作社女社员1957年就达到全国农业发展纲要中“七年内每个农村妇女全劳动力，每年至少做到120个工作日”的要求，妇女劳动日数达到社员劳动日总数的40%以上。

在城市，随着工业和城市建设的迅速发展，女职工队伍日益扩大，不仅大城市妇女就业人数增长，一些原来工业较落后地区的女职工人数也有增长。如甘肃省1955年仅有女职工7800多人，1957年增加到近3万人，山西省女职工也从2万多人增加到4万多人。沿海城市的妇女还参加了支援内地建设的工作，1955年天津市450名妇女，上海市1200名妇女自愿参加新疆建设，1956年上海、无锡、常州、南通等城市的女工数千人到河南、陕西等新建厂工作。据1957年年底统计，女职工就业的行业明显扩大，全民所有制单位的女职工人数比1949年增长约5.5倍。她们分布在工业、运输、邮电、建筑、商业、服务业、金融、科研、文教、卫生等各行各业和党政机关、人民团体中。

二、中国妇女第三次全国代表大会

1957年9月9日至21日，中国妇女第三次全国代表大会在北京召开。全国妇联副主席章蕴做了《勤俭建国，勤俭持家，为建设社会主义而奋斗》的工作报告。报告指出，在中国从新民主主义向社会主义过渡时期，中国共产党通过和平方法，基本上完成了对农业、手工业、资本主义工商业的社会主义改造，建立了社会主义的生产关系，解放了社会生产力，工农业、交通运输、商业、文教、卫生、科学、艺术各方面都取得伟大成就，中国妇女在这场翻天覆地的革命和建设中，再次表明她们是不可缺少的重要力量。现阶段中国人民和妇女的总任务，是继续建成和巩固社会主义制度，在政治战线和思想战线上继续争取社会主义革命的胜利，集中力量发展社会生产力，把中国尽快从落后的农业国变为先进的工业国。根据国家建设的总任务，大会制定了“勤俭建国，勤俭持家，为建设社会主义而奋斗”的妇女运动方针（以下称“两勤”方针）。这是中国共产党和人民政府对妇联工作的要求。中共中央主席毛泽东说：“为了解决勤俭持家的问题，特别要依靠妇女团体去做工作。”① 在第三次全国妇女代表大会的开幕式上，中共中央副主席朱德指出：“我们劳动人民是有勤俭持家的优良传统的，应当加以继承和发扬，我们希望全国妇联带动广大妇女在这方面做出出色的成绩来。”② 中华全国民主妇联主席蔡畅指出：“为建成社会主义，中国共产党向全国人民提出了勤俭建国、勤俭持家的基本方针。对勤俭建国，我们妇女当然有责任，对勤俭持家，妇女更有着特殊的责任，因为主持家务的主要是妇女。”③

大会修改了中华全国民主妇女联合会章程，将会名“中华全国民主妇女联合会”改为“中华人民共和国妇女联合会”。大会选举宋庆龄、何香凝为全国妇联名誉主席，蔡畅为主席，副主席有邓颖超、李德全、许广平、史良、章蕴、杨之华、刘清扬、康克清。

第三次全国妇女代表大会后，各级妇联深入宣传“两勤”方针。1957 年 12 月 24 日，国务院总理周恩来在上海举行的各界妇女 100 多人参加的座谈会上，勉励妇女要勤俭持家，并把勤俭持家的精神通过她们的丈夫和父兄子女贯彻到勤俭建国、勤俭治军、勤俭办社、勤俭办企业和勤俭办一切事业的各

---

① 引自《妇女工作》1957 年 11 期。

② 引自《中国妇女第三次全国代表大会文件汇编》第 2 页，1958 年《中国妇女》杂志社出版。

③ 《中国妇女第三次全国代表大会文件汇编》第 10 页，1958 年中国妇女杂志社出版。

个方面。从 1957 年下半年到 1958 年春季，在各地中共党委的领导下，各级妇联发动城乡妇女掀起勤俭建国、勤俭持家的热潮。1958 年 1 月，全国妇联召开省、市、自治区妇联主任会议，确定 1958 年妇联工作的重点是贯彻执行“两勤”方针。

第三次全国妇女代表大会制定的“两勤”方针，在初步实践中被证明是完全正确的，符合国情、民心，对发动妇女参加社会主义建设，实现国民经济建设的总目标，发扬艰苦奋斗的优良传统，进一步解放妇女有极为重要的意义。这次大会期间，正处在全国范围内反右派斗争扩大化的情况下，大会错误地批判了几位全国妇联执委、著名作家、著名记者和民主党派人士。中共十一届三中全会以后，对这种错误做法进行了纠正，先后为受到错误批评的同志平了反。

第二节 “大跃进”、人民公社化运动对妇女的影响

国民经济建设第一个五年计划的提前和超额完成，鼓舞了全党和全国人民，在社会主义革命和建设的巨大成绩面前，中国共产党领导层滋长了骄傲情绪，不仅没有及时对合作化运动和私营工商业改造中出现的过急、过快的做法加以纠正，反而错误地批判右倾保守思想，1958 年 5 月中国共产党召开八大二次会议，通过了“鼓足干劲，力争上游，多快好省地建设社会主义”的总路线，在缺乏社会主义建设经验和调查研究的情况下，在全国范围发动了“大跃进”和人民公社化运动。在工农业“大跃进”的形势下，1958 年 6 月全国妇联召开了全国妇女工作会议，会上提出第三次全国妇女代表大会制定的“勤俭建国、勤俭持家”的妇女运动方针，“不能充分体现总路线的精神”，“不能体现妇女参加社会劳动的远景”，“看不出解放妇女的明确方向”，断然抛弃了“两勤”方针。这次会议加剧了妇女工作指导思想中“左”的倾向，使妇女运动出现了曲折。

一、“大跃进”、人民公社化运动中妇女工作的失误

在“大跃进”、人民公社化运动中，广大妇女以极大热情投入工农业生

产，妇女就业人数激增，但由于脱离了中国社会生产力发展的实际，妇女工作出现了失误，主要表现在：

第一，片面强调妇女参加劳动的重要性，脱离当时生产力发展的实际需要，动员凡是有劳动能力的妇女都参加社会生产和社会工作。

新中国成立头 8 年，中国妇女就业人数逐年增加，基本适合经济发展的需要。但是在“大跃进”中，国营企业的女职工人数增长过快，从 1957 年的 328. 6 万人猛增到 1959 年的 800 万人，大批城镇家庭妇女被动员参加了街道工业、商业、服务业的工作。据 22 个省、市、自治区的统计，1958 年兴建的 73 万多个民办工业中，85% 以上的职工是妇女。这种盲目扩大妇女就业人数的做法，后来不得不纠正。

第二，不切实际地要求在短时间内实现家务劳动社会化。

“大跃进”、人民公社化运动中，全国妇联领导班子提出把家务劳动组织起来，大办集体生活，大办公共福利事业，实现家务劳动全盘社会化，儿童教养以社会教养为主的方针。到 1958 年年底，全国 26 个省市统计，共建立农村公共食堂 340 多万个，入食堂的农户达 70% 以上，建立托幼组织 345 万多个，入托儿童达 6400 多万人，比 1957 年增长了 10 倍。但由于脱离群众，缺少物质条件和管理经验，许多集体公共服务设施很快就垮掉了。城乡人民公社化运动时，原来从事个体商贩和服务行业的人员有 1/3 改行到农业、工业、交通等部门。商业、服务网点的大量减少和经营单一化，给群众生活带来很多不便，反而增加了妇女的家务劳动负担。

第三，不顾妇女生理特点，破坏了劳动制度，挫伤了妇女参加社会生产的积极性。

1958 年夏季，农业战线出现“放火箭”、“放卫星”的浮夸风，农业搞大兵团作战，不分年龄、不分体力强弱，动员妇女一律上生产第一线，实行生产、生活军事化，吃在田里住在田里。各地还动员大批妇女组成钢铁远征军、钢铁运输队，在山上岭下建起一批批土法炼钢炉、炼铁炉。农业合作化时期建立起来的妇女劳动力调配和劳动保护措施都被冲掉了，由于劳动强度过大，患子宫脱垂的农村妇女增加，占到农村妇女劳动力总数的 20% 以上，在水稻区患闭经症的妇女达50%以上。

二、庐山会议前后妇女运动的波折

经济建设中“左”的错误，很快造成不良后果。1958年11月后，中共中央召开了一系列会议，着手解决经济工作中的偏差。全国妇联根据这一精神，在1958年12月的省、市、自治区妇联主任会议上，讨论了在生产中注意保护妇女健康等问题。1959年纪念“三八”国际劳动妇女节大会上，全国妇联主席蔡畅要求进一步解决集体生活福利中的管理经验不足和服务质量差等问题，指出托儿所、幼儿园的兴建，要根据生产发展和群众的要求，从实际出发，因地制宜，但当时中共“左”的指导思想没有根本扭转，妇女工作中的偏差不可能彻底纠正。

1959年7月27日至8月16日，全国妇联召开省、市、自治区妇联主任扩大会，对“大跃进”和人民公社化运动中的妇女工作进行总结。前期会议气氛民主，一些地方妇联干部根据基层实际情况对妇女工作中存在的某些不实事求是、脱离实际、急躁冒进的做法提出诚恳批评。她们指出，在经济“跃进”的形势下，全国妇联领导头脑发热了，工作不深入，思想方法上产生片面性，基层工作也发生了种种“左”的偏差。这些意见是中肯的，但由于受到中共中央庐山会议的影响，妇联主任会议后期转为“反右倾”，错误地批判了那些给妇女工作提出正确意见的人，个别人被错定为“右倾”机会主义分子，助长了妇女运动中“左”倾错误的发展。

1960年上半年，中国掀起新的“跃进”高潮。2月，全国妇联召开的第三届二次执委会，错误地肯定了“大跃进”、人民公社化运动中的妇女工作，进一步提出“全面组织人民生活，使集体生活成为社会主义社会的主要生活方式”的过头口号；同年3月，在郑州召开的中南协作区城市人民公社现场会和五月在哈尔滨召开的保育工作现场会上，妇联又提出“把全体妇女都变成工人阶级，变成社会劳动者”，“儿童教养应以社会教养为主”的脱离实际的口号，妇女运动继续受到挫折。

第三节 贯彻国民经济调整的方针

由于中国共产党在领导经济工作中的失误和全国范围发生的自然灾害，1959 年到 1961 年，中国经济出现严重困难。1960 年冬，中共中央提出了“调整、巩固、充实、提高”的八字方针（以下简称“八字”方针）。

为贯彻中共的“八字”方针，纠正“大跃进”时期妇女工作中“左”的错误，1961 年 12 月全国妇联召开省、自治区、直辖市妇联主任会议，初步总结了“大跃进”、人民公社化运动中妇女工作的主要错误：（1）片面强调妇女参加社会劳动的重要性，不顾妇女生理特点和生产力发展的水平，盲目提出“把一切有劳动能力的妇女一律组织到社会生产劳动中去”，结果欲速则不达。（2）不切实际地要求在短时间内实现家务劳动社会化，妇联提出“大办公共福利事业”“大办食堂”“一夜托儿化”等过左的口号，这些做法脱离了当时的社会生产水平，助长了冒进风。（3）错误地估价了妇女解放的进程，认为中国妇女彻底解放的历史任务已经基本完成，妇女运动进入了一个新的阶段，有的领导人和地方妇联认为妇联组织可以取消。

这次会议上，邓小平代表中共中央作了重要讲话。他指出：妇联要把经常工作建立起来。大量的日常工作是基础，突击运动只有建立在这个基础上才可靠，要做深入细致的工作，要建立和健全基层组织。有了基层工作，有了经常工作，妇女工作的方针、口号才有希望落实。他还指出：妇女工作一定要管本行、议大事。妇联干部要看世界，妇女群众也要关心政治。开各种会，要谈形势；听了报告，要发表点议论，养成风气。“两勤”方针不变。

调整时期，妇联改变了搞运动式的工作方法，纠正了某些虚假浮夸的作风，恢复密切联系群众，深入细致的传统，先后在十几个省的农村进行调查，共写出调查报告 500 余份。妇联还与卫生医疗机构一起，在城乡开展了防治妇女病的工作，对妇女子宫脱垂和闭经病进行普查，培训农村保健员、接生员，建立妇女“四期”保健制度。

这一时期，根据中共中央整顿基层群众组织的指示，基层妇女组织得到了恢复。1963 年，全国妇联制定了《农村基层妇女代表会工作条例（试行草案)》和《城市街道基层妇女代表会工作条例（试行草案)》，分别规定了农村和城市街道基层妇代会的性质、任务、组织、经常工作和工作方法，使基层妇女组织的工作有章可循。经过整风整社运动，基层妇联配齐了干部，明确了任务，妇女干部的政策和业务水平有所提高，工作作风有了改进。全国妇联还先后对1959年被错误批判有“右倾思想”的干部，被错误戴上“右倾机会主义分子”帽子的干部，进行了甄别平反，使一批干部放下了思想包袱。

国民经济调整期间，各级妇女联合会动员和组织女职工、女社员、家庭妇女和被精简回乡的女职工开展增产节约运动，参加各种生产劳动，并帮助她们安排好生活。农村基层妇联干部参加了建立健全农村人民公社三级所有制的工作，对人民公社化时无代价占用群众的生产资料、牲畜、家禽、种子、现款、家具等，一一统计，有计划地退赔。她们带领农村妇女群众，积极恢复农业生产，发展家庭副业、手工业和饲养业。城市女职工认真贯彻“八字”方针，增加生产、厉行节约、减少消耗、提高产品数量和质量。城镇家庭妇女，响应政府“生产自救，节约度荒”的号召，进行多种家庭生产，利用房前屋后空地种菜、养鸡，做到计划用粮、计划开支。

经过3年调整，工农业生产得到新的发展，人民生活有所改善，1963年全国经济复苏，1965年社会主义建设又出现欣欣向荣的景象。各级妇联坚持以“组织妇女参加生产”为中心，引导广大妇女群众办农业、办副业，为工业生产提供了大量原材料，为市场提供了各种农副产品。

第三章
灾难深重的十年（1966—1976 年）

1966 年 5 月至 1976 年 10 月的“文化大革命”，使中国共产党、国家和人民遭到新中国成立以来最严重的挫折和损失，对妇女解放运动同样是一场浩劫，广大妇女深受其害。

第一节　妇女解放运动受到挫折

一、妇女组织被搞垮，女干部、女劳模遭迫害

“文化大革命”中，由于“左”的错误指导思想，特别是由于林彪、江青反革命集团蓄意篡党夺权、挑动派性、分裂群众、制造内乱，把斗争矛头指向党、政、军、人民团体等领导机关和领导干部，使党和国家陷入长达十年之久的动乱。妇联也不例外，林彪、江青反革命集团先后插手妇联的运动。他们颠倒是非、混淆黑白，诬蔑全国妇联是“黑线统治”、“资产阶级一统天下”，全盘否定“文化大革命”前 17 年妇女解放运动的光辉成就，全盘否定广大妇女在社会主义革命和建设中的伟大贡献，狂呼“砸烂旧妇联”，妇联工作被迫停止。毛泽东 1966 年 8 月 20 日题写刊名，并由月刊改为半月刊的《中国妇女》杂志，也被迫停刊；妇联档案被抄、被毁；大多数领导干部被加上各种莫须有的罪名而停职受审查。仅全国妇联机关就有两名专职副主席受诬陷、被打倒，书记处的 13 名书记中，9 名被批斗，部长、副部长 35 人中有 27 人遭诬陷，56 名科级干部中有 38 人挨批斗，加上 36 名一般干部和 6 名工人，全国妇联机关 39.2% 的工作人员被牵连进冤、假、错案。其中，定为敌我矛盾的 24 人，被捕入狱 1 人，关进牛棚 33

人，遣送回原籍的3人，2人被迫害致死，开除党籍的21人，给予党纪或行政处分的22人。在全国，从城乡基层妇代会到省、自治区、直辖市的妇联，全部被迫停止了工作，领导干部也不同程度地遭到了被诬陷、打倒的厄运。

1971年“九一三”事件后，周恩来总理在毛泽东支持下主持中共中央日常工作，妇联工作受到关注。1973年经毛泽东圈阅批准的二十三号文件（即《中共中央转发天津市委关于召开妇女代表大会的请示报告的批示》）提出要有计划、有步骤地抓紧把各级妇联组织恢复起来，康克清等少数领导干部也得到初步解放。中共中央十大以后，王洪文当了中共中央第一副主席，江青反革命集团以批林批孔为名把攻击矛头指向周恩来，并掀起“批邓、反击右倾翻案风”的层层恶浪，加紧了篡夺党和国家最高权力的步伐。他们直接插手第四次全国妇女代表大会筹备组，叫嚷“党内资产阶级、走资派是广大妇女彻底解放的最凶恶的破坏者”，“同走资派进行针锋相对的斗争是妇女彻底解放的必由之路”，扬言要把妇联组织变成“专政工具”，妄图把妇联作为他们阴谋夺权的一个据点。

一批在革命战争年代领导过妇女运动、新中国成立以后担任了各部门负责工作的女革命家，如中共中央组织部副部长帅孟奇、全国总工会副主席陈少敏、中共中央监察委员会副书记钱瑛、纺织工业部副部长张琴秋、全国妇联兼职副主席、全国总工会女工部部长杨之华，以及一些女省委书记、女副省长等，都遭到迫害，其中钱瑛、张琴秋、杨之华被迫害致死。民主党派、工商联和无党派的女领导人、知名妇女也受到冲击，民主党派和工商联的妇女组织解体。

在科学、技术、文化、教育、医药卫生等岗位上工作的女干部、女知识分子受到极大伤害。许多有才能、有成就、有贡献的女专家、教授被诬蔑为“臭老九”，被戴上走“白专道路”的帽子，有的被打成“反动学术权威”，其中不堪侮辱含冤而死者有之，折磨致残致死者有之。一些女劳动模范、女先进工作者，凡是坚持生产、工作的，都被侮蔑为“只拉车，不看路”的“黑标兵”。

二、妇女运动理论和妇女工作方针、政策被否定

中国各族各界妇女和妇联干部，在长期革命和建设的实践中，深刻认识到中国共产党的领导是妇女翻身解放的根本保证，马列主义、毛泽东思想是妇女解放的指路明灯，社会主义道路是妇女解放的正确道路。中国妇女运动的方针、政策和任务，都是在中共中央关怀和直接领导下，根据中共的总路线、总方针、总任务，从妇女群众实际出发，通过全国妇女代表大会及其他重要会议讨论决定的，体现了马列主义与中国妇女实际情况相结合的原则，引导着广大妇女在社会主义大道上前进，使中国妇女运动获得了举世瞩目的成就。而林彪、江青反革命集团却煽动“踢开党委闹革命”，安插和培植帮派势力，妄图以帮代党，扭转妇女运动的大方向。

妇女参加社会劳动是妇女解放的先决条件，这是马克思主义妇女观的一条基本原理。中共中央多次做出指示和决议，妇女工作必须以发动妇女参加生产劳动为中心任务，妇联组织一直坚持贯彻执行这个方针，取得了很大成绩，深得广大群众的拥护。而在林彪、江青反革命集团到处煽动批判“唯生产力论”的日子里，“以生产为中心”的妇女工作方针被扣上“修正主义路线”的罪名。林彪、江青反革命集团还特别反对中国妇女第三次全国代表大会制定的“勤俭建国、勤俭持家，为建设社会主义而奋斗”的妇女运动根本方针。因为第三次全国妇女代表大会上关于“两勤”方针的报告，从提纲到内容都是邓小平提出，经过中共中央书记处两次讨论，再提交中共中央政治局，由刘少奇主持中共中央政治局会议讨论通过的。其实这些都是根据毛泽东曾经作的指示而决定的。毛泽东在这之前不久说过：在生产资料私有制的社会主义改造基本完成后，为了建设伟大的社会主义强国，需要几十年艰苦奋斗，其中包括厉行节约、反对浪费这样勤俭建国，勤俭办一切事业的方针。毛泽东还指出：勤俭持家，要依靠妇女团体多做工作。这一方针是毛泽东和中共中央决定以“生产为中心”方针的继续与发展。林彪、江青反革命集团为了实现打倒刘少奇、邓小平的罪恶目的，一而再、再而三地批判这个正确方针是“阶级斗争熄灭论”，胡诌什么勤俭建国是“发家致富，复辟资本主

义”，勤俭持家是和法西斯头子希特勒一样“拉妇女回厨房”。

保护妇女利益、实现男女平等，历来是中国共产党纲领内容的一部分，是整个党的、无产阶级的、人民大众的利益的一部分，也是妇联工作的宗旨。妇联坚持密切联系妇女群众、关心妇女群众生活、服务妇女群众的方针，大力维护妇女儿童的合法权益，为广大妇女排忧解难，在提高妇女的政治觉悟，调动她们的劳动积极性，促进妇女进一步解放中发挥了重要作用。这些好的工作方法、工作经验，在“文化大革命”中却被批判为“福利主义”，“只抓婆婆妈妈的小事”。

中国共产党领导下的统一战线，是中国革命的三大法宝之一，妇女界的统一战线工作是党的统一战线工作的一部分。第一、二、三次全国妇女代表大会通过的决议、章程，都清楚地表述了妇联是工人阶级领导下，以城乡劳动妇女为基础，广泛联系和团结各阶层、各界爱国妇女的组织。妇联既是中国共产党领导下的劳动妇女的组织，又是中国共产党领导下的妇女界的统一战线组织。“文化大革命”前十七年，各级妇联机构中都有共产党员、劳动妇女和党外人士、爱国民主妇女共同工作。在全国妇联第三届执行委员中，共产党员与党外人士的比例为7:3，非党人士和共产党员一样有职有权，尽职尽责，发挥了很大作用。林彪、江青反革命集团煽动极左思潮，给妇女界的统一战线加上“阶级投降主义”的罪名，把爱国民主妇女当作阶级敌人来批斗，严重破坏了中国共产党的统一战线政策，破坏了妇女界的大团结。

三、妇女和儿童的切身利益受到损害

十年动乱中在国家政治、经济、文化生活和妇女解放运动遭到全面破坏的情况下，妇女、儿童的切身利益也受到损害。

在农村，林彪、江青反革命集团鼓吹“宁要社会主义的草，不要资本主义的苗”，片面强调“以粮为纲”，把林、牧、副、渔基本砍掉了。农民的自留地、自留畜、自留树，以及妇女饲养的鸡、鸭、猪、羊等家禽和家畜，都当作“资本主义尾巴”，强行收归集体。农村妇女从事的传统手工编织、刺绣等，因为关闭了集市贸易，截断了流通渠道，被迫废弃。“按劳分配”、“同工同酬”被批判为资产阶级法权，挫伤了农村妇女的劳动积极性。

工矿企业的生产受到无政府主义思潮的干扰，合理的规章制度被当作资本主义的“管、卡、压”一风吹掉，妇女劳动保护被取消。在片面强调“男同志能干的女同志也能干”的口号下，各地建立了一些不适合妇女生理条件的妇女专业生产组织，鼓励妇女从事超体力的强度劳动和高温、高寒、高空、高压作业，损害了女职工的身体健康。

儿童保育和青少年教育工作被严重破坏，全国托幼机构及幼儿师范学校的数量大幅度下降，很多托儿所、幼儿园及幼儿师范停办，房屋被挤占，设备遭破坏，规章制度被废弃，大批保育教育工作者被戴上“培养修正主义苗子”的帽子，受到打击迫害。各级各类学校成为“斗、批、改”的重点，是十年内乱的重灾区，十七年建立起来的社会主义教育方针和制度被否定，良好的学习秩序和尊师风尚荡然无存，“四人帮”大肆鼓吹“读书无用”“知识越多越反动”“交白卷是英雄”，造成学校停课，青少年失学，新文盲大量出现，妇女中的文盲、科盲更多。

由于公检法机关被冲垮，法律法规被践踏，一些封建的陈规陋俗死灰复燃，致使包办买卖婚姻、金钱婚姻、凌辱虐待妇女、拐卖妇女和儿童、妇女集体自杀等事件有所增长，甚至出现了新中国成立后业已绝迹的丑恶现象。

第二节　广大妇女同林彪、江青反革命集团的斗争

“文化大革命”初期被卷入运动的大多数人，是出于对毛泽东和中国共产党的信赖，除了少数极端分子和投机者外，绝大多数人不赞成对领导干部进行残酷斗争。各级领导干部，包括各级妇联的领导干部，无论是被打倒的，或是一直坚持工作的，或者是先后恢复工作的，绝大多数是好的、爱国的，她们的社会主义、共产主义信念是坚定的。遭到迫害和磨难的女知识分子、女劳模、妇女界的爱国民主人士和爱国华侨，以及受到损害的各族各界的广大妇女，都没有动摇热爱祖国，拥护中国共产党，拥护社会主义的立场。特别是在认清“批林批孔”、“批邓”、“反击右倾翻案风”的真实目的和看到悼念周总理、反对“四人帮”的“四五”运动被镇压后，越来越多的妇女识破

了江青的反革命面目，她们对阴谋集团的倒行逆施看在眼里、恨在心头，和全国人民一起进行了艰难曲折的斗争。

从“文化大革命”初期到后期，出现了许多抵制极左错误，同林彪、江青反革命集团进行斗争的可歌可泣的女英雄。

例如，1968 年 10 月，中国共产党召开八届十二中全会，通过开除刘少奇出党的决议。在表决时，女中央委员、老一辈无产阶级革命家陈少敏没有举手。会后，康生严厉地责问陈少敏为什么不举手，陈回答：“这是我的权利！”从此，陈少敏被禁止参加中共中央和人大常委召开的各种会议，又被遣送河南农村劳动改造。但她始终认为强加在国家主席刘少奇头上的 3 顶帽子是假的，相信党和人民总有一天会搞清楚。林彪篡党夺权的阴谋败露后，她提醒身边的同志：林彪死了，党内除掉一大患，可是他的同伙还大有人在，党内还会出现狂风暴雨，共产党员的言行要对党、对群众、对国家负责，不能犯软骨病。陈少敏一直坚持与林彪、“四人帮”作顽强的斗争，直到他们一伙垮台。

张志新是同反革命集团无畏斗争的另一个典型。她原是辽宁省宣传部的女干部，“文化大革命”初期，她旗帜鲜明地反驳“刘少奇是资产阶级司令部代表”的错误说法，公开揭露林彪、江青一伙迫害老干部的罪行。当她身陷囹圄、亲人离散、家庭破裂时，仍然拒绝改变观点，充分表现出一个女共产党员坚持真理的高尚品质。1975 年 4 月，她被“四人帮”帮派分子控制的公检法机关秘密枪杀。1978 年中共辽宁省委为她平了反，并追认为革命烈士。

在动乱年代，广大妇女顶住无政府主义思潮干扰，坚持生产、工作、科研和教学，她们用实际行动抵制林彪、“四人帮”乱党乱国的行径。如包头钢铁公司焦化厂女工程师唐嗣孝，面对社会上全面否定规章制度，乱批“管卡压”的形势，仍然要求工人坚守岗位责任制，严格执行操作规程。在“四人帮”兴风作浪，大搞“评法批儒”、“反击右倾翻案风”时，她领导和组织厂里开展“装满煤”活动，有人诬蔑“装满煤”活动是“右倾翻案风”，她顶住压力，鼓励工人们坚持生产。

当江青反革命集团妄图树立江青的“女皇”形象，大肆炮制吹捧吕后、武则天、慈禧太后的文章，到处兜售“江青连衫裙”，宣扬江青“男人要让位，女人来管理”的论调时，许多妇联干部十分反感，不理睬、不宣传、不照办，使“四人帮”的阴谋难以得逞。

1976 年 1 月 8 日，周恩来总理不幸逝世。“四人帮”利用手中的权力，阻止人民对周总理的悼念活动。刚刚准备恢复出版的《中国妇女》试刊编辑部的工作人员，不顾“四人帮”的禁令，在试刊号中加进了周恩来的遗像和邓小平所致悼词的插页。尽管“四人帮”的主要成员姚文元强令收回杂志，撤去插页，而广大妇女干部和群众以沉默来对抗。4 月 5 日天安门广场爆发了悼念周总理、反对“四人帮”的强大抗议活动，成千上万的妇女制作了小白花，书写下革命诗篇，勇敢地加入了人民斗争的行列。

1976 年 10 月 6 日，中共中央政治局代表人民的意志，一举粉碎了“四人帮”，结束了“文化大革命”这场灾难，挽救了中国共产党，挽救了国家，挽救了人民，也挽救了妇女解放事业和广大妇女。

第四章
社会主义建设新时期（1977—1990 年）

1976 年 10 月，中国共产党粉碎了江青反革命集团，结束了十年内乱，中国进入了新的发展时期。1978 年 12 月，中国共产党召开第十一届三中全会，开始全面地认真地纠正“文化大革命”及以前的“左”倾错误，确定了解放思想，开动脑筋，实事求是，团结一致向前看的指导方针，做出了党和国家的工作重点转移到社会主义现代化建设上来的战略决策，走建设有中国特色的社会主义道路。从中共十一届三中全会开始，经过十二大和十三大，形成了社会主义初级阶段的基本路线：以经济建设为中心，坚持四项基本原则，坚持改革开放。这条基本路线及一系列方针政策，成为各项妇女工作的指导原则。各族各界妇女以极大热情，在各自的岗位上，为实现这条基本路线及社会主义现代化建设的宏伟目标而努力奋斗。

第一节　拨乱反正，妇女工作以经济建设为中心

一、中国妇女第四次全国代表大会的召开和妇女工作的恢复

十年动乱结束后，国家百废待兴，停顿了 10 年的妇女工作也亟待恢复。为了拨乱反正、制定新时期妇女运动的任务，1978 年 9 月 8 日至 17 日，中国妇女第四次全国代表大会在北京召开。康克清作了《新时期中国妇女运动的崇高任务》的报告。这次大会对总结妇女运动的历史经验和教训，把全国妇女的思想统一到社会主义现代化建设的大目标下，有重要的意义。大会批判了林彪、江青反革命集团搞乱妇女运动路线、残酷迫害妇女干部、妄图把妇女组织变成其篡党夺权工具的罪行，充分肯定了广大妇女在社会主义建设和

同林彪、“四人帮”反革命集团斗争中所做出的贡献，肯定“文化大革命”前十七年妇联组织是执行马克思主义路线的，妇女运动的成绩是巨大的。

大会要求广大妇女在新的历史时期，完整地、准确地学习和运用毛泽东关于妇女解放运动的理论，肃清林彪、“四人帮”在妇女工作中散布的流毒，特别着重领会妇女解放的六个基本观点：第一，妇女是一支伟大的革命力量，没有广大妇女参加，中国革命不可能取得胜利，要不断地同忽视妇女力量和轻视妇女运动的观念作斗争。第二，妇女解放运动是整个无产阶级革命事业的组成部分，妇女运动要坚持在中国共产党的领导下，走社会主义道路，完成党在一定时期内的中心任务，在这个过程中，积极开展妇女工作。第三，参加社会生产劳动是妇女解放的一个基本条件，只有充分发动和广泛组织妇女参加社会生产劳动，加快社会主义建设的进程，才能逐步改善妇女的经济地位和政治地位，为妇女的彻底解放创造必要的物质和精神条件。第四，把妇女的根本利益和切身利益结合起来，关心妇女生活，保护妇女权益，贯彻男女平等政策，同一切损害妇女利益的思想和行为进行斗争。第五，在中国共产党的领导下建立妇女组织，开展妇女运动，重视培养妇女干部。第六，全世界各国的妇女解放事业是相互支持的，要增进同各国妇女的友好往来，学习她们的长处，支持她们的正义斗争。

大会提出，中国共产党确定的在 20 世纪内把中国建设成为农业、工业、国防和科学技术现代化的伟大社会主义强国的总任务，就是妇女在新时期的崇高任务，提出了“四个现代化需要妇女，妇女需要四个现代化”的口号，激励各族妇女参加社会主义建设。实现四个现代化的中心环节是发展国民经济，中国妇女是一支伟大的人力资源，继续发动妇女参加工农业生产，充分发挥妇女在生产中的作用，保护妇女劳动力和生产积极性，是经济建设的需要；发展科学技术是实现四个现代化的关键，广大妇女要完成肩负的建设任务，必须努力学习文化和科学技术知识，各条战线都要培养大批女科技、管理人才，女科技工作者要勇攀科学高峰，为中国科学技术现代化做贡献。在完成“四化”建设总任务的同时，积极发展后勤服务，减轻女职工、女社员的家务负担，做好培育革命后代的工作，教育妇女用社会主义思想处理好婚姻家庭关系，加强妇女界的革命统一战线和各国妇女间的友好往来。大会将会名“中华人民共和国妇女联合会”改为“中华全国妇女联合会”。

大会推选宋庆龄、蔡畅、邓颖超为中华全国妇女联合会名誉主席，康克清为主席，副主席有史良、罗琼、吴贻芳、曾宪植、雷洁琼、林巧稚、李宝光、郝建秀、黄甘英、林丽韫、关建、阿沛·才旦卓嘎、玛依努尔。

第四次全国妇女代表大会是在中共十一届三中全会之前召开的，由于当时的历史条件，这次会议在揭穿林彪、“四人帮”篡党夺权的反革命阴谋及他们的错误理论方面，受到一定限制；也未能彻底清理极左思潮对妇女运动的影响。中共十一届三中全会以后，全国妇联进一步肃清“文化大革命”的遗毒，彻底批判林彪、江青反革命集团篡党夺权的阴谋及强加给妇女运动的诬蔑之词；清除“以阶级斗争为纲”对妇女运动的影响；纠正限制农村妇女种自留地、养自留畜、植自留树的“左”的政策；不再提倡组织超越妇女生理条件的高、难、尖专业队；要求根据社会生产力发展的水平，发展妇女儿童事业，不提过头口号和过高指标；理论上确认实现家务劳动社会化的长期性，实事求是地促进家务劳动的现代化、社会化的发展。在妇联干部中认真开展了“实践是检验真理标准”的大讨论，端正了思想路线。

经过两年的工作，历史上遗留的冤假错案得到平反昭雪，错划的右派得到纠正，“文化大革命”中受到不公正批判和迫害的女干部、女科技工作者、女教师、女劳动模范等名誉得到了恢复，妇女干部队伍得到整顿，有经验的老妇女干部根据需要重新回到工作岗位，一批年富力强、德才兼备的中、青年女干部被提拔到各级领导机关。1980 年，全国女干部已有 470 多万，占干部总数的 26%，全国妇联系统的专职妇女工作干部达 8 万人。

全国各种妇女组织也逐步恢复工作和加强自身建设。中华全国妇女联合会和所属的省、自治区、直辖市、地、县妇联的领导班子进行了调整，城乡基层妇女代表会得到充实加强，全国政协妇女组织和各民主党派妇女组织恢复正常活动，全国总工会女工部及厂矿、企业女工委员会，进一步发挥组织、教育、提高女职工的作用，过去没有妇女工作机构的党政机关，也陆续设立妇女工作委员会。

同时，妇联的各级妇女干部院校陆续恢复和兴办，妇女报刊的出版工作也得到恢复和发展，农村妇女工作、城市妇女工作、妇女宣传教育工作、妇女统战工作、妇女运动历史和理论研究工作、儿童工作、妇联国际工作等，都出现新的生机。

二、国民经济调整、改革初期的妇女工作

1979 年中共中央决定对国民经济实行“调整、改革、整顿、提高”的方针，各行各业的妇女积极参与了国民经济的调整、发展工作。为贯彻《中共中央关于加快农业发展的若干问题的决定（草案）》，全国妇联于 1980 年、1982 年召开两次农村妇女工作会议，研究落实中共各项农业经济政策，制定了《关于加强当前农村妇女工作的决定》和《关于加强农村妇女宣传工作的几点意见》。1979 年至 1981 年，农村妇女工作主要是广泛宣传中共在农村的各项经济政策，用政策调动妇女的生产积极性；建立以家庭联产承包为主的生产责任制，鼓励妇女走勤劳致富的道路；调查农村妇女劳动力资源，开发适合妇女经营的项目，支持妇女参加多种经营、社队企业和家庭副业等生产，帮助妇女解决供产销中的问题；加强农村基层妇代会建设，发挥基层妇代会在组织妇女治穷致富中的作用。1982 年至 1984 年，深入推行农业生产责任制，总结和推广妇女专业户的经验；开展各种形式的农业技术培训，提高妇女的文化、技术和生产管理能力；改革在新的生产形式下的妇女工作，把一般性会议变成一家一户细致的指导工作；研究在个体承包生产中，如何落实妇女的各种权益和劳动保护措施。

各项农业政策的落实，改善了妇女的劳动环境，广开了妇女生产的门路，有利于发挥妇女在生产中的特长。特别是实行各种形式的联产承包责任制，生产形式灵活了，便于合理使用妇女劳动力，许多妇女从参加单一的粮食生产转向从事多种经营，由笨重的体力劳动转向专业性技术性生产；由于劳动者的报酬直接与劳动成果挂钩，男女同工同酬原则得到进一步落实，提高了妇女的生产积极性，家庭收入增加了，农民生活得到改善；农业多种经营和专业生产的发展，激发了妇女学文化、学科学的热情，勤劳致富思想、商品

竞争意识、自主自立观念在农村妇女中逐步树立起来。

在农村经济体制改革中，妇女工作也面临新的问题，主要是在土地承包中，一些地区出现了男女承包土地数量不均，妇女承包土地权得不到保障的现象；在联产承包中，缺少男劳力的家庭完不成承包任务，影响了生产和家庭收入；土地、生产、产量包到家庭后，原有生产队长、妇女队长撤消了，中共基层组织的政治工作和妇女工作有所削弱，农村中的封建意识、迷信、赌博、大办红白喜事的陋俗有滋长蔓延趋势，侵害妇女合法权益的案件得不到应有的处理。现实中存在的消极东西和某些政策的不完善，有待农村改革的深入发展去解决。

城市经济的调整和改革，主要解决国民经济内部比例的严重失调，完善企业管理制度，推行经济责任制，提高生产效益，搞活企业和市场。在调整企业内部结构，整顿职工队伍时，一些女工因素质不高、工种不适合被调整下来。她们服从企业安排，转到其他工种或其他行业，暂时安排不了的编余女工，也努力学习文化和技术，准备重新就业。女职工广泛开展了争当“三八”红旗手和“三八”红旗集体的活动，积极参加企业的技术革新、增产节约和创新夺标，还踊跃参加各种形式的文化补习、岗位培训和“振兴中华读书”活动。各级妇联和工会女工部、企业女工委员会为使女职工能提高素质、安心生产、保持旺盛的生产效率，大力协助政府有关部门，办好托儿所、幼儿园和饮食服务行业，解决女职工的后顾之忧。

有些人在调整、改革中，借口社会待业问题和企业超员问题，主张让部分女职工回家。对这种意见，全国妇联认为，妇女参加社会劳动是妇女获得经济独立权和进一步解放的必要条件，也是国家的重要政策。几十年来，新中国妇女已经成为各行各业生产的重要力量，她们之中的大多数人已锻炼成为有一定技术和能力的劳动者。笼统地提出让已就业的女职工退回家庭，势必削弱社会主义建设的力量。全国妇联指出，解决待业问题要靠政策，靠国民经济的发展，要妇女回家，腾出岗位安排男劳力，不是解决待业人员就业的根本途径，而是拆东墙补西墙；对女职工受家务拖累的问题，要通过发展生产，积极促进家务劳动社会化去解决，而不能让女职工回家搞家务；对某些有实际困难的女职工，可以根据她们本人的意愿，适当延长产期、哺乳期的时间，有些自愿回家的，也可以允许退职回家。总之，应该从全局出发，重视和支持妇女劳动就业，对具体问题分别对待。全国妇联的建议得到中共中央书记处、国务院、国家劳动部的支持。

三、妇女工作重点的调整

为了消除十年动乱对青少年造成的不良影响，抵制资产阶级腐朽思想对青少年的侵蚀，培养“四化”建设所需要的合格人才，1981 年年初，中共中央书记处指示全国妇联把儿童少年工作作为重点，牵头做好三亿以上儿童和少年的工作。在中共各级党委的统一领导下，妇联牵头联系、协调、推动有关部门和人民团体，共同加强对儿童少年的教育，在发展托幼事业、筹集儿童少年活动经费、生产儿童食品、服装、出版儿童少年读物、排练拍摄儿童剧目和影片、开展家庭教育研究等方面，做出很大成绩。

1982 年 5 月全国妇联第四届第四次执委会上，中共中央指示各级妇联到基层去调查研究，及时向党和政府反映情况，同危害妇女儿童权益的行为坚决斗争，维护法律的尊严。全国妇联根据中共中央的指示，重新调整了工作，在重点抓儿童工作的同时，继续动员和组织妇女群众参加社会主义现代化建设，组织妇女学习政治、技术和文化，维护妇女儿童的合法权益，帮助群众正确处理恋爱、婚姻问题，搞好计划生育宣传，贯彻和落实女职工、女社员的劳保福利政策等。从 1982 年起，妇联与宣传、司法、民政、工会、共青团等部门联合，加强了对新婚姻法的宣传和贯彻，开展有关婚姻家庭理论的研究，提倡用社会主义道德观念处理婚姻家庭问题，推进婚姻家庭领域的社会主义精神文明建设。对诱骗、拐卖妇女的犯罪分子，妇联配合公安、司法、民政等部门，在全国十数个省、自治区进行了打击。1983 年经中共中央批准，全国县以上妇联设置了法律顾问机构，依靠妇联组织的力量，向广大妇女进行法制教育，为妇女提供法律帮助。1983 年全国妇联第四届七次常委扩大会通过了《认真贯彻中央指示精神，坚决维护妇女儿童合法权益》的决议，进一步明确了妇联工作的方针任务是：坚决维护妇女儿童的合法权益，抚育、培养儿童少年健康成长，充分发挥妇女在建设社会主义物质文明和精神文明中的重大作用。

第二节 改革开放时期妇女运动的任务

1982 年 9 月，中国共产党第十二次全国代表大会提出了中国到 20 世纪末经济建设的总目标和实现这个目标的思想、政治方面的保证，确定改革、开放的经济建设方针。十二大报告还指出，妇女不仅是经济建设中的重要力量，而且在社会主义精神文明建设中具有特殊的重要作用，妇联要成为代表妇女利益，保护和教育妇女，保护和教育儿童的有权威的群众团体。1984 年 10 月，中共中央召开十二届三中全会，做出经济体制全面改革的决定。全国妇女与各族人民一起，拥护中国共产党的改革、开放方针，积极投身改革。

一、中国妇女第五次全国代表大会

1983 年 9 月 2 日至 12 日，中国妇女第五次全国代表大会在北京召开。全国妇联主席康克清做了《奋发自强，开创妇女运动新局面》的报告。报告指出，在中共十一届三中全会以后，妇女运动冲破“左”倾思想的束缚，重新走上健康发展的轨道，赞扬各族各界妇女群众和妇女干部，坚持四项基本原则，坚决贯彻执行中国共产党十一届三中全会以来的路线、方针、政策，为国家的振兴做出巨大的贡献。会议认为，中国共产党十二大确定的中国到二十世纪末经济建设的宏伟目标，对社会主义现代化建设有着重大意义，各族各界妇女要在中共十二大精神指引下，在社会主义物质文明和精神文明建设中，充分发挥主动性和创造性，开创妇女工作的新局面。今后 5 年的主要任务是：提高妇女的社会主义觉悟和文化科技水平；维护妇女儿童的权益；继续精心培养儿童和少年，大力发展托幼事业；教育妇女用社会主义思想处理婚姻家庭问题；加强各民族妇女的团结和妇女界统一战线；发展同世界各国妇女的友好关系。

会议特别强调，为适应社会主义现代化建设的需要，改变中国妇女化素质偏低的状况，要把提高全体妇女的政治思想、文化和科学技术水平，作为今后五年的重要任务。尽早使农村中的文盲、半文盲妇女摘掉文盲帽子，鼓励农村女青年安心务农，积极参加农业技术学习，掌握各种农副业科学技术知识。城镇女职工按照各自的条件，参加多种多样的正规或业余学习，掌握并精通本职业务。科学技术工作者和文学艺术工作者，要不断更新知识，努力创新，勇攀文化科学技术高峰。

会议还强调要广泛宣传宪法和各项法律，维护妇女儿童的权益，教育广大妇女要学法、懂法、守法，勇于捍卫法律赋予自己的神圣权利。对社会上摧残、拐卖妇女儿童的犯罪活动要坚决打击；对干涉妇女婚姻自由、溺弃女婴、虐待生女孩的母亲等违法行为，要抵制和依法处置；在招工、招生、提干中贯彻男女一视同仁的原则。

大会选举康克清为第五届全国妇联主席，副主席有罗琼、吴贻芳、雷洁琼、谭惕吾、李文宜、张帼英、郭力文、黄甘英、林丽韫、阿沛·才旦卓嘎、玛依努尔、王琇瑛、谭茀芸。

二、经济体制改革中的妇女

1984 年 10 月 23 日，全国妇联发出《关于学习、贯彻〈中共中央关于经济体制改革的决定〉的通知》，要求广大妇女通过深入学习，了解经济改革的目的、意义、方针和政策，破除不利于改革的思想障碍，积极投身改革大业。

改革给农村妇女带来巨大变化。随着家庭联产承包责任制的推行和农村产业结构的调整，妇女劳动力开始战略性转移，农村妇女参加生产劳动的结构逐步趋于合理，她们在农田劳动中，尤其在家庭副业等多种经营中发挥出更大作用。妇女还从传统的种植、养殖业跨入了加工、纺织、服装、电子、民间工艺等行业，从生产领域迈进流通领域，成为农村商品经济发展的生力军。农村妇女参加劳动的方式也更加灵活，她们可以根据自己的体力、文化程度、技术水平选择适合的劳动，合理安排生产劳动和家务劳动的时间。过去多年未能解决的男女同工同酬和妇女劳动保护问题得到适当的解决。农村经济的发展还激发了妇女学文化、学技术、科学生产的热情，结合落实国家星火计划，各地妇女积极参加了“学文化，学技术，比生产，比贡献”的活动。据 1990 年统计，全国已有 1.1 亿农村妇女踊跃参加了实用技术培训，其中 60% 的人掌握了一门以上的实用技能。在新兴的乡镇企业中，农村妇女是活跃的力量。有的地区乡镇企业女职工占企业职工总数的 40% 以上，她们不仅从事工业生产劳动，农忙季节和工余时间也参加农副业生产，在发展农村经济中起到重要作用。

城市经济改革全面展开后，全民和集体企事业 4000 多万女职工积极参与企业改革、民主管理和技术革新，积极参加社会主义劳动竞赛和“双增双节”运动。许多城镇妇女进入了个体经济、集体经济或中外合资经济领域，妇女就业结构逐年得到调整，第三产业的发展，为妇女提供了更广阔的就业面和适合的职业岗位。企业用工制度的改革，打破了“大锅饭”、“铁饭碗”，激发了女职工学习文化、提高技术的紧迫感。1987 年，全国约有 41 万妇女参加了函授大学、电视大学等各类成人高等学校的学习。改革中一批优秀女性脱颖而出，许多有能力、有胆识的女厂长、女经理参与竞争，承包企业，投标租赁，大胆改革，成为中国新一代的女企业家。

女知识分子是改革的重要力量，邓小平在谈中国经济改革时曾强调，要“尊重知识，尊重人才”。改革开放政策促进了科学技术的发展，广大女知识分子更加勤奋钻研，刻苦攻关，攀登科学高峰。十年间不仅女科技工作者的人数有了很大增加，许多杰出女性还跻身高科技领域，有 1400 多名卓有成就的女科技人员获得国家科技进步奖，她们的研究发明成果有的填补了国家空白，有的达到国际先进水平。

改革开放为妇女施展才能提供了良好的机遇，也使妇女面临新的挑战。为了提高妇女的文化和科学水平，克服自卑、自弱心理，第五次全国妇女代表大会向广大妇女提出了做“有理想、有道德、有文化、守纪律”的新人和“自尊、自爱、自重、自强”的口号，后来又发展为“自尊、自信、自立、自强”的“四自”口号，极大地鼓舞了妇女去奋发图强，为四个现代化建设立新功。

三、维护妇女和儿童的合法权益

中国实行改革、开放的政策后，在商品经济发展过程中，社会上出现了一些新问题。由于理论上错误地认为社会主义初级阶段丑恶现象不可避免，削弱了必要的政治思想工作，助长了“向钱看”和腐化的歪风，致使某些丑恶现象又重新出现了。如侵害妇女权益，干涉妇女婚姻自由，诱骗、拐卖妇女儿童，非法雇用童工，强迫、唆使、引诱、容留妇女卖淫等现象有所滋长。1980 年至 1982 年全国妇联协同公安部、司法部等单位，对拐卖妇女、儿童的问题进行了大量调查，向中共中央提交了报告。1983 年 2 月，中共中央发出《关于坚决打击拐卖妇女、儿童犯罪活动》的决定。1983 年冬季到 1984 年春季，全国开展了以保护妇女、儿童合法权益为主要内容的法制宣传月活动。各级妇联协同司法部门，在妇女群众中开展普及法律知识的教育，使广大妇女懂法、守法、执法，并能够运用法律武器维护自己正当的权益。各级妇联加强了群众来信来访工作，查处了一批残害妇女儿童的案件。在国家各项法律不断完善的基础上，全国 26 个省、自治区、直辖市制定了保护妇女儿童权益的专门法规。强调在招生、招工、提干、晋级、调资、评定职称、毕业分配、劳动报酬及分配住房、责任田、自留地、自留山、宅基地等方面，都要贯彻男女平等的原则；保障妇女和儿童受教育的权利；保护妇女婚姻自由的权利，禁止换亲、转亲和包办买卖婚姻，禁止虐待生女婴的妇女和不育妇女，禁止弃婴、溺婴及一切残害婴儿的行为；禁止嫖宿卖淫等活动。要求依据国家法律，对侵害妇女、儿童权益的行为进行制裁。

四、妇女运动史和妇女理论研究的开展

1978 年第四次全国妇女代表大会之后，全国妇联恢复了对妇女解放运动历史的研究工作，重建了妇女运动历史研究室，配备了专职干部，有计划地进行了调查研究，出版了一批比较好的关于妇女运动的书籍，取得了较好的成果。在妇女理论研究方面，出现了新的局面。尤其在马克思主义妇女观的研究与宣传上，有了新的进展，妇女运动历史与妇女理论研究的深入开展，为改革开放年代的妇女工作增添了异彩。

中国共产党的改革开放方针给妇女运动注入了新的活力。从中国妇女第四次代表大会开始，经过第五、第六次代表大会，妇女运动更加深入发展，

显示出勃勃生机。中国各族妇女在改革浪潮中，奋发进取，积极奉献，紧密团结，成为社会主义现代化建设中的一支举足轻重的力量。妇女工作日趋活跃，工作领域不断拓宽，横向联系加强，产生了广泛的社会影响。妇联组织更加明确自己的“参与、教育、代表、服务”的职能，重视发挥桥梁、纽带和支柱的作用，深入基层，密切联系群众，及时向政府反映妇女的心声，在党的领导下，在维护全体人民利益的前提下，独立自主地开展各种有益妇女发展的活动，为妇女群众办实事、办好事。1989 年 12 月 21 日，中共中央下发了《关于加强和改善党对工会、共青团、妇联工作领导的通知》(以下简称《通知》)。《通知》总结了长期以来中国共产党领导群众组织的经验，对工会、青年团、妇联工作做了一系列重要的规定。《通知》对巩固和发展国家安定团结的政治局面，巩固和发展建设与改革的伟大成果，对推动妇女运动和深化妇女工作有重要的意义。在中国共产党的正确领导下，妇女运动继续沿着社会主义方向坚实地前进。

第二编

各族各界妇女（上）

第五章
参加国家管理的妇女

妇女参政情况，是衡量妇女解放程度的重要标志之一。新中国成立之初，广大妇女就在政治上获得了选举权和被选举权。经过40年的努力，已有成千上万的各族、各界、各民主党派和各人民团体中的妇女代表、优秀人物、才华出众的女性登上政治舞台，参加国家管理。在中国的国家机构中，不但有大批女干部从事各项具体工作，而且有不少女干部在各级人民政府、人民代表大会、政治协商会议、公安、检察、司法等系统和单位担任领导职务，负责全面工作，有的还是国家领导人。她们为祖国的社会主义改造和建设，为改革开放、治理整顿和国民经济的发展，为政权的巩固与建设，为争取实现祖国的统一，为妇女的解放做出了巨大贡献。这反映了中国妇女的政治地位在不断提高，广大妇女的参政和议政意识不断增强。

第一节　妇女参政概况

一、妇女参政的积极性不断提高

在旧中国没有民主，妇女不能享有选举权和被选举权。新中国的宪法和选举法规定，妇女在各级选举活动中与男子一样，享有选举权和被选举权。广大妇女十分珍惜这种权利，在选举活动中表现出很高的热情。1953年，中国第一次选举基层人民代表，许多妇女看到在选民证上第一次写上自己的名字时，激动得热泪盈眶。

当时参选的女公民占女公民总数的90%以上，以后妇女参选率逐步提高。中共十一届三中全会以后，随着改革开放政策的贯彻，妇女参政意识更强。

1981 年，在全国各级人民代表的选举活动中，参加投票选举的女公民占女公民总数的 95% 以上。

妇女参政意识的进一步增强，还表现在主动向国家献计献策。许多妇女积极向人民代表大会、政治协商会议提出建议。全国政协在 1986 至 1987 年仅 1 年多的时间里，就收到与妇女儿童有关的提案 300 多件，其中大部分是女委员所提。这些提案，内容广泛，涉及妇女就业、妇女教育、妇女权益、婚姻家庭、子女教育、减轻家务负担等各种问题。全国政协认真做了处理，办复率达 100%，部分建议已被有关部门采纳。

北京火车站服务员程兰英，1983 年 3 月当选为北京市人民代表。3 年多里，她向有关方面提出 40 多条意见和建议，其中 20 多条与人民群众密切相关的问题相继得到解决。湖南省岳阳市政府定期举行对政府工作的公开讲评会，每次都有不少妇女群众参加。1987 年 10 月 31 日，讲评会开始不久，一位 50 多岁的妇女登上讲台，对着话筒自我介绍："我是南区东茅岭办事处居民，是家庭主妇。我想就菜篮子的问题提条意见。"她诉说了买菜难问题，并请市长"亲自尝尝提菜篮子的滋味"。主管财贸的副市长当场表示要下决心解决买菜难问题，并宣布了市政府关于缓解"菜篮子"问题的五条决策。

即使在偏僻的农村，在中共和人民政府鼓励下，妇女们也有参政、议政的积极性。1987 年，中共河南永城县太平乡委和乡政府，接受乡妇联建议，设立"妇女参政、议政奖"，鼓励妇女参政、议政，就乡的生产经营和管理工作献计献策，妇女们踊跃地出主意、提建议，有 80 多人获参政、议政奖。

二、女干部的培养和选拔受到重视

中国共产党和中国政府历来重视培养和选拔女干部。1956 年，邓小平即在中国共产党第八次全国代表大会修改党章的报告中明确指出："党必须用很大的决心培养和提拔妇女干部，帮助和鼓励她们不断前进，因为她们是党的干部的最大的来源之一。"在这次会议上，全国妇联主席蔡畅也就此问题作了重要发言，提出"要继续根据'德才兼备'的干部政策，大胆提拔党和非党的女干部，到各种工作岗位和各级领导岗位上去。”在以后的若干年中，经过各方面的努力，女干部队伍蓬勃发展，逐步壮大。在十年浩劫中，由于林彪、“四人帮”对女干部的残酷迫害，各阶层女干部人数一度下降。1978年中共十一届三中全会以后，已引起中共中央和中央人民政府的高度重视。1982年9月6日，在中国共产党第十二次全国代表大会通过的《中国共产党章程》第六章第三十四条明文规定：“党应当重视培养、选拔女干部和少数民族干部。”同年12月，第五届全国人民代表大会第五次会议通过的《中华人民共和国宪法》第四十八条规定：“国家保护妇女的权利和利益……培养和选拔妇女干部。”这些规定促使各级党政机关加强了对女干部的培养和选拔工作。1988年，中共中央组织部要求各级党委和组织部门都要掌握一批优秀的妇女后备干部，为她们更快成长创造更好的条件。1989年“三八”妇女节前夕，全国人大常委会副委员长陈慕华，代表中共中央和国务院在纪念“三八”妇女节暨全国妇联成立四十周年大会上讲话中指出：“各级党委和政府要关心支持妇女工作，重视培养选拔妇女干部”，并指出全国妇联有责任、有义务去促使全社会共同关心并逐步妥善解决新形势下出现的妇女就业和参政议政、受教育等问题。在全国人大、全国政协会议上，代表和委员们也一再呼吁要解决这个问题。许多社会知名人士和专家，就妇女参政问题提出了一系列建议。中共各级组织和政府部门、妇联等群众团体，也拟订计划，采取措施，充实各级妇女干部队伍，推进妇女参政工作。1990年7月，中共中央组织部和全国妇联召开的有20个省、自治区、直辖市的中共组织部和妇联的负责人参加的培养、选拔女干部工作座谈会上，又提出：“力争五年内实现县级党政领导班子中至少有一名女干部，在全国50%以上的乡镇党政班子中至少有一名女干部”的要求。会后，许多省、自治区、直辖市的中共组织部门把培养、选拔女干部的工作列入议事日程，采取培训、换岗、下放锻炼等多种形式，提高妇女干部素质，为今后大批提拔妇女干部担任县以上领导工作创造条件。

中国女干部队伍的成长和发展虽然走过曲折的道路，但从总体看还是逐年增加的。据统计：1951 年，中国有女干部 15 万余人，占干部总数的 8.5%；1978 年有女干部 451 万余人，占干部总数的 26%；1987 年有女干部 800 万余人，占干部总数的 28.8%。1990 年，各级各类女干部已达 965 万多人，比 1951 年增加 64 倍。

三、在人大、政协、国务院系统任职的妇女不断增加

全国人民代表大会，是中国最高的权力机构，是妇女参加国家管理的重要领域。历届人民代表大会代表中女代表人数不断增加。1954 年，第一届全国人民代表大会有女代表 147 人，占代表总数的 12%；1964 年，第三届全国人民代表大会有女代表 542 人，占代表总数的 17.8%；1978 年第五届全国人民代表大会有女代表 741 人，占代表总数的 21.2%；1983 年第六届全国人民代表大会有女代表 632 人，占代表总数的 21.2%；1988 年第七届全国人民代表大会有女代表 633 人，占代表总数的 21.3%。

全国人民代表大会常务委员会是全国人民代表大会的常设机构。第一届全国人民代表大会选出女常委 4 人，占常委总数的 5%；第三届女常委 20 人，占常委总数的 17.4%；第五届女常委 33 人，占常委总数的 21%；第六届女常委 14 人，占常委总数的 9.9%；第七届女常委 16 人，占常委总数的 11.68%。第七届人大代表中，有香港、澳门女代表 3 人。1981 年 5 月，第五届全国人大常委会第 18 次会议决定，授予宋庆龄中华人民共和国名誉主席的光荣称号。先后担任人大常委会副委员长的女性，有宋庆龄、何香凝、蔡畅、邓颖超、史良、陈慕华、雷洁琼。

中国人民政治协商会议，是中国人民爱国统一战线组织，对国家大事发挥政治协商、民主监督的作用。在全国政协中，第一届有 12 位女委员，占委员总数的 6.6%；女常委 4 位，占常委总数的 6.9%。第二届有 86 位女委员，占委员总数的 14.3%；女常委 5 位，占常委总数的 6.5%。第三届有 87 位女委员，占委员总数的 8.1%；女常委 8 位，占常委总数的 5%。第四届有 76 位女委员，占委员总数的 6.3%；女常委 9 位，占常委总数的 5.6%。第五届有 289 位女委员，占委员总数的 14.5%；女常委 24 位，占常委总数的 7.6%。第六届有 258 位女

委员，占委员总数的 12.5%；女常委 35 位，占常委总数的 11%。第七届有 284 位女委员，占委员总数的 13.8；女常委 30 位，占常委总数的 9.7%。此外，还有香港和澳门女委员 7 人。[1] 邓颖超被选为第六届全国政协主席，康克清当选为这届全国政协副主席。第七届全国政协改选时，康克清继任全国政协副主席，钱正英当选为全国政协副主席。参加政协的女委员有广泛的代表性。她们同男委员一起，对政府的大政方针和群众生活等重要问题进行政治协商，并通过建议和批评发挥民主监督作用。

在中国最高的行政机构国务院中，也有妇女担任副总理和国务委员。陈慕华曾先后任副总理和国务委员。国务院所属各部、委中，女部长、女副部长逐届增多。1954 年有 3 位女部长和 4 位女副部长；1963 年有女部长 1 位，女副部长 7 位；1978 年有 4 位女部长，16 位女副部长；1983 年有 3 位女部长，14 位女副部长；1988 年有 2 位女部长，12 位女副部长。

历届人大任命的女部长、女副部长

表 1

项目 年份	女部长			女副部长		
	人数	部名	姓名	人数	部名	姓名
第一届 1954 年	3	卫生部 司法部 侨务委员会	李德全 史　良 何香凝	4	纺织部 水利部 劳动部 政务院	张琴秋 钱正英 刘亚雄 许广平
第二届 1959 年	2	内务部 卫生部	钱　瑛 李德全	4	纺织部 水利部 劳动部 商业部	张琴秋 钱正英 刘亚雄 胡子婴
第三届 1964 年	1	卫生部	李德全	7	纺织部 水利部 劳动部 轻工部 国家计委 外经部	张琴秋 钱正英 刘亚雄 罗叔章 夏之栩 顾秀莲 陈慕华

① 以上数字引自《中国妇女统计资料》第 571 页，中国统计出版社 1991 年 3 月第 1 版。

续表

项目 年份	女部长			女副部长		
	人数	部名	姓名	人数	部名	姓名
第四届 1975 年	3	卫生部 水电部 外经部	刘湘萍 钱正英 陈慕华（兼）	5	国家计委 一机部 外交部 邮电部	顾秀莲 刘　昂 王海容 唐闻生 罗涉珍
					国家计委 一机部 化工部 农业部	顾秀莲 刘　昂 祁　田 陶　涛 曹冠群
第五届 1978 年	4	外经部 纺织部 水利部 核工业部	陈慕华（兼） 郝建秀 钱正英 张　忱	16	电力部 轻工部 交通部 邮电部 卫生部 民政部 教育部 中国人民银行 全国供销总社	蹇先佛 夏之栩 郭　建 罗涉珍 杨　钝 杨　琛 章　明 杨蕴玉 彭珮云 邱　晴 阎　颖
第六届 1983 年	3	中国人民银行 水电部 纺织部	陈慕华（兼） 钱正英 吴文英	14	民政部 教育部 交通部 国家经委 国家计委 国家体委 国家计生委 化工部 中国人民银行 国家审计署 国家民委 卫生部 中国工商银行	杨　琛 章　明 彭珮云 郑光迪 阎　颖 朱丽兰 张彩珍 彭　玉 王　珉 邱　晴 祁　田 陈　欣 何界生 张　肖

续表

项目 / 年份	女部长			女副部长		
	人数	部名	姓名	人数	部名	姓名
第七届 1988 年	2	纺织部 国家计生委	吴文英 彭珮云	12	国务院 国家计生委 国家计委 国家科委 国家民委 国家体委 交通部 化工部 卫生部 中国人民银行 国家审计署	阎　颖 彭　玉 吴景春 郝建秀 朱丽兰 陈　欣 张彩珍 郑光迪 王　珉 何界生 邱　晴 郑　力

第二节　国家领导人中的女性

在中国长期的革命斗争中，在社会主义改造与建设中，涌现出大批优秀的女性，其中有的成为国家领导人。

一、宋庆龄

被称为“国之瑰宝”的宋庆龄（1893—1981 年），从青年时代起就追随孙中山先生，致力于民主革命，是孙中山的亲密战友和得力助手。她坚决拥护孙中山的联俄、联共、扶助农工的三大政策。1925 年孙中山病逝后，她继续为贯彻孙中山的三大政策而奋斗，同蒋介石的独裁卖国行径做了坚决的斗争。30 年代，她与鲁迅、蔡元培等人组织中国民权保障同盟。1935 年，她响应中共中央发表的“八一”宣言，大力支持人民抗日救亡运动，反对蒋介石的安内攘外①的反动政策；1936 年，参与发起成立了全国各界救国联合会，是该会的中流砥柱。她先后在广州和香港组建保卫中国大同盟，为抗日救国奔走呼号。1936 年冬，当全国各界救国会七位负责人（民众尊称为“七君

① 安内即反共“剿共”；攘外是句虚话，实为不抵抗日本帝国主义的侵略。

子”）被捕入狱后，她发起了争取爱国自由的“救国入狱运动”，公开声明，如果爱国有罪，愿与爱国人士沈钧儒等“七君子”同服爱国罪。这种大无畏之举，得到全国广大人民、海外爱国侨胞的热烈响应。抗日战争胜利前后，宋庆龄在上海创建中国福利基金会，为劳动群众做了很多有益的事情。在抗日战争、解放战争中，她给予中共及八路军、新四军、中国人民解放军以巨大的精神支持和物质帮助。

宋庆龄是中华人民共和国的缔造者之一，是举世闻名的爱国主义、民主主义、国际主义、共产主义的伟大战士，是中国妇女界的杰出领袖。1949 年 9 月，她当选为中央人民政府副主席，历任全国人民代表大会常务委员会副委员长、中华人民共和国副主席、政协全国委员会副主席、中华人民共和国名誉主席。30 多年间，宋庆龄进行了大量国务活动，毛泽东、周恩来、刘少奇等人经常就国内、国际的重大问题同其交换意见。她多次下基层视察，足迹遍及祖国南北许多省市。宋庆龄热望祖国早日统一，并为此多次撰文。1979 年，她发表了重要文章《人民的意志是不可战胜的》，表达了自己对实现大陆与台湾和平统一的心愿。宋庆龄多次率团出访和出席国际会议，并接待过许多来访的国际友人，在国际上享有很高威望。早在 20 年代末、30 年代初，她就曾被选为国际反帝同盟大会名誉主席和世界反法西斯委员会副主席。新中国成立以后，她是世界保卫和平委员会执行局委员、亚洲及太平洋区域和平联络委员会主席。1951 年获“加强国际和平”斯大林国际奖。1981 年 5 月，加拿大维多利亚大学授予她荣誉法学博士学位。

宋庆龄为中国妇女儿童的解放和幸福做出了巨大的贡献。自 1949 年起，她曾连任四届全国妇联名誉主席。她十分关心妇女、儿童，经常撰文对妇女、儿童工作提出具有指导性的意见。

宋庆龄是中国少年儿童慈爱的祖母。从 30 年代起，积极支持兴办进步的儿童事业。从 1942 年她担任中华全国儿童福利会主席，到 1951 年当选为中国人民保卫儿童全国委员会主席，多少年来，为中国少年儿童的幸福呕心沥血。她主持的中国福利会，为少年儿童举办了儿童剧团、少年图书馆、托儿所、幼儿园、少年宫等机构。她生前最后发表的一篇文章，就是 1981 年 5 月为少年儿童写的《愿小树苗健康成长》。

二、何香凝

中国民主革命先驱何香凝（1878—1972 年），早在 1905 年就在日本参加孙中山领导的同盟会，开始从事革命活动。1925 年孙中山逝世后，何香凝和国民党左派人士坚持贯彻执行孙中山的联俄、联共、扶助农工的三大政策。1925 年 8 月 20 日，她的丈夫和战友廖仲恺被国民党右派暗杀。何香凝为了国家和人民立志与国民党右派斗争到底，表示“苟利于国，则吾举家以殉，亦所不惜”。

1927 年蒋介石发动“四一二”反革命政变以后，何香凝对蒋介石表示极大愤慨，毅然抛弃国民党加给她的一切职务，与之断然决裂。1935 年，何香凝为鞭挞蒋介石“安内攘外”的不抵抗主义，把自己的一条裙子寄给蒋介石并附诗一首，其中写道：“将我巾帼裳，换你征衣去。”当年冬天，她积极支持成立上海妇女抗日救国会，并在该会成立大会上慷慨激昂地发表演讲，号召全国妇女奋起抗日救国。1937 年，她同宋庆龄及上海抗日救国运动著名人士发起“救国入狱运动”，抗议国民党当局非法逮捕从事抗日救国活动的沈钧儒等“七君子”。

1948 年 1 月，她和国民党左派人士成立了中国国民党革命委员会（以下简称民革）。

1949 年，在第一届全国政协会议上，何香凝当选为中华人民共和国中央人民政府委员。1954 年和 1960 年，她连续当选为中国人民政治协商会议第二、三届全国委员会常务委员会副主席；1959 年和 1965 年，连续当选为全国人民代表大会第二、三届常务委员会副委员长。

何香凝在侨务工作上做出了杰出的贡献。新中国成立后不久，她就被任命为华侨事务委员会主任委员。她利用同海外华侨有广泛联系的有利条件，鼓励华侨热爱祖国，支援祖国的社会主义建设。她还密切联系国内的归侨和侨眷，教育他们积极参加祖国建设。

何香凝于 1956 年和 1958 年，连续当选为民革第三、四届中央委员会副主席，在 1960 年当选为民革中央主席。她是民主党派的卓越领导人，在团结爱国人士，扩大爱国统一战线，促进祖国统一事业中，做了卓有成效的工作。

何香凝是中国妇女运动先驱者之一。1924 年和 1926 年她连任国民党中央妇女部长。1925 年，她和蔡畅等人创办了妇女运动讲习所，为中国早期妇女运动培训了一批妇女干部。

新中国成立以后，何香凝仍然十分关心并参与领导全国妇女工作。1949 年和 1957 年，她两次被中华全国民主妇女联合会推选为名誉主席。

三、蔡畅

蔡畅（1900—1990 年），杰出的无产阶级革命家、中国妇女运动的先驱和卓越的领导者，是国际进步妇女运动著名活动家。她历任中共第七至十一届中央委员会委员，全国妇联第一、二、三届主席和第四届名誉主席，第四、五届全国人大常委会副委员长。

蔡畅早期受蔡和森、毛泽东的影响投身革命，“五四”运动以后赴法国勤工俭学。1922 年，她在里昂参加了中国社会主义青年团旅欧支部，翌年转为中国共产党党员。

第一次国内革命战争时期，她积极领导工农妇女运动，任中共两广区委妇女委员会书记，同时任国民党中央妇女部干事。北伐战争中，她随军北上，曾任中共江西、湖北省委妇女部长。第一次国内革命战争失败以后，蔡畅到上海开展中共地下工作，任中共中央妇女委员会委员，领导沪西纱厂和闸北丝厂女工的罢工斗争。1931 年，蔡畅由上海进入中央苏维埃地区，任中共江西省委组织部部长兼妇女部部长。她为破除“妇女犁田会遭雷劈”的迷信，亲自带头犁田，发动妇女参加生产。

1934 年，她参加了中国工农红军长征。到陕北以后，先后任中共陕甘省委委员、组织部长、统战部长，1941 年任中共中央妇女委员会书记。在此期间，她对抗日根据地的妇女工作，进行了细致的调查研究，向中共中央提出了关于抗日根据地妇女工作新方针的建议。这个建议经中共中央和毛泽东修改审定后，于 1943 年 2 月作为中共中央《关于抗日根据地目前妇女工作的方针的决定》发表。决定中指明了抗日根据地妇女工作应以发动组织妇女参加生产劳动为中心环节。这一决定，具有重大的历史意义。

1949 年，在中国妇女第一次全国代表大会上，蔡畅当选为中华全国民主妇女联合会主席。在第二、三次全国妇女代表大会上，她连续当选为全国妇联主席；在 1978 年 9 月中国妇女第四次全国代表大会上当选为名誉主席。她为中国妇女的解放事业做出了杰出的贡献。

蔡畅十分关心和支持少年儿童工作。在延安时期，她就领导了战时儿童保育会延安分会的工作。在她的关怀下，开办了第一所延安保育院，许多烈士遗孤和干部子女在那里受到教育和照顾。蔡畅在中共中央东北局工作时，兼任东北局妇委书记，在她倡议下办起了东北局第一幼儿园和全国第一所军队干部子弟学校。

作为国际进步妇女运动的著名活动家，蔡畅在建立中国妇女组织与国际妇女组织之间的联系，发展中国妇女与各国妇女之间的友谊中，做出了突出的贡献。1946 年，她当选为国际民主妇女联合会理事和执行委员。1947 年年初，蔡畅出席了国际妇女联合会在捷克斯洛伐克首都布拉格召开的第一届理事会，这是中国解放区妇女运动和国际进步妇女运动第一次取得直接联系。1948 年冬，她率中国妇女代表团出席国际民主妇女联合会在匈牙利首都布达佩斯召开的第二次国际妇女代表大会。会上蔡畅当选为国际民主妇女联合会副主席。1949 年，中国受国际民主妇女联合会委托，在北京筹备召开亚洲妇女代表大会，蔡畅任筹备会主任，积极领导筹备工作并主持召开了这次大会，这是在新中国召开的第一个国际会议。

为了响应中共中央废除干部领导职务终身制的号召，蔡畅从 1978 年到 1982 年，相继辞去全国妇联主席、全国人大副委员长和其他职务。1983 年 8 月，中共十一届七中全会给蔡畅发出致敬信，赞扬其无产阶级革命家的优秀品质，表示中国人民、特别是中国妇女，将永远铭记她的历史功绩。

四、邓颖超

邓颖超（1904—1992 年），河南省光山县人，伟大的无产阶级革命家，政治家，著名社会活动家，坚定的马克思主义者，党和国家的卓越领导人，中国妇女运动的先驱。

早在五四运动时，她就投身革命。在天津她发起和组织了天津女界同志会并任讲演队队长。她和周恩来等同志一起组织了进步团体——“觉悟社”，是天津学生爱国运动的主要领导人之一。1924 年年初，她参加并组织了天津社会主义青年团，1925 年 3 月由共产主义青年团团员转为中国共产党党员，任中共天津地委妇女部长。她还发起组织天津妇女联合会、天津各界救国联合会，并当选为各界救国会主席团委员，支持上海“五卅”斗争。

在第一次国内革命战争时期，她任中共广东区委委员兼妇女部长。1926 年，她出席了中国国民党第二次全国代表大会，当选为中国国民党候补执行委员。她同国民党妇女部长何香凝真诚合作，为实现各界妇女大联合做了大量工作。国共合作全面破裂后，她以非凡的胆略在上海从事秘密工作，曾任中共中央妇委书记，中共中央直属支部书记。1932 年赴江西中央苏维埃地区，任中共中央局秘书长、中央政治局秘书。1934 年 10 月，她带病参加了举世闻名的二万五千里长征。

抗日战争爆发后，她在国民党中央政府战时所在地武汉、重庆从事抗日民族统一战线工作。1938 年 1 月，她出席了国际反侵略运动大会中国分会首次理事会，当选为常务理事。她还同各界妇女组织了中国战时儿童保育会，任该会常务理事。同年 5 月，她参加了宋美龄以个人名义在庐山召开的各界知名妇女谈话会，代表中国共产党发表了对战时妇女工作的意见，参加起草了《动员妇女参加抗战建国工作大纲》，介绍了陕甘宁边区妇女运动概况。6 月，她任国民参政会中共方面的参政员。为坚持团结进步、抗战，反对投降、倒退分裂，进行了不懈的斗争。1941 年国民党顽固派发动了震惊中外的“皖南事变”后，她和周恩来、董必武拒绝出席国民党参政会，抗议蒋介石的反共罪行。1945 年在中国共产党的第七次代表大会上，当选为候补中央委员，并任中共中央妇委副书记兼解放区妇联筹备委员会副主任。在抗日战争时期，她为巩固扩大中共抗日民族统一战线，夺取抗日战争的胜利做出了重大贡献。

抗战胜利后，1946 年，她作为中共代表团代表到重庆参加政治协商会议，并在重庆、南京、上海等地为争取和平，反对内战，同国民党反动派进行了针锋相对的斗争。1947 年 7 月，她还参加了中共中央在西柏坡召开的全国土地会议。她在会议上提出全党做妇女工作，男女一齐发动的方针，并到河北阜平县农村参加土改。1949 年 9 月，她出席了中国人民政治协商会议，并当选为政协全国委员会常务委员。

邓颖超作为一代伟大女性，为推翻压在中国人民头上的三座大山，为中华民族和妇女的解放，为新中国的诞生，建立了不可磨灭的功勋。

新中国成立后，她历任第一、二、三届全国妇联副主席，第四届全国妇联名誉主席，中国人民保卫儿童全国委员会副主席。她把妇女解放当作中共的重要目标之一，把妇女群众的力量看作中共事业成功的力量源泉。她参与领导起草了第一部《中华人民共和国婚姻法》。她十分重视培养妇女干部，关心保护妇女儿童的合法权益。她多次深入基层调查研究，并多次接见各界妇女代表，勉励大家积极投身改革开放，坚定不移地在中共党的领导下走社会主义道路。

邓颖超是中国人民政治协商会议与爱国统一战线的杰出领导人。她在担任政协第六届全国委员会主席期间，致力于坚持和完善中国共产党的多党合作和政治协商制度，坚决贯彻中国共产党的“长期共存，互相监督，肝胆相照，荣辱与共”的方针，为发展爱国统一战线和开拓政治协商工作的新局面，做出了卓越贡献。

她一直关心祖国统一大业，从五十年代开始就重视参与对台工作。1979 年，她担任中共中央对台工作领导小组组长。她坚决贯彻执行邓小平提出的和平统一祖国的方针及“一国两制”的构想。她多次召开有关会议，研究对台工作，发表重要讲话，推动海峡两岸相互交往，为实现祖国的和平统一付出了巨大心血。

她长期从事国际友好活动。1982 年担任中国对外友好协会名誉会长。几十年来，她多次出席国际妇女界会议，会见了来自五大洲几十个国家的各阶层人士、妇女界友人，先后出访过朝鲜、缅甸、斯里兰卡、伊朗、柬埔寨、日本、泰国、法国等国家，为增进中国人民与各国人民、各国妇女之间的了解和友谊，为维护世界和平与人类进步，做出了卓越贡献，赢得了国际友好人士的尊重和信任，在国际上享有崇高声誉。

她还是中共第八、九、十、十一、十二届中央委员，第十一、十二届中共中央政治局委员，第一、二、三届全国人大常委会委员，第四、五届全国人大常务委员会副委员长。

邓颖超在70多年的革命生涯中，为新中国的建立和社会主义建设事业，为祖国的统一，为中国妇女的解放和国际进步妇女运动，建立了不朽功勋，她的丰功伟绩，将永载史册。

五、史良

史良（1900—1985年）是杰出的爱国民主战士，著名的政治活动家和法律学家，第五、六届全国人大常委会副委员长，著名的中国妇女运动领导人之一。

史良出生于江苏省常州的一个清贫知识分子家庭，1927年毕业于上海政法大学。新中国成立以前，她就是中国著名的爱国民主人士，曾3次被捕入狱。第一次被捕入狱，是在1925年。因为她在上海政法大学读书时，积极参加反帝爱国的“五卅”运动。1927年，她从政法大学毕业后，因反对国民党的专横，被指控有共产党嫌疑而再次入狱。1935年以后，她先后被选为上海妇女界救国会、上海文化界救国会和全国各界救国联合会的领导成员，在上海、武汉、重庆等地活动。1936年11月，国民党政府制造震惊中外的“七君子”事件，逮捕救国会沈钧儒、史良等七领袖。先有6人被捕，史良未被捕到，她成为国民党政府以5万元悬赏通缉的“在逃犯”。为表示对敌人的蔑视和嘲弄，史良化了装，特地在一张悬赏通缉她的招贴下拍了照。她在安排好救国会的工作、掩护好一些同仁之后，毅然前往苏州高等法院，与“六君子”同坐“爱国有罪”牢，共患难、同战斗。这是她第三次入狱。1936年，她因带头参加爱国示威游行而被打伤。

史良多次挺身而出，冒着生命危险为被捕的共产党人和民主人士担任辩护律师，许多人曾由她勇敢而机智地营救出狱。邓颖超称赞她是“我们党的一位忠诚朋友”。

史良是妇女解放运动的先驱之一。早在20世纪20年代末期，她就开始从事妇女解放运动。1935年，她任上海妇女救国会总务主任（即总领导人）、1938年任新生活运动妇女指导委员会委员兼联络主任、中国战时儿童保育会常务委员、中国妇女慰劳总会理事和中国妇女联谊会常务理事。她利用各种会议和妇女刊物发表言论，为妇女争取平等权利，站在妇女解放斗争的前列。

新中国成立后，史良担任了中央人民政府第一任司法部部长和政务院政治法律委员会委员。在中央人民政府领导下，她领导的司法部，同沈钧儒领导的最高人民法院等部门密切协作，开展了建立和健全司法机构的工作，在全国各地筹建了各级人民法院和法庭，并进行了改造整顿工作。1950年和1953年，史良先后主持召开了第一、二届全国司法工作会议，在会上做了重要报告。她为建立和发展新中国的民主与法制，为巩固人民民主专政，做了大量奠基和开创性的工作。

史良任司法部部长后，第一个参与主持制定的重要法令是《中华人民共和国婚姻法》（以下简称《婚姻法》）。这是中央人民政府成立后颁布的第一部大法。《婚姻法》公布实行后，她多次发表谈话和文章，为宣传和督促贯彻《婚姻法》不遗余力，并亲自到基层检查《婚姻法》的执行情况。经她提议，一些地方法院设立了婚姻法庭，专门承办处理婚姻案件。她还重视培养女干部，主张多提拔一些妇女当审判员，“使人民司法工作的‘女青天’能更多地出现”。

史良曾任第一至四届全国政协常委，第五届全国政协副主席，第二至五届全国人大常委，第五届全国人大法制委员会副主任，第五、六届全国人大常委会副委员长，第二、三、四届全国妇联副主席。

“文化大革命”中，史良遭到严重的打击。十年动乱之后，她虽已到耄耋之年，仍积极参加国家政治活动，列席中共全国代表大会，出席人大、政协会议，讨论制定新宪法，参与中共和国家大政方针的民主协商，为恢复和健全社会主义的民主与法制，继续贡献自己的力量。

六、雷洁琼

雷洁琼（1905— ），广东省台山人，是海内外享有盛名的女社会学家、社会活动家、著名的爱国和进步教授。

1925年她赴美留学，获南加州大学硕士学位，并获南加州大学中国学生最优秀学术成绩银杯奖，为美国社会学荣誉学会会员。1931年回国，在燕京大学社会系任教。“一二·九”运动期间，她积极支持学生们的爱国行动，是参加燕京大学学生游行的唯一教授。1937年抗日战争爆发以后，她在江西参加抗日救亡活动，担任江西省妇女生活改进会的领导工作，兼南昌市伤兵管理课课长。1938年，她在南昌举办的江西省地方政治讲习院为妇女干部训练班讲课，许德珩任训导长。1939年6月，又应江西省政府邀请，主办第二期战时妇女干部训练班。雷洁琼授课，启发了学员的思想，提高了她们的认识，增强了她们对抗日战争必胜的信念，使她们明白了妇女解放与民族解放的关系。干训班结业后，她又带领学员深入农村，动员妇女积极投入抗日救亡工作。雷洁琼还是江西妇女运动宣传阵地的开拓者。在她倡导和主持下，先后在江西省妇女指导处出版了《江西妇女》周刊和月刊、《农村妇女》、《妇女组训丛书》等书刊。她在这些刊物上发表许多文章，为江西的抗日救亡运动和妇女解放运动做出了重要贡献。

抗日战争胜利以后，雷洁琼成为上海知名的爱国民主教授，参与创建了中国民主促进会。1946年6月，国民党发动内战，雷洁琼作为上海人民团体和平请愿团的代表，同马叙伦、阎宝航、胡厥文等人一起到南京请愿，反对内战、呼吁和平，在南京下关火车站遭到国民党特务的殴打，她身受重伤。当时在南京的周恩来、邓颖超赶往医院慰问。邓颖超带去干净的衣服，为雷洁琼换下血衣。

新中国成立时，雷洁琼代表中国民主促进会出席了第一届全国政治协商会议；1987年当选为中国民主促进会中央主席。她曾担任北京大学教授、北京政法学院副教务长、国家专利局副局长。1981年当选为北京市副市长；1983年当选为全国妇联副主席；1986年增选为全国政协副主席；1988年当选为第七届人大常委会副委员长。

雷洁琼十分关心中国的教育事业。1986 年春，她在北京市内和郊区一连视察了几所师范学校和中心小学校后，就解决教育经费、师资、提高教师待遇和实行义务教育法等问题，向有关部门提出建议。她强调，有了《义务教育法》还不够，还要制定《教育集资法》《教师法》，使教育事业进一步得到法律保证。她还曾任全国人大法律委员会副主任委员，对法制建设问题，提出过许多建议。她著有《关于社会学的几点意见》《中国婚姻家庭问题》《谈谈婚姻家庭问题的调查研究》《老龄问题及其对社会发展的影响》《社会学与社会改革》等。

七、陈慕华

陈慕华（1921—　），1938 年 3 月奔赴延安投身革命，入抗日军政大学学习，同年加入中国共产党。这年年底，陈慕华同抗大 12 名女生联名要求参加当时只允许男生参加的部队参谋训练班。恰好毛泽东到抗大做报告，陈慕华抓住机会，向毛泽东递交申请书，得到批准。之后，她就连续担任延安留守兵团警备五团和兵团司令部教育科的参谋。1945 年，陈慕华被派往东北。

新中国成立以后，陈慕华在铁路部门工作期间，开创了中国列车宣传工作的先例。以后这一经验得到推广。

1954 年以后，陈慕华从事对外经济联络工作。1971 年以后，她任对外经济联络部副部长和部长、国务院副总理、国家计划生育委员会主任、中央爱国卫生运动委员会主任、全国托幼工作领导小组组长、国务院旅游领导小组组长、对外经济贸易部部长、国务委员、中央外事工作领导小组成员、中国人民银行行长和理事会理事长、中国银行名誉董事长、中央财贸领导小组成员等职。她曾任第十至十三届中共中央委员，第十一、十二届中共中央政治局候补委员。

在对外经济岗位上，陈慕华工作了 20 多年。在此期间，中国的对外经济、技术合作与交流，有了较大的发展。在分管旅游工作时，她强调要有中国特色，应该是健康的、文明的。陈慕华在领导计划生育委员会的工作时，参与制订了中国人口政策，并积极贯彻优生、优育、优教方针。1988年4月，陈慕华当选为第七届全国人民代表大会常务委员会副委员长、人大财经委员会主任委员。在国家经济改革和建设方面，做了一系列重要工作。在参与经济立法工作时，她深入地方调查，认真听取汇报，多次邀集有关人士座谈，广泛听取意见，表现出既有魄力又踏实、细致的工作作风。1988年9月，在中国妇女第六次全国代表大会上，陈慕华当选为全国妇联主席。

第三节　国务院和地方政府中的女领导人

在中国国务院各部、委担任部长、副部长和在地方政府任职的女领导干部中，有久经考验的老干部；有著名的知识分子和杰出的爱国民主人士；有来自工农群众的优秀妇女。进入80年代，新任女领导干部中又增加了五六十年代培养出的大学生。这些女领导干部在国务活动和政权建设中做出了重要的贡献。

一、国务院中的女领导人

（一）李德全。

李德全（1896—1972年），中国妇女运动先驱，社会政治活动家。

李德全出生于直隶（后为河北）省通州（后北京通县）的一个农民家庭。1916年，她考入京师女子协和大学，曾任学生会会长。大学毕业后，在贝满女子中学教书，曾任北京基督教女青年会总干事。1924年，她与爱国将领冯玉祥结婚。此后，她积极配合和支持冯玉祥的爱国活动，为抗日救国做了大量工作。1938年3月，李德全接受周恩来、邓颖超的建议，组织成立中国战时儿童保育会，被选为副理事长。当时，除总会办的保育院外，各省分会共办保育院53所，收容教养儿童累计13万人。周恩来称赞“李德全女士，对于抢救难童、保育工作，均有极大的贡献”。1945年7月，为反对国民党掀起的反共逆流，坚持抗日战争，要求民主，李德全发起和创立了中国妇女联谊会，被推举为该会主席。

抗日战争胜利以后，她又投入民主斗争，团结各界妇女反对内战、反对独裁、争取和平与民主。1946 年 2 月，发生了震惊中外的重庆校场口事件，为抗议国民党特务的暴行，李德全以中国妇女联谊会主席的身份，担任重庆各界庆祝政协会议成功大会主席团成员，她迎着暴徒的棍棒，不怕特务的盯梢，坚定地站在群众斗争的前列，主持大会，招待记者，声讨国民党政府践踏政协决议的罪行，为争取人民的民主权利奔走呼号。同年 9 月，李德全随冯玉祥去美国，10 月受邓颖超委托，代表邓颖超出席在纽约召开的世界大会，在会上提出了“反对美国援助蒋介石发动内战”的提案。1948 年夏天，冯玉祥夫妇积极响应中国共产党的号召，从苏联乘船回国，途中船上失火，冯玉祥与女儿晓达遇难。李德全带着丈夫的骨灰，于 11 月回到东北。1949 年 2 月，李德全被推举为国统区妇女代表团团长，出席在北平召开的第一次全国妇女代表大会，并当选为全国妇联副主席。同年九月，她出席了中国人民政治协商会议。

新中国成立以后，李德全任中央人民政府首任卫生部部长，在任 15 年。她参与制定了卫生工作为工农兵服务、预防为主、中西医结合以及卫生工作与群众运动相结合等方针政策，并积极组织贯彻。她大力推广爱国卫生运动，仅仅十几年就消灭了在旧中国多年来严重危害人民健康的霍乱、天花、鼠疫、性病、血吸虫病等主要流行病。她重视计划生育工作，曾和马寅初，邵力子等人一起研究有效措施。她非常关心群众，1960 年当她得悉山西平陆县 61 名农民集体中毒后，深夜起来召集会议，组织紧急救援措施，在和有关单位共同努力下，使 61 位阶级兄弟很快脱险。她特别关心和致力于妇女儿童保健事业，竭力推进女工的妇女病早期检查与防治、女工“四期”保护、新法接生、改造旧产婆、防治新生儿疾病、降低产妇和婴儿死亡率等项工作。她号召并带头加强各级卫生部门与各级妇联之间的密切合作，促使妇幼卫生保健工作取得显著成绩。康克清赞扬这是“对人民卫生事业和妇女解放事业的一大贡献”。

1958 年，李德全加入中国共产党。

李德全担任过全国妇联第一、二、三届副主席，并先后兼任中苏友好协会总会副会长、中国红十字会会长、中朝友好协会会长、中国人民保卫儿童全国委员会副主席、中国爱国卫生运动委员会副主席等职务，还担任过世界和平理事会理事、国际民主妇联理事。她是第一、二、三届全国人大代表、第四届全国政协副主席。

（二）张琴秋。

张琴秋（1904—1968 年），1924 年加入中国社会主义青年团，同年 11 月加入中国共产党。她参加过红军二万五千里长征，曾任红四军七十三师政治部主任、红四方面军总政治部主任、妇女独立团政委和团长、西路军政治部组织部部长等职。抗日战争时期，先后任中共中央妇女委员会副秘书长、中国女子大学教务处长等职。

张琴秋是新中国成立后第一任纺织工业部副部长。她在近 20 年的副部长任期内，善于按照实际情况，提出解决问题的具体政策和措施。她重视新技术的研究和推广，如 50 年代静电纺织、喷气织机等新技术，在中国纺织工业中的研究和推广，都是在其领导和支持下进行并取得成功的。1966 年，她主持举办全国纺织工业技术革新成果展览，使新技术得到广泛推广和应用。她曾到工厂蹲点，总结纺织企业管理的经验和教训，主持拟订《纺织工业生产技术管理条例》，这对于加强纺织工业的技术管理起到了良好的作用。

在“文化大革命”中，她惨遭林彪、“四人帮”的残酷斗争，1968 年被迫害致死。

（三）钱正英。

钱正英（1923—　），著名的水利电力专家，1939 年考入上海大同大学土木工程系学习，1941 年加入中国共产党，任大同大学中共地下党分支部书记，积极参与领导学生运动。她 1942 年到华中淮北抗日根据地，1944 年参加蚌埠、临淮关之间淮河北岸的修复工作，任抢险工程师。1945 年调苏皖边区政府水利局任科长，后任华东军区兵站工程处处长、山东黄河河务局副局长、党委书记等职。

新中国成立以后，她长期在水利电力部门担任领导工作，直接参与了北京密云水库、西北刘家峡水电站、长江葛洲坝水利枢纽等许多重大水利电力工程的规划和领导工作。在许多水利工程工地上，都留下了她的足迹。她曾领导完成了治理淮河中十分艰巨的截流工程，她还积极领导并参与了长江三峡工程的论证工作。她关心群众的生活，亲自帮助解决少数民族地区人民的饮水问题。1985 年，她收到人民来信，反映贵州三都水族自治县人民饮水十分困难，便立即批复给贵州有关单位，列入建设工程计划之内及时解决。

钱正英历任华东军政委员会水利部副部长，治淮委员会工程部副部长，中华人民共和国水利电力部副部长、部长。她是中共第十、十一、十二、十三届中央委员，1988 年四月当选为第七届全国政协副主席。

（四）夏之栩。

夏之栩（1906—1987 年），江苏常州人，1922 年参加共产主义青年团，1923 年转为中国共产党党员。由于家庭的影响，她在 1918 年就受到了共产主义思想的启蒙教育，1923 年在北京担任共产主义青年团北方区委委员，1926 年后在上海担任中共中央秘书处秘书等职。她 1929 年到莫斯科劳动大学学习，1932 年分配到全国总工会女工部工作，此后在南京、武汉、衡阳、延安担任过不少中共重要职务，1945 年当选为中共第七次全国代表大会代表。

新中国成立以后，夏之栩历任中共武汉市委组织部长、秘书长，国家轻工业部办公厅主任、党组成员、部长助理、副部长，第五届全国政协常委，中共中央顾问委员会委员等职。

她在轻工业部门担任领导工作 30 年，先后分管过干部、教育、工资、出版、政务以及中共机关委员会的工作。工作中她坚决贯彻执行中国共产党的正确路线、方针和政策，以高度的革命热情对待各项工作。在分管干部工作时，她坚持五湖四海、任人唯贤的干部路线，反对拉帮结派。她严以律己，宽以待人，为人刚正不阿，遇事公私分明，生活上艰苦朴素，显示了一个老共产党员的崇高情怀。

夏之栩逝世以后，被誉为中国共产党的优秀党员，久经考验的共产主义战士，无产阶级革命家。

（五）刘亚雄。

刘亚雄（1901—1988 年），山西兴县人，1924 年参加革命，1926 年加入中国共产党，同年九月到苏联莫斯科中山大学学习。1928 年回国后做中共地下工作，由于叛徒告密，在天津被捕入狱，经受了敌人的严刑拷打，保持了一个共产党员的革命气节。1932 年出狱后，她历任中共江苏省委宣传部秘书长、中共河北省委秘书长、山西太原军政训练班女兵连指导员、游击支队教导员、游击第一团领导人、晋东妇女抗日救国总会主席、晋冀豫边区行署第三专署专员、中共辽源市委书记、洮南县委书记、中共长春市市委书记等职。

新中国成立以后，刘亚雄曾任中央妇委副书记兼全国妇联城市工作部部长、政务院劳动部常务副部长、第三届全国人大常委、第五届和第六届全国政协常委、中央监察委员会委员兼驻交通部监察组组长等职。

她勤奋学习，努力工作，在国民经济第一个五年计划期间，提出了技术工人培训计划，在解决工人就业、提高工人素质方面做出了贡献，为中国工人职业教育事业打下了基础。在 60 年代初国民经济调整时期，她深入实际，调查研究，领导了全国的劳动力调配工作，得到了各方面的赞扬和肯定。

刘亚雄把自己的全部智慧和毕生精力贡献给了祖国和人民，逝世后被誉为中国共产党的优秀党员，久经考验的共产主义战士和无产阶级革命家。

新中国成立以后，一些妇女还走上了外交工作的岗位。她们有的在外交部及其所属机关从事公务，有的从事翻译工作，还有的被派往国外，从事大使、参赞及秘书工作。到 1991 年为止，中国先后有 8 名妇女被任命为驻外大使。她们是：丁雪松、龚普生、李珩、林蔼丽、王桂新、祝幼婉、韩俐俐、顾懋萱。这些妇女，有的已经离休，有的仍然在工作岗位上。1979 年 2 月，丁雪松出使荷兰，成为中国历史上第一位女大使。1949 年新中国成立前夕，她曾被派往朝鲜任新华社平壤分社社长。1964 年，周恩来总理提名她担任国务院外事办公室秘书长。1981 年，她年已花甲，在出使荷兰之外，还出使过丹麦。在出使期间，丁雪松积极宣传并认真贯彻执行中国独立自主的和平外交政策，还穿针引线，促进驻在国与中国的经济技术合作。她在丹麦3年中，丹麦连续向中国提供了3批包括31个项目的混合优惠贷款，共1.6亿美元。经过多方努力，中丹经济技术合作成果显著：年产10万吨啤酒的北京华都啤酒厂、中国最大的现代化乳品厂——黑龙江乳品厂相继投产；从丹麦引进的4000多头良种奶牛，在安徽、宁夏、内蒙古、广东等地安家落户；广西、广东等地利用丹麦先进技术和关键设备生产出的优质水泥，源源不断地运往建筑工地。

二、地方政府中的女领导人

新中国成立以后，在各级地方政权机构中，担任重要职务的妇女逐年增多。1954年，薛迅首先担任河北省副省长，之后，又有吴贻芳担任江苏省副省长、范瑾担任北京市副市长。“文化大革命”以后，1981年全国已有11位女副省长；1984年有1位女省长、6位女副省长；1986年，除顾秀莲继任省长外，女副省（直辖市）长增加到9位。女省长、副省长所占比例，已由1966年以前的0.5%增加到10%。

在地、市（州、盟）一级，有更多的优秀妇女担任着领导职务。1954年全国有副专员55人，占专员总数的2.6%。1986年女正、副专员和市长、州长、盟长已由1983年的114人，增加到133人，正、副县长由755人增加到805人，女厅局长人数也逐年增多。她们在祖国的社会主义建设事业中发挥了积极作用。

顾秀莲　中国第一位女省长。自1983年担任江苏省省长以后，她带领省人民政府一班人，积极推进江苏的经济建设和经济体制改革。在企业体制改革中，她主张对大中型企业实行简政放权，对乡镇企业实行“一包三改”，对城市实行目标管理。她在加强江苏与其他地区经济上的横向联系，引进国外资金和设备等方面，做了许多指导性工作，使江苏在经济建设和经济改革中成为全国瞩目的省份之一，1989年调任国务院化工部部长。

中国女正、副省长任职情况

表 2

项目 时间	女省长			女副省长		
	人数	省名	姓名	人数	省（区、市）名	姓名
1954—1955 年				1	河北	薛　迅
1956—1966 年				2	江苏 北京	吴贻芳 范　瑾
1981 年				12	江苏 北京 河北 湖北 广西 甘肃 宁夏 辽宁 吉林 黑龙江 贵州 河南	吴贻芳 雷洁琼 韩启民 林少南 里　林 李屺阳 夏似萍 章　岩 罗越嘉 王　军 张玉芹 史　毅
1984 年	1	江苏	顾秀莲	6	湖北 贵州 云南 甘肃 广西 宁夏	梁淑芬 张玉芹 陈立英 刘　恕 王蓉贞 杨惠云
1986 年	1	江苏	顾秀莲	9	安徽 河南 湖北 广西 贵州 云南 甘肃 宁夏 上海	宋　明 刘玉洁 梁淑芬 王蓉贞 张玉芹 陈立英 刘　恕 杨惠云 谢丽娟
1988 年				1	安徽	张润霞
1989 年				1	陕西	潘蓓蕾
1991 年				1	福建	刘金美

刘恕　1983 年任甘肃省副省长。她曾从事沙漠铁路固定研究达 30 年之久，被联合国环境规划署聘任为高级顾问。担任副省长以后，她第一件事就

是深入到最贫穷的定西地区去考察，了解当地人民生产、生活以及地方病的情况，并尽快主持拟订了解决这几个问题的措施。她立志在任期内要在治穷、防病、教育、提高人口素质等方面做出成绩。经过几年努力，甘肃在这些方面有了明显改进。1989 年她调任中国科学技术协会书记处书记。

张润霞　1983 年被选为安徽省铜陵市市长后，致力于改变该市单一的经济结构，取得了显著成绩。她关心群众生活，在建设居民住宅、修建马路、园林建设等方面做了许多工作，受到市民们一致好评。1988 年年初，省政府换届选举时，张润霞不是候选人，但由于其政绩突出，有 10 个代表团联名推荐，经投票选举，当选为安徽省副省长。

权霞　60 年代北京农业大学的研究生。毕业以后，她放弃了大城市的生活和工作条件，回到贫穷落后的家乡河北省定县，和丈夫一起进行培育良种的工作。“定县一号”小麦试验成功以后，又培育出多种良种，结束了定县“糠菜半年粮”的历史。1982 年当选副县长以后，她积极领导农业生产，推广新技术，并和过去一样经常深入农户、田间，百姓说她像一颗种子，植入了家乡的泥土。20 多年来，她领导培育成功有价值的棉、稻、豆类新品种 100 多个，为粮食生产的发展做出了贡献。

史静贤　原北京保温瓶厂厂长，全国 50 名优秀女企业家之一。1984 年，她当选为昌平县副县长以后分管工业。当时有人怀疑“她搞一个企业可以，抓全县的工业行吗?”一年以后，这种怀疑消除了。她主管的工业在生产上取得显著效果，该县 23 个工厂的各项指标都同步增长。1985 年换届选举时，她连任副县长，在分管的外经、外贸、旅游、外事工作等方面取得了更大的成绩。

第四节　公安、检察、司法界的女干部

公安、检察、司法机关，是实行人民民主专政的重要工具。在这一斗争任务繁重、情况复杂的岗位上，同样有许多妇女在工作着。她们为打击敌人、保护人民利益贡献自己的青春和毕生精力，有的甚至献出了生命。

一、公安系统的女干警

新中国成立之初，女公安干警人数较少，以后逐渐增加。1979 年，全国有女干警 5 万多人，占干警总数的 7.3%，1989 年年底，女干警人数增加至 10 多万人，占总数的 10.5%。大多数女干警担任内勤工作，少数从事外勤。她们担负的工作包括：秘书、档案、化验、户籍管理、法医等，也有担任侦察员、看守员、刑警的。在全国各级公安部门中，不少妇女担任科、处、所、队等领导职务，有些担任公安部司局和省公安厅局的领导职务。

在老一代公安女干警中，有曾担任中央政法干部学校副校长、后为公安部咨询委员的谢飞，有担任过公安部六局副局长的余海宇等人。这些老一代的女公安工作者，不但在革命战争年代为人民夺取政权做出重要贡献，而且在新中国成立以后为巩固人民政权培养了大批公安工作的新生力量。

新中国成立 40 年来，广大公安女干警同男干警并肩战斗，在爱民护民的活动中，在同反革命分子和其他犯罪分子斗争中，在消灭灾害性事故的斗争中，为保卫社会主义事业忘我奋战，表现出对祖国、对人民的忠诚。

曾获公安部一级英雄模范称号的谢德荣，是四川省重庆市的女干警。她从警 35 年，先后在 5 个派出所工作过，一直热心替群众办好事，特别是照料孤寡老人胜似亲人，经常给孤老太太烧水煮饭、洗衣洗被、煎药、倒便盆，人们说她是孤老太太的“亲生女”，居民身边的“活雷锋”。她担任大阳沟派出所指导员时，组织所内共青团员定期为辖区内 12 位孤寡老人买煤买粮，做家务活。在她的带领下，这个所工作卓有成效，1985 年被公安部评为“模范派出所”。谢德荣还认真做好失足青少年的挽救工作。她组织辖区内失足青少年学时事政治、学法律、学英模事迹，带领他们参观访问，使绝大多数有违法行为的青少年改邪归正。1983 年谢德荣被评为全国“三八”红旗手。

著名女法医黄环英，曾被评为全国公安战线一级英雄模范，全国“三八”红旗手。50 年代，她即从事法医工作。每次接受验尸任务，她都能出色完成。一年盛夏，她检验一具被谋杀后停放了 20 多天的尸体。为了弄清死因和伤口特征，她蹲在散发恶臭的尸体旁，细心地把尸体上的蛆一条条拔掉，检查了三个多小时，查清了事实。为了提高验尸准确性，她有时甚至数小时跪在墓穴里检验尸骨。黄环英勤于钻研法医科学，编写过《物证检验技术》，尤其在“骨荫学”（判断生前致伤还是死后致伤的一种检验方法）研究方面，取得了重大成果。她撰写的《受伤骨中铁的测定》和《损伤与骨荫研究》等论文，在公安部召开的“骨荫”研究总结会上，被认为是法医检验学上的新突破。1983 年，黄环英被任命为山西省公安厅副厅长。

全国“三八”红旗手、全国先进工作者徐婉，是中国公安战线著名的毒物检验专家。1953 年她从南京工学院化学系毕业后，一直在公安部从事毒物化验工作，被人们称为“科学法庭上的‘火眼金睛’”。因此一些复杂而重要的毒物检验任务经常交她完成。“文化大革命”期间，她曾为受迫害致死的中共云南省委书记阎红彦和老一辈革命家李立三做过毒物检验，得出准确结论。1971 年，她和同事一起，对一个复杂的涉外案件及时做出了准确的检验，为周恩来总理妥善处理该案件提供了可靠的依据。她对业务精益求精，不断探索毒物检验的规律，并写出多篇有分量的科学论文，其中有些分别获得全国第一届科学大会奖，公安部科技进步一、二、三等奖，国家科技进步二、三等奖。1987 年和 1988 年，她和同事一起研究了几个新课题，并主持举办有关毒物检验的培训班，为提高整个公安系统毒物分析检验水平起了推动作用。

指纹鉴定专家马建华，是北京市公安局的刑侦技术工程师。自 1950 年参加工作至 1988 年，经她检验鉴定的现场指纹痕迹达 7000 多件，准确率高达百分之百。她曾被公安部授予公安战线二级英雄模范称号，并被全国妇联评为全国“三八”红旗手。

40 年来，马建华为钻研鉴定技术，查阅过几十万份指纹档案，摸索指纹的特点和规律，并结合实际，不断总结经验。她工作细致、认真，有时为鉴定一个指纹，连续度过几个不眠之夜。许多疑难问题，经过她的检验，都能准确而定。为了传播经验，她撰写论文《犯罪现场指纹痕迹的检验》，还参加了《显现手印技术》的项目研究，并获得成功。

曾获全国公安系统“一等功臣”称号的胡菊香，是湖北省武汉市公安局硚口区分局汉正街派出所的户籍民警。她对敌斗争机智勇敢，参加民警工作20多年来，多次赤手空拳制服行凶的歹徒，其中两次负伤，忍痛搏斗；亲手抓获23名劳改犯和劳教脱逃分子，并曾孤身一人捕捉20余名现行作案犯，使一些罪犯闻风丧胆。她善于依靠群众破案，仅1986年至1988年两年中，破获刑事案件297起，其中大案17起。

改革开放以后，一批批年轻的女公安干警迅速成长起来。她们中的许多人无私无畏，勇敢机智，严肃办案，为人民立下汗马功劳。其中有福建省福州火车站派出所民警、荣立铁道部公安局个人二等功的女缉私能手丁榕；有黑龙江省大庆市女派出所长、“全国公安系统优秀派出所长”魏春华；有赤手空拳抓获被通缉的在逃杀人犯的北京站公安段值勤女民警徐雅萍；有多次立功受表彰的河北省石家庄市公安局女法医樊鹏；有“新长征突击手”、江苏省邗江县公安局女民警张正云；还有勇斗歹徒以身殉职的山西太原市女民警刘文英等。

二、检察系统的女干部

中国的各级人民检察院，是负责行使检察权以维护法制的法律监督机关。新中国成立以后，在各级人民检察机关工作的妇女逐渐增多。1954年，全国检察系统女干部只有350人，占干部总数的8.7%；1979年增加到9762人，占干部总数的11.8%；1989年增加到25084人，占干部总数的15.4%。

90年代初，全国有297名妇女担任各级检察长，其中在省级院担任正副检察长的女干部8人。妇女更多的是担任检察员、助理检察员、书记员或从事其他工作。在各级女检察干部中，涌现出许多先进模范人物。1985年，参加全国检察系统“先进集体、先进个人”代表大会的，有先进个人233人，其中女代表31人。

最高人民检察院于1988年授予安徽省芜湖市芜湖区人民检察员王琴仙为“模范检察干部”称号；授予方东春（朝鲜族）、田艳梅、唐智敏和海尼沙汗

（维吾尔族）四位女检察干部“先进个人”称号；史福珍、丁祝同、王碧云、阎梅玲得到通令嘉奖。

最高人民检察院于1990年授予陈彩丽、王萍、华永芝“反贪污贿赂先进个人”称号；授予在反贪污贿赂斗争中成绩卓著的孙桂华模范检察干部称号。

1988年，被最高人民检察院授予“模范检察干部”称号的王琴仙，任安徽省芜湖市芜新区人民检察院检察员、控告申诉科科长。她自1979年到该院工作以后，秉公执法，尽职尽责。1980年至1987年年底，她先后受理来信442件，接待来访1278人次，基本上做到件件有着落，案案有交待。在一次受理一件九年悬而未决的医疗事故时，王琴仙被汽车撞伤，她强忍着伤痛走访调查，终于使问题得到妥善处理。为了改进检察工作，变上访为下访，她经常下基层调查研究，帮助开展法制教育和调解工作，还抽时间到劳动改造场所看望服刑人员，做服法教育工作。有的犯人因在她的教育下悔改较好而减刑。1988年，王琴仙受到最高人民检察院表彰，还被评为省优秀党员和“三八”红旗手，并被选为出席第六次全国妇女代表大会的代表。

黑龙江省哈尔滨市道里区人民检察院检察员孙桂华，1990年被最高人民检察院授予“模范检察干部”称号。孙桂华对贪污、贿赂的犯罪行为深恶痛绝，为了从事廉政建设，丁1985年以优异成绩考入道里区人民检察院。五年来，她受理了20起万元以上公款贪污贿赂案件。办案过程中，她总是废寝忘食，深入调查研究，细心审核案情。1989年年初，她与一位同事办理当时全国十大案件之一的朱君显案。为迅速查清案件，她抓紧业余时间熟悉银行业务知识，克服各种困难，终于很快查清朱犯贪污52万元巨款的事实并结案。

三、司法系统的女干部

继史良任新中国第一任司法部部长之后，长期在司法界任高级职务的妇女还有韩幽桐、王汝琪等人，同时还有大批女干部从事司法工作，为新中国司法工作的建设做出了贡献。

改革开放以来，随着中国法制建设的不断加强，不少女性充实到司法系统任职，担任领导职务的也有所增加。到1988年，全国有省级女司法厅长、副厅长4人，劳改局女副局长3人，女监狱长、副监狱长43人；有司法女干部7万多人，约占干部总数的20%；有女律师1000多人，约占律师总数的18%。1989年，北京市高中级人民法院有女干部350人，占干部总数的34%。

在司法部门，许多女性做出了出色的成绩。1985年，全国司法系统先进集体和个人表彰大会在北京召开，受表彰的有41名女性。1986年、1987年，司法部组织的两次英模报告团中都有女性参加。1990年，全国司法行政系统第二届先进集体、先进工作者表彰大会上，又有19名女性受到表彰，其中9名获得劳动模范的光荣称号。她们分别担任县司法局局长、监狱狱长或工程师、律师、出证人、劳动教养队队长等职务。

最高人民法院副院长马原，50年代曾在北京大学法律系任教，1963年调最高人民法院工作，曾任书记员、助审员、民事法庭庭长。长期的工作实践，使她成为一位有丰富经验的司法干部。她曾参加人大常委会法制委员会民法起草小组的工作，对民法、民事诉讼法，特别是婚姻法很有研究。她参与修改、制定了新婚姻法，编写了《婚姻法问答》和其他有关婚姻问题的著作。

广西壮族自治区百色地区中级人民法院副院长马灿芳，是归国华侨。1985年和1989年，她先后被最高人民法院评为“先进工作者”、“全国法院模范”。马灿芳1959年大学毕业以后，志愿到广西边远山区的一个法庭工作。她克服语言不通、生活艰苦和工作条件差三道难关，走遍所辖地区两个公社的家家户户，为民排纷解难，群众称她为“信得过的法官”。1964年以后，马灿芳到县法院工作。她办案铁面无私，执法如山。1981年她受理一起流氓案，3名被告全是县领导人的儿子，尽管有压力，但她依法办案，判处3名被告有期徒刑。她在工作中热情传、帮、带，团结同事搞好工作，所领导的刑事法庭连年被评为先进集体。1984年，她被任命为百色地区中级人民法院副院长。

河北省检察院副院长高文英，1966 年从北京政法学院毕业后，在公安、法院、检察院等单位工作。20 多年来，她办案实事求是，铁面无私。在十年浩劫中，她因否定被错判的 3 起“反革命”案件，受到点名批判，被调出公安机关。她在唐山地区法院工作时，曾为一个案子坚持原则与一位上级领导人争执，结果被取消副院长的任命。十年动乱结束后，她的工作得到恢复，成为受人民尊敬的法官。

黑龙江省哈尔滨市南岗人民法院女法官张云芝，1979 年到法院工作，先后任刑事庭、民事庭、经济庭的法官。她办案坚持“以事实为根据，以法律为准绳”。为了准确定性，她不辞劳苦、长途跋涉调查案情，刻苦学习与案子有关的专业知识。8 年中，她共复查、审结案件 463 件，无一错判。

孙淑兰，是黑龙江省革志监狱副监狱长。15 年来，她一直和犯人打交道，为重铸灵魂的事业，奉献自己的光和热。她和女干警们除采用必要的法律手段、措施外，还根据不同类型犯人的特点，有针对性地做犯人的思想改造和转化工作。由于她和同事们的不懈努力，革志监狱工作取得连续 7 年无凶杀、无逃跑、无恶性事故，顽固犯、危险犯的转化率达到 80% 以上的成绩，孙淑兰被黑龙江省评为劳动模范，1990 年又被评为全国司法行政系统劳动模范。1991 年“三八”节期间，她作为全国妇联组织的“巾帼建功报告团”成员，向中共中央领导人及首都各界人士作汇报。

第五节 各民主党派中的女领导人

中国的政治制度，是在中国共产党领导下的多党合作和政治协商制度。早在抗日战争和人民解放战争时期，中国的各民主党派就拥护中国共产党的主张，并采取多种形式和中国共产党建立了密切的联系，长期合作，并肩战斗，为中国新民主主义革命胜利做出了历史贡献。新中国成立初期，中共统一战线工作做得很出色，各民主党派的工作积极性很高。1957 年以后，由于“左”的错误思想干扰，在反右派斗争和“文化大革命”中，各民主党派遭受严重打击。他们和中国共产党一起经受了历史的严峻考验。中共十一届三中全会以后，在改革开放的大好形势和中共提出的“长期共存、互相监督、肝胆相照，荣辱与共”的方针鼓舞下，各民主党派的工作越来越活跃，参政议政的作用越来越显著，成绩越来越突出，进一步受到全国人民的尊重。

新中国成立40年来，各民主党派中妇女人数不断增长，妇女组织先后建立，妇女工作有新的发展。她们不但为本党派中的女性成员服务，而且面向社会，发挥各党派自身的优势，为社会主义现代化建设，为提高妇女的素质，培养妇女人才，发展妇女儿童福利事业，为巩固和扩大妇女爱国统一战线和争取祖国统一，做出了特殊贡献。各民主党派中的女领导人，如宋庆龄、何香凝、史良、雷洁琼等人，不但对本党派的创建、发展和建设起了重要的组织领导作用，而且从新中国建国初期，就先后参加了国家大事的研究和决策，有的在中央人民政府和全国人民代表大会担任了重要领导职务。中共十一届三中全会以后，各民主党派中的女成员，担任各级人民政府、人民代表大会和政治协商会议领导工作的人数不断增长。据统计，新中国成立以后至1990年，在各民主党派中担任副主席以上的女性领导人共有17名，担任各民主党派中央妇女工作委员会主任的共13人。

中国民主党派及工商联历届女领导人名单

表3

组织名称	届　次	姓　名	职　务
中国国民党革命委员会	一	宋庆龄	名誉主席
	三 四	何香凝	副主席 主　席
	六	谭惕吾	中央监委副主席
	七	何鲁丽	副主席
中国民主同盟	一 二	沈兹九	中央参议委员会副主任
	二、三 四、五	史　良	副主席 主　席
	六	李文宜	中央参议委员会副主任
	六	孔令仁	副主席
中国民主建国会	三、四 五	浦洁修	副主席 咨议委员会副主席

续表

组织名称	届　次	姓　名	职　务
中国民主促进会	四 五	许广平	副主席
	六、七 八	雷洁琼	副主席 主　席
	六	吴贻芳	副主席
	六 八	谢冰心	副主席 名誉主席
	六	吴若安	副主席
中国农工民主党	一 二	郭秀仪	中央咨询监察 委员会副主席
	一 二	李健生	中央咨询、监察 委员会副主席
中国致公党	八 九	郑守仪	副主席
九三学社	七 八	郝诒纯	副主席
台湾民主自治同盟	一	谢雪红	主　席
全国工商业联合会	三、四 五	罗叔章	副主席 名誉主席
	四	胡子婴	副主席
	六	郭秀珍	副主席

中国民主党派及工商联妇委会主任名单

表 4

组织名称	任职年份	姓　名	职　务
中国国民党革命委员会妇女工作委员会	(1957—1966)	何香凝	主　任
	(1958—1979)	陈建晨	主　任
	(1979—1987)	谭惕吾	主　任
	(1988—　　)	张素我	主　任
中国民主同盟妇女工作委员会	(1945—1951) (1951—1957)	刘清扬 许广平	主　任 主　任
	(1982—1984)	沈兹九	主　任
	(1984—1986)	陆士嘉	主　任
	(1987—　　)	卢乐山	主　任
中国民主建国会和全国工商联妇女工作委员会	(1956—　　)	罗叔章	主　任
	(1983—　　)	浦洁修	主　任
中国民主促进会妇女工作委员会	(1984—1987)	柳无非	主　任
	(1988—　　)	霍懋征	主　任

续表

组织名称	任职年份	姓　名	职　务
中国农工民主党妇女工作委员会	（1985—　　）	王　群	主　任
中国致公党妇女工作委员会	（1984—　　）	郑守仪	主　任
九三学社妇女工作委员会	（1952—1957）	劳君展	主　任
	（1983—　　）	李孝芳	主　任
台湾民主自治同盟妇女工作委员会	（1988—　　）	郑晶莹	主　任

以上领导人中，有的还是著名的科学家、教授。她们身兼数职，参政、议政、工作出色，深受人们敬重。

一、谭惕吾

谭惕吾1902年出生于湖南省长沙市一个知识分子家庭。1913年在湖南省立女子师范读书。五四运动爆发以后，她满腔热情投入爱国运动，并成为湖南学生会负责人之一。1923年她考入北京大学法学院，在1925年震惊中外的“五卅”惨案中，始终站在游行队伍的最前列，面对帝国主义的枪口毫无惧色。1926年，段祺瑞一手制造了“三一八”惨案，参加请愿的学生有的饮弹身亡，有的身负重伤，谭惕吾置生死于度外，在枪林弹雨中抢救战友。在受到通缉后，她潜出北平流亡日本，1928年春回到南京，为商务印书馆翻译了《欧洲战后十年史》、《经济学原理》。

1931年“九一八”事变以后，她与曹孟君联合南京爱国妇女，组成中华妇女爱国护士队，开赴前线做战地救护工作。其后又发起组织了“妇女文化协会”，参加了李德全组织的“中国女子学术研究会”，宣传抗日救亡，与国民党的“攘外必先安内”政策进行斗争。1936年冬，她率领南京妇女慰劳队到绥远百灵庙前线慰问抗日将士，受到傅作义将军的接见。回南京后撰写了《国防前线归来》一文，在《新民报》上连载，引起各界人士的极大震动。1937年“七七”事变以后，她在武汉“战时儿童保育会”任总会理事。1938年在重庆与有关人士在中国共产党领导下，成立了抗日民族统一战线秘密外围组织。1940 年夏，又与王炳南、曹孟君等 8 人组织中国民族革命同盟，任领导小组成员。

抗日战争胜利以后，在邓颖超推动下，由李德全等人发起组织了“中国妇女联谊会”，谭惕吾是总会负责人之一。她负责起草宣言，号召各界妇女反对独裁、反对内战，为中国实现民主和平而斗争。该宣言由几十位知名妇女签名，在《新民报》上发表，在社会引起很大反响。1945 年，经王昆仑、屈武推荐，她被国民党政府任命为立法委员。任职期间，她多次利用这一身份，反对国民党的“戡乱”方案，支持北平等地学生“反饥饿，反内战，反迫害”运动。1948 年，当她得知国民党要阴谋逮捕一批立法委员后，她不顾个人安危，四处奔走，通知有关人士转移，尔后自己才避居香港。

1949 年，她接受中共邀请，参加了首届中国人民政治协商会议。10 月 1 日，她登上天安门城楼，参加了开国大典。新中国成立以后，她更加积极地投身于各项社会活动，曾任国务院参事、抗美援朝总会组织部副部长、亚太和平会议中国代表团组织处长、“民革”中央常委兼妇女主任、第五届全国人大法制委员会委员、第五届全国妇联副主席等职。她现仍任全国政协常委、“民革”中央监察委员会副主席，虽已届耄耋之年，但仍在为祖国的“四化”建设和统一大业进行着不懈的努力。

二、李文宜

李文宜 1903 年出生于湖北省武汉市。她自小受家庭影响，立志要为国家和妇女争气，1920 年考入湖北省女子师范学校，1921 年参加董必武在该校组织领导的“武汉妇女读书会”、“湖北女权同盟”，阅读进步书刊，学习马列主义，组织团结同学同反动当局进行斗争，是学生运动中的骨干。

1926 年 3 月，李文宜加入中国共产党，任中共湖北省委妇女委员会委员，分工负责湖北省妇女协会工作，任《湖北妇女》杂志编委。在第一次国共合作时期，因工作需要，她加入中国国民党，任国民党湖北省党部执行委员兼妇女部长，是第一次国内革命战争时期武汉妇女运动的主要领导人之一。第一次国内革命战争失败后，她脱离国民党，在中共长江局工作。后调上海中共中央组织局任中央妇女委员会委员。同年，赴莫斯科中山大学学习，因反对王明宗派主义活动，受到中共内部“严重警告”处分。1931 年回国以后，在中共上海沪东区委任宣传委员和女工委员时，又因反对王明盲动主义而被错误地“开除党籍”。以后，她考入上海新华艺术专科学校，参加“左翼美术家联盟”、“反帝大同盟”、“人权保障委员会”等群众组织活动。

1937 年抗日战争爆发以后，她组织“湖北战时妇女工作团”，并任组织部长，同时任《妇女前哨》杂志编委、“战时儿童保育会”理事。1941 年在昆明组织“云南职业妇女会”、“妇女读书会”和“云南妇女联谊会”，发动和组织妇女参加抗日活动。1943 年加入中国民主政团同盟（后改为中国民主同盟，以下简称“民盟”。）、“西南文化研究会”等。1944 年任“民盟”云南省妇委会主任，《云南妇女旬刊》编委。是“民盟”中央妇委会创始人。1945 年当选为“民盟”中央委员兼妇女委员会副主任。1946 年中共中央批判王明错误以后，为李文宜恢复了中共党籍。

抗战胜利后，她在国民党统治区从事妇女统一战线工作，任“民盟”南京筹委会副主任、上海《时代日报》副刊妇女版主编。1948 年赴香港参加“民盟”三中全会，在香港组织知识妇女响应中共关于召开新政治协商会议“五一”号召的签名运动，团结上层和职业妇女反对内战、支援人民解放战争。她还以南方国民党统治区代表的身份参加在布达佩斯召开的第二次国际妇女代表大会，并在会上发了言。1949 年回国以后，她参加了第一次全国妇女代表大会，当选为全国妇联常委。同年九月，参加第一届全国政治协商会议。

新中国成立以后，李文宜任中央劳动部办公厅副主任、劳动保护司副司长，在制定劳动保护立法工作中，积极为争取女工劳动保护权利而努力。她筹建了中国第一所劳动保护科学研究所，并亲自任所长，为发展中国的劳动保护事业做出了重要贡献。1958 年她调“民盟”中央工作，历任常委、副秘书长、副主席等职务。在工作中，她一贯尊重知识、尊重人才，对知识分子以诚相待，广交朋友。“民盟”中许多著名学者如华罗庚、梁思成等人，都视她为知心朋友。特别在落实中共政策，为蒙冤知识分子平反中，做了大量工作，受到盟员们的尊重和爱戴。

李文宜曾任第一、二、三届全国人大代表，第三、四届全国政协委员，第五、六、七届全国政协常委，第五届全国妇联副主席。

李文宜一贯热心妇女解放事业，重视妇女地位的提高和妇女人才的培养。如今她年事已高，仍利用各种机会与女盟员座谈，鼓励她们为祖国社会主义现代化建设贡献力量。

三、沈兹九

沈兹九（1898—1989 年）浙江省德清县人，1919 年毕业于浙江女子师范学校，1921 年秋赴日，就读于日本女子高等师范艺术科。1925 年回国以后，她先后在浙江女子师范、江苏松江女中、南京汇文女中执教。1932 年夏天，入中山文化教育馆上海分馆，任《时事美编》杂志的助理编辑。1934 年 2 月任《申报》副刊“妇女园地”的主编。1935 年 7 月，她创办《妇女生活》杂志并任主编，至 1940 年。在此期间，她在中共地下党员和进步人士的帮助、支持下，投入抗日救亡运动。1935 年参与发起组织上海各界妇女救国会、上海文化界救国会和全国各界救国会的筹备和领导工作。1936 年 11 月沈钧儒、邹韬奋等“七君子”被捕以后，她参加了宋庆龄、何香凝等人带头签名发表的《救国入狱》宣言，并随同赶赴苏州国民党高等法院，抗议国民党反动派的暴行。1937 年，她在武汉任战时儿童保育委员会常务理事，1938 年以后又任新生活运动妇女指导委员会文化事业组组长，主编《妇女新运》会刊，同时继续主编《妇女生活》，团结各界妇女爱国力量共同支援抗日战争，推动了妇女抗日救国运动的开展。在这期间，她多次与宋美龄进行面对面的周旋、斗争。她于 1939 年加入中国共产党，从事党的地下工作。1940 年赴皖南新四军军部。1941 年她到新加坡，主编《南洋商报》的副刊“妇女周刊”，与胡愈之结为伴侣。太平洋战争爆发以后，她和胡愈之等人流亡在赤道线上，在惊涛骇浪中度过了 3 年 8 个月，后著有《流亡在赤道线上》一书。1945 年 9 月重新回到新加坡，负责《风下》周刊的重要短评，并主编《新妇女》月刊和《南侨日报》副刊“南风”。1949 年年初沈兹九到达中共中央驻地河北省西柏坡，参加中国妇女第一次全国代表大会筹备工作，被选为筹备委员会委员、大会代表、主席团成员。全国妇联成立以后，任宣传教育部部长兼《新中国妇女》杂志总编辑，对新中国妇女文化宣传工作的开拓、发展，起了积极的推动作用。她是第二届全国妇联常委、第三届主席团委员。1949 年 9 月，她以全国妇联代表的身份，参加了第一届中国人民政治协商会议，进行了卓有成效的工作。

1956 年 2 月，她被选为“民盟”中央委员，三、四、五届“民盟”中央常委，第一、二届“民盟”中央参议委员会副主任，1959 年任“民盟”组织部副部长，1980 年任“民盟”联络委员会副主任，1982 年任第四届中央妇委会主任。

沈兹九是全国政协第一、二、三届委员，全国人大第一、二、三、五、六届代表。

在 60 年的革命生涯中，她致力于妇女解放运动，在提高、发展妇女文化、建立妇女界统一战线工作方面，呕心沥血，做了大量开创性工作。新中国成立以后，她积极向妇女宣传中国共产党的路线、方针和政策，教育妇女树立革命人生观，团结帮助女知识分子参加社会主义改造和社会主义建设。她是中国共产党的优秀党员，中国妇女运动的宣传教育家和社会活动家，是知识分子献身共产主义事业的楷模。

四、郑守仪

郑守仪 1931 年出生于菲律宾的马尼拉市，原籍广东，毕业于菲律宾东方大学，获商科教育和生物学教育双学士学位，后又进入菲律宾大学研究院专修生物学。1956 年，她怀着一颗赤子之心回到祖国，就职于中国科学院海洋研究所。

1957 年，她与导师郑执中合作建立了中国第一个现代有孔虫实验室，填补了国内该研究领域的空白。30 多年来，她全面、系统地进行了中国海浮游和底栖有孔虫研究，先后发表 100 多万字的学术论文和专著，研究成果居国内领先地位，受到国内外同行、专家的好评。她曾多次赴美国、法国、瑞士等国家出席有关的国际学术会议。她的研究不但对中国海洋生态学、生物海洋学研究有一定的学术价值，而且为中国石油、地质勘探中生物地层研究提供了迫切需要的基础参考资料。

郑守仪现任中科院海洋研究所研究员，致公党中央副主席兼妇委会主任，1979 年被评为青岛市、山东省和全国的“三八”红旗手，并被授予全国劳动模范称号。1983 年出席了全国归侨、侨眷、侨务工作者先进个人和先进集体表彰大会。1979 年至 1988 年任山东省侨联副主席，1980 年当选为青岛市副市长，历任青岛市人大常委会副主任，山东省第五、六届政协副主席。她是第六、第七届全国政协常务委员。

五、郝诒纯

郝诒纯 1920 年出生于湖北咸宁市，1946 年清华大学研究生毕业，先后在北京大学地质系、北京地质学院、武汉地质学院、中国地质大学任教。1951 年加入九三学社，历任第七届九三学社中央副主席、中央执行局委员，第二届全国政协委员，第六届全国政协常委。现为中国地质大学教授，中国科学院学部委员，第八届九三学社中央副主席，全国妇联副主席，第七届全国人大常务委员，全国人大科教文专门委员会委员。

郝诒纯是著名的生物地层学家，还是一位社会活动家。早在学生时代，她就满怀爱国热情积极参加了反帝反封建爱国运动。之后，她把自己的学习和祖国的振兴联系到一起，毅然选择了对女性更具艰难险阻的地质工作之路。在 50 年的地质生涯中，她走遍了祖国的山河大川，先从事笔石研究，发表过《云南西部弓笔石群之发现》，后转向微体古生物学研究，主持了松辽平原白垩世——第三纪勾形虫化石研究，新疆塔里木盆地西部晚白垩世——第三纪地层及有孔虫动物群的课题研究，大港油田黄骅拗陷第三纪微体古生物及其地质意义的研究等等。她还率先将微电脑的应用引入微体古生物学研究。她主持的课题研究有的获得了全国科学大会集体成果奖，有的获得了中国地质矿产部科技成果一、二等奖，有的经有关部门鉴定，被认为达到了国际 80 年代水平。

郝诒纯为发展地质教育，培养地质工作人才不遗余力。她教授过光性矿物学、工程地质学、普通地质学、古生物学、微体古生物学和地史学等多种学科，编写了多部符合中国实际的地质学教材，61 岁时还亲自带领学生去新疆塔里木盆地开展野外工作。她现已年逾古稀，仍坚持给研究生授课，已培养了 8 个博士生和 20 多个硕士生。

她是九三学社中央副主席，对工作尽心尽力；她作为全国妇联副主席，对妇女儿童事业倾注了极大热心；她在担任政协常委、人大常委期间，积极参与国家大事的讨论，先后就“增加国家自然科学基金”、“教育体制改革和改善中年知识分子的待遇”、“矿产资源保护和环境保护”、“古生物化石保护”等问题，提出了许多有价值的建议。

六、罗叔章

罗叔章（1898—1992 年）湖南岳阳人，1913 年就读于洞庭女校、长沙第一公立女校。1914 年入长沙第一师范学校，在校笃学上进，积极参加反袁护国运动。“五四”运动以后，她投身于民众教育，在安徽滁县公立女校任教，并去南京陶行知、黄炎培的培训班自费进修。后经黄炎培举荐下南洋教授国语，在印尼等地弘扬中华文化。1928 年回国考入上海暨南大学，1932 年毕业以后，在南京国民政府交通部任职。后由宁返沪，在新创立的上海私立中国女中任训育主任并在量才补校、培明女中执教。1934 年秋秘密加入中国共产党。次年任上海妇女界救国会理事。1936 年挺身投入营救爱国“七君子”活动，并利用各方面关系掩护中共人士。抗日战争初期，她在武汉中共中南局周恩来、邓颖超等人领导下，从事上层妇女统战工作。在战时儿童保育会工作时，不畏艰险，亲临鄂北抢救出大批难童与烈士遗属。1939 年以后，她转入工商界，创办了重庆第一药品生产合作社，参加筹建民主建国会，并任中国妇女联谊会常务理事。抗日战争胜利后任上海人民团体联合会常务理事。

1949 年 5 月任全国妇联生产部副部长。

新中国成立后，罗叔章任中央人民政府办公厅副主任，负责与宋庆龄副委员长联系。1954 年以后历任国务院劳动部、食品工业部、轻工业部副部长和全国工商联副主任、中央财经委员会委员，为新中国的经济恢复和轻工业发展做出积极贡献。在工商业社会主义改造中，为解决公私合营中遇到的各种困难，为沟通工商业界上层人士及其家属与中共和人民政府之间的联系，做了大量工作。从新中国成立初期至“文化大革命”前，她多次陪同宋庆龄副主席到各地视察。

“文化大革命”中，她受到林彪、“四人帮”的迫害，但始终对中国共产党和社会主义制度坚信不移。粉碎“四人帮”以后，她再次被选为全国工商联副主席。她历任第五届全国政协委员，第一、二届全国人大代表，第三、四、五、六届全国人大常委。改革开放以来，她担任工商联名誉副主席、民主建国会顾问。她虽是年过九旬的老人，但仍利用自己多年的工作经验与关系，广泛联系海内外爱国人士及其眷属为中国社会主义现代化建设做贡献。她日常生活简朴，却为宋庆龄故居捐赠红木家具 18 件，人民币 1 万元；为陶行知基金会捐赠国库券 1 万元，交纳中共党费 1.5 万元。

七、胡子婴

胡子婴（1907—1982 年）浙江上虞县人，从青年时代即从事民主革命活动。“九一八”事变以后，她积极投入抗日救亡运动，在 1935 年“一二·九”运动中，积极发起组织上海各界妇女救国会，任该会理事和总务部副主任，同沈兹九一起协助史良担负起该会全面领导工作，团结各界妇女参加救亡运动。1936 年，她积极筹划并参加全国各界救国会的领导工作，救国会著名领袖“七君子”被捕入狱后，她随宋庆龄发起救国入狱运动，反对蒋介石政府“攘外必先安内”的投降主义政策。她是民主建国会发起人之一，积极推进爱国民主活动，努力支持宪政促进会、经济事业促进会等进步团体的工作。

新中国成立以后，胡子婴先后任中央财政经济委员会副秘书长、商业部副部长，并兼任全国工商业联合会副秘书长、代理秘书长，在对工商业实行社会主义改造中起了重要作用。她担任了全国妇联、民主建国会、全国工商联联合召开的全国工商业者家属和女工商业者大会的副秘书长，在团结工商界妇女中起了特殊的不可替代的作用。

胡子婴还担任了第一、二、三、四届全国人民代表大会代表，第五届全国政协常委，第四届全国妇联常委，中国民主建国会第三届中央常委，中华全国工商联合会第四届执委会副主任委员，中华人民共和国宪法修改委员会、全国政协章程修改委员会的委员，中国儿童和少年基金会副会长。

胡子婴一生光明磊落，追求真理，在几十年奋斗生涯中，一贯拥护中国共产党，是中国共产党的挚友。中共十一届三中全会召开时，她虽年已高龄，仍然坚持工作，直到逝世前两天，还参加了第五届政治协商会议全体会议，在发言中坚决拥护中共十一届三中全会的路线、方针、政策，坚信在中共中央领导下，全国人民团结一心，努力奋斗，一定能把中国建设成为社会主义强国，并殷切希望与台湾故旧、亲友早日欢聚，共同为祖国统一、祖国振兴而努力。

八、王群

王群生于 1926 年，1944 年肄业于日本东京女子医专预科，1951 年毕业于北京医学院药学系，近 40 年来主要从事中成药研究。在研究和开发中成药过程中，她注重应用新理论和新技术，改进传统工艺，解决了不少传统中药炮制过程中存在的问题，在提高药品质量、降低成本方面取得了明显的效果。她研究开发出的中成药新药有散剂、丸剂、栓剂、软胶囊剂、注射剂等多种剂型，其中“野菊花栓剂”、“珍珠祛斑膏”的研究获得了北京市医药总公司颁发的科研成果奖，研制的“引产乳口服液”为国内外首创，研制的“乌鸡精”、“乌鸡虫草精”等产品已打入国际市场，赢得了信誉，批量出口。

王群原任北京同仁堂制药厂总工程师、副厂长。当她年过六旬时，又担任了同仁堂营养保健品厂厂长，为营养保健药品的不断开发和扩大再生产、跻身于国际市场而废寝忘食地工作。

由于出色的工作，她自 1956 年起多次受到表彰，1983 年被授予全国“三八”红旗手称号；1985 年获农工民主党全国代表大会颁发的“为四化服务成绩显著”表彰证书；1989 年获北京市药材公司系统先进工作者称号。

作为中国农工民主党中央常委兼妇委会主任，王群认真做好妇女工作。她带领妇委会一班人积极发挥女成员的专长，创办“先进医疗门诊部”热心为社会服务。该门诊部医疗质量受到社会各界一致好评，她被选为第六届全国妇联常委。

王群还是第六届、第七届全国人大代表。她认真听取群众意见，多次向人大提出“老药工的职称与待遇”、“切实加强药材公司的专业机构体制的管理职能”、“确实落实高级女知识分子退休年龄的改革”等议案，发挥了民主党派成员在参政、议政中的积极作用。

第六节　中国妇女运动的领导人

新中国成立以后，中国妇女运动在社会主义条件下继续进行，蓬勃发展，成绩卓著，涌现出一批又一批为妇女解放事业奋斗的领导人。据统计，从 1949 年 3 月第一次全国妇女代表大会，到 1988 年 9 月第六次全国妇女代表大会，全国妇联先后共推选出名誉主席、主席、副主席 40 人。

全国妇联的 40 位名誉主席、主席、副主席中，有的是辛亥革命、五四运动时期涌现出来的著名革命家、社会活动家和妇女运动先驱，中华人民共和国的缔造者和国家领导人；有的是革命战争年代在革命根据地、国民党统治区经过千锤百炼的优秀女共产党员；有的是各族、各界、各民主党派、无党派妇女中有专长、有成就、有社会影响的代表性人物；有的是在改革开放中做出成绩的新一代。

全国妇联第一至六届领导人名单

表 5

届次＼职务＼姓名	名誉主席	主　席	副主席
一届	宋庆龄 何香凝	蔡　畅	邓颖超 李德全 许广平
二届	宋庆龄 何香凝	蔡　畅	邓颖超 李德全 许广平 史　良 章　蕴
三届	宋庆龄 何香凝	蔡　畅	邓颖超 李德全 许广平 史　良 章　蕴 杨之华 刘清扬 康克清
四届	宋庆龄 蔡　畅 邓颖超	康克清	史　良 罗　琼 吴贻芳 曾宪植 雷洁琼 林巧稚 李宝光 郝建秀 黄甘英 林丽韫 关　建 阿沛·才旦卓嘎（藏族） 玛依努尔（维吾尔族）

续表

届次＼职务＼姓名	名誉主席	主　席	副主席
五届		康克清	罗　琼 吴贻芳 雷洁琼 谭惕吾 李文宜 张帼英 郭力文 黄甘英 林丽韫 阿沛·才旦卓嘎（藏族） 玛依努尔（维吾尔族） 王琇瑛 谭茀芸
六届	康克清	陈慕华	张帼英 黄启璪 郝诒纯 林丽韫 阿沛·才旦卓嘎（藏族） 玛依努尔（维吾尔族） 张素我 卢乐山 聂　力 韦　钰 赵　地 杨衍银

中国妇女运动的领导人，绝大多数担任全国人民代表大会和全国政协的常务委员和委员。她们在会议上积极反映情况，提出建议，呼吁社会各有关方面关注和帮助解决广大妇女中存在的严重问题，受到大会的重视和采纳。如，中国政府颁布的《中华人民共和国婚姻法》《中华人民共和国宪法》《中华人民共和国劳动法》中有关保护妇女儿童合法权益方面的条款，以及1992年在第八次全国人民代表大会通过的《妇女权益保障法》，就是通过这种方法，由全国妇女领导人组织力量协助政府研制而定的。40年来，各届妇女运动领导人，在领导中国妇女解放事业中都发挥了重要作用。特别是深受全国

广大妇女崇敬和爱戴的蔡畅、邓颖超、康克清等卓越领导人和老一代领导人，为中国妇女运动所做出的巨大贡献，将永远载入中国妇女运动发展的史册。以下是几位中国妇女运动先驱和专职从事妇女工作的领导人的概况。

一、康克清

康克清（1911—1992 年），江西省万安县人。中国共产党优秀党员，久经考验的无产阶级革命家，中国妇女解放运动的卓越领导人。

1925 年，受进步思想的影响，康克清在家乡卷入有名的“万安暴动”之后，她随中国工农红军上了井冈山，开始了军事生涯。1926 年参加中国共产主义青年团，1931 年转为中国共产党党员，历任红军总司令部直辖女子义勇队队长、中华苏维埃共和国临时中央政府第二届执行委员会候补委员等职务。1934 年，她率领 300 名士兵与国民党军队打了一次遭遇战，获得红军“女司令”的绰号。长征路上，她三过草地沿途做伤员和群众的工作。在红四方面军里担任党校总支书记，与张国焘进行了坚决斗争。1937 年在红军大学（后为“抗大”）学习，后任八路军总司令部直属队政治部股长、主任、总支书记。1942 年在中共中央党校学习。从 1946 年起先后任晋东南抗日妇女救国会名誉主任、中共中央妇委委员、解放区战时儿童保育委员会主任，为夺取抗日战争和解放战争的胜利，做出了应有的贡献。中华人民共和国成立后，历任全国妇联第一届至五届常委，儿童福利部部长，第三届全国妇联副主席，第四、五届全国妇联主席；宋庆龄基金会会长，中国儿童少年基金会会长。

在任全国妇联儿童福利部部长期间，她把普及妇婴卫生知识、改造旧产婆、推广新法接生工作放在首位，对儿童保育工作明确提出要根据劳动妇女的需要和经济条件，因地制宜地开办标准和规模不一、形式多样的托儿组织。她注重深入实际调查研究，总结和推广先进经验，大力兴办各种儿童福利事业，有力地促进了儿童健康。

“文化大革命”中，康克清对林彪、江青反革命集团的反党阴谋，进行了坚决的抵制和斗争。

十年动乱结束后，康克清遵循中共中央指示精神，发动各级妇联干部和广大妇女群众，批判林彪、“四人帮”对中国妇女运动的污蔑，肯定了“文化大革命”前十七年中国妇女运动的路线、方针和成就，平反了冤、假、错案，解放了大批妇女干部，为妇女工作的全面恢复和发展奠定了基础。在她主持下，召开了第四、五届全国妇女代表大会。

在长期的妇女工作岗位上，她一贯坚持中国妇女解放事业必须在中国共产党的领导下，走社会主义道路，她重视妇女学习科学文化知识，强调妇女必须提高自身素质，发扬自尊、自信、自立、自强的精神。她十分关心维护妇女的合法权益，1979 年亲自主持了《中华人民共和国婚姻法》的修改工作。她特别关心基层和贫困地区群众，深入实际，调查研究，要求各级妇联干部为群众办好事、办实事。中共十一届三中全会以来，她强调把妇女工作的重点转移到社会主义现代化建设上来，提出了“四个现代化需要妇女，妇女需要四个现代化”的口号，为新时期中国妇女运动的发展立下了不可磨灭的功绩。

康克清多次作为中国妇女代表团团长参加国际会议。1952 年，她受宋庆龄和中国人民保卫儿童委员会的委托，率团出席在维也纳召开的国际保卫儿童会议，在会上做了《和平对于我们的孩子意味着什么?》的发言，引起了与会 64 个国家 560 余名代表的巨大反响。1980 年在哥本哈根举行的“联合国妇女十年”中期世界大会，康克清作为中国政府代表团团长在会上发言，并代表中国政府签署联合国《消除对妇女的一切形式歧视公约》。康克清还多次率团出访苏联、东欧、朝鲜、日本等地区和国家，为增进中国妇女和各国妇女的了解和友谊，为国际妇女运动做出了重要贡献。

康克清是全国政协第五、六、七届副主席。她为加强人民政协建设，为巩固和发展爱国统一战线，为坚持和发展共产党领导的多党合作和政治协商制度，为贯彻执行党的“一个中心，两个基本点”的基本路线，做出了积极贡献。

二、杨之华

杨之华（1900—1973 年），浙江省萧山县人，是中国妇女运动的先驱。

早在五四运动时期，杨之华便投身革命，1924 年加入中国共产党。从此到 1935 年，杨之华主要在上海进行工人运动。她深入到女工多的工厂中，同女工们一起劳动，教她们识字，与她们交朋友。在“五卅”运动和上海三次武装起义中，作为中共区委妇委书记的杨之华，始终站在斗争的前列，发动组织女工上街游行，进行宣传、募捐、救护伤员工作，使上海女工成为罢工斗争和武装起义的重要力量。

1941 年，杨之华从莫斯科回国路过新疆时，被新疆军阀盛世才逮捕。在监狱里，她不屈不挠，并利用多种机会与敌人顽强斗争，最终在中共中央的努力下，和监狱里的革命志士一起回到延安。

在新中国成立以前，杨之华曾任中共中央妇女部代部长、中共中央妇委书记、晋冀鲁豫中央局妇委书记，在中共第五次代表大会上当选为中央委员。

新中国成立以后，杨之华担任全国妇联国际部部长，不久又调任全国总工会女工部部长、党组成员。她满怀热情地做女工工作，经常深入工矿企业蹲点，注意培养女工干部，关心女工的工作、学习、生活，特别是切实帮助女工解决特殊困难，如创办哺乳室、托儿所、防治妇女病、落实妇女的四期保护等。她为女工和职工家属倾注了大量的心血，成为女工和职工家属的贴心人。

1957 年，杨之华在中国妇女第三次全国代表大会上当选为全国妇联副主席。

1964 年杨之华当选为第三届全国人民代表大会常务委员会委员。

1962 年，在中共八届十中全会上，杨之华当选为中央监察委员会委员、候补常委，任中央监察委员会驻轻工部监察组组长。在这个岗位上，她办案刚直不阿，认真细致，实事求是。

十年动乱期间，杨之华遭到林彪、“四人帮”的迫害，被关入监狱，虽然受尽折磨，却依然正气凛然，坚持斗争，坚信中共中央会实事求是地解决她的问题，渴望能继续为人民服务。1973 年，杨之华这位坚强的无产阶级战士含冤而逝。临终前，她教导女儿要永远跟着中国共产党干革命。

1975 年，经中共中央、毛泽东主席批准，新疆马明方、杨之华之案得以平反，杨之华被恢复了名誉。中共中央充分肯定了她对人民忠心耿耿，为争取中国工人和妇女的解放，为中国人民的解放事业和伟大的共产主义事业而做出的贡献。

杨之华特别注重妇女问题的研究，曾撰写过大量有关妇女运动和女工问题的文章，如《妇女运动概论》《中国三八运动史》等，是研究中国妇女运动史的重要文献。

三、刘清扬

刘清扬（1894—1977 年），回族，天津市人，早在青少年时代，受到进步思想的影响，于 1912 年参加同盟会系统的活动。“五四”运动中，她和郭隆真一起发起组织天津女界爱国同志会，担任天津各界联合会常务理事，积极参加周恩来和邓颖超等人发起组织的觉悟社，领导天津的学生运动。她冲破封建礼教，组织讲演队走上街头，向民众及妇女进行爱国宣传，使听众感动得热泪盈眶。她还与天津学生联合会密切合作，互相支援，反对北洋军阀政府在巴黎和约上签字。她作为天津各界代表之一，会同北平学联到新华门总统府递交请愿书，与徐世昌进行面对面的斗争，痛斥其卖国行径。1920 年 11 月赴法国勤工俭学，1921 年参加了共产主义小组，成为中共早期女党员之一。1923 年回国后，在广州、上海、北平组织爱国妇女团体。1924 年，中共北方区委指定刘清扬等人加入国民党，作为公开的跨党党员。1925 年，她任国民党北平市党部执行委员和妇女部长，同年，与钟复光等人筹备和召开了全国妇女联合会成立大会，号召各界各地妇女参加全国妇女联合会，为谋求女子的平等地位而奋斗。1927 年，蒋介石、汪精卫相继叛变革命，第一次国共合作破裂，刘清扬退出了国民党，不久也脱离了共产党。1931 年“九一八”事变以后，刘清扬积极参加抗日救亡运动，任北平妇救会主席，支持“一二·九”学生运动。

1937 年“七七”事变以后，刘清扬到武汉、重庆参加抗日救亡活动，任战地儿童保育会理事、妇女生活指导委员会训练组组长，先后举办四期战时妇女干部训练班、1 期短训班、1 期高级干部训练班，为抗日战争和妇女解放运动培养了大批妇女干部。1941 年“皖南事变”以后，她在香港、桂林等地，积极参加反蒋抗日活动，1944 年在重庆加入中国民主同盟，被选为中央执行委员会委员、民盟中央妇女委员会主任。1945 年任中国妇女联谊会理事兼秘书长。

抗日战争胜利以后，她回到北平，参加“民盟”北方区委和北平市支部工作。在此期间，介绍和输送了不少进步青年到解放区去学习和工作，并采取多种方式，掩护中共地下党员。1948 年 10 月，刘清扬进入华北解放区，1949 年在北平参加第一次全国妇女代表大会，当选为执行委员，同年 9 月，参加中国人民政治协商会议第一次全体会议。

新中国成立以后，刘清扬历任第一、二、三届全国人民代表大会代表，第一、二、三届全国政协委员，国务院文化教育委员会委员，河北省人民政府委员，北京市妇联、河北省妇联和华北妇联的执委、常委、副主任，全国妇联妇女干部学校校长，全国妇联第三届副主席，北京市妇女联谊会主席，中国红十字会副秘书长，“民盟”中央常委和“民盟”河北省委主任委员等职务。

1961 年刘清扬重新加入中国共产党。她认真贯彻执行中国共产党的各项方针政策，为巩固和发展爱国统一战线，为争取妇女解放做出了突出贡献。十年浩劫中她遭受林彪、“四人帮”的迫害，含冤逝世，1979 年得到平反昭雪，被恢复了名誉。

四、罗琼

罗琼（1911—　），江苏省江阴县人，1931 年“九一八”事变时开始参加学生抗日救亡运动。1934 年冬，她开始在中共地下党员影响下，学习马列原著，向往俄国十月革命和苏联社会主义制度，后以笔为武器，为上海《申报》的副刊《妇女园地》和《妇女生活》《东方》等报刊撰稿，控诉帝国主义、特别是日本帝国主义侵略中国的罪恶行径；抨击蒋介石政府“攘外必先安内”、镇压人民抗日救亡运动的投降主义政策；披露女工、农妇、女教职员以及一切被压迫、被蹂躏的妇女的凄楚、苦难生活，揭示妇女被压迫根源，指出必须在民族解放、社会解放中争取实现妇女解放。

1935 年“一二·九”运动中，罗琼参与发起组织上海妇女抗日救国会，当选为理事、宣传部主任。“七七”事变爆发以后，她离沪到内地参加抗日救亡运动。与此同时，采取当时可能的方式，宣传苏联的社会主义制度及妇女的新生活。1937 年年初，她与沈兹九合译出版了苏联柯岑泰著的《新妇女论》，1938 年与姜平合著《战时妇女工作》一书。

1938 年罗琼加入中国共产党，同年八月赴皖南，在新四军军部教导总队当政治教员。1939 年罗琼被选为新四军出席中共七大的候补代表，不久补选为正式代表，1940 年 4 月赴延安，1945 年中共“七大”闭幕后，调山东解放区工作，1947 年冬调中央妇委工作。

1949 年 4 月全国妇联成立以后，历任常务委员、主席团委员、宣传部副部长、部长、副秘书长、政策研究室主任，全国妇联第二届书记处书记，第三、四届书记处第一书记，第四、五届副主席。中共八大、十二大代表；第三、六届全国人大常务委员会委员、法律委员会委员；第一、五、七届全国政协常委、妇女青年委员会副主任。

在全国妇联工作期间，她主持起草了第一次到第五次中国妇女全国代表大会的报告以及编撰反映解放区和新中国妇女工作、生活和贡献的书籍、文章，在妇女运动历史和理论研究方面有较深的造诣。她还坚持下基层，到许多省、自治区的农村、城市调查研究妇女工作，注意理论、政策与实际联系，为推进妇女解放运动沿着社会主义道路健康发展，做出了重要贡献。

五、曾宪植

曾宪植（1910—1989 年），湖南湘乡人。1927 年春，她毅然背叛家庭，走上革命道路，考入中央军事政治学校武汉分校。并参加了北伐战争，1928 年加入中国共产党。

新中国成立以后，曾宪植一直在全国妇联工作，历任副秘书长、书记处书记、主席团委员、党组成员、党组副书记、机关党委书记、中直机关党委委员等职务，是第一届全国人民代表大会代表，第三、六届全国政协委员，第四、五届全国政协常委。她在全国妇联工作四十年，参与并主持全国妇联日常工作，分工主管干部、后勤、外事工作及妇女统战工作。她对工作高度负责的精神，周密的组织工作能力，雷厉风行的工作魄力，廉洁奉公、任人唯贤的工作作风，都为群众所称道。她关心、爱护、教育培养干部，是群众的知音、良师益友。

十年动乱中，曾宪植惨遭残酷迫害。但她忍受极大委屈和痛苦，进行了坚决抵制，直到粉碎“四人帮”以后才得到平反，恢复名誉。1978 年 9 月，在第四次全国妇女代表大会上，她被选为全国妇联副主席，并重新担任党组副书记。

在 60 多年的革命生涯中，曾宪植忠于中国共产党、忠于人民，在历次政治运动中坚持实事求是的原则，敢于批判“左”的错误，把毕生精力贡献给了无产阶级革命事业，奉献给了妇女解放运动。

六、郭力文

郭力文（1920—　），河北省威县人，曾就读于邢台河北省立女师，1938 年春，在冀南参加抗日救亡工作，任河北省平乡县妇救会主任。同年五月，她加入中国共产党，历任冀南二分区妇救会主任、冀南妇女联合总会委员等职务，做冀南抗日根据地的妇女工作。冀南边区解放以后，她积极参加清匪反霸和土地改革。1949 年，为了开辟新解放区的工作，随军南下到湖北，后任孝感地委干部学校副教育长、孝感地区妇联主任。在工作中，发动广大妇女积极投入土改、复查和合作化等伟大斗争，与此同时，建立健全基层妇女组织，培养妇女干部，为这一地区的妇女工作奠定了坚实的基础。1952 年调湖北省妇联任秘书长，不久又调中南区妇联任秘书长，1954 年起担任湖北省妇联主任达十年之久。在此期间，并担任省人大代表、省政协委员、中共湖北省委委员等职务，为开展湖北省的妇女工作做出了重要贡献。

1964 年，郭力文调外交部驻外使馆工作，在外交战线上奋斗了 15 个春秋。她先后在中国驻匈牙利、几内亚、意大利、法国大使馆任参赞。在国外使馆工作期间，她以大使夫人和参赞身份加强与驻在国上层官员夫人的交往，并与驻在国的一些妇女组织密切联系，为增进中国与驻在国妇女之间的友谊做出了贡献。

1980 年 5 月，郭力文调全国妇联任书记处书记，分管国际工作。1981 年下半年分管国内工作。1982 处郭力文任全国妇联书记处第一书记、党组书记。同年，在中共第十二届全国代表大会上，当选为中央委员。1983 年，在全国第五次妇女代表大会上，当选为全国妇联常委、副主席。任职期间，在维护妇女儿童合法权益、整顿和健全农村基层妇女组织等方面，做了很多工作。1988 年离休以后，她还经常下基层调查研究，倾听妇女群众意见，并亲自写调查报告交给全国妇联有关部门，受到广大妇女干部和群众的尊敬。

七、黄甘英

黄甘英（1921—　），广东省梅县人，1935 年参加“一二·九”学生运动，1936 年参加中华民族解放先锋队，1937 年加入中国共产党。1938 年到冀南抗日根据地，任中共威县县委宣传部长、县妇委书记，后在中共垂阳县委任民运部长。在此期间，她深入农村，宣传、组织和发动群众支援前线，为提高人民的政治觉悟和文化水平，还举办流动妇女儿童识字班并亲自讲课。她利用汉字的象形特征，进行生动活泼的讲授，受到群众的欢迎。

1943 年她调回北平做上层人士和知识分子的工作。1948 年下半年调河北省平山县中共中央妇委工作后，参加第一次全国妇女代表大会的筹备工作。1949 年 4 月，全国妇联成立后，历任组织科长、组织部副部长、城市工作部副部长、国际部部长、政策研究室副主任等职务，1961 年任全国妇联书记处书记。十年动乱中，她受到林彪、“四人帮”的残酷迫害，被关押 8 年之久，身心受到严重摧残。但她不畏强暴，坚持斗争，表现了一个共产党员应有的品德和气节。

十年动乱结束以后，全国妇联恢复工作，她曾任全国妇联领导小组副组长，积极参与负责复查冤假错案工作，在第四、五届全国妇女代表大会上，当选为全国妇联副主席、书记处书记。1978 年她被选为第一届中共中央纪律检查委员会委员，1982 年，在中共第十二次全国代表大会上，当选为中共中央候补委员。

黄甘英从事国际妇女工作30多年来，出访过40多个国家，并多次率代表团参加一些重要的国际妇女会议，如亚洲妇女会议、亚太地区妇女会议、联合国妇女10年的中期和终期会议等，还担任联合国妇女地位委员会的中国委员和联合国国际和平年中国组织委员会副主任委员。在国内，她曾多次接待一些国家的元首夫人和国际知名妇女，为增进和发展中国妇女与各国妇女的了解与友谊，为维护世界和平做出了贡献。

黄甘英还曾任第三届全国人民代表大会代表、第五届、第七届全国政协常委、中国人民保卫儿童全国委员会副主席、全国妇联国际活动委员会主任。1986年离休以后，她仍然关心中国广大妇女的切身利益和儿童的健康成长，担任中国扶贫基金会理事，为扶助贫困地区的妇女儿童改善生活条件而努力。她先后到福建、广西、吉林、广东等地深入基层，对妇女参政、城市妇女工作、基层妇女组织的组建，对拐卖妇女儿童，以及流浪儿童等问题进行调查研究，并通过全国政协、中国扶贫基金会等向中央反映情况，为维护妇女儿童的合法权利尽心尽力。

八、玛依努尔·哈斯木

玛依努尔·哈斯木1929年出生在新疆伊犁霍城县一个贫农家庭，1948年参加三区革命时期成立的和平民主同盟妇女委员会，先后担任委员和常委，领导和发动妇女投入反对国民党反动派的斗争。新疆解放时，玛依努尔的丈夫——三区革命的领导人之一阿哈罗提江，在赴北京参加第一届中国人民政治协商会议的途中飞机失事，不幸牺牲。在她最悲痛的时候，得到毛泽东等中共中央领导人的亲切慰问和接见。

1952年7月，玛依努尔加入中国共产党。历任新疆伊犁地区妇联副主任、伊宁市副市长、新疆维吾尔自治区妇联副主任、新疆维吾尔自治区妇联主任、自治区民政厅副厅长、全国妇联副主席、新疆维吾尔自治区人大常委会副主任、第二届全国政协委员等职务。

玛依努尔·哈斯木在新疆妇女界及各族人民中有较深的影响。在民主建设和社会主义三大改造等历次社会变革中，她带领各族妇女积极参加。抗美援朝期间，她号召各族妇女捐献了一架《新疆妇女号》战斗机。40 年的群众工作使她养成了深入基层，调查研究，密切联系群众的好作风，她的足迹几乎踏遍了新疆的山山水水。她非常重视提高少数民族妇女干部的素质。在她的指导下，举办了妇女干部培训班、学习汉语大专班、妇女宗教人士法律学习班；建立了妇女理论研究会筹备组、农牧区妇女科学技术咨询服务领导小组、家庭教育理论研究会和妇女之家等。她先后五次出国访问，十分注意宣传祖国各民族的团结、平等、和睦，使一些外籍华人对中国民族政策的疑虑得以冰释。更难能可贵的是她对妇女工作的执著精神。1988 年新疆维吾尔自治区妇联换届后，她在任自治区人大副主任期间，仍以妇女工作为己任，每次下基层视察，都要了解妇女工作情况，为维护妇女、儿童合法权益、为改善妇女工作的外部环境不懈地工作。

第七节　妇女参政中的问题

中国妇女在参政方面取得了巨大成绩，但也还存在不少问题，主要是：

第一，干部总量上存在“三少”现象，即女干部偏少，层次高的女干部偏少，任正职的女干部偏少。

女干部偏少，也就是各级领导班子中，尤其在县、乡两级以及妇女相对集中的部门、单位中女干部的比例偏低。如河北省 1988 年在 18 个地市中，有 11 个地市的领导班子中没有女干部，占 61%；180 个县、区中，有 90 个领导班子中没有女干部，占 50%；近 4000 个乡镇中，85% 的乡领导班子中没有女干部。即使在女性占多数的部门里，“男将女兵”的现象也很突出。

层次越高，女领导干部越少的问题也很明显。在中共中央、国务院直属各部门里，女干部很少，担任领导职务的更少。许多省、自治区、直辖市也存在这个问题。如 1986 年年底，内蒙古自治区的旗、县（处）级干部中，女干部仅占 7.68%；厅局级干部中，女干部占 4.63%；自治区一级干部中没有女性。

担任正职的女干部也较少。吉林省 1988 年正县（处）级女干部有 68 人，仅占同级干部的 3%，而在县（市、区）领导班子中，担任正职的只有 2 人，仅占同级干部的0.75%。

第二，女干部，特别是担任领导职务的女干部，在事业上往往遇到更多的困难。

产生上述问题的原因是多方面的。

一是中共中央关于重视培养选拔女干部的指示没有很好地得到落实。

新中国成立后，中共中央和政府领导人积极倡导提拔培养女干部参与领导工作。1956年，邓小平在中共八大修改党章报告中就强调了这一点。1982年中共十二大把“党一定要重视培养选拔女干部”列入党章。同年，《中华人民共和国宪法》把它列入第48条。但对这些指示、条文的落实工作时好时差。在社会主义改造和互助合作化时期，由于在广大农村倡导了“乡乡有女乡长”、“社社有女社长”，基层女干部队伍发展迅速、成长较快。但以后一个长时期内，对女干部的培养选拔缺乏规划和经常性的有力措施，没有建立起培养和输送女干部的正常渠道，往往临到换届之前才急忙物色人选，带有很大的被动性和盲目性，以至出现1982年的新老干部交替中女干部大量减少的局面。

二是许多妇女本身素质跟不上客观形势发展的需要。

不少女干部缺乏参与领导的意识，特别是在选举中缺乏竞争勇气。改革开放以前选拔干部是“静态任命”保证式，改革开放以后变为“动态竞争”优胜劣汰式，许多女干部在心理上还不适应。有的女干部缺乏自信心，自认为低男性一等，不敢也不愿与男性竞争。

由于历史的原因，中国妇女受教育的程度与参与社会实践的机会，远不如男子。妇女文化素质偏低，在很大程度上限制了妇女从事领导工作的广泛性。中共十一届三中全会以前，妇女从政的多寡，很大程度上取决于上级规定的比例。改革开放以来，提倡竞争、差额选举，不少妇女干部落选，女干部比例下降。

三是社会上存在着“重男轻女”封建意识的残余。中国封建社会长期形成的“妇女只能出征，不能挂帅”等旧的偏见，束缚着一些人的头脑。

四是妇女家务负担较重。妇女担负着物质、精神生产及人类自身再生产的双重任务，又承担着较多的家务劳动。有人说，女干部要有所作为，得比男干部多付出“三分汗水，五分勇气，七分毅力，十二分艰辛”。“拼”和“超负荷”运转，是当今从政女性的共同特点。河南省舞阳县原副县长郭菊花，是从一位农村姑娘成长起来的干部，既是一位工作出色的好县长，也是一位好家庭主妇。长期的“超负荷”运转，损坏健康，以致突然去世。

第六章
中共女党员及中共领导机构中的女干部

新中国成立以后，中国共产党的女党员及中共机构中的女领导干部，在社会主义革命和建设事业中起着先锋和模范带头作用。

第一节　中共女党员及领导机构中女领导干部队伍的发展

中华人民共和国成立以后，中共积极进行组织建设，不断补充新鲜血液，以壮大力量、提高战斗力。

40 余年来,全国女党员人数有很大发展,已由 1949 年的 53 万多人,占党员总数的 11.86%,增加到 1990 年的 730.5 万人,占党员总数的 14.5%。有些省、自治区、直辖市女党员占党员总数的 20% 以上,如北京市女党员占党员总数的 27%。中共十一届三中全会以后,全国发展了 100 多万名优秀妇女入党。绝大多数女党员不论在顺利条件下,还是在困难的环境中,始终以坚韧不拔的毅力,经受了各种考验,在社会主义革命和建设中,发挥了重要作用。特别是在改革开放中,中共女党员在各自的岗位上积极工作,以崭新的精神风貌为振兴中华做出了贡献。1979 年全国妇联表彰的万名“三八”红旗手中,中共党员占 68.2%,1983 年全国妇联表彰的近万名“三八”红旗手中,中共党员占 60%。

随着女党员的增多，在中共各级机构中担任领导职务的女干部人数也逐渐增多。

一、中共全国代表大会中的女代表及女中央委员

1956 年召开的中共第八次全国代表大会，女代表占代表总数的 9.3%，

到 1982 年召开的中共第十二次全国代表大会，女代表占代表总数的 14%。从中共第五届中央委员会开始，历届中共中央委员会中均有女委员、女候补委员。

历届女中共中央委员、候补中央委员人数

表 6

届　次	时　间	中央委员人数	候补中央委员人数
第二届	1922 年		1
第三届	1923 年		1
第四届			
第五届	1927 年	1	1
第六届	1928 年	1	1
第七届	1945 年	1	2
		（1956 年又递补 2 人）	
第八届	1956 年	4	4
第九届	1969 年	13	10
第十届	1973 年	20	22
第十一届	1978 年	14	24
第十二届	1982 年	11	13
		（1985 年又增选 3 人）	（1985 年又增选 1 人）
第十三届	1987 年	10	12

1945 年中共第七届中央委员会的 77 名中央委员、候补委员中，有 3 名女委员，占总数的 2.83%；1982 年中共第十二届中央委员会中的女委员增加到 25 名，占委员总数（以党代表会议调整的数计算，下同）的 6.6%。中共十二届中央政治局、书记处有 2 位妇女，一位是政治局候补委员陈慕华，一位是书记处书记郝建秀。中央顾问委员会 191 名委员中，女委员 4 名，即李坚贞、夏之栩、章蕴、曾志。中央纪律检查委员会 133 名委员中，有女委员 9 名。

二、中共中央各部委及地方领导机构中的女领导干部

1949 年至 1955 年，有两名女中共党员担任省部级领导干部，她们是中央纪律检查委员会副书记钱瑛和中共河北省委副书记薛迅。

1956 年至 1966 年 4 月，中共各级领导机关中有 5 名女党员担任省部级领

导工作，她们是中共中央监察委员会副书记钱瑛，中共中央组织部副部长帅孟奇以及先后任广东省委书记的李坚真、区梦觉，广东省委副书记曾志。

1976 年 10 月粉碎“四人帮”至 1987 年 10 月，根据中国共产党在新时期的政治路线和组织路线，为实现各级领导班子“革命化、年轻化、知识化、专业化”，各省、自治区、直辖市召开中共代表大会，选举省、自治区、直辖市党委常委、书记，一批德才兼备的中青年女干部走上各级领导岗位。在这期间，担任中共中央部级和省级领导职务的女党员共有 15 名。

1978—1987 年中共中央部级及省级机构中的女领导干部

表 7

姓　名	职　务	时　间
曾　志	中共中央组织部副部长	1978—1983
区棠亮	中共对外联络部副部长	1979—1983
李淑铮	中央对外联络部副部长	1984—
王淑珍	中共天津市委书记	1979—1980
吕玉兰	中共河北省委书记	1979—1980
宝日勒岱	中共内蒙古自治区委书记	1979—1980
邢燕子	中共天津市委书记	1981—1983
刘　鑫	中共云南省委书记	1981—1983
巴　桑	中共西藏自治区委书记	1981—
李宝光	中共河南省委书记	1981—1983
谢志诚	中共湖北省委书记	1981—1983
彭　青	中共江苏省委书记	1981—1983
顾秀莲	中共河北省委书记	1984—1986
赵　地	中共河南省委书记	1984—
万绍芬	中共江西省委书记	1985—1987

担任中共地委正副书记职务的女党员，据不完全统计，1949 年至 1955 年有 7 人；到 1966 年 4 月已有 25 人；1988 年增加到 57 人。担任中共县委正副书记职务的女党员 1956 年有 5 人，到 1966 年 4 月有 190 人，1986 年增加到 351 人。

这些担任中共领导工作的女党员，绝大多数德才兼备，有专业知识，受到党内外广大干部和群众的信任。她们中有不少人被群众评为优秀干部，为党的事业做出了较大贡献。

第二节　贡献卓著的老前辈

中国共产党具有一批久经考验的女党员和女领导干部，她们在革命战争年代，不畏牺牲，英勇奋斗，为中华民族的解放事业立下了不可磨灭的功勋。新中国成立以后，她们又在中共和人民政府各级领导岗位上，以高度的责任感和事业心，兢兢业业地工作。

下面介绍六位德高望重的老前辈。

一、帅孟奇

帅孟奇（1897—　），湖南省汉寿县人，自小受到亲朋的进步思想影响，于 1924 年参加组建汉寿县女界联合会，担任宣传工作和组织工作。1926 年加入中国共产党，任中共汉寿县委妇女部长、组织部代部长，1928 年赴苏联莫斯科中国劳动者共产主义大学学习。1930 年回国后，任中共长江局机要秘书，中共上海浦东、沪西和江苏省委的妇女部长。1932 年被捕入狱，面对敌人酷刑坚贞不屈。1937 年出狱以后，任中共湖南省工委和省委委员、秘书长、常（德）益（阳）中心县委书记等职务。1942 年到延安后，任中央民委秘书，陕甘宁边区政府甄别委员会主任等职务。1945 年出席中共第七次全国代表大会，会后任中共中央妇委委员、代理书记。1949 年新中国成立以后，曾任全国妇联第一届常委、组织部长，中共中央组织部副部长、中共中央监察委员会常委。“文化大革命”中，她受到林彪、“四人帮”的残酷迫害，1978 年平反以后，任中共中央纪律检查委员会常委、中共中央组织部顾问、中共中央顾问委员会委员。1985 年离休，曾是中共第八届候补中央委员，第三届人大常委，第五届全国政协常委。

帅孟奇是一位久经革命斗争考验，堪称用特殊材料铸成的共产党员。她一生经历了许多惊涛骇浪，在国民党反动派的严刑拷打面前，她铮铮铁骨、宁死不屈，在被林彪、“四人帮”诬陷和迫害的年月里，她无私无畏、刚正不阿，表现了一个真正共产党人的坚定信念和高风亮节。

帅孟奇在 60 多年革命生涯中，大部分时间做干部工作。她任人唯贤，知人善任，一贯珍惜同志的政治生命。在处理干部问题时，她重证据、重调查研究，维护党的政策的严肃性。粉碎“四人帮”以后，在她的主持下，许多受害干部得到平反昭雪。

帅孟奇无论在战争年代还是新中国成立以后，对许多革命烈士的子女给予了慈母般的照顾，使他们得到温暖和幸福。这些烈士子女已长大成人，有的已是党和国家的领导人或重要干部。

帅孟奇一生为党、为革命做出了重要贡献，但她却平易近人、生活俭朴，对战友和部下的困难关怀备至，慷慨解囊。“文化大革命”结束后补发给她工资连同利息 2 万元，她全部上交，支援国家经济建设。她还多次资助儿童教育事业。

二、章蕴

章蕴（1905— ），湖南长沙人，1925 年加入中国共产党，1936 年任中共湘潭中心县委书记。在抗日战争和解放战争中，她先后任东南分局妇委负责人，新四军军部服务团总支书记，中共苏南区党委妇女部长，苏中区党委妇女部长、组织部长，第三野战军妇女干部大学校长兼政委，豫皖苏边区党委书记等职务，是当时少有的能全面领导党、政、军工作的女干部。新中国成立以后，她曾任中共中央华东局妇委书记、华东区妇联主任，1952 年调任中央妇委第三书记兼全国妇联秘书长，后来又当选为全国妇联副主席，中共第八届候补中央委员。这位久经革命战争考验的老党员，尽管在十年动乱中饱受折磨和摧残，但在粉碎“四人帮”、名誉得到恢复以后，又以 71 岁的高龄忘我地投入了工作。在她担任中共中央组织部顾问和中央纪律检查委员会副书记期间，坚持实事求是的思想路线，为纠正“文化大革命”中的冤假错案，东奔西走，日夜操劳，使许多长期蒙受冤屈的干部得到平反。一位新疆老干部，拖延长达十几年的冤案，经她手 7 天就彻底解决了。

在打击经济犯罪的斗争中，她敢于碰硬，严肃处理了几起大案，如北京的陈梦虢诈骗案，黑龙江于天章诈骗案和河南安阳“汽车大王”案等。

在整党工作中，她深入实际，调查研究，并在《人民日报》、《红旗》杂志上发表论述文章，为中共中央制定整党工作的方针、政策提供了重要依据。章蕴处理问题实事求是、雷厉风行的工作作风给中共干部做出了表率。

三、钱瑛

钱瑛（1903—1973 年），湖北省咸宁县人。1927 年加入中国共产党，参加了南昌起义、广州起义。1931 年后，任中共潜江县委书记、湖北省委代理书记，中共西南工委书记。解放战争时期，任中共中央重庆局、南京局组织部长、上海局委员，1949 年以后，任中共中央华中局、中南局组织部副部长、部长，纪委副书记等职务。1952 年年初调北京后，先后任中央纪律检查委员会副书记、中央人民政府政务院人民监察委员会副主任，中华人民共和国监察部党组书记、部长、中央监察委员会副书记等职务。

任职期间，她坚决与破坏中共路线、方针、政策的行为和不良倾向作斗争。1957 年以后，在“左”的思想影响下，中共的民主集中制原则在一定程度上遭到破坏，有些省、市、部门的领导人独断专行，压制不同意见，使生产遭到破坏，给群众生活造成很大困难。为解决这些问题，钱瑛在 1960 年至 1962 年的国民经济困难时期，不顾自己身患疾病，多次率领工作组到问题最多、困难最大的地方调查研究，纠正在“大跃进”中出现的问题。1960 年冬，她带领工作组到甘肃省进行实地考察，发现某些领导人弄虚作假、骗取荣誉，不关心群众疾苦，征购过头造成人民生活困难，有的领导人对于敢讲真话、敢提意见的好人进行打击报复，制造了一批冤案、错案，她对此极为愤慨，立即向中共中央告急，请求拨粮救灾。地方党委根据她的意见，甄别平反了冤案错案，调整了领导班子，处理了违法乱纪事件，使困难局面得以扭转。1961 年，钱瑛带领中央监委工作人员开始了“右倾机会主义分子”的甄别工作。特别是在 1962 年以后，采取了加速甄别工作的措施，在短短的几个月内，使 1959 年以后被错定为“右倾机会主义分子”的人得到了平反。

钱瑛在长期担负党和国家的纪律检查和监督机关的领导工作期间，鞠躬尽瘁，刚正不阿，成绩显著，因此，得到了中共中央领导人的赞赏和人民群众的好评。不幸的是，“文化大革命”中，她被林彪、江青反革命集团迫害致死。

四、李坚真

李坚真（1906—　），广东省丰顺县人，1927 年 6 月加入中国共产党。1931 年，她担任中共长汀县委书记，是中央革命根据地的第一位女县委书记。以后她历任中共福建省委常委、中共中央局妇女部长、中共陕北省委组织部副部长、中共华中局民运部副部长，中共华东局、山东分局妇委书记。1934 年参加中国工农红军长征。

新中国成立以后，她曾任中共粤中区委第一书记、中共广东省委监委副书记、广东省委常委、书记、纪律检查委员会书记。

李坚真一贯深入实际调查研究。1952 年她根据中共中央决定广东工作重点是发展农业的精神，集中全力狠抓了几件大事。她在珠江三角洲的沙田地区，领导群众加固海堤，建设电力排灌网；她在高要县带领干部和群众把一片只能种单季稻的低产田，改造成双季稻良田；她在三水和斗门两县蹲点，将两县血吸虫滋生的烂泥滩，改建为甘蔗和粮食的生产基地。

她主持监委工作期间，坚持原则，不徇私情，对待犯错误的人，坚持以思想教育为主的原则；在主管党的干部工作中，坚持五湖四海、任人唯贤的原则，从而调动了各方面干部的积极性，增强了党内团结。中共十一届三中全会以后，她带病坚持工作，每天亲自接待数十起来访的干部和群众，为受“四人帮”打击陷害的干部平反。

1979 年，中共中央决定在深圳、珠海、汕头建立经济特区，由广东率先实行开放政策。她坚决支持这一新生事物。在担任中央顾问委员会委员以后，多次带病到深圳、珠海和珠江三角洲地区进行实地考察，邀请港澳知名人士座谈，听取他们的意见，及时向省委和中共中央反映情况、提出建议。

五、陈少敏

陈少敏（1902—1977 年），山东寿光人，1927 年参加共产主义青年团，1928 年转为中国共产党党员。曾任寿光县共青团妇女部长，中共天津市委秘书长，河南洛阳特委书记，河南省委组织部长，中原局敌后挺进队政治委员，鄂中、豫鄂边区党委书记、副书记，中原局组织部长，第七届中共中央候补委员等职务。她为恢复和建立豫鄂边区中共党组织，为创建抗日根据地和发展中原局敌后游击斗争，做出了很大贡献，是中共党内长期主持一个地区全面工作和直接领导武装斗争的少数女领导干部之一。

新中国成立以后，她历任中国纺织工会全国委员会主任，中华全国总工会副主任，第八届中共中央委员，第三届全国人大常委，第二、三届全国政协常委等职务。

陈少敏在革命战争年代对敌斗争坚强勇敢，不怕牺牲；在“文化大革命”中，同林彪、“四人帮”进行了坚决的斗争。1968 年 10 月，在中共第八届十中全会上，当错误地通过开除刘少奇出党的决定时，她不顾个人安危，坚持实事求是的原则，坚持真理，不举手、不赞成，表现了共产党人无私无畏的高贵品质。

在工会工作期间，她经常深入基层，调查研究，关心工厂生产、关心工人生活，密切联系群众，深受广大工会干部和工人群众的尊重。在 50 年代，闻名全国的“郝建秀工作法”、“1951 织布法”等，就是在她亲自领导下总结、推广出来的。她在工作中精心培养了大批先进工人和先进集体，为新中国的工会工作做出了卓越贡献，是中国工人运动著名的领导人之一。

六、曾志

曾志（1911—　），湖南省宜章县人，1926 年加入中国共产党。她参加湖南暴动后，随朱德领导的工农红军上井冈山。土地革命时期，她任红四军后方总医院党总支书记，闽西共青团特委书记，福州中心市委秘书长，闽东特委组织部长等职务。抗日战争时期，她任湖北省委妇委书记、中共中央妇委秘书长等职务；解放战争时期任中共辽吉一地委①组织部长，五地②委副书

① 解放战争时期，因战略需要，将辽宁、吉林、内蒙古部分地区划为辽吉省。一地委包括辽吉省的铁岭、法库、康平等地区。五地委包括阜新、彰武、哲里木盟等地区。

② 同上。

记，沈阳市委常委、职工部长等职务。新中国成立以后，她曾任中南工业部副部长、中共广州市委书记，中共广东省委候补书记等职务。中共十一届三中全会以后，任中共中央组织部副部长，中共中央顾问委员会委员。

半个世纪以来，曾志为了中国人民的解放和妇女解放事业历尽艰辛。新中国成立以后，她为社会主义事业做出了贡献，因克己奉公，深入实际，作风民主，而受到群众的好评。

十年动乱中，曾志受到“四人帮”残酷迫害。但她刚直不阿，坚强不屈。当她与老战友和革命伴侣陶铸诀别时，陶铸在赠诗中称赞她“心底无私天地宽”。她正是以共产党人宽阔的胸怀，以惊人的毅力战胜“四人帮”的迫害和疾病的折磨，顽强地活了下来。

粉碎“四人帮”以后，她担任中共中央组织部安排干部组组长，为拨乱反正、落实干部政策，呕心沥血地工作。中共十一届三中全会以后，她在担任中共中央组织部副部长期间，不顾年高体弱，经常深入基层，为正确贯彻中共的干部政策努力工作。1979 年 12 月，曾志冒着严寒去东北考察干部，并及时总结经验，为中共中央组织部起草了《关于东三省部分厂矿企业使用干部的情况调查报告》。文件批发全国后，大大推动了选拔优秀人才的工作。在深入调查中，根据新时期的新情况，还总结出选拔干部中应采取“公开宣讲”和“民意测验”等方法的重要经验，并在全国推广。

曾志带头执行干部离退休制度，一再主动要求退居二线。1983 年 8 月，她退下来后，仍兢兢业业地做了许多工作。她不顾年迈，亲自深入老、少、边、穷地区考察，写调查报告上报中共中央。她关注厂矿企业生产建设和精神文明建设，担任“全国企业职工政治思想工作研究会”顾问，为企业的思想建设出谋献策。她对青少年一代寄予厚望，关心他们的成长，呼吁社会重视对失足青少年的教育和转化工作。

第七章
女职工

中国女职工是中国工人阶级的组成部分，是妇女群众中比较有觉悟、有组织的一部分。她们中的绝大多数是在国民经济各个部门第一线，从事生产劳动和工作的。40余年来，广大女职工同男职工一道，为国家、为社会创造了大量财富，做出了巨大贡献，成为中国社会主义现代化建设事业中一支不可缺少的力量。

第一节　女职工队伍的发展

40余年来，随着国民经济的发展，中国女职工队伍逐渐壮大，人数由少增多，行业逐步拓宽，女职工的文化水平、专业技术水平不断提高，发生了巨大的变化。

一、女职工人数增加

旧中国国民经济落后，工业极不发达，1949年全国女职工仅有60万人，占全国职工总数的7.5%。新中国成立后，中国共产党和人民政府把妇女作为中国社会主义建设的一支伟大的人力资源，十分重视发动和吸收城市广大妇女参加社会劳动，并在有关法律中明文规定：妇女同男子有平等的政治权利、劳动权利、同工同酬权利。

1949年4月中国妇女第一次全国代表大会的决议指出："新解放城市中的劳动妇女，应积极响应复工复业的号召，使公私企业迅速恢复。"各公私企业"应当适应工业生产的需要，吸收工人家属和能劳动的妇女参加生产，尽可能组织大批家庭妇女参加劳动，使许多过去不事生产的妇女，转为社会财富的创造者。”① 1952 年，政务院在就业问题的决定中强调：要大力组织适合妇女从事的城镇集体手工业、服务业，多吸收妇女就业。同年，全国妇联向各级妇联下达通知，要求她们向妇女群众进行广泛的宣传并积极地协助政府进行具体工作。

在这一时期，国家政府部门、中华全国民主妇女联合会、全国总工会女工部及各工矿企业等为此进行了大量的工作，使不少城市的劳动妇女走出家门，加入到女职工队伍的行列。

1949 年到 1952 年的国民经济恢复时期，女职工达到 184.8 万人，比 1949 年增加两倍以上，占职工总数的比例上升为 11.69%。

1953 年至 1957 年，国民经济第一个五年计划基本完成，社会主义建设事业有了较大的发展。这几年，女职工人数的年平均增长率为 23.8%。

1958 年至 1960 年，在“左”的错误思想指导下，由于在国民经济建设上提出了不切实际的奋斗目标，盲目追求高指标，错误地认为建设规模越大越好，速度越快越好，职工人数越多越好。1958 年 6 月，中共中央发布了各地招工计划经省确定后即可执行，不必经过中央批准的决定。这种过早、过多下放劳动管理权的做法，以及上述错误思想的误导，使得全国职工人数迅速膨胀。以全民所有制职工为例，由 1957 年的 2450.6 万人，猛增到 1960 年的 5043.8 万人。在妇女就业问题上，不顾生产力发展水平，也片面认为参加社会劳动的妇女越多，妇女解放的程度就越高，因此提出要发动所有的城市职工家属和其他家庭妇女走出家门参加工作，实现“人人有活干，户户无闲人”的口号。有相当多的妇女组成小集体，兴办街道工厂。据不完全统计，职工家属和其他家庭妇女在民办工业中占 60%—70%。北京市有 20 万妇女走出家门，办起了 500 多个街道工厂和 2000 多个生产组；沈阳市有 8 万多职工家属投入兴办民办工业的洪流中。1960 年，全国女职工人数由 1957 年的 328.6 万猛增到 1008.7 万，比 1957 年增加两倍多。

① 《中国妇女运动重要文献》，人民出版社 1979 年 8 月第 1 版，第 42 页。

1953—1957 年女职工人数增长情况

表 8　（万人）

年　份	女职工人数	女职工占职工总数比例（%）
1953	213. 2	11. 68
1954	243. 5	12. 95
1955	247. 3	12. 96
1956	326. 6	13. 48
1957	328. 6	13. 41

由于“左”的指导思想和自然灾害等原因，国民经济建设遭受了新中国成立以来最大的挫折。经济结构严重失调，工业企业管理混乱，产品质量降低，劳动生产率下降。特别是职工人数的骤然增多，造成了国家开支加重、城镇粮食供应紧张等困难。

为了扭转这种不良局面，1960 年 9 月，中共中央提出了“调整、巩固、充实、提高”的方针。1961 年 5 月，中共中央又提出了精简职工和下放城镇人口的办法。经过两年的努力，到 1963 年年底，全国共精简职工 1887 万人。据国家统计局统计，1963 年年底，全国全民所有制职工人数降为 3293. 1 万人，其中女职工为 656. 6 万人。

1958 年以后几年中国民经济的大起大落、职工人数猛增暴降的事实说明了两点：第一，国民经济发展必须符合客观经济规律，必须与生产力的发展水平相适应，否则欲速不达。第二，从就业的规模看，就业人数过多过快，超出生产力的发展水平，势必给国民经济带来较大的负荷，使之无法承受。反之，如果就业人数的增长速度赶不上生产发展的需要，也会给国民经济造成损失，影响生产。这一规律，对妇女就业也不例外。操之过急和增长缓慢，同样既不利于生产，也不利于妇女解放事业的发展。

但是，应当肯定，在这一时期里，中国妇女的就业观念有了较大的进步。几千年来那种“男主外，女主内”的封建意识受到很大的冲击，妇女参加社会劳动已被广大群众所接受，已成为不可逆转的时代潮流。这种观念的变化，为中国妇女解放运动进一步发展打下了良好的基础。还应当承认，当时由职工家属和其他家庭妇女创办的街道集体小厂，有一小部分存留下来，经过 20 年的发展，到 80 年代已成为经济建设的骨干力量之一。

1966年至1976年的十年动乱期间，不少工矿企业的生产几乎处于停滞状态。但由于每年招工指标没有按实际生产的需求而定，而是年复一年按旧有的计划执行，所以职工队伍仍在继续增大。据国家统计局统计，全民所有制职工人数由1965年的3738万人，增长到1977年的7196.3万人，其中女职工人数也由1965年的656.6万，上升为1977年的2036万人，全民所有制女职工总数增长了两倍多，这是一种不正常的现象。

中共十一届三中全会以后，全国工作重点转移到社会主义现代化建设上来，国家建设呈现出新局面。1981年至1985年，国民经济“六五”计划顺利完成。“七五”计划已在实施中。从1979年至1987年的8年中，经济体制改革及合理的劳动人事政策给女职工队伍的发展带来了生机。特别是1978年12月以来，多种经济形式的出现和发展，使中国城市妇女就业道路更加宽广。据国家统计局1987年年底统计，全民所有制女职工占全民所有制职工总数的33.2%，集体所有制女职工占集体所有制职工总数的46.8%，其他所有制（如中外合资、外资企业等）女职工占职工总数的48.8%。非全民所有制女职工占总数比例超过了45%以上，这说明多种经济形式并存有利于妇女的就业及女职工队伍的发展壮大。

1978—1989年女职工人数增长情况[1]

表9

年　份	女职工人数（万人）	女职工占职工总数比例（%）
1978	3128.1	33
1979	3409.0	34.2
1980	3698.6	35.4
1981	3935.0	36
1982	4093.1	36.2
1983	4198.8	36.5
1984	4306.9	36.5
1985	4499	36.4
1986	4688	36.6
1987	4869	36.8
1988	5100	37
1989	5137	37.4

注：1. 据国家统计局统计，含全民、集体两种所有制企业的女职工数。

40余年来，中国女职工的人数增长是迅速的，变化是巨大的。到1987年止，全国各类女职工总数达4869万人，比1949年的60万增加了81倍多，在职工总数中所占比例也由1949年的7.5%上升到1987年的36.8%，占职工总数的近2/5。

二、女职工分布状况

（一）地区分布。

旧中国工业发展很不平衡，女工大都集中在上海、武汉等少数大城市中。据统计，1947年上海就有女工40万，但直到1949年，全国女工总数才60万人。新中国成立以后，随着工业在全国范围内的迅速兴起和发展，日益增多的女职工也随之遍布全国各地。据国家统计局统计，1986年，全国女职工人数超过百万的省、自治区、直辖市有21个，其中江苏、四川、广东、辽宁4省的女职工人数在300万以上；上海、山东、湖北、黑龙江等4个省市的女职工人数也超过200万；天津、上海、辽宁3省市女职工占本省职工总数的比例已达40%以上。在经济基础较为落后的少数民族地区和内陆地区，也已培养了第一代、第二代、第三代女职工。这些女职工在本地区的经济建设中起着重要作用。

（二）行业分布。

在旧中国，女性就业的范围是极其狭窄的，女工主要集中在轻、纺行业，这些行业被称作“女性的传统行业”。新中国成立以后，妇女冲破传统禁区，投入到国民经济建设的各行各业之中。

从50年代开始，一部分妇女投身到机械、交通运输、邮电、财贸、国防工业等行业中，从事生产劳动和工作。在许多岗位上都出现了第一批女职工。如第一个女拖拉机手梁军、第一个女火车司机田桂英、第一个铁路女调度员孙孝菊、第一批邮局女投递员、第一批女飞行员、第一个女子测量队等。她们的出现，不仅显示了中国妇女中蕴藏着巨大的社会生产潜力，对改变社会上重男轻女的旧观念起到了积极作用；同时，她们的这种表率作用，也给全国妇女以极大的鼓舞和信心。

各地区女职工人数（1986 年年底）

表 10

地　区	女职工人数（万人） 合　计	占职工总数（%）
全国总计	4687. 6	36. 6
北京	156. 3	39. 3
天津	118. 3	42. 2
河北	187. 7	32. 3
山西	121. 3	30. 8
内蒙古	120. 7	36. 0
辽宁	387. 2	40. 8
吉林	184. 3	39. 1
黑龙江	298. 4	37. 5
上海	207. 3	41. 4
江苏	310. 8	38. 1
浙江	173. 7	39. 2
安徽	151. 9	34. 7
福建	102. 0	35. 9
山东	214. 1	33. 0
河南	204. 7	33. 1
湖北	245. 1	38. 4
湖南	177. 2	36. 0
广东	302. 2	38. 4
广西	98. 7	34. 7
四川	306. 9	35. 8
贵州	69. 3	33. 5
云南	88. 4	32. 9
西藏	5. 2	32. 7
陕西	115. 8	33. 1
甘肃	66. 6	32. 0
青海	21. 2	33. 2
宁夏	19. 8	34. 1
新疆	106. 9	39. 0

在铁路运输部门，女职工由 1952 年的 2. 6 万上升到 1986 年的 67 万；民航部门女职工人数由 1953 年的 93 人，上升为 1986 年的 1. 5 万人。据有关部门统计，1986 年年底，纺织行业女职工为 317. 03 万，占本行业职工总数比例的 59%；轻工行业女职工总数为 620. 34 万，占本行业职工总数的 48. 01%；

邮电行业女工为32万人，占本行业职工总数的32.6%；公交行业女工为23.7万人，占本行业职工总数的45.59%；商业女工为605.6万人，占本行业职工总数的41.8%。

新中国成立40余年来，随着国民经济的发展，中国女职工就业范围不断扩展，大批女职工成为社会财富的创造者和新中国的建设者。到1987年为止，女职工在各行业中已占相当比例。（详见表11、12）

1949年、1984年女职工在国民经济各行业人数对照表
（全民所有制）

表11

行业＼年份＼人数	女职工人数（万人）		女职工占比例（%）	
	1949年	1984年	1949年	1984年
工业	32.5	1197.3	10.6	33.3
建筑业和资源勘探	0.1	153.9	0.5	21.5
农林、水利、气象	0.1	283.3	225.5	35.5
运输和邮电	1.0	110.6	1.6	20.6
商业、饮食业、服务业和物资供销	5.1	345.8	4.1	39.8
城市公用事业	0.2（1952年）	55.8	4.9	37.7
科学、文教、卫生	13.4	477.7	11.4	38.2
金融、保险	0.5	29.7	11.1	35.3
机关、团体	7.3	112.7	4.7	17.6

中国女职工就业范围的不断扩大，是中国经济发展、社会进步、妇女解放程度逐步提高的一种表现。但是，在这个过程中，由于受“左”的错误影响，片面地强调“男女都一样”，曾组织动员一部分女职工参加了不适合妇女生理特点的高空、高温、井下、化工等有害、有毒的作业以及养路、搬运等重体力工种。这种错误做法，在十年动乱时期尤为严重。

中共十一届三中全会以后，随着中共和全国深入肃清“左”的影响和对国民经济调整、改革、开放的逐步进行，各工矿企业女职工的就业范围有了新的变化。根据国家对劳动组织进行全面整顿的精神，各工矿企业对不适合女职工从事的工种进行了调整，使女职工的工种安排日趋合理。在有关企业领导和工会、妇联组织的积极配合下，对从事有毒、有害和重体力劳动的女职工逐步调换了工种，撤销了女子高空高压带电作业班、女子钻井队、女子桥梁队、女子井下采煤队等生产组织，为这一部分女职工调换了工种。在全国铁路系统，有7000余名女养路工被调换做别的工作。

1987年国民经济各行业职工人数
（含全民、集体）

表12

行业名称	女职工人数（万人）	女职工占本行业比例（%）
农、林、牧、渔、水利业	306	36.1
工业	2444	40.9
地质普查和勘探业	24	22.8
建筑业	205	20.9
交通运输、邮电通讯业	183	23.4
商业、公共饮食业、物资供销和仓储业	721	43.5
房地产管理、公用事业、居民服务业和咨询服务业	157	45.7
卫生、体育和社会福利事业	192	52.6
教育、文化艺术和广播电视事业	378	35.7
科学研究和综合技术服务	49	34.8
金融、保险	52	34.1
国家机关、党政机关和社会团体	158	19.6

在改革开放中，中国第三产业有了迅速发展，1976年，中国第三产业的劳动者占全社会劳动者的比例为9.7%，到1985年提高到16.4%。由于第三产业门类多，以服务性为主，能较好地发挥妇女心灵手巧的优势，避免了妇女难以胜任重体力劳动的劣势。因此，一批女职工转向第三产业。据国家统计局统计，1987年，女职工在第三产业中所占的比例平均为37.1%，其中适合女职工的卫生、饮食、居民服务等行业，女工比重超过50%，这是可喜的趋向。但是，从全国来看，要使女职工的工种分布和职业结构全面合理，还需要随着改革的深入逐步完善。

第二节　女职工的作用与贡献

中国女职工是社会主义建设的一支重要力量。在国民经济建设和社会发展的各个时期，在各行各业，广大女职工兢兢业业、忠于职守，为本行业的生产发展做出了贡献。

在改革开放中，广大女职工增强了主人翁意识，积极参与企业民主管理，特别是一部分有开拓精神的女职工，克服了家务重、孩子拖累等困难，发愤图强，积极投身改革开放，做出了比以往任何年代都突出的成绩，显示了当代中国女职工的风采。

一、在工业生产中创优质、夺高产

工业是国民经济的主导产业，在中国的纺织、轻工、机械、电子等工业部门，女职工占相当比例。新中国成立以后，女工的人格受到尊重，劳动热情十分高涨。她们努力生产，为恢复、发展中国的工业，起到了积极作用。

50 年代，青岛国棉六厂年仅 15 岁的细纱女工郝建秀在工作中细心钻研，创造了“郝建秀工作法”。这个工作法不仅减轻了细纱工人的体力劳动，而且还减少了皮棍花率，提高了劳动效率。据当时估算，如果全国每个细纱工的皮棍花率都在 0. 25%（郝建秀的指标），那么全国每年就可增产 4. 4 万斤纱。“郝建秀工作法”的创造和推广，促进了纺织生产的大发展。仅 1952 年，全国就出现了 2 万余名优秀的“郝建秀工作者”。纺织行业其他主要工种的新工作法也相继问世。如女工杭佩兰、陈树兰分别创造了“1951 织布法”、“陈树兰细纱落纱工作法”等等。这些工作法的运用，大大提高了纺织产品的数量和质量，为国家创造了大量财富。据统计，1956 年主要纺织产品中棉纱、棉布的产量分别为 525 万件和 57. 7 亿米，与 1949 年相比，棉纱增长 291%，棉布增长 305%。赵梦桃是西北国棉一厂的女工，从 1952 年至 1957 年，她创造了月月全面完成国家计划指标的先进记录。同时，她还帮助同组工人一起进步。1959 年，她和她的小组分别被评为全国先进个人和集体，这个小组被称为“赵梦桃小组”。

50 年代，女职工逐渐涉足机械、钢铁等行业。唐嗣孝大学毕业后，在鞍山钢铁厂当技术员。为了生产优质钢材，她改造炉具，革新冶炼技术，还注重组织工人进行技术理论学习，传授科学技术知识，不仅为提高鞍钢的钢材质量做出了贡献，而且还为鞍钢培养了一大批技术工人，成为中国钢铁行业著名的劳动模范。

1958 年，全国各地掀起了技术革新运动。在生产第一线的女工做出了自己的贡献。沈阳东北机器制造厂女工尉风英在短短的几年里，实现工具改造、技术革新 127 项，不断超额完成生产任务，是当时闻名全国的革新能手。江苏无锡市振兴纺织厂的穿扣工章瑞英连续创造了四根、八根穿扣工作法，提高了工作效率，多次创造全国穿扣最高纪录，被评为 1959 年全国劳动模范。

“文化大革命”期间，许多工厂被迫停产，工业生产遭到严重破坏。但是，一些思想觉悟高的工人，排除各种干扰，坚守岗位。天津四新纱厂老模范杨秀荣是一名普通的打纱女工，从 1961 年起，年年被评为天津市劳动模范。十年动乱中，她以工人阶级对国家的责任感，顶住各种压力，每天坚持出满勤，干满点。从 1971 年至 1975 年，她以超产 5.35 万斤筒子纱的成绩给人们树立了榜样。

中共十一届三中全会以后，国民经济走上正轨，女职工的作用得以充分发挥。特别是经济体制改革以来，企业全面实行承包经营责任制后，大大地调动了女工们的生产积极性，她们以百倍的干劲，投入到商品竞争机制之中。广州糖果厂的女职工占 2/3，在该厂生产严重亏损的情况下，女工们为扭亏为盈，奋起拼搏。巧克力车间的职工们在女班长的带领下，齐心协力，使这个只有 80 多人的车间创造了占全厂总额 67% 的利润。该厂领导人感慨地说：“女同志是我们厂的主力军，生产能否上得去，关键在她们。”

80 年代的青年女工是一批有干劲、有文化的新型工人。在现代化的生产中，她们为提高劳动生产率，搞活企业而施展才能。上海无线电四厂年仅 24 岁的青年女工王逸青，通过细心研究，改变了电子流水线插件工长期形成的不合理工作程序，改用双手同时插件，节省的时间用于自我检查，提高了工作质量和劳动效率。她的这项革新被命名为“逸青操作法”，在电子行业推广。她本人还创造了电子基板插件 500 万点无差错的全国记录。天津微电机厂的窦淑英是嵌线工。在生产中，她创造了一套“嵌线操作法”，使电子嵌线效率提高 1.5 倍，达到了高质量，低消耗，操作水平居全国同行之首。

上海市机电局5万多名女工在“创造发明，献计献策”活动中，提出合理化建议5000多条，实施900余项，获经济效益1760万元；实行小改革880项，其中获万元以上经济效益的有47项，填补国家空白的21项，达到世界水平的10项。

在工业生产部门，女职工埋头苦干，做出自己的奉献。北京雕漆厂女工陈厚棣凭着顽强的毅力和苦干精神，用12年的时间完成了23年的工作量。湖南省株洲市南方动力机械公司女车工彭祝玲，十四年来默默无闻地干了相当于53年的工作，创造产值60余万元。天津帆布厂的毛玉根，30多岁才改做挡车工。她苦练基本功，不但很快掌握了技术，而且还两次创造百万米无疵布的好成绩，并超额织布15万米，为国家增加近4万元的经济效益。

二、服务行业女职工的贡献

在交通运输、财贸等行业中，有大批从事服务性工作的女职工。例如，在民航的空乘人员中，女性占91.66%；在铁路的客运部门，女工占74%；在城市公共交通部门，女司售人员占2/3左右；在邮电部门的长途话务员中，女性占95%以上；在商业饮食业，女性比例占半数以上；在金融系统，女性的比重也占36.3%，在银行、储蓄所的营业员中，女性比例还要高。

城市公共交通部门的女工，在工作中努力为乘客们提供安全、准点、方便、舒适的服务。她们中，涌现了一批优秀的司售人员。在1985年2月由城乡建设保护部主办的全国城市公交系统优质服务表彰大会上，女劳动模范占全体劳动模范总数的70%。北京公交公司的任玉琢和上海公交公司的蒋以敏，是全国公交系统的服务标兵。她们在工作中对乘客做到“主动、热情、体贴、关心”。为了方便乘客，她们在汽车上准备了方便钩、方便条、市内交通图、小药品等，并学会了用简单的方言和外语服务。她们还利用工余时间走街串巷，熟悉沿线街道及单位名称，被乘客称为“活地图”。任玉琢从事售票工作十几年，关开车门50多万次，从未出现一起夹人事故。她们的服务受到了乘客们的赞扬。年仅24岁的北京售票员王桂荣，在工作的三年时间里为乘客做了大量好事。她身患癌症后，依然坚持为乘客服务。她去世后，政府为她立了塑像，她成为全国公交职工学习的榜样。

在列车上，列车员们除了按时完成各种日常的服务工作外，还要及时解决乘客在旅途中遇到的各种问题。广深铁路公司广州至九龙客运段广九二组和乌鲁木齐客运段北京车队第三包承组（简称乌京三组），从50年代至90年代，一直以优质服务名扬全国铁路部门，被评为全国“三八”红旗集体。在改革开放中，广九二组每天往返于广州到香港两个不同制度的世界，女列车员继承了老职工一尘不染的优良传统，维护了中国工人的尊严。为了适应对外服务的需要，女列车员们自学英语、日语及“服务心理学”等文化科学知识，增强了业务能力。全组90%以上的职工都能用简单的英语为外宾服务。乌京三组的女列车员在路程长、沿途环境恶劣等条件下，热心周到地为乘客服务。她们经常为婴儿烤尿布、为生病的乘客送汤送药、为旅客缝衣补裤等等。经济体制改革后，出外做生意的人多了，女列车员们又在列车上办起了“信息交流会”。乘客们感慨地称她们的列车是“流动的共产主义课堂”。在飞机上，由于职业的需要，空乘人员要进行一些特殊训练，如个人着装打扮，行、站、蹲、坐的姿势等，尤其要有良好的空中服务技能。1979年以后，中外交往日益频繁，民航客运量大为增加，对空乘人员服务质量的要求也越来越高。女空乘人员不断改进、提高服务水平，受到了中外乘客的好评。民航沈阳管理局第十飞行大队乘务队，在飞机小、机上服务设备陈旧的条件下，仍然努力做到高水平的服务。民航陕西管理局的郝莉莉从事乘务16年，一贯热心为乘客服务。她担任乘务中队长后，主动在条件差的航线工作。在她的模范行动带动下，她所在的乘务中队多次取得空中优质服务竞赛第一名，被评为全国“三八”红旗集体。

邮电、金融、商业等行业的女职工，努力遵循“顾客至上”的宗旨，出现了一批“巧理千家事，温暖万人心”的先进集体和个人。如江苏徐州市的商店售货员韩玉亭、陕西西安市的浴池修脚工于素梅、上海市南市区的银行营业员张静安、北京市的邮局女分拣工赫景兰、黑龙江省齐齐哈尔市的女投递员吴春杰等。

吉林省吉林市邮局长话科是全国邮电系统的先进集体。全科 103 人都是女职工。她们在“用户第一”的思想指导下，为达到“多接快通”的目的而苦练基本功。全科 67 名长途话务员中 15 人达到一级话务员水平，30 人达到二级话务员水平，摸盘准确率达 100% 。她们人人熟记市内电话号码 3000 个以上，省会长春市电话 2000 个以上及一些通往外省市的经转电话。她们的优质服务，不仅受到群众的赞扬，而且还创造了较高的经济效益，连年超额完成国家利润指标。这个科 23 岁的长途话务员王秀梅，1985 年被评为全国邮电行业特等劳动模范。

赵春娥是河南省洛阳市老集煤厂工人，全国商业战线第一个特级劳动模范。她十五年如一日，吃苦在前、享受在后、爱厂如家。她热心照顾五保户、军烈属，直到去世前几天还为 3 个五保户送去了蜂窝煤。1982 年，赵春娥因病逝世。为了表彰她的光辉事迹，国务院授予她“全国劳动模范”的称号，并号召全国人民向她学习。

武汉市六渡桥百货公司营业员熊汉仙是 1987 年国务院表彰的 5 名全国劳模之一。她率先实行规范服务，创造出高水平的服务质量，被评为湖北省金牌服务员、全国服务标兵。她还大胆探索，使销售与生产、消费相结合，及时将市场信息、消费者需求反馈回厂，使工厂生产了适销对路的产品，提高了效率和产值。3 年中，她共向有关企业提供信息 300 多条。她的这种尝试为营业员在流通领域中，由单纯的经营型服务转向多功能智能型服务探索出了一条新路。

在环境卫生系统，全国有 7 万多名女工，其中大多数是街道清扫工。由于中国生产力水平较低，机械化清扫街道还不普及，工人们更多的是用四、五尺长的大扫帚清扫街道。这项工作又脏又累，还时常被一些人瞧不起。但是，女工们“愿以一人脏，换来万人洁”。北京环境保护局清洁女工牟萍热爱环卫工作，在一次清扫大桥积雪时，不幸以身殉职，实现了她说过的“我要把我的一生都奉献给环卫事业”的诺言。在环卫部门，有许多象牟萍这样的热爱、献身环卫事业的优秀女工。如四川重庆市高素芳、福建省的王秀灿等，都是环卫系统的先进代表。

三、历年来受表彰的女职工

新中国成立40余年来，由于广大女职工在建设社会主义物质文明和精神文明中做出了重要贡献，她们中的先进模范人物受到社会各界的表彰。

在全国基层工矿企业，每年都进行评选先进生产者（工作者）的活动。在历年的评选中，都有一定数量的女职工。

从表13可以看到，女职工中历年涌现出的先进生产者（工作者）人数和占总数的比例，基本上呈逐步上升的趋势。这表明女职工在社会主义建设事业中不断努力进取的英姿。

1949—1985年女职工被评为先进生产者（工作者）情况

表13

年　份	总数（万人）	女性（万人）	女性占总数比例（%）
1949—1952	20. 8	2. 6	12. 5
1953	15. 5	2. 1	13
1954	23. 4	1. 9	8
1955	31. 6	3. 3	10
1956	125. 6	11. 3	8
1957	107. 8	10. 2	9
1958	244. 1	28. 1	11
1959	630. 3	—	—
1960	645. 7	103. 6	16
1961	468. 9	84. 1	17
1962	339. 3	48. 1	14
1963	320. 3	47. 4	14
1979	932. 6	252. 4	27
1980	1115. 8	294. 9	26
1981	978	280. 4	28
1982	1084. 7	313. 7	28
1983	968. 2	283. 6	29
1984	1021	307. 9	30
1985	1114. 9	340	30

在基层工矿企业评选的基础上，国务院、全国总工会和全国妇联对女职工中的代表性人物进行表彰。

在国务院历次授予的“全国劳模”中，有相当数量的女工。据不完全统计：1950 年，全国工业劳模 240 人，其中女性 16 人，占总数的 6.67%。

1956 年，出席全国先进生产（工作）者代表大会的女代表有 556 人，占总数 11.86%。

1959 年，出席全国工业、交通运输、基本建设、财贸方面社会主义建设先进生产（工作）者的女职工有 474 人，占总数 14.51%。

1960 年，出席全国教育和文化、卫生、体育、新闻方面社会主义建设先进生产（工作）者女性 840 人，占总数 31.27%。

1979 年国务院表彰的“全国劳模”中，女性 29 人（解放军未算在内），占总数 13.24%。

1987 年，国务院表彰的“全国劳模”中，女性 1 人，占 20%。

中华全国总工会自 1985 开始为先进职工颁发“全国五一劳动奖章”。1985 年，有 171 名女工受表彰，占总数 17.%。1986 年，有 220 名女工受表彰。1987 年，有 197 名女工受表彰，占总数 19%。

全国妇联自 1960 年到 1983 年进行了 3 次表彰万名全国“三八”红旗手（集体）活动。

1960 年表彰的万名“三八”红旗手（集体）中，女职工约 6000 名。

1979 年表彰的万名“三八”红旗手（集体）中，女职工约 5000 名。

1983 年表彰的万名“三八”红旗手（集体）中，女职工约占半数左右。

第三节　改革开放以来女职工的新变化

城市经济体制改革的深入进行，企业竞争机制的引入，经营管理的加强，打破了中国长期以来实行的不合理用工制度和分配制度。特别是企业全面推行多种形式的承包责任制，大大解放了劳动力，发挥了职工的主观能动性，因而这场改革受到绝大多数女职工的拥护。

改革使企业的发展与职工的切身利益密切相关。企业生产经营的好坏，直接影响职工的收入，因此职工们积极关心企业命运。据辽宁省总工会对 1500 名女工调查，改革以前有 73% 的女职工只知干活挣钱，很少过问企业生产经营情况，而改革开放以来，有70%以上的女工关心企业发展，有68%的女工能向企业提合理化建议。

改革是一种探索。中国的女职工积极参与改革，献身改革。在新的用工制度——劳动合同制的工人中，女工已占相当数量。据国家统计局1987年7月底统计，自实行合同制以来，已形成了577万人的合同制劳动大军，其中女性占40%。中国的广大女职工为改革做出了积极的贡献。与此同时，改革也使广大女职工感到了压力，从而增强了提高自身素质的紧迫感。

一、女职工文化技术水平不断提高

随着现代化企业管理和大生产逐步走入中国的工矿企业，它要求职工必须具有较高的文化技术水平。而在职的中国职工大多数是七十年代前后入厂的初、高中毕业生。这部分人由于受十年动乱的影响，实际文化水平还达不到初中程度，技术水平也很低。这种状况与现代化建设的需求相距甚远。而女职工的文化技术水平，因多种原因甚至比普通男工还要低。在竞争中，她们往往处于劣势。

针对整个职工素质低的状况，1981年，中共中央下达了《中共中央、国务院关于加强职工教育工作的决定》，提出对青壮年职工进行文化、技术的双补学习。1982年12月，国务院在国民经济“六五”计划中又提出了关于培养具有中等以上文化程度的职工的要求。

在各级政府、群众团体及厂矿企业的组织下，广大女职工纷纷投入到学习热潮之中。其中，有相当一部分工厂的女工参加了企业、事业单位兴办的脱产、半脱产的补习班、培训班，进行文化和技术补习。据全国总工会统计：1982年全国参加工会系统培训班的1134万名职工中，女工达344万人，占总人数的30.3%。宁夏回族自治区银川市棉纺厂1984年开设了文化补习班，参加学习的女工占补习人员的88.7%。经过考试，90%的女工拿到了结业证。在兰州公交公司的教育中心，仅1985年上半年就有1542名女工参加了文化补习，占参加人数的53%。丹东市10万名女工参加了市工会举办的闯新“三关”（文化关、技术关、科研关）活动。

一部分女工还到电视大学、函授大学、夜大学等成人中、高等学校补习，提高文化。1983 年北京市仅在电大经济专业学习的女工就有 3458 名，占电大经济专业学习总人数的 48.38%。1984 年陕西全省参加夜大、电大学习的女工达 12.6 万人，占全省职工学习人数的 30%。据不完全统计，1986 年全国参加成人中等专业学习的女职工有 60 万人，参加成人高等专业学习的女工有 30 万人。

除了参加补习班、培训班及各种成人教育学习外，有些女工还被选拔到正规大学进修。

广大女职工还在业余时间进行自学，既不脱离本职工作，又不受时间地点的限制。在全国总工会表彰的读书自学活动积极分子中，1984 年有 44 名女工，1985 年有 20 名女工，1987 年有 27 名女工。武汉空军 5714 厂的资料员王素华，在 1983 年全国总工会组织的“振兴中华职工读书知识竞赛”中名列第一，以优异成绩战胜了 102 万名对手，成为“读书状元”。山东省中年女工吕秀英自学英语，3 年共发表 20 多篇共计 17 万字的外文技术翻译资料，4 次被特邀参加了全国性专业学术会议。上海水产学院实验室的洗瓶女工赵力在高级知识分子云集的环境中刻苦自学、虚心求教，研究发明出一种能吃的冰砖包装纸，为有关专家鉴定通过，并参加全国首届科技成果交易会。

全国总工会 1986 年对 24 万女工抽样调查表明，全国共有 38% 的女职工正在参加文化学习，26% 的女工在坚持读书自学，34% 的女工在进行技术补习。

通过学习，女职工的文化技术水平有了较大提高，特别是 80 年代以后入厂的青年女职工基本上是高中毕业生，这就使女职工的文化状况有了明显的改观。全国总工会 1986 年对 24 万女工的抽样调查表明，女职工的文化程度是：具有大专以上文化水平的占 6.92%；高中、中专文化水平的占 36.8%；初中文化水平的占 44.57%。具有初中、高中、中专文化水平的女工占总数的 81%，这个比例比男职工高出 8%。

女职工文化水平的提高，为她们提高技术水平创造了有利条件。她们的技术水平逐步提高，主要表现在：

（一）在全体女职工中，女性各类技术人员的比例有所上升。据国家统计局1986年统计，中国从事各种技术工作的女职工占女职工总数的11.82%。在一些较高技术的职业中，女职工所占比例也有提高。

1982、1987年高技术职业中女性在业比例（1%人口调查）

表14

职业别	1982（%）	1987（%）
科研人员	28.20	29.63
工程和农业技术员	17.46	20.33
医师	39.62	43.93
经济业务人员	38.92	50.75
审判、检查人员和律师	9.72	14.70
高等教育教师	26.81	29.13
企事业单位负责人	8.95	11.13
采购和供销人员	10.35	13.00

（二）从女职工的工级状况看，已经有较多的中、高等技术的工人。据甘肃省兰州市总工会在企业职工中抽样调查，女工中工级在二级以下的仅占女工总数的19.5%；三级至五级的占女工总数的66.5%；六级以上的占女工总数的14%。

（三）从女职工的工资状况看，在中等以下档次的工资中，女职工工资的增长幅度要比同档次的男工大得多。据全国总工会1986年抽样调查，普通女工的月工资与1979年比较有一定的增长。

1979年经济体制改革以来，女职工的文化技术水平有了较明显的提高，这是中国女职工风貌变化的一个重要方面。但是应当看到，女职工的整个文化技术水平与国家经济建设的要求仍有差距，与男职工相比也有一定距离。例如从文化水平看，具有大专以上学历的女职工较少。据调查，中国男职工达到大学文化程度的占11.38%。而女职工仅为6.92%。此外，有些女职工即使有同等学历，但在实际工作能力上却低于男职工。这些差距的缩小还有待于女职工自身的不断努力。

1979、1986 年男女职工工资状况比较

表 15

	50 元以下		50—60 元		60—70 元	
年　度	1979 年	1986 年	1979 年	1986 年	1979 年	1986 年
男	40. 96%	12. 40%	17. 24%	19. 36%	11. 66%	18. 30%
女	54. 50%	20. 40%	12. 98%	25. 97%	5. 77%	21. 26%

	70—80 元		80—100 元			
年　度	1979 年	1986 年	1979 年	1986 年		
男	8. 54%	20. 92%	3. 22%	12. 26%		
女	2. 53%	18. 88%	0. 62%	7. 01%		

二、在创造发明竞赛中一展风采

妇女创造发明竞赛活动是改革开放以来各级工会、妇联等组织为了激发女职工学科学、学技术的积极性而组织的。在这种大型的群众性活动中，广大女职工集思广益，不仅为增强企业活力做出了贡献，而且使女职工的精神面貌也发生了很大的变化。

常州市妇联 1984 年 7 月与市经委、市科委、市工会等单位联合举办了“发明创造有奖竞赛活动”。在动员大会上,他们鼓励女厂长、女工程师等做竞赛活动的中坚。在铁道部戚墅堰机车车辆厂的女工中,科技人员少、技术工种少、辅助工种多、后勤工种多,历来很少有女工搞发明创造。竞赛活动开始后,厂工会请总工程师当指导,开辟了“女青年发明创造技术服务窗口”,全厂 80% 的女青年参加了这一活动。据不完全统计,常州市女工在竞赛活动中共有发明创造 391 项,其中 7 项填补了国内的空白,经济效益达 1060 万元,节省外汇 336 万元。

1985 年，在上海市妇联等单位举办的“创造发明、献计献策，为社会主义添砖加瓦”的活动中，全市有 54 万名女工参加，占全市女职工总数的 26. 6% 。女工在这一活动中，共提合理化建议 11. 4 万多条，各种发明创造和革新 2. 06 万项。其中上海仪表局、轻工局、纺织局等 10 个单位的直接经济效益就达 3. 1 亿元，节约和创汇 700 万美元。

三、女厂长、女经理脱颖而出

劳动人事制度的改革，企业负责人招聘制度的推行，为普通女工展示才

能提供了有利条件和机遇，从而使一批有胆有识，有领导才干的女职工在竞争招标中脱颖而出。她们或毛遂自荐、或为群众推举，走上领导岗位，参与企业经营管理，成为企业的主要决策人，有些还成为优秀的女企业家。

据1988年7月北京市女企业家协会对全市女厂长、女经理进行调查的不完全统计，591名市、区级女厂长、经理及所在企业的基本状况如下：

（一）集体所有制企业女厂长、女经理数额稍多。在591个企业中，全民所有制245个，占调查企业总数的41.46%；集体所有346个，占调查企业的58.54%。

（二）女厂长、女经理的年龄构成以中年为主。在591名女厂长、经理中，29岁以下的29人，占总数的4.91%；30—50岁的433人，占总数的73.27%；50岁以上的114人，占总数的19.28%。

（三）女厂长、女经理的文化水平高于全国女职工平均文化水平。在591人中，中专、高中以上文化的429人，占总数的72.59%；初中文化的161人，占总数的27. 24%；小学文化的53人，占总数的8.9%。

以上数据表明，这些女厂长、女经理多是年富力强、既有一定工作经验、又有一定才学的妇女。她们中许多人成为新型的女企业家。

1988年2月，在全国妇联、农牧渔业部、中国企业管理协会等单位主办的首届全国优秀女企业家评选活动中，有50名女厂长、女经理当选为优秀女企业家。辽宁省本溪市的关广梅原是一个菜店的副经理，从1984年开始先后承包、租赁了集体、国营等8家不同性质的商店，走出了一条租赁式股份制的商业改革道路。1984年7月，她承包了所在菜店，第一年就使商店赢利超过承包合同的标准，成为全公司利润首户。1985年，关广梅又一次开了本溪市的先例，第一个以自家财产做抵押租赁了商店。在个人租赁的过程中，为解决资金不足，关广梅实行了店员集资入股，使职工由过去的单纯生产者变成了既是生产者又是生产资料直接占有者的双重身份，职工和主要租赁人共同为企业担风险、分忧愁，调动了职工的积极性。1987年，她又租赁了5家商店，建立起本溪市第一家租赁商业集团。在短短的几年中，关广梅以她的胆识、魄力实现了商业体制改革从经济承包到个人租赁，从单体租赁到群体租赁和从群体租赁到租赁股份制的三个重大突破。在改革的道路上，她迈出了承包、租赁、股份、群体、集团五大步，被评为全国优秀女企业家。

在中国经济体制改革中新崛起的一代女厂长、女经理，大多是受命于危难之时。如被命名为“十大青年企业家”之一的上海工艺编织厂厂长霍坚萍，全国优秀女企业家湖北省沙市印染厂厂长吴金美，新疆乌鲁木齐市新疆锂盐厂厂长王玉芬等都是在企业生产面临严重困难的时候出任企业第一把手的。她们上任后立即实行灵活有效的经营方针，使企业迅速扭亏为盈。

1988 年，在国务院表彰的 20 名全国优秀企业家中，有两位女性。她们是青岛电视机厂厂长李德珍和重庆中南橡胶厂厂长刘谷音。在经营管理上，她们都各有一套办法。作为工厂的一厂之主，李德珍知道企业的生存之本在于产品的质量。有一次，厂质量科在检验时，发现一台电视机的变压器固定架脱落，但对收看并无影响。当时，这批产品已生产 7000 多台，且有 200 台已发货出厂。李德珍得知后，立即签发了停工返包报告书，用半个多月时间，将全部产品换上了合格部件，对已出厂的也到用户家一一换回。在她的带领下，青岛电视机厂赢得了用户的信赖和好评。该厂产品获得国家银质奖。

刘谷音的成功秘诀之一是重视企业人员的业务素质。1984 年，刘谷音首先在厂内中层干部中实行考核，使 30 多位年龄偏大、文化偏低，管理水平偏差的干部让位于有能力的工程师、助理工程师。在工人中，她先后在厂里办了 8 个各种专业的电大班，同时还选送了一批职工走出厂门，接受各类专科的高等教育。到 1988 年，在全厂近 3000 名职工中，获各类大专以上学历的就有 200 余人。他们已成为中南橡胶厂技术和管理方面的栋梁。

一代新型女厂长、女经理，不仅善于企业经营管理，而且还是技术上的行家里手。如北京化工机械厂厂长王建伦、辽宁省大连纺织厂厂长宁佩英、北京首都钢铁总公司总经理赵长白都是具有较高专业水平的高级工程师。赵长白是五十年代东北工学院毕业生，1986 年 3 月任该职。在担任总经理后，她以大胆改革的精神，卓越的工作才能和依靠群众的工作方法，带领 7 万多职工，1982 年实现利润 4.12 亿元，比改革以前翻了一番。到 1987 年止，首钢公司利润以每年 20% 的速度递增，成为全国先进企业。

中国女厂长、女经理的群起，改变了中国女职工队伍的职业构成状况，女性管理人员的增多，是改革时期女职工队伍显著的变化。她们令人瞩目的成绩，不但反映了中国女职工的作用越来越大，而且反映了她们正向更高层次攀登。中国女厂长、女经理的出现，对进一步克服女职工的自卑心理，改变“男将女兵”的状况，产生了积极的作用和影响。

第四节　女职工的劳动保护

新中国成立以后，中国共产党和人民政府重视女工的劳动保护，先后在国务院及劳动、卫生等部门颁布的有关条例中，对女工劳动保护做了明文规定。1951 年，中央人民政府政务院颁布了《中华人民共和国劳动保险条例》，1953 年修订后再次正式公布。该条例第十六条对女工的生育待遇做了规定：女职工产假为 56 天，工资照发；女职工怀孕不满 7 个月小产时，根据医生意见有 20 至 30 天的产假，工资照发；女职工难产或双生时，增给假期 14 天，工资照发。1956 年，国务院在有关条文中制订了《女工保护条例》，对女工生育期间的待遇做了补充：女工怀孕期间减轻工作；定期身体检查；怀孕 7 个月以上在一个轮班内给予 1 小时休息；产后 1 年内给予哺乳时间。1960 年，劳动部、全国总工会、全国妇联等 3 个单位又提出了关于女工劳动保护工作的报告。报告指出，要改变有损于女工和下一代安全健康的、笨重的、有毒害的劳动条件和劳累的手工操作，加强妇幼卫生保健工作，建立和健全女工在月经、怀孕、生育、哺乳期间的保护制度。这样，女工劳动保护制度的内容又得到了进一步充实，明确了女工劳动保护以经、孕、产、哺乳四期保护为中心。

女工劳动保护条例公布后，全国各地工矿企业都贯彻执行。在女工较为集中的纺织厂，大都执行了女工产假待遇的规定，并在女工的劳动环境、安全卫生设备和妇婴卫生常识教育上加以注意和改进。上海、天津、青岛、哈尔滨等市的纺织厂，组织医务人员为女工检查身体，了解女工健康状况，有些工厂还举办了妇幼卫生讲座，增加女工的卫生知识。在具体实施中，一些企业根据自己的特点与可能，采取了灵活的措施。如重工业企业规定怀孕 3

个月至6个月的女工可不做夜班，调换轻便工种；有些工厂设立了妇女卫生室，建立了女工月经卡片制度，发放月经纸；有些工厂对高月份孕妇和哺乳期女工给予降低产品定额的照顾。总的来说，从1949年至1966年，全国各工矿企业对女工劳动保护基本上是重视的，女工劳动保护条例执行的也较好。

十年动乱期间，女工的劳动保护工作受到很大程度的冲击，不顾妇女生理特点的做法时有发生。如成立了“三八”女子高空带电作业班、女子钻井队，不少工厂的劳动保护设施遭到破坏，一些女工卫生室被改作游艺室等等。这些做法严重地损害了女职工的身心健康。

中共十一届三中全会以后，政府重视女工劳动保护。在企业领导和工会组织的关怀下，女工劳动保护制度逐渐恢复。本着尊重科学的精神，根据妇女生理特点和女工劳动保护的条例规定，各工矿企业逐步取消了不适宜女工的有毒、有害或重体力劳动的工种。与此同时，一些企业还逐渐修复或重建了女工劳动保护设施。西安西北国棉五厂在厂内建立了由妇女冲洗室、孕妇休息室、妇女保健治疗室组成的女工保健中心。保健中心配有专职妇科医生、护士，随时给当班女工进行检查、治疗，做到了冲洗、治疗、孕妇休息配套成龙，受到了女工们的赞扬。兰州铁路局根据铁路系统流动性大、工作分散的特点，为全局女工购置了1.4万多个卫生冲洗筒，改善了女工的卫生条件。1986年5月，为女工“五期”（经期、孕期、产期、哺乳期、更年期）保护制定的、新的《女职工保健工作暂行规定（试行草案）》，由卫生部、劳动人事部、全国总工会、全国妇联联合颁发。它规定女职工保健工作必须贯彻以预防为主的方针，注意女性生理特点和职业特点，认真执行国家有关劳动保护、劳动卫生的各项法规和政策。规定在一切有女职工的企业、事业、机关和团体要普遍建立女职工月经卡，女工在百人以上的单位建立卫生室，女工在月经期间不得从事装卸、搬运等重体力劳动及高处、低温、冷水、野外作业；对怀孕女工要建立孕妇保健卡（册），实行定期产前检查，妊娠女工不得加班加点，不接触毒物和从事危险作业；有未满1周岁婴儿的女职工，在每班工作时间内给予两次授乳时间。这个新的女工保健暂行规定还增加了以防癌为主的“更年期保健”一款，使原来女工四期保护发展为五期保护。新的

《女职工保健工作暂行规定》的颁布、实施，对保障女职工的身体健康，保护女职工的合法权益起到了重要作用。

新的女工保健工作规定颁布后，一些地区根据规定的精神和本地区的情况，颁发了本地区的女工劳动保护条例。上海市政府 1987 年 3 月颁布《上海市女职工劳动保护暂行规定》，其中某些规定更加具体、完备。如禁止安排女职工从事矿山、井下、人工锻打等作业和工种；禁止已婚未育、妊娠和哺乳女工从事铅、苯、汞、镉、二硫化碳等有毒物质作业的规定。

1988 年 7 月，中华人民共和国国务院颁布了《女职工劳动保护规定》。这个规定是具有原则性的法规，是广大女职工企盼已久的事情。该规定对女职工生育、产假等问题做了统一规定。如条文中第五条：禁止安排女职工从事矿山井下、国家规定的第四级体力劳动强度的劳动和其他女职工禁忌从事的劳动。第八条：女职工产假为 90 天，其中产前休假 15 天。难产的，增加产假 15 天，多胞胎生育的，每多生育一个婴儿，增加产假 15 天等等。

新中国成立 40 余年来，中国的女工劳动保护制度和女工劳动保护设施在逐步完善和改进，女工劳动保护事业与旧中国相比已有了根本性的变化，但是中国的女工劳动保护仍存在不少困难和问题。首先，女工劳动保护制度需进一步完善和健全。尽管 1988 年已有了新的女工劳动保护法令，但有些规定仍是原则性的，需要有关部门、企事业单位进一步将规定具体化。其次，女工劳动保护设施不完备。从全国来看，纺织行业的女工劳动保护是做得较好的，但只是 50% 左右的企业设施较全，而其他行业设施缺乏现象更为严重。据湖北宜昌市总工会统计，全市企业按规定应建女工冲洗室 246 个，而实际仅有 86 个，占应建数的 1/3。一些工厂的厕所、浴池等条件极差。再次，一些企业领导不严格执行女工劳动保护条例，轻视女工劳动保护工作，致使女工妇女病发病率上升。某工程局的 1.4 万名女职工长年累月露天作业，天天接触的是石灰、水泥、炸药等有毒物质，结果全局有 40% 的女工不同程度地患有妇女病。一些企业领导人的短期行为也给女工的身心健康带来危害，如不顾女工身体健康，让女工长时间加班加点。一些工厂的女工工作时间长达十六七个小时，致使女工劳累过度，患妇科病的人增多。湖北省宜昌市总工会对6万多名女工进行妇科病普查的结果表明：1984年、1985年发病率竟达到50%，严重影响了女工的工作、学习和生活。

因此，中国的女工劳动保护工作亟待加强，女工劳动保护制度还要进一步完善，并监督企业严格执行。要健全女工劳动保护设施，改善劳动环境，同时还要加强对女工劳动保护的宣传，提高企业领导人和女工自身的重视程度，从而保障广大女工的身心健康，以利于发展生产。

第五节　妇女就业方面存在的新问题

在城市经济体制改革的过程中，随着工矿企业劳动制度改革的深入进行，城市妇女在就业方面也出现了新的问题。

第一，大批在业女工被“编余”。

企业承包后，劳动力优化组合的实行，使一批职工成为编余工人。据有关部门统计，在这批编余工人中，女性占60%以上。编余女工仍有增加的趋势。大批编余女工的出现，已为社会所关注。据全国总工会女工委员会1987年对11个省市660个企业的调查统计：这些企业共有27100名编余人员，占企业职工总数的2%，在这些编余人员中，女性占64%。此外，根据现有职工数和实际需要数测算，这些企业还存在大批多余劳力，其中多余女工占多余职工总数的62.5%，约占660个企业女职工总数的21%。这就是说，还有五分之一的女工将有被编余的危险。编余女工的问题涉及国民经济的各行各业及全国各个地区。据全国总工会女工委员会的抽样调查，商业系统被编余女工占编余工人总数的82%；机械、冶金、石油化工、电子、纺织、交通运输行业被编余女工占编余工人总数的60%左右；水电、邮电行业被编余女工占编余工人总数的35%。全总女工委员会在江苏调查了37个企业，其中编余女工占编余工人总数的平均比例为75%；在黑龙江的35个企业中，编余女工占编余工人总数的平均比例是79.7%；在广西壮族自治区抽样调查的7个企业中，这一比例是79.4%。

第二，企业不愿招收女工。

在企业招工中，出现不愿招收女工的倾向，造成了城市待业妇女就业难的状况。城市妇女就业难在1979年前后曾较为严重，主要原因是在十年动乱中下乡的知识青年大批返城，城市企业一时无法消化。经过多方面的工作，就业难问题才得以缓解。城市实行经济体制改革以后，妇女就业难的问题再度出现。据国家统计局1986年统计，在全国待业青年中，女性比例高达61.5%，比1985年的60.2%高出1.3%。据全总女工委员会对660个企业的领导干部问卷调查，在回答“对男女都适合的工种，你愿招男工、招女工或各占一定比例”一题时，30.4%的企业领导人回答愿招男工，仅有5.3%的企业领导人愿招女工，有64.3%的企业领导人回答男女各占一定比例。即使在一些比较适合妇女的行业，不愿招收女工的现象也很突出。如在48个电子企业的领导干部中，有35.7%的愿招男工，有7.1%的愿招女工，57%的回答男女应各占一定比例。即使在女工的传统行业中这种现象也存在。据所调查的89个纺织企业中，有37.5%的企业领导人愿招男工，只有25%的企业领导人愿招女工。

为了少招女工，不少工厂企业，在招工考试中采取录取分数线男低女高和拒收女大学生、女中专毕业生等做法。据全总女工委员会对77个商业企业调查，招工录取分数线男性为115分，女性为127分，女性录取分高于男性12分。在66个金融企业招工中，男性的招收分数线是154分，而女性却为167分。据全总女工委员会对石家庄市24个企业的招工情况调查，女性录取分数高于男性的企业占58.33%。

企业事业拒收女学生也是较为突出的问题。1987年北京市高校毕业生分配中，被用人单位退回的女生数量不少，有些单位明确表示不要女生。某市机械局下属的44个企业，在1987年招收中专、中技毕业生时，有近1/3的企业明确提出不收女生。

造成企业劳动优化组合中不愿留用女工和不愿招收女工的原因是多方面的。一是工厂企业人浮于事的情况相当普遍；二是多年来旧的用工制度带来的弊端，统招统配造成女职工就职结构不合理；三是社会上重男轻女的封建意识依然残存；四是一部分女工的文化技术素质低，无法顶岗作业；五是不能正确对待妇女在人类自身再生产中的社会价值，因而不能合理解决女职工在生育期间的经济负担，这是一个很重要的原因。

长期以来，中国女职工的生育费用一般由所在企业承担。因此女职工在怀孕、生育、哺乳期间，除了因休产假不能进行生产劳动，其所在企业的经济效益减少外，所在企业还要为其支付生育方面的医疗费用。广西南宁市在10个企业里对同工种、同级别、同年龄的男女职工随意取27对做比较，两年中，男工创利润30612.4元，哺乳女工创利润19873.3元，男工比哺乳女工多创利20739.1元。因此，一些企业领导认为，文化低可以学，调皮捣蛋可以用各种规章制度管住，可女工怀孕、生孩子、喂奶影响工作是无法解决的。

妇女生育后代，即人类自身再生产是关系到一个民族、一个社会的生存和发展的大事，是具有社会意义和社会价值的。因此，女职工的生育费用单纯由其所在企业负担是不合理的，女职工密集的企业这个问题就更为突出。

1988年，在全国政协七届一次会议上，一些女委员倡议建立妇女生养基金，统筹解决女职工在生育期间的费用和补偿女职工所在企业因女工生育而减少的经济收入。这一倡议，受到妇女界和有关方面的关注和重视。在短短几个月内，南通、鞍山、株洲等10多个大中小城市进行了探讨和试点。同年7月29日，江苏省南通市人民政府颁发了《南通市女职工生养基金统筹暂行办法》。该办法规定，县属以上全民、大集体企业中的在职男女职工每人每年统筹金为20元，由企业每年一次性向统筹管理机构缴纳；生养基金的补偿，按计划内生育的女职工人数，每人1000元，由统筹管理机构一次性补给企业。同年9月，鞍山市人大常委会公布了《鞍山市保护老人妇女儿童合法权益的规定》。其中第三章第八条中规定“按规定享受哺乳假的女职工工资，由夫妻双方单位各自承担一半”。上述暂行办法和规定公布实施后，受到两市人民和女职工的热烈欢迎。因为这些措施，对均衡企业的经济负担，缓解妇女就业难，提高干部和群众对妇女在人类自身再生产中的作用、价值及其社会补偿问题的认识，都程度不同地起到了积极作用。当然，由于试行时间短，它的社会效果究竟如何，其合理性与否，还需要在实践中进一步检验、修正、补充和完善。

妇女在人类自身再生产中的价值及生育补偿问题，是整个妇女解放过程中一个带有普遍性的社会问题。它既是一个理论问题，也是一个现实问题，是一个涉及面很广而又十分复杂的重要研究课题。要彻底解决这个问题，还要花大的力气。

关于编余女工的问题，政府采取的方针是妥善安排，在企业内部消化。但是要解决城市妇女就业难和编余女工的重新就业和转业问题，还需要具备多种条件，需要科学技术的进步，国民经济的发展，第三产业的普及，女职工素质的全面提高，女职工就职结构的进一步调整等等。总之，需要妇女自身和全社会的共同努力。

第八章
农村妇女

农村妇女是中国革命和建设事业中的一支极为重要的力量。她们具有中华民族勤劳俭朴的传统美德。在中国革命的每个历史时期，农村妇女都做出了巨大的贡献。新中国诞生以后，广大农村妇女结束了处于社会最底层的悲惨命运，焕发出青春活力，在农业生产的各个领域发挥了聪明才智，被誉为农业生产上的“半边天”。

中国80%的妇女在农村。截至1986年年底，农村共有劳动力3.8亿，其中妇女劳动力1.7亿，约占劳动力总数的45%。妇女劳动力分布在农林牧副渔、乡镇企业、乡村邮电、商业饮食、卫生、教育、文化艺术、广播电视、金融保险以及乡村公用事业、经济组织管理等行业。

第一节　土地改革和“一五”期间的农村妇女

一、积极参加土地改革运动

土地改革运动（以下称土改）是在中国彻底消灭封建、半封建剥削制度的一场斗争。按人口平均分配土地，实行耕者有其田是消灭封建制度的必要的手段。在中国共产党的领导下，轰轰烈烈的土地改革运动先后在老解放区和新解放区展开。1949年中华人民共和国成立之后，在完成土地改革的老解放区，人民政府发动农村妇女恢复和发展生产，在新解放区则贯彻男女农民齐发动，进行土地改革运动的方针，帮助妇女挖掉几千年来受压迫、受剥削的穷根。

旧中国的农村妇女不但受到地主阶级政治上的压迫和经济上的剥削，而且还遭受到人格侮辱和人身摧残，她们受的痛苦最深，处境最为悲惨，因而对地主阶级最痛恨。在土改的思想发动阶段，农村中的中共组织和妇女组织帮助妇女群众提高认识，针对妇女群众的思想情况进行了“谁养活谁”、“男女平等”、“妇女也是人”的教育。通过算账对比，妇女们认识到，过去几千年都是农民养活地主，而不是地主养活农民，土地本来不是地主的，而是地主霸占了农民的土地。妇女们的阶级觉悟提高以后，长期压抑在她们心中的仇恨如山洪暴发，许多农村妇女纷纷起来诉苦，用大量受地主压迫、剥削、蹂躏的活生生的事实，控诉地主阶级的罪恶。妇女们勇敢地站在土改斗争的前列，在诉苦、丈量土地、没收地主财产、分配胜利果实等各个阶段，发挥了积极作用。如当时江西省参加反地主恶霸斗争的妇女有 181.3 万人，参加诉苦的妇女有 14.6 万人。广东省参加反霸斗争的妇女达 238.9 万人。农村妇女在对地主的说理斗争中，诉苦最沉痛感人，最能激发群众的情绪，同时在诉苦中自身觉悟也得到提高。如广东省中山县桂南乡召开 10 次反霸大会，8 次都是妇女带头控诉，妇女们的血泪控诉使斗争大会达到高潮。

随着土改斗争的深入发展，广大农民纷纷组织起来加入农民协会（以下简称农会），许多雇农、贫农、中农妇女踊跃参加农会，不少人成为积极分子，成为农会、乡政府的领导骨干。1951 年年初，华东区农会中的女会员已达 3000 余万人；中南、华东、西南、西北四大行政区的 8800 万农会会员中，女会员占 30% 左右，有的地区则达到 50%。中南区的湖南、湖北、河南 3 省，农会中的女会员达到 500 余万人。湖北、江西、河南 3 省农会的主席、副主席、委员中妇女占 10%—15%。湖北省当农会主席的妇女有 620 人，女乡长 365 人。在土地改革运动中，妇女组织也有了很大发展。参加妇女组织的比土改前增加了 1 倍，有的地区增加四五倍。如广西土改前参加妇女组织的妇女有 49 万人，土改后增至 130 多万人。江西省土改中有 74 个县建立了妇女组织，参加的有 72 万余人。河南省有 320 多万妇女加入妇女组织。在福建省晋江专区，土改前有 4.8 万妇女加入妇女组织，土改后增至 22 万多人。广大农村妇女加入农会和妇女组织，壮大了反对封建地主阶级和剥削制度的力量，千百年来受尽苦难的农村妇女在“土地还老家”、“耕者有其田”的口号声中扬眉吐气，踏上了翻身求解放的新里程。

土地改革采取的政策是没收地主的土地、粮食、耕畜、农具等财产，征收富农多余的财产分给农民。为了使农村妇女在土改中享有与男农民同样的平等权利，国家颁布的《中华人民共和国土地改革法》阐述了关于土地的分配原则，即按人口平均分配，农村妇女与男子享有同等的所有权和支配权。在土地数量上抽多补少、抽肥补瘦，使男女农民获得同等的数量，并归各人所有。在分配土地阶段，各地妇女组织依据政策的有关规定配合当地政府保障妇女权利的实现，使男女农民都分得同样一份土地，在土地证上写上了每个人的名字。童养媳、寡妇、尼姑的土地所有权同样得到保障。女子出嫁、寡妇再嫁带着自己的田地，许多童养媳也带着自己的一份土地回了娘家。如浙江嘉兴专区，土改后有309个童养媳返回娘家，102名尼姑还俗，她们都分得一份土地。江苏省如东县90%的小媳妇单独领了土地证。许多农村妇女在土改中还分得了房屋、农具、衣物等胜利果实，从政治上、经济上翻了身。几千年来，连名字都没有的中国广大农村妇女在土地改革运动中提高了阶级觉悟，在新分到的土地上辛勤耕耘，开始了新的生活。

二、为恢复国民经济加紧生产

旧中国的农村劳动妇女在政权、族权、神权、夫权四条绳索的束缚下被迫从事家务劳动，不参加农田生产劳动。在那些有劳动习惯的地区，妇女虽然下地生产，却没有经济权利。土地改革以后，土地权的确定，激发了农村妇女对中国共产党和人民政府的感激之情。特别是1948年12月中共中央《关于目前解放区农村妇女工作的决定》公布以后，新、老解放区都注意发动和组织妇女参加农业生产。农村妇女迈出参加生产劳动的第一步不是一件容易的事情，可以说这是中国妇女解放进程中的一场深刻的社会革命。因为对于农村妇女参加生产劳动，不仅社会上存在着传统偏见，就是妇女自身也存在着思想障碍。千百年来，在封建思想的影响下，农村中流传着“妇女犁田、耙田会遭雷劈”、“妇女打井冲了龙王不出水”等迷信说法。妇女自身则有“嫁汉嫁汉，穿衣吃饭”的依赖思想。男人中“娶妻娶妻，生儿育女”的轻视妇女的观念也非常普遍。在这种情况下，许多妇女不愿下地劳动，男人们也阻止妇女参加生产。有的妇女参加了劳动，总觉得害羞；有的白天拾粪怕人看见，只好晚上出来拾；还有的下田干活不敢脱鞋，怕别人笑话。针对这种状况，各地妇联组织在中共各级组织领导下，配合人民政府在农村妇女中普遍开展了“劳动光荣”的思想教育。他们利用各种场合大张旗鼓地宣传妇女参加生产劳动的重要意义，宣传“劳动发家，生产致富”的政策，宣传“劳动光荣，寄生可耻”的新观念，组织妇女讨论“劳动为谁?”“只靠男人行不行?”并结合实际算账对比，使妇女对参加生产劳动的认识大大提高。就连男人们也深深感到妇女不能干重活可以干轻活，能帮一把就顶大事。经过这样的思想教育，在华北、豫北妇女中掀起了“消灭水患，恢复生产”的高潮。在山西，连小脚妇女、老太婆也加入了“扛镢开荒”的行列。河北省平山县妇联发起了“五会”（会耕、种、锄、推车、赶车）运动，使许多妇女学会了全套农业生产技术。当时，在农村妇女踊跃参加生产的热潮中，有许多响亮的口号，如“妇女有了土地权，赶快学耕田”，“劳动光荣，不劳动耻辱”，“妇女参加劳动是光荣的，不干活就不得解放”等。农村妇女的爱国热忱和参加生产劳动的积极性不断高涨，一批又一批妇女为创造美好的生活走向田间。以前没有下地干活习惯的东北、华北、西北等地的妇女，纷纷参加农副业生产。妇女在农业生产中的作用从此开始逐步显示出来。

新中国成立初期，河北、河南、山西、山东等省遭受了旱、涝、风、雹、虫等自然灾害，使经过长期战争的农村经济更加衰败。为了迅速恢复和发展生产，农村基层妇女组织配合当地政府发动妇女参加春耕、夏锄、秋收。据河北、山西、察哈尔、黑龙江等 6 省 106 个县的不完全统计，妇女参加夏锄的占妇女劳动力的 64%。据河北省天津、衡水、石家庄等地 6 个专区 27 个县的不完全统计，参加秋收的妇女占妇女劳动力的 80%。在苏北，有 52 万妇女参加了田间劳动；在皖北，有 130 余万妇女参加农副业生产。河南省由于动员妇女参加生产，麦收时间由过去的七八天提前为三四天。

土地改革以后，由于土地、耕畜、农具等分散在一家一户，加上长期战争的消耗和敌人的破坏，造成农村人力、畜力及生产资料严重不足，为此，中国共产党和人民政府在农村引导农民组织起来，发展互助合作，组织变工队、互助组等发展生产。妇女们在生产实践中逐步体会到变工、互助的好处，因而积极参加变工队、互助组。如山西省榆次县，1949 年参加变工队、互助组的占 77% 以上，到 1950 年，仅在春季就已达到 68%。妇女在生产中发挥了作用，做出了成绩，长了自己的志气。山西省农村妇女自豪地说："一个妇女不能干，两个妇女顶个汉，大家都能努力干，胜过男人一多半。"到 1949 年年底，解放区参加生产的妇女一般约占女劳动力的 50%—70%，妇女工作基础好、劳动力特别缺乏的地区约占 80%。1950 年老解放区参加生产的妇女一般约占女劳动力的 50%—80%，个别地区达到 90%。新解放区妇女参加生产的一般在 20%—40%，秋季则达到 60% 以上。1952 年，全国参加农业生产的妇女约占农村女劳动力的 60% 左右，工作好的地区则达到 80%—90%。

妇女们除参加田间劳动外，还参加浸种、拌种、选种等细致的技术劳动。察哈尔（今河北、山西、内蒙古三省区交界的部分地区）省 11 个县就有 38260 名妇女参加浸种，使黑穗病的发病率减少到 0.5% 以下。许多妇女学会了扶犁、播种、锄耪、抹埂、修渠等活计。在东北，不少妇女还学会使用新式铲趟机。

在占农民收入 1/3 的农村手工业、副业生产中，妇女也是一支重要力量。据华北、华东、西北、中南等 17 个省 201 个县的不完全统计，1950 年至 1951 年有 5448.1 万余名妇女参加了副业生产。华北一些地区，妇女从事副业生产的收入占到全部副业收入的 20%—50%。特别是灾区，副业生产成为度荒的主要手段。平原省（河北、山东、河南三省交界的部分地区）有 36.7 万余名妇女参加纺织，获利 1562.5 万斤小米，救济 34.7 万灾民。

广大农村妇女还响应政府号召，参加兴修水利等工作。仅参加运河、长江、黄河、沂河防汛工作的妇女就有 64.4 万余人。在苏北 140 万治河民工中，仅淮阴一个地区就有 30 万妇女参加。在四川省有 800 多万妇女参加了挖塘、车水。在宁夏回族自治区有 9.2 万名妇女参加挖水渠，共挖 5.12 万条。除了兴修水利，各地农村妇女还积极参加了植树造林活动。

在群众性的生产热潮中，涌现了许多妇女生产模范。出席 1950 年全国工农兵模范代表大会的农业生产模范 198 名，其中 22 名是妇女。黑龙江、吉林、辽西、辽东、河北、山西、平原、察哈尔等省出席全省劳模大会的女模范占总数的 20%。平原省的农业生产模范中，有三分之一是妇女。

在 1951 年展开的全国性“爱国生产运动”中，吉林省敦化县模范集体成记号屯的妇女，向全省发起爱国生产竞赛的挑战，立即得到东北一些地方农村妇女的热烈响应。黑龙江省 106 个劳动模范在《黑龙江日报》发表了给全省妇女的信，表示要带动起全省 60% 以上的妇女参加农业生产。平原省的王玉花、辽西省的郭淑珍、山西省的裴志英所领导的互助组，向外省应战后，又向本省、本县劳动模范和互助组挑战，进而形成了广泛的村与村、组与组、人与人之间的爱国增产竞赛运动。爱国生产竞赛运动造就了大批劳动模范及生产模范。1952 年，中央人民政府农业部授予李田英、冷月英、崔玉霞、李竹青、蓝陈香、何四祇、黄庆芳等 7 名女模范爱国丰产奖状和奖章。

三、在农业社会主义改造中前进

1953 年至 1957 年，中国实行第一个五年计划。与此同时，根据中国共产党提出的过渡时期的总路线，国家对农业实行社会主义改造，即引导经过互助合作的亿万农民走集体化道路。在此期间，全国各级妇联组织在发动农村妇女参加农业合作化运动中，进行了大量工作。她们配合有关部门，到农村妇女中进行宣传教育和组织工作，使妇女参加合作化的人数大量增加，许多妇女成为全家入社的带头人。到 1955 年年底，全国 1. 1 亿农户中已有 60% 以上农户响应中共中央号召，加入了半社会主义的农业生产合作社，即初级社。到 1956 年年底，全国 96% 的农户加入了农业生产合作社，其中加入高级农业生产合作社的占农户总数的 88%，有 1. 2 亿以上农户的妇女同男农民一起参加了集体生产劳动。在多数合作社里，妇女的劳动工分约占工分总数的 1/4，为发展农村经济做出了贡献。毛泽东主席曾高度评价妇女参加劳动生产。他在《中国农村的社会主义高潮》一书的按语中指出：“中国的妇女是一种伟大的人力资源。必须发掘这种资源，为了建设一个伟大的社会主义国家而奋斗。”由于妇女做出的贡献和在合作化运动中表现出的高度热情，许多妇女积极分子被选为合作社的领导干部。1954 年黑龙江省黑河地区 52 个合作社中，有 54 名女理事、35 名女队长、170 名女技术员和 640 名女组长。1955 年河北省邢台县的 812 个社有 2871 名妇女骨干，其中正副社长 472 名，委员 917 名，队长 1482 名。到 1956 年，全国 75.6 万多个农业合作社中 70%—80% 的社有女正、副社长，共有 50 余万人，基本上达到了社社有女社长，队队有女队长。许多妇女骨干在办社中，提高了为人民服务的思想，增长了领导才干，深受群众拥护。

农业合作化的实现，使妇女参加农业生产由过去的断断续续、一时一晌的季节性劳动，变为经常性、连续性的常年劳动。她们的眼界更加开阔，社会主义觉悟有了提高，劳动范围大大扩展。妇女成为农业生产的一支主力军。如山西省解虞县西张耿农业生产合作社有土地 1792 亩，其中 686 亩是棉田，靠全社 63 名男劳动力，地根本种不过来。该社妇女承担了种植棉花的任务。从播种、田间管理到防治病虫害和收摘，哪一个环节都离不开妇女。西张耿农业社全年共做 14321 个劳动日，妇女们做了 5805 个，占 40% 还多。1954 年该社小麦、棉花获得大丰收，平均亩产籽棉 282 斤，比 1953 年每亩增产 61 斤。邓颖超在 1956 年 6 月曾对农业合作化期间妇女的作用做了如下概括：“自 1955 年下半年，全国农村掀起了合作化运动的高潮以来……农村出现了一种社会舆论，‘男干女不干，计划难实现，男女齐动手，增产不用愁。’大家更懂得，妇女确实是农业增产运动中的不可缺少的力量。”

在农业合作化运动中，农村妇女走向集体，走向社会，进一步树立了劳动光荣的思想，她们的生产潜力在农业、牧业、副业等方面日益发挥出来。农业战线涌现出大批女先进、女劳模。全国政协委员、安徽省特等劳动模范龙冬花和吉林省著名劳动模范郭淑珍就是突出代表。龙冬花是一位普通的农村妇女，在刚参加互助组的时候，她填了两亩大的一个水坑，扩大了耕地面积。她起早睡晚，为集体拾粪积肥，带动群众努力增产。在大水灾中，她抢救了 22 位老人、妇女和儿童。她带领妇女修坝、筑堤，领导群众渡过了灾荒。1956 年她担任了农业生产合作社社长，获得了安徽省特等劳动模范称号，受到毛泽东主席的亲切接见。吉林省梨树县爱国农业生产合作社社长、连续九年的劳动模范郭淑珍在屡次遭受自然灾害的困难条件下，坚持组织妇女参加劳动，领导妇女开展生产自救，取得显著成绩。群众赞扬她“流不尽的东辽河，了不起的郭劳模”。她曾作为全国著名女社长到周恩来总理家做客，6 次受到毛泽东主席的接见。

1957 年 2 月，农业部在北京召开了全国农业劳动模范代表会议，到会的 900 多名农业劳动模范代表中有 83 名是妇女。她们有的是农业生产合作社的模范社长、模范生产队长，有的是在农业、副业、畜牧业、渔业、垦荒等各种生产中做出了突出成绩的劳动模范。其中有山西省阳曲县黄寨乡“五二”农业生产合作社社长朱文华、河北省张北草原上第一个畜牧女受精员李淑梅以及被称为“蚕娘”的湖北省全国养蚕模范林淑英等。

农业生产合作社实行评工记分、按劳分配的劳动日制度，妇女们挣得劳动工分后，有了自己的经济收入，在社会和家庭的经济地位提高了。

在农业生产合作社里，妇女的特殊问题开始得到了照顾。多数合作社根据妇女体力强弱、四期（经期、孕期、产期和哺乳期）情况、家务情况，合理安排和使用妇女劳动力。如当时的先进典型河北省邢台县 812 个农业社中，1955 年做到女劳动力长年计划、短期安排的有 71 个社。占 8%；做到季节安排、合理使用妇女劳动力的有 419 个社，占 64%；1956 年做到女劳动力长年计划短期安排的社达 90% 以上。邢台县妇联配合合作社根据妇女的不同情况，有计划地合理安排和使用妇女劳动力，帮助妇女提高技术和管理能力，同时为解除妇女的后顾之忧，发展了各种类型的托儿组织。邢台县妇联《关于发展农业合作化运动中妇女工作的规划》，被选编在《中国农村的社会主义高潮》一书中。毛泽东主席为此文加的按语说：“这一篇很好。希望各县民主妇女联合会仿照办理，县委应当在这方面加强领导。使全部妇女劳动力，在同工同酬原则下，一律参加到劳动战线上去，这个要求，应当在尽可能短的时间内予以实现。”这方面的先进典型还有山西省平顺县西沟村李顺达农林畜牧生产合作社。该社副社长申纪兰带领妇女群众同轻视妇女的封建残余思想作斗争，逐步争取实现了男女同劳同酬，同时注意解决妇女的特殊问题，提高了妇女的生产积极性，为国家增产了粮食，被选为山西省劳动模范、一等模范军属，并获得“农村妇女参加生产的一面旗帜”的光荣称号。1954 年 4 月，她出席了中国妇女第二次全国代表大会，被选为执行委员，并代表中国妇女出席了在丹麦召开的世界妇女代表大会。

1957 年，中国农村妇女在各级妇联组织的倡导下，掀起了勤俭持家的热潮。一方面，农村妇女积极参加生产劳动，另一方面，又在日常生活中精打细算，力争节约一粒米、一寸布、一滴水、一块煤，以支援国家的经济建设。她们创造了许多节约的好办法。如“劣煤优质法”“旧衣翻新法”“衣料套裁法”，为国家节省了数以万计的财富。为了表彰农村妇女在勤俭持家中做出的贡献，许多省市召开了勤俭持家积极分子代表会议，成千上万的农村妇女受到了表彰。湖北省孝感县明兴乡的晏桃香是突出的代表。晏桃香的丈夫早逝，留下 4 个孩子和一笔债务，她几乎陷入绝望的境地。在中共乡党委负责人的鼓励下，她积极参加互助组、初级社和高级社，勤劳生产，全家人“像一窝燕子那样的忙”。她注意节约，家务安排得井井有条，终于还清了债务，日子越过越好。晏桃香爱社如家，她把社里的一头小瘦牛牵回家喂养得又肥又壮，还冒雨保护了社里的 6000 斤小麦。晏桃香被评为特等劳动模范，出席了省劳模大会。她还被推举为社管委会副主任，加入了中国共产党。她的事迹在《人民日报》上发表后，陈毅副总理读了深为感动，写了长篇叙事诗“介绍晏桃香”在《中国妇女》杂志上发表。

勤俭持家运动的开展，唤起了农村妇女勤俭爱国和在社会生产与家庭生活中进行创造性劳动的热情。不仅使农村妇女勤劳俭朴的传统美德发扬光大，而且影响了正在成长的一代新人。由于广大农村妇女注意合理而有计划地安排生产和生活，集体积累和家庭贮备逐渐增加，从而减少了国家贷款和困难补助，减轻了国家的负担。农村妇女在勤俭建国方面所作的努力，得到了全社会的普遍尊重。中国农村妇女中比勤劳生产，比勤俭节约，比计划开支，比团结互助蔚然成新的社会风气。

四、农村妇女素质的提高

在旧中国，农村妇女受封建礼教的毒害，被剥夺了受教育的权利，长期处于愚昧落后、封闭压抑的状态。新中国成立初期的农村，95% 以上的妇女是文盲，有的地方妇女文盲达到 100%。新中国诞生后，中国共产党和人民政府重视对农村妇女的培养教育，使她们的政治文化素质不断提高。

在三年国民经济恢复时期，农村妇女参加互助劳动的人数一年年增多，她们要求解决农业生产与家务的矛盾，并要求实行家庭民主和生活上的互助。在妇联组织的积极引导下，农村中出现了召开家庭会议商定生产与家务计划，实行家庭分工和互相帮助的现象。在妇女生孩子、患病时，互助组内都自动帮忙，有的互助组把针线活也列为互助内容，集体主义思想在农村妇女中开始树立。

为了发展生产，国家对互助组实行贷款、贷肥料，同时对妇女进行农业生产技术培训。这使妇女们体会到，家庭收入要增加必须与国家的经济建设结合起来。互助组中订爱国公约、读报、研究生产互助政策、开展批评等活动使妇女们受到了教育。“努力生产，建设国家”“向劳动模范看齐”“到社会主义用机器生产”都成了农村妇女们的话题，“比增产、比互助合作、比爱国”已成为她们的行动。妇女们把国家、集体和个人的利益一致起来，眼界更加开阔了。在互助劳动过程中，农村妇女的生产技能普遍提高，仅平原省 1951 年就有 4 万妇女受到技术训练。

在组织起来生产互助的运动中，农村妇女对政治、文化学习的要求日益迫切。为了使她们在文化上翻身，各地农村发扬老解放区办冬学的传统，开始了学文化活动。1949 年冬天，中国农村里的冬学发展很快。根据中央人民政府教育部的指示，各地冬学在向农村妇女进行教育时，特别解释了《共同纲领》中保障妇女权利的规定，使她们认识到这些权利的获得是中国人民在中国共产党的领导下艰苦奋斗的成果，新中国的农村妇女已是国家的主人。同时还向妇女进行劳动观点的教育，鼓励妇女积极学习农业生产技术。在办冬学的过程中，农村妇女表现了很高的热情。陕北镇原县刘家城冬学和河北省固安县沙河北流罗村冬学是有名的模范冬学。1950 年，根据全国工农教育会议对开展农民业余教育的决定，妇联组织配合人民政府在老区动员妇女参加冬学的时候，反复进行宣传，坚定农村妇女学习文化的信心，要求在冬学结束之前，选出一定数量的有经常学习条件的妇女转入民校，以坚持长年学习。在开始进行土改的新区，动员妇女学习，主要是和土地改革运动或减租、反霸等中心工作结合进行，着重启发妇女的政治思想与阶级觉悟，讲解土改、减租反霸以及人民政府的其他政策，使她们积极地参加到当地的中心工作中去。在冬学和民校中，除了向妇女进行劳动光荣教育、生产技术教育，还进行了有关妇女特殊利益的教育，即妇婴卫生、婚姻法、妇女解放知识等。这一时期推广了山西省和东北地区“民教民”的办学经验，提倡夫教妻、父教女、子教母、弟教姐的家庭教育，一家有一个妇女参加冬学或民校，一定要把全家不识字的妇女都教会。由于采用这种学习方法，学文化工作搞得好的地方，取得了明显的效果。如辽宁省凤城县 8 个区有 2948 名妇女参加冬学，基本上都达到了会念、会写、会讲、会用。到 1951 年，中国农村大批妇女文盲被吸收到农民业余学校及各种学习组织中学习。以浙江省新登县为例，该县在 146 个村庄中普遍设立了冬学。据不完全统计，仅城岑区上冬学的妇女就有 1169 名，建读报组 400 多个，订《农民大众日报》600 多份。新登县的冬学除了向妇女学员进行抗美援朝和土改政策的宣传教育，还组织她们学习华东区惩治不法地主条例，以提高妇女的政策水平和对时事的认识。1952 年 1 月，中央人民政府教育部、青年团中央、全国妇联在北京市东郊区高碑店村开办了第一个农民业余速成识字班，在农村妇女中取得了推广西南军区文化教员祁建华创造的“速成识字法”的经验。速成识字班效果显著，原来只上过一个月冬学的妇女经过 164 个小时的学习后，认字 2000 左右，能写五六百字的信，能看《华北人民》等通俗刊物。此后，妇联组织配合有关部门在农村妇女中推广了“速成识字法”，使许多妇女在短时间内摘掉了文盲帽子，涌现了许多学习模范。平原省的陈素贞是当时有名的先进典型。陈素贞是菏泽专区定陶县的一位贫苦农民，新中国成立后，她虽然政治上翻了身，但因没文化，在生产和生活上经常遇到困难。当政府号召大办民校时，她首先响应并发动其他妇女上民校。没有教员，她一连动员了 6 次，请来了教员。没有教室，她便集合学员到妇女家中去学。哪个妇女家中的老人不让出门，就到哪家去教。婆婆、嫂子不支持她，她就用事实讲不识字的害处，她还动员哥哥和侄女都上了民校。村里有些“封建疙瘩”不开窍，陈素贞就三番五次上门做工作，使民校的学员增加到 167 人。她当选为县和专区的学习模范。后来，她成了义务教师。1952 年，陈素贞当选为区妇联主任，成了群众喜爱的妇女干部。

第一个五年计划期间，农村妇女群众的社会主义觉悟提高较快，她们在农业社会主义改造中发挥了作用。在宣传贯彻婚姻法、普选和各项经常性工作中，人民政府和妇联组织注意向妇女们进行男女平等、保护妇女儿童合法权益的教育，进一步提高了农村妇女参加政治、经济、文化、卫生等项建设事业和社会活动的积极性，妇女群众的社会地位得到提高。与此同时，扫除妇女文盲的工作在广大农村继续进行，到 1957 年，全国扫除文盲 890 万，其中妇女占半数。千千万万的农村妇女由一字不识的“睁眼瞎”成为能看书、读报、写信、记劳动手册的新型妇女。她们还开始学习政治理论和科学技术，许多妇女成为群众教师。学文化工作开展得好的地方，农村妇女头脑中的封建思想和旧习惯不断得到改造，妇女群众的生活内容也丰富了。她们通过政治文化学习逐步克服愚昧和落后，用夫妻互助互爱、尊老爱幼的新思想代替了男尊女卑的旧习俗。农村妇女关心祖国的建设和国际和平事业，关心抗美援朝战争。中国的女航空员、女拖拉机手、苏联的飞机灭蝗、志愿军英雄的事迹是她们经常的谈话内容。文化学习还使农村妇女打破了封建迷信思想，提高了卫生知识水平，讲卫生、爱清洁的风尚开始在一些农村中形成。

由于新中国的物质基础十分薄弱，在农村妇女中开展扫盲活动常常遇到许许多多的困难，如没有教室，没有课本，教员也十分缺乏，再加上中国农村幅员广阔，各地情况千差万别，因此学习文化的工作开展得很不平衡。特别是在那些生产方式落后、交通闭塞的地区，农村妇女仍然处于愚昧、落后的状态。中国农村大规模地开展扫盲工作，主要是在新中国成立初期和农业合作化时期。从 60 年代起，扫盲工作长期陷于停顿，耽误了十多年，致使农村妇女中老文盲没扫完，新文盲又不断增多，这严重影响了农村妇女素质的提高。

第二节　农村妇女在曲折中前进

从1958年到1978年中共十一届三中全会以前，农村妇女走过了曲折的历程。在此期间，农村妇女经受了许多艰难困苦，同时也以顽强的毅力为农林牧副渔各业的发展做出了巨大的努力。正反两方面的经验教训，为农村妇女选择和接受适合中国农业发展的生产方式奠定了基础。

一、积极投入发展农业的实践

在第一个五年计划期间，中国农业虽然有了较大幅度地增长，但是与工业和整个国民经济发展的需要仍不相适应。因此，加速发展农业就成为一个关键。1957年9月，中共中央、国务院发出《关于今冬明春大规模地开展兴修农田水利和积肥运动的决定》，从这年冬季到1958年春，中国农村掀起了轰轰烈烈的农田水利建设和积肥工作热潮。与此同时，根据中共中央的要求，中国农村妇女也积极参加了农业发展纲要四十条的讨论和地方发展农业生产规划的制定，进而明确了发展农业生产，建设社会主义新农村的远景和1958年增产的奋斗目标。广大农村妇女踊跃参加生产，成绩显著。无论是修闸筑坝，打井挖渠，积肥送肥，还是犁田插秧，绿化高山，妇女都积极参加，发挥了很大作用。据河南、湖北、广西、陕西调查，积肥和麦田管理，妇女承担了80%的任务。兴修水利，妇女占全部劳动力的30%—40%。甘肃省1957年冬季有25%的青壮年妇女参加修大型水利工程。修梯田、挖水平沟、平整土地等十数种农活，妇女负担了大部分。积肥的任务几乎全是妇女担当起来的，到1958年2月，甘肃省各县大都完成了1958年需肥量的50%—60%，有的高达80%。云南省农村妇女为改变家乡面貌，冬季出勤由过去的40%左右，增加到95%以上。劳动时间由过去的4至5小时，增加到7至9小时。很多妇女学会使用手推车等工具，开始改变了几千年来肩扛、人挑、头顶的现象，还学会了积火龙堆肥、犁田等技术。浙江省1957年冬至1958年春，妇女出勤人数普遍达到女劳动力的90%以上。在兴修水利中，妇女出工人数一般占男女出工总数的30%左右，而且还修建了不少近2万土石方的妇女水库和妇女水塘。在突击性的积肥运动中，妇女积肥达到总量的60%—70%。全省有200万妇女学会了水稻插秧密植技术和使用新式农具，使全省播种插秧季节普遍提早。男社员高兴地说：没有妇女就攻不下立夏关（早稻不过立夏），没有妇女就保不牢千斤社。安徽省农村妇女以“一定要把淮河修好”的必胜信心，同全省人民一道大力兴修水利，有力地克服了水患。仅1957年冬至1958年春，就有540万妇女参加了河网化水利工程。

1958年8月召开的中共中央北戴河会议以后，全国的“大跃进”运动、全党全民大炼钢铁运动迅速开展起来。到10月底，全国基本上实现了人民公社化。此后，中国农村动员了八九千万个农村劳动力，自带口粮，投入到大炼钢铁运动中，还有许多男劳动力忙于农田基本建设，因此，农村妇女承担了农业生产的重任，几乎所有有劳动能力的妇女都参加了生产。如湖南省当时在农业战线上的劳动力仅有1000万人，其中800万是妇女。河北石家庄有些地方在农业战线上的妇女占劳动力总数的85%。

由于全体农民的艰苦劳动，特别是妇女发挥了巨大的生产潜力，1958年的粮食产量达到4000亿斤，比1957年增产99亿斤，增长2.6%。棉花、油料、糖料作物都增产，其他农作物也获得了好的收成。不仅如此，到这年九月，全国造林面积已达3.9亿亩，“四旁”（村、宅、路、水）植树达147亿株，超过新中国成立以来造林面积总和的两倍多。各地农村涌现了许许多多造林、育苗、护林的妇女模范人物。

1958年12月3日，全国妇女建设社会主义积极分子代表会议在北京召开。出席会议的代表2502名，其中来自农业战线的有844名。1958年12月8日，全国著名的7位女社长应邀来到中南海，受到周恩来总理的亲切接见。她们是安徽的陈淑珍、四川的李开珍、吉林的郭淑珍、山西的申纪兰、陕西的张秋香、浙江的沈凤英和湖南的杨玉翠。其中全国闻名的植棉能手、陕西渭南县的张秋香应陕西省棉花研究所之聘，成为中国第一位农民研究员。云南省傣族捕鼠专家曹依秀，甘肃省养猪能手樊秀才等都被聘为科学研究机关的特约研究员。

“大跃进”时期，中国农村妇女为加速农业的发展出大力、流大汗所取得的成绩并不是“大跃进”和人民公社化运动本身的成果。1958 年的人民公社化运动及其后来所产生的“共产风”和生产上的瞎指挥、高指标、高估产、高征购等等，到 1959 年 5 月就造成农业生产大幅度下降，农村形势日趋紧张，农民生活日益困难。

二、“大跃进”使农村妇女身心健康受到损害

在“大跃进”、人民公社化的年代里，由于“左”的错误思想指导，各地农村大办集体食堂，实行吃饭不要钱，大办幼儿园、敬老院、妇产院。这些“左”的做法助长了小资产阶级的平均主义倾向，同时也给妇女带来了严重影响。主要表现在参加生产上，各地对农村妇女要求过高、过急、过齐，将一些当时应留在家中操持家务或体弱的妇女也发动出来，不适当地提高了妇女的劳动强度，发生了损害妇女健康的问题。在大炼钢铁中，全国农村建立起许多徒劳无益的“妇女高炉”，有的地方把妇女组织成“远征军”，到几十里以外的地方炼钢，搞“妇女号”，因不懂技术，浪费了人力、物力。在生产上搞组织军事化，行动战斗化，大兵团作战，“吃在地，睡在洼，几天几夜不回家”。有的公社组织了铁姑娘队和红大嫂、穆桂英打井队，使妇女超负荷劳动。据调查，农村当时患子宫脱垂病的妇女约占女劳动力总数的 20% 以上，患闭经病的妇女在水稻产区约占女劳动力总数的 50%—80%，有的妇女甚至拖儿带女到水利建设工地上日夜苦战。

此外，“大跃进”中的浮夸风、高指标、高估产以及由此带来的高征购，对农村妇女的生产力破坏是很大的。国家 1958 年的征购量比 1957 年高 22%。1959 年比 1957 年高 40%，这一年的粮食征购量占当年粮食产量的 39.7%，是新中国成立后所占比例最高的一年，而农村留粮则比 1957 年减少 30%，这就造成了农村妇女及其家庭成员生活水平的急剧下降。1959 年至 1961 年的国民经济困难时期，农村妇女体质普遍下降，许多妇女不同程度地浮肿，非正常死亡人数增加，买卖包办婚姻开始回潮。

“共产风”的危害很大，它的主要内容是穷富拉平，积累太多，义务劳动

太多，各种生产资料甚至某些生活资料也被当成公有财产。

为了解决“大跃进”和人民公社化运动带来的严重问题，保护农村妇女劳动力，中共中央从1958年11月2日第一次郑州会议到1959年7月庐山会议前期采取了许多具体措施，地方党政机关也做出相应的规定。如江西省委在1959年的决议中提出：“对妇女劳动者，保证在月经期内给予必要的休息，不做重活，不下冷水，不熬夜，不走远路；对于产妇要保证产前产后的休息。”“对病人、老人、小孩、产妇、孕妇等，食堂应在饮食上予以适当照顾。”各级妇女组织也就妇女劳动保护问题进行了必要的工作。

1960年11月，中共中央发出《关于农村人民公社当前政策问题的紧急指示信》（即《十二条》）。1961年3月又拟定《农村人民公社条例（草案）》（即《六十条》）。6月，该条例草案经修改之后，发到各地农村贯彻执行，取消了供给制，停办了公共食堂。1962年2月，中共中央发出《关于改变农村人民公社基本核算单位问题的指示》，决定以生产队为基本核算单位。这就否定了以大队、公社为核算单位搞“一平二调”刮“共产风”的基础。这是继《十二条》《六十条》之后调整中国农村生产关系的又一个重要政策，对恢复和发展农业生产起了极为重要的作用。以上几个文件在农村传达贯彻后，受到广大农民的普遍拥护，对于安定民心，稳定农村形势起了积极作用。在此期间，政府派干部到农村蹲点，包干负责，治疗浮肿病人，定期向上级汇报群众的健康状况，并且在有限的条件下给浮肿妇女发放黄豆作为营养补助。在三年困难时期，广大农村妇女确实吃了不少苦头。但是，她们在挫折面前并没有气馁，同全国人民一道，以坚韧不拔的毅力，艰苦奋斗，迅速渡过了难关。

三、农村妇女为农业生产复苏贡献力量

1961年，中共中央提出“调整、巩固、充实、提高”的八字方针。贯彻这一方针首先是从农业战线开始的。同年发表的中共八届九中全会公报指出：“鉴于农业生产连续两年遭到了严重的自然灾害，1961年全国必须集中力量加强农业战线，贯彻执行国民经济以农业为基础，全党全民大办农业，大办粮

食的方针，加强各行各业对农业的支援，尽最大努力争取农业生产获得较好的收成……在农村中，帮助社员渡过由于自然灾害所造成的困难。”1962年，中共八届十中全会再次强调贯彻以农业为基础发展国民经济的总方针，要求从各方面尽可能地支援农业。中共中央的指示以及来自各个方面对农业的支援，使广大农村妇女受到鼓舞，增强了渡过困难时期和把农业搞上去的信心。各级妇联组织也根据中共八届十中全会关于大兴调查研究之风的要求，深入到农村妇女群众之中进行调研，并向她们进行摆正眼前利益和长远利益、国家利益和个人利益关系的教育，激发了妇女群众战胜灾荒、发展生产的热忱。她们积极行动起来，以顽强的奋斗展示了新中国妇女爱国家、爱集体、不畏难的精神风貌。据吉林省10个县的不完全统计，1962年参加集体副业生产的妇女有2.54万人，收入达415198元。另据21个县的不完全统计，秋收时有141226名妇女参加生产自救，捡回粮食548.75万斤。

为了减轻对农业的压力，增加农业劳动力，从1961年到1963年6月，全国共动员2600万城镇人口回到农村。投入农业战线的女知识青年艰苦奋斗，创造了动人的业绩，涌现出大批优秀人物。邢燕子、侯隽、王培珍就是其中的代表。邢燕子是河北省汉沽市大钟庄公社司家庄生产队的知识青年，1958年和1959年，司家庄遭了水灾，收成无几。一些不安心农业生产的人想到城里找出路。有人说她傻，劝她：“识文断字的，为什么不出去找个事儿?”邢燕子却表示坚决留在农村救灾。1960年冬，她和几位青年妇女组成捕鱼队，打破传统的女人不能拉冬网的习惯，整整干了一个“三九”天。她们白天捕鱼，晚上打苇帘，共收入3900元，支援了救灾工作。中共司家庄党支部将妇女捕鱼队命名为“燕子突击队”，邢燕子当了队长。燕子突击队在成绩面前没有止步，她们打破“七九”种麦的老习惯，为救灾种了“六九”麦。1961年，司家庄粮食丰收，群众口粮比1960年提高75%，平均每户向国家出售余粮1600余斤。邢燕子成为全国妇女和知识青年学习的榜样。

1962年，中国农村形势普遍好转。据四川、云南、山西、江西、黑龙江、吉林、福建、广西、山东、河南、浙江、北京、湖南、宁夏等省、市、自治区反映，农村妇女在抢季节耕种、多施肥等方面发挥了很大作用。在发展多种经营，开展副业、手工业生产上的作用也很显著。这一年，中国农业开始复苏，总产值比1961年增长6.2%，结束了前几年连续下降的局面。这中间无不包含着妇女群众的辛勤劳动。1961年和1962年，国家大幅度地减少了对粮食的征购任务。增产的大部分留给了农民。加上国家又逐步提高了油料、粮食、棉花的收购价格，同时对提供商品粮较多的生产队，实行加价奖励，对经济作物收购时奖售一定数量的粮食和化肥、棉布等工业品，这就使农民收入有了增加，生活状况有了明显的改善，妇女的体质逐渐增强，心情更加舒畅。到1963年，农村妇女的出勤率比上年提高。浙江、福建、江西、广东、广西、湖南、湖北等地许多妇女搞了丰产试验田、种子试验田，获得了较丰富的经验，技术有了提高，促进了农业生产的发展。一些省、自治区、直辖市的副业生产也有一定发展。如广东省由于气候好，多种经营长年坚持。贵州省90%的生产队都发展了副业生产。许多农村在抓紧妇女参加农副业生产的同时，还普遍地发动妇女养猪。福建省把发动妇女养猪这一任务，落实到基层妇代会承担。在湖南常德、黔阳地区，妇女所做工分中60%是养猪所得。

在农业战线许多自力更生、艰苦奋斗改变贫困面貌的先进典型中，大寨妇女曾是全国妇女学习的一面旗帜。山西省昔阳县大寨大队原是一个穷山村，在旧中国亩产只有100多斤，70%的人家扛长工、打短工，或乞讨为生。合作化以后，大寨妇女同男社员一起治理了七沟八梁一面坡，到六十年代初亩产达到700斤。1963年8月，大寨连续下了七天七夜大雨，房倒、屋塌、苗毁。在灾害面前，大寨妇女响应中共大寨支部的号召，不要国家救济款、救济粮、救济物资，坚持自力更生恢复生产。大队妇代会干部和女社员纷纷拿出存款支援救灾。在妇代会主任宋立英的带领下，妇女们承担了扶苗抢救庄稼的主要任务。她们的汗水换来了丰收。这一年大寨按原计划完成了24万斤国家征购任务。1965年2月16日，全国妇联在《关于纪念1965年“三八”国际劳动妇女节给各级妇联的通知》中，号召“农村妇女都要以大寨为榜样，以大寨妇女为标兵”。一个学习大寨妇女革命精神的热潮逐步在农村妇女中展开。1965年11月，有关方面在北京举办了全国大寨式农业典型展览，农村妇女的贡献是令人瞩目的。

总之，从1961年开始，中国农村由于认真贯彻执行了国家在调整时期的有关农业生产的方针，正确处理了粮食生产同经济作物及其他多种经营的关系，因而逐步调动起广大农村妇女的生产积极性。妇女们不仅在粮食生产方面，而且在棉、糖、烟、蚕、茶等经济作物领域发挥了特长，为农业生产的全面恢复和发展做出了成绩。但是1963年至1966年年初，在部分农村开展的社会主义教育运动，使阶级斗争扩大化，对农村生产带来不利的影响。另外，由于经营管理工作跟不上去，更主要的是由于生产体制的弊端，在合理安排使用妇女劳动力，贯彻执行男女同工同酬，妇女劳动保护等方面也还程度不同地存在着一些问题。

四、十年动乱捆住了农村妇女的手脚

在“文化大革命”中，广大农村妇女深受其害。十年动乱中，全盘否定了“文化大革命”前十七年中共在农村的方针政策，如批判所谓“三自一包”、“唯生产力论”、“物质刺激”，鼓吹“宁要社会主义的草，不要资本主义的苗”等等。在这场浩劫中，有的社队进行了“夺权”，有的干部被揪斗，妇女群众受到打击和牵连。为农业生产做出贡献的女劳动模范也挨整受到批判。1967年至1969年农业生产受到影响，陷于停滞不前的状况，农村妇女生活艰难。

山西省昔阳县大寨大队在“文化大革命”以前是农业战线的先进典型。1964年2月10日，《人民日报》登载了大寨大队的事迹，发表了社论。此后，全国农业战线开始了学习大寨经验的运动。1964年年底召开了全国人大三届一次会议，周恩来总理在政府工作报告中把大寨精神概括为：“毛泽东思想领先，政治挂帅的原则，自力更生、艰苦奋斗的精神，爱国家，爱集体的共产主义风格。”然而在十年动乱中，大寨大队受到“左倾”错误的影响。

十年动乱期间，农村“以阶级斗争为纲”，推行了一系列不符合国情的政策，这些对农村妇女造成了很大影响。主要是：第一，阶级斗争扩大化使一些农村妇女身心受到摧残。第二，搞“穷过渡”，挫伤了妇女的积极性。“穷过渡”违反了生产关系一定要适应生产力发展水平的经济规律，它无视客观实际，单凭人的主观意志拔高集体所有制的程度，这就抑制了农村妇女群众的生产积极性。农村所有制的几次大起大落，时分时合，造成基层生产、分配、资金财产的损失，实际上是对包括广大妇女在内的农民群众的剥夺，阻碍和破坏了生产力的发展。第三，不断地“割资本主义的尾巴”，捆住了妇女的手脚，有些农村把自留地、社员家庭副业都当作“资本主义尾巴”割掉了。如河南西峡是深山区，八山一水，人均 0.7 分田。但这里出产山漆、油桐、山萸肉三大宝，却被当作“资本主义尾巴”割掉了，使得这里的妇女在摇钱树下没钱花。山西省 1966 年社员自留地都是自己种，1970 年就有 50% 收归集体或取消了自留地。到 1978 年社员自种的只有 39% 了。农村集市贸易市场，1966 年山西全省有 340 多个，到 1976 年只留下 48 个，即使留下的农贸市场，也不断发生“撵集”现象。以上种种做法，影响了农业生产和农民生活。以心灵手巧著称的广大农村妇女手脚被牢牢地捆住了，她们不能依靠自己的劳动增加收入，农村经济的路子越走越窄，结果搞得社员穷，集体空。第四，不断鼓吹平均主义，打击了妇女的生产积极性。十年动乱初期，农业合作化中总结积累起来的“定额管理”、“定额包工”、“按件记酬”、“基本劳动日加奖励”等经营管理办法，被斥责为“兜售工分挂帅，物质刺激”、“是资产阶级的、修正主义的货色”。加之各地农村在生产中为了突击任务，常搞“夜战”，延长劳动时间，无偿地平调妇女们的劳动，因而严重挫伤了农村妇女劳动力的积极性和创造性。

十年动乱中，“左”的错误对农村妇女的影响是很大的。中国农村妇女对林彪、“四人帮”反革命集团的倒行逆施进行了抵制和斗争。她们发扬自力更生、艰苦创业的精神，努力改变农业生产条件，付出了辛勤的劳动和极大的代价，取得了一定成绩。1971 至 1975 年间，中国农业以缓慢的步伐向前发展。1975 年粮食比 1970 年增加 891 亿斤，年增长率为 3.5%。有的地区由于能够坚持实事求是，因地制宜，以比较快的速度发展了生产，使那里的妇女生活得到相应的改善，对国家也做出了较大的贡献。

第三节　在农村经济体制改革中起飞

中共十一届三中全会以后，中国的农村经济政策调动了农民的生产积极性。农村妇女以生力军的姿态，登上了商品经济的舞台，在农林牧副渔等各行各业大显身手，为国家、集体、家庭做出了前所未有的贡献。

一、联产承包责任制调动了妇女的生产积极性

1979 年，农村经济体制改革开始后，农村妇女同男农民一道在生产实践中改革过去高度集中，人海战术的不合理的劳动组织和管理方法，创造了多种形式的生产责任制。1983 年，采用家庭联产承包责任制形式的农民，已占农户总数的 90% 以上。这一形式把承包者的生产责任和利益结合起来，克服过去在分配方面的平均主义弊端，调动了女农民的生产积极性，使农村妇女的生产、生活发生了许多具有历史意义的变化。

第一，农村妇女在生产中有了自主权。实行联产承包责任制以后，农村的家庭成为在国家、集体指导下的社会主义集体经济的一个经营层次，既具有社会主义集体经济的优越性，又适应当前农村生产力的水平。由于分散在各户经营，妇女在经营项目、劳力投放、生产时间等方面可以从实际出发，自由选择，合理分工，灵活安排，有利于发挥妇女的特长。不少家庭主妇已成为全家生产的组织者，较充分地发挥了妇女的作用。如四川温江地区什邡县女社员陈易珍，全家 3 口人，丈夫年逾花甲，只有一个儿子是全劳力。她家从 1979 年开始在院坝和自留地里培植花木。儿子运输花木，丈夫出售，陈易珍在家培植、制作盆景。1981 年收入 10200 元，人均 3400 元。又如 1983 年对广东省东莞县 100 户农村家庭调查，实行生产责任制以前，黄江公社北岸大队农村妇女每年人均农业收入 150 元，家庭副业收入 200 元，共 350 元。实行生产责任制以后，农副业收入达到 850 元。常平公社表山贝大队实行责任制前，妇女每年人均农副业收入 330 元。实行责任制后，人均农副业收入达到 2000 元。在调查中，有 60% 的家庭，妻子收入比丈夫多。

第二，妇女在分配领域获得了平等权。实行联产承包责任制以后，凡是

有技术特长、身强力壮、勤劳肯干的妇女，和男子一样承包集体的土地和工副业生产，其劳动所得不再以“记工分”的形式而是以实际劳动成果表现出来，把多年来追求的男女同工同酬原则变成了现实，结束了“大锅饭”的分配制度，使妇女在分配领域中获得了平等权。妇女们高兴地说：“大包干，直来直去不拐弯，交够国家的，留足集体的，剩下全是自己的。”

第三，妇女们可以自己支配时间。妇女的“五期”① 也在一定程度上受到家庭的保护。重活男劳动力包了，男、女、辅助劳动力因人而用。过去搞“大呼隆”的时候，大家泡在地里熬时间，坐在田边纳鞋底，妇女没功夫处理家务，现在妇女可以农活、家务巧安排，紧松得当，劳逸结合。妇女们高兴地说：“实行责任制，活没少干，戏没少看，亲没少串，集没少赶，粮食也增产。”

第四，农村妇女学文化、学技术的积极性提高。“联产连着心，联谁谁操心。”不管是承包责任田，还是承包养殖、编织或其他专业，妇女们都想提高劳动效率，增加收入，因此，学文化、学技术成为她们的迫切要求。妇女中的技术骨干大量增加。农业科技成果和先进生产技术迅速推广。

二、多种经营使妇女的劳动领域更加宽广

1978 年前，由于“左”倾错误思想的指导，中国农村片面执行“以粮为纲”的方针，粮食作物挤了经济作物，农业挤了林业、牧业、渔业和副业。由于多种经营不能正常发展，不能提供较多的商品收入，因而农村妇女的生活得不到应有的改善。1977 年全国农民分配水平，包括实物仅 65 元，比 1957 年只增加 7.14 元。20 年来平均每年只增加 0.36 元，有 7 个省、市农民分配水平比 1957 年还低。平均分配水平在 40 元以下的穷队占 20% 多，有 4 个省达 40% 左右。全国农民超支户占 1/3。

中共十一届三中全会以后，粮食和多种经营得到较快的恢复和发展。1980 年 7 月，全国妇联在北京召开农村妇女工作会议，总结交流一年多来妇

① 指妇女的经期、孕期、产期、哺乳期、更年期。

女参加多种经营的经验，以便更广泛深入地发动妇女为农村尽快富起来做贡献。农村妇女在多种经营中起着举足轻重的作用。据山东省、河北省妇联1980年统计，在多种经营中女劳动力占40%—60%。有些项目，如刺绣、编织、织地毯、缝纫、养蚕、养兔、植棉、植麻等女劳力占80%。在养牛、养貂和人工养殖珍珠、海带等技术性较强的工作中，妇女所占的比例越来越大。中国茶叶年产500万担，采茶工作几乎都是妇女承担的。水果年产130亿—140亿斤，从事生产管理，特别是采摘、包装大部分是妇女承担。中国野生资源十分丰富，在“小秋收”时节，国家每年大约收购十五六亿元的产品，采集各种野生药材、野生植物同样离不开妇女。此外，农村里的粉坊、豆腐坊、米面加工点等，也有妇女参加。在江苏常熟和浙江萧山，花边生产妇女是主力。浙江省1979和1980两年中，多种经营每年增长20%，其收入占农业总产值的55%。山东临沂地区1979年多种经营收入9.46亿元，其中妇女创造的产值占整个收入的54%。妇女在多种经营的发展中发挥了积极的作用，为有些农村开始实行农民退休制度打下了物质基础。

开展多种经营使妇女的聪明才智和心灵手巧的特点得以发挥。她们生产的产品，活跃了国内市场，还为国家创汇。如广东的抽纱、江西和河南的陶瓷、花炮，安徽和新疆的蚕丝，山东的编织，陕西的柳编、四川的竹编等已畅销60多个国家。荣获国务院颁发的金质奖章的萧山花边，每年为国家换取外汇达1000万美元。

1981年3月，中共中央、国务院转发国家农委《关于积极发展农村多种经营的报告》，并发出通知，提出“多种经营，综合发展”作为繁荣农村经济的重要战略。各级妇联组织配合有关方面，进一步发动和组织妇女开展多种经营，得到中共地方党委和政府的重视和支持。1981年7月，辽宁省营口市妇联召开家庭“五养”现场经验交流会，表彰了营口市农村妇女发展家庭饲养业的先进典型。同年辽宁省有5个市23个县召开了家庭副业生产经验交流现场会，表彰了235名先进个人和先进集体。1982年年初，安徽省妇联召开了出席省多种经营先进代表会的女代表的座谈会。各省、自治区、直辖市妇联相继召开各种会议发动女农民大搞多种经营。此后，中国农村妇女在国家一系列方针、政策的指引下，发展多种经营的积极性日益高涨，成效显著。

1983 年 9 月，全国妇联表彰了万名“三八”红旗手和“三八”红旗集体，其中农业战线的先进个人和集体占 1/4。中国妇女第五次代表大会之后，中国农村妇女在各级妇联组织的帮助下，脱贫致富的热情更加高涨，多种经营竞赛活动普遍展开。

1985 年 3 月，江西省妇联和省农牧渔业厅、省老区建设委员会联合发起在全省农村妇女中开展“十大养殖”（猪、牛、羊、兔、鸡、鸭、鹅、鱼、蚕、蜂）竞赛活动。这项活动到年底已初见成效。据统计，全省农村妇女参加省级标准能手竞赛的有 2503 人；县级标准能手竞赛的有 5 万多户；参加乡级养殖赛的有 20 多万户。这项活动的开展，对振兴江西经济，改变老区贫困面貌产生了积极作用。庐山区女青年郑芝萍讲究经济效益，她以科学养鸡起家，进行鱼、鸡、猪套养，实现良性循环，已发展成为年产值达 9 万元的养鸡专业户。象郑芝萍这样的养殖能手，江西全省已有 2500 多人。她们身上展现了 80 年代农村妇女的精神风貌。

在多种经营生产中，广大农村妇女开辟了新的致富途径——发展庭院经济。庭院生产一是不受季节、气候的影响，二是劳动时间可以灵活掌握，对有家务的妇女尤其适合。在庭院经济中，搞食用菌、养花、种葡萄、地膜覆盖种菜、笼养鸡等技术活，妇女们都能涉足。很多家庭主妇，在发展庭院经济中，表现了突出的经营才能，不少妇女立足庭院，注视市场，根据社会需要在庭院里搞起适销对路产品，获得较好的经济效益。如山西省怀仁县，到 1983 年年底，全县从事庭院生产的妇女有 3.2 万人，占妇女总数的 38%，创产值 564 万元。同年，怀仁县出售的猪肉、鲜蛋分别比 1982 年增长了 2.9 倍和 1.2 倍。庭院经济的发展，有效地促进了商品生产，又如天津蓟县 1986 年从事庭院生产的妇女有 8.52 万名，占女劳动力总数的 70%。全县庭院养鸡 200 万只，产鲜蛋 1558 万公斤，除自食外，提供商品蛋 1403 万公斤，占全县需求量的 1/5。在全县 14.3 万农户中，庭院生产年产值 500 元以上的有 5.6 万户，最高的可达 5000 元以上。山东省长清县 457 个庭院开发重点村中有 1.35 万个示范户。全县庭院经济收入达 1.7 亿元，占全县农业总收入的

30.74%。

三、以妇女为主的专业户对商品经济发展做出贡献

联产承包责任制的实行和多种经营的发展，使中国农村涌现了一批有技术专长和经营才干的各种商品生产的专业户。到1984年，各类专业户已占全国总农户的10%左右。以妇女为主的专业户也有了较大幅度的发展，她们一般地占到专业户总数的20%—60%。如河北省1984年以妇女为主的专业户已占全省专业户总数的40%左右。1985年有妇女为主的专业户79万多户，占专业户总数的44.1%。又如山东省1985年以妇女为主的专业户有48万户，占专业户总数的42.5%。1986年以妇女为主的专业户已达到110万户。专业户的发展使中国农村妇女的传统技术和小型经营的特长得到发挥。据辽宁省1981年对20多万个专业户统计，其中有养殖、种植、编织等20多个生产和经营项目。

1985年，中国农村开始了第二步改革。改革的中心任务是调整农村产业结构，促进农村经济向专业化、商品化、现代化转变。农村产业结构的调整，使妇女参加生产的范围越来越宽广，以妇女为主体的承包或自营专业户在各业专业户中所占的比例也越来越高。以妇女为主的一些专业户，由于生产者懂技术，善经营，成为当地致富的带头人。农村妇女组织及时帮助这些典型总结经验，同时进行表彰、宣传。1985年“三八”国际劳动妇女节前夕，全国妇联表彰了150名改革中的先进人物，来自农村的有39名，其中专业户代表有20名。农村各级妇联组织还定点联系以妇女为主的专业户并热情扶持贫困户，为她们提供信息、技术、资金、销售等产前、产中、产后服务，并通过以妇女为主的专业户带动更多的妇女致富。与此同时，妇联组织还会同政府有关部门在农村妇女中开展了各种形式的“能工巧手”、“女能手”、“女状元”等致富竞赛活动，使许多地方出现了以妇女为主力的专业村。如黑龙江省截至1986年5月，以妇女为主的专业村、屯有937个，占专业村、屯总数的38%。仅牡丹江市以妇女为主的养鸡、种人参等村、屯就有297个。各类专业村的发展，进一步促进了农村产业结构的调整。

以妇女为主的专业户经济效益普遍很好。主要表现为三高：劳动生产率高，资金利用率高，商品率高。妇女专业户为国家、集体、家庭创造了很大财富。如辽宁省第一个致富腾飞户、沈阳市新城子区专业户苏玉兰，1979 年至 1983 年 4 年间共向国家交售生猪 2.8 万公斤，每年纯收入超万元。1984 年又卖给国家生猪 5500 公斤，鲜奶 3000 公斤，鱼 500 公斤，被评为省、市特等劳动模范，全国“三八”红旗手。山西省襄垣县妇女白清娥，母女二人积极承包土地，1981 年、1982 年两年，共产粮 22685 公斤，交售爱国粮 18520 公斤，收入 5780 元，成了有名的商品粮专业户。白清娥被评为全国“三八”红旗手。甘肃省西峰市肖金镇女农民技术员方秀珍是科技专业户。到 1987 年，她在五年多时间里接待来访群众 5.3 万人次，进行科普培训近 2 万人次，深受农民欢迎。她举办宣传专栏 166 期，散发各种专题科技资料 1.22 万份（册），购销各种化肥 3 万多公斤、农药 3090 公斤、地膜 4000 公斤，还引进代销小麦、玉米、胡麻、油菜、豆类等良种。她培训出农民技术员 280 名，采用“以会代训”的办法培训 1.7 万多人次。群众说方秀珍解答疑难问题不厌其烦。1987 年 5 月，肖金镇小麦发生了大面积虫害，她发现后同有关部门联系购回农药 2.5 万公斤，及时销给群众进行防治，使两万多亩小麦免遭虫害。闻名全国的“养鸡大王”梁凤颖是黑龙江省佳木斯市郊区农民。她自 1981 年起从事专业养鸡，家庭纯收入和人均收入 4 年翻了 4 番。她的养鸡场已有固定资产 40 多万元。她帮助 1000 多户农民摆脱贫困，其中有 21 家成了万元户。五年来，她接待参观学习的人达 2 万多人次。她教过失足青年，收过聋哑徒弟，帮助孤儿寡母成了万元户，还收养了 6 名孤儿，并资助 1 名孤儿上了大学，乡亲们夸她是“活雷锋”。她讲技术课 2000 多次，答复全国各地技术咨询信件 1.5 万多封。她总结养鸡经验，写出了《梁凤颖养鸡法》，并自费 9000 元印刷 8 万本给求教于她的养鸡户。她在本地最穷的万兴村创办了 3000 多平方米面积的养鸡培训中心，并且向佳木斯市 23 个极贫户传授养鸡技术，帮助她们摆脱贫困。1983 年，梁凤颖晋升为农民技师，先后被评为省劳动模范、优秀共产党员。她被全国妇联命名为“改革中的女能人”和全国“三八”红旗手。1986 年，她作为中国科协第三次全国代表大会特邀代表被选进大会主席团。她的发言受到与会代表的赞赏。

妇女专业户的发展，带动广大农村妇女登上了商品经济的广阔舞台。到1986年，中国农村从事商品生产的妇女约占从事商品生产农民总数的50%—60%。妇女创造的商品生产总产值，一般占商品生产总产值的55%—65%。一些妇女率先致富，其中部分妇女成为独立的商品生产者或商品生产的组织者。她们高兴地说："我们世世代代没干过这么大的事，没理过这么多的财。"1986年6月20日至26日，全国妇联在河北省保定地区召开了省、自治区、直辖市妇联主任工作会议，总结研究农村深入改革和发展社会主义商品经济中妇女工作的新鲜经验。会议提出把提高妇女素质，帮助妇女脱贫致富作为新时期农村妇女工作的根本任务。会议之后，各级妇联组织认真贯彻保定会议精神，发动组织妇女投入商品生产。

据统计，到1986年年底，陕西省农村约有138.7万妇女投入商品生产，约占农村女劳动力的1/3。河北、江苏从事商品生产的农村妇女分别达到670万和951万人。在广州郊区，98%的妇女劳动力搞商品生产。河北保定地区参加商品生产的几个骨干行业，如蠡县的腈纶针织，容城的服装，新城的皮革制品，涿县和涞水的地毯，安新的柳编，高阳的纺织，从业人员多数是妇女。1986年，保定地区农村妇女创造的产值达17.5亿元，占农村总产值的49%。妇女不仅从事商品生产，而且进入了流通领域。河北蠡县新兴村是腈纶纺织专业村，它的产品行销20多个省、自治区、直辖市，靠的是千余名妇女推销员。年仅26岁的李秀芹是黑龙江省桦南县石头河子镇核心村妇代会主任。该村盛产辣椒，有"辣椒村"之称。1978年以来，李秀芹带头到外推销辣椒。她致富以后把自己的1万多元借给困难户。在她的帮助下，核心村250户中有190户搞起推销。1985年，全村户均收入1200元，人称"辣椒女王"带出了一帮"辣椒女兵"。

四、妇女积极学习文化技术

农村商品经济的发展和竞争机制的引入，为中国农村妇女创造了致富的机遇，同时又使她们面临着新的挑战。妇女们不仅要继承传统的农业生产技术和经验，还必须掌握先进的农业科学技术。这同妇女自身文化素质偏低的弱点形成强烈的反差。1979 年以来，中国农村妇女在政府的关怀和妇女组织的帮助下，为尽快脱贫致富焕发出很高的学习热情。全国五次妇女代表大会后的四年中，农村妇女中开展的“学文化、学技术”的“双学”活动出现了新的局面。这个局面的形成大体上经历了两个阶段。

第一阶段是在农村改革的前五年，即 1979 年至 1983 年。农村妇女学文化、学技术大致是同她们承包的生产任务相联系的。凡是开展学文化、学技术活动的地方都取得了较好的经济效益。如山东省莱州市西由公社的妇女，坚持搞科研，对小麦、玉米两大作物进行了 7 次大面积的良种更新，每次更新都增产 10% 左右。她们掌握了当地十几种病虫害发生发展的规律和防治方法，粮食连年增产，亩产达到 927 公斤，比五十年代初增产 5 倍。在福建莆田、山西曲沃等地，妇联及有关方面都对妇女群众进行过生产技术的培训。1981 年，河南省妇联与省棉花生产办公室联合举办了学习棉花技术培训班。学员是来自全省 48 个县、市有万亩棉田的公社妇联干部。培训后，对帮助女棉农掌握棉花生产技术起了很好的推动作用。

此外，一些地方的农民夜校、农民技术学校办得也很有成效。如江苏省宿迁县井头公社敦吴大队农民夜校女学员占 78%，到 1980 年，青壮年妇女文盲全部脱盲。又如陕西省大荔县雷北大队农民技术学校，参加学习的女学员占妇女劳动力的 1/3。到 1983 年，全大队 15 岁至 45 岁的妇女基本脱盲。

中国农村妇女在学文化过程中，得到了社会各方面力量的支持，许多退休老教师、回乡知识青年、解放军指战员不计报酬，主动办学。如江苏省沭阳驻军 83427 部队，1983 年办起一所“姑娘夜校”，参加学习的 148 名文盲姑娘，经县文教局进行脱盲考试，全部达到合格标准。此后，江苏省驻军帮助地方先后办起 208 所夜校，入学人数达到 6000 多人，其中绝大多数是妇女。

1983 年 9 月，中国妇女第五次全国代表大会决定把提高妇女素质作为新时期妇女解放运动的一项重要任务。各级妇联组织在向农村妇女进行“四自”教育的同时，突出地抓了对妇女群众的文化、技术教育，在农村妇女中形成了广泛的学习热潮，取得了显著的效果。

（一）扫盲工作取得成绩。

到1984年，全国已有半数的省、自治区、直辖市妇联配合有关部门开展了扫盲工作。江西省有24个县先后达到基本无盲单位标准，全省有基本无盲公社749个，占公社总数的45.3%，基本无盲大队8479个，占大队总数的45.64%。湖南省株洲县妇联开展了“百日识千字，造百句，写十篇”活动，仅两个多月，就有48761名妇女参加学习，有12820名妇女在识字读书班中摘掉了文盲帽。辽宁开原县参加扫盲学习的妇女3800多人，其中2500人达到脱盲标准。连续5次受到国务院和省人民政府嘉奖的四川省巴中县，全县脱盲率达到90.8%，其中妇女脱盲率达到85%。该县参加了1984年在法国巴黎举行的扫盲日活动，获得了联合国教科文组织颁发的“野间扫盲奖”。

1985年许多地区在扫除农村妇女文盲的工作中采取办扫盲班、夜校以及夫妻、姑嫂、姐妹、母子互教互学，教师、小学生包教等形式限期脱盲。有的地方办了提高班，吸收已脱盲或文化低的妇女提高文化，做到有规划、有措施、有检查验收和评比。为防止复盲和新文盲的产生，不少地区把扫盲纳入评选“三八”红旗手、“五好”家庭活动和乡规民约中。有的农村制定了扫盲条例，有的实行升级发奖学金制度。为鼓励女孩子升学，有的省还颁发“妹子奖”。1983年以来，全国共有近亿名妇女脱盲。湖南省妇联在省政府支持下与有关部门协作开展的农村妇女实用性扫盲工作取得了显著成绩。1987年全省有67.6万名妇女脱盲，280万名妇女掌握了一门以上实用技术，210名妇女获得省级以上科技成果奖，荣获联合国教科文组织颁发的“野间扫盲荣誉奖”，并应邀在联合国教科文组织在东南亚召开的扫盲工作会议上介绍了经验。

（二）实用技术培训工作向纵深发展。

从1984年开始，中国农村妇女的实用技术培训工作蓬勃发展起来。妇女群众从生产实践中深切地体会到“要致富，走科学路”，从心底里迸发出学习专业知识、学习科学技术的强烈愿望。1984年，辽宁省妇联配合有关部门举办各类科普讲座1.6万多次，印发科技丛书3万多册，参加学习的农村妇女近70万人，有4个市3个县召开了科普经验交流会。为了提高生产效率，农村妇女表现出对技术如饥似渴的追求。许多妇女百里求师，自费参加培训，有的妇女甚至把卖鸡蛋、买衣料和置办嫁妆的钱都用来订购科技书刊。

1985年，据18个省、自治区、直辖市的不完全统计，有近2000万农村妇女参加了各种文化技术学习。到1986年有8000万农村妇女接受了各种培训，其中半数能够熟练掌握和应用一至二门以上的实用技术。这个期间的培训工作有三个主要特点：

一是培训规模大。各级妇女组织普遍加强了对妇女培训工作的领导，在调查研究的基础上制定了培训规划，并通过组织大规模的活动把妇女发动起来，形成了学文化、学科学技术的群众性的热潮。如河南省妇联把1985年确定为提高妇女素质年，在全省妇女中开展了一学（学知识）、两赛（赛科学致富、赛革新创造）活动。河北省妇联开展了“我为振兴河北学文化、学科学技术”的活动。湖南、山东、广东、内蒙古、陕西、黑龙江、安徽等省、自治区也开展了各种学习培训活动。

二是培训内容讲究实用。各级妇联坚持从实际出发，紧密结合当地的自然优势和妇女特点，因地制宜，因需施教，干什么，训什么，缺什么，补什么，开展了多项目、多门类的培训。农村妇女学习的项目已达百余种之多。经过培训，山东省有17万农村妇女达到了农业技术员水平。河北省有6300余名妇女获专业技术职称。湖北省建始县姑娘柳娥，利用酒糟制成混合饲料喂猪，将猪粪发酵后饲养的家蝇喂鸡，探索了一套循环致富的办法，受到科技界的重视。

三是培训形式、方法多种多样。如妇联实施培训、军民共同培训、有关部门联合培训、请女能人代为培训等等。在培训中各地创造了许多生动活泼、切实可行的活动形式，如办培训学校、短训班、现场会、科技小组、姑娘夜校、中心活动户、妇女学科学用科学研究会等等。许多地方的妇联组织还运用妇女之家、妇女活动中心、妇女荐才中心、人才信息小组等阵地开展技术培训和技术咨询活动。

1986 年，按照实际、实用、实效的原则，在商品经济比较发达的农村，妇联组织不仅抓了普及性的技术训练，还注意了较高层次的技术培训，培养了一批具有专门技术的农村妇女人才；在商品生产基础较差的地区，则着重抓了需时短、见效快的实用技术学习；在一些边远山区，为了帮助少数民族妇女搞好生产、生活，还开展了生产技术和食品制作的培训。广大农村妇女技术水平的提高，带来了商品经济的发展，也增加了妇女的收益。以广东珠江三角洲一带为例，农村妇女的人均收入，1986 年已达到 1000 多元。

“双学”活动开展得好的地方，推动了妇女参加商品生产。许多青壮年妇女通过学习，掌握了文化知识和治穷致富的本领，由单一的农业劳动转向了多种经营；由依赖自然经济转向发展商品经济，在农业和农业以外的广阔的生产领域里发挥优势，施展才干。一大批有胆识、懂技术、善经营的女能人、女状元在改革的激流中脱颖而出。据天津、黑龙江、甘肃、福建、湖南、吉林、广西等省、自治区、直辖市的不完全统计，在各种劳动竞赛中评选出来的妇女先进人物达 3 万人。在致富的实践中，妇女们深切感到“党的政策送钱财，没有科学技术拿不来”，从而激发了提高自身素质的强烈愿望，不少过去的“睁眼瞎”如今变成了“科学迷”。

（三）“双学双比”竞赛活动成效卓著。

在各地开展“双学”活动的基础上，1985 年以来，各省、自治区、直辖市妇联都在较大范围内，特别是在农村妇女中开展了有声势、有特色的群众性竞赛活动。为使农村妇女工作适应国民经济治理整顿和全面深化改革的需要，确保农业的稳定增长，1989 年 3 月，全国妇联、农业部、林业部、国家科委、国家民委、国务院贫困地区经济开发领导小组等 13 个单位共同决定，在中国农村各族妇女中广泛开展“学文化、学技术、比成绩、比贡献”的竞赛活动。由于这一竞赛活动符合广大妇女要求改变农村面貌，要求致富的愿望，全国农村女劳动力的参赛面达到 70% 以上。各地把“双学双比”竞赛活动同实施科技兴农战略、落实农业生产规划和建立社会化服务体系结合起来，取得了明显的效果。据统计，到

1990 年，全国 1.2 亿参赛妇女中，80% 接受了一门以上实用技术培训，大批女农业技术人才涌现出来，其中不少达到农业技术员水平。为帮助妇女在学习文化和掌握技术上不断提高档次，不少地区建立了证书考核制度。获得脱盲证书的，才能评为“女能手”；获得资格证书的（单项技术达标），才能承包经济项目；达到技术员标准的，评定相应的初、中、高级职称。一些地区还形成了三级培训网络，做到村有妇女学校，乡有“三八”科技指导站，县有“三八”科技培训中心。

经过一年多的工作，“双学双比”竞赛活动成效显著，主要表现在：

第一，挖掘了农村妇女这支伟大的人力资源，涌现了大批女能手。如山东省 1400 万妇女劳动力中，80% 以上参加了“双学双比”竞赛。1989 年，该省农村妇女在种植、养殖、加工、工艺品生产和庭院经济等领域所创价值占全省农业总收入的 55% 左右，为夺取全省农业丰收做出了巨大贡献。又如河北省在“双学双比”竞赛中，受到县以上协调单位表彰的女能手有 1.6 万多人。1989 年，河北省小麦、玉米高额丰产奖的冠军全是妇女。

第二，促进了农村经济的发展。1990 年，为扭转棉花生产的滑坡局面，山东、河北、湖北、河南等主要产棉区的妇女普遍开展了“银花赛”。仅河北省就组织了 4000 万妇女植棉大军，植棉面积达 1365.7 万亩，占全省棉田总面积的一半左右。江苏省在 1989 年夏粮遭灾减产的情况下，全省妇女艰苦奋斗，以秋补夏，夺得了秋季农作物大丰收，为江苏省连续六年人均占有千斤粮做出了贡献。四川、浙江等省妇女的“吨粮田”开发，江西、安徽、辽宁等省的“桑蚕工程”、“鹅鸭工程”、“油菜丰产工程”、“小流域治理工程”以及广东省开展的“十项能手大赛”，吉林省的“十种十养十加工赛”，湖南、陕西、内蒙古等地的“庭院经济超千元”竞赛，推动当地经济出现了各业并举的局面。妇女中开展的不同标准的分级赛、同一行业的对手赛、专业性的达标赛、庭院创收综合赛等，内容丰富、有声有色、有效地促进了农村经济的发展。在少数民族地区、贫困地区，“双学双比”活动作为贯彻扶贫方针的重要措施，在促使贫困地区妇女科技致富、勤劳致富中也取得了一定成效。在国务院贫困地区开发办公室、农业部的帮助下，全国妇联培训了331个贫困县及所在地区的妇联主任，带动各级妇联组织办扶贫培训班250期，建立4500多个扶贫联系点，联系贫困户65万余户。到1990年，这些联系点中已有82.4%脱贫，联系户中70%解决了温饱问题。

第三，推动了农村的社会主义精神文明建设。“双学双比”竞赛活动的开展，对农村的精神文明建设，对妇女的思想观念、精神面貌的变化，对妇联的组织建设和妇女工作都产生了积极的深远的影响。一些地方的农村通过竞赛出现了“五多五少”，即勇于进取的多了，满足现状的少了；艰苦奋斗的多了，好吃懒做的少了；勤奋学习的多了，扯家常传闲话的少了；助人为乐的多了，斤斤计较的少了；家庭和睦的多了，吵嘴打架的少了。一些赌博成风，婚事大办，封建迷信泛滥的地区和乡村，风气有了一定改观。以国家、集体利益为重的良好风尚，在广大参赛妇女中得到发扬。各地涌现出一批主动向国家交售定购粮和卖余粮的妇女先进典型。如河南省妇女李月波在粮食市场价格上涨的情况下，把余粮全部卖给国家，成为全国售粮模范。又如人称“葡萄大王”的山东妇女李杰民，把栽培技术传授给其他姐妹，使本村成为全县第一个户均收入超万元村，还帮助鲁西北的2000多户农民脱贫致富。

中共各级组织和政府领导高度评价“双学双比”竞赛活动，认为是“双提高”（提高妇女素质、提高妇女地位）、“双受益”（国家受益，农民受益）、“双促进”（促进农业生产，促进妇女工作）。1990年3月8日，全国“双学双比”竞赛活动协调小组在北京召开会议，表彰了孙淑英等100名先进女能手。她们之中有甘肃省“女粮王”王玉惠；湖南省生态农业开发试验的“明珠”陈华云；云南佤族科学种田带头人熊会英；还有钻研植棉技术、培育优良品种，带出300多名棉花技术员的助理农艺师——“银花姑娘”周英改等。受到表彰的省级先进协调组织是河北、吉林、江苏、山东、广东省。此外，山西吕梁地区等12个地级先进协调小组和北京顺义县等13个县级先进协调小组也受到了表彰。

第四节　乡镇企业中的农村妇女

乡镇企业是具有中国特色的社会主义的新生事物。在1979年前的二十年中，乡镇企业有一定基础，但由于“左”倾错误的干扰，中国乡镇企业仅发展到150多万个，从业人员只有2700多万人。中共十一届三中全会以后，国家先后作出发展和调整乡镇企业的规定，使乡镇企业有了很快的发展。1979年至1987年间，中国乡镇企业总数猛增到1515万个，从业人员达到8500多万人，约占农村劳动力总数的22.4%，1987年，乡镇企业的总产值超过了4500亿元，比上年增长19.6%，占农村社会总产值8900亿元的一半以上。乡镇企业成为中国国民经济的一大支柱。

一、乡镇企业中女工队伍概况与贡献

中国乡镇企业的发展，拓宽了农村妇女的劳动领域，农村剩余妇女劳动力成为亦工亦农的新型妇女，她们离土不离乡，进厂不进城，乡镇企业女职工队伍不断发展壮大。1987年，在8500万乡镇企业职工中，女工有3500万，约占职工总数的41.2%。据浙江、山东等8省1986至1987年的统计，乡镇企业女职工比例高的占到企业职工总数的48.7%，低的也达到24%。

表16展示的是在8省的范围内乡镇企业中女职工所占的比例。而在那些妇女劳动力密集的行业，女职工所占的比例更高。如江苏省乡镇企业女职工主要分布在纺织、轻工、电子等几大行业。该省张家港市乡镇企业中，轻工、纺织行业女职工占职工总数的70%。又如福建省泉州市有50万劳动力从事乡镇企业生产，其中妇女占乡镇企业职工总数的68%，河南省适合妇女从事的纺织、编织、刺绣、服装、养殖、加工等行业，女工占的比例高达80%。湖南省的花炮、瓷器、湘绣、编织、塑料、服装等行业，女职工高达90%。广东省“三来一补”（来料加工、来件装配、来样制作、补偿贸易）企业最集中的中山市、东莞市区、乡两级乡镇企业女职工分别占到职工总数的85%和90%。地处大西北的甘肃省秦安县乡镇企业女职工也占到职工总数的30%。女职工成为乡镇企业中一支不可缺少的力量。

1986、1987 年部分省乡镇企业中女职工所占比例

表 16　　（万人）

统计时间	地区（省）	乡镇企业职工数	女职工数	女工占职工总数的%
1986 年	浙江	516	248	48
1986 年	山东	630	252	40
1986 年	河南	585	141. 2	24
1987 年	江苏	628	270	43
1987 年	福建	230	112	48. 7
1987 年	山西	226	75. 3	33
1987 年	安徽	156	62. 4	40
1987 年	湖北	250	125	50

中国乡镇企业绝大多数是近几年兴建和发展起来的，物质技术条件一般较差。女职工为使企业振兴，艰苦创业，做出了巨大贡献。到 1987 年年底，全国乡镇企业在 9 年多的时间里已累计向国家交纳税金 610 多亿元。为国家节约安置劳动力投资 9000 多亿元，同时乡镇企业还拿出 140 多亿元“以工补农”，促进了农业及整个农村经济的繁荣。

1985 至 1987 年，全国乡镇企业出口创汇达 120 亿元以上。出口创汇高的企业，女职工往往占多数。浙江省在出口产品中，女职工密集的纺织、丝绸、传统工艺（抽纱、草编）以及茶叶生产等行业创汇率最高，占全省创汇总额的 48%。江苏省武进县新光棉织厂有 800 多职工专门从事外向型生产，其中 85. 2% 是女工，1986 年创汇 600 万美元，湖南醴陵市乡镇企业两大支柱之一的烟花鞭炮业，女工占 90% 左右，其产品绝大部分销往欧美、澳大利亚、日本、东南亚等地，每年为国家换取大量外汇。广东东莞市常平区 1984 年和 1985 年创汇 1 万元以上的标兵有 130 名，其中 111 名是女职工。以轻纺行业为主干的浙江绍兴县乡镇工业，有 15. 7 万名女工，占乡镇企业职工总数的 64. 7%，1986 年全县乡镇企业年产值 35 亿元，轻纺行业产值为 28 亿元，占 80%。1981 到 1987 年，绍兴县乡镇企业产值、利润、上缴国家税金已连续七年名列浙江省首位。与此同时绍兴县农村人均收入也从 1978 年的 128 元，增至 1986 年的 835 元，增加 5. 5 倍。

二、乡镇企业中的女厂长、女经理

乡镇企业的崛起，使农村妇女的活动领域扩大了，视野开阔了，生产方式、生活方式和思想观念都发生了很大变化。一批有胆有识、勇于改革创新、懂经营、善管理的女能人、女厂长、女经理脱颖而出。（详见表17）

1986、1987年部分省乡镇企业女负责人、技术骨干情况

表17

统计时间	地区（省）	女厂长、经理数（人）	女班、组长（人）	女技术骨干（人）
1986年	安徽	1729		
1986年	江苏	1710（41个县市）	37426	26080
1987年	河南	2954		29396
1987年	福建	2733	30000	17000
1987年	广东	1730		
1987年	湖北			35300

为了表彰乡镇企业厂长、经理在振兴农村经济中做出的贡献，1987年，《中国乡镇企业报》、中央人民广播电台、中央电视台联合举办评选“当代中国优秀农民企业家”活动，在当选的全国优秀农民企业家中，有6名是女农民企业家。她们是辽宁省新金县服装工业总厂厂长李桂莲、天津市华兴漆包线厂厂长周春玲、内蒙古正兰旗民族服装厂厂长嘎吉德、上海县新泾乡宇宙平绒厂厂长李培佩、江苏省江阴华西农工商联合企业副总经理赵毛妹、河南省新乡县京华食品开发公司经理刘志华。其中李桂莲是全国十位“最佳农民企业家”之一。1979年10月，李桂莲带领85名农民自筹资金，办起了杨树房服装厂，任厂长兼中共党支部书记。李桂莲注重学习，广泛涉猎中外企业管理经验，潜心研究，以企业管理过得硬、产品质量过得硬、外向型企业建设过得硬、思想政治工作过得硬在全国1500万家乡镇企业中名列前茅。她领导的3000人的工厂，1987年完成产值4000万元，完成利润500万元，创汇1000万美元。“萃莲”牌夹克衫获国家农牧渔业部优质产品奖。产品销往日本、美国、法国、西德等7个国家和地区，无一返修、拖期、索赔。新金县服装工业总厂成为产品合格率、出口产品合格率、优质品率3个“百分之百”的外向型企业。

全国优秀农民女企业家刘志华为了带领全村人致富，1981 年，她用四十天时间建成了腐竹厂，产品色、香、味俱佳，几次在全国性定货会上被评为优质产品。该厂成为北方 5 省外贸出口的定点厂，产品远销英、美及东南亚。从 1979 年到 1985 年，刘志华 5 年办了 6 个厂，集体总产值翻了五番，集体公共积累达到 200 多万元，使一个 72 户的贫穷村变成了颇有名气的京华食品开发公司。1986 年，她所在的新乡县小冀镇人均收入 1760 元。1987 年刘志华又组建了一个拥有 150 万元固定资产的农工商联合企业。1987 年 11 月，她到美国参加了全球商业基金会举办的塔尔隆中国周经济交流会。

江苏省江阴市华西村的赵毛妹，原是个普通的农村姑娘。随着改革的深入，华西村开始变单一经营为多行业综合经营。赵毛妹积极投身改革的洪流，挤时间结合业务学文化，在短时间内她就能签合同、记备忘录了。华西村开办了织造、有色金属轧制、印染等 14 个工业项目，从定项目、请专家论证，到解决原材料和产品销售，哪一个环节都浸透着赵毛妹的心血。为了华西农工商联合企业的发展，她献出了全部精力。1978 年，她被评为全国农业劳动模范。

山西省晋城市郊区晓庄农工商公司是坚持集体经济的先进典型。中共十一届三中全会以来，晓庄靠改革致富，由单一经营的农业村发展为农工商综合经营的经济联合体。晓庄的带头人王翠翠从 1984 年到 1987 年，领导群众办了 14 个企业，工农业总产值达到 1000 万元，人均收入 1110 元。晓庄实行了洗澡理发、就医治病、粮食加工三免费。老人享有养老金，儿童享有奖学金，电视机、洗衣机家家都有，晓庄成了“小康村”。王翠翠当选为省特级劳模、全国“三八”红旗手、省人大代表。

在全国各地，农民女企业家卓著的功绩受到了政府和人民群众的高度赞赏。1987 年浙江省妇联、浙江省乡镇企业局联合表彰了 30 位乡镇企业女能人，她们获得了奖杯和证书。河南省评选出县级以上的女农民企业家 210 名。中国女农民企业家的业绩为农村妇女增添了光彩。

三、乡镇企业的女工劳动保护

随着乡镇企业女职工队伍的发展，女工劳动保护工作受到国家的重视。

1986年，国家卫生部、劳动人事部、全国总工会、全国妇联颁发了《女职工保健工作暂行规定》（试行草案）。同年十月，全国妇联又发出了《关于做好农村乡镇企业妇女劳动保护和卫生保健工作的通知》。1987年9月，全国妇联批转了《山东省即墨县妇联关于做好女工劳动保护的经验》。这些文件对乡镇企业的女工劳动保护工作起了推动作用。据不完全统计，1987年，中国有12个省、市对12540个乡镇企业进行了女工劳动保护情况调查，并在调查研究的基础上制定了地方性法规。同年10月，辽宁、云南、黑龙江、上海等13个省市颁布了女工劳动保护法规。福建省妇联与省乡镇企业局联合颁布的《关于乡镇企业女工保健工作暂行办法》，对乡镇企业女工“五期”保护做出了具体规定。据抽样调查，女工劳动保护工作搞得比较好的长春46个乡镇企业中有95%的企业建立了劳动保护制度，89.7%的企业有孕期保护制度，73.9%的企业规定了产期保护制度，28%的企业有更年期保护制度，还有67.3%的企业每年进行一次妇科病普查防治工作。与此同时，中国各级妇联组织会同卫生部门向乡镇企业女职工宣传普及劳动保护知识，增强了女工们的自我保护意识，提高了保健能力。如江苏省妇联会同省委宣传部等13个单位，制定普及卫生知识的“七五”规划，编写了《妇女卫生知识》及各种讲义、教材，印发28万余册。该省江阴市妇联及有关部门培训了宣传骨干7429人次，举办妇女劳保图片展览，参观人数达15万人，并向上万名妇女提供了咨询服务，从而使妇女发病率大幅度下降。该市所属乡镇企业中妇女常见病由1979年的53%下降到1986年的24%。

在中国乡镇企业的兴建和改建中，地方政府还注意了女工劳动保护设施的建设。据江苏、辽宁、山东、河北、吉林、湖北、浙江、广东、天津等地120个县市的不完全统计，到1987年11月，乡镇企业已建哺乳室21746个，冲洗室24386个，孕妇休息室15334个，更衣室32950个，卫生保健室20437个，蹲式厕所56875个，休息室23000个，淋浴室9835个，托儿所、幼儿园34560个。此外，在乡镇企业发展较快的地区，集体所有制企业初步建立了劳动保护设施的已达89%。有关部门还注意将孕妇、哺乳期女工及时调离有毒有害岗位，并有计划地对女工进行体检。如南京市妇联和医务部门对36838

名乡镇企业女工进行了妇科病检查和治疗，治愈率达 73.3%。

中国乡镇企业女工劳动保护工作虽然收到一定成效，但就全国来讲，存在问题很多。主要是：第一，女工劳动保护工作发展不平衡。一些地方的女工劳动保护工作还停留在会议、文件和口头上。一些乡镇企业领导甚至把女工劳动保护工作当成“麻烦”、“累赘”而缺乏正确的认识。第二，女工从事有毒有害作业，而无措施保证的情况仍很严重。如某省乡镇企业中从事有毒有害作业的工人有 163897 人，其中女工占 47%。某县 967 个乡镇企业中 58.9% 的工厂有有害工种，接触有害工种的女工 17972 人，占接触有害工种总人数的 54%。这些工厂的产品大都是由城市大企业下放或转产的，设备陈旧、工艺落后，女工接触喷漆、粉末、化工、染料等有毒物质影响了健康。女工从事有毒有害作业，还严重地影响了下一代的健康。据对 3 省市 6 个县 4516 个乡镇企业的调查，女工生育子女 20655 个，其中先天畸形的婴儿有 67 个，占 3‰。第三，乡镇企业劳动条件差，缺乏卫生设施。许多乡镇企业厂房简陋，室内空气污浊，人员拥挤。一些个体企业情况更差。有的企业仅有一个自来水龙头，此外再无其他卫生设施。有一个生产纽扣的工厂在不足 50 平方米的简陋厂房内，竟放置了 19 台机器，有 27 名工人操作，女工无处更衣。第四，工作时间长，劳动强度大的现象普遍存在。一些企业为了赚钱，很少考虑女工的生理特点，任意延长工作时间，增加劳动强度。一些姑娘为置办“现代化”的嫁妆多攒钱，不顾身体条件加班加点地干。有些乡镇企业劳动时间达 10 至 12 小时，女工们反映说“我们有钱没有时间用，有彩电没有时间看。”问她们最需要的是什么？多数女工回答“最需要的是休息”。第五，女工“五期”保护落实差。据一些地方反映，乡镇企业女工怀孕 7 个月后仍得不到照顾；产妇享受不到 56 天产假；女工哺乳不给时间，也不减少定额；经期和更年期得不到照顾。有的孕、产、哺乳期的女工被辞退、放长假或扣工资。此外，部分乡镇企业中男女同工不同酬的现象仍然存在；招用童工的现象也比较严重。

中共十一届三中全会以来，广大农村妇女在经济体制改革中正在实现几个转变，即由小农经济的封闭型向商品经济的开放型转变；由知识的贫乏型向充实型转变；由依附型向自立型转变；由生产的单一型向多样型转变。但是，由于中国幅员辽阔，经济发展很不平衡，因而在商品经济比较发达并注重精神文明建设的地方，农村妇女的这种变化表现得很明显、深刻和全面。而在一般地区和尚未解决温饱的少数贫困地区，变化就不很明显，或者没有什么变化，那里的妇女依然生活在贫困、愚昧之中。即使在经济发达地区，也存在着很大的差异。

中国尚有近 1/10 的农村人口处于贫困状态，其中 400 多万人的温饱问题还没得到完全解决。这些地区在经济和社会发展中都面临着生态环境恶劣，交通闭塞，经济基础薄弱，科学、教育、文化、卫生事业落后，人才奇缺等共同性的制约因素。那里的农村妇女迫切要求解决温饱问题。农村妇女的整体素质还很低，不能适应商品经济发展的需要。全国 2. 2 亿文盲，其中 2. 1 亿人口在农村，文盲中妇女占了 70% 。由于文化低，耕作落后，科学管理差，很难谈得上提高经济效益，这些都不利于妇女生产力的解放。由于复杂的社会原因，中国农村妇女中的封建思想影响还相当严重，封建迷信活动在农村公开泛滥，这种现象涉及十几个省、自治区。在封建迷信活动猖獗的地方，一些农村妇女成为牺牲品，白白葬送了性命。有些农村不法分子披着宗教外衣欺侮妇女，致死人命，严重侵犯了妇女的权益。部分农村由于政治、经济、文化落后，群众生活贫困，妇女在婚姻、家庭方面存在的问题很多。一些农村还存在转亲，换亲现象，有的地方大批妇女外流，有的被人贩子拐卖，有的走上卖淫的歧途。上述问题的存在表明，在中国农村，要实现妇女的彻底解放是一个十分艰巨而又长期的任务。从根本上说，农村妇女的解放，有赖于社会经济的发展和社会精神文明的发达。只有在中国共产党的领导下，在赢得中国社会发展的同时，才能赢得中国农村妇女自身的解放。

第九章 女军人

中国人民解放军中的女军人，有着光荣的历史和优良的传统，一直是军队中的重要力量。在新民主主义革命时期，中华民族有大批优秀妇女，为了民族和自身的解放，打碎封建枷锁，参加革命军队，为推翻帝国主义，封建主义、官僚资本主义三座大山，建立新中国，进行了艰苦卓绝的斗争。在社会主义革命和社会主义建设时期，中国女军人为保卫祖国安全，建设现代化、正规化的革命军队，发挥聪明才智，勇于自我牺牲，做出了巨大的贡献。

第一节　中国女军人的成长和发展

中国女军人，是中国革命战争和妇女解放运动发展到一定阶段的必然产物，是在新民主主义革命过程中产生和发展起来的。

早在第一次国内革命战争时期，蔡畅就是国民革命军北伐军总政治部宣传科科长兼法文翻译；1927 年武汉中央军事政治学校的 200 名女学员、南昌起义中的 30 名女兵等，都是中国现代史上早期的女军人。

土地革命战争时期，中国工农红军中的女军人及其妇女武装，随之得到了发展。影响最大的是工农红军琼崖独立二师女子军特务连。该连连长庞琼花，党代表王时香。她们作战勇敢，曾在战斗中俘虏和歼敌 170 多人，敌总指挥陈贵苑当了她们的俘虏。在川陕革命根据地，曾先后组织了几个妇女独立营。1933 年以各县妇女武装为基础，组建了红四方面军妇女独立营，营长陶万荣。一次，在运粮途中遇敌残部，她们突然出击，缴获敌人几百枝枪，俘虏了几百名“双枪兵”（即烟枪和步枪），受到红四方面军的嘉奖。1934 年

3 月，又以妇女独立营为基础扩编成妇女团，团长张琴秋。1935 年 3 月，红四方面军在离开川陕根据地开始长征的时候，曾把妇女干部和工作人员集中到妇女独立团，使女兵猛增到 2000 多人，扩编为妇女独立师，下辖两个团，张琴秋任师长兼第一团团长。1936 年秋，红军三大主力在甘肃会宁胜利会师后，西路军组成妇女抗日先锋团，团长王泉媛，政委吴富莲，全团共 1300 余人。这支妇女武装，在西征中为掩护总部安全撤退，同马步芳、马步青匪军展开殊死搏斗，许多战士壮烈牺牲，百余名战士被俘，她们舍生取义的悲壮行为，永垂史册。

在长征途中，各路红军女战士历尽千辛万苦，爬雪山，过草地，抬担架，背药箱，当马伕，备粮筹款，进行群众工作，克服了重重困难，表现了革命女军人的英雄气概。

抗日战争时期，有成千上万的爱国妇女，参加了八路军、新四军、山西抗敌决死队、东北抗日联军和义勇队等。她们和男军人一起，转战南北，在全国各个战场上，同日本帝国主义侵略军进行了不屈不挠的斗争。涌现了许多可歌可泣、气壮山河的民族女英雄。东北抗日联军三军二团政委赵一曼，八路军一二〇师独立六支队骑兵营教导员李林，新四军十八旅医护队队长李兰丁，东北抗日联军五军二路军妇女团“八女投江”的女战士，就是千百个女英雄的突出代表。

解放战争时期，女军人队伍迅猛发展。人民解放军打到哪里，哪里就有一大批女学生参军参战。在打倒国民党反动派，解放全中国的斗争中，女军人立下了不朽功劳。

1950 年 9 月，在北京召开了全国战斗英雄代表大会，全军出席大会的 350 名代表中，有 10 名是女战斗英雄和工作模范。其中，有模范医务工作者李兰丁、黄德方、姜洁、姜荣光、黄瑞英；战斗英雄、政治工作者郭俊卿、涂勋；女民兵英雄孙玉敏、刘虎成；模范文艺工作者蔡黎云。

中华人民共和国成立后，女军人在统一国土，保卫新生的人民政权和国防建设中做出了积极的贡献。

1950 年 6 月，朝鲜战争爆发。美国侵略军侵略朝鲜，严重地威胁了中华人民共和国的安全。同年 10 月，中共中央发出了“抗美援朝，保家卫国”的号召，派遣自己的优秀儿女——中国人民志愿军，与朝鲜人民军并肩战斗。许多女军人和地方女青年，积极报名参加中国人民志愿军。在朝鲜战场上，她们发扬爱国主义和国际主义精神，以顽强的毅力，战斗在战地通信、医务、文艺、编辑等各种不同岗位上，出色地完成了任务。据 1951 年上半年统计，活跃在朝鲜战场上的中国女军人，有 80% 的人立了功。

在抗美援朝战场上，女战士中最艰辛劳累的是医务工作人员。志愿军某部医院的 40 多名女医务工作者，在“一切为了前线胜利，一切为了光荣的负伤者”的口号下，冒着枪林弹雨，夜以继日地进行了收容工作，领导机关为她们每人记了首战第一功。中国人民赴朝慰问团的成员听到她们的事迹后，感动地说：“志愿军医务工作者，个个都是李兰丁。”护理组长车书琴不仅在小野战医院里尽心尽力地护理伤员，出色地完成任务，而且主动要求上前线，抢救了近百名伤员。中国人民志愿军给她记了一等功，并授予“二级模范”的荣誉称号。女战士陈仁慧，战争爆发时只有 13 岁，多次要求参加志愿军，因年纪小未被批准。她设法藏进军用车厢，跟随部队到了朝鲜。1953 年夏，在金城地区反击战中，还不到 17 岁的陈仁慧，主动要求到前线护理伤员。一天，有七八架敌机轰炸阵地，她不顾个人安危，一次又一次地背着伤员安全转移，当转移第 7 个伤员时，她突然大口吐血，昏厥在地。陈仁慧因积极参战，工作出色，荣获朝鲜民主主义人民共和国二级荣誉勋章。

1952 年上半年，中国人民解放军为适应部队现代化、正规化建设的需要，进行精简整编。从 1952 年 7 月至 1955 年 6 月，大批女军人服从革命需要，转业或复员到地方工作，参加社会主义建设。

1955 年 9 月，中国人民解放军开始实行军衔制度。当时，有部分女军人改为军队职员，部分女军人被授予军衔。原防空军干部部部长李贞，被授予少将军衔，这是中华人民共和国第一位女将军。李贞有光荣的革命历史。1926 年春李贞冲破封建枷锁，参加了革命。同年 10 月，她被选为乡妇女协会委员长。1927 年 9 月，她参加秋收起义，组织了“浏东游击队”。她曾任浏阳县苏维埃政府执行委员会主席团主席、平江县委军事部部长兼赤卫军政委。

在一次战斗中，她们被包围在一座山上，在弹尽粮绝的情况下，李贞带领六七个战友一起跳下山崖，李贞被树枝挡住幸免于难。1933 年秋天，李贞被任命为吉安县军事部长兼赤卫队和县大队政委，后来又担任红六军团和湘鄂川黔军区组织部长、红二方面军组织部副部长等职，参加了湘赣和湘鄂川黔根据地的反“围剿”。长征途中，李贞既和部队一起行军打仗，又做党团工作，干部工作和收容伤病员。尽管环境艰苦，但她非常坚定、乐观。抗日战争和解放战争时期，她历任八路军一二〇帅直属政治处主任、晋绥军区政治部秘书长、西北野战军直属政治部主任等职。新中国成立后，她在抗美援朝战争期间任中国人民志愿军政治部秘书长。回国后，历任军委防空军政治部干部部部长、中国人民解放军军事检察院副检察长。十年动乱期间，遭受林彪、江青反革命集团的迫害。1976 年以后，任解放军总政治部组织部顾问，1984 年定为大军区副职。李贞，从一个童养媳成长为女将军，是中国妇女的骄傲。

1961 年 12 月 8 日，总政治部发出了关于授予部队文化工作者军衔的通知，决定文体工作者，凡符合军官条件者，均授予军官军衔；凡符合军士、兵条件者，授予军士、兵军衔。1965 年 4 月 26 日，中央军委又做出了关于在编职员改为现役军人的决定，将在编职员均改为现役军人。这两次大的改动，又逐步扩大了女军人队伍。

1967 年冬，人民解放军开始征集女义务兵。这一年，全军征集女兵 7500 名。此后的 20 年中，每年都征集相当数量的女兵，最多的 1977 年，征集女兵 2.7 万多名，使女军人队伍不断有所发展。据 1987 年统计，全军女军人已达 13.6 万多名，其中干部 10.4 万多人，战士 3.2 万多人。在 10 万多女干部中，各种技术干部为数最多，也有相当数量的军事行政、政治工作和后勤工作干部。

在女军人队伍中，发展速度比较快的，是医疗卫生战线上的女军人。以总后勤部为例，新中国成立初期，医疗卫生战线上的女军人只有 512 人，1966 年猛增到 5123 人，1976 年又增加到 9866 人，比建国初期增长将近 20 倍。其来源，除新入伍的女战士（卫生员）外，主要来源于医科院校毕业的女学员。医疗战线的女军人，不仅数量大大增加，而且质量也有显著提高。

从文化素质方面来看，新中国成立初期，在总后医疗卫生战线的女军人中，具有中专和高中文化程度的不多，具有大专以上文化水平的很少，取得学位的就更少。到60年代，她们的文化素质有了明显提高，中共十一届三中全会以后，情况又发生了根本性的变化，初步形成了一支知识化的医疗骨干队伍。

总后女医务人员文化水平提高情况

表18

学历 数日（人） 年度	博士	硕士	学士	研究生	大学生 大专生	中专生 中学生	初中 以下
1950年	3	15	59	36	87	78	347
1966年	5	36	365	107	1852	1485	2085
1987年	7	142	871	245	3651	5017	477

从专业素质方面来看，80年代和50年代相比，情况也有很大改变。在总后医疗卫生战线上，已有相当数量的女军人评定了较高的技术职称。

总后女医务人员职称变化情况

表19

称职 数日（人） 年度	教授	副教授	讲师	助教	研究员	助理研究员	实习研究员	科室主任	科室副主任
1954年	13	21	31	34	14	15	3	9	13
1966年	25	74	63	265	75	54	42	37	52
1987年	89	209	504	571	108	85	61	116	109

科学技术队伍中的女军人，从数量到质量，都有了相当的发展。全军女科学技术工作者，据1987年10月份统计，已达8万多人，分布在军队的各行各业。在国防科工委系统，60年代初，仅有4000多人。十年动乱期间，这支队伍受到严重破坏，由于毛泽东、周恩来、聂荣臻等人采取保护措施，才得以保存下来。但是数量已经由4000多人下降到3000多人。粉碎“四人帮”以后，特别是中共十一届三中全会以来，国防科技战线的女军人队伍又重新

发展起来，由1975年的3000多人，上升到1987年的6000多人。在海军，现有7000多名女科技干部，占海军科技干部总数的一半以上，是名副其实的“半边天”。随着改革开放事业的发展，女科技人员队伍，不仅数量有所增加，而且质量也有显著提高。仅据国防科工委政治部统计，评定为高级职称的77人，中级职称的有688人，初级职称的有3057人。大批女科技人员走上科研部门的领导岗位，有些已担任了师以上科研或教学单位的领导工作。

1989年9月军队重新实行了军官军衔制度。授衔前，绝大多数女军人改为文职干部，授予军官军衔的女军人有21031名。其中少将五名。这5名少将是：聂力、廖文海、吴晓恒、李希楷、胡斐佩。1990年7月，又授予乔佩娟、赵织雯两位女军人以少将军衔。

聂力，50年代留学苏联，回国后从事国防科研工作，曾负责核潜艇水下发射试验陆上测量任务。1982年8月调任国防科工委副主任，1985年3月任国防科工委技术委员会副主任兼秘书长。

廖文海，现任解放军总医院院长。1958年12月从沈阳医学院毕业。曾任军医、主治军医、科主任、总医院临床三部副主任，1983年12月任现职。1987年10月出席了中国共产党第十三次全国代表大会，并被选为中共中央候补委员。

吴晓恒，现任解放军第一军医大学副校长。1956年8月从哈尔滨医科大学毕业。曾任助教、主治军医、教研室讲师、内科副主任及主任，1983年12月任现职。

李希楷，现任解放军第三军医大学副校长。1956年6月从第七军医大学毕业。曾任助教、内科主治军医、讲师、内科主任、第三军医大学二院院长、政治委员，1986年11月任现职。

胡斐佩，现任解放军外国语学院副院长兼教授。1949年8月参军，入伍后，曾任学员、英语助教、教员、教研室主任、副教授、训练部副部长，1987年1月任现职。

乔佩娟，现任解放军艺术学院副院长。大专毕业。曾任文工团团员、演员、分队长、队长、歌舞队副队长，歌舞团副政委、政委。1988年6月任现职。

赵织雯，现任解放军国际关系学院副院长。曾任英语教员、副主任、副教授，1987 年 6 月调解放军国际关系学院英语教研室任副教授。1989 年 4 月任现职。

第二节 女军人在国防现代化建设中的贡献

在新的历史时期，中国女军人在陆、海、空军各部队中，在科技教育、医疗卫生、飞行、通信、文艺和体育以及机关等工作岗位上，努力学习科学文化知识，刻苦钻研业务，勇于改革，锐意进取，为国防现代化建设做出了重要贡献。

一、从事科学研究工作的女军人

国防科技事业的发展，从常规武器到尖端武器，从原子弹爆炸到火箭腾飞，从亿次计算机的研制成功，到人造地球卫星同步定点，每进一步，都有女军人的贡献。据不完全统计，从中共十一届三中全会到 1987 年年底，她们中已有 1223 人次获科技成果奖，有 8793 人次立功受奖。

在第二炮兵，女科技工作者大胆探索，潜心研究，先后参与 192 项重大科研项目，其中女科技工作人员独立从事的有 4 项。在海军，女军人共获得国家级发明进步科技成果奖 8 项，军队科技成果奖 59 项。海军总医院副院长汪磊，在积极做好临床医疗工作的同时，还重视做好科研工作。她既是组织者，又是实干家，和大家一起研究了 20 多项科研课题，其中有 12 项获得了国家和军队科研成果奖。

空军某部处长刘弥群，是一名从事导弹研究的科技工作者。1978 年，她担任了改进一种导弹性能的科研任务的组织工作。为适应工作需要，她刻苦学习，先后自学了无线电、雷达、微机、自控等 11 个专业，阅读了 600 多万字的教材。为了组织协调参加研制的军内外 8 个单位，她不辞劳苦，四出奔波，精心计算，选出最佳改进方案，和科研人员一起，提出研制一种新的高能液体燃料的大胆设想。这种液体燃料，有强烈的毒性，在进行高压试验时，有爆炸的危险，她不避艰险，参加了每一次配制试验。到1984年，经过17次试验，终于研制成功了新的高能液体燃料。这项成果荣获全军科技二等奖，国家科技进步三等奖。

在总后勤部，从事现代医学科学研究的女军人，勤奋学习，刻苦攻关，创造了丰硕的科研成果。1985年至1987年，女医务工作者获得国家和军队成果奖的有748人，发表学术论文1834篇。军事医学科学院1977年获得的150项科研成果中，有女军人参加的103项，其中女军人负责科研的项目有30项。许多女科学家热爱祖国，一心一意为国防现代化作贡献。分子遗传学专家、女研究员黄翠芬，原是移居美国的华侨后裔，1949年在美国获硕士学位。为了报效祖国，1950年年初，她和爱人毅然冲破美国当局设置的重重障碍，变卖了家产，隐藏在轮船的货仓里，在海上漂泊了56天，历尽艰险，返回祖国，投入到医学科研工作中。自1952年以来，她先后主编出版了《细菌学》《分子细菌学进展》《遗传工程及其进展》《遗传工程理论与方法》等5部著作，参与编辑了《生物化学的现状与展望》一书。60年代，她主持了一项重要国防科研项目的研究工作，获全国科学大会重大成果奖。1978年以来，她领导组建了中国第一个遗传工程研究室，克服试验条件差，设备简陋等困难，建立和掌握了23项新技术新方法，取得了10项科研成果，其中有2项是国内首创，分别获国家和军队科技成果一等奖。1984年，黄翠芬被中央军委授予“模范科技工作者”的荣誉称号。

许多女科技干部，为了加快国防现代化建设的步伐，不怕艰苦，忘我拼搏。有的十几年一直生活在深山、戈壁和海岛、边疆。二炮的女科技干部，不留恋大城市，不图舒适安逸的环境，默默地在山沟里搞科研。沈阳军区某部副团职参谋王幼庭，1968年从技术工程学院毕业，1973年主动申请到北国边陲——黑龙江省最北端的黑河地区的一个边防哨所工作。这个哨所每年有8个月冰封雪盖，最低气温达到零下三四十度，生活十分艰苦。15年来，王幼庭面对恶劣的自然环境，顽强地奋斗在自己的岗位上。她出入哨所，实地调查，翻阅资料，写出专题论文，为领导机关提供了很有价值的资料。由于工作成绩显著，她被沈阳军区树为“边防干部标兵”，荣记一等功，被选为中共十三大代表，出席了中国人民解放军英雄模范代表会议。

二、从事医疗卫生事业的女军人

医疗卫生战线的女军人，占女军人总数的70%。她们发扬救死扶伤精神，不嫌脏，不怕累，用高尚的医德和精湛的医术，全心全意为伤病员服务。她们绝大多数工作在临床第一线，在平凡的岗位上，默默无闻地作贡献。

在医疗护理工作中，第一军医大学附属医院惠侨楼护理组，是个突出的先进集体。惠侨楼是一家专为港澳同胞、海外侨胞和国际友人服务的综合性病房。从1980年组建到1986年年底，先后接待和治疗了来自38个国家和地区的1.1万多名患者，成功地抢救了许多危重病人，共创收外汇1400多万港元，从未发生过医疗事故。护理组有医护人员47人。她们以热情的态度、良好的医术和严谨的作风，全心全意做好各项工作。惠侨楼常年有四五个瘫痪病人需要进行多种护理，有的病人卧床两三年，但从未发生过褥疮和其他并发症。有的病人在院外发生了褥疮，入院后经过精心治疗和护理，也都逐步好转或治愈。82岁的病人崔欣，在香港染有严重的褥疮，入院时溃烂化脓，医护人员不嫌弃，及时为她排脓、上药，擦洗脏污，换洗衣裤，只用了十几天，她的褥疮就治好了。老人感动地说："你们这样照顾我，真是比我的儿女还亲啊!"七年来，她们还谢绝病人馈赠500多次，其中港币、兑换券7000多元，各种物品320多件，赢得了军内外、海内外群众的交口称赞。

著名的护理专家黎秀芳，1940年毕业于南京国立中央高级护士学校。新中国成立后，历任西北军区陆军第一医院附设高级护士学校校长、第一医院医务处副主任、军医学校训练部副部长、专家组副组长。她创造性地提出了"三级护理"制度，建立了发药、治疗、护理文书的"三查七对"及"对抄勾对"等护理操作制度。她先后参与编撰了《战伤护理》《军队医院管理》《基础护理学简义》等7部著作，所编写的护理学教材，至今仍为国内同行公认沿用。她同张开秀合写的《三级护理》的学术论文，在《中华护理杂志》上发表后，被苏联护士杂志转载。1988年3月，她被兰州军区授予"模范护理专家"荣誉称号。

三、从事通信工作的女军人

在通信兵中间，有报务员、值机员、话务员、机要员等。她们苦练基本功，迅速准确地收发电报，昼夜不停地接转电话，保障了全军通信联络畅通。在社会主义精神文明建设中，全军的话务员普遍开展了以“文明值勤、优质服务”为主要内容的竞赛活动。话务员们从“严”字入手，苦练过硬的技术，努力做到“脑功活，耳功清，口功和，手功巧”，她们急首长所急，帮部队所需，主动为用户排忧解难，出现了“电话追飞机”“电话救战友”“电话寻亲人”“电话追歹徒”等许多动人事迹。这些女兵，不论在统帅机关，还是在海岛边防，都能出色地完成战备训练、尖端科学试验、抢险救灾，以及支援国家经济建设等项通信联络任务。

总参谋部某通信团长途电话站，是女兵先进单位的突出代表。这个站组建于 50 年代初期。30 多年来，她们参加过抗美援朝，炮击金门，中印、中越边境自卫反击作战，“八六海战”，“珍宝岛战斗”，“西沙之战”，以及重大科学试验中的通信保障工作。平时担负着中央军委、总部及部分军兵种对全军各部队的长途电话接转任务。因为工作出色，曾两次荣立集体三等功，连续五年被评为先进单位，涌现出一些模范人物和先进集体。这个站的代表曾两次登上天安门观礼台，受到毛泽东和其他党和国家领导人的接见。原连长刘宏，被选为第四、第五届全国人大代表；现任教导员楚红杰，出席了中共党的全国代表大会；还有 3 人参加过共青团全国代表大会；该站二队被全国妇联授予全国“三八”红旗集体称号。

1986 年以来，随着中国人民解放军自动化事业的发展，又涌现出一批从事电子计算机专业的女军人队伍，为我军通信现代化带来了新的生机。她们积极钻研，精心操作，很快地掌握了现代技术，为部队现代化建设服务。海军工程学院 404 教研室教员柳星，同两名女研究员一起，于 1986 年 4 月接受了为某集团军研制一项军事指挥自动化专家系统软件的任务。这是一项高难度的研究课题。她们在高温酷暑季节，常常是连续工作十六七个小时，有时三昼夜不睡觉，守在机房，专心致志，勤奋工作，终于把“战役决心评估军事专家系统”研制成功。这一软件系统，为集团军战役演习提供较为全面、可靠的依据。她操纵的“计算机专家”，仅六分钟内完成的工作，足以使 50 位军事专家工作 3 天，为加速人民解放军军事指挥现代化做出了贡献。

四、从事飞行事业的女军人

从 1951 年至 1987 年，中国人民解放军共培养了五批女飞行员，计 208 名。她们已分别掌握了飞行、领航、通信、机械、跳伞、滑翔等复杂的航空科学技术，成为空军运输航空兵中的一支生力军。有的成长为飞行指挥员、教练员，有的担任了新型飞机的试飞员，有的已被评为特级飞行员。30 多年来，翱翔在祖国天空的女飞行员，穿云破雾，从内地到边疆，从大陆到海洋，从祖国的最北端到最南方，除西藏、台湾外，到处都有她们的航迹。军队中的女飞行员，是在中国共产党和老一辈无产阶级革命家的关怀下成长起来的。第一批 55 名女空、地勤人员起飞典礼，是 1952 年“三八”国际妇女节那天，在北京西郊机场举行的。朱德总司令和全国妇联副主席邓颖超、李德全检阅了女空、地勤人员队伍，把中国第一批女飞行员送上蓝天。女飞行员们怀着兴奋而紧张的心情，驾驶着 6 架军用运输机，以整齐的队形，飞过天安门上空，代表着亿万翻身姐妹，接受中国共产党和人民的检阅。中央人民广播电台即刻向全世界宣布，“新中国第一批女飞行员诞生了!”随后，毛泽东、刘少奇、朱德、周恩来等中共党和国家领导人，在中南海怀仁堂接见了全体女飞行员，勉励她们为国争光，为中国妇女争光，为祖国的航空事业贡献自己的力量。为了表彰这批女飞行员在抢险救灾、运送伤员、接送首长、支援前线等项任务中做出的突出贡献，1960 年全国妇联授予她们以全国“三八”红旗集体的荣誉称号。

女飞行员们有着坚韧不拔的毅力和刻苦钻研的精神，飞行技术迅速提高。第一批女飞行员中的武秀梅，安全飞行了 30 多个春秋，总航程可绕地球 26 周。1982 年 3 月，北京军区空军党委为她记了二等功。第二批女飞行员中的汪云，是空军某部的“全天候”机长，29 年来她安全飞行 5000 多小时，曾多次立功受奖。第三批女飞行员中的张玉梅，勇敢地加入科研试飞的行列，闯过了这个过去认为只有男子汉才能涉足的领域，先后飞过5个运输机种，飞行了2700小时。第三批女飞行员中的刘晓莲，在航校学习时，成绩优异，第一个放单飞；到部队后，成为能飞四种气象的飞行员。她多次参加抗震、抗洪、救火等抢险救灾的空运工作，克服重重困难，出色地完成了任务。1982年，一架飞机与她所驾驶的飞机相撞，在飞机严重受损、7名机组人员全部震晕的危急时刻，她从昏迷中清醒过来，临危不惧，与大家齐心协力，操纵着失灵的飞机，紧急迫降成功。为此，她个人荣立一等功，机组被授予“模范机组”的荣誉称号。1969年入伍、年仅33岁的波音飞机女机长底建秀，是中华人民共和国第一位波音飞机女机长，也是目前世界上3位驾驶波音飞机的女性之一，被称为“蓝天女杰”。1986年10月，领导派她同7名男飞行员到美国波音公司，学习驾驶波音飞机。这种飞机自动化程度高，需要熟记几百个飞行程序数据。她锲而不舍地熟记操作程序，达到废寝忘食的地步。她提前1/3的时间，完成了全部训练课目，取得了机长证书。飞行教官给她作了“最好的成绩属于底建秀”的评价。

在实践中，一批女飞行员走上了领导岗位。截至1987年，已有8名担任了指挥员。其中3名任团级飞行指挥员，5名任大队级指挥员。航空兵某师9名首批女飞行指挥员，已独立指挥357个场次，场场达到优质安全。她们是女飞行员中的佼佼者，走上指挥岗位后，表现出可贵的开拓创新精神，对改革飞行训练和指挥，提出了许多合理化建议。在女飞行员中，出席中共全国代表大会的有5人，出席全国人民代表大会的有4人。试飞员张玉梅，当选为中共“十三大”的代表。某航空兵部队政治部副主任刘晓莲，被选为全国妇联执委，参与了全国妇联的领导工作。

五、从事体育工作的女军人

在体育战线，女军人奋勇拼搏，勇于夺魁，在国内外体育比赛的许多项目中，创造了优异的成绩。1987年，全军评选出十佳运动员，其中有6名是女军人。

在球类方面，八一女子排球队1959年以前就一直保持全国女排冠军，全队12名队员中，6名是一级运动员。八一队女排成立40余年来，先后9次获全国冠军，曾被授予全国“三八”红旗集体称号，并为国家女排输送了一批又一批的骨干。在80年代，八一队运动员曹慧英、陈招娣、杨希、杨锡兰、李延军，都是女排名将，是荣获世界冠军的中国女排的成员。她们同国家女排队友一起，在重大国际比赛中，勇夺金杯，获得“五连冠”，为祖国取得了荣誉。杨锡兰是中国女排的主力二传手。她同队友们一起，多次争得了世界女排冠军。八一女子篮球队，建国初期就在国内名列前茅，截至1987年，八一女篮已第十次获全国女篮冠军。女篮运动员郑海霞，是国家女篮主力中锋，也是世界著名的中锋。八一女子乒乓球队，在全国性比赛中，获得4次团体冠军。在第三十六届世界锦标赛中，童玲获女子单打冠军，她又和队友们一起，获得了女子团体世界冠军。戴丽丽、沈剑萍曾获得女子双打世界冠军。

在其他体育项目方面，解放军体工队也涌现出许多尖子运动员，创造了突出成绩。八一无线电女子组，50年代末至60年代初，曾刷新了无线电收发报世界和全国的全部纪录，保持了“常胜军”的光荣称号。22岁的女报务员张锦华，在全国和全军运动会上，连续创造世界纪录，一人获得21枚奖章，被评为五好运动员。女射击队员董湘毅13次、李亚敏5次打破或超过世界纪录。女子体操队在全国比赛中，曾获5次团体冠军，在国际比赛中，也曾多次获金牌。体操运动员马燕红，1979年12月在第二十届世界体操锦标赛上，荣获高低杠金牌，成为中国第一个女子体操的世界冠军。在第二十三届奥运会上，她以高难度、惊险、熟练的动作，获得了高低杠金牌。她的高低杠腹回环蹦杠转体360度接团身前空翻下，在世界上也是个创举。

田径七项全能亚洲冠军朱玉清，是苦练拼搏的一个突出典型。她不怕大运动量、超负荷量，高强度高难度地项项苦练。1981年至1986年，她的双脚、双腿和腰部，年年有骨折和损伤，但她忍受了常人难以想象的痛苦，顽强地坚持拼搏苦练。汗水积蓄了力量，苦练结出了硕果。1986年9月，在南朝鲜举办的亚运会上，她雄踞群首，以5580分的总成绩，获得了金牌。1989年第十二届世界田径锦标赛中，她又以6211分的总成绩打破了亚洲记录，成为步入女子全能世界八强的“亚洲第一人”。

六、从事文艺工作的女军人

军队文艺工作者，坚持文艺为社会主义服务，为人民服务，为军队建设服务的正确方向，深入部队，深入边海防，为干部战士演出，受到部队热烈欢迎。全军专业文艺团体，仅1987年不完全统计，为部队演出2269场，观众达400余万人次。

从50年代起，军队自上而下多渠道、多方式地培训艺术人才和业务骨干。一批又一批优秀人才脱颖而出，在全国和国际举行的艺术比赛中获奖，为军队和国家争得荣誉。50年代在世界青年联欢节文艺竞赛中，沈阳军区杂技演员黄文霞表演的《晃板打蛋》、北京军区文工团马玉涛的独唱、南京军区文工团梁素芳的独舞《春江花月夜》，都获得了金质奖章。80年代，在全国舞蹈比赛中，沈阳军区文工团王霞、空军文工团杨华获得表演一等奖，沈阳军区文工团柳倩获得少年表演一等奖。在首届中国舞“桃李杯”比赛中，沈阳军区王明珠，获得女子成年组一等奖，解放军艺术学院胡琼，获得女子少年组一等奖。

一些女歌唱家，满腔热情地讴歌中国共产党和人民军队。彭丽媛先后在大型音乐舞蹈史诗《中国革命之歌》中担任独唱、领唱；在歌剧《白毛女》中扮演喜儿；在现代音乐诗剧《牛郎织女》中担任女主角，都演得很成功。《白毛女》在北京天桥剧场公演时，观众场场爆满，她演唱了几百首电视歌曲、广播歌曲，许多被录制成专辑磁带。她在全国青年歌手电视大奖赛中获一等奖。在全国聂耳、冼星海声乐作品演唱赛中，她和北京军区王秀芬，都获得了金质奖章。沈阳军区歌舞剧团演员董文华，经常深入连队、边防和前线，为战士歌唱。她的歌声甜美悠扬，演唱《十五的月亮》、《望星空》等歌曲，深受干部战士和人民群众的喜爱，多次在全国、全军声乐比赛中获奖。1986年，董文华被军区树为“在歌坛上为兵服务的标兵”，光荣地出席了中国共产党第十三次全国代表大会。

新中国第一个女导演王苹，是八一电影制片厂原副厂长。她拍摄的大型军事演习记录片《河川进攻》，开创了中国电影女导演驾驭重大军事题材的先例。后来，她陆续拍摄的《冲破黎明前的黑暗》、《柳堡的故事》、《霓虹灯下的哨兵》、《闪闪的红星》和音乐舞蹈史诗《东方红》、《中国革命之歌》等十几部故事片、记录片，都受到广大指战员的赞扬。电影艺术家王晓棠，1952年从上海参军到总政治部文工团，先后担任京剧演员和话剧演员。1955年开始登上银幕。30多年来，她曾在舞台和银幕上塑造了36个不同的艺术形象。50年代，她在《边寨风火》中扮演景颇族姑娘玛诺，荣获了国际电影节的青年演员奖。60年代在电影《野火春风斗古城》中，她一人成功地扮演金环、银环两姐妹，给观众留下深刻印象，当选为全国第三届百花奖的最佳女演员。总政歌舞团舞蹈演员刘敏，曾在《骄杨颂》、《割不断的琴弦》、《刑场上的婚礼》等舞剧中，塑造了杨开慧、张志新、陈铁军等巾帼英雄的形象。刘敏表演的独舞《昭君出塞》，动作轻缓得当，惟妙惟肖，给人留下了深刻的印象。她曾3次获得表演一等奖，被称为舞蹈界的“三连冠”。

第三节 对越自卫还击作战中的巾帼英雄

越南当局猖狂反华排华，不断向中国边境进行军事挑衅和侵犯，打死打伤我边境居民和边防人员，气焰嚣张，不可一世。中国人民忍无可忍，于1979年2月17日，被迫进行自卫还击。经过20余天的激烈战斗，给越南军队以沉重的打击。此后10年来，自卫还击作战持续不断。战斗在前线的女军人，发扬爱国主义和革命英雄主义精神，为维护民族尊严、保卫祖国安宁而无私奉献。她们主动要求参战，不怕艰难困苦，不怕流血牺牲。有的奋勇抢救伤员；有的全力保障线路畅通；有的热情进行宣传鼓动，为夺取作战胜利立下了战功。仅据广州部队统计，从1979年以来先后有5000余名女军人参加对越自卫还击作战，其中有1500多名立功受奖。她们用自己的实际行动，展示了80年代女军人的英雄风貌。

战斗在医疗战线上的女军人，大都是主动要求上前线的。有的不顾自己的孩子幼小，亲人病重，积极申请上战场；有的夫妻一起参战，开展立功竞赛。

某部“三八”女子救护队是在1984年7月部队开赴老山前线时，根据战斗需要临时组建的一个战斗集体。全队30人，大都是干部子女。她们有的是刚参军一年的新战士，有的是年过40的“妈妈兵”。她们是医疗队，在炮火硝烟中，冒着生命危险，上阵地送药，到前沿运伤员；她们又是宣传队，自编自演文艺节目，到一线阵地巡回演出，鼓励战士们奋勇杀敌。这个女子战斗集体，为战斗胜利做出了突出贡献，荣立了集体二等功。1985年“三八”妇女节期间，被全国妇联授予“三八”红旗集体荣誉称号。全国妇联主席康克清赞扬她们是“和平事业的保卫者”、“八十年代的娘子军”。

广州军区某野战医院一所，有44名女军人参加了对越自卫还击作战。在战场救护中，她们和男军人并肩战斗，不顾个人安危抢救伤员。护士黄珍带，几次冒着枪林弹雨，到前沿阵地救护伤员。杜爱英，祁妮娜在前线接运颅脑伤员时，为了减轻伤员在车上受颠簸的痛苦，常常是跪着用双手托着伤员的头部、腰部，有时让伤员枕在自己的腿上。在近一个月的战斗中，她们共接收伤员1582名，其中抢救危重伤员316名，由于精心护理治疗，无一人死亡，手术470例，未发生一例事故。她们荣立集体一等功，被评为全国“三八”红旗集体。护士长沈建华，还代表一所参加全军英雄模范报告团，向全军指战员和全国人民报告了她们的英雄事迹。

某空运救护队护理组，先后有41名医护人员参战。护理组成员都是20岁左右的姑娘，由于飞机的剧烈颠簸，有90%的人晕机。她们冒着敌人的炮火，用最快的速度抬运伤员，有时还背着重伤员上下飞机。在飞机上，她们竭力减轻伤员的伤痛，把重伤员抱在自己怀里，帮助行动困难的伤员解大小便。有时还口对口地为重伤员吸痰。许多负伤的战士，感动得流下了热泪。有的伤员握着姑娘们的手，喊“白衣战士万岁”！

战地模范护士钟惠玲，原是某医院传染科卫生员。在1984年4月收复老山的战斗中，她积极要求上前线，救护伤员，以深厚的战友情照料每一个伤员。伤员们感动地说：“在家姐姐妹妹为我们做的事，在这里她做了，姐姐妹妹没有做的事，她也帮我们做了。”原昆明军区授予她“模范卫生员”的荣誉称号。

老山前线某部医院卫生员李昆兰，原是河南省太康县的一个养殖能手，家庭年收入三四万元，共青团中央、中国科协分别授予她“全国新长征突击手”、“科学致富女状元”等称号。1985 年 3 月，她听了老山英模报告团的报告，深受感动，自费6000 多元买慰问品，到前线慰问指战员。1986 年 7 月，她坚决要求并被批准参军参战。入伍后，她忘我地工作。在前线，她经常到一线阵地巡诊，帮助战士背粮、背水、做饭，还给战士们唱歌、演节目，鼓舞部队士气。回到野战医院，她又给伤员喂水、喂饭、端大小便、洗衣服，成了伤员的贴心人、好大姐。

女报务员、电话员，为了保障作战指挥，夜以继日地坚守岗位，勤奋工作，在激烈的枪炮声中，维护线路，接转电话，出色地完成了任务。某部通信一连总机班，由 9 名女战士组成。在战斗中，部队打到哪里，她们就跟到哪里。行军或转移时，她们负重四五十斤，无一个掉队；单独执行任务时，她们常常风餐露宿，带病架线，战斗最激烈时，她们在离敌人火力只有 20 米处工作。总机与各点距离超过了有效范围，她们就主动帮助传话，开动载波机，保证通话质量。参战期间，全班共架线 31 公里，接转电话 1.4 万余次无差错，对保障指挥，夺取战斗胜利起了重要作用。一连总机班荣立集体一等功，被授予“英雄总机班”的称号。

某部通信营通信连守机3 班，由 10 名女战士组成，平均年龄21 岁。在对越自卫还击作战中，全班分布在 3 个点上，负责师指、基指、后指的总机和载波值班。在人员少、任务重、困难多的情况下，她们日夜坚守岗位，连续 5 昼夜随叫随到，迅速准确地接转每一个电话。敌人向后方指挥部和运输公路炮击，炮弹在电话站附近爆炸，残敌不时地出来活动，女战士们毫不畏惧，提出“人在阵地在，人在电话通”的战斗口号，认真接转电话。在连续十几天的战斗中，她们架设和拆收用户线104 对，共70 多公里，接转电话1.92 万次，没有错接、漏接、延误一个电话。从而，保证了战斗的顺畅指挥，实现了他们“坚决要求上战场，为中国妇女争光”的钢铁誓言。成都军区授予她们以“三八”英雄守机班的称号。

部队的广大文艺工作者，把文艺节目送到前线，把歌声唱到“猫耳洞”，鼓舞指战员们奋勇杀敌。兰州军区某部文化干事李桂芳，主动要求随作战部队到老山前线。她经常深入阵地，深入“猫耳洞”，走到哪里，把文娱活动带到哪里，活跃了阵地文化生活。战士们非常喜欢听她的歌声，她不论走到哪个连队，不唱几首歌儿，就不会放她走。有时越军的冷炮袭来，她就随战士们一起到“猫耳洞”、工事里躲一躲，继续演唱。不管刮风下雨，也不分白天黑夜，只要一有空，她就要求上阵地，从山头唱到山坳，从猫耳洞唱到观察所。为了使歌声转化为坚守阵地、打击敌人的精神力量，李桂芳把英雄人物的事迹和战斗的胜利编成歌曲，在战斗间隙演唱。她同别人合作，先后创作了歌曲 11 首，到阵地演唱 100 多首，2000 多遍。李桂芳通过她优美的歌声，同干部战士结下了深厚的情谊，被大家亲切地称为“战地歌星”、“老山百灵”。

中共十一届三中全会以后，中国人民解放军总政治部号召全军广大妇女，热烈响应全国妇联的号召，努力争当“三八”红旗手和“三八”红旗集体，为实现国防现代化而奋斗。1979 年 9 月，全军各大单位评选出 65 名代表，参加了全国妇联召开的表彰大会。1983 年 7 月，全军又评选出 117 名“三八”红旗手和 23 个“三八”红旗集体。开展“三八”红旗手、“三八”红旗集体活动，有效地激发了广大女军人自强不息、艰苦奋斗、献身国防的精神。

1987 年“三八”妇女节期间，总政治部召开了全军妇女先进集体和先进个人表彰会议。全军 11 个妇女先进集体的代表和 89 名先进妇女参加了会议。会上，有 14 名代表发言，介绍她们的先进事迹和经验。同年 7 月底，为庆祝中国人民解放军建军 60 周年，召开了全军英雄模范代表会议。在出席会议的 320 名个人代表中，有女军人代表 30 名。这些会议活动，对于动员全体女军人为军队革命化、现代化、正规化建设做贡献，起了积极的推动作用。

中国人民解放军的各个发展时期，无论在机关或部队，在前线或后方，在天空或海洋，在内地或边疆，到处都有女军人在辛勤地工作，顽强地战斗。实践已经证明，中国的女军人，战时是战斗力的重要组成部分，平时是军队建设的重要力量。

第十章
少数民族妇女

中国是一个多民族的国家，除汉族外，还有55个少数民族。新中国成立以前，各少数民族所处的社会形态不同，概括起来主要有以下四种类型：第一，占少数民族人口大多数的蒙古、壮、回、维吾尔、满、朝鲜、布依、白、土家、侗、苗、彝等民族，已生活在封建社会后期，其中，某些地区的资本主义经济也有一定的发展。第二，藏、傣、哈尼等民族还生活在封建社会早期的领主制度下。第三，大、小凉山的100多万彝族仍生活在奴隶制度下。第四，独龙族、怒族、傈僳族、景颇族、佤族、布朗族、鄂伦春族、鄂温克族，还生活在原始社会末期的形态中。

新中国成立四十余年来，在社会主义制度下，少数民族所处的社会，都发生了巨大的变化。人民民主专政的政治制度及民族自治已建立，社会主义的经济文化有了一定的发展，少数民族妇女政治、经济、文化、社会、家庭的地位有所提高，成为本民族、本地区社会发展的重要力量。

第一节　经济建设中的少数民族妇女

由于少数民族的经济发展状况不同，少数民族妇女参加生产劳动的程度也有差异。有些少数民族的妇女一直就有参加生产劳动的习惯，如壮族、藏族、黎族、畲族、蒙古族等。但是，大多数少数民族妇女主要还是从事家务劳动。新中国成立以后，在多数民族地区，自给自足的小农经济和“男主外，女主内”的旧思想习俗有了不同程度的改变。特别是中共十一届三中全会以后，在改革开放的新形势下，少数民族妇女的才能与贡献显著地表现出来，她们为振兴本地区的经济，做出了积极努力。吉林省延边朝鲜族自治州从1984年起，在全州妇女中开展“争当致富女能人”、“为延边经济振兴建功立业”竞赛活动，到1988年的4年中，共有40万人次的城乡各族妇女参加，占全州妇女半数。

国家统计局1982年人口普查资料表明，中国少数民族妇女在国民经济建设的各行各业中，都占有一定的地位。

各少数民族女性人口的职业状况

表20　　（人）10%人口调查

民族别	合计	各类专业技术人员	国家机关、党群组织、企事业单位负责人	办事人员和有关人员	商业工作人员	服务性工作人员	农林牧渔劳动者	生产工人、和有关人员	不便分类的其他劳动者
总计	1524300	42674	3770	6547	17712	20315	1355895	76614	773
蒙古族	50054	4906	386	925	1215	1248	37478	3793	103
回族	162314	9282	1069	1816	6604	7107	105538	30657	241
藏族	96911	1383	296	280	280	542	92187	1930	13
维吾尔族	131161	3953	170	354	1316	1231	119168	4938	31
苗族	119143	845	107	153	306	364	116421	933	14
彝族	136343	897	115	155	265	351	133614	939	7
壮族	331101	4213	293	546	2041	2304	315149	6489	66
布依族	52052	495	50	70	146	149	50699	420	23
朝鲜族	41885	4328	283	426	1542	2037	25766	7431	72
满族	65074	7065	616	1050	2410	2929	37098	13752	154
侗族	34121	377	47	61	138	192	32905	398	3
瑶族	33749	264	25	32	71	83	33071	202	1
白族	28408	635	43	101	161	277	26163	1025	3
土家族	68875	986	78	129	334	421	66047	863	17
哈尼族	25907	148	8	28	41	66	25467	146	3
哈萨克族	8979	761	20	70	121	212	7219	571	5
傣族	22996	275	12	32	77	86	22248	266	—
黎族	20044	218	13	37	97	129	19350	199	1
傈僳族	11907	42	7	10	19	18	11769	42	—
佤族	7041	53	7	5	24	15	6892	45	—

续表

民族别	合 计	各类专业技术人员	国家机关、党群组织、企事业单位负责人	办事人员和有关人员	商业工作人员	服务性工作人员	农林牧渔劳动者	生产工人、和有关人员	不便分类的其他劳动者
畲族	5149	94	7	8	34	38	4754	214	—
高山族	44	3	—	—	2	1	28	10	—
拉祜族	8603	65	1	7	9	16	8475	30	—
水族	7309	46	5	11	23	15	7169	39	1
东乡族	6455	12	—	1	1	2	6422	16	1
纳西族	6462	213	20	38	102	162	5539	388	—
景颇族	2393	40	3	5	25	13	2263	44	—
柯尔克孜族	2103	69	7	11	9	13	1956	37	1
土族	3215	45	2	7	7	15	3104	34	1
达斡尔族	1142	281	29	68	88	75	427	170	4
仫佬族	2167	31	3	4	33	32	1985	78	1
羌族	2296	36	8	5	9	13	2194	31	—
布朗族	1377	6	—[1]	4	2	1	1359	4	1
撒拉族	1428	12	1	2	9	3	1382	17	—
毛难族	935	11	3	2	4	7	891	17	—
仡佬族	1303	12	—	2	1	2	1282	4	—
锡伯族	1210	172	13	22	48	46	761	236	2
阿昌族	762	1	—	1	—	3	754	3	—
普米族	450	5	—	1	1	5	434	4	—
塔吉克族	574	20	—	2	2	2	544	4	—
怒族	662	10	2	2	1	4	639	4	—
乌孜别克族	148	59	2	2	10	2	34	39	—
俄罗斯族	58	20	—	4	5	7	4	18	—
鄂温克族	262	58	3	11	13	7	159	10	1
崩龙族	291	3	—	—	—	1	286	1	—
保安族	156	—	—	1	—	—	155	—	—
裕固族	154	17	1	5	4	3	118	6	—
京族	341	14	—	1	6	12	288	20	—
塔塔尔族	76	21	1	7	5	2	33	7	—
独龙族	80	3	1	3	2	1	70	—	—
鄂伦春族	23	4	—	2	1	1	10	5	—
赫哲族	11	3	1	1	1	1	2	2	—

续表

民族别	合计	各类专业技术人员	国家机关、党群组织、企事业单位负责人	办事人员和有关人员	商业工作人员	服务性工作人员	农林牧渔劳动者	生产工人、和有关人员	不便分类的其他劳动者
门巴族	27	3	—	1	—	—	23	—	—
珞巴族	29	3	—	—	—	—	26	—	—
基诺族	250	5	—	—	3	—	241	1	—

注：表中“—”为当年未统计。

一、工农业生产中的少数民族妇女

在少数民族聚居的大多数城镇，在旧中国基本上没有现代工业生产，少数民族女职工人数极少。新中国成立以后，政府重视发展少数民族地区的工业，在少数民族聚居的中小城市陆续兴办了各种工业。这样，第一代少数民族女职工才开始出现。

40余年来，这些城市的经济建设日益发展，因此又有了第二代和第三代少数民族女职工，她们已成为工业生产中一支不可缺少的力量。新疆维吾尔自治区乌鲁木齐市1950年仅有女工390人，占妇女总数的0.8%，到1986年，有女职工106.9万人，占职工总数的39%。内蒙古自治区呼和浩特市1950年全市全民企事业女职工有302人，占职工总数的3%，到1987年，全市各族女职工已达11万人，占职工总数的39.36%。在全国5个少数民族自治区中，各族女工的比重基本上与全国女工平均比重（36.8%）相近。到1986年年底，西藏自治区也有女工5.2万人，占全区职工总数的32.70%。

在这些少数民族女职工中，除各行各业的产业工人外，还有各类技术人员及企事业和机关团体的干部。

1982年全国人口普查资料表明：在各类专业技术人员、党政群企事业单位的负责人和工作人员中，少数民族妇女有53.9万多人；在商业、服务业中，少数民族妇女有38万多人。

在生产和工作中，少数民族女职工勤奋努力，其作用是明显的。在内蒙古自治区的毛纺、财贸等企业中，各族女职工所创造的价值超过了60%。西藏自治区拉萨市城关区综合厂的女工占74%，这个厂生产的地毯、卡垫等，已打入国际市场，每年都为国家创造外汇。少数民族女职工中还涌现了一批因工作出色而受到各级政府部门、工会、共青团、妇联组织表彰的先进分子。如新疆维吾尔自治区乌鲁木齐市女售票员古力是全国优秀服务员、全国“五一”劳动奖章获得者；青海省回族女清洁工马秀芳，是国家城市建设部的部级劳动模范；云南省的彝族女青年、挡车工山海花被团中央命名为“新长征突击手”。

中国的少数民族，大部分居住在依山傍水的山区和高原地区。这样的地理环境，有利于发展林、牧、渔等业，因此在少数民族妇女的职业构成中，从事农业生产的占大多数。1982年全国人口普查资料表明，有34个民族，妇女从事农林牧渔业生产的占90%以上。这说明，农村是少数民族妇女施展才华、发挥作用的重要领域。特别是农村经济体制改革以后，少数民族妇女的思想观念有了较大的进步，她们冲破旧习俗的约束，纷纷投入到农村生产之中。

鄂伦春族从1983年开始，在生产上实行以林为主的多种经营方针。鄂伦春族妇女有不参加“清林”劳动的旧习惯，在农村经济改革后，这种世代沿袭的习惯终于被破除。大兴安岭地区塔河县呼玛白银纳鄂伦春族乡的孟淑芳等几名妇女走进了林子，成为本民族第一批参加“清林”的妇女。在她们的带动下，这个县的十八站和呼玛白银纳两个鄂伦春族乡的妇女85%以上都参加“清林”劳动，成为“清林”生产的主力军。以渔业生产为主的赫哲族，在旧中国有个禁忌，就是妇女不能上船捕鱼。这种忌讳，在新中国成立后仍延续着，影响妇女作用的发挥。1980年，几名赫哲族妇女向传统观念挑战，组成了妇女捕鱼队，第一天就捕获几十斤鱼。旧的禁忌在事实面前不攻自破，从此，妇女成为赫哲族捕鱼业中的新生力量。家庭联产承包责任制推行以后，不少户组织了夫妻捕鱼船。在赫哲族乡的渔业队中，夫妻捕鱼船已占50%以上。1983年，有关部门向赫哲族拨发20万元的渔业补助，对船、网等工具进行更新，逐步实行机械化。生产条件的改善，减轻了捕鱼生产的劳动强度，这更有利于妇女参加捕鱼。她们和男人一起撒网、起网、开机船，取得了较高的经济收入。长白山是中国重要的人参生产地，可生活在这里的朝鲜族长期固守着一个旧的习俗：女人不能种参。1979 年以后，朝鲜族妇女冲破了这种约束，纷纷投入到人参种植生产中。妇女耐心细致，很适合种植和管理人参。吉林省长白朝鲜族自治县专门为妇女举办了人参种植技术培训班，培训妇女 1200 人。龙岗乡一个妇女人参专业户学会了科学种参，年收入近 20 万元，被誉为种参“女状元”。这个县 1986 年妇女劳力创造的人参产值占全县人参总产值的 59%。

在内蒙古自治区、新疆维吾尔自治区、西藏自治区等地，有很多从事牧业生产的民族。如蒙古族、鄂温克族、哈萨克族、塔吉克族、柯尔克孜族、藏族、珞巴族、裕固族、达斡尔族等。在牧区，妇女一直是牧业生产的骨干力量。她们是牲畜饲养、配种、改良、接羔（犊）、挤奶、剪毛、抗灾保畜、棚舍建设、打贮草等劳动的主要承担者。

据统计，1986 年，内蒙古自治区牧区妇女的收入占家庭总收入的 75% 以上。鄂温克自治旗从事牧业生产的有 5628 人，其中妇女就有 3010 人，占 53.5%。1979 年以后，牧民们开始从单纯的放牧管理、接羔育幼等传统的生产方式转向多种经营，牧区妇女大批投入到畜产品深加工之中，加快了致富的步伐。甘肃省夏河县是以藏族为主的牧业县，全县参加畜产品加工的妇女达 1.67 万人，占妇女总劳力的 78%。内蒙古自治区呼伦贝尔盟鄂温克自治旗的牧区妇女，1986 年仅出售商品奶一项收入，就占家庭总收入的 60%。新疆维吾尔自治区伊犁哈萨克自治州伊宁县妇女养奶牛、卖牛奶的家庭达 1.39 万户，占全县总户数的 1/4。内蒙古自治区哲里木盟扎鲁特旗一个女牧民办起了家庭乳品厂。5 年里，她从 21 万斤鲜牛奶中加工出一级干酪素（工业原料）5000 余斤，优质黄油 5000 余斤，收入达 5 万元。

在少数民族居住地区，有着丰富的副业生产资源。1978 年以前由于片面强调搞粮食生产，不顾及自然经济条件，常常是吃粮靠返销、花钱靠救济。农村经济体制改革后，国家鼓励发展副业，少数民族地区的经济搞活了，妇女在种植和养殖方面的特长也得到了施展。吉林省延边朝鲜族自治州农村中，从事种植和养殖的妇女有 78 万多人，占总人数的 51.9%。广西壮族自治区 1978 年有 477 万多农村妇女参加了商品生产，占农村从事商品生产总人数的 46.8%。其中百色地区仅 1978 年就有 50 万农村妇女参加，占农村女劳力的 98%。福建省宁德地区畲族居住在山区，妇女们利用山区资源，发展商品生产。福安县坂中畲族乡有女劳力 3789 人，全部投入到开发茶、果、竹、食用菌和饲养禽、畜等生产中。1986 年，这几项收入达 224.8 万元，人均 593.44 元。贵州省黔东南州罗甸等县的 1 万多名布依族妇女，利用当地气候温暖的条件，在冬闲地上种植早熟蔬菜，仅此项收入就占全县总收入的 80% 以上，不仅解决了贵阳等城市居民春季缺菜的困难，而且还远销广州、上海等地。海南黎苗族自治州乐东县积极发展热带经济作物，全县有 2740 户建立起 10 亩以上的热带经济园，其中 70% 是以妇女为主经营的。

少数民族妇女还利用房前屋后空地，发展庭院经济。湘西土家族、苗族自治州的妇女积极投入庭院生产，1986 年全州妇女庭院生产收入达 1.3 亿元，占全州农业产值的 17.6%。

少数民族妇女心灵手巧，长于手工艺品的生产。1978 年以前，她们制作的手工艺品并不出售，只供自己留用或当做礼品馈赠亲友。1978 年以后，随着商品经济的发展，她们树立了商品观念，将手工艺品转变为商品，成为致富的新途径。

“简帕”（挂包）是傣族的传统手工艺品，深受国内外顾客的喜爱。云南西双版纳州景洪县曼猛村傣族妇女擅长“简帕”生产，全村 72 户中，67 户有编织机。仅 1985 年此项收入就达 4 万元，户均 555 元。著名的苗族蜡染工艺师杨金秀为帮助家乡的妇女致富，专门成立了贵阳杨金秀蜡染联合公司。贵州省的布依族妇女擅长织土花布。荔波县有 1.5 万名妇女投入此项生产。1986 年全县 200 多个村寨的 3000 多名妇女同县外贸站签订了购销合同，每年创汇 10 多万美元。云南省路南县根据石林旅游事业的特点，发动当地彝族妇女参加传统的制绣品生产，人均收入在 1000 元左右。河北省丰宁满族剪纸是中外闻名的手工艺品，这个县有 3000 多名妇女参加剪纸工艺品的生产，产品远销日本、美国、澳大利亚等国。这个县满族女青年石俊风还随河北民间艺术表演团赴美表演，受到外国友人的称赞。

在蓬勃发展的少数民族副业生产中，产生了为数众多的专业户、重点户及承包联合体，其中有不少是以妇女为主的。贵州全省以少数民族妇女为主的种植、养殖专业户有10万多个，联合体911个，共有约21万妇女参加。新疆维吾尔自治区的农林牧区共有以妇女为主的专业户、重点户6.5万个。广西壮族自治区以妇女为主的专业户有1.74万个，湖北省鄂西土家族、苗族自治州有以妇女为主的各类专业户1.2万个，占总数的39%。云南省西双版纳州，1986年年底，全州以妇女为主的专业户、重点户3914个，占总数的53.25%。河北省丰宁满族自治县以满族妇女为主的专业户、重点户和经济联合体有2300个。

二、在商品流通领域中的少数民族妇女

农村经济体制改革以后，活跃的商品经济促使少数民族妇女逐步树立了商品经济观念。为了帮助少数民族妇女学会经商，有关部门开办了经商培训班。如云南省临沧地区双江、耿马、沧源3个自治县的妇联，分别为傣族、佤族、拉祜族妇女举办经商培训班，教她们学会经营方法和掌握市场信息、组织货源等基本知识。

从树立商品经济意识、学习做生意到真正独立经营，这是改革以后少数民族妇女面貌的一个新变化，也是一个进步。据有关部门统计，新疆维吾尔自治区乌鲁木齐市1986年年底全市女个体户1.6万人，占个体户总数的36.2%；贵州省罗甸布依族自治县有4.3万多妇女参加第三产业，创产值4000多万元；吉林省延边朝鲜族自治州在农村、城市从事服装加工、贩运，开办饭店、旅馆、商店和摆摊经商的妇女有4万多人，经办各种服务网点1.6万个，占总人数的86%。在全州规模较大的157个城乡市场中，个体经商总人数为4.26万余人，其中妇女占79.2%。新疆维吾尔自治区伊犁州，到1986年年底，全州以妇女为主的个体工商户达1.03万户，占总数的28%。

在宁夏回族自治区，回族妇女摘掉了面纱，进入了商品流通领域。据同心县城关等5个乡镇统计，1987年从事米面加工、出售小百货、搞商品贩运

等的妇女有3016人，占总数的30%。有些人还奔波于北京、天津等大城市搞贩销，从而改变了长期以来的贫穷面貌。

广西壮族自治区罗城山区的仫佬族姑娘过去足不出户，有些人连县城也没去过。农村经济改革中，这些仫佬族姑娘将当地盛产的蒜薹、香菇、木耳等土特产品远销到北京、沈阳、上海、广州等地。仅1987年春天，就外运蒜薹41节火车皮、140万斤，为本县增加收入100多万元。在罗城东门镇的1200名个体经商者中，仫佬族妇女就占1000多人，常年到外地经商的妇女占1/3以上。

中共十一届三中全会以后，少数民族农村妇女在生产方面的作用之所以有一个飞跃，原因是：第一，农村实行了经济体制改革，在农业发展方针上，改变了过去一味强调“以粮为纲”，忽视林牧副渔业生产的“左”的思想，注重各民族地区的自然经济条件，积极发展多种经营，这就大大激发了广大少数民族妇女的生产积极性。第二，中共十一届三中全会还带来了思想上的解放。这种大环境的变化，必然会造成少数民族人民思想观念的改变，同样也必然会影响到妇女思想观念的转变，促进妇女自身的解放。少数民族妇女从不能参加某些重要生产到能够参加生产并进入商品流通领域，就是这种变化的具体反应。第三，少数民族妇女能够冲破禁区，这又是与新中国成立四十余年来，人民政府长期进行男女平等、同工同酬等教育分不开的。这些教育实际上为今天少数民族农村妇女在生产劳动中的变化，打下了坚实的基础。

第二节 少数民族妇女的文化状况

一、发展教育，扫除文盲

在旧中国，少数民族人口的文盲率在90%以上，其中少数民族妇女绝大多数是文盲。新中国成立以后，人民政府重视发展少数民族地区的教育事业，在少数民族地区开办学校，努力提高适龄儿童入学率、扫除文盲，使少数民族地区妇女受教育的程度不断提高。

40余年来，在各少数民族地区的大、中、小学中，女生人数及比例都有较大的增长。据统计，在内蒙古自治区，到1987年，已有小学15601所、中学2052所、中专95所，在校女生占总数的比例从1950年的19.4%增至1987年的42%。在新疆维吾尔自治区，小学女生人数占总数的48%，中学女生人数占总数的49.9%。在宁夏回族自治区，1949年全区各类学校在校女生为9043人，到1985年，有女生407660人，增长40多倍，其中，中等学校以上的女生就有106523人。

为了帮助少数民族地区提高文化素质，人民政府还采取各种方式，提高适龄儿童的入学率。宁夏回族自治区先后办起了回族寄宿制小学校99所，中学班101个，学生达5345名，其中女生为1579名。一些地区为提高回族女生的入学率，还集资办女子中、小学。到1987年，全区7至11周岁的女童入学率达84.17%。回族人口占96.7%的泾源县，女童入学率达83%。内蒙古自治区到1987年，全区牧区适龄儿童入学率平均达87.7%。基诺族曾是一个没有文字、只靠数豆、结绳记事的民族。新中国成立以后，人民政府帮助他们创立了自己的文字，并在1956年办起基诺区第一所学校。40余年来，基诺区实现了村村有小学，适龄儿童入学率达94%。他们当中，有女初中生300多名，占总数的42.86%；女高中生1400人，占总数的46.67%；女中专生60多名，占总数的1/3强。

40余年来，在少数民族地区，开展了大量的扫盲工作。特别是从1979年以后，为了使更多的妇女摘掉文盲帽子，各级政府教育部门、民族事务委员会、妇联等进一步在少数民族妇女中进行扫盲工作，取得了明显的效果。

内蒙古自治区女牧民的平均文盲率曾是80%，有些地区高达94%。为了使女牧民脱盲，有关部门想尽办法，克服牧民流动性大、不利于集中补习的弱点，采取了丈夫教妻子、子女教母亲等灵活方式，到1987年，全自治区牧区一半以上的青壮年妇女摘掉了文盲帽子。在全区24个牧业旗中，已有10个成为无盲旗。呼伦贝尔盟的鄂温克自治旗，原有妇女文盲6669人，占妇女的半数。到1985年，这个旗的脱盲率达到96.5%，成为无盲旗。宁夏回族自治区在农村妇女中大力开展扫盲，截至1986年年底，全自治区已有7万多妇女脱盲，占妇女文盲总数的26.5%。新疆维吾尔自治区约有6.6万名农牧区妇女脱盲。1986年至1988年，广西壮族自治区开办扫盲班3088个，参加学习的妇女达243154人，已脱盲141355人。新疆维吾尔自治区巴楚县在全县5670名文盲妇女中进行脱盲教育，使4500名妇女脱盲。福建省福安县坂中畲族乡重视办夜校，妇女脱盲率达83.13%。周宁县云门畲族村的妇女，过去几乎没有人上过学，到1989年全村中青年妇女都已摘掉了文盲帽子。1982年人口普查资料表明，全国少数民族妇女的文盲率、半文盲率已降至55.9%，其中有15个民族，如朝鲜、满、蒙古等族的妇女文盲率比全国妇女的平均文盲率（45.2%）要低。特别是在40岁以下的青壮年妇女中文盲大为减少。

据辽宁省喀古蒙古族自治县调查，在18至45岁的83572名妇女中，高中文化的有16298人，占19.5%；初中文化的有31587人，占37.7%；小学文化的有35490人，占42.5%。

据浙江省景宁畲族自治县调查，在18至40岁的1607名妇女中，初、高中文化的有365人，占22.7%；小学文化的有814人，占50.7%；文盲妇女有428人，占26.2%。

据云南省德宏地区和西双版纳地区调查，在15至64岁的4752名妇女中，初、高中文化的有189人，占4%；小学文化的有2154人，占45.33%；文盲妇女有2409人，占50.69%。

据黑龙江省铁力县朝鲜民族乡调查：在500名妇女中，高中、中专文化的有85人，占17%；初中文化的有230人，占46%；小学文化的有170人，占34%；文盲妇女有15人，占3%。

在少数民族妇女文化教育中，令人瞩目的是在她们中出现了一批大学生。新中国成立以后，为培养少数民族干部，全国共创办了中央、中南、西北、云南、青海、西藏等10所民族学院。它们从1979年到1983年，共培养少数民族干部11万余人，其中女性占相当比例。在中央民族学院学习的少数民族大学生中，女性占1/3。1949年以前，新疆维吾尔自治区只有1所大学，女生为48人。到1987年，已拥有高等院校14所，在校女生达1万多人，占大学生总数的48%。内蒙古自治区，1949年连1所大学也没有，到1987年已有大学19所，在校女生比例接近半数。这说明少数民族妇女已经向文化的高层次迈进。

1951年同1987年少数民族学生人数比较

表21 （万人）

类别 \ 年份	1951年	1987年
全国小学校少数民族学生人数	94.3	1051.3
全国普通中学少数民族学生人数	4.03	280.07
全国高等学校少数民族学生人数	（1950年）0.13	11.87

二、在科技培训中提高文化素质

为了提高各民族妇女的文化素质，各有关部门开展了科学技术培训活动。宁夏回族自治区在1985年、1986年中，共举办各类妇女实用技术培训班1124期，培训了包括少数民族妇女在内的6.1万余人。自治区妇联在回族人口聚居的南部山区举办了多层次、多学科的实用技术培训班151期，受训妇女达6500人。内蒙古自治区仅1986年，就有15.4万多农牧区妇女参加各种技术培训。到1988年，在全自治区的妇女中，有167.9万妇女掌握一门以上实用技术，占16至45岁妇女的50%。新疆维吾尔自治区有7万余名农牧区妇女掌握了一门以上的实用技术。贵州省1986年至1988年，仅妇联系统就举办少数民族妇女实用技术培训班7140期，受训妇女达16.6万人。少数民族人口占1/3的云南省，1986年有52.5万妇女参加了技术培训。吉林省延边朝鲜族自治州，1984年至1986年，在州、县、乡建立妇女学校1616所，受训妇女达8.8万人次。她们还用科技广播、实用技术巡回讲课等方式，使全州总计有15万妇女接受了技术培训。

通过实用技术培训，少数民族妇女不但提高了自身的素质和生产技术，也获得了明显的经济效益。河北省孟村回族自治县，1985年至1986年，在科技培训中，有7000多名回族妇女掌握了一门以上技术，其中有1500名回族妇女因此走上了脱贫道路。广西壮族自治区1986年至1988年共办实用技术培训班66907期，受训妇女325.43万人。通过培训，收到了显著的经济效益。其中，环江毛难族自治县的人均收入从1980年的64元提高到249元，增加了3.86倍，已解决温饱户3.8万户，占全县总户数的75%。

三、少数民族女科技人员

随着少数民族妇女文化素质的逐步提高，少数民族妇女中的科技人员也在逐渐增加。

1982年人口普查资料表明，在全国少数民族妇女中，有约43万人成为各类专业技术人员。据1986年统计，在新疆维吾尔自治区的科技队伍中，各类女专业技术人员占总数的36.88%，其中有3000余人获中、高级职称。而少数民族女科技人员占女科技人员总数的36.17%。

在这些科技人员中，著名的女科学家有：东南大学校长韦钰（壮族），植物分类学家诚静容（锡伯族），海军高级工程师萨本茂（蒙古族），敦煌图案研究专家常沙娜（满族），法学家韩幽桐（回族），民族语言学家阿米娜·阿帕鲁娃（维吾尔族）等。

萨本茂是新中国著名的科学家。她从1952年开始从事海军舰船应用化学的研究。50年代初期，她研制的乙炔清净剂，效率比进口的同类产品提高12.5倍；50年代末，她研制的新型乙炔瓶填料使安全系数极低的乙炔瓶变得万无一失。60年代初，她研制的世界上第一根包玻璃钢尾轴，抗腐蚀能力远远超过进口不锈钢尾轴。十年动乱中，她受到迫害，但仍坚持科研。因此，当1977年她重返岗位时，一下子就奉献出20多项科研革新成果。1978年，在全国科学大会上，她独自获3项重大科技成果奖。30多年中，她带领助手共获得64项科研成果，完成67篇科研论文，多次受到地方、军队有关部门的表彰。

中央工艺美术学院院长常沙娜是著名的敦煌图案研究家。她从小随父亲、画家常书鸿在敦煌莫高窟学习临摹壁画，对中国古代壁画及文物图案装饰颇有造诣，曾参加首都的人民大会堂宴会厅、民族文化宫内的工艺美术装饰设计，编写了《敦煌历代服饰图案集》。

在少数民族妇女中，还有不少民间工艺师，如贵州的蜡染工艺师杨金秀（苗族），她的代表作有《神龙变幻》、《凤出国香》。1982年至1984年，杨金秀曾随中国古代传统技术展览团赴美国、加拿大等国家访问表演，被当地人们赞誉为“蜡染仙姑”和“东乡神笔”。1986年她被评为贵州“十大新闻人物”之一。

第三节　少数民族女干部

一、各类女干部逐渐增多

新中国成立以后，中国共产党和人民政府一贯重视少数民族干部的培养选拔。40余年来，中国已形成了一支少数民族干部队伍，其中女干部已增至数十万人。到1982年，仅担任国家机关、党政、群众组织、企事业单位负责人的少数民族女干部已有3.7万人。

1962年，在内蒙古自治区成立15周年时，已有蒙古族、达斡尔族、朝鲜族、鄂温克族、鄂伦春族的女干部4400余名。其中担任中共旗（县）党委书记、公社党委书记、旗长、社长等职的100多人，在生产大队任各种领导职务的有500多人。到1986年，全自治区女干部发展到18万人。

据不完全统计，1965年，在西藏自治区成立时，有女干部6294名，占干部总数的27.6%。其中农奴和奴隶出身的女干部担任正副县长或县以上领导职务的有30名；任正副区长的有90多名；任正副乡长、乡农牧协会正副主任或乡人事委员的有1800余名。到1975年，西藏自治区已有藏、门巴、珞巴等民族女干部1万多名，占全自治区女干部总数的60%以上。到1986年，全自治区已有女干部1.8万名，占干部总数的34.8%。

新疆维吾尔自治区成立前的1954年，仅有女干部7700人，占干部总数的13%。到1986年，全自治区已有女干部15.5万余名，占干部总数的34.6%，其中少数民族女干部有7万余名。

宁夏回族自治区，到1986年年底，仅回族女干部就有3700名，占女干部总数的10.7%。全自治区县以上回族女干部78名，占同级女干部总数的18.8%。

云南省1973年有傈僳族、哈尼族、傣族、藏族、彝族、瑶族、白族、怒族、佤族、拉祜族、纳西族、景颇族、布朗族、阿昌族、普米族、独龙族、崩龙族女干部7000余名。

在州、县级的民族自治区域，少数民族女干部更为集中。湖南省湘西土家族苗族自治州有少数民族女干部3.5万名；广西壮族自治区河池地区有少数民族女干部9000多名；云南省迪庆藏族自治州有少数民族女干部1274名，占少数民族干部总数的24.32%。

在全国妇联系统，有不少少数民族女干部。据全国妇联统计，1988年年底，全国共有乡妇联以上少数民族女干部12095人。

五大自治区乡以上妇联少数民族女干部人数统计表

表22

名　称	数目（人）	占总数的比例（%）
内蒙古自治区	1295	39.6
新疆维吾尔自治区	1386	57.49
广西壮族自治区	1096	42.37
宁夏回族自治区	151	30.1
西藏自治区	1286	43.39

二、少数民族妇女参政情况

新中国成立40余年来，参政的少数民族妇女逐渐增多。她们积极参政、议政，参与国家管理。在历届全国人民代表大会的代表和政治协商会议的委员中，都有相当数量的少数民族妇女。

历届全国人民代表大会少数民族女代表人数

表23

届次 项目	一届 1954年	二届 1959年	三届 1964	四届 1975年	五届 1978年	六届 1983年	七届 1988年
少数民族代表总数（人）	178	179	372	270	381	405	445
女代表数（人）	19	20	71	69	126	102	115
女代表占总数的比例（%）	10.6	11.2	19.1	25.6	33.1	25.1	25.7

在1988年召开的第七届全国政治协商会议上，少数民族女委员有24人，占少数民族委员总数的10.7%。

据不完全统计，新中国成立40余年中，曾在和正在省、自治区中共党委、政府、人大常委会、政协任正、副职的少数民族妇女有22人。

省（区）党委、政府、人大、政协中任职少数民族女干部

表24

姓　名（民政）	任　职
宝日勒岱（蒙古族）	中共内蒙古自治区党委书记
云曙碧（蒙古族）	内蒙古自治区人大常委会副主任
云曙芬（蒙古族）	内蒙古自治区政协副主席
玛依努尔、哈斯木（维吾尔族）	新疆维吾尔自治区人大常委会副主任
康巴尔汗（维吾尔族）	新疆维吾尔自治区政协副主席
赵明坚（壮族）	广西壮族自治区人大常委会副主任
杨惠云（回族）	宁夏回族自治区政协副主席
巴桑（藏族）	中共西藏自治区党委书记
桑顶·多吉帕姆（藏族）	西藏自治区人大常委会副主任、政协副主席
唐麦·贡觉白姆（藏族）	西藏自治区政协副主席
降央伯姆（藏族）	四川省政协副主席
杨代蒂（彝族）	四川省政协副主席
李桂英（彝族）	云南省人大常委会副主任
蒙素芬（布依族）	贵州省政协副主席
白林（回族）	贵州省人大常委会副主任
杨茂嘉（藏族）	青海省人大常委会副主任
柳滨（满族）	江西省人大常委会副主任
陈素芝（满族）	辽宁省副省长
柳文（满族）	辽宁省人大常委会副主任
李敏（朝鲜族）	黑龙江省政协副主席

在中央各部门任职或兼职的副部级以上女干部还有全国妇联副主席阿沛·才旦卓嘎（藏族）、刘清扬（回族）、玛依努尔·哈斯木（维吾尔族），全国总工会书记处书记乌兰（蒙古族）。

第三编

各族各界妇女（下）

第十一章
女科学技术工作者

在旧中国，学习理工科的女大学生和从事自然科学研究的女知识分子为数不多，有作为的女科学家更是寥若晨星。1932 年，广州中山大学天文系年轻的女助教邹仪新在日本东京帝国大学天文台实习期间，成功地拍摄了一次日食的全过程，为天文学研究留下了一份珍贵的资料。她的成就在当时天文学界轰动一时，被人称为天文学上的“东方女明星”。而那时从事天文学研究的妇女，十几年中全国仅此一个。

新中国成立 40 余年来，从事自然科学研究的妇女逐渐增多，从 80 年代起又有了较大发展。到 1987 年为止，中国共有女科技人员、女工程技术人员 92.44 万人。她们在中国的社会主义建设中发挥了积极的作用。

40 余年来，中国的女科技人员队伍走过了一条在曲折中前进的道路，她们遇到了种种困难与挫折，也获得了中国历史上从未有过的成就与地位。

第一节　在曲折中发展的女科技人员队伍

新中国成立初期，中共中央和中央人民政府十分重视海外知识分子的作用。1954 年，周恩来总理在日内瓦会议上据理力争，迫使美国政府允许部分中国留学生回国。50 年代，大批科研人员、留学生回到了中国大陆。据统计，到 1956 年年底，由欧美、日本及港澳地区回到大陆的男女科技人员、留学生共 1805 人。中国科学院系统仅北京地区在这一时期回国的女科技人员就有 30 余人。中国科学院 15 名女学部委员中，就有 11 人是从海外归来的。她们为报效祖国，舍弃了在海外的地位、财产、金钱，有的历经种种磨难，充分表现了中国女知识分子的爱国之心。她们是中国科技战线上的一支骨干力量。

中国共产党和人民政府对海外归来的学者在工作上尽可能提供较好的条件，在生活上给予深切的关怀与照顾。著名女科学家林兰英于五十年代回国后不久患了急性腹膜炎，周恩来总理闻讯后，立即指示卫生部领导人组织力量进行治疗，并派专人护理。经过 8 小时的手术，林兰英终于转危为安。这件事在女知识分子中传为佳话。

对国民党时期留下的大批知识分子，中国共产党采取了“量才录用、妥善安排”的方针，对一般知识分子实行了“包下来”的政策，这就使他们能够在新中国安心工作。1956 年，在生产资料所有制的社会主义改造基本完成之后，中共中央召开了知识分子工作会议，指出中国知识分子的绝大部分已经成为工人阶级的一部分，并发出了“向科学进军”的号召。同年五月，毛泽东在最高国务会议上提出了“百花齐放、百家争鸣”的方针。这一年，女科学家李敏华、何泽慧、李林以自己的成就分别获得不同的科学奖励，成为新中国最早获奖的一批女科研工作者。

50 年代，新中国自己培养的一批女大学生逐步走上工作岗位。1949 年，中国普通高校有女学生 2. 76 万人，到 1959 年，已达 18. 33 万人，增长了 6. 6 倍。她们中的许多人，后来成为中国科学技术战线上的骨干。

从 50 年代后期开始，中国共产党在知识分子问题上犯了“左”倾错误。由于反右斗争的扩大化，一些女知识分子被错划为“右派分子”，政治上受到打击。

60 年代初期和中期，是女知识分子的积极性发挥较好的时期。1960 年，中共中央分管科技工作的聂荣臻经过调查研究，提出了《关于自然科学研究机构当前工作的十四条意见》。这个旨在调整中共对知识分子的政策、改善中共对科学工作领导的正确意见，受到了广大知识分子的欢迎。1962 年 2 月，国家科委在广州召开了全国科学技术工作会议。周恩来总理在会上明确肯定了中国知识分子的绝大多数是属于劳动人民的知识分子。这就又一次调动了知识分子的积极性。到 1965 年，中国的科技事业出现了又一次繁荣景象，一批优秀女知识分子在这一时期也做出了贡献。

在1966年开始的“文化大革命”中，知识分子陷入了严重的灾难，被诬蔑为“臭老九”。许多优秀女知识分子蒙受了不白之冤。她们有的被剥夺了从事教学和研究工作的权利；有的受到批判，被看管起来；有的被迫害致残、致死。大批女知识分子的工作被迫中断，造成知识分子队伍后继乏人。

1976年10月“四人帮”被粉碎后，知识和人才受到尊重。1978年3月在北京召开的全国科学大会，迎来了中国“科学的春天”。大会肯定了中国知识分子中的绝大多数已经成为工人阶级的一部分。会后，在全国范围内开展了落实知识分子政策的工作。

80年代，中国的科技事业得到了较快的恢复和发展。从1979年至1986年，全国取得重大科学技术研究成果共53768项，其中国家发明奖1114项，国家科技进步奖1761项。它们之中包含着女科技人员的成就。在改革开放十年中，有1400多名女性获国家科技进步奖。这一时期，女专业技术人员队伍迅速扩大。女科研人员从1978年的8.3万人上升为1986年的11.4万人，增长了37.3%；女工程技术人员同期从26.69万人上升为67.5万人，增长了152.9%；农业技术人员同期也从4.18万人上升为6.7万人，增长了60.3%。中国科学院女学部委员从过去的1人增至15人，中国社会科学院也有了3位女院务委员。

到1985年年底，中国已有1万多名妇女取得了研究员、教授、高级工程师等高级技术职称，有24.4万人获中级技术职称。自1981年中国开始实施《中华人民共和国学位条例》，1985年，已有304名女研究生攻读了博士学位，有14183名女研究生攻读了硕士学位；1989年，中国在校女博士生1000余人，在校女硕士生18000名。中国出现了一批女高级尖端技术、管理和研究人才。1987年，中国有51名女中青年科技人员被国家科委批准为国家级专家，使当年国家级女专家数达63名。1989年，国家级女专家达152名。在1990年中国科学院的112项重点科研课题中，女课题负责人占47.3%。在这一历史时期，中国女科技人员队伍发展快、新秀多、贡献大。

全民所有制部分女自然科学技术人员年末人数

表 25

年　份	工程技术人员（万人）	农业技术人员（万人）	科研人员（万人）
1978	26.69	4.18	8.30
1979	30.14	4.97	8.65
1980	29.14	4.29	8.87
1981	34.59	4.56	9.43
1982	39.79	5.04	10.29
1983	49.23	5.85	9.22
1984	57.98	6.46	9.61
1985	62.30	6.39	9.85
1986	67.50	6.70	11.40
1987	76.23	7.17	9.04
1988	81.24	7.41	9.15

第二节　努力攀登的女科技人员

一、科技精英——女学部委员

中国科学院学部委员这一称号是中国科技界的桂冠。女学部委员都是在五六十年代或在更早的时期就对科学事业做出贡献、显露才华的女科学家。1955 年，中国妇产科专家林巧稚成为唯一的女学部委员。1980 年，又有 14 名女科学家步入了学部委员的行列，使中国科学院的女学部委员增加到 15 人。除已故妇产科专家林巧稚外，在现有的 14 名女学部委员中，有物理学家 6 人。她们是：理论物理学家、中国核工业总公司研究员王承书，金属物理学家、中国科学院物理研究所研究员李林，固体力学专家、中国科学院力学研究所研究员李敏华，核物理学家、中国科学院高能物理研究所研究员何泽慧，半导体材料专家、中国科学院半导体研究所研究员林兰英，固体物理专家、复旦大学教授和校长谢希德。从事化学研究的女专家有 5 人，她们是：分析化学专家、上海交通大学教授沈天慧，分析化学专家、北京大学化学系教授高小霞，有机合成化学专家、天津南开大学元素有机化学研究所教授陈茹玉，有机化学专家、中国医学科学院药物研究所研究员黄量以及中国科学院感光化学研究所研究员蒋丽金。此外，还有岩石学家、中国地质大学教授池际尚，生物地层学家、中国地质大学古生物研究室教授郝诒纯，天文学家、中国科学院上海天文台台长、研究员叶叔华。

这些女学部委员在青年时代就以顽强的毅力刻苦攻读，为了追求先进的科学知识，其中绝大多数人又远渡重洋，到国外求学。40 年代末到 50 年代，著名女科学家何泽慧、谢希德、陈茹玉、高小霞、李敏华、王承书、林兰英等人先后回到了祖国。新中国成立之后，王承书和张文裕夫妇决心马上返回祖国，但由于美国政府的干涉，历经五年才实现了愿望。为了带回两吨多重的技术书籍，王承书用一年的时间，把书分成 300 多包，偷偷寄到了北京。在归国途中，他们托人带的一批科研仪器被查封，在轮船上，又遇到了美国中央情报局特务的搜查，在爱国华侨的帮助下，他们才巧妙地度过了难关。

这些女学部委员，每人都有一部艰苦创业的历史，都有对科学事业的特殊贡献。林巧稚是女学部委员的杰出代表，是中国现代妇产科学的开拓者之一。1929 年，她在北平协和医院获医学博士学位后，被留任妇产科医师，是当时协和医院留下的唯一女医师。抗日战争胜利后，任协和医院妇产科主任。50 年代她又创办了北京妇产医院。1955 年被聘为中国科学院学部委员。她长期从事妇产科的教学、医疗和科研工作，擅长疑难病例的诊断与处理。她有精湛的技术和高尚的医德，几十年如一日地坚持在临床第一线，为千千万万的母亲和婴儿的健康与幸福，献出了毕生精力。她早年对“胎儿宫内呼吸”和“女性生殖道结核”的研究受到了国家奖励。她还主编了《妇科学进展》《妇科肿瘤病学》等学术专著及《家庭卫生顾问》《育儿百科大全》《农村妇幼卫生常识问答》等科普读物。其中《妇科肿瘤病学》获全国最佳科技图书奖。她生前任协和医院妇产科主任、中国医学科学院副院长、中华医学会妇产科学会主任委员等职。

何泽慧是中国第一位女核物理专家，曾任中国科学院高能物理研究所副所长。1946 年在法兰西学院与钱三强一起用核乳酸发现了原子核的裂变现象，她首先发现了铀核在中子打击下能产生三分裂，并在世界上第一次观察到了四分裂现象；1948 年回国后，同丈夫钱三强等人开创了中国进行核科学研究的工作条件。新中国的核工业是在此基础上发展起来的。1957 年，她研制成的核乳胶达到了当时的世界先进水平。从 1955 年到 1966 年，她负责原子能研究所实验物理方面的工作，建立了中子物理研究室，对推动高能天体物理、宇宙线和空间科学的研究做了有意义的工作。

林兰英是半导体材料科学家。1940 年，毕业于福建协和大学物理系，1948 年留学美国，曾任美国斯盆尼亚电器公司高级工程师。1957 年回国后，一直从事半导体材料科学的研究，做了开拓性的工作。20 多年来，在她带领下，中国研制成功了单晶锗、单晶硅、锑化铟、砷化镓、磷化镓等多种材料，为中国半导体科学的发展打下了基础，做出了重要贡献。其中砷化镓材料的纯度已达到国际先进水平。她 1980 年当选为中国科协副主席，1983 年起任中国科学院半导体研究所副所长，是中国物理学界有威望的女科学家。其主要论著有:《锑化铟的机械损伤》《锑化铟的热处理》《原生直控无位锗硅单晶中旋涡缺陷的观察》等。

谢希德 1952 年从美国回国后，在复旦大学物理系任教。短短几年中就开设了数理方法、理论力学、量子力学等七八门课程。1956 年，在国家组织的“半导体战役”中，她和其他学者一起为中国培养了第一代 300 多名半导体专门人才。1958 年，与黄昆教授联名发表了中国第一部全面论述半导体的专著《半导体物理》。1962 年，她与黄昆、方俊鑫等人合作，出版了《固体物理学》。1963 年至 1965 年，她和助手们开展了对硒化锌、锑化铟的能带研究，获得初步成果。1966 年“文化大革命”开始后，她患癌症并被关押。在病魔和精神的双重压力下，她念念不忘的仍是科研事业。她的癌症三次复发，在身体极端虚弱的情况下，坚持帮助那些悄悄来请教她的同事们解决各种疑难问题。在极其困难的条件下，她以惊人的毅力写出了又一本著作《半导体表面》。80 年代以后，她主持了复旦大学物理系固体物理等学科的教学和科研工作。她就任上海复旦大学校长后，全校的教学、科研等各项工作颇有起色。1987 年，复旦大学又设立了“校长信箱”，及时解决学校的各种问题，受到师生的好评。

叶叔华是国际天文学界有影响的科学家。1951 年夏，她和丈夫一起从香港回到上海，到徐家汇观象台工作。她长期从事世界时的精确测定和地球自转研究，为中国世界时系统的建立和发展做出了重要贡献。她事业心强，勤奋工作，精益求精，又勇于大胆创新。在飞船已经进入太空的时代，“千分之一秒”的误差都会给科学事业带来损失。为了这1/1000秒，叶叔华率领同事们一次次地刷新了报时记录。新中国成立以前，中国的授时工作居世界倒数第二位；1952年，在国际上居第十八位，1957年，跃入前十位之内，1963年，名列第二。1978年“世界时精确测定”获全国科学大会重大成果奖。1981年，她成为中国第一个女天文台长。1978年以来，她先后去法国、美国等国家进行国际学术交流，使中国的天体测量和天文地球动力学的研究进一步走向世界。1991年，她被国家科委聘为国家重大基础项目现代地壳运动和地球动力学研究首席科学家。

二、其他著名女专家学者

除女学部委员外，中国还有一批国内外著名的女专家、学者。老一代的有，曾经参加过国徽设计的女建筑家林徽因、以天文观测著称的天文学家邹仪新、棉麻纤维专家鄄云鹤等人。鄄云鹤是著名的化工博士，二三十年代曾留学于美国、德国。1935年，在德国留学期间，她发明了用草类纤维制造丝的技术，是世界上第一个发明这项技术的人，1938年又发明了苎麻化学脱胶方法。新中国成立以后，她又摸索出苎麻纤维黄化变性新工艺，获国家科委发明奖。鄄云鹤曾任纺织工业部科技司顾问、广州化学研究所名誉顾问等职，直到80多岁，依然努力工作，亲赴甘肃和山东，解决了大麻和胡麻纤维生产中的技术问题，被称为“中国纺织工艺近百年发展史上的创举”。

进入80年代，女科技人员队伍中涌现了一批新秀。她们不仅从事一般性的科学技术工作，而且跨进了高能物理、遗传工程、微电子技术、激光技术、宇宙观测、卫星发射、南极考察等比较尖端的科学技术领域。这批妇女人才的出现，是中国女知识分子队伍向更高层次发展的一种反映。

韦钰是中国电子学方面的第一位女博士。80年代初，她在联邦德国亚琛工业大学留学期间，仅用一年半时间就完成了一般需要三四年才能完成的博士论文，获得该校的最佳博士论文奖——波歇尔奖章。她还用两个多月时间，完成了导师杜林教授20年想解决而没有解决的两项科研专题。韦钰毕业回到南京工学院（现东南大学）后，致力于中国生物医学工程系的创建工作。她领导下的生物医学工程系先后承担了19项科研项目，先后获省级科技成果奖，全国微机应用展览会二等奖，“六五”科技攻关奖，“六五”科技攻关优秀个人奖，两次获国家教委科技进步奖。她于1986年12月任东南大学校长、1988年任全国妇联副主席。

在南极考察工作中，中国妇女也做出了积极的贡献。1983年至1991年，经国家南极考察委员会派遣赴南极的中国妇女共计26人，32人次（含香港妇女3人，5人次）。其中科学家（副研究员以上）6人，9人次。她们是：中国科学院地球化学研究所研究员李华梅、中国科学院地理研究所副研究员谢又予、国家海洋局第二海洋研究所副研究员王先兰、地质矿产部南京地质矿产所副研究员金庆民、中国科学院植物研究所副研究员胡舜士、中国科学院地理研究所副研究员张文芬。

李华梅是中国第一位赴南极从事考察工作的女科学家。她发表过论文多篇，并出版有45万字的专著《南极横断山脉和罗斯岛地区地质地球化学》，此书已译成英文作为国际交换资料。谢又予现已出版专著《南极长城站地区（菲尔德斯半岛）地貌与沉积》。与张青松研究员合著的论文集《南极维斯特福尔德丘陵地区晚第四纪地质和地貌研究》获中国科学院科技进步二等奖。王先兰主要从事南极砂金矿研究，已两次赴南极。在研究工作中取得显著成果。金庆民1986年经国家南极考察委员会派遣曾赴南极考察，1990年随地矿部“海洋四号”船赴南极考察。她还曾随中美联合南极文森峰山队赴南极文森峰地区进行过地质考察。金庆民写的论文《南极乔治王岛菲尔德斯半岛弧火山作用及岩浆演化机理》通过了专家鉴定。她克服重重困难，置生命危险于不顾，三上南极，取得成就，受到人民群众的高度赞扬。

1985年9月联合国世界知识产权组织决定授予中国三名科学家发明和创造金质奖章，其中有一位女性是徐锦航。她是北京工业大学高级工程师、环境工程方面的专家。她研究成功的稀土钙钛矿型合金蜂窝排气净化催化剂，用于色谱仪的载气和助燃气净化，可提高仪器的灵敏度，用于漆包线生产装置和有机废气净化装置，净化率达到 90% 以上。

王菊珍是上海灯泡厂高级工程师。多年来，她怀着强烈的民族自尊心和责任感，完成了多项新产品的开发和研制工作，其中，“超细钼粉”获得了 1956 年国家科研成果奖。十年动乱结束后，她研制成功了比过去沿用的钨钍电极放射性剂量降低几千倍的钨铈电极，得到了广泛的应用。1987 年这一成果获得了中国唯一的国家级发明一等奖，这是新中国成立以来唯一的由妇女获得的一等奖。她的另一项成果“超声波换能器背衬材料”也获得 1987 年度国家发明三等奖。上述两项新技术均得到了国际上的承认，取得了美国专利，打入了国际市场。

中国的西昌卫星发射中心有女科技人员 400 多人，其中 85% 的人工作在航天试验的一线岗位上。她们从事着卫星测试、火箭发射、指挥控制、跟踪测量、通信传输等重要工作，有 90% 的女科技人员已成为各系统的指挥员。控制、指挥控制中心的安全控制设备，是需要有决断能力的，在这个重要的岗位上，同样有女工作人员。西昌卫星发射中心的计算机室共有 23 名技术人员，妇女占 1/3，她们在中国通讯卫星发射中做出了突出贡献。

在农业技术方面，到 1987 年为止，中国已有女农业技术人员 7. 17 万人。她们在科研中取得了成果，在传播农业科学技术、提高农作物产量中做出了贡献。蔬菜专家李桂莲、农作物专家胡道芬、畜牧师王素香、食用菌专家何园素等人都是有名的女农业技术人才。

李桂莲是贵州省农科院专家，她 1964 年大学毕业后，一直从事蔬菜科研工作。1979 年至 1984 年间，她坚持在贫困山区罗甸县蹲点，研究早菜、早西瓜的培育。她向当地农民传播先进技术，使 5000 多户农民脱贫致富。她还在一些县建立了示范菜园，培训了大批蔬菜技术骨干，被广大农民誉为“女财神”。她被评为省级劳动模范和全国“三八”红旗手。

北京市农业科学院作物所培养室主任、副研究员胡道芬经过 6 年探索，培养出了第一个小麦花培新品种，使育种周期缩短 4 年。这一具有世界先进水平的重大成果，丰富了冬小麦花培育种的理论和实践，受到国际遗传界的高度评价。1984年北京市政府给予她表彰和重奖。

山东省济南市农业科学研究所高级农艺师盖翠香，历时25年专心从事夏大豆新品种的改良。她培育的新品种“鲁豆2号”具有早熟、高产、稳产、适应性强的特点，至80年代末在中国北方数省已累计种植1500万亩。在1990年全国第五届发明博览会上，她荣获银奖，并成为全国妇联创设的“巾帼发明奖”的第一个获奖者。

中国的女工程技术人员队伍也有了较大的发展。1987年，中国有女工程技术人员76.23万人。在许多省、自治区、市都活跃着女建筑师、设计师、工程师队伍。上海同济大学教授罗小未1948年毕业于美国圣约翰大学工学院建筑系。她从事建筑学教育与实践近40年，专长于建筑理论、历史与评论。她主编以及合作编著的《近现代外国建筑史》与《外国建筑历史图说》，被国内高等院校广泛作为教学参考书，并分别获专门性与全国性奖励，1980年以来发表论文12篇。她是国务院与国家教委学位委员会理事长、学科评议组成员、中国建筑学会理事、上海建筑学会国际建筑协会国际建筑评论委员会委员。

中国建筑西北设计院高级建筑师张锦秋在1990年建设部主持评定的首批全国建筑设计大师中，被评为首批全国建筑设计大师。她从事建筑设计多年来，以其出众的艺术才华，创造出许多具有辉煌唐风的建筑设计。其代表作为“三唐工程”——位于西安市大雁塔旁的唐华宾馆、唐历史博物馆、唐歌舞餐厅。这项工程设计得错落有致、和谐优美、别具一格，被中国建筑总公司评为优秀设计一等奖，同时被国外建筑界行家称为“确是国际一流水平”。

全国“三八”红旗手万珊珊是山东省交通规划设计院高级工程师，在大学毕业后的24年中，设计了26座桥梁。其代表作为济南黄河公路大桥。这座桥以220米跨径而居亚洲同类桥梁之首。她对事业的执著追求和奋斗不息的坚强意志受到领导与同行的称赞。

北京市建筑设计院共有设计人员1200多人，其中女性占30%。她们的获奖作品占全院的50%。其中女设计师顾天籁设计的国际大厦获城乡建设部1986年优秀设计二等奖和北京市优秀设计一等奖；黄汇设计的北京市第四中学教学楼、陈宗纹设计的北京天文台太阳观测站、施正莉设计的北京医科大学口腔医院门诊病房楼，分别获城建部 1986 年优秀设计二等奖和北京市优秀设计一等奖。北京的昆仑饭店、兆龙饭店及一些有名的立交桥的设计蓝图，也出自女设计师之手。由女设计师们主持设计的项目还有：现代化的北京电影学院教学楼及活动中心、建国门外华侨公寓、与日本合作设计的国内最现代化的写字楼之一——左家庄高级写字楼、协和医院业务楼、北京饭店贵宾楼、台湾饭店和中国儿童艺术剧院、建于突尼斯的突尼斯青年宫等。北京市市政工程设计院道桥设计室工程师黄顺禧不顾体弱多病，先后参加了建国门、西直门、首都机场等 20 多座桥梁的设计，还是其中部分立交桥设计的负责人，为改善首都交通状况做出了贡献。

三、女科技工作者的奉献精神与面临的困难

努力克服困难，为事业无私奉献是中国女知识分子最可宝贵的品格。中国尚处于社会主义初级阶段，旧的习惯势力的影响，妇女自身生理、心理条件的限制以及家务负担的繁重，都是摆在她们面前的严重困难。她们要取得成就，就要做出比男子更大的努力以至更多的牺牲。在中国，许多优秀女知识分子都有一部艰辛的奋斗史。运载火箭副总设计师王之任原来只是读过五年小学的女工。1951 年，她去苏联留学，在 7 年学习中，成绩优异。为了事业，她婚后 13 年才生孩子，孩子刚满月就断了奶。由于营养不良，孩子体弱多病，常常弄得她整夜难以休息，但天一蒙蒙亮，她立即放下怀中的孩子，拖着困倦的身躯又搭上了驶向试验站的长途汽车。她在事业上始终保持着苦学、苦钻、苦干的精神，为中国打开通向太空的大门做出了贡献。新中国自己培养的第一个物理学女博士徐功巧勤奋好学。在十几年的时间内，她一家人曾分居在两幢宿舍楼上。她把一间向阳的屋子让给有病的婆母，自己住在另一幢楼的一间阴面的小屋中。她每天在婆婆那里做三顿饭，服侍一老一少吃完，再赶回自己的小屋中读书。她没有星期天，还放弃业余休息，就这样，在两年内写出 5 篇论文。1982 年，丈夫出国深造，徐功巧承担了全部家务负担，克服困难，通过了硕士答辩，同年又通过了博士答辩。被称为葛洲坝水

利工程“女中三杰”之一的高级工程师徐鸣琴，从参加工作起，一直兢兢业业为事业奔波，她的第一个孩子就出生在因索取急需的技术资料而出差刚刚到达目的地的时候。

40 余年来，中国的女科技人员虽然取得了自己的成就，但是，她们还面临着很多的问题。比如女科技人员所占比例大大低于男子，而且层次越高，妇女所占比例越小。1981 年，中国科学院学部委员中的女性虽然已增至 15 人，但与学部委员总人数的 400 人相比，仅占 3.75%。许多女科技人员的素质也不如男性。

造成上述的问题的重要原因之一是中国家务劳动社会化的程度还很低，广大科技界的妇女也与普通妇女一样，家务负担相当重。1985 年 1 月至 6 月，国家科委人才资源研究所对北京、天津、上海、江苏、浙江、山西、内蒙古、山东、贵州等地女科技人员的情况进行了抽样调查。从调查结果看，她们的家庭全部是双职工家庭，其中 86.86% 是双知识分子家庭，而且夫妇双方是科技人员的占 61.72%。她们中 15.2% 的人承担了全部家务劳动，其他 84.8% 的家庭，丈夫能不同程度地分担一些家务，但妻子的负担仍比丈夫重。1985 年，有关单位对杭州大学等单位的 70 名女知识分子进行了问卷调查。她们每周料理家务共用 1900 多个小时，平均每人每天要用 4 小时；其中 38% 的人每天要用 5 小时以上，少数人还得用 7 小时。生活的重担，常使她们感到对工作有一种力不从心的苦恼。尤其是中年女科技人员，她们上有老、下有小，要挑起工作与生活的双重担子，就要付出更多的艰辛。

在中国的科技界，同样存在着轻视妇女的现象。这是造成女科技人员素质不如男性的又一个重要原因。1986 年春季，四川省科协、省妇联、省社会科学院联合对女科技人员进行了一次抽样调查。收回调查表 5778 份。调查表明，女科技人员在提拔、调资、职称评定、进修学习等方面都受到歧视。比如，女科技人员认为自己已经发挥了作用的仅占 62%，认为只发挥了部分作用的占 43.4%，反映“难以开展工作”、“积极性受到压制”和“无事可做”的占 24.84%。在“您单位领导对女科技人员的态度”一栏里，有 57.6% 的人填写“敬而远之”、“当成配角”、“轻视女科技人员”。调查还表明，女知识分子学习时间少、进修难，单位领导人支持她们参加学术活动的仅占5%。不少女知识分子担心，如知识得不到更新、业务能力不能提高，长此下去，在本专业中就会立足不稳，有被淘汰的危险。

第三节 社会科学与新闻工作者

新中国成立之前，从事社会科学研究的女知识分子人数很少，但她们当中出现了一些较有影响的人物。如从事社会学研究的雷洁琼，从事法学研究的韩幽桐、王汝琪，从事美国历史研究的黄绍湘等人。韩幽桐早年就读于北京大学法商学院，以后在日本东京帝国大学法学部研究生院学了九年法学。“九一八”事变以后，她是北平抗日联合会的一位学生领袖。1939 年到重庆，在董必武直接领导下搞宪政运动。新中国成立后，为法制建设做了大量工作。1955 年她任中国科学院法学所副所长，并先后任中国政治学会书记、中国法学会理事、全国政协法制组组长等职。黄绍湘 40 年代中期在美国哥伦比亚大学社会科学研究院攻读美国史，1946 年获历史学硕士学位。新中国成立后，她先后任山东大学文史系和北京大学历史系教授，1953 年出版了《美国简明史》、1957 年出版了《美国早期发展史》，1977 年调到世界历史研究所工作，任中国美国史研究会理事长，1979 年完成了 60 多万字的新著《美国通史简编》。她的许多文章及论著得到了史学界的好评。

新中国成立之后，从国外归来的女知识分子与解放区培养起来的女社会科学工作者合为一体，使从事社会科学研究的女知识分子的队伍有所扩大，但人数仍旧不多。以中国社会科学院为例，到 1965 年为止，女研究员只有 12 人。在十年动乱中，随着社会科学研究工作的中断，女知识分子的队伍也受到了很大的冲击，许多人不得不停止了研究工作，后继无人的情况十分严重。

中共十一届三中全会以后，中国的社会科学研究从瘫痪状态中重新兴盛起来。在政治学、经济学、社会学、哲学、法学、史学、伦理学、心理学、民族问题研究等各个领域，科研工作都得到了大力开展，女知识分子队伍也得到了迅速发展。中国社会科学院女研究人员从 1965 年的 166 人发展到 1986 年的 1125 人，增长了 5.8 倍。其中，女研究员由 12 人发展到 102 人，女助理研究员由57人发展到264人，有5位女博士、159位女硕士。担任研究所正副所长职务的女知识分子由1965年的2人上升为11人。中国社会科学院世界经济政治研究所自1978年以来，调进了50多位大学生和研究生，其中30岁左右的青年女性占60%。

80年代，在中国的各省、直辖市、自治区都建立了社会科学研究机构，研究人员约有4400多人。全国高等院校附设有130个社会科学方面的研究所，专职研究人员达4000人以上。此外，还有大批高等院校教师也在从事社会科学研究工作。在以上这些部门，女研究人员是一支活跃的力量。在全国性的社会科学学会、研究会中，有7位妇女担任了8个学会、研究会的负责人。

在新的历史时期，一代中年女社会科学家潜心钻研、做出了新成绩，青年一代女社会科学工作者通过各种方式增长了才干，女社会科学工作者队伍的素质大大提高。从事软科学研究的李伯溪、从事外国经济史研究的樊亢、从事心理学研究的张厚粲、从事少数民族问题研究的严汝娴、从事英美文学研究的朱虹、从事考古学研究的蔡莲珍、从事当代外国经济研究的关淑庄、从事政治学研究的冯兰瑞、从事东欧经济研究的江春泽、从事国际政治研究的赵洵、从事东南亚情况研究的梁红奋以及从事哲学研究的林利等人，在各自的研究工作中都取得了成就。一批在对外交流中到国外进修或求学的女学者，如中国社会科学院外国文学研究所副所长薛君智等，受到国内外专家的好评。

李伯溪在中华人民共和国国务院经济技术社会发展中心工作。她主持研究的“二〇〇〇年的中国”是一个描绘2000年中国图像的，由全国科研、经济管理、规划设计方面及高等院校400多名专家和学者参加的大型科研项目。1983年被列为国家“六五”期间哲学、社会科学的重点科研项目。经过两年努力，到1986年已取得了重要成果，提出了“二〇〇〇年中国的经济”等12个分报告和一个总报告。在1986年8月举行的全国软科学研究工作座谈会上，李伯溪等4位女科学工作者分别就“二〇〇〇年的中国”的不同侧面做了具有一定理论和实践价值的报告，受到与会者的普遍重视。特别是李伯溪的报告，令人瞩目，引起了较强烈的社会反响。

樊亢是中国社会科学院世界经济与政治研究所研究员，50年代曾在苏联莫斯科大学学习，钻研外国经济史，成绩显著。她与刘则行主编的《外国经济史》是中国第一部以马克思主义为指导的外国经济史专著，被列为高等学校通用教材。由她主编的《苏联经济史》被专家们认为是有突破、有创新的著作。她的《主要资本主义国家经济简史》在国外被译为多种文字出版。《资本主义兴衰史》发行后，在社会上引起强烈反响，被列为全国和首都职工读书活动书目。

中国社会科学院民族研究所的女研究人员严汝娴，30余年来经常深入少数民族地区进行工作，写出了近50万字的资料。她根据对中国纳西族的大量调查资料分析，并吸取国外学术界对夏威夷土著居民调查研究成果，大胆地否定了一种传统的观点。她在与别人合著的《永宁纳西族母系制》一书中，阐明了对普那路亚家庭看法的新观点，受到高度评价。她还对纳西族、普米族、哈尼族、彝族、藏族进行了大量调查研究，主编了《中国少数民族婚姻家庭》一书，对各少数民族的婚姻、家庭、习俗作了较全面的介绍。中国社会科学院民族研究所中有一个女知识分子群体。这个所有女工作人员96人，占全所总人数的33%。其中女研究人员58人，有16人为副研究员。她们中半数是50年代进所的大学生或研究生。30多年来，在民族学、民族历史、民族语言、世界民族史的研究中，奉献了自己的力量。自1956年开始，国家陆续组织数千人的考察队伍，赴全国16个省、自治区进行少数民族问题多学科的考察。当时有30多位女研究人员克服了家务拖累等种种困难，参加了考察工作。在中国的许多少数民族地区都留下了她们的足迹。多年来，这些女研究人员单独撰写和与他人合作撰写的书籍共有：满族、回族、佤族、普米族、裕固族、哈尼族、苗族、纳西族、门巴族的简史，并参与了《中国少数民族》等书的写作。女研究人员写的论文《生产责任制促进了民族地区经济发展》有较明显的社会效益，受到有关单位的重视。《试论民族理论的研究对象》一文，获社会科学院中青年论文二等奖。在少数民族语言的研究方面，她们也取得了丰硕的成果。30多年中，有20多名女研究人员到云南、贵州、四川、广东、广西、湖南、福建、新疆、内蒙古、黑龙江、吉林、青海、甘肃、海南岛、延边15个省、区（州）300多个调查点调查了41种语言，为10个民族设计了文字方案。进入80年代，她们发表了19种专著和100多篇论文，编撰了10部民族语和汉语对照的词典，翻译了8种民族文学作品和38本外文著作。

张厚粲是北京师范大学心理学系的教授，长期从事心理学方面的研究和实践活动。1985年，她创立了颇有影响的“北京师范大学心理测量与咨询中心”。1987年，由于她对中国心理学的卓越服务而被选入《国际杰出领袖人名录》，并获得美国人物传记协会颁发的杰出领袖奖状。她曾多次参加国际性的心理学会议，出国讲学。她1984年任中国心理学会副理事长，同年任国际心理科学联合会中国代表，1990年任国际心理测验委员会理事。

云南省社会科学院东南亚研究所的原副所长梁红奋80年代先后翻译出版了《雄王时代》《越南村社》《越南北部民族》等专著。她编写的有关资料，受到有关领导部门的称赞。她还与其他作者一道编辑出版了《现代中越关系史资料选编》，共7册，计140万字。

在社会科学领域，中国的女新闻工作者是一支十分活跃的力量。

早在二三十年代，中国就出现了一批以笔为武器，向旧社会作斗争、为妇女解放大声疾呼的女记者、女报刊创办人，如裘毓芳、康同薇、汤修慧等人。

抗日战争时期，在中国共产党的指引、教育下，又有一批女文化人投身于新闻战线，在工作中做出突出成就，并在新中国成为新闻界的骨干力量和知名人士。这批人如：《新民报》顾问邓季惺、原上海《文汇报》副总编辑兼该报驻京办事处主任浦熙修、原《人民日报》副总编辑杨刚、原《旅行家》杂志主编彭子冈、原《北京周报》社长兼总编辑汪溪、原中央电视台副台长孟启予、原中国国际广播电台台长丁一岚、原《北京日报》社社长范瑾等人。

浦熙修是当代中国著名女新闻记者。她1936年进入《新民报》，抗日战争到解放战争时期，任重庆、南京两地《新民报》记者、采访部主任。在此期间，她采写了大量揭露国民党消极抗日、破坏和谈、发动内战的新闻、特写，宣传了中共和各民主党派团结抗日、争取和平民主的主张。重庆“较场口”事件发生后，她配合《新华日报》，发动42名新闻工作者联名发表公开信，驳斥国民党中央社颠倒是非的报道。南京“五·二〇”事件爆发后，她不顾威吓，组织南京《新民报》记者报道事件真相，声援学生的斗争。新中国成立后任上海《文汇报》副总编辑等职务，抗美援朝时曾3次赴前线进行慰问采访活动。她工作勤奋、文思敏捷，是女新闻工作者中的佼佼者。

杨刚1939年9月在香港接编香港版《大公报》文艺副刊，任主编。1941年回内地，任桂林版《大公报》文艺副刊主编。1942年秋赴福建、浙江、江西等地抗日前线进行战地采访，写有《东南行》通讯集。1944年以后，出版了通讯辑《美国札记》。新中国成立以后，她历任周恩来办公室主任秘书、《人民日报》副总编辑等职务。1957年因车祸逝世。

彭子冈在抗日战争期间曾是《大公报》记者，在后方采访时，发表了上百篇新闻通讯，报道了日本帝国主义轰炸屠杀中国市民的血腥罪行，歌颂了后方各阶层人民坚持抗战的爱国热情。她曾发表了有关宋庆龄、郭沫若等人物的专访，采写了具有历史意义的特写《毛泽东先生到重庆》。她还发表了《张家口漫步》《北平岁寒图》等一大批介绍解放区政治民主和描绘国统区岁暮残景的特写。新中国成立后，她先后任《进步日报》《人民日报》记者，采写了一批国内外通讯，从1954年起，主编《旅行家》杂志。她的文字质朴自然、准确真实、富有时代气息，是当代中国著名女记者。

汪溪1946年8月任《东北日报》记者，1949年被派到北京参加政协第一次会议和开国大典的采访活动，后调《人民日报》任记者。1953年3月任中国贸易代表团随团首席记者访问日本时，三周内发回7篇通讯，生动地报道了中日两国人民的友好情谊。以后，她又系统地报道了南斯拉夫各方面的情况。在人民大学工作期间，她曾主编《新闻采访讲义》。调《北京周报》后，经过她和大家的努力，使该刊成为一份既有一定的权威，又有较大可读性的时事政治性外文刊物。出版的文集有《在南斯拉夫的国土上》。

新中国成立前后，加入新闻战线的女记者增多。到80年代，她们中的一些人正值中年，精力充沛、经验丰富，写出了许多受读者欢迎的好文章，成为女记者队伍中的重要力量，如陈柏生、王金凤、阮若琳、沈力、徐曼等人。

陈柏生青年时代在清华大学中文系学习时，就主编过《清华周刊》，在朱自清教授指导下，写了《读楚辞九歌》《论丁玲与肖红》等论文。1948 年毕业后，先后在新华社北平分社、华北总分社、《人民日报》担任编辑、记者。在《人民日报》工作的 36 年中，曾写下 300 多万字的新闻、速写、特写、通讯、专访、评论等。已出版的新闻作品文集，有《笔墨春秋三十年》《柏生新闻作品选》等，约 70 余万字。有的作品已编入大学新闻系的教材。1982 年被中华全国新闻工作者协会聘为特邀理事。

王金凤 1949 年年初任《人民日报》记者，主要从事青年、学生方面的采访报道。1953 年，随慰问团去朝鲜采访，撰写多篇通讯，介绍朝鲜人民的英雄事迹，歌颂中朝两国人民用鲜血凝成的友谊。1954 年，朝鲜人民访华团来访，她随团跑遍大半个中国，再次写下了大量记录和歌颂中朝人民友谊的通讯。1954 年 8 月，随记者组赴前线采访解放一江山岛的战斗，写下了大量歌颂解放军战士和控诉美蒋军队劫走中国和平居民罪行的报道。王金凤从事新闻采访工作 37 年中，所写新闻、通讯、评论、杂文、散文、报告文学等数百篇，不少被收入新闻通讯和报告文学集。已出版作品集有《时代的眼睛》《历史的瞬间》《金凤作品选》。

在中共十一届三中全会以后，中国的报纸、通讯社、广播、电视、新闻研究等得到了全面发展。中国已有一支 20 多万人组成的新闻队伍，其中优秀妇女不乏其人。1984 年 11 月 28 日，来自 29 个省、市、自治区新闻战线上的 300 多名代表，在北京参加了首次全国优秀新闻工作者表彰大会。受表彰的新闻工作者 303 人，其中有徐曼、郭梅尼、樊云芳等 27 名女新闻工作者。

中华全国新闻工作者协会（以下简称中国记协）成立于 1954 年 9 月，其前身是中华全国新闻工作者联谊会。1957 年 3 月，中国新闻工作者协会第一次代表会议在北京召开，著名女新闻工作者范瑾当选为协会的副会长。1960 年，中国新闻工作者第二次全国代表会议在北京举行，当时记协共有男女会员 6 万人，范瑾当选为副主席。在十年动乱结束以后，1980 年，中国记协恢复了活动，全国各省、自治区、市的记者协会也恢复了工作。1980 年，女新闻工作者孙静娴当选为湖北省记协副会长；1981 年，女新闻工作者王达当选为四川省新闻工作者协会副主席，沈世鸣当选为该协会书记处书记。同年，女新闻工作者张雪梅当选为浙江省记协第三届理事会理事。1980 年 2 月，北京市新闻学会成立，顾问为范瑾，汪溪当选为理事。

为了加强联系，交流经验，进一步提高女记者的素质，由著名女记者汪溪、李琴、丁一岚、王金凤、陈柏生、陈敏等人发起，于 1986 年 3 月 6 日成立了首都女记者协会。会长为汪溪。协会成立后 3 年中，发展了团体会员 5800 余人。为开阔女新闻工作者的视野，多方面增长她们的才干，协会举办各种内容的讲座、报告 10 余次。如介绍《红楼梦》电视剧制作经验、介绍《美国万花筒》作者的写作经验，听了缅怀女记者彭子冈的学术报告，深受女记者欢迎。该协会还多次组团到外地采访。1986 年，她们去宁波和江西老区、保定农村、京郊部队进行了采访。1987 年，她们又组团到老山前线、厦门、汕头特区、西藏高原采访。组织女记者上前线采访，这是新中国成立以来的第一次。到西藏去的女记者们走遍了西藏的山山水水，行程数千里，经受了多种锻炼和考验，写出了不少好文章。1988 年 5 月，受联合国教科文组织的委托，首都女记者协会主持了在北京召开的亚洲女新闻工作者研讨会，主题为亚洲女新闻工作者在促进社会经济发展过程中的地位与作用。印度、马来西亚、新加坡、泰国、菲律宾、尼泊尔、斯里兰卡、孟加拉、巴基斯坦、日本、土耳其等 11 个国家的女记者参加了会议。会议讨论了女记者在促进社会发展中所起的作用，面临的困难与挑战，以及如何进一步提高女记者的地位、发挥其作用等问题，同时加强了中国与亚洲女新闻工作者的联系。为了解决首都女新闻工作者的困难，协会还建立了“小星星”幼儿园，协会举办的青年俱乐部和少年电脑培训班等服务活动也深受女新闻工作者的欢迎和社会的好评。

第十二章
妇女与教育事业

中国是封建社会历史很长的国家，封建统治者历来主张男尊女卑，“女子无才便是德”的信条，把广大妇女排斥在文化教育的大门之外。近代中国的女子教育起步很晚。1884 年，外国教会在镇江办起了第一所女校“镇江女塾”。据统计，到 1902 年，已有 4300 余名女学生进入了外国人办的“洋学堂”。帝国主义国家在对中国进行文化侵略的同时，也传播了一些文化知识。中国的清政府开办女学是在 1905 年，女学生主要是学习“为女、为妇、为母之道”，要想从事文化科学的研究是不可能的。囿于这种历史条件，直到新中国成立以前，在中国的文盲人口中，妇女占 90%。新中国成立以后，才发生了根本性的变化。

第一节　中国妇女受教育的状况

新中国成立以后，中国妇女在文化教育方面才获得了与男子平等的权利。50 年代，中国曾掀起了扫盲运动的高潮，广大妇女积极参加扫盲运动，取得了一定的效果。到 1988 年 9 月，全国累计扫除文盲 1.57 亿，其中 70% 是妇女。

新中国成立以后，从小学到大学，女子的入学问题受到重视，入学率大大提高。据国家教委统计，1949 年，中国普通高等学校女学生数为 2.32 万人，占学生总数的 19.8%；到 1959 年，普通高等学校女学生上升到 18.33 万人，占学生总数的比重上升到 22.6%；1978 年女学生为 20.65 万人，占总数的 24%；到 1985 年，女学生为 51.06 万人，女生比重上升到 30%。女研究生

1978 年为 828 人，到 1987 年上升为 24809 人。1976 年，由国家派出的女留学人员为 56 人，1987 年为 998 人，从 1976 年到 1987 年，国家共派出女留学人员 5561 人，占留学人员总数的 17. 2%。与此同时，普通中学和小学的女生人数也有了更大发展。1950 年，普通中学女学生人数为 34. 61 万人，占中学生总数的 26. 5%。1959 年，女中学生人数为 286. 08 万人，占总数的 31. 2%。1978 年为 2715. 48 万人，占总数的 41. 5%。1987 年女中学生人数为 2018. 62 万人，占总数的 40. 8%。1951 年，小学女学生人数为 1206. 3 万人，1959 年为 3566. 9 万人，1979 年为 6577. 4 万人，1987 年为 5821. 76 万人。从 1951 年的 28% 上升到 1987 年的 45. 4%。

历年各级各类学校女学生数[1]

表 26　　（万人）

年　份	普通高等学校	中等技术学校	中等师范学校	普通中学	农业中学职业中学	小　学
1947	2. 76	…		…	—	…
1949	2. 32	…		…	—	…
1950	2. 94	…		34. 61	—	…
1951	3. 51	5. 19	5. 72	40. 12	—	1206. 3
1952	4. 54	7. 56	8. 29	58. 58	—	1679. 7
1953	5. 47	7. 80	9. 53	71. 44	—	1782. 2
1954	6. 77	7. 61	8. 18	89. 60	—	1707. 1
1955	7. 58	7. 87	5. 93	104. 94	—	1775. 8
1956	10. 04	13. 55	7. 97	151. 43	—	2231. 5
1957	10. 33	12. 23	8. 40	193. 53	—	2215. 9
1958	15. 37	27. 51	12. 17	266. 33	…	3325. 7
1959	18. 33	26. 00	19. 80	286. 08	…	3566. 9
1960	23. 56	43. 11	26. 24	320. 10	…	3665. 6
1961	23. 35	23. 88	17. 13	274. 54	…	2082. 5
1962	21. 03	13. 83	8. 75	256. 43	7. 68	2406. 7
1963	19. 38	12. 71	6. 10	258. 63	27. 36	…
1964	17. 63	13. 01	6. 39	291. 51	104. 58	3250. 5
1965	18. 13	15. 40	7. 36	300. 67	…	4560. 0
1973	9. 65	…	…	1136. 91	…	5527. 2
1974	14. 52		24. 29	1392. 14	…	6330. 8
1975	16. 33		24. 35	1753. 71	…	6824. 3

续表

年　份	普通高等学校	中等技术学校	中等师范学校	普通中学	农业中学职业中学	小　学
1976	18.65		24.51	2357.10	…	6823.3
1977	18.16		24.15	2825.39		6321.1
1978	20.65	18.69	10.71	2715.48	…	6570.4
1979	24.57	24.84	12.33	2410.52	…	6577.4
1980	26.81	26.65	12.52	2180.08	14.83	6517.4
1981	31.24	22.78	12.59	1895.37	19.33	6301.2
1982	30.54	22.08	13.94	1777.44	27.22	6099.9
1983	32.49	24.07	16.94	1735.12	47.63	5937.2
1984	39.98	30.15	20.88	1821.87	71.12	5937.7
1985	51.06	38.77	21.93	1893.13	95.43	5986.22
1986	59.35	49.17	27.82	1987.86	111.05	5949.97
1987	64.66	52.18	32.76	2018.62	116.33	5821.76
1988	68.94	…	…	1951.18	122.31	5715.58
1989	70.2	63.3	35.5	1887.3	125.7	5677
1990	69.51	66.48	35.51	1920.11	133.65	5655.52
1991	68.25	…	…	1997.64	143.63（职业中学）	5654.64

注：1. 由于十年动乱，1966—1972 年的情况当时未作统计。“…”代表该年的数字未做统计；“—”表示当时无此项目；1975—1977 年中技与中师曾一度合办。

历年各级学校女学生占学生总数的比重（%）[1]

表 27

年　份	普通高等学校	中等技术学校	中等师范学校	普通中学	农业中学职业中学	小　学
1947	17.8	…	…	…	—	…
1949	19.8	…	…	…	—	…
1950	21.2	…	…	26.5	—	…
1951	22.5	31.9	26.0	25.6	—	28.0
1952	23.4	26.0	24.0	23.5	—	32.9
1953	25.3	26.0	25.8	24.4	—	34.5
1954	26.3	25.4	26.6	25.0	—	33.3
1955	25.9	24.7	27.1	26.9	—	33.4
1956	24.6	25.2	29.1	29.3	—	35.2
1957	23.3	25.4	28.4	30.8	—	34.5
1958	23.3	25.4	31.5	31.3	…	38.5
1959	22.6	27.3	36.7	31.2	…	39.1
1960	24.5	31.3	31.3	31.2	…	39.1

续表

年　份	普通高等学校	中等技术学校	中等师范学校	普通中学	农业中学职业中学	小　学
1961	24.7	35.8	43.7	32.2	…	27.5
1962	25.3	39.7	48.8	34.1	…	34.8
1963	25.8	39.5	47.2	34.0	25.0	…
1964	25.7	32.7	47.6	34.1	24.4	35.0
1965①	26.9	37.9	48.6	32.2	23.6	39.3
1973	30.8	…	…	33.0	…	40.7
1974	33.8	38.3		38.1	…	43.7
1975	32.6	34.4		39.3	…	45.2
1976	33.0	35.5		40.4	…	45.5
1977	29.0	35.0		41.7	…	45.4
1978	24.1	35.3	29.8	41.5	…	44.9
1979	24.1	34.8	25.4	40.8	…	44.9
1980	23.4	37.2	26.0	39.6	32.7	44.6
1981	24.4	36.0	28.8	39.0	40.2	44.0
1982	26.5	35.2	33.9	39.3	38.7	43.7
1983	26.9	35.0	37.2	39.5	39.0	43.7
1984	28.6	37.2	40.9	40	40.8	43.8
1985	30.0	38.3	39.3	40.2	41.6	44.8
1986	31.6	42.9	45.5	40.7	43.4	45.1
1987	33.0	42.7	50.3	40.8	43.5	45.4
1988	33.4	…	…	41.0	43.8	45.6
1989	33.7	42.4	51.8	41.4	44.5	45.9
1990	33.7	42.4	52.4	41.9	45.3	46.2
1991	33.4	…	…	42.7	45.5	46.5

注：1. 由于十年动乱，1966—1972 年的情况当时未作统计。“…”代表该年的数字未做统计；“—”表示当时无此项目；1975—1977 年中技与中师曾一度合办。

据国家统计局统计，到 1986 年，全国有 800 万女学生在大、中、小各类学校学习。女学生在校人数的增加，尤其是受高等教育的妇女人数的增加，标志着中国妇女受教育的状况有了很大改善。

改革开放以来，女子教育得到了全社会的重视，妇女的受教育面在不断扩大。在城市，女职工积极参加各种文化技术学习。1986 年，据全国总工会对 8000 多个大、中型企业的统计，在 600 多万女职工中，大专以上文化程度的占 4.5%，中专文化程度的占 82.1%；小学文化程度的占 12.2%，文盲、半文盲只占1.2%。1986年，有5310万农村妇女参加文化技术学习，为了适应改革开放新形势的需要，农村妇女学文化技术的积极性十分高涨。

中国的女子职业教育在新中国成立后有所发展，但在十年动乱中受到摧残。80年代，随着建设的蓬勃发展和经济体制改革的日益深入，职业教育已初具规模，中国的女子职业教育也有所发展。1983年，辽宁省大连市女子职业高中成立。该校设幼师班、旅游服务班、打字文秘班，学制3年。在这里学习的女学生，由于有一技之长，毕业后很容易被用人单位选中，这所学校深受家长与社会的欢迎，在社会上有一定影响。到1985年，沈阳、锦州、抚顺、本溪、盘锦等市也建立了女子职业学校，辽宁省拥有的女子职业学校达6所。与此同时，全国的女子职业学校也得到了发展。1986年，18个省、自治区、直辖市共有女子职业中学31所。这些学校所开设的专业门类有儿童教育、营养、实用英语、服装设计、文秘、旅游服务等40多个，一批批经过学习的女学生走上了工作岗位，她们对工作的适应能力强，受到用人单位的赞扬。

1984年7月，陕西省西安培华女子大学成立。这所大学是一所民办职业性专科大学。它的创立，是为了提高妇女的文化科学技术水平，为妇女提供就学、就业机会。培华女大的创办，在社会上有一定影响，外省市的女青年也纷纷来信要求入学。培华女大实行收费走读，不包分配，择优推荐的办学方针，为国家培养了一批电子计算机应用、工业会计、中文秘书等方面的人才。同年，福建华南女子学院成立。它是由原华南女子文理学院暨附中在国外的校友集资创办的私立学校。学院开设了特区实用英语、学前教育、食品工艺和服装设计等专业，也实行自费走读，毕业后国家不包分配的方针。该校还为学生办起了实验厂、实验餐厅、实验幼儿园，从实践中培养学生的各种能力。1986年，该院首届毕业生为160名，学业尚未完成，已有150人受聘安排了工作。1985年，湖南建立了女子职业大学，这是中国第一所公办女子职业大学。该校的目的是为了培养新型的妇女高级人才，首批招生时开办了工业经济专业和经济法律专业。这3所女子职业大学的成立，为新时期女子职业大学的发展展示了方向。

在新的历史时期，中国的成人教育发展速度很快。到1987年，全国已有1200多所成人高等学校，4000余所成人中专，3万多所职业学校和3500多所县级农民职业培训学校。教育面已覆盖全国各地，并取得比较理想的成效。据国家教委统计，1982至1987年的5年中，中国有1亿多农民、3000万青壮年职工接受了职业技术培训和文化知识教育，并使70%的企业领导干部参加了培训，其中包括大批妇女。

但是，对中国这样一个人口多、经济不发达、文化教育起步晚的国家来说，女子教育仍面临着严重困难与问题。联合国教科文组织的一份报告表明，1988年全世界15岁以上的文盲有8.84亿人。中国的文盲、半文盲人数高达2.2亿，占全世界文盲总数的1/4，而文盲、半文盲人口中，妇女又占70%。中国女子受教育的权利，男女之间存在着事实上的不平等，其表现为：第一，中青年及少年中的女性文盲、半文盲多。从1982年全国人口普查的统计资料看，各地文盲、半文盲中女性比男性高出2至4倍。而在以后的五年中，女性文盲、半文盲人数还会增加。特别是农村，不论是东南沿海经济发达地区或内地，都有这种现象。如1986年广东东莞县的小学校中，中途辍学的学生有1500余人，其中女生占70%。1986年，甘肃省未入学的适龄儿童中，女童占83.6%，而入学的女生，大部分又中途辍学。1987年，全国至少有270多万7—11岁的儿童未能入学，其中有83%是女童。小学每年的流失生为300多万，其中女生占80%。据调查，中途退学的女学生绝大多数是到乡镇企业干活或从事个体劳动。在农村，不少家长认为女孩子迟早要出嫁，送女孩子上学是白花钱，因此从小就让她们学做家务或当“娃娃农民”。第二，中等学校的女学生人数也在下降。据国家统计局统计，1980年全国各类中等学校中有女学生2234.1万人。到1986年下降为2175.2万人。此外，从高等学校女学生的情况看，入学率虽然呈上升趋势，但同发达的西方国家相比，仍然落后。1986年，中国高等学校女学生占学生总数的比例为25.5%。

面对这种现状，全国妇联和许多热心妇女教育的人士多次呼吁社会切实保障女性受教育的权利，消除歧视妇女的意识。国家教委正在采取措施，坚决贯彻执行《中华人民共和国义务教育法》；高等院校要切实纠正录取线女高于男的做法；积极推动发展女子成人教育及职业教育，以及切实保障知识妇女在知识更新的业务培训中与男子有同等机会。

第二节 女教育工作者

教师是发挥妇女特长的职业之一，在中国从事教育工作的妇女比较多。就是在旧中国文化那样落后的条件下，也有一些妇女投身于教育工作，并成为有影响的人物。如民众教育家俞庆棠、著名女大学校长吴贻芳、女中学校长薛正等人。女教育家俞庆棠一生从事教育工作，被誉为“民众教育的保姆”。早在“五四”运动时期，她就开办夜校，招收劳动人民入学识字、受教育。1928 年 3 月，她在无锡创办了民众教育学院，亲自兼任院长。抗日战争胜利以后，她又创办了上海市实验民众学校与其他 140 余所民众学校，对中国的民众教育做出了突出贡献。1947 年，她出任联合国教科文组织中国委员会委员，主要著作有《民众教育概论》《民众教育概况重要参考书索引》等。1949 年新中国成立之后，她被任命为教育部领导成员，正值施展才华的大好时机，却不幸因心脏病突发而逝世。

新中国成立以后，中国共产党和中央人民政府对旧的教育制度进行了根本性的改造，各级各类教育事业得到了迅速发展，女教师队伍也得到了相应的发展。1951 年，普通高等学校有女教师 2900 人，占教师总数的 12.6%；普通中学有女教师 7800 人，占教师总数的 10.6%；小学女教师有 22.4 万人，占教师总数的 18.4%。到十年动乱前的 1965 年，普通高等学校女教师上升到 2.84 万人，占总数的 20.6%；普通中学女教师上升到 10.35 万人，占 22.7%；而小学教师 1964 年上升到 92.8 万人，占总数的 32.8%。

中国的教师队伍曾受到两次比较大的冲击，一次是 1957 年的反右斗争扩大化，有些教师被错划为“右派分子”；另一次是在“文化大革命”中教师队伍受到了严重的摧残和破坏。中共十一届三中全会以后，教育界发生了巨大的变化，女教师队伍的发展很快。1985 年，从事普通高等教育的女教师达到了9.19万人，占专任教师总数的26.7%；普通中学女教师上升到74.39万人，占28.1%；小学女教师则达到212.79万人，占40%。与粉碎“四人帮”时的1976年相比，分别增加了122.5%、10.13%和21%。

历年各级各类女教师数统计表[1]

表28　（万人）

年　份	普通高等学校	中等技术学校	中等师范学校	普通中学	农业中学职业中学	小　学
1950	0.19	…	…	…	—	…
1951	0.29	0.14	0.10	0.78	—	22.4
1952	0.40	0.18	0.21	1.10	—	24.6
1953	0.57	0.29	0.21	1.58	—	27.0
1954	0.68	0.36	0.19	2.01	—	28.3
1955	0.76	0.40	0.15	2.31	—	29.9
1956	1.12	0.73	0.19	3.06	—	34.8
1957	1.43	0.79	0.23	3.90	—	38.0
1958	1.62	0.90	0.33	5.64	…	51.3
1959	2.01	1.20	0.55	6.37	…	59.4
1960	2.89	2.17	0.91	7.74	…	74.6
1961	3.36	1.75	0.53	8.28	…	68.2
1962	3.04	1.10	0.27	7.83	…	69.8
1963	2.90	1.05	0.24	8.85	0.23	75.4
1964	2.85	1.13	0.24	9.83	0.68	92.8
1965	2.84	…	…	10.35	…	…
1973	3.00	…	…	40.56	…	170.3
1974	3.16	…	…	44.24	…	176.6
1975	3.80	1.77		50.52	…	188.8
1976	4.13	1.94		67.55	…	175.9
1977	4.99	2.41		79.34	…	201.5
1978	5.24	2.05	0.69	77.52	…	197.7
1979	6.07	2.36	0.74	75.24	…	196.9
1980	6.25	2.59	0.83	75.03	0.32	203.9
1981	6.45	2.89	0.82	71.93	0.52	202.7
1982	7.38	3.32	0.90	70.06	0.80	199.7
1983	7.83	3.51	0.99	67.82	1.43	200.7
1984	8.25	4.04	1.07	70.88	2.30	209.36
1985	9.19	4.26	1.42	74.39	3.49	212.79
1986	10.20	4.91	1.63	78.12	4.30	218.58
1987	10.71	5.69	1.68	82.80	5.14	222.53

续表

年　份	普通高等学校	中等技术学校	中等师范学校	普通中学	农业中学职业中学	小　学
1987	10.71	5.69	1.68	82.80	5.14	222.53
1988	11.10	…	…	87.33	5.94	228.44
1989	11.40	6.50	1.90	91.4	6.50	236.00
1990	11.48	6.85	2.02	95.57	7.05	240.88
1991	11.57	6.98	2.02	99.99	7.69[2]	242.27

注：1. 由于十年动乱的影响，1966—1972年的情况当时未做统计；"…"代表该年的数字未作统计；"—"表示当时没有此类学校；1975—1977年中技与中师曾一度合办。

2. 此数仅为职业中学女生数。

历年各级学校女教师占教师总数的比重（%）[1]

表29

年　份	普通高等学校	中等技术学校	中等师范学校	普通中学	农业中学职业中学	小　学
1950	11.0	…	…	…	—	…
1951	12.6	11.0	8.4	10.6	—	18.4
1952	14.9	12.0	10.3	11.7	—	17.1
1953	17.1	14.8	11.7	14.0	—	17.4
1954	17.6	16.6	12.2	14.6	—	18.2
1955	18.1	16.8	13.2	15.4	—	18.8
1956	19.2	18.4	14.4	16.2	—	19.9
1957	20.4	18.6	15.0	16.7	—	20.2
1958	19.1	17.4	19.3	18.5	…	22.8
1959	20.2	19.3	21.1	18.2	…	23.7
1960	20.8	21.7	21.7	18.2	…	27.7
1961	21.2	22.4	20.5	19.8	…	26.7
1962	22.1	23.5	19.2	19.6	…	27.8
1963	21.0	23.0	19.0	21.1	14.2	32.3
1964	21.1	22.2	18.7	22.3	14.7	32.8
1965	20.6	…	…	22.7	…	
1973	22.7	…	…	24.0	…	36.4
1974	23.5	…	…	24.8	…	35.7
1975	24.4		24.4	24.1	…	36.3
1976	24.7		24.2	24.8	…	33.3
1977	26.8		27.8	24.9	…	38.6
1978	25.4	29.6	22.8	24.4	…	37.8
1979	26.2	30.0	21.8	24.5	…	36.6
1980	25.3	28.5	21.9	24.8	13.7	37.1
1981	25.8	29.5	21.9	25.3	18.1	36.3

续表

年　份	普通高等学校	中等技术学校	中等师范学校	普通中学	农业中学职业中学	小　学
1982	25.7	30.1	22.9	26.1	19.8	36.3
1983	25.9	30.3	24.5	26.1	19.5	37.0
1984	26.2	33.9	25.5	27.7	22.1	39.0
1985	26.7	33.3	30.9	28.1	24.8	39.6
1986	27.4	34.3	32.8	28.3	26.3	40.4
1987	27.8	36.5	31.2	28.8	27.9	41.0
1988	28.2	…	…	29.5	29.3	41.5
1989	28.8	38.0	33.0	30.8	30.3	42.6
1990	29.1	38.9	34.5	31.5	31.5	43.2
1991	29.6	39.9	35.4	32.4	32.8[2]	43.8

注：1. 由于十年动乱的影响，1966—1972 年的情况当时未做统计；“…”代表该年的数字未作统计；“—”表示当时没有该类学校；1975—1977 年中技和中师曾一度合办。
2. 此数仅为职业中学女生数。

1977 年以来，教育战线进行了比较彻底的拨乱反正。“两个估计”① 被彻底否定，广大教育工作者解脱了精神枷锁。“尊重教师的劳动、提高教师的质量”被提上议事日程。教育体制改革逐步开展。1985 年 1 月，六届全国“人大”第九次会议决定 9 月 10 日为中国教师节，这是对教育工作者很大的鼓舞。进入 80 年代，许多有经验的女教师又重返教育岗位，许多中青年女教师已成为教育战线上的骨干。

一、中小学女教师

新中国成立以来，中小学教师队伍有很大发展。为了消除十年动乱给中小学师资队伍带来的严重损伤，在 1977 年至 1981 年间，中国共产党和人民政府采取了一系列重要措施。如重建中小学教师队伍的管理制度；开展评选特级教师和表彰优秀教师的活动；整顿民办教师队伍；树立尊师风尚；加强中小学在职教师的培训；给长年从事教育工作的优秀教师授荣誉称号等。这

① 指 1971 年由姚文元、张春桥修改、定稿的《全国教育工作会议纪要》中讲的：“文化大革命前 17 年教育战线是资产阶级专了无产阶级的政，是‘黑线专政’；知识分子的大多数世界观基本是资产阶级的，是资产阶级知识分子。”

些措施使中小学教师队伍得到了巩固与扩大，使师资水平得到了提高。

在获得荣誉和取得成就的中小学教师中，有许多是女教师。1979 年 12 月 28 日，国务院在北京举行授奖仪式，嘉奖全国先进单位和全国劳动模范，教育界有女教育工作者 10 人荣获全国劳动模范的光荣称号。她们是李国芝、彭素华、藏慧芬、赵赫、斯霞、周静、莎仁格日勒、于雅娟、刘清慧、柳玉芳①。1982 年 1 月底，全国有 26 个省、直辖市、自治区在其所属的中小学、幼儿园、中等师范学校和教师进修学校中评选出特级教师 1113 名，其中女教师 403 人，占 36.2%。1983 年 4 月，教育部、全国教育工会在北京召开了“五讲四美、为人师表”活动先进代表会议，会上表彰了 857 名先进个人和 177 个先进集体。在先进个人中，女教师有 373 人，占 43.4%。1985 年，全国有 150 位教育工作者荣获“五一”劳动奖章，其中女教师 37 人，占总数的 24.7%。1986 年 9 月 10 日，国家教委、中共中央宣传部、共青团中央、全国教育工会联合举行表彰大会，表彰全国教育系统优秀教师和先进集体。这次会上，有 1000 名教师获得了“人民教师奖章”，其中女教师 317 人，占 31.7%。在她们中间，许多人的事迹感人至深。老校长薛正、老教师斯霞、陶淑范、沈正德、教师欧阳代娜、郝又明、徐安秀等人，深受学生与家长们的爱戴。

生于 1901 年的薛正，1936 年就任上海中西女中校长，执教 50 余年，为女子教育呕心沥血。1985 年 10 月，上海市人民政府任命她为第三女子中学终身名誉校长称号。斯霞与陶淑范是中国有名的小学教育专家。斯霞是南京师范大学附属小学教师，任教 60 年，有很高的教学水平。著有《斯霞教育经验选编》《我的教学生涯》《斯霞教育文集》等，计 80 多万字，为丰富和发展小学教育作了贡献。她多次受到政府和教育部门的表彰，是全国小学语文教学研究会顾问、全国中小学教材审定委员会委员。陶淑范是北京第二实验小学教师、校长，数十年从事小学教育工作，有丰富的教育管理经验。她坚持“热爱儿童、热爱教师、热爱学校”的办学主张，注重培育良好的校风，撰写

① 其中赵赫、周静为幼儿教师。

了《回忆我在北京第二实验小学六十年》等著作，被选为全国教育工会常委。特级教师沈正德是全国优秀体育教师。她从事体育教育近 40 年，在教学中因材施教，善于发现和培养人才。她培养的学生，经过业余训练，破国家纪录和在国家级大型比赛中获得好名次的近 30 名。1953 年至 1959 年全国女子手榴弹投掷国家纪录保持者刘馥、1960 年至 1965 年全国女子手榴弹投掷国家纪录保持者韩菊元和中国女排名将郎平，均为她的学生。她著有《怎样进行长跑教学》《如何上好女生体育课》等，现为北京市朝阳中学体育教师。

特级教师欧阳代娜是辽宁省鞍山市十五中学语文教师。她曾和同事们历时 7 年进行语文教学改革，大胆扬弃了“课堂以传授知识为主，教师以讲解知识为主”的传统教学方法，重新安排了一套有利于培养学生自学能力的教学程序。这一试验取得了明显成果，用初中 3 年时间就能使学生具有高中毕业的语文能力。她所教的两个班 50 人中，获全国作文竞赛奖的 6 人，获省级政治论文奖 1 人，在全国省、市报刊发表文章的 6 人，由她主持编写的教材，到 1985 年 10 月已被 18 个省、市的 200 多所学校采用。

北京市第二十五中学的英语教师郝又明注重运用心理学原理改进英语教学，创造了“英语和谐教学法”，使初中学生两年内可以学完 3 年英语课程，平均成绩优异。她在改革试验进行的九年中，每轮都取得成果。她被评为全国教育系统劳动模范，并获得“人民教师奖”。

在中国偏远落后的地区普及中小学教育是相当艰难的。在这些地区，有一大批女教师在默默地耕耘。1963 年，四川省灌县的 10 位高中毕业的女青年自愿到大山区龙溪乡，每人登上一座山头办一所简易小学。第二年，灌县又有 10 位女教师上山办学。在她们的努力下，龙溪乡的小学从 6 所发展为 25 所，到 1965 年，全乡适龄儿童入学率达到 95% 以上。1984 年，龙溪乡在全县山区中第一个通过了普及初级教育的验收。十女之一的徐安秀，在龙溪乡坚持办学 20 多年。她在与丈夫两地生活、又有两个孩子拖累的情况下，坚持办学不离乡，为山区的教育做出突出贡献，被评为“五讲四美、为人师表”活动先进个人。

在 80 年代的教育体制改革中，中等教育结构不合理的状况逐步有所改变。中等专业学校和农业中学、职业学校发展很快。到 1985 年止，中国从事中等教育的女教师已达 9.17 万人。她们为培养中国青年中等专业技术人才和合格的技术工作者做出了重要贡献。

二、从事高等教育工作的妇女

在中国的高等教育事业中，女教师也是一支重要的力量。新中国成立以来，女教师队伍逐步扩大。1950 年，中国普通高等学校有女教师 0.19 万人，占教师总数的 11%；到 1985 年，普通高等学校女教师人数上升到 9.19 万人，占教师总数的 26.7%。1985 年普通高等学校女教师人数是 1950 年的 48.3 倍。在新中国成立以来的普通高等学校女教师队伍中，有一批知名的老学者、老教育家，也有一些脱颖而出的优秀中青年女教师。她们中许多人既搞教学、又搞科研，取得了成就。她们的工作，涉及自然科学，社会科学等各科、系，还有一批有管理能力的妇女成为大学的校长。一批老教授在 50 年代就已经有很高名望，如文学教授冯沅君、建筑学教授林徽因、英语教授俞大因、俄语教授李莎、激光与光谱学教授高兆兰、体育教授杨瑞雪等人。冯沅君 1935 年获法国巴黎大学研究院文学博士学位，是 30 年代著名女作家。曾任武汉大学、中山大学、东北大学、山东大学教授。新中国成立后任山东大学中文系教授，1955 年任山东大学副校长，1974 年去世。她长期从事中国古典文学的教学与研究，著有《古剧说汇》《中国文学史》《冯沅君古典文学论文集》，与别人合著《中国诗史》等。林徽因早年在美国求学，回国后曾任东北大学建筑系教授等职务。新中国成立后任清华大学建筑系教授，从事中国古代建筑研究，有较深造诣。她曾参加中华人民共和国国徽和天安门人民英雄纪念碑的设计。俞大因在新中国成立后历任燕京大学、北京大学英语教研室主任，主编的《大学英语》五、六册，曾被推荐为高等学校英语专业教材。李莎是苏联萨拉夫州人，1946 年来华工作，1964 年入中国国籍。她长于俄语词汇和语言发展以及修辞学的研究，为培养俄语教师、翻译及审定俄语教材做出了贡献。高兆兰是中山大学教授，长期从事光学的教学与研究，编著有《原子光谱与原子结构》《分子光谱与分子结构》。杨瑞雪为东北师范大学体育系教授，中国体操协会第二届副主任。是第一至第四届全国运动会、亚非拉乒乓球友好邀请赛团体操创编和组织训练的主要负责人。1965 年和 1979 年两次获得国家体委颁发的“体育运动荣誉奖章”。在中国科学院女学部委员中，也有长期从事教育工作的老教授，她们是高小霞、陈茹玉、池际尚、郝诒纯、谢希德。

在新的历史时期，一批有作为的中青年女教师进入了教授、副教授的行列。王颖原为南京大学地理系教师，长期从事海岸动力地貌与海洋沉积研究。她的研究成果曾获 1978 年全国科学大会奖。1979 年在加拿大进修期间，她出海远洋考察 6 次，曾潜水 216 米，成为中国第一个下潜到这一深度的女科学家。她现任南京大学海洋研究中心主任、江苏省科协副主席。清华大学中年教师倪以信于 1983 年 12 月通过博士论文答辩，成为中国自己培养的第一个工学女博士。1985 年，她受国家教委委派赴美从事访问研究。在美国期间，她取得了丰硕的科研成果，受到了国外同行的赞誉，被美国衣阿华州立大学聘任为客座教授。1987 年该校又授予她“名誉学者与顾问”的称号，这是该校一百多年来第一次给外国学者以这样高的荣誉。她对“电力系统故障全过程数字仿真”的研究，为电力系统的安全运行和优质控制提供了新技术和手段，填补了中国一项空白。1988 年，她被破格提拔为清华大学教授，并先后担任了电机工程系副主任、电工研究所副所长、全国青年联合会副主席。

北京师范大学是中国最早建立的一所高等师范学校。到 1986 年 10 月止，全校共有专职教师 1455 人，其中女教师有 537 人，占 36.9%。她们中有女教授 14 人，女副教授 130 人，女讲师 207 人。这些女教师中有些已成为在国内外有声望的专家。如：幼儿教育专家关瑞梧、化学家严梅和、动物学家刘凌云、研究英美文学的专家郑敏、心理学家张厚粲等。关瑞梧一生致力于幼儿教育的研究，为此做出了重要贡献。她的主要著作有《近十年来我国福利工作概况》《保育法》《婴儿保育实际问题》《家长手册》《儿童教育机关之管理》等。严梅和在对苍耳子油、文冠果油、茶油等天然有机化合物的研究中取得成就。她研究的“增抗剂”1985 年获国家农牧渔业部科技成果奖。鱼类专家刘凌云对鱼类染色体的研究获得了重要成果，1985 年，在第二届印度洋一太平洋鱼类国际会议上，她的研究成果被认为是一项突破，获国家教委科学进步二等奖。郑敏长期从事诗歌创作和英美古典文学及英美诗歌的研究，曾被美国明苏达州立大学授予名誉研究员，并被美国加州大学圣地亚哥分校聘为客座教授。张厚粲在实验心理，认知过程及心理与教育测量方面的研究颇有造诣。1985 年，她创建了颇有影响的“北京师范大学心理测量与咨询中心”。1987 年，由于“对中国心理学的卓越服务”，她被选入《国际杰出领袖人名录》（第二版），并获美国人物传记协会颁发的杰出领袖奖状。

在大学教育中，还有一些辛勤耕耘的女校长，她们在教育界享有厚望。中国著名的女大学校长吴贻芳 1927 年在美国留学时获生物学博士，翌年回国任金陵女子大学校长，是中国最早的女大学校长之一。她的学生遍及国内外，深受人们尊敬。1979 年，美国密执安州立大学授予她“智慧女神奖”。新中国成立以后又选拔了一批女大学校长。1951 年，曾任中央人民政府司法部部长的史良，兼任中央政法干部学校副校长。1952 年，李伯钊被任命为中央戏剧学院副院长。1953 年，袁青成为北京矿业学院副院长。1957 年，全国共有高等院校女代院长、副院长 12 人。到 1963 年，又有 7 名妇女成为高校副院长。她们中包括中国人民大学副校长李培之、中央音乐学院副院长喻宜萱。1981 年，高校女院长、副院长、顾问为 20 人，其中包括复旦大学校长谢希德、东南大学校长韦钰等中外知名的女专家。

应当看到，中国的女教师，尤其是青年女教师，面临着不少困难，例如住房拥挤、工资偏低、工作劳累。住房拥挤是较为普遍的现象，在某些学校，这个问题更为突出，为数众多的中青年讲师难以解决住房问题。据四川省妇联、四川省教委高教研究室 1987 年的调查，成都某学院很多中年教师的宿舍面积只有 20 平方米左右，20 多年没有增加。为了解决困难，学校设了子女集体宿舍，并且分上下床才能容纳。1975 年以后参加工作的一般青年教师，由于工龄、职称都缺乏优势，只好住集体宿舍改的小单间。有些已婚的青年教师不得已而过着分居的生活。

在工资待遇方面，中国知识分子的工资普遍比较低，而在相当长的一段时间内，教师的工资又低于其他的行业。80 年代中期，在人民政府关怀下，教师的工资几经调整，已得到明显提高。

1984 年科学文化教部门与部分其他部门职工年平均工资比较

表 30

部　门	工　资	部　门	工　资	部　门	工　资
科研机构	1070	冶金工业	1181	地质勘探	1344
文化事业	992	电力工业	1136	气象	1029
教育事业	930	煤炭工业	1251	水运	1353
卫生事业	981	石油工业	1405	服务业	971

中小学女教师，特别是小学女教师所面临的最大困难是工作量大、待遇偏低。她们每天除了备课、教课外，还要批改大量作业，有时还要家访，对落后学生进行特殊教育。她们的工作时间，往往超过 8 小时。她们的医疗包干费用低，疾病有时得不到及时彻底的治疗，这就导致一部分师范院校毕业生分配时不愿去学校，在校的教师，也有一部分不安心工作。80 年代后期，经过各方呼吁和共同努力，这种情况已有所改善。

第十三章
妇幼保健及女医务工作者

旧中国的医疗卫生事业极不发达，广大人民贫病交加。1949 年，全国卫生机构只有 3670 个，卫生技术人员 50.5 万人，医院病床 8 万张，而且大部分集中在城市和沿海地区。人的平均期望寿命只有 35 岁，妇女儿童保健事业十分落后，婴儿死亡率高达 200‰。新中国成立以后，妇幼保健事业迅速发展，女医务工作人员数量大大增加，她们中出现了一批有突出贡献的医护工作者。

第一节　妇幼保健事业的发展

新中国成立以后，中国共产党和人民政府在大力发展医疗卫生事业的过程中，高度重视妇幼保健事业的发展，并取得了显著成就。

妇幼保健事业的重点首先放在新法接生上。1950 年，国家就着手开展这一工作，从根本上改变了过去旧产婆接生的习惯。据 1988 年统计，97% 以上的婴儿已由新法接生，其中 50.3% 的婴儿在医院出生，城市住院分娩率为 75.6%，农村住院分娩率为 44.3%，产妇和新生儿的生命安全有了基本保证。孕妇的产前检查已得到普及，80 年代后期，城市孕妇产前检查率为 98.4%，平均每个孕妇产前检查 5 次；农村孕妇产前检查率达到 70%，平均每个孕妇产前检查 2—3 次。进入 80 年代，在全国城乡还开展了孕产妇、围产期和婴儿的系统保健，使产妇和婴儿的死亡率大大降低。1988 年，中国产妇死亡率从旧中国的 150/万下降到 5/万；城市新生儿破伤风死亡率下降到 2/万；农村下降到 10/万；婴儿死亡率从旧中国的 200‰下降到 1986 年的 22.13‰。

妇女病的普查、普治是中国妇女卫生保健的重要内容，国家卫生部门采取多种方法开展了这项工作。1955 年，卫生部提出了《关于滴虫性阴道炎防治办法的意见》；从 1958 年开始，在城乡妇女中开展了妇女病普查普治工作。80 年代中期以来，全国每年普查妇女人数达 3200 万，80% 以上的子宫脱垂和尿瘘的病人得到了根治，宫颈癌的早期发现、早期治疗，挽救了许多妇女的生命。

儿童保健的内容不断增加，质量不断提高，其保健已从常见疾病的防治和计划免疫工作扩展到新生儿保健、新生儿疾病筛选、系统喂养指导、生长发育监测以及心理行为发育评价等项工作。（详见第十七章第一节）

妇幼卫生机构大大增加，医疗水平大大提高。1949 年，全国有妇幼保健院 80 个，妇幼保健所站 9 个。1988 年，全国妇幼保健院增长为 310 个，妇幼保健所、站 2793 个。1954 年，全国妇幼保健院系统的治愈率为 79.1%，1988 年上升为 92.6%。

妇幼保健事业的发展，为提高中国人口的平均期望寿命奠定了基础。据 1985 年国家统计局人口抽样调查，中国人口平均期望寿命已提高到 68.9 岁，男子为 67 岁，女子为 71 岁。

第二节　女医生及其贡献

医疗卫生工作是妇女就业人数相对较多的一个部门。在新中国成立之前，就已出现了林巧稚、俞霭峰、杨崇瑞、叶恭绍、王巧璋等一批著名女医务工作者。她们无论是在条件艰苦的旧中国，还是在新中国医疗卫生事业的发展中，都发挥了积极的作用，做出了重要的贡献。

在老一代医学专家中，除前面已介绍的林巧稚以外，俞霭峰也是一位著名妇产科专家。她 40 年代在美国芝加哥大学医学院附属医院进修妇科内分泌专业，1948 年回国。她擅长妇产科内分泌及肿瘤学的研究。60 年代，她在国内首先开展口服避孕药物的研究。她主持研制成的“快诺酮探亲避孕药”为国内首创，编著有《妇科手术学》《妇产科内分泌学》等著作。她历任天津医学院教授、附属医院妇产科主任、中华妇产科学会副理事长、世界卫生组织妇婴卫生委员会顾问等职务。

杨崇瑞是中国第一位妇幼卫生专家，妇幼保健事业的先驱，为人民造福的楷模。早年她曾两次赴美留学，进修公共卫生学，被吸收为美国公共卫生学会永久会员。1920年，她创办了北平国立第一助产学校和附设产院，以后又创办了南京中央助产学校、妇幼保健实验院，在全国各地建立妇幼卫生机构，举办各种妇幼卫生工作会议及训练班等，为中国的妇幼保健事业辛勤奋斗，做出了可贵的贡献。她撰有《妇幼卫生纲要》《家庭卫生和家政概要》等专著。她生前曾任中华人民共和国卫生部妇幼卫生局第一任局长、顾问、中华医学会理事、联合国世界卫生组织妇幼卫生组副组长。她把毕生精力都献给了妇幼保健事业。

叶恭绍是一位儿童少年卫生专家，1948年从美国留学归来。她早年曾从事妇幼卫生工作，后重点进行儿童、青少年的生长发育、形态、机能与素质的研究，在婴儿喂养、儿童生长发育等方面的研究中有突出成绩，曾主编《儿童青少年卫生学》《中国医学百科全书》之《少儿卫生学》分卷等书。她曾任北京妇婴保健所所长、中华医学会卫生学会主任委员等职务。

北京协和医院教授、口腔科主任王巧璋是著名口腔科专家。她主要从事口腔科医疗、教学、科研工作，擅长龋齿病及预防牙医学和老年牙医学的研究，尤其对龋齿病有较深研究。她提出的龋齿病因的内因学说，受到了国内外专家的重视，为牙医学的发展做出了贡献。1986年北京科学技术协会向她颁发了荣誉证书。

在新中国医疗卫生事业的发展中，女卫生技术人员队伍发展很快，1958年，全国共有男女卫生技术人员132.9万，是1949年的2.63倍；1979年，男女卫生技术人员发展到264.2万，是1949年的5.23倍；1986年，全国男女卫生技术人员共有350.7万，是1949年的6.94倍，据1983年的全国人才统计，中国共有女主任医师2797人，主治医生31390人，住院医生173023人，医生、护士516122人，尚未评职称者60899人，以上女医务工作人员共计784231人，占全部男女医务人员总数的54.1%。在新的历史时期，女医务人员队伍的发展呈逐年上升的趋势。

1978—1987 年中国女卫生技术人员统计

表 31

年份	绝对数（万人）	占自然科技人员总数的%
1978	74.74	58.59
1979	81.16	57.17
1980	87.48	57.20
1981	96.53	57.45
1982	104.63	57.90
1983	113.91	58.90
1984	124.64	59.97
1985	127.95	59.20
1986	132.40	59.50
1987	140.36	
1988	147.05	59.58

在中青年女医务工作者中，闻玉梅、何葆光、朱元珏、杨湘娟等人，都为祖国卫生事业做出了特殊的贡献。闻玉梅与何葆光是上海“医界十杰”中的两名女性。闻玉梅在研究乙型肝炎病毒 DNA 方面取得的成果，达到了国际水平。她先后获 1980 年卫生部、上海市和 1986 年上海市科技成果奖，1985 年被评为卫生部“十佳”科技人员之一。她曾多次参加国际性的病毒学会议，发表了多篇有影响的论文。何葆光是卫生部上海生物制品研究所副研究员。她成功地运用基因工程技术，使乙肝表面抗原基因在酵母细菌中得到高效、特定的表达，为中国实现用基因工程技术生产乙肝疫苗奠定了基础。朱元珏是北京协和医院内科副主任、教授。她对呼吸系统疾病的诊断与治疗有较丰富的经验，在肺的免疫功能等几个专题的研究中取得了显著的成绩，1986 年被评为国家级有突出贡献的中青年知识分子，1987 年受到卫生部的嘉奖。杨湘娟是山东青岛医学院附属医院眼科医生、副教授。1969 年，她开始进行中西医结合穴位注射治疗青光眼的研究，十余年中，治愈了几十万即将失明的患者。中国的女医务工作者们还在血液微循环课题的研究中取得了可喜的成就。

在新中国，到 1985 年，妇产科西医师已达 44680 人，助产士 75517 人，他们中有相当数量的女性，并出现了严仁英、符式圭等一大批妇产科专家。

在著名妇产科专家林巧稚生前曾任主任的北京协和医院妇产科，女医务人员做出了突出的贡献。到 1987 年，全科医务人员共发表医学论文 300 余篇、论著 4 部，15 项科研成果受到不同等级奖励，其中包括国家级奖励 4 项。女专家葛秦生主持开展的“女性生殖内分泌疾病的临床研究”获 1986 年卫生部乙级科技成果奖。

在妇产科学的研究中，中国还完成了一次重大的技术突破。1988 年 3 月 10 日，中国诞生了第一个试管婴儿。这个婴儿诞生于北京医学院第三附属医院妇产科，该院致力于探索人类生殖奥秘和妇女围产期保健的张丽珠教授完成了这一精细的技术工作。

中国政府十分重视中医、中药人才的培养。北京中医学院自建院 30 年以来，为国家培养出男女高级中医中药人才 4841 人。江西中医实验院女主任医师李衡友擅长中医妇科及中药锥切疗法治疗早期宫颈癌。她参加研究的“三品一条抢锥切治疗早期宫颈癌”项目，获 1986 年国家中医管理局颁发的全国中医药重大科技成果甲级奖。北京师范大学生物系副主任、教授张启元在“实验性肝病变研究”项目中取得成果，相继发表的《实验性肝病变》《中医脾虚动物模型》等论文引起国内外重视。她的《脾虚问题》实验研究，曾选入 1979 年中国科学院重大成果展览。河南中医研究所临床研究室副主任陈阳春主要从事心血管病的防治研究。她的研究成果 4 次获省、部级科研奖，其中《一九七九年——一九八〇年全国高血压抽样调查》获 1982 年卫生部二等乙级奖。此外，正骨专家文云峰、针灸专家曹庆淑等人都是优秀的女中医。

在新中国，除了县以上的各级大、中、小医院外，在县以下的农村中，还有广大的医疗网。各种保健所、医疗站、卫生站星罗棋布。据 1988 年统计，全国有不脱产卫生人员 124.7 万人，其中女卫生人员（女赤脚医生）有 31 万人，占总数的 24.9%。同年，还有农村接生员 46.7 万人，均为女性。她们的工作，在农村的防病、保健与常见病的治疗中，产生着积极的影响。

在新中国，红十字诊所同样发挥着重要作用，一批红十字诊所的医生受到人们的尊敬。山东省曲阜市红十字诊所医生姜健是她们中的突出代表。姜健曾在 137 个国家参加的国际红十字会评选中获得全世界唯一的一个“国际人道主义服务荣誉奖"；她还是"国务院先进工作者"、"全国劳动模范"等称号的获得者。她在诊所工作 29 年，为孤老病人和无经济能力的人义诊 16 万余人次；夜间义务出诊 2436 人次，义务针灸 60721 人次，义务注射 116541 人。她把自己的命运与众多平民百姓的病痛疾苦联接起来，其热心济世、无私奉献的感人事迹催人泪下。

在医疗领域，还有一批医疗行政管理人员和一批既懂业务、又善管理的妇女人才。李冰是新中国抗癌事业的组织者之一，1956 年接受了筹办新中国第一座肿瘤专科医院的任务，以后，曾经长期担任中国医学科学院肿瘤医学院副院长。她对中国肿瘤防治工作的建立和发展，发挥了重要的组织协调作用。她主编有中国第一部大型肿瘤专业参考书《实用肿瘤学》以及《中华人民共和国恶性肿瘤死亡地图集》等。郑树是位既精通业务又善于管理的人才。在临床工作中，她参与研究的课题，取得了 10 多项科研成果，1984 年被任命为浙江医科大学校长后，致力于创造最佳的事业环境，让更多人才脱颖而出。她还打开校门，面向世界，同国内外医学界建立了各种联系与合作。经过几年的努力，浙江医科大学初步成为多层次、多学科的高等医学院校。郑树被选为全国第六、七届人大代表，并被美国剑桥大学名人传略中心授予"世界女名人"、"成功的领导者"的称号。此外，还有不少女医学工作者做出了突出的贡献。如谭惠英，40 年代毕业于法国巴黎医大麻醉学院。30 年来主要从事麻醉学专业与急救复苏工作。1957 年在国内首先开展人工冬眠疗法与强化麻醉，相继在全国各地普遍运用，1958 年获卫生部颁发的卫生技术革命奖，现是北京友谊医院麻醉科主任医师、首都医学院麻醉学教授、中华医学会全国麻醉学会副主任委员。她多次参加国际学术活动，发表学术论文 20 余篇。

第三节　白衣天使——护士

1949 年新中国刚成立的时候，全国仅有护士 3. 28 万。随着新中国卫生事业的发展，护士人数逐年增加，1958 年达到 13. 78 万，1966 年达到 24. 39 万，1978 年达到 40. 66 万；到 1986 年年底，全国已有护士 68. 1 万，其中绝大多数是女性。

在当代中国的护理队伍中，有一大批佼佼者，她们有的是护理界的老前辈，有的从事护理教育几十年，有的在救护工作中成绩斐然，有的在80年代荣获南丁格尔奖，还有几十万名普通女护士，默默无闻地在为广大患者服务。

任哲英、李纯苏是中国护理教育的两位先驱。生于1884年的任哲英早年毕业于美国约翰霍普金斯大学护士专业，回国后于1921年创办了第一所中国人自办的上海红十字会高级护士学校。后又创办了南洋护校、济民护校，曾任伯特利护士学校校长、中华护士学会第一任会长。新中国成立以后，她曾任上海市第二护校校长，毕生致力于护理教育事业，1960年去世。李纯苏1949年毕业于美国和加拿大护士师资进修班，曾任北京协和医院、中国红十字总会第一医院护理部主任兼护校教员等职务。新中国成立以后，她历任上海市高级护校、第一护校校长等职务。她致力于中等护士教育40年，并擅长手术室的护理工作研究，著有《手术室护理手册》等。

胡惇五、尉迟瑞兰、王琇瑛、王懿、林斯馨、潘景之、张祖华等人都是中国护理界的老前辈。她们从事护理工作几十年，在护理界声望很高。胡惇五在1930年获协和医院护士科学士学位，抗日战争期间曾任重庆战时儿童保育总会总干事。新中国成立以后，她任齐鲁大学护士专修科主任兼医院护士科主任、济南护士学校副校长等职务，为推动护理工作做出成绩。林斯馨曾任北京协和医院护理部副主任、中央人民医院和北京医学院附属人民医院护理部主任。她长于产科护理的研究，主编有《产科学及护理》一书。老护理专家王懿是儿科护理专家。1938年从英国留学回国后，曾任协和医院儿科护士长。新中国成立后，历任北京儿童医院副院长、该院护校校长、主任护师。她毕生致力于儿科临床护理及护理教育工作，曾主编《实用儿科学》护理篇，并主编《儿科护理技术操作规程和疾病护理常规》一书，为发展中国儿科护理事业做出了重要贡献。在护理界，还有一批年逾六七十岁的知名女护理专家，如陈路德、林雨、林菊英、黄爱廉、范鼎华等。林雨是协和医院护士学校名誉校长、主任护师，其与人合著的《内科学及护理》《基础护理学》，合译的《基础护理学》较有影响。林菊英历任北京医院护理部主任、主任护师、护校校长、《中华护理杂志》副总编等职，著有《医院护理管理》《老年病护理》等书。黄爱廉在新中国成立后，历任广东省第一护士学校、广州市第二人民医院护校校长等职。1979 年，她主编了全国中等卫生学校教材《基础护理学》，并为《护理心理学基础》一书的主要编写人之一。1983 年她的名字被编入联合国亚太地区教科文组织中等教育名册。

吕素英擅长中医护理的研究，是中国中医研究院卫生学校副校长。她主编和编写了《中医内科学及护理》《中医护理常规和技术操作规程》等书。1986 年她主编的《中医护理学》被评为卫生部乙级成果奖。

南丁格尔奖章是护士的国际性最高荣誉奖章，它授予各国最优秀的红十字护士、助理护士、护理工作组织者，表彰她们在平时和战时的卓越成就和献身精神。1983 年 5 月 12 日，红十字国际委员会公布了第二十九次奖章颁发通知，向 21 个国家 36 名护士颁发了南丁格尔奖章。中国护理工作者、中华护理学会副理事长王琇瑛是这次获奖者之一，她是新中国成立以来中国护理界第一个获此项荣誉的。王琇瑛 1931 年毕业于燕京大学生物系与协和医院合办的高等护士学校，曾在美国留学并获硕士学位，回国后在原校继续任教并定期在广播电台宣讲公共卫生和护理知识。抗日战争期间，她曾在成都华西大学协助恢复协和护士学校的工作。1952 年，她参加抗美援朝，赴沈阳军区举办护士长进修班，培养了一批在战地服务中有成就的护士长。后调任北京第三护士学校任校长。她现任中华护理学会科普委员会主任委员、《家庭护理》杂志主编。她以非凡的献身精神和卓越的工作成就在国际护理界获得了荣誉。1986 年 4 月，她被接纳为英国皇家护理学会会员。

1985 年，北京市红十字朝阳医院外科护士长司坤范、广州市红十字医院医护部主任梁季华、四川省泸州市红十字医院护理部副主任杨必纯获第三十届南丁格尔奖。1987 年，上海市红十字医院护士长史美黎、辽宁省肿瘤医院副主任护师张云清及天津医学院附属医院主任护师陈路德获第三十一届南丁格尔奖。至此中国获南丁格尔奖的护理工作者共 7 人。史美黎先后担任过内、外、儿、肺等科护士长，无论在哪个岗位上，都刻苦钻研，努力掌握第一流的护理技术，多次抢救了垂危病人的生命。1981 年，在抢救一位心肺复苏和昏迷14天的危重病人时，她连续加班不休息，气管内外套管9天后拔除时，管壁清洁无结痂，留置导尿14天，每天培养无细菌，终于避免感染，挽救了病人生命，创造了中国心肺、脑复苏史上的奇迹。许多专家看了史美黎的护理工作，无不称道是“第一流的护理技术”。

中国的护理工作者在工作中做出了巨大的贡献，但她们的待遇偏低，有时还得不到患者的理解与尊重。据1987年的一份调查，有一所儿科医院的216名护士中，32人患血压高，30人有胃病，一半以上的人轻重不同地患有静脉曲张。造成这种现象的一个重要原因是护士缺编，儿科护士缺编更多。有关方面大力呼吁减轻护士的工作量，增加护士数量，尊重护士的劳动。

第十四章
文艺领域中的妇女

新中国成立40余年来，中国的文艺事业无论是文艺创作、理论研究和队伍建设都取得了很大成就。在中国的文艺大舞台上，妇女是一支不可缺少的活跃力量。她们随着中国文艺事业的发展而不断成长。1949年7月，第一次全国文学艺术工作者代表大会（简称“文代会”）召开时，女代表仅有60人。1953年9月第二次全国“文代会”召开时，女代表和女列席代表共有90人。到1960年7月第三次全国“文代会”召开时，女代表已发展到250人，当选的全国委员中有32人是女性。许广平、何香凝当选为全国文联副主席。1979年冬，第四次全国“文代会”召开，女代表349人，女全国委员达69人，谢冰心、康巴尔汗当选为全国文联副主席。在1988年11月召开的第五次全国“文代会”上，女代表214人。夏菊花、才旦卓玛当选为副主席。中国文艺工作者的12个协会中，都有相当一批女会员，有的还担任主席、副主席或理事。

第一节　不断崛起的女作家群

在中国现代文学史上，有这样一个现象：女作家的产生不是一个一个地出现，而是成批地涌现。这一现象，在当代更为突出。

五四运动前后，适应民主与科学的新潮流，在反对封建伦理观念的激烈斗争中，一批女作家脱颖而出。其代表人物有谢冰心、黄庐隐、冯沅君、凌淑华以及陈衡哲、袁昌英、苏雪林、白薇等。这批女作家，较有成就的约30余人。她们的产生，使中国现代文学史上出现了一次女子文学作品的短期兴旺现象，在文学史上占有一席之地。她们中最有影响的人物是谢冰心。

谢冰心生于1900年，其文学创作生涯已有70年，是中国文学史上创龄最长的女作家。谢冰心是中国新文学的第一代开拓者，又是当代中国著名的女作家、儿童文学家、诗人和文学翻译家。她的作品在国内外有着广泛的影响。她的《寄小读者》《再寄小读者》《三寄小读者》受到不同年龄层次的几代人的喜爱，其代表作还有小说《超人》《往事》《南归》；诗集《繁星》《春水》；散文集《拾穗小扎》《小桔灯》等和收入《冰心文集》的大量佳作。此外，她还有200多万字的译著。1980年，她的小说《空巢》获全国优秀短篇小说奖。1988年7月在北京图书馆举办了“冰心文学创作生涯七十年展览”，受到各界的高度赞扬。她以自己的成就而荣任中国文化部顾问、全国文联副主席、中国作家协会书记处书记、顾问等职务。

30年代初期，在鲁迅、茅盾发起的中国左翼作家联盟中，涌现了肖红、冯铿、丁玲等一批左翼女作家。她们的作品在当时产生了积极的影响，为中国的革命文学增添了光彩。丁玲则是这批女作家中最有成就的代表者。

丁玲（1904—1986年）是杰出的无产阶级革命文艺战士，国内外享有盛誉的女作家和社会活动家。1932年，她任中国左翼作家联盟党团书记，主编左联机关刊物《北斗》杂志，1936年在延安任边区中国文艺协会主任等职，其30年代的代表作为《莎菲女士日记》。1951年，她创作的长篇小说《太阳照在桑乾河上》获斯大林文学奖。新中国成立以后，她曾任中国作家协会党组书记和副主席、《人民文学》主编、全国文联党组副书记等职务。1957年被错划为“右派”，不得不离开文坛20多年。1979年恢复名誉。在她生命的最后7年里，留下了《丁玲近作》《访美散记》《风雪人间》《魍魉世界》等近百万字的作品。1986年2月，美国文学艺术院授予她名誉院士称号。她几十年创作留下的作品，已成为中国人民宝贵的精神财富。

抗日战争前后和解放战争时期，在中国共产党的指引下，大批知识分子、文化人投入革命文艺的创作，从而又锻炼出一批女作家，如陈学昭、草明、罗叔、凤子、袁静、韦君宜、李伯钊、杨绛、白朗、彭子冈、菡子等人。她们创作的一大批作品深受读者喜爱，在文学史上占有一定的地位。

中国共产党十分关心文艺事业的发展。1949 年 7 月召开的第一次全国文学艺术工作者代表大会，为新中国文艺事业的发展指出了方向。五六十年代，老作家创作积极性很高，一批中青年女作家也开始创作了比较成熟的作品。这些女作家如杨沫、茹志鹃、宗璞、葛翠琳、刘真、柯岩、黄宗英、饶芃子、王扶等等。这批女作家的代表作《青春之歌》，《万紫千红总是春》《五朵金花》《红豆》《百合花》《小黑马的故事》《淮上人家》《小丫扛大旗》《帽子的秘密》等，在社会上产生了广泛的影响。五六十年代又是一个不稳定的年代，50 年代，中共制定的“百花齐放，百家争鸣”方针，使作家们心情舒畅，创作热情高涨。但是，1957 年反右斗争的扩大化，又抑制了这种积极性。在反右斗争中，一些女作家的作品，如宗璞的《红豆》、茹志鹃的《百合花》受到批判；丁玲、陈学昭、彭子冈等老作家被错划为“右派分子”，这对整个女作家队伍，都有不好的影响。中共的“左”倾错误到 1966 年开始的“文化大革命”中，达到了高峰。文艺界被“犁庭扫院、彻底清洗”，许多女作家受到打击、迫害，更谈不上创作的自由，因此，她们的艺术生命被迫中断。

中共十一届三中全会以后，恢复了实事求是的思想路线，提倡思想解放、百花齐放，提倡作家的创作个性。这种良好的环境使女作家在文坛上又一次成群地崛起。80 年代，中国文坛上每年约有上万个短篇、上千部中篇、上百部长篇小说、5 万多首诗歌和为数可观的散文、报告文学问世，其中女作家的作品令人目不暇接。

从数量上看，1979 年，中国作家协会刚刚恢复工作时，女会员只有几十人，1984 年女会员增加到 186 人，1985 年增加到 235 人，1986 年达到 283 人，其中从事专业创作的女作家有 110 人。1988 年，又有 41 位女性被吸收为中国作家协会会员，有 20 多位女作家担任了作协的理事。女作家队伍已成为文坛上一支不可忽视的力量。80 年代，女作家几代同堂，作品琳琅满目。中国作家协会主席张光年说：“中国的一大批忠于人民事业的老作家在漫长的文学生涯中形成的丰富的生活阅历、成熟的政治素质、深厚的艺术修养，使他们在新时期的社会主义文坛上，居于率领群芳的地位。”这批老作家中，就有不少老一辈女作家。谢冰心依然把爱奉献给孩子们以及广大读者；陈学昭出版了《浮沉杂记》等4部新作；杨沫完成了《芳菲之歌》；李伯钊的《北上》、杨绛的《干校六记》等作品，在新时期产生了较大影响。

中年女作家的涌现与成熟是中国共产党十一届三中全会以来女作家队伍中出现的一个显著特点。她们有的在五六十年代已有一定影响，有的在八十年代创作出一批力作。这批中年女作家年龄在50岁上下，她们勤奋笔耕，不断地向读者奉献出思想深刻、艺术精美的佳作。她们被认为是承前启后的一代。在创作上，她们有较强的社会责任感，艺术上也逐渐形成了各自独特的风格。女作家、女诗人柯岩饱含热泪与深情写下的诗篇《周总理，您在哪里?》打动了亿万人民的心。她的小说《寻找回来的世界》，被称为新时期中国的教育诗篇。女作家茹志鹃的《剪辑错了的故事》《草原上的小路》；航鹰的《金鹿儿》；宗璞的《弦上的梦》《我是谁》；陈愉庆的《路障》《除夕夜》；陈祖芬的《祖国高于一切》；叶文玲的《心香》；王小鹰的《金泉女与溪水妹》；温小钰的《土壤》；程乃珊的《快乐女神的故事》等等，都受到了读者的重视与好评，其中许多是获全国性的中、短篇小说奖的佳作。

中年女作家谌容与张洁的作品在文坛上引人注目。谌容现为中国作家协会北京分会理事、专业作家。自1979年以来，她有多部中、长篇小说问世。她于1980年发表的以女知识分子为题材的中篇小说《人到中年》，在社会上引起了强烈的反响，打动了千千万万读者的心。该作品曾荣获1979至1980年全国优秀中篇小说奖，并被国内评论界认为是新时期划时代的作品之一。她的中篇小说《太子村的秘密》，也曾获第二届全国优秀中篇小说奖。张洁在新时期创作了许多作品，其中《从森林里来的孩子》等作品为人称道。她还写出了反映中国工业改革内容的佳作《沉重的翅膀》。该书受到国内外读者的注目，荣获茅盾文学奖。

当代中国女子文学创作队伍中，青年女作家是一支活跃的力量。青年女作家们，用敏锐的头脑，充沛的精力，高昂的热情，投入了文学的创新与探索，她们的作品很快引起了社会的重视与欢迎。这批青年女作家，如铁凝、王安忆、张辛欣、张抗抗、凌力、舒婷、陆星儿等数以百计的文坛新秀，参与并促成了中国当代文学创作的热烈竞赛场面。

青年女作家们，大多数是从1968年全面开始的上山下乡的几千万知识青年中涌现出来的，她们被称为“知青作家”。创作初期，她们曾深刻而生动地描写过“生活过而又离开了的那些土地上”的人情、风俗、故事，进而，又同样密切地关注着自己生活中的城市，塑造了不同层次的人物形象，创作了一批好作品。青年女作家铁凝在保定市文联从事专业文学创作，1982年加入中国作协。她著有短篇小说集《夜路》，中篇小说《红屋顶》、《没有纽扣的衬衫》，长篇小说有《柳絮纷飞》。她的《哦，香雪》获1982年全国作协优秀短篇小说奖。她还参加了电视片《让历史告诉未来》解说词的撰写。青年女作家王安忆在不到十年的时间里创作字数超过百万，结集出书已有10本。她的《小鲍庄》《小城之恋》引起评论界的重视。张辛欣与桑晔合写的《北京人》引起了国内外读者的兴趣。该书先在报刊发表，1985年结集出版，又在电台广播并拍成了电视片播映。外文版《中国文学》还选择了部分篇章予以发表，并出版了包括39篇文章在内的《北京人》英文专集。它还被译成英、德、日等文字。此外，张抗抗的《塔》《淡淡的晨雾》，陆星儿的《啊，青鸟》，喻杉的《女大学生宿舍》，张玲的《车轮飞转》，女诗人舒婷的《致橡树》等都堪称佳作。

在新时期，女性的作品更具有了女性的风格。这种风格使她们从众多的作家中独立了出来。女性风格可归结为谅解、同情、爱人之心，真诚纯洁的道德感情，抒情的艺术气质，细腻的心理描写，流畅明丽的文学语言等因素的融合。在写作的内容上，“女性文学”重新出现并得到相当快的发展。一些女作家开始站在妇女的立场，从自己的切身体验出发，表现妇女的特殊问题与心理状态。这些问题，主要是婚姻自由、道德、伦理、男女两性在发展各自的事业上的平等权利、男女两性在人格上的平等权利等。许多作品，深刻表达了长期深埋在心底的无可回避的女性意识。其中的《北极光》《方舟》《祖母绿》《在同一地平线上》《我们这个年纪的梦》《我在哪儿错过了你》等作品，在妇女解放仍然是一个严峻课题的社会主义初级阶段，有着深刻的现实意义。

当代中国女作家的作品多次获奖。到1987年为止，女作家获全国性文学奖的有49人次，占中国作协女会员总人数的40%。其中获奖最多的是张洁，获奖女作家中年龄最大的是冰心，年龄最小的是铁凝和喻杉。女作家茹志鹃和其女儿王安忆1980年同时获奖，陈愉庆与丈夫马大京合作，以达理为笔名写的作品连获两次全国文学奖，被传为文坛佳话。翻译过西班牙名著《堂·吉诃德》的老作家杨绛于1986年10月获西班牙国王卡洛斯授予的“智慧国王阿方索十世勋章”。1988年，葛翠琳的《野葡萄》被评为瑞士儿童书籍国际奖中的优秀作品。

80年代，中国女作家的对外交流活动比较活跃，并为国外读者所欣赏。迄今，已有20多位女作家的作品被译成多种文字发行于世界150多个国家和地区。1982年，中国外文出版局出版了《当代中国女作家作品选》（英文版），其中包括茹志鹃、黄宗英、宗璞、谌容、张洁、张抗抗、王安忆等人的名篇。第一版印1万多册，很快销售一空，后来加印3版，仍供不应求。1985年，以王安忆的小说《本次列车终点》为书名的中国女作家10人作品选在法国出版。同年，日本研文出版社出版了《中国女作家作品选》。澳大利亚也出版了一本以《吹过草原的风》为书名的中国女作家作品选。1986年11月，在上海举行的“中国当代文学国际讨论会”上，女作家群的崛起、女作家作品的内容与风格等问题，都受到了高度的重视。

第二节　电影、戏剧界的女艺术家

一、影坛上的女艺术家

电影在中国是一门新兴的艺术，始于1905年，仅有80余年的历史。1921年，女演员殷明珠第一个以主角身份出现于银幕；1925年，谢采真成为中国第一个女导演；1926年，濮舜卿成为中国第一个女编剧。30年代，中国的电影事业曾出现过一个兴盛时期，产生了一批著名女影星。如“洁白的影星”——王莹，中国默片[①]时代最有才华的电影表演艺术家阮玲玉、王人美、胡蝶、黎莉莉、舒绣文、周璇、陈波儿、白杨、吴茵等人。王人美主演的

① 即电影发展初期阶段的无声片。

《渔光曲》，于1935年获国际电影节荣誉奖，这是中国女演员在国际上第一次获奖。40年代，张瑞芳、王丹凤、上官云珠、黄宗英、秦怡等一批女影星登上影坛，她们中许多人在新中国成立后继续从事电影表演艺术，成为受当代中国观众欢迎的著名演员。

新中国成立后，电影事业得到了迅速发展。从1949年到1965年，共生产故事片603部，科教片1980部，美术片279部，影片的艺术质量逐步提高，并出现了1959年和1963年两次发展高峰。这一时期，锻炼了一批女电影艺术人才，老一代的女影星，如白杨、张瑞芳、舒绣文、胡朋等施展了才华；于蓝、田华、石联星、王晓棠、祝希娟、杨丽坤等人受到影坛重视。由女演员饰主人公的影片《赵一曼》《白毛女》《祝福》《女篮五号》《边寨烽火》《革命家庭》《蔓萝花》《五朵金花》《红色娘子军》《舞台姐妹》《永不消逝的电波》《青春之歌》《冰上姐妹》《李双双》《槐树庄》《革命家庭》《在烈火中永生》《英雄儿女》《刘三姐》等，深为广大中国观众熟悉和喜爱。这些影片，多数在国际电影节上获过奖。

白杨是电影与话剧表演艺术家，30年代曾参加中国旅行剧团、影人剧团、中华剧艺社等进步团体，1936年因主演《十字街头》而蜚声影坛。40年代，她与张瑞芳、舒绣文、秦怡被誉为中国话剧界的“四大名旦”。她先后主演过40多部话剧和25部电影。她主演的话剧《屈原》，电影《一江春水向东流》《八千里路云和月》，被称为佳作。新中国成立以后，她主演了《为了和平》《祝福》《冬梅》等。1957年《祝福》获卡罗维·利发国际电影节特别奖。她的专著有《电影表演探索》等。她曾被选为中国两届电影家协会的副主席。

张瑞芳是一位话剧与电影表演艺术家，三四十年代演过20多部名剧。她在《屈原》中扮演的婵娟，在观众中引起强烈共鸣；在《北京人》中饰演的愫芳，《棠棣之花》中扮演的春姑，都曾轰动剧坛。1951年后，她在《南征北战》《家》《母亲》《聂耳》中饰主角；1962年又成功地在电影《李双双》中任主角，获第二届“百花奖”最佳女演员奖。以后，她又在《泉水叮咚》中饰主角，是中外有影响的表演艺术家，现任中国电影家协会名誉理事、上海电影制片厂演员剧团团长。

电影表演艺术家于蓝1985年当选为中国电影家协会副主席。她1938年从北京步行到延安参加了革命，曾在抗日军政大学、延安女子大学学习，并在鲁迅艺术学院实验剧团当演员。1946年到东北电影制片厂后，在影片《白衣战士》中饰主角。新中国成立后，在《翠岗红旗》《龙须沟》《革命家庭》《烈火中永生》中扮演主角。1981年任北京儿童电影制片厂厂长（1987年改名为中国儿童电影制片厂），现为该厂的艺术指导。在她的主持下，该厂为孩子们拍摄了不少优秀儿童片，如《四个小伙伴》《应声阿哥》《鸽子迷的奇遇》《我只流过三次泪》《少年彭德怀》等等，其中《四个小伙伴》在国际先后获得4次奖；《鸽子迷的奇遇》连获两次奖；《少年彭德怀》获葡萄牙电影节大奖。

在新的历史时期，中国的电影界结束了十年动乱中那种万马齐喑的荒凉景象。在“文化大革命”中有7年多的时间里中国未拍一部故事片，电影演员的创作才能完全被扼杀了。而从1977年到1983年的6年中，中国生产的故事片达558部，是新中国成立后的前17年生产总数的92.5%，这标志着中国的电影事业从复苏走向了新的繁荣。80年代中期，中国电影界已拥有一支50多万人的男女专业人员队伍。女演员、女导演、女配音演员、女服装设计师等数量不断增加，新秀不断涌现，她们已成为中国电影事业中的一支重要力量。新时期的影坛新秀刘晓庆、李秀明、斯琴高娃、潘虹、王馥荔、姜黎黎、龚雪、宋晓英，以及岳红、方舒等，受到了观众的好评。刘晓庆自1973年参加拍摄《南海长城》之后，陆续主演了《小花》《瞧这一家子》《潜网》《原野》《北国红豆》《心灵深处》《垂帘听政》《火烧圆明园》《大清炮队》《芙蓉镇》《春桃》等十几部影片。她扮演的女售货员、女游击队长、教授女儿、慈禧太后、勇于反抗封建婚姻的妇女、拾破烂的妇女等等，虽时代不同、性格各异，但她都善于驾驭。1979年，刘晓庆曾获第三届电影百花奖中的最佳配角奖；1987年获文化部颁发的优秀青年电影演员奖；1988年，作为《芙蓉镇》中胡玉音的扮演者，她同时摘取了第十届百花奖和第七届金鸡奖最佳女主角奖。

1986 年和 1987 年，在美国和法国，分别举办过“刘晓庆影片展”，成为国际上有影响的电影演员。

80 年代，在中国影坛上，继新中国第一个女导演王苹之后，出现了一个由 30 多位女导演组成的创作群体，拍出了一大批好的和比较好的影片，引起了人们的普遍瞩目。1986 年 5 月中国电影艺术研究中心在北京召开了“新时期电影女导演创作回顾研讨会”。与会者认为，女导演群的出现是“当代世界影坛的奇观”。这些女导演，如姜树森、董克娜、王好为、史蜀君、王君正、琪琴高娃等，都有一批力作。长影女导演姜树森在导演艺术上清新、质朴，充满着对生活的激情。1975 年到 1985 年，她先后导演了《残雪》《赤橙黄绿青蓝紫》《花园街五号》《女人的力量》等多部影片。1980 年《残雪》被评为文化部优秀影片。1984 年《花园街五号》被评为文化部优秀影片。1985 年拍摄《女人的力量》时，长春电影制片厂限她两个半月交双片。她整天拼搏在拍摄第一线，过度的疲劳和缺少睡眠，使她全身浮肿，经过 24 天的奋战，影片就拍完了，开创了拍摄史上的新纪录，受到了电影局的表扬。北京电影制片厂中年女导演王好为自 1978 年独立导演以来，连续执导了《瞧这一家子》《潜网》《夕照街》《北国红豆》《迷人的乐队》以及《失信的村庄》、《哦，香雪》等。这些影片有着时代热情和清新明快的艺术风格，显示了王好为的艺术追求。《瞧这一家子》1980 年获文化部优秀影片奖；《迷人的乐队》1986 年获第六届金鸡奖特别奖、广播电影电视部优秀影片奖；《哦，香雪》获第四十一届柏林电影节儿童片最高艺术奖。董克娜导演的《明姑娘》《相思女子客店》；史蜀君导演的《女大学生宿舍》；王君正导演的《苗苗》《森林中的头一个女人》；琪琴高娃为孩子们导演的《四个小伙伴》《小刺猬奏鸣曲》，都是在国内外有一定影响的影片。

为了推动中国电影事业的发展，《大众电影》杂志自 1962 年开始举办了电影“百花奖”。中国电影家协会自 1981 年起举办了电影“金鸡奖”到 1991 年为止，“双奖”评比中共评出最佳女主角 25 人次。有 5 位女演员获最佳女主角“双奖”①。她们是：张瑜（《庐山恋》中饰周筠）、李秀明（《许茂和他的女儿们》中饰许秀云）、斯琴高娃（《骆驼祥子》中饰虎妞）、龚雪（《大桥下面》中饰秦楠）、刘晓庆（《芙蓉镇》中饰胡玉音）。刘晓庆在百花奖第十至十二届的评选中，连续3次获最佳女主角奖；宋佳连获第十三、十四届最佳女主角百花奖。在最佳女配角评选中，王馥荔三次获最佳女配角奖，王玉梅两次获最佳女配角奖。林默予获最佳女配角“双奖”（《红楼梦》中饰贾母）。

女电影工作者获电影“百花奖”情况

表32

届　别	最佳女主角	最佳女配角	其　他
第一届 1962年	祝希娟 《红色娘子军》中饰 吴琼花		
第二届 1963年	张瑞芳 《李双双》中饰 李双双		王苹 （最佳导演） 导演《槐树庄》
第三届 1980年	陈冲 《小花》中饰 赵小花	刘晓庆 《瞧这一家子》 中饰张岚	
第四届 1981年	张瑜 《庐山恋》中饰 周筠		
第五届 1982年	李秀明 《许茂和他的女儿们》 中饰许秀云		
第六届 1983年	斯琴高娃 《骆驼祥子》 中饰虎妞	姜黎黎 《赤橙黄绿青蓝紫》 中饰叶芳	
第七届 1984年	龚雪 《大桥下面》 中饰秦楠	王馥荔 《咱们的牛百岁》 中饰菊花	
第八届 1985年	吴玉芳 《人生》中饰 刘巧珍	王玉梅 《高山下的花环》 中饰梁大娘	

① 即因演一部片子而同时获得“百花奖”、“金鸡奖”两个奖的最佳女主角称号。

续表

届　别	最佳女主角	最佳女配角	其　他
第九届 1986 年	方舒《日出》中饰 陈白露	王馥荔《日出》 中饰翠喜	
第十届 1987 年	刘晓庆 《芙蓉镇》中饰 胡玉音	徐宁 《芙蓉镇》中饰 王爪辣 丁嘉丽 《山林中头一个女人》 中饰大力神	
第十一届 1988 年	刘晓庆 《原野》 中饰金子	吕丽萍 《老井》 中饰喜凤	
第十二届 1989 年	刘晓庆 《春桃》中饰春桃	巩俐 《代号美洲豹》 中饰阿丽	
第十三届 1990 年	宋佳 《庭院深深》 中饰章含烟、方丝萦	林默予 《红楼梦》 中饰贾母	
第十四届 1991 年	宋佳 《落山风》 中饰素碧	伍宇娟 《龙年警官》 中饰仲小妹	

女电影工作者获电影“金鸡奖”的情况

表 33

届　别	最佳女主角	最佳女配角	其　他
第一届 1981 年	张瑜《庐山恋》 中饰周筠 《巴山夜雨》 中饰刘文英		茅为蕙《巴山夜雨》 中配角集体奖 向隽殊（配音特别奖）
第二届 1982 年	李秀明 《许茂和他的女儿们》 中饰四姑娘	贺小书 《被爱情遗忘的角落》 中饰菱花	张暖忻 （导演特别奖） 导演《沙鸥》
第三届 1983 年	潘虹 《人至中年》 中饰陆文婷 斯琴高娃《骆驼祥子》 中饰虎妞	郑振瑶 《城南旧事》 中饰宋妈	

续表

届 别	最佳女主角	最佳女配角	其 他
第四届 1984 年	龚雪 《大桥下面》 中饰秦楠	宋晓英 《十六号病房》 中饰刘春桦	
第五届 1985 年	李羚 《黄山来的姑娘》 中饰龚玲玲	王玉梅《谭嗣同》 中饰慈禧 丁一《黄山来的姑娘》 中饰大妈	
第六届 1986 年	岳红《野山》 中饰桂兰	王馥荔《日出》 中饰翠喜	王苹《中国革命之歌》 导演特别奖
第七届 1987 年	刘晓庆《芙蓉镇》 中饰胡玉音		
第八届 1988 年	潘虹《井》 中饰徐丽莎	吕丽萍《老井》 中饰喜凤	
第九届 1989 年	徐守莉《欢乐英雄》、 《阴阳界》 中饰玉蒜	—	
第十届 1990 年	—	林默予《红楼梦》 中饰贾母	
第十一届 1991 年	奚美娟《假女真情》 中饰王玉娟	—	

中共十一届三中全会以来，中国已有更多的优秀影片走向世界，其中包括一些由女导演执导或以女性为主人公的影片。1980 年，陈冲主演的《小花》获南斯拉夫索波特第九届为自由而斗争电影节最佳女演员奖。琪琴高娃导演的《四个小伙伴》获意大利第十二届季福尼国际儿童和青年电影节最佳荣誉奖。张瑞芳主演的《泉水叮咚》两次获奖，即第十三届季福尼国际儿童电影节最佳影片奖和第三届印度国际新青年电影节最佳影片奖。史蜀君导演的《女大学生宿舍》1984 年获第二十四届卡罗维·发利国际电影节导演处女作比赛奖。此外，妇女在配音、美术设计、服装设计等方面都出现了优秀人才。女电影服装设计师赵茹华是设计清宫服装的行家，中国影片《火烧圆明园》《垂帘听政》《末代皇帝》《西太后》以及《中华武术》《侠女十三妹》《火龙》《神跤甄三》《大清炮队》中，特色各异的服装都是她设计的。

电视艺术与电影艺术有着十分密切的联系。与电影艺术相比，电视艺术起步更晚，但它的发展却很快。1980 年到 1985 年获电视飞天奖的电视剧、电视艺术加工节目、电视连续剧、电视小品等共 105 个，其中凝聚着许多女艺术家的辛勤劳动。突出的，如蔡晓晴导演的《蹉跎岁月》获优秀导演奖；杨洁导演的《西游记》获特别奖。肖雄、相虹、范艳华、迟莲、王玉梅、郑拜、宋丹丹等荣获优秀女演员、女配角奖。1982 年到 1985 年，电视金鹰奖的获奖节目共 50 个。评出的最佳女演员有肖雄、王馥荔、秦怡、相虹、茅善玉、任梦、李维康、朱琳。最佳女配角有王玉梅、洪学敏、李婉芬。姚锡娟、张桂兰被评为最佳配音演员。女舞台服装设计师史延芹曾为《武松》《林冲》《鲁智深》等多部电视连续剧设计服装。她为电视连续剧《红楼梦》设计的服装，充分显示了不同人物的性格特点，仅《元妃登舟》一场，就有 50 多个品种，700 多套服装。这些服装曾作为艺术品展出，深得中外观赏者的喜爱。北京电视艺术中心女导演林汝为改编导演的《四世同堂》被中国广播电视部授予特别奖，她因此成为 1985 年中国国内十大新闻人物之一。

中国电视艺术家协会成立于 1985 年 4 月。该会书记处书记徐宏虽居领导岗位，但不辍笔耕。她与人合作的电视连续剧《华罗庚》，她创作的电视报告文学《展开生命的翅膀》都曾获奖。她还组织领导了电视连续剧《四世同堂》的拍摄工作。女导演邓在军从事电视编导工作已有 28 年的历史。她编导、录制、转播的电视专题文艺节目已近 1000 台。在中国电视事业开创初期，条件很差，但她克服困难，编导了一批高质量的电视节目，如《东方红》《宝莲灯》《天鹅湖》等。进入 80 年代，她又把主要精力放到了主办专题文艺节目和重要节日的晚会上。1982 年，她主导的春节联欢会给观众留下了深刻的印象，在首届电视文艺星光奖中获得最佳节目奖。1987 年，她又担任了 1988 年春节联欢会的总导演。

二、戏剧舞台上的女艺术家

中国戏曲有着悠久的历史，种类繁多，风格各异。主要戏曲剧种有京剧、昆剧、评剧、曲剧、沪剧、越剧、粤剧、豫剧、冀剧、晋剧、吕剧、黄梅戏、川剧、藏戏等 33 个种类。在中国戏曲界，产生了一批优秀女艺术家。

在旧中国，广大戏曲艺人社会地位低下。新中国成立以后，戏曲艺术工作者成了国家的主人。他们遵照“百花齐放，推陈出新”的方针，对中国的传统剧目进行了大量挖掘、整理、继承、革新。从1956年到1957年，在不到一年的时间里，全国就发掘了上万个并整理了4223个剧目，上演了其中的1052个剧目。与此同时，各种公办的专业剧团纷纷诞生，上演了《将相和》《梁山伯与祝英台》《白蛇传》《羌奴传》《杨门女将》《天仙配》《刘巧儿》等一批享誉中外的优秀剧目。60年代初期，戏曲改革取得了可喜的成绩。1964年在北京举办了全国京剧现代戏观摩演出，参加演出的《芦荡火种》《红灯记》《奇袭白虎团》《红嫂》《黛诺》《朝阳沟》《李双双》等37个剧目，是传统戏曲艺术表现现代社会生活的一次成功探索。在这一改革中，锻炼了一批优秀女演员。

十年动乱中，江青一伙用革命现代戏的成就为自己树碑立传，他们只准上演少数几部“样板戏”，扼杀了其他剧目，使戏剧舞台出现了“一花独放、百花凋零”的局面。粉碎“四人帮”以后，戏剧舞台逐步出现了新气象。老一辈的艺术家重新焕发了艺术青春，常香玉、关肃霜、李伯钊、袁雪芬等人先后当选为中国戏剧家协会的副主席，戏曲界的新秀也不断涌现。

为发现培养戏剧界的新秀，《戏剧报》编辑部从1983年开始主办“戏剧梅花奖”评奖活动，对45岁以下的优秀中青年戏剧演员进行奖励。到1985年为止，三届评奖活动中，共评出获奖演员48人，其中女演员28人，占58.4%。她们的演技深得戏剧爱好者们的褒扬。

在影响面最广的中国京剧舞台上，有一批闻名中外的女表演艺术家。如老一代的关肃霜、杜近芳、赵燕侠、梅葆玥；中年的齐啸云、洪雪飞、刘长瑜、李维康、孙毓敏，以及一批受到国内观众喜爱的新秀。年逾六旬的女京剧表演艺术家关肃霜14岁学艺，一年后就登台演出。不久，即以演出《铁弓缘》闻名剧坛。1959年，她带着《战洪州》《白蛇传》等戏进京演出，获庆祝建国十周年献礼演出一等奖。田汉、夏衍、梅兰芳等老一辈的戏剧家也给予了高度评价。关肃霜较好地继承了京剧旦角的表演艺术，但又文武兼备，生旦俱佳。她在继承众家之长的基础上，又加以发展，形成了明快、沉稳、含蓄、自然的“关派”艺术风格。在赴莫斯科参加第六届青年联欢节时，荣获两枚金质奖章。由她主演的《铁弓缘》曾拍成京剧艺术片，获第三届电影百花奖最佳戏曲片奖。她曾任云南省京剧院院长、中国剧协副主席。杜近芳是“梅派”青衣，自幼学戏。50 年代主演过《白蛇传》《柳荫记》《谢瑶环》《嫦娥奔月》等几十出京剧。她曾多次随中国艺术团出国表演，在国际上受到赞誉。京剧艺术家赵燕侠，在几十年的艺术实践中成功地塑造了多种性格的妇女形象，在海内外很有影响。1980 年，她到美国访问演出，受到好评，荣获马萨诸塞等三州、市的荣誉市民证书。已故京剧艺术大师梅兰芳的女儿梅葆玥是著名的京剧老生。齐啸云是中国著名的、唯一的京剧女花脸。洪雪飞因主演现代戏《沙家浜》中的阿庆嫂而驰名戏坛，刘长瑜因主演现代戏《红灯记》中的李铁梅而深受好评，她们俩人在新时期都曾荣获戏剧梅花奖。唱做俱佳的李维康是 1987 年春节前夕在北京举行的首都中青年京剧演员“振兴杯”电视大奖赛评出的十佳演员之一。23 岁的刁丽则在这次大赛上一举夺魁，列于“十佳”之首。在新时期的京剧舞台上，孙毓敏被称为巾帼英雄。十年动乱中，她受到迫害致使双足粉碎性骨折和腰椎瘫痪，缠绵于病榻达五年之久。但她以顽强的毅力，经过长期艰苦的锻炼，又出现在首都的舞台上，几年来，仅《红娘》一戏，就主演了 500 多场。1983 年她获北京京剧会演特别奖、优秀表演奖，1984 年获梅花奖。

评剧是广泛流传于中国北方各省的一个剧种。在当代评剧界，最负盛名的女表演艺术家有“白派”的小白玉霜、新凤霞、筱玉霜以及“喜派”的李忆兰等人。白玉霜在 30 年代是著名的“评剧皇后”“白派”评剧艺术的创始人。小白玉霜在其母亲的影响下，酷爱评剧艺术，12 岁开始演戏，16 岁挑班演出。她全面继承白派的唱腔艺术，擅长演悲剧，演唱舒展流畅、婉转动人。1949 年转入中国评剧院，主演过《秦香莲》《杜十娘》《朱痕记》《小女婿》《苦菜花》《罗汉钱》等戏，在京津地区享誉甚高。1967 年在“文化大革命”中不幸被迫害致死。新凤霞 13 岁登台演出，主演过《三笑点秋香》《玉堂春》等传统戏。她 1951 年因成功地扮演了坚决反对买卖婚姻的农村姑娘刘巧儿而蜚声剧坛，以后主演过现代戏《金沙江畔》《祥林嫂》《杨三姐告状》，传统戏《花为媒》《无双传》等。在长期的艺术实践中，她形成了玲珑剔透、甜美婉转的新派唱腔，对丰富和发展评剧艺术颇有贡献。筱玉霜曾得小白玉霜和新凤霞等名师指教，擅长于把评剧各派唱腔同其他门类的表演艺术巧妙地融于一体，曾主演过几十出现代戏和传统戏，是中国评剧院中深得观众喜爱的优秀演员。年逾七旬的著名评剧表演艺术家喜彩莲在30年代被称为“时代艺人”。她善于塑造《卓文君》《梁红玉》《凤还巢》《十三妹》《孔雀东南飞》等剧中不同类型的人物形象，形成了独特的艺术风格。1986年，中国剧协北京分会等3个单位联合主办了“庆祝著名评剧表演艺术家喜彩莲舞台生活六十周年”演出活动。多年来，她精心培养后辈。著名评剧演员李忆兰偏爱“喜派”，50年代，求师于喜彩莲。80年代，李忆兰的学生也已散布在全国各评剧院、团。

北京的曲剧是1951年由表演艺术家魏喜奎等人首创的新戏种。在周恩来总理的多次关怀下，它得到了很快的发展。1957年在莫斯科举行的第六届世界青年联欢会上，魏喜奎在东方歌唱比赛中获金质奖章，是中国曲艺艺术第一次在世界上获奖。她从艺五十余年，不断学习，勇于创新，为发展曲艺及曲剧艺术做出了重要贡献，在中国北方曲艺界颇负盛名。由她改编演出的曲剧有《杨乃武与小白菜》《啼笑姻缘》；曲剧现代戏《柳树井》《罗汉钱》《苦菜花》等。

上海及江浙一带是越剧的故乡。由于它特殊的唱腔及表演风格，许多男性角色均由女性扮演，因此，优秀女演员甚多。在三四十年代就逐渐成熟，在新中国又做出新成就的越剧十大名家有袁雪芬、尹桂芳、姚水娟、范瑞娟、徐玉兰、王文娟、傅全香、戚雅仙、金采凤、竺水招等人。她们有的独创一派，造诣精深；有的长期合作演出，堪称珠联璧合；有的功底坚实，戏路宽广。其代表人物袁雪芬致力于越剧的改革，吸收了多种表演艺术的成就，自成一派。新中国成立后，她主演了《梁山伯与祝英台》《白蛇传》等传统剧目，重新改编了《祥林嫂》《秋瑾》，还主演了一批现代戏。她从艺半个世纪，为越剧的繁荣发展做出了突出贡献，享誉国内外。在新的历史时期，一批新秀出现在越剧舞台上。1983年，一支平均年龄才18岁的青年演员组成的越剧“小百花”演出团在浙江、北京等地进行了汇报公演。她们演出的《五女拜寿》等戏令人耳目一新。

常香玉是著名豫剧表演艺术家。她10岁即登台演出，13岁时演《西厢记》一举成名，1942年曾为河南灾民募捐义演，1948年创办香玉剧社。1951年为支援抗美援朝，她曾用演出款项捐献“香玉剧社号”飞机1架，获“爱国艺人”之称。在多年的艺术实践中，她独创豫西新腔，成为豫剧中一支主要流派。其代表剧目有《花木兰》《拷红》《白蛇传》《破洪州》《朝阳沟》等。1981年，文化部、中国剧协与河南省有关单位共同举办了“常香玉舞台生活五十年纪念会”。她还自筹资金10万元，设立了“香玉杯”艺术奖，旨在奖励优秀的戏曲人才。

粤剧表演艺术家红线女在广东、广西、港澳地区及东南亚一些国家颇负盛名。她12岁学戏，40年代初逐渐成名，1945年后在东南亚许多国家演出。1955年回国加入广东省粤剧团，她大胆吸收京剧、昆曲、歌剧、西洋歌唱技巧，形成堪称“龙头凤尾”的“女腔”，是当代粤剧界流传最广泛的唱腔流派。她演出的代表剧目有《关汉卿》《搜书院》《李香君》《昭君出塞》《山乡风云》等。在1959年莫斯科举行的第六届世界青年联欢节上，获古典音乐金质奖章。现为中国剧协广东分会副主席、广东粤剧院副院长、广东粤剧团艺术总指导。

沪剧表演艺术家丁是娥、黄梅戏表演艺术家严凤英、川剧表演艺术家陈书舫、晋剧表演艺术家丁果仙、冀剧表演艺术家李桂云、吕剧表演艺术家郎咸芬等人，都是知名的剧坛女杰。

与古老的戏曲不同，在中国，话剧是一门年轻的艺术。新中国成立以后，话剧有了很大发展。在剧本创作、导演、演员中都出现了妇女人才。已故的中国著名的女戏剧家李伯钊，1931年秋到瑞金中央革命根据地，先后任红军大学政治教员、《红色中华》编辑、高尔基戏剧学校校长、中央苏维埃政府教育部艺术局长，参加过长征。新中国成立以后，她曾任北京人民艺术剧院院长、中央戏剧学院副院长、中国戏剧家协会副主席等职。她的代表作有歌剧《长征》、话剧《北上》等。著名女话剧导演艺术家、戏剧翻译家孙维世，

1935年在上海参加中国左翼戏剧家联盟。1938年在延安参加话剧《团圆》演出，1946年毕业于苏联莫斯科戏剧学院。新中国成立后，她曾导演过《保尔·柯察金》《钦差大臣》《万尼亚舅舅》《同甘共苦》《大雷雨》《黑奴恨》等名剧，翻译作品有剧本《一仆二主》《第二次爱情》及著作《斯坦尼拉夫斯基导演课程》。她还培养出郑振瑶、游本昌等一批优秀演员。她创立的总导演制等制度为促进中国话剧事业的发展做出了贡献。十年动乱中她被迫害致死。在新时期的话剧创作中，中国青年艺术剧院的编剧白峰溪善于写妇女题材。她与人合作的《撩开你的面纱》，在国庆三十周年演出中获创作二等奖。以后接连推出了“女性三部曲”，其中《明月初照人》《风雨故人来》分别获第一、第二届《十月》文学奖，《不知秋思在谁家》被列为1986年优秀剧目。她现为中国戏剧家协会理事。中国青年艺术剧院院长、中国戏剧家协会理事陈颙是一位优秀女话剧导演，50年代留学于苏联。回国后她先后在北京人民艺术剧院、中国儿童艺术剧院、中国青年艺术剧院任导演。她导演的剧目有话剧《喝延河水长大的》以及《父辈的少年时代》《伊索》《费加罗的婚礼》《猜一猜，谁来吃晚餐》等世界的著名话剧。1958年，她曾获法国“巴黎公社之友”协会及“茹尔瓦莱斯文学会”授予的荣誉会员称号。1985年导演的《本报星期四第四版》获文化部现代戏调演导演奖。

在话剧界，还出现了朱琳、澹台仁慧、李婉芬、方掬芬等一批优秀演员。李婉芬是北京人民艺术剧院从事演出30多年的优秀女演员。她曾在《骆驼祥子》《女店员》《千万不要忘记》《咸亨酒店》中成功地塑造了不同的妇女形象。1985年在电视连续剧《四世同堂》中成功地扮演了“大赤包”，深受观众喜爱，获1986年电视金鹰奖的最佳女配角奖。她亦擅长写作，所创作的话剧《老师啊，老师》在庆祝新中国成立30周年献礼演出中获创作及表演三等奖；曾改编话剧《遛早的人们》。方掬芬是优秀儿童剧表演艺术家。她主演过众多深受儿童喜爱的儿童剧，如《小白兔》《马申卡》《喜哥》《十二个月》《以革命的名义》《报童》等，并培养出一批优秀儿童剧演员。她致力于中国儿童剧事业的发展，年近花甲仍然活跃在舞台上。1982年，她担任中国儿童艺术剧院副院长，1986年出版自传体著作《漫长的童年》。

第三节　女音乐家与舞蹈家

中国共产党高度重视音乐舞蹈事业的发展。早在抗日战争时期，中国共产党在延安就开办了“鲁迅艺术学院”等院校，其中有很多女学生。一批深受群众喜爱的女艺术家，由此培养出来，其中包括女歌唱家王昆、李波等。王昆 1944 年在延安“鲁艺”学习。1945 年，在主演第一部中国大型歌剧《白毛女》时获得成功而出名。她还演出了《兄妹开荒》《夫妻识字》等秧歌剧，深受解放区群众喜爱。60 年代，她担任东方歌舞团的独唱演员。80 年代为东方歌舞团团长，曾出访过 20 多个国家，为增进中外艺术交流做出了贡献。1986 年，她被授予巴基斯坦“卓越明星”勋章。在东方歌舞团期间，她还为培养发现歌坛新秀做了不懈的努力。与王昆同期成名的女歌唱家郭兰英，善于把传统戏曲艺术中的唱功与做功融化到新歌剧中，曾在《小二黑结婚》《刘胡兰》《白毛女》《窦娥冤》等歌剧中担任主角，塑造了栩栩如生的妇女形象。她还演唱了《南泥湾》《翻身道情》等大量具有浓郁民族风格和鲜明地方色彩的陕北民歌。她是中国人民最喜爱的歌唱家之一，其艺术成就还被载入《苏联大百科全书》。

新中国成立以后，从解放区、国统区以及海外归来的女歌唱家、音乐家们汇聚一堂，形成了中国女音乐家队伍的骨干力量。在 50 年代，北京、上海等大城市建立了音乐学院，各省、自治区、市也建立了音乐院校。各种艺术团体中，老艺术家培养新生力量形成风气，这就使五六十年代，中国出现了一批蜚声乐坛的女音乐人材。如：著名歌唱家喻宜萱、郎毓秀、高芝兰、周小燕、张权、刘淑芳、于淑珍、马玉涛、才旦卓玛，作曲家谷建芬、瞿希贤，指挥家郑小瑛，二胡演奏家闵惠芬等。

喻宜萱、高芝兰、周小燕、张权，都是早年留学国外，在新中国成立后回到祖国的著名音乐家。喻宜萱回国后被聘为中国音乐学院教授兼声乐系主任，她唱的歌在五十年代流传甚广，如中国民歌《跑马溜溜的山上》《牧羊姑娘》《长城谣》，外国歌曲《小夜曲》《摇篮曲》等。多年来，她致力于组建一支高水平的音乐师资队伍，编写了系统的声乐教材，曾培养出了李双江、黎昌信、龚敏、田鸣等著名歌唱演员。高芝兰回国后在上海音乐学院任教。她通晓英、法等6国语言，能演唱多种中外名曲，是中国人演唱《茶花女》的第一位女主角。她培养的学生胡晓平在国际音坛的比赛中曾捧回两块金牌。周小燕是著名的女高音歌唱家、声乐教育家，1945年在法国成功地演出了《蚌壳》等歌剧，被称为“中国的夜莺”。她曾多次出访演出，在国外有较大影响。她现任上海音乐学院副院长、中国音乐家协会副主席。她培养的詹曼华等5名歌唱家，在国内外重大比赛中连连获奖。张权是中国音乐学院歌剧系教授，1942年毕业于重庆国立音乐学院并留校任教。她主演的中国歌剧《秋子》，轰动了山城。1949年到美国留学，获音乐文学硕士学位及音乐歌唱家、歌剧艺术家等学衔。回国后曾主演歌剧《茶花女》和民族歌剧《兰花花》。1964年在北京举行独唱音乐会，连演10多场，场场爆满。

五六十年代已经崭露头角的一批女音乐家在创作力正旺盛的时候，遇到了十年动乱，艺术生命受到摧残。在新的历史时期，她们又重整旗鼓，以全力弥补10年的损失，做出了新的成就。瞿希贤和谷建芬是当代中国著名的女作曲家。1948年瞿希贤毕业于上海国立音乐专科学校，她在中央乐团创作组工作已有40年。50年代，她创作的《全世界人民心一条》，不仅在国内家喻户晓，在第二、三届青年联欢节上，也成为各国青年沟通情感的语言。由她谱写的歌曲《全世界无产者联合起来》《听妈妈讲那过去的事情》《当代中国之歌》等均获国内的一等奖。几十年中她创作了大量为群众所熟悉的作品，1986年4月，在北京举办了“瞿希贤作品音乐会”，深受听众欢迎。谷建芬在60年代主要创作舞蹈音乐。70年代后期开始以创作声乐曲为主。她的《年轻的朋友来相会》等22首歌曲获全国优秀歌曲奖，《马拉松之歌》被国家体委确定为北京国际马拉松邀请赛的会歌，《年轻的朋友来相会》被联合国教科文组织评为优秀歌曲教材。1984年，她还发起组织了“中央歌舞团声乐艺术培训中心”。到1986年，培训的9名学员中已有6名在全国声乐赛坛上获奖。

郑小瑛是当代中国第一位女指挥家，中央歌剧院首席指挥。60年代留学期间，她就在苏联莫斯科剧院指挥意大利著名歌剧《托斯卡》，之后又先后指挥了《阿依古丽》《护花神》《夕鹤》《茶花女》《卡门》等中外大型名歌剧300余场。她还应邀在澳大利亚、香港等地任客座指挥，被誉为中国音乐界的女中骁将。1985年，她荣获法国文学艺术荣誉奖章。

二胡演奏家闵惠芬演奏的《江河水》，1963年曾获"上海之春"二胡演奏比赛第一名。以后在美国、法国、加拿大等国演出，享有盛誉。1981年她患癌症后，曾做过6次大手术，进行了15次化疗。手术后她以顽强的毅力坚持锻炼，1987年她重返舞台并获奖，受到观众的高度赞扬。作有《洪湖人民的心愿》《阳关三叠》等二胡曲。

80年代以来，中、青年女音乐家成批登上舞台。据中国音协统计，到1986年为止，参加音协的女会员共有815人，占会员总数的23%。周小燕、瞿希贤和才旦卓玛还当选为中国音协的副主席。于淑珍、关牧村、朱逢博、李谷一、殷秀梅、郑绪兰、彭丽媛、胡晓平、梁宁、迪里拜尔、汪燕燕、赵茜、温燕青、詹曼华、蔡妮、苗青、曹群等女音乐家，有的在国内享有盛名，有的在国际上争得了名次。从1981年到1987年，中国女音乐家在比较大的国际音乐比赛中有21人次获奖，一些年青女演员以美妙的歌声推翻了"只有欧洲歌唱家才能达到欧洲音乐高峰"的错误观点，使美声唱法中也有了中国女子的声音。在这些获奖者中，赵茜的小提琴独奏曾两次获奖；梁宁的独唱两次获奖。在国际比赛中获第一名的女歌唱家有胡晓平、詹曼华、梁宁、汪燕燕、苗青、曹群等。

此外，80年代有相当一些人喜爱流行歌曲，一批长于通俗唱法的女歌手也应运而生。

新中国成立后，舞蹈艺术得到了迅速发展。为了培养舞蹈人才，从中央到地方相继建立了各种具有不同特色的舞蹈表演团体和舞蹈学院。北京、上海等大城市的舞蹈学校和舞蹈表演团体还聘请有经验的舞蹈家吴晓邦、戴爱莲、康巴尔汗等人为艺术指导，使新中国出现了一批优秀的女舞蹈人才。

中国女音乐家在国际比赛中部分获奖项目

（1981—1987）

表34

年　度	姓　名	参加项目	比赛地点	所在单位	获奖情况
1981	赵　茜	第二届瓦斯拉戈·胡姆尔国际小提琴比赛	南斯拉夫	中央乐团	特殊奖
1981	叶　英	第十届里约热内卢国际歌唱比赛	巴西	中央音乐学院	三等奖
1981	杨行璧	第十届里约热内卢国际歌唱比赛	巴西	中央音乐学院	最佳钢琴伴奏奖
1982	夏小曹、胡　健、赵羽儿、王燕薇	英国朴茨茅斯第二届国际弦乐四重奏比赛（女子）	英国	中央音乐学院	评委会主席奖
1982	胡晓平	第二十届布达佩斯“柯达伊—艾凯尔”国际声乐比赛	匈牙利	上海乐团	一等奖及特别奖
1982	温燕青	第二十届布达佩斯“柯达伊—艾凯尔”国际声乐比赛（歌剧演唱赛）	匈牙利	中央音乐学院	特别奖
1982	刘如莹	全美手风琴比赛	美国	中央音乐学院	第一名
1983	施　琼	澳大利亚广播公司器乐、声乐比赛	澳大利亚	中央音乐学院	小提琴冠军
1984	梁　宁	第一届米丽娅姆·海林国际声乐比赛	芬兰	广州乐团	女声组第一名
1984	迪里拜尔	第一届米丽娅姆·海林国际声乐比赛	芬兰	中央音乐学院	女声组第二名

续表

年 度	姓 名	参加项目	比赛地点	所在单位	获奖情况
1984	张建一	第三届维也纳国际歌剧歌唱家比赛	奥地利	杭州歌舞团	共获第一名
1984	詹曼华	第三届维也纳国际歌剧歌唱家比赛	奥地利	上海音乐学院	共获第一名
1984	蔡 妮	第二十二届布达佩斯国际音乐比赛	匈牙利	中央音乐学院	钢琴伴奏奖
1985	梁 宁	美国费城"帕瓦洛蒂"国际声乐比赛	美国	广州乐团	优胜者奖
1985	叶 英	美国费城"帕瓦洛蒂"国际声乐比赛	美国	中央音乐学院	优胜者奖
1985	赵 茜	第一届梅纽因国际小提琴比赛	法国	中央乐团	特别奖
1985	汪燕燕	第十二届里约热内卢国际歌唱比赛	巴西	中央乐团	维拉·格卜斯金牌奖
1985	郑小瑛	法国政府颁发艺术推动奖	在北京颁发	中央歌剧院	法国文学艺术荣誉勋章
1985	苗 青	第三十一届图卢兹国际歌咏比赛	法国	中央歌剧院	第三名
1985	赵碧璇	第十二届里约热内卢国际歌唱比赛	巴西	中央音乐学院	最佳钢琴伴奏奖
1985	王峥嵘	卢布林利斯基和维尼亚夫斯基国际青年小提琴比赛	波兰	中央音乐学院	第二名
1986	苗 青	兰斯市法国声乐比赛	法国	中央歌剧院	第一名
1986	曹 群	第三届大格里姆斯比国际歌唱家比赛	英格兰	北京歌舞团	一等奖

续表

年 度	姓 名	参加项目	比赛地点	所在单位	获奖情况
1987	张凤宜	第二十五届弗朗西斯科·维尼亚斯国际声乐比赛	西班牙	中央歌剧院	二等奖（一等奖空缺）

五六十年代，首先是民族舞蹈得到了长足发展，众多民族舞蹈作品纷纷登上舞台，中国的舞坛出现了一个五彩缤纷、百花争艳的局面。从 1949 年至 1962 年，中国以女舞蹈家为主在国际舞蹈表演中的获奖节目有 28 个，其中有集体舞《大秧歌舞》《红绸舞》《西藏舞》《荷花舞》《采茶扑蝶舞》《花鼓舞》《挤奶员舞》《草笠舞》等；还有一些独舞，如：资华筠表演的《飞天舞》，崔美善表演的《孔雀舞》，舒巧表演的《剑舞》，陈爱莲表演的《春江花月夜》《蛇舞》等。这些具有浓郁民族特色的舞蹈，在很长一段时间内都保持着较强的艺术魅力。1957 年，经过改革与创新，反映中国民族风格的大型舞剧《宝莲灯》《小刀会》等登上舞台，使中国的民族舞剧得到了进一步发展，也锻炼出一批女演员。

50 年代后期，中国开始进一步学习与引进欧洲的芭蕾舞。女舞蹈家们为此付出了艰苦的劳动。她们成功地参加了古典芭蕾舞名剧《天鹅湖》《海峡》等的排练演出，使芭蕾舞艺术在中国生了根，填补了中国舞坛的一个空白。1964 年，女舞蹈家们又参加排演了一批反映中国革命历史题材的芭蕾舞剧《红色娘子军》《白毛女》等，使芭蕾舞艺术在民族化的道路上迈出了可喜的一步。这一时期涌现的芭蕾舞演员白淑湘等，深受观众喜爱。

五六十年代，中国已有一批成熟的女舞蹈家，到 80 年代，她们仍然在为中国舞蹈事业的发展而努力，其中许多人挑起了培养新生力量的重担。当代中国著名老舞蹈家、中国舞蹈协会主席戴爱莲青少年时代曾在英国学习芭蕾舞九年，1940 年只身回国，先后在香港、重庆为抗战募捐义演。她是中国新舞蹈艺术的开拓者之一，中国第一个舞蹈团团长。她在新中国成立以后先后创作演出了《人民胜利万岁大歌舞》《建设祖国大秧歌》，其创作的《荷花舞》《春游》《飞天》在多次世界青年联欢节上获奖。1978 年英国泰晤士电视台拍摄了以她为特写的电视纪录片，1981 年英国伦敦皇家舞蹈学院为她竖立了半身雕像。1982 年，她被选为联合国科教文组织国际舞蹈委员会副主席。与戴爱莲同期的老舞蹈家还有盛婕等人。盛婕 30 年代曾在上海俄国俱乐部学习芭蕾舞。后从师于著名舞蹈家吴晓邦。抗日战争时期，吴晓邦、戴爱莲、盛婕在重庆举行联合演出，盛婕表演的独舞有《流亡三部曲》、双人舞《送郎上前线》，三人舞《合力》等。戴爱莲 1945 年赴延安，在鲁迅艺术学院工作，1949 年创作的《大歌舞》曾获奖。1950 年，她任中国青年艺术剧院舞蹈团副团长，1953 年筹建北京舞蹈学校，1956 年以后从事舞蹈研究工作，曾任中国舞蹈研究会秘书长、中国舞协副主席，现为舞协顾问。

资华筠、陈爱莲等一批新中国自己培养的女舞蹈家在国内外也颇有影响。她们以自己独特的风格、精湛的演技为观众带来了美的享受，也为中国妇女增添了光彩。资华筠属于新中国培养的第一代舞蹈家。她 1950 年考入中央戏剧学院附属舞蹈团少年班学习，1955 年参加第五届世界青年联欢节，她表演的《友谊舞》和《飞天》获二等奖、三等奖。1980 年在第一届全国独舞、双人舞比赛中获优秀表演奖。她能掌握中国各民族不同风格的舞蹈，以端庄、典雅的台风，优美、舒展的造型获得观众的赞赏。她的自传《舞蹈和我》一书已出版。她现任中国艺术研究院舞蹈研究所所长，并被授予菲律宾民间舞蹈家协会终身会员。陈爱莲是北京舞蹈学校的第一批学员。学生时期，她就成功地主演了舞剧《张羽与琼莲》《鱼美人》，以后又在《小刀会》《红旗》《文成公主》中担任主角。1962 年在第八届世界青年联欢节舞蹈比赛中，她表演的《春江花月夜》和《蛇舞》都获金质奖章。1980 年在第一届全国舞蹈表演赛开幕式上，她示范表演的《霓裳羽衣舞》获特邀舞蹈家优秀表演奖。1980 年在北京举办了首届陈爱莲舞蹈晚会。赵青是中国文化部公布的全国一级艺术家之一。她于 1951 年考入中央戏剧学院舞蹈团。曾成功地表演过《滑冰舞》《西班牙舞》。1957 年，她主演了大型民族舞剧《宝莲灯》，成功地塑造了“三圣母”的形象。十年动乱夺去了她的艺术年华，1976 年以后，她重新奋起，自编自演了大型舞剧《剑》、双人舞《梁山伯与祝英台》《长绸舞》《霸王别姬》等，并主办了“赵青舞蹈作品晚会”。她现任中国舞蹈家协会副主席、上海舞蹈家协会副主席。著名舞蹈家舒巧1957年演出的《剑舞》在第七届世界青年联欢节上获铜质奖章。1959年与人合作创作大型民族舞剧《小刀会》并饰主角，该剧被拍成电影。1962年与人合作创作了舞剧《后羿与嫦娥》，1979年重排时改名为《奔月》。该剧将中国古典舞、芭蕾舞、现代舞融为一体，对民族舞剧的创作与革新进行了成功的尝试。演出时轰动舞坛，在国内外演出颇受好评。芭蕾舞表演艺术家白淑湘，1960年考入北京舞蹈学校学习芭蕾舞，是中国第一个演白天鹅的女舞蹈家。1962年访缅甸演出的《天鹅湖》《海峡》等轰动仰光，演出数十场，颇受欢迎。1963年以后，她主演了中国第一部现代芭蕾舞剧《红色娘子军》、现代舞剧《杜鹃山》《沂蒙颂》《草原儿女》等，1980年参加第一届全国舞蹈比赛示范演出，获优秀表演奖。1982年访菲律宾演出，获表演奖。现任中国中央芭蕾舞剧团副团长、中国舞蹈家协会副主席。

进入80年代，中国的舞蹈事业得到了恢复和较快的发展。到80年代中期，中国已有一支数万人的舞蹈工作者队伍，其中妇女约占60%。在新时期，一批新秀登上了舞坛，并在国际比赛中取得了成绩。这批新秀有汪齐凤、唐敏、李莹等人。

汪齐凤是上海芭蕾舞团的青年演员，1980年毕业于上海舞蹈学校。同年赴日本大阪参加第三届日本国际芭蕾舞比赛获第十四名，这是中国第一次在国际芭蕾舞比赛中演员获奖。1982年赴美国杰克逊城参加美国第二届国际芭蕾舞比赛，获“特别优秀表演奖”。1984年赴巴黎参加第一届国际芭蕾舞比赛，获“巴黎歌剧院发展协会奖”。她表演过《关不住的女儿》《吉赛尔》《拿波里》《唐·吉诃德》《海峡》《爱斯米娜达》等中外芭蕾舞剧中的双人舞，并成功地塑造了中国现代芭蕾舞剧《雷雨》中四凤的形象。她是中国舞蹈家协会理事。青年芭蕾舞演员唐敏，1979年以优异的成绩毕业于北京舞蹈学院，同年入中央芭蕾舞团。在校期间，她担任了《天鹅湖》《舞姬》及中国芭蕾舞剧《家》中的主角，崭露才华。在中央芭蕾舞团，她先后主演了《天鹅湖》；中国舞剧《鱼美人》《唐·吉诃德》，均获好评。她1984年参加在日本大阪举行的第四届国际芭蕾舞比赛获二等奖，1985年参加在莫斯科举行的第五届国际芭蕾舞比赛获最佳表演技巧奖，1986年在保加利亚瓦尔纳举行的国际芭蕾舞比赛中获二等奖，现是中央芭蕾舞团主要演员。北京舞蹈学院的女学员李莹，1985年在美国第十三届洛桑国际舞蹈比赛中获约翰逊基金一等奖，1986年在保加利亚第十二届瓦尔纳国际芭蕾舞比赛中获少年组第一名。中国青年一代演员在芭蕾舞国际比赛中连获奖励，标志着中国的舞蹈艺术推进到了一个新的阶段。

80年代，民族舞蹈有了新的发展，其代表作《丝路花雨》《满族舞》《编钟舞》深为观众欢迎。在这批舞蹈的创作、表演中，一批舞坛新秀得到锻炼，逐步成长起来。

中国女舞蹈家在国际舞蹈比赛中获奖情况
（1949—1986）

表35

年　度	姓　名	参赛项目名称及所在地	舞蹈名称	所在单位	获奖情况
1949	集体表演	匈牙利布达佩斯第二届世界青年与学生和平友谊联欢节	大秧歌	中国青年文工团	特别奖
1951	集体表演	民主德国柏林第三届世界青年与学生和平友谊联欢节	红绸舞	中国青年文工团	一等奖
1951	集体表演	民主德国柏林第三届世界青年与学生和平友谊联欢节	春游	中国青年文工团	一等奖
1953	集体表演	罗马尼亚布加勒斯特第四届世界青年与学生和平友谊联欢节	荷花舞	中国青年文工团	二等奖
1953	集体表演	罗马尼亚布加勒斯特第四届世界青年与学生和平友谊联欢节	采茶扑蝶舞	中国青年文工团	二等奖
1955	资华筠	波兰华沙第五届世界青年与学生和平友谊联欢节	友谊舞	中国青年文工团	二等奖

续表

年　度	姓名	参赛项目名称及所在地	舞蹈名称	所在单位	获奖情况
1955	资华筠	波兰华沙第五届世界青年与学生和平友谊联欢节	飞天	中国青年文工团	三等奖
1957	崔美善	苏联莫斯科第六届世界青年与学生和平友谊联欢节	孔雀舞	中国青年文工团	金质奖章
1957	单文瑞等	苏联莫斯科第六届世界青年与学生和平友谊联欢节	春到茶山	中国青年文工团	银质奖章
1957	刘翠玉等	苏联莫斯科第六届世界青年与学生和平友谊联欢节	织女穿花	中国青年文工团	银质奖章
1957	于颖、贾士铭等	苏联莫斯科第六届世界青年与学生和平友谊联欢节	花鼓灯	中国青年文工团	银质奖章
1957	左哈拉	苏联莫斯科第六届世界青年与学生和平友谊联欢节	盘子舞	中国青年文工团	银质奖章
1957	左哈拉	苏联莫斯科第六届世界青年与学生和平友谊联欢节	铃舞	中国青年文工团	银质奖章
1957	加米娜	苏联莫斯科第六届世界青年与学生和平友谊联欢节	种瓜舞	中国青年文工团	银质奖章
1957	白文芬	苏联莫斯科第六届世界青年与学生和平友谊联欢节	双人孔雀舞	中国青年文工团	银质奖章
1957	毛相	苏联莫斯科第六届世界青年与学生和平友谊联欢节	双人孔雀舞	中国青年文工团	银质奖章
1957	王佩英	苏联莫斯科第六届世界青年与学生和平友谊联欢节	牧笛	中国青年文工团	银质奖章
1957	吕艺生	苏联莫斯科第六届世界青年与学生和平友谊联欢节	牧笛	中国青年文工团	银质奖章

续表

年 度	姓 名	参赛项目名称及所在地	舞蹈名称	所在单位	获奖情况
1957	舒巧等	苏联莫斯科第六届世界青年与学生和平友谊联欢节	剑舞	中国青年文工团	铜质奖章
1957	呼和格日勒	苏联莫斯科第六届世界青年与学生和平友谊联欢节	挤奶员舞	中国青年文工团	铜质奖章
1959	梁素芳	奥地利维也纳第七届世界青年与学生和平友谊联欢节	春江花月夜	中国青年文工团	金质奖章
1959	阿依吐拉	奥地利维也纳第七届世界青年与学生和平友谊联欢节	摘葡萄	中国青年文工团	金质奖章
1959	集体	奥地利维也纳第七届世界青年与学生和平友谊联欢节	采红菱	中国青年文工团	银质奖章
1959	集体	奥地利维也纳第七届世界青年与学生和平友谊联欢节	花伞舞	中国青年文工团	银质奖章
1962	陈爱莲	芬兰赫尔辛基第八届世界青年与学生和平友谊联欢节	春江花月夜	中国青年文工团	金质奖章
1962	陈爱莲	芬兰赫尔辛基第八届世界青年与学生和平友谊联欢节	蛇舞	中国青年文工团	金质奖章
1962	莫德格玛	芬兰赫尔辛基第八届世界青年与学生和平友谊联欢节	盅碗舞	中国青年文工团	金质奖章
1962	集体	芬兰赫尔辛基第八届世界青年与学生和平友谊联欢节	草笠舞	中国青年文工团	金质奖章
1982	汪齐凤	美国杰克逊城第二届国际芭蕾比赛	唐·吉诃德	上海芭蕾舞团	特别优秀表演奖
1984	唐敏与张卫强（男）	日本大阪第四届国际芭蕾比赛	天鹅湖	中央芭蕾舞团	二等奖
1984	汪齐凤与王才军（男）	法国第一届巴黎国际芭蕾比赛	唐·吉诃德 艾思米拉达	上海芭蕾舞团	特别奖

续表

年度	姓名	参赛项目名称及所在地	舞蹈名称	所在单位	获奖情况
1985	李莹	美国纽约第十三届洛桑国际舞蹈比赛	海盗基训	北京舞蹈学院	约翰逊基金一等奖
1985	唐敏	苏联莫斯科第五届国际芭蕾比赛	睡美人	中央芭蕾舞团	最佳表演技巧奖
1986	刘世英	日本第三届琦玉国际舞蹈创作大奖赛	鸣凤之死	成都歌舞团	皇冠金杯奖
1986	李莹	保加利亚第十二届瓦尔纳国际芭蕾比赛	花节海盗	北京舞蹈学院	少年组一等奖
1986	唐敏与欧鹿（男）	保加利亚第十二届瓦尔纳国际芭蕾比赛	海盗 唐·吉诃德	中央芭蕾舞团	成年组第二名

第四节　其他女艺术家

中国妇女在文化艺术的各个领域都留下了足迹，取得了成就。

在杂技界，夏菊花是一位著名的表演艺术家。她6岁就开始习艺，功底深厚。新中国成立后，她从江湖艺人而成为人民演员，演技有了飞跃。她创造了“双层双飞燕拐子顶夹碗”、“单飞燕拐子顶夹碗”等高难度动作，将顶碗这个有千年历史的传统节目，推向了更加精湛的高度，博得了国内外观众的好评，1957年在莫斯科举行的第六届世界青年联欢节杂技比赛中获金质奖章。她出访30多个国家，给外国朋友留下了美好的印象。1981年当选为中国杂技艺术家协会主席。40余年来，在老一辈杂技艺术家的辛勤培育下，大批青少年女演员迅速成长。武汉市杂技团15岁的新秀李莉萍，1983年在摩洛哥第九届蒙特卡洛杂技比赛中获首奖——金小丑奖，为中国争得了荣誉。她表演的“顶碗”，动作优雅、细腻，柔中有刚，具有浓厚的东方艺术美，其动作难度与当年夏菊花的表演不相上下。河南省郑州市杂技团的青年演员孔红文表演的《椅子顶》，1984年在第一届全国杂技比赛中获唯一的一块金牌，该节目在1985年举行的摩洛哥第十一届蒙特卡洛杂技比赛中获“银小丑”奖。中国杂技团演员成文群是北京杂技界成氏五兄妹之一。她多次出国访问演出，其代表节目有武术、引狮子、戏蟾、抖筌竹等，表演难度很大，她却演得轻松愉快，受到国内外观众好评。1986年，安徽省杂技团表演的女子“排椅”，上下7名演员，全都是十五六岁的小姑娘，而过去这一表演最底层的均为男演员，她们开创了女子杂技表演的先例。

在深受广大群众欢迎的曲艺界，也有一批女人才。据中国曲艺家协会统计，1986年，女会员有273人，女理事有30人，著名京韵大鼓女艺人骆玉笙当选为中国曲艺家协会主席；著名女评书演员刘兰芳当选为中国曲协副主席。骆玉笙4岁学艺，少年时代曾学过京剧、二簧。1931年改唱京韵大鼓，舞台生涯60多年。新中国成立之前，她以演唱悲曲为主，代表曲目有《剑阁闻铃》《红梅阁》《击鼓骂曹》等。她嗓音甜美，音域宽广，抒情感人，曾被誉为“金喉歌王”。她磨砺多年，形成了北方曲坛独具一格的“骆派”京韵大鼓。新中国成立后，她积极演唱新曲目，她表演的《英雄黄继光》《长征》《正气歌》《卧薪尝胆》等，颇具时代特色。在新的历史时期，她为电视连续剧《四世同堂》配唱的插曲《重整河山待后生》气势磅礴、震人心弦，获得亿万观众的好评。她的代表曲目《剑阁闻铃》在向国庆三十周年献礼时曾荣获一等奖。她除坚持演出外，还热心地把自己的经验传授给中青年演员，培养出了陆传琴、刘春爱等高徒。刘兰芳是著名女评书演员。她在电台录播了7部中、长篇评书，她说的评书《岳飞传》在群众中广为流传。她与别人改编整理的评书达700万字，出书5部。她还创作、播讲了多部现代题材的评书和反映儿童生活的评书。她创作的《姑娘万岁》获1986年全国曲艺新曲（书）目比赛一等奖。她还经常深入工矿、农村、前线为广大工农兵演出，她的足迹遍布十几个省、市。到1986年止，她为观众演出已达1300多场。1984年，她担任了辽宁省鞍山市曲艺团团长。

在美术、书法人才辈出的中国，妇女界也不乏佼佼者。曾任中国美术家协会主席的何香凝和现任中国美协副主席的周思聪，都是有名的女画家。郁风、胡絜青、曾杏绯、冯忠莲、王叔晖、吴青霞等，都有较高的知名度。何香凝不仅是一位著名的女革命家，也是一位知名女画家。1934 年，她在上海呼吁全国知名画家捐赠作品，举办义卖画展，慰劳抗日战士。新中国成立以后，擅用鲜明的笔调描绘祖国的壮丽河山。她精心绘制的巨幅国画《万古长青图》，为人称颂。中年女画家周思聪曾受教于著名老画家叶浅予和蒋兆和，1963 年从中央美术学院国画系毕业后，在北京画院从事创作。她的主要作品有《人民和总理》《正午》《日出而作》《矿工》《荷》《山区公路》等。《人民和总理》获建国三十周年全国美展一等奖；《正午》获第六届全国美展铜质奖。出版有《卢沉周思聪作品集》《周思聪画人体》等。其作品在国外多次举行过画展。女画家郁风是中国美术家协会书记处书记、中国美术馆展览部主任。她曾创作油画、水彩画、漫画、宣传画、插图等多种美术品。80 年代以来主要从事国画创作，所画《春风吹又生》于 1982 年获法国沙龙美展金质奖。1987 年，她曾与周思聪等 8 位女画家在中国美术馆举行了“二月九人美展”。作家老舍的夫人胡絜青是一位著名画家，1951 年正式拜齐白石为师，深得真传。她的画风自然清秀、刻意求新，其作品曾在历届全国和北京市美术展览中展出并被选入《中国妇女画选》《中国女画家作品选》《中国画》等画册。她与北京老画家一起为民族文化宫、北京饭店合作多幅大型壁画。她的国画在各地博物馆、纪念馆均有收藏。1980 年在香港举办了个人画展。所绘的一套《菊花》邮票获最佳奖状。女画家冯忠莲专攻北派山水和工笔人物画，并擅长古画临摹。1962 年，她开始了临摹著名宋代古画《清明上河图》的工作，十年动乱中被迫停笔，1976 年秋开始恢复工作，1980 年完成。此画长 527.8 厘米，人物达 800 多个，堪称一绝。王叔晖长于连环画和古典仕女画，其代表作有连环画《西厢记》《孔雀东南飞》《梁山伯与祝英台》，以及《红楼梦》组画中的《林黛玉》《王熙凤》《史湘云》等。《西厢记》连环画 1963 年获全国连环画比赛一等奖。《西厢记》邮票获 1983 年全国邮票设计一等奖及最佳邮票作者奖。女画家曾杏绯的绘画以牡丹、玉兰、芍药等花卉为主，她的没骨花卉在全国女画家中名列榜首。吴青霞长于画鱼，其作品曾多次参加国际展览。1983 年，意大利欧洲学院授予她荣誉院士称号。在油画、版画、壁画、农民画等方面，也都有一批优秀女画家。陕西省户县农民女画家李凤兰刻苦学画、练画，她的作品主题鲜明、感情真挚、构图新颖、色彩鲜艳，有浓郁的乡土气息。她的画有几千幅，有许多参加了大型画展，受到好评。

在书法界，年届八旬的肖娴与游寿，年逾古稀的周昭怡和肖琼，都是有名的老书法家。肖娴自幼随父、著名书法家肖铁珊学书法，13 岁时曾为广州新百货公司落成典礼书写对联，遂有“粤海神童”之称。1932 年其篆书《临碣石颂》刊于《当代名人书林》。她 80 岁时，南京市文联曾为其举办书展。中共十一届三中全会以后，她义务为全国各地的博物馆、名山寺院、旅游胜地写了大量书联，加上为支援灾区、修复长城、为儿童和残疾人基金会筹款而撰写的书联，约达 1000 件。1984 年，南京电视台拍摄了记载她一生艺术生涯的电视片《大笔豪情》。1985 年《肖娴书法选》出版。周昭怡的书法以颜真卿书法为根底，兼采诸碑之长，形成了自己雄强而秀逸的风格。现今桃源县的桃花源公园碑亭、岳麓书院碑记、黄河碑林以及岳阳楼、天心阁等 10 多处的楹联匾额，都有她的书迹，并有《周昭怡楷书帖》出版。妇女在书法方面后继有人。1986 年“三八”节举办的“全国妇女书法篆刻展览会”，有 230 多位妇女的作品参展。其中以中青年妇女的作品居多。她们的书法以功夫深，格调高雅见长，显示了女书法家们继承传统、重视基础的书风。林岫和娄正刚是女书法家中的新秀。林岫能写多种书体，尤长行草，其作品多次在国内报刊发表，并参加过国内外书法作品展览，1984 年获全国科技人员书法篆刻竞赛一等奖和神剑书法展特别优秀奖。年仅 20 岁的青年女书法家娄正刚，从小酷爱书法，12 岁时，文化部专门安排她为日本书道家代表团作书法表演，受到日本行家称赞。1986 年，她到日本攻读东方美术史，并在日本举办展览，展出的上百幅作品被高价争购。

工艺美术界也是中国妇女一显身手之地。她们在雕塑、刺绣、景泰蓝制作、编织工艺、服装设计、剪纸和其他民间艺术等方面都取得了突出的成就。在雕塑方面，已故老雕塑家王静远早年毕业于法国里昂艺术学院雕塑系，是中国第一个去法国学习雕塑的妇女，也是中国第一位女雕塑家。她第一个为孙中山先生雕塑了铜像。她的作品刻画细致、栩栩如生，形成了自己独特的风格。她曾任中央美术学院教授。新中国成立以后，一批雕塑女艺术家在成长。中央美术学院雕塑研究室有10位女雕塑家，占该室人员的1/3。她们从1955年毕业后，同男雕塑家一起，先后创作了《辽沈战役纪念碑》《中国人民志愿军纪念碑》《宋庆龄像》《军民一致、官兵一致》等大型作品以及北京各个体育馆场内外的人物雕塑等。中共十一届三中全会以后，她们又创作了大批新作品。如张德蒂雕刻的《丁玲像》《张权像》《刘巧儿像》，铜质浮雕《东方的邀请》；杨淑卿雕刻的高达15.7米的《郑成功》立像；张德华的石雕《飞吧！鸽子》，木雕《向往》等。1986年，中国美术家协会主办了8位女雕塑家作品展览，共展出她们用不同材料雕刻的新作90多件，展示了她们的艺术才华。

中国的闽南漳浦县，号称“剪纸之乡”，在那里有一对年逾古稀的剪纸两姐妹黄素和黄匏。黄素的剪纸构图新颖严密，擅长于人物、花卉和鸟兽，作品细腻雅秀；黄匏的剪纸，构图大方不羁，不受框框的束缚，擅长于山水和“戏出”，作品豪放粗犷。60多年来，她们的作品在万件以上。青年女农民倪秀梅是黑龙江省方正县的一位剪纸新秀。她初中毕业后开始学习剪纸，几年中先后在多家报纸杂志发表作品230多幅。有20幅获奖。以后她又开始研究撕纸艺术。1986年7月，她的撕纸作品《森林卫士》《斗鸡》在县文化馆一露面，就引起省美术界的高度重视。她的作品有的进了首都展览馆，有的被外宾收藏。她已被中国剪纸研究会、黑龙江省剪纸研究会、中国美术家协会黑龙江分会吸收为会员，并当选为当代农民书画研究会理事。

中国妇女在刺绣方面大显身手，她们巧夺天工的杰作博得了国内外观赏者赞誉。江南绣女、双面三异绣大师任嘒闲是其杰出代表。任嘒闲1935年毕业于丹阳正则艺术专科学校刺绣科。她根据素描的原理，创造了虚实针方法，绣出的人像和小猫、小狗恰似素描，但比之更生动。1957年，她绣的《列宁接见农民代表》作为中国国礼送给苏联纪念十月革命40周年。1985年，她指导制作的双面三异绣《查尔斯王子与戴安娜王妃》，轰动了亚太地区北京博览会。1986年，她指导制作的《英女王伊丽莎白二世像》作为国礼赠送给英国女王。1988年，已过古稀之年的任嘒闲获得了“中国工艺美术大师”称号。

在摄影艺术中，中国妇女也做出了贡献。老摄影工作者侯波1946年开始从事摄影工作。她1949年任中南海摄影记者，在跟随毛泽东多年的摄影生活中，所拍照片曾被报刊、画册广泛刊载。其中《毛主席和韶山中学师生在一起》《毛主席和亚非拉朋友在一起》，曾获全国新闻摄影一等奖。1978年以后她拍的《永乐宫壁画》《西周文物》等珍贵照片，多数印成画册在国内外发行，1985年与吕厚民、吕湘在美国举办了摄影展览会。

在新的历史时期，一批中青年女摄影工作者十分活跃。1983年10月，中国摄影家协会同全国妇联共同主办了《全国女摄影工作者作品展览》，共展出优秀作品200幅。这些作品表现手法多样，刻画人物细致入微。其代表作《曙光照进农家》《面壁十年图破壁》等受到观众好评。女摄影工作者李兰英、司马小萌等，以她们的作品给观众留下了深刻的印象。李兰英是位中年女摄影家，她的作品在国际比赛中多次获奖，代表作有《画家入画》《颐和园烟雨》《鱼美人》《旋律》《青春》《天鹅湖畔》《展翅》等。中年摄影工作者司马小萌能运用多种摄影技巧表现主题，首创以新闻摄影为主的批评性专栏《十字街头》受到读者欢迎。1980年以来，她每年发表的新闻照片都在300张以上，其中1980年拍摄的《十字街头》（一组）、1982年拍摄的《冠军属于谁》被评为当年的全国好新闻照片，并出版有专著《摄影指导》。

第十五章
中国妇女与体育运动

旧中国的体育事业极其落后。长期受封建礼教束缚的中国妇女，参加体育运动的人很少，要想在国际比赛中取得成就，更是难上加难。中国最早出国参赛的女运动队是女子排球队。1930 年，由各地女学生中选拔出来的运动员组成的中国女排东渡日本参赛，因技术素质太差而败北。30 年代，杨秀琼曾获女子百米自由泳和仰泳全国冠军，当时名噪一时，被人称为“美人鱼”。但在旧社会恶势力的胁迫下，她凄惨地死去。

新中国成立以后，中国共产党和人民政府重视发展体育事业。40 余年来，中国已从一个体育事业极其落后的国家发展成为一个亚洲体育强国，并朝着世界体育强国奋进。在这一历程中，女子体育事业有了突出的发展。妇女群众的体育活动在城乡逐步开展，妇女体育队伍素质不断提高，女运动员以顽强的拼搏精神创造了中国历史上从未有过的成绩，在体坛上展现了“龙凤呈祥凤先飞”的局面。她们的成就，在当代中国体育历史上写下了宝贵的一页。

第一节　发展中的群众性女子体育运动

50 年代，中国妇女参加体育锻炼的主要是城市中的青年女学生和女职工，锻炼的项目多是广播体操、跑步、打篮球、游泳等。60 年代，纺织女工操遍及城市工厂，对提高广大女工的身体素质起了很好的作用。进入 80 年代，随着妇女自主意识、审美观念的增强，生活方式的改变，从青年到老年，妇女们参加体育锻炼的积极性更加高涨，健身活动朝着加大强度、健与美相结合的方向发展。马拉松赛、冬季游泳等大强度的项目已为中国妇女所涉足。群众性体育运动的传统项目气功、太极拳、太极剑等受到广大中老年妇女的欢迎。80 年代后期，上海陆鸿斌创建的以健身为目的的老年迪斯科舞，在上海、北京、哈尔滨、南京、昆明等大城市流行，受到广大工人、知识分子、家庭妇女、离退休老干部的欢迎。北京的戚玉芳所创造的女子健美操也在 40 万中青年妇女中得到推广。1987 年，湖北沙市参加健美操锻炼的女职工达 1 万多人，占该市女职工总数的 1/7。80 年代后期，在各大公园、街头、庭院中，每天清晨，都有很多妇女坚持气功健身锻炼。在群众性的体育活动中，天津市“三八健康杯体育通讯赛”引人注目。1982 年举办第一届比赛时，有 13 万妇女参加；到 1988 年第七届比赛时，参加的妇女人数已超过 100 万人。比赛的项目主要是踢毽子、仰卧起坐、跳绳、举重物、投沙袋等简便易行而又为群众喜爱的项目。

40 余年来，在农村妇女中群众性的体育运动也有很大发展。朝鲜族妇女的荡秋千、跳翘板，广东顺德县妇女的龙舟赛都是传统的运动项目。50 年代末，山西省万荣县裴庄 5 个生产队的女青年组织了海鸥女子锻炼队，开展了以篮球为主要项目的体育运动。1960 年，该队还派代表出席了全国文教群英会，她们为亿万农村妇女做出了榜样。贵州省台江县东风大队的苗寨姑娘，冲破传统习俗组织了篮球队，由于球艺较高，两次作为先进集体出席了全国运动会。在这些先进典型的带动下，农村妇女积极参加了游泳、打球、体操等体育活动，参加的人数逐渐增多。1982 年，天津市举办第一届“三八健康杯体育通讯赛”时，农村妇女参加的人数很少，到 1988 年举行第七届比赛时，农村妇女已达 33 万，占参赛人数的 1/3。

农村群众性体育活动的开展，为选拔培养优秀运动员奠定了良好的基础。获得女子竞走世界冠军的徐永久、中国女排原队长曹慧英、中国女子跳水世界冠军李艺花、女子乒乓球冠军焦志敏、女子柔道世界冠军高凤莲等人，都是乡村中涌现出来的体育明星。

在群众性的体育活动的发展过程中，体育家庭不断出现。1984 年 2 月，被评为全国模范体育家庭的有 295 户。他们的代表 60 人在北京受了奖。还有 16 个省、市、自治区评选了省、市级模范体育家庭 600 多户。他们中有工人、农民、知识分子、干部及城市居民。体育进入千家万户，对妇女儿童身体素质的提高起了良好的作用。

第二节　女运动员的贡献

新中国成立以后，中国女运动员队伍不断扩大，素质不断提高，对中国体育运动事业做出了重大的贡献。据国家体委统计，仅 1981 至 1986 年，全国发展女子等级运动员 15.4 万人。1983 年，中国有女子运动健将 12780 人，有 185 人获得“体育运动荣誉奖章”。1986 年，又发展女子运动健将 478 人，占当年发展男女总数 1093 人的 43.7%。1985 至 1986 年，中国共有国际级运动健将 112 人，其中女子 55 人，占 49%。自 1979 年由首都北京各新闻单位联合举办全国“十佳”运动员评选活动以来，到 1987 年，有 42 名女运动员当选，占男女运动员总数的 46.6%。

中国女运动员在国际竞技场上顽强拼搏、锐意进取，建立了光辉的业绩。在新中国成立后的 38 年中，中国运动员共获世界冠军 300 个，其中女子冠军 138 个，占总数的 46%。1961 至 1978 年获女子世界冠军 12 个；1979 至 1987 年获女子世界冠军 126 个，后 8 年是前 17 年总和的 10.5 倍。其中 1987 年女子冠军数占男女冠军总数的 56%；1988 年女子冠军数占冠军总数的 68%。从 1956 至 1987 年，中国运动员创造和超过世界纪录共 340 次，其中女运动员打破、创造和超过世界纪录 162 次，占 43.8%。从 1974 至 1978 年，中国运动员创造和超过世界纪录共 31 次，全部为女运动员所包揽。由于女运动员吃苦耐劳、有顽强的拼搏精神，在许多项目上虽然起步较晚，但发展很快，其速度超过了男运动员，在一些项目中出现了“龙凤呈祥凤先飞”的动人场面。

著名田径运动员郑凤荣从小擅长跳高。1954 年，她以 1.45 米的成绩打破全国女子跳高纪录；1957 年，以 1.77 米的成绩打破了由美国运动员保持的 1.76 米的世界女子跳高纪录，成为中国第一个田径项目上打破世界纪录的运动员，也是第二次世界大战以后打破田径世界纪录的第一个亚洲人，被称为“宣告中国体育运动春天降临的一只燕子”。

50 年代末、60 年代中，是中国跳伞运动的黄金时代。1958 年，国家跳伞队赫建华、耿桂芳、崔秀英 3 名女运动员第一次创造跳伞世界纪录。此后直到 1965 年，中国共有 37 人 29 次创造世界女子跳伞纪录。其中梅严、赫建华曾经 6 次创造世界纪录。

1961 年，在第二十六届世界乒乓球锦标赛中，云南选手邱钟惠第一个夺得女子单打冠军。到 1987 年为止，中国共有 25 名女运动员获 30 次世界冠军。从 1975 到 1989 年，中国乒乓球女队蝉联了女子团体九连冠的优异成绩。这在世界乒乓球史上是前所未有的。从 1979 至 1989 年的连续 5 届世界乒乓球锦标赛中，中国女子乒乓球队共夺得女子单打、女子双打、混合双打、女子团体赛 17. 5 个冠军中的 16. 5 个，成绩显赫。1981 年，在第三十六届世界乒乓球锦标赛中，她们和男队员共同创造了由一个国家男女队包揽了全部 7 项冠军的纪录。这是世界乒乓球赛 55 年历史中最好的纪录。中国乒乓健儿被祖国人民称为“人民功臣”“祖国之光”。

1963 年，著名女射箭运动员李淑兰首次打破女子射箭世界纪录。李淑兰 1962 年成为射箭全国冠军。1963 年至 1966 年，她先后 17 次打破世界纪录，成为中国射箭运动史上打破世界纪录最多的优秀运动员，1979 年后，她连任中国射箭协会副主席，曾 4 次获国家体委颁发的体育运动荣誉奖章，1986 年获国家级教练称号。在射箭比赛中，到 1983 年止，中国共有 12 名运动员 40 次创造世界纪录。1987 年，在第三十四届世界射箭锦标赛上，山东女运动员马湘君获女子个人全能冠军，这在中国射箭史上是第一次。

1975 年 5 月，中国女子登山队运动员潘多作为中国登山队副队长，率领男运动员从东北山脊登上了 8848. 13 米的珠穆朗玛峰，成为中国第一个登上世界最高峰的女运动员。在此之前，潘多于 1959 年曾登上海拔 7546 米的慕士塔格山；1961 年登上了海拔 7595 米的公格尔九别峰，与女运动员西绕共同创造了女子登山当时的最高世界纪录。她曾 3 次获得国家体委颁发的体育运动荣誉奖章。她从 1979 年起连任中华全国体育总会副主席、1980 年任江苏省无锡市体委副主任。

1978 年，张爱玲获得中国第一个羽毛球女子世界冠军，并与李方合作夺得了中国第一个羽毛球双打世界冠军。此后，到 1987 年，在历届世界锦标赛、世界杯赛和“尤伯杯”世界女子团体锦标赛中，中国女运动员共获得 25 个世界冠军。在 1987 年举行的第五届世界杯锦标赛和第七届世界杯赛上，韩爱萍、李玲蔚分别获得女子单打冠军，林瑛/关渭贞和李玲蔚/韩爱萍分别获得女子双打冠军。这两个项目的冠军是自 1983 年以来一直被中国运动员所保持的。1987 年，女运动员史方静与队友配合为混合双打项目首次摘取世界之冠做出了贡献。1979 年，解放军选手马燕红在第二十届世界体操锦标赛上获高低杠第一名，成为中国第一个女子体操世界冠军获得者。

80 年代，是中国体育运动发展和取得成就的黄金时代。1980 年，河南选手巫兰英第一个获得女子射击项目的世界冠军，并同冯梅梅、邵伟萍共同连续 3 次获得女子双向飞碟团体冠军。到 1987 年，已有 11 人获得了 13 个冠军，其中包括吴小旋在第二十三届奥运会上夺得的女子小口径标准步枪射击冠军。

1981 年 11 月，中国女子排球队在日本的名古屋举行的世界杯赛中首次夺魁，成为中国“三大球”赛中第一个获得世界冠军的队。这一成绩轰动国内外，被列为当年世界体育的十大新闻之一。从那以后，到 1987 年，中国女排在世界重大比赛中夺取了“五连冠”的光辉成就。

这一年，陈肖霞、史美琴在女子跳水项目中分别夺得跳台、跳板跳水第一个世界冠军。到 1987 年止，中国女运动员在一系列国际大赛中共获得 14 个冠军，其中周继红在第二十三届奥运会上夺得了女子跳台跳水金牌。1987 年，女运动员许艳梅在第五届世界杯跳水比赛中获得跳台世界冠军；女运动员高敏获跳板跳水冠军。

1981 年，曾建华、印武获得了第一个女子技巧双人世界冠军；冯艳芳、蔡玉和刘英媚获女子 3 人全能冠军。到 1987 年已有 14 人获女子技巧世界冠军 11 个。

1982 年，四川姑娘刘适兰获国际象棋联合会授予的国际象棋最高称号——特级大师，进入了世界八强，这在亚洲是第一次。同年，还有姜杰第一个打破航空模型世界纪录。她是中国唯一打破航模世界纪录的运动员。

1983 年，徐永久获得第一个女子田径项目——竞走的世界冠军，徐永久、阎红、于和平、关平还夺得了女子团体冠军。到 1987 年，中国女运动员已 17 次刷新世界纪录和创造最好成绩，1984 年，在国际女子竞走比赛中，徐永久和阎红又成为中国首次打破世界 5000 米、1 万米场地竞走纪录的运动员。

1984 年，在联邦德国举行的击剑世界杯赛中，女剑手栾菊杰获得花剑（A 级）冠军，同年在二十三届奥运会上为中国夺得了第一枚金牌，成为 60 年来第一位登上奥运会击剑宝座的东方姑娘。

1986 年，农家女高凤莲在第四届世界柔道锦标赛中荣获冠军，成为中国柔道史上第一个冠军获得者，同年，刘世和、王军在世界蹼泳锦标赛上首次为中国蹼泳夺得了世界冠军。

1987 年，在首届世界女子举重锦标赛上，中国女运动员黄晓瑜、曾新玲、崔美红、蔡军等 9 人一举获得全部 27 块金牌中的 22 块，并创 22 项世界新纪录，名列各队之首。这一年，在国际重大比赛中，中国运动员共获 69 个世界冠军，其中女子获 41. 5 个，占总数的 60. 1%。

1988 年，中国运动员在国际重大比赛中，共获世界冠军 54 个，其中女子获 36. 5 个，占总数的 67. 6%。

1989 年，中国运动员在国际重大比赛中共获世界冠军 82 个，其中女子获 49. 5 个，占总数的 60. 4%。

在国际象棋项目中，女运动员一展风采。从 1982 到 1991 年，中国先后涌现出国际特级大师 6 名。继 1982 年刘适兰成为中国第一个国际象棋特级大师之后，1985 年，浙江运动员吴敏茜成为国际象棋特级大师；1990 年，北京运动员谢军成为国际象棋特级大师；1991 年，广东运动员彭肇勤，上海运动员秦侃滢、王频成为国际象棋特级大师。她们中的谢军荣登国际象棋冠军的宝座。1991 年 10 月 29 日，谢军在菲律宾首都马尼拉举行的世界女子国际象棋冠军赛的第15局较量中，经过62个回合、5小时8分的争夺，下成和棋。这样，在15局中，她以4胜2负9和积8.5分的成绩战胜了苏联女选手奇布尔达尼泽，成为新的世界冠军。这一成绩，打破了苏联女棋手41年的垄断局面，为祖国争了光、为中国妇女争了气，在国内外产生了很大影响。全国妇联闻讯后即拍发了贺电。贺电指出："谢军夺冠再次证明：中华民族是有高度的聪明才智的，社会主义制度下的中国妇女有自信自强、勇攀高峰的进取精神。中国广大妇女将以谢军为荣，努力在各条战线向最高目标奋进，为实现四化、振兴中华做出积极贡献。"全国妇联还授予她全国"三八"红旗手荣誉称号。

中国女运动员获得世界冠军（第一名）一览表

表36

时　间	获得者	项　目	比赛名称
1961年	丘钟惠	乒乓球女子单打	第二十六届世界乒乓球锦标赛
1965年	中国女队	乒乓球女子团体	第二十八届世界乒乓球锦标赛
1965年	郑敏之、林慧卿	乒乓球女子双打	第二十八届世界乒乓球锦标赛
1971年	林慧卿	乒乓球女子单打	第三十一届世界乒乓球锦标赛
1971年	郑敏之、林慧卿	乒乓球女子双打	第三十一届世界乒乓球锦标赛
1971年	林慧卿、张燮林	乒乓球混合双打	第三十一届世界乒乓球锦标赛
1973年	胡玉兰	乒乓球女子单打	第三十二届世界乒乓球锦标赛
1973年	李　莉、梁戈亮	乒乓球混合双打	第三十二届世界乒乓球锦标赛
1975年	中国女队	乒乓球女子团体	第三十三届世界乒乓球锦标赛
1977年	中国女队	乒乓球女子团体	第三十四届世界乒乓球锦标赛
1977年	杨莹、朴英玉（朝鲜）	乒乓球女子双打	第三十四届世界乒乓球锦标赛
1978年	张爱玲	羽毛球女子单打	第一届世界羽毛球锦标赛

续表

时　间	获得者	项　目	比赛名称
1978年	张爱玲、李　方	羽毛球女子双打	第一届世界羽毛球锦标赛
1979年	中国女队	乒乓球女子团体	第三十五届世界乒乓球锦标赛
1979年	葛新爱	乒乓球女子单打	第三十五届世界乒乓球锦标赛
1979年	张德英、张　立	乒乓球女子双打	第三十五届世界乒乓球锦标赛
1979年	葛新爱、梁戈亮	乒乓球混合双打	第三十五届世界乒乓球锦标赛
1979年	中国女队	羽毛球女子团体	第一届世界杯羽毛球赛
1979年	韩爱平	羽毛球女子单打	第二届世界羽毛球锦标赛
1979年	马艳红	体操高低杠	第二十届世界体操锦标赛
1981年	中国女队	乒乓球女子团体	第三十六届世界乒乓球锦标赛
1981年	童　玲	乒乓球女子单打	第三十六届世界乒乓球锦标赛
1981年	张德英、曹燕华	乒乓球女子双打	第三十六届世界乒乓球锦标赛
1981年	黄俊群、谢赛克	乒乓球混合双打	第三十六届世界乒乓球锦标赛
1981年	张爱玲	羽毛球女子单打	第一届世界运动会
1981年	张爱玲、刘　霞	羽毛球女子双打	第一届世界运动会
1981年	史美琴	女子跳板跳水	第二届世界杯跳水比赛
1981年	陈肖霞	女子跳台跳水	第二届世界杯跳水比赛
1981年	曾建华、印　武	女子双人	第三届世界杯技巧赛
1981年	冯艳芳、蔡　玉 刘英媚	女子3人全能	第三届世界杯技巧赛
1981年	巫兰英、冯梅梅	女子双向	世界飞碟射击锦标赛
1981年	邵伟萍	飞碟团体	
1981年	巫兰英	个人	世界飞碟射击锦标赛
1981年	中国女排	女子排球	第三届世界杯女子排球赛
1982年	中国女排	女子排球	第九届世界女子排球锦标赛
1982年	巫兰英、冯梅梅、邵伟萍	女子双向飞碟团体赛	第四十三届世界女子射击锦标赛
1983年	中国女队	乒乓球女子团体	第三十七届世界乒乓球锦标赛
1983年	曹燕华	乒乓球女子单打	第三十七届世界乒乓球锦标赛

续表

时　间	获得者	项　目	比赛名称
1983 年	沈剑萍、戴丽丽	乒乓球女子双打	第三十七届世界乒乓球锦标赛
1983 年	郭跃华、倪夏莲	乒乓球混合双打	第三十七届世界乒乓球锦标赛
1983 年	李玲蔚	羽毛球女子单打	第三届世界羽毛球锦标赛
1983 年	林瑛、吴迪西	羽毛球女子双打	第三届世界羽毛球锦标赛
1983 年	韩爱萍	羽毛球女子单打	第三届世界杯羽毛球赛
1983 年	韩爱萍、李玲蔚	羽毛球女子双打	第三届世界杯羽毛球赛
1983 年	中国队	跳水男女团体总分	第三届世界杯跳水比赛
1983 年	中国女队	跳水女子团体总分	第三届世界杯跳水比赛
1983 年	周继红	女子跳台跳水	第三届世界杯跳水比赛
1983 年	李艺花	女子跳板跳水	第三届世界杯跳水比赛
1983 年	梁梅芳、李小燕	技巧女子双人冠军	第四届世界杯技巧赛
1983 年	巫兰英、冯梅梅、邵伟萍	女子双向飞碟团体	世界飞碟、移动靶射击锦标赛
1983 年	徐永久、阎红 关平、于和平	田径 10 公里竞走团体	世界杯竞走赛
1983 年	徐永久	田径 10 公里竞走个人	世界杯竞走赛
1983 年	李荣荣	跳伞全能	第二届世界杯跳伞赛
1983 年	中国女排	女子排球	世界超级女子排球锦标赛
1984 年	中国女排	女子排球	第二十三届奥运会女子排球赛
1984 年	中国女队	羽毛球女子团体	第十届尤伯杯国际羽毛球女子团体赛
1984 年	吴小旋	女子小口径标准步枪	第二十三届奥运会射击比赛
1984 年	栾菊杰	女子花剑	第二十三届奥运会击剑比赛
1984 年	栾菊杰	女子花剑	第六届莱比锡国际女子花剑比赛
1984 年	马燕红	女子高低杠	第二十三届奥运会体操比赛
1984 年	周继红	女子跳台跳水	第二十三届奥运会跳水比赛
1984 年	于　梅	女子个人定点跳伞	第十七届世界跳伞锦标赛
1985 年	李玲蔚	羽毛球女子单打	第五届世界杯羽毛球赛
1985 年	林　瑛、吴迪西	羽毛球女子双打	第五届世界杯羽毛球赛
1985 年	韩爱平	女子单打	第四届世界羽毛球锦标赛

续表

时 间	获得者	项 目	比赛名称
1985 年	韩爱平、李玲蔚	女子双打	第四届世界羽毛球锦标赛
1985 年	张小冬	长距离	第十一届世界温德色弗尔级帆板锦标赛
1985 年	张小冬	三角绕标	第十一届世界温德色弗尔级帆板锦标赛
1985 年	中国女队	乒乓球女子团体	第三十八届世界乒乓球锦标赛
1985 年	曹燕华	乒乓球女子单打	第三十八届世界乒乓球锦标赛
1985 年	戴丽丽、耿丽娟	乒乓球女子双打	第三十八届世界乒乓球锦标赛
1985 年	曹燕华、蔡振华	乒乓球混合双打	第三十八届世界乒乓球锦标赛
1985 年	李艺花	女子跳板跳水	第四届世界跳水比赛
1985 年	中国女队	跳水女子团体	第四届世界跳水比赛
1985 年	中国跳水队	跳水混合团体	第四届世界跳水比赛
1985 年	刘 玲、邵伟萍、吴 杰	女子双向飞碟团体	世界飞碟射击锦标赛
1985 年	李 莉、高 娥、王晓燕	女子多向飞碟团体	世界飞碟射击锦标赛
1985 年	李 莉	女子多向飞碟个人	世界飞碟射击锦标赛
1985 年	贺小红	跳伞女子个人定点	第三届世界杯跳伞比赛
1985 年	黄瑞芬	技巧女子单人全能（并列）女子单人第一套	第五届世界杯技巧比赛
1985 年	姚志华	技巧女子单人全能（并列）女子单人第二套	第五届世界杯技巧比赛
1985 年	中国女队	竞走女子 10 公里团体	第四届世界杯竞走比赛
1985 年	阎 红	竞走女子 10 公里个人	第四届世界杯竞走比赛
1985 年	中国女排	女子排球	第四届世界杯女子排球赛
1986 年	中国女队	羽毛球团体	第十一届尤伯杯羽毛球赛
1986 年	郑世玉	女子百米蹼泳	第四届世界蹼泳锦标赛
1986 年	王 军	女子 50 米屏气潜泳	第四届世界蹼泳锦标赛
1986 年	高 敏	女子跳板跳水	第五届世界游泳锦标赛
1986 年	陈 琳	女子跳台跳水	第五届世界游泳锦标赛
1986 年	中国女队	女子双向飞碟团体	第四十四届世界射击锦标赛
1986 年	高 娥	女子多向飞碟	第四十四届世界射击锦标赛

续表

时　间	获得者	项　目	比赛名称
1986 年	中国女排	女子排球	第十届世界女子排球锦标赛
1986 年	高凤莲	柔道女子 72 公斤以上级	第四届世界女子柔道锦标赛
1986 年	李玲蔚	羽毛球女子单打	第六届世界杯羽毛球赛
1986 年	李玲蔚、韩爱萍	羽毛球女子双打	第六届世界杯羽毛球赛
1986 年	黄瑞芬	技巧女子单人全能	第七届技巧锦标赛
1986 年	黄瑞芬	技巧女子单人第二套动作	第七届技巧锦标赛
1986 年	桂　渝、杨富萍、颜文珍	女子 3 人第二套动作	第七届技巧锦标赛
1987 年	韩爱萍	羽毛球女子单打	第五届世界羽毛球锦标赛
1987 年	李玲蔚	羽毛球女子单打	第七届世界羽毛球赛
1987 年	林　瑛、关渭贞	羽毛球女子双打	第五届世界羽毛球锦标赛
1987 年	李玲蔚、韩爱萍	羽毛球女子双打	第七届世界杯羽毛球赛
1987 年	史方静、王朋仁	羽毛球混合双打	第五届世界羽毛球锦标赛
1987 年	史方静、王朋仁	羽毛球混合双打	第七届世界杯羽毛球赛
1987 年	中国女队	乒乓球女子团体	第三十九届世界乒乓球锦标赛
1987 年	何智丽	乒乓球女子单打	第三十九届世界乒乓球锦标赛
1987 年	耿丽娟、惠钧	乒乓球混合双打	第三十九届世界乒乓球锦标赛
1987 年	中国女队	女子跳水团体	第五届世界杯游泳锦标赛
1987 年	中国女队	跳水女子团体	第五届跳水世界杯赛
1987 年	高　敏	女子跳板跳水	第五届跳水世界杯赛
1987 年	许艳梅	女子跳台跳水	第五届跳水世界杯赛
1987 年	冯梅梅	女子双向飞碟	世界飞碟射击锦标赛
1987 年	尹卫萍	女子多向飞碟	世界飞碟射击锦标赛
1987 年	高娥、尹卫萍、陆瑞珍	女子多向飞碟团体	世界飞碟射击锦标赛
1987 年	王莉、张秀荣	技巧女子双人第一套	第六届技巧世界杯赛
1987 年	黄瑞芬	女子单人技巧	第六届技巧世界杯赛
1987 年	马湘君	女子个人全能	第三十四届世界射箭锦标赛
1987 年	蔡　军	44 公斤级两项冠军	第一届世界女子举重锦标赛
1987 年	陈爱珍	44 公斤级挺举	第一届世界女子举重锦标赛

续表

时　间	获得者	项　目	比赛名称
1987 年	黄晓瑜	48 公斤级三项冠军	第一届世界女子举重锦标赛
1987 年	韩长美	82.5 公斤以上级三项冠军	第一届世界女子举重锦标赛
1987 年	严章群	52 公斤级三项冠军	第一届世界女子举重锦标赛
1987 年	崔爱红	56 公斤级三项冠军	第一届世界女子举重锦标赛
1987 年	曾新玲	60 公斤级三项冠军	第一届世界女子举重锦标赛
1987 年	高丽娟	67.5 公斤级两项冠军	第一届世界女子举重锦标赛
1987 年	李红玲	75 公斤级两项冠军	第一届世界女子举重锦标赛
1987 年	高凤莲	72 公斤以上级、无差别级两项冠军	第五届世界女子柔道锦标赛
1988 年	陈　静	乒乓球女子单打	第二十四届奥运会
1988 年	韩爱平	羽毛球单打	第八届世界杯羽毛球赛
1988 年	史方静、王朋仁	羽毛球双打（混合）	第八届世界杯羽毛球赛
1988 年	林　瑛、关渭贞	羽毛球女子双打	第八届世界杯羽毛球赛
1988 年	中国女队	羽毛球女子团体	第十二届尤伯杯国际羽毛球女子团体锦标赛
1988 年	高　敏	女子跳板跳水	第二十四届奥运会
1988 年	许艳梅	女子跳台跳水	第二丨四届奥运会
1988 年	中国女队	团体总分	第二届世界女子举重锦标赛
1988 年	邢　芬	举重女子 44 公斤级抓举、挺举、总成绩 3 项	第二届世界女子举重锦标赛
1988 年	黄晓瑜	举重女子 48 公斤级抓举、挺举、总成绩 3 项	第二届世界女子举重锦标赛
1988 年	彭丽萍	举重女子 52 公斤级抓举、挺举、总成绩 3 项	第二届世界女子举重锦标赛
1988 年	马　娜	举重 56 公斤级抓举、挺举、总成绩 3 项	第二届世界女子举重锦标赛

续表

时　间	获得者	项　目	比赛名称
1988 年	杨　静	举重 60 公斤级抓举、挺举、总成绩 3 项	第二届世界女子举重锦标赛
1988 年	郭秋香	举重 67.5 公斤级抓举、挺举、总成绩 3 项	第二届世界女子举重锦标赛
1988 年	李红玲	举重 75 公斤级挺举、总成绩 2 项	第二届世界女子举重锦标赛
1988 年	李艳霞	举重 82.5 公斤级抓举、挺举、总成绩 3 项	第二届世界女子举重锦标赛
1988 年	韩长美	举重 82.5 以上级抓举、挺举、总成绩 3 项	第二届世界女子举重锦标赛
1988 年	中国女队	赛艇女子四人单桨无舵手 2000 米	世界轻量级赛艇锦标赛
1988 年	韩春荣	无线电测向女子 80 米波段个人	第四届世界无线电锦标赛
1988 年	中国女队	80 米波段团体	第四届世界无线电锦标赛
1988 年	中国女队	无线电测向女子 80 米波段团体	第四届世界无线电锦标赛
1989 年	中国女队	团体	第四十届世界乒乓球锦标赛
1989 年	乔　红	女子单打	第四十届世界乒乓球锦标赛
1989 年	乔　红、邓亚萍	女子双打	第四十届世界乒乓球锦标赛
1989 年	郭洪茹	室内速滑女子 3000 米	世界短跑道速滑锦标赛
1989 年	中国女队	女子团体	第六届世界杯跳水赛
1989 年	中国男、女跳水队	混合团体	第六届世界杯跳水赛
1989 年	高　敏	女子 1 米、3 米跳板 2 项	第六届世界杯跳水赛
1989 年	李玲蔚	女子单打	第六届世界羽毛球锦标赛
1989 年	林　瑛、关渭贞	女子双打	第六届世界羽毛球锦标赛
1989 年	李　科	帆板莱奇纳尔 A－390	第十二届世界女子帆船锦标赛

续表

时　间	获得者	项　目	比赛名称
1989 年	中国女队	赛艇轻量级女子 4 人单桨无舵手	第十五届世界赛艇锦标赛
1989 年	张　山	女子飞碟双向个人	世界飞碟射击锦标赛
1989 年	中国女队	女子飞碟双向团体	世界飞碟射击锦标赛
1989 年	黄志红	女子铅球	第五届世界杯田径赛
1989 年	王秀婷	个人	第七届世界女子 15 公里公路跑锦标赛
1989 年	中国女队	团体	第七届世界女子 15 公里公路跑锦标赛
1989 年	高凤莲	72 公斤以上级柔道	世界柔道锦标赛
1989 年	李忠云	48 公斤级	第六届泛太平洋柔道锦标赛
1989 年	李爱月	48 公斤级	第七届福冈国际女子柔道锦标赛
1989 年	吴卫凤	72 公斤以上级	第七届福冈国际女子柔道锦标赛
1989 年	庄晓严	无差别级	第七届福冈国际女子柔道锦标赛
1989 年	樊　迪	高低杠	第二十五届世界体操锦标赛
1989 年	赖晓莉	女子个人定点、个人全能 2 项	第五届世界杯跳伞冠军赛
1989 年	林　瑛、关渭贞	女子双打	第九届世界杯羽毛球赛
1989 年	邢　芬	44 公斤级抓举、挺举、总成绩 3 项	第三届世界女子举重锦标赛
1989 年	黄晓瑜	48 公斤级抓举、挺举、总成绩 3 项	第三届世界女子举重锦标赛
1989 年	彭丽萍	52 公斤级抓举、挺举、总成绩 3 项	第三届世界女子举重锦标赛
1989 年	邢丽威	56 公斤级抓举、挺举、总成绩 3 项	第三届世界女子举重锦标赛
1989 年	马　娜	60 公斤级抓举、挺举、总成绩 3 项	第三届世界女子举重锦标赛
1989 年	郭秋香	67. 5 公斤级抓举、挺举、总成绩 3 项	第三届世界女子举重锦标赛
1989 年	张晓丽	75 公斤级挺举	第三届世界女子举重锦标赛

续表

时　间	获得者	项　目	比赛名称
1989 年	李红玲	82.5 公斤级抓举、挺举、总成绩 3 项	第三届世界女子举重锦标赛
1989 年	韩长美	82.5 公斤以上级挺举、总成绩 2 项	第三届世界女子举重锦标赛
1989 年	虞　伟、陆美娟	女子双人第一套	第七届世界杯技巧赛
1989 年	沈宏伟、李　植	混合双人第一套	第七届世界杯技巧赛
1989 年	侯卿、颜伟霞、莫雪琼	女子 3 人第一套	第七届世界杯技巧赛
1989 年	李　丹	女子 10 米个人	第六届世界弓弩射击锦标赛
1989 年	李　丹、郑文君、焦士华	女子 10 米团体	第六届世界弓弩射击锦标赛

在亚洲运动会上，中国女运动员取得了更为可喜的成就。中国体育代表团自 1974 年 9 月第一次参加亚运会（第七届亚运会）以来，至 1990 年共参加了 5 次亚运会。中国女运动员艰苦奋斗、顽强拼搏，为中国体育运动冲出亚洲做出了积极贡献。在第七届亚运会上，中国女运动员夺得金牌 15 块，占中国队金牌总数的 44.5%；在第八届亚运会上，女运动员夺得金牌 24 块，占总数的 47.1%；在第九届亚运会上，女运动员夺得金牌 20.5 块，占总数的 33.6%；在第十届亚运会上，女运动员夺得金牌 42.5 块，占总数的 45.2%；在第十一届亚运会上，女运动员夺得金牌 95.5 块，占总数的 52.2%。

参加十一届亚运会的女运动员共 258 人，占中国代表团运动员总数的 38.2%。她们获得的金牌不仅超过了男运动员，而且占本届亚运会女子项目金牌总数的 81%。其中获团体冠军的队有 9 个，她们是中国女子垒球队、排球队、足球队、乒乓球队、花剑队、重剑队、体操队、跳水队、羽毛球队。有 59 名女运动员荣获金牌。中国女运动员的成就，受到了亚洲体坛的高度赞扬和瞩目，也极大地激发了中国妇女拼搏奋进的精神。在亚运会上，17 岁的海南姑娘邢芬不负众望，勇夺头筹，获取了十一届亚运会第一枚金牌。这位举重运动员在 44 公斤级比赛中，以 165 公斤的总成绩荣获冠军。更可喜的是，中国女子举重队一举囊括了女子举重项目的全部 9 块金牌。自行车赛选手周玲美以 1 分 13 秒八九九的成绩打破了由苏联运动员保持的 1 分 14 秒二四九的世界纪录，夺得该项目的金牌。周玲美被评选为1990年亚洲十名最佳运动员之一。中国姑娘陈翠婷在个人全能自由体操比赛中，获得了满分——10分的最佳成绩，摘取了女子全能的桂冠。游泳运动员庄泳是第十一届亚运会上获金牌最多、（4枚）、破亚洲纪录次数最多（3次）的女运动员，乒乓球运动员邓亚萍获得女子单打冠军，她和男运动员韦晴光配合夺取了混合双打冠军。

历届亚运会中国女运动员获金牌数统计表

表37

届　别	时　间	地　点	中国队获金牌名次	中国队获金牌总数	女子金牌数	百分比（%）
七	1974年9月	伊朗德黑兰	1	33	15	45.5
八	1978年12月	泰国曼谷	2	51	24	47.1
九	1982年11月	印度新德里	1	61	20.5	33.6
十	1986年9月	南朝鲜汉城	1	94	42.5	45.2
十一	1990年9月	中国北京	1	183	95.5	52.2

女运动员们在第十一届亚运会上所表现的“自尊、自信、自立、自强”的精神，对全国人民是极大的鼓舞。全国妇联于1990年12月在第六届三次执委会上决定，授予中国女子排球队等15个队为全国“三八”红旗集体，授予93名女运动员为全国“三八”红旗手。

在中国，还有一批有成就的女体育工作者。中国体育运动委员会第一副主任张彩珍是国家体委5名主任之一，是中国体育发展战略研究的负责人。在体育的政策和理论研究中取得了成就，1985年，获优秀体育论文奖。1987年，被优秀运动队聘用的女教练占教练总数的17%。其中主教练为10.2%，女子等级裁判员有2.6万人。国家3个重点体育运动科研所的正副研究员中，妇女的比例由1983年的9.3%上升到1987年的24.7%。在6所重点体育学院工作的女教授，由1983年的53名上升到1987年的92名。从新中国成立到1987年，获得国家体育运动荣誉奖章的女教练员、女专家、女教授、女运动员共有360人次。1987年，全国评选出49项体育科学进步奖，其中6项成果是以女科研人员为第一研究者取得的。

90 岁高龄的上海体育学院女教授张汇兰，早在青年时代就冲破封建传统观念的束缚，在中国创办了女子体育系科，成为中国近代体育创始人之一。她也是国内第一位获得博士学位的体育女教师。她辛勤执教六十多个春秋，桃李满天下。1985 年，她拿出自己 2 万元积蓄，在上海体育学院设立了“张汇兰体育科研奖”，鼓励在开展体育科研中有成就的中青年体育教师。1984 年国家体委特授予她国家体育运动荣誉奖章和证书。1987 年她还获得了联合国教科文组织颁发的在体育运动方面做出突出贡献的荣誉奖，获得此奖的在世界上仅有 3 人。

国家体委女研究员林福美 30 年来为了保护运动员的心脏，为了使教练员能合理掌握运动员的运动量，她风雨无阻地坚持在第一线搞科研。几十年来，她的足迹遍及大江南北，几乎对所有的运动项目都跟踪过。许多有名的运动员经过她的测试，安全走上运动场。她的论文《过度训练综合症的研究》，曾在全国科学大会上获“重要研究项目奖”，另一篇论文被奥林匹克科学大会录用。她曾出席全国群英会，荣获过全国“三八”红旗手称号。

第三节　女运动员拼搏与牺牲精神

中国女运动员的成绩几乎是从零开始的。在短短的 40 余年，她们就在某些项目上冲出亚洲，走向世界，改变了旧中国在奥运会“榜上无名”的历史，取得了令人瞩目的成就。究其原因，首先靠的是中国共产党和各级人民政府对体育事业的重视与关怀，而教练员、运动员的拼搏与牺牲精神，则是她们制胜的决定性因素。

中国妇女历来有吃大苦、耐大劳、坚韧不拔、承受能力强的传统美德，中国女运动员把这种精神与强烈的报国之心相结合，使之升华为一种顽强的拼搏与牺牲精神。在训练中，她们严格遵守纪律，按时完成教练所规定的训练任务；在竞技场上，她们敢于拼搏、勇于夺取胜利，终于夺得了一个又一个好成绩。在 80 年代，这种精神集中体现在中国女子排球队（以下简称中国女排）身上，因而被人们称为“女排精神”。

1981 年，中国女排在第三届世界杯排球赛上一举获得冠军；1982 年，在第九届世界排球锦标赛上又一次获得冠军；1984 年，在第二十三届奥运会上夺得了“三连冠”；1985 年，在第四届世界杯排球赛上，第四次夺得冠军称号；1986 年，在第十届世界女子排球锦赛上，中国女排再次夺魁，获得了“五连冠”的优异成绩，在世界排坛史上写下了光辉的一页。中国女排在十年动乱之后第一次参加国际比赛时，曾被一些外国人讥笑为“在游泳池边试水温的少女”。但中国姑娘不自卑、不泄气，刻苦训练、勇于拼搏，甘愿为祖国流血流汗，终于为中国妇女争了光。中国女排老队长曹慧英曾被人称为“要球不要命”的“铁姑娘”。在参加第二届世界杯女子排球赛时，她飞身救球，大腿肌肉拉伤，但强忍着剧痛一直坚持到终局。第二天，她又咬着牙带领全队迎战古巴队。在这届球赛上，曹慧英获得拦网奖、敢斗奖、优秀运动员 3 个奖。但她却觉得，个人领到 100 个奖杯，也不如集体得 1 个冠军。她始终抱定了夺取冠军的决心。在一场与日本队的较量中，曹慧英不慎摔断了膑骨，紧接着又患了肺结核。但伤病刚愈，她又返队苦练。在第三届世界杯排球赛中，她带领大家战胜了苏联队，为中国女排首次夺冠立下了功劳，外国记者赞扬她是“王牌”替补。曹慧英曾发誓不拿冠军不结婚，在拿到冠军之后，她又服从国家需要，再一次推迟婚期，克服年龄大、身体虚弱的困难，又经受了一场惊心动魄的考验，和队友们第二次为中国女排夺得了冠军杯。她顽强拼搏的精神，受到了人民的高度赞扬。

中国女排扣球手郎平以顽强的毅力刻苦训练，每次训练都要连续高跳、重扣 300 多次。她为祖国多次荣立战功，被誉为中国的“铁榔头”。她的进攻力量，得到了世界排球界人士的高度评价。在一批老队员因年龄和工作变动离队之后，郎平又挑起了中国女排队长的重担，为中国女排荣获“四连冠”做出了贡献。

中国女排副队长、唯一的“五连冠”队员梁艳在国家队奋斗了 7 年。她的膝关节、肘关节、肩关节全有伤。有时是打了封闭、缠着绷带、套着护套上场。但一上场，她又生龙活虎地拼搏。中国女排夺得 5 次世界冠军，一次比一次艰苦。梁艳身经 5 次世界大赛，为祖国做出了特殊的贡献。女排著名运动员陈招娣在参加第三届女子排球世界杯赛迎战日本队时扭伤了腰，但她瞒着教练和同伴，奋不顾身地扑救每一个球，直到跌倒在地上爬不起来，被背下球场、背回祖国。在排球生涯中，她已是第五次被同伴从场上背下来了。女排姑娘们的动人事迹和集体英雄主义精神已在全国人民中产生了广泛的影响。其他取得成就的女运动员也都是经历了种种磨难拼搏出来的。女乒乓球运动员曹燕华是个倔强的姑娘，加入中国乒乓球队后，主动向男队员挑战，看谁先进入世界先进行列。她把国外优秀选手的各种打法记下来，做仔细分析研究，博采众长。为练好一个动作，她一练就是几百次，右手练肿了，又练左手。为了练体力，她坚持长跑，脚上磨泡流血也不中断。经过努力，终于练出一手好技术，为中国女子乒乓球队夺冠做出了贡献。

草原姑娘高凤莲 1984 年 8 月加入内蒙古呼和浩特市女子柔道队时，连柔道是怎么回事都不懂。她从零开始，勤学苦练。为了掌握一个要领，要练习上千次、上万次，为攀登高峰，她付出了艰辛的劳动。半年后，在全国第一届女子柔道锦标赛上她一举夺得冠军。1987 年，她在一次与男队员的对练中，不慎颈椎骨折了，住院 2 个多月，又得了肺炎，病未痊愈，她就溜出医院偷偷去参加训练。1987 年的世界锦标赛中，她带伤奋战，骁勇无比，为中国队夺得了两块金牌，成为世界上同时获得两个级别冠军的柔道巾帼。

第四编

婚姻家庭儿童

第十六章
婚姻关系变化中的妇女

婚姻制度是社会上层建筑的一部分，它决定于一定的社会经济基础，并受政治、文化和伦理道德的制约，是随着社会制度的发展变化而变化的。新中国成立以后，废除了封建主义的婚姻制度，这是当代中国妇女生活的一个深刻的、历史性的变化，是促进妇女解放的重大步骤。

第一节　反对封建婚姻制度的激烈斗争

新中国成立之初，历史上遗留下来的包办强迫、男尊女卑、漠视子女利益的封建婚姻制度，仍在广大地区占统治地位。在婚姻关系中深受痛苦的人民群众，迫切希望打碎封建婚姻制的枷锁，以便更好地投入新中国的建设事业。特别是妇女群众受旧婚姻制度压迫最深、痛苦最大，要求实行男女平等、婚姻自由的愿望也更为强烈。在建立革命政权较早地区的妇女，由于经过革命战争、土地改革、生产运动以及政治民主运动，妇女群众的政治觉悟与经济、社会地位大大提高，她们自觉地对不合理的婚姻制度展开了激烈的斗争。华北地区 1949 年上半年的婚姻案件，占民事案件的 64% 强，山西五台、定襄等地的民事案件，几乎全部都是婚姻案件。[①] 有些政法工作干部在处理婚姻问题时还带着浓厚的封建思想。山西右玉县司法科对一妇女因申请离婚而被其丈夫刀刺重伤一案，竟判决道："你既结婚三载，男子不好，你应好好规劝。你不该背祖德、失名声。若非重伤，应坐同罪。念你重伤，恕不治罪。望自

① 见《新中国妇女》1950 年第 9 期。

反省。”山西省左权县一妇女被丈夫用火烧死，当地政法部门竟没有给凶手以应得的法律制裁。据山西省50多个县的不完全统计，1949年1月到10月，由于封建婚姻的迫害，发生妇女死亡事件46起，其中直接受迫害致死的占25%，因要求离婚不准而自杀的占40%，因受虐待自杀的占20%。[①] 这种情况在全国带有普遍性，如果不加以改变，势必严重挫伤群众，特别是妇女群众的政治和生产积极性，严重影响新中国的建设事业。

中央人民政府于1950年5月1日公布了《中华人民共和国婚姻法》（以下简称《婚姻法》）。这是新中国成立后公布的第一个大法。这部《婚姻法》是经过对婚姻情况的调查研究，根据中华苏维埃共和国时期公布的婚姻文件的基本精神，并经中共中央多次指示和专门讨论而制定的。从开始起草到公布，经历了1年5个月的时间。这部《婚姻法》是中国人民长期奋斗所取得的人民革命胜利果实之一。它是中国人民驱逐了帝国主义，推翻了国民党反动派的统治，建立了人民民主专政，并在1/4人口中实行了土地改革的基础上的产物；是肃清封建势力的重大社会改革；是广大人民特别是广大妇女在婚姻问题方面要求的集中表现。

《婚姻法》的基本精神是彻底废除包办强迫、男尊女卑、漠视子女利益的封建婚姻制度，实行男女婚姻自由、一夫一妻、男女权利平等，保护妇女和儿童的新民主主义婚姻制度。它是人民群众反对封建婚姻制度的有力武器，符合人民群众的利益和要求，受到了广大人民群众特别是青年和妇女的热烈拥护。

为了更好地贯彻执行《婚姻法》，中共中央于1950年4月30日发出了《关于保证执行婚姻法给全党的通知》。这一通知要求：“在妇女团体和青年团体中工作的共产党员，更应在宣传和执行婚姻法工作中起积极的作用。”全国总工会、青年团中央、全国妇联等人民团体也于同一天发出《关于拥护中华人民共和国婚姻法给各地人民团体的联合通知》，要求“工、农、青、妇各人民团体的工作干部本身，首先必须对于《婚姻法》加以仔细研究，认真学

① 《新中国妇女》1950年第9期第15页。

习”，“还要注意严格地检查自己对待婚姻问题有无封建残余思想，如果有，就要坚决地加以肃清。只有战胜和扫除了这些思想上的阻碍，才能积极帮助广大群众争取婚姻自由的实现。”

土地改革的进行和《婚姻法》的公布，从经济和法律上为实行新的婚姻制度奠定了基础。青年要求婚姻自由，寡妇要求再嫁，童养媳要求回娘家，受丈夫、公婆虐待的妇女要求离婚，不和睦的家庭要求改善家庭关系，人们纷纷要求摆脱旧婚姻、旧习俗的束缚。

在《婚姻法》宣传贯彻好的地方，尤其是建立革命政权比较早的地区，婚姻和家庭关系发生了很大变化。河南省鲁山县的余庄乡政府重视《婚姻法》的宣传贯彻，先对干部进行宣传教育，然后召开青年和各种类型妇女小型座谈会，针对各种思想问题宣传《婚姻法》。1951 年冬，结合民主改革又把《婚姻法》的宣传贯彻推进一步，群众解除了疑虑，有十几对青年自主自愿地结为夫妻。有 20 多个在旧中国被包办订了婚的姑娘，主动找未婚夫谈话，或者上婆家看看，合意的就同意结婚，不合意就提出退婚。这个乡的冯宗义，因包办婚姻夫妻间毫无感情，还有一个妇女郑桂香，不堪婆家虐待，曾想上吊自杀。《婚姻法》贯彻后，他们都离了婚，以后他们俩自愿结婚，夫妻互敬互爱，全家积极参加生产和社会活动，成为全乡闻名的民主和睦家庭。《婚姻法》的宣传，使有些不和睦的家庭关系得到了改善。有个叫暴同花的妇女，会织会纺、伶俐能干，却经常遭到婆婆和丈夫的打骂。1947 年当地建立革命政权后，她分得了一份土地，参加了政治学习，再不像过去那样软弱了，便和丈夫分了家。她种田、纺花、织布、喂猪，生活过得不错，参加社会活动很积极，当了妇女代表。她的丈夫和婆婆听了《婚姻法》的宣传，又眼看着暴同花经济和社会地位提高，认识到过去打骂虐待媳妇是错误的，表示以后一定要改正。在干部的帮助下，他们开了家庭会议，一家人又和好了。

但是，从全国范围来看，《婚姻法》贯彻的情况，是很不平衡的。一种是较好的地区，如在抗日战争时期即已建立民主政权，《婚姻法》又已普遍进行了宣传的地区，包办买卖婚姻已被禁止，妇女离婚和寡妇再嫁已得到了自由，民主和睦家庭逐步建立。这种类型是极少数。另一种是中等地区，有一部分群众已实现婚姻自由，但包办买卖婚姻仍相当严重，寡妇改嫁还难以被接受。这种类型比较多。中南和华东许多地区都属于这种类型。再一种是《婚姻法》宣传贯彻不力地区，如山西省和西北大部分省区，广东、浙江一些地区，包办买卖婚姻仍严重存在，并出现了妇女自杀、被杀现象。[①] 1951 年 9 月以前的一年多时间里，妇女因婚姻家庭问题而自杀、被杀的，仅中南地区就有 1 万余人，华东地区从《婚姻法》公布后到 1952 年年底有 1.15 万多人。[②] 贯彻《婚姻法》受到如此大的阻力，主要是由于长期以来的封建宗法礼教根深蒂固，在婚姻家庭方面流毒很深。不少人认为父母之命、媒妁之言的婚姻是天经地义，青年男女自找对象、寡妇改嫁，是伤风败俗的。同时，有的地区宣传《婚姻法》不深入、不全面，群众不了解《婚姻法》的精神，甚至误以为凡是包办婚姻都要离婚，凡是寡妇都要改嫁，甚至以为媳妇要斗争婆婆，因而对《婚姻法》抵触情绪很大，甚至把《婚姻法》叫“离婚法”。有的干部，尤其是基层干部也有封建思想。他们对妇女受虐待、父母干涉子女婚姻不闻不问，对青年男女谈恋爱却横加干涉，有的干部自己也包办子女婚姻、打骂老婆。还有个别干部竟在《婚姻法》上写上几个大字：“这是妇女的事，与男子无关。”为了保障人民的切身利益，为贯彻《婚姻法》扫清道路，人民政府进一步采取了有力的措施。1951 年政务院发出了《关于检查婚姻法执行情况的指示》，中共中央和政务院于 1952 年 11 月 26 日和 1953 年 2 月 1 日又分别发出了关于贯彻《婚姻法》的指示，规定以 1953 年 3 月为贯彻《婚姻法》运动月。除少数民族和土地改革尚未完成的地区外，在全国各地开展了一个大规模的宣传《婚姻法》、检查《婚姻法》执行情况的群众运动。在中央和地方上都成立了贯彻《婚姻法》运动委员会，训练了几百万基层干部和大批宣传员。通过大会、小会、广播、图片、幻灯、文艺节目和展览会等各种形式，向广大群众进行了广泛深入的宣传。天津市办的展览会上，展出了揭露旧婚姻制度罪恶的图片，其中有些图片揭露了青年妇女因婚姻不能自主而投河，

① 参见《人民日报》1952 年 7 月 4 日《婚姻法执行情况中央检查组检查报告》。
② 见 1953 年 3 月 20 日《人民日报》。

童养媳不堪虐待而自杀，寡妇被迫殉夫的现象，还展出了殴打残害妇女的扁担、三节鞭、尖刀、烙铁、绳索等凶器。展览会上反映的都是真人真事，引起了观众对封建婚姻的愤恨。展览会上还展出了获得婚姻自由，建立美满幸福家庭的连环画，增强了青年男女争取婚姻自由的勇气与信心。在宣传《婚姻法》的同时，人民政府对人民法院和婚姻登记部门执行《婚姻法》的情况进行了检查。对一般因包办买卖婚姻和封建思想造成的家庭纠纷，采取说服教育的方法；对少数虐待、残害妇女和干涉婚姻自由造成严重后果，引起民愤的犯罪分子，依法严厉惩处。有的地方法院，抓住典型案例，召开群众大会，公开审判，向群众进行法制教育，在社会上引起强烈反响。

在宣传贯彻《婚姻法》中，各级妇联干部表现了高度热情。1953 年春，全国民主妇女联合会发出通知，指示各级妇联要把纪念“三八”妇女节的活动与宣传《婚姻法》结合起来。要求广大妇女干部认真学习中共中央关于贯彻《婚姻法》的指示，积极参加贯彻《婚姻法》的运动，成为正确宣传《婚姻法》的优秀宣传员，成为群众争取男女平等、婚姻自由的有力支持者和保护妇女群众利益、为妇女群众服务的勤务员。各级妇联的领导人参加了贯彻《婚姻法》的机构领导工作，并派出了许多干部投入宣传工作。她们深入群众，深入家庭，和女青年、童养媳、寡妇以及思想阻力大的老婆婆促膝谈心，反复讲解《婚姻法》的精神，坚决支持青年男女争取婚姻自由的权利，为受压迫受迫害的妇女撑腰、伸张正义。妇女们称赞妇女干部比娘家人还亲。华北、华东各省市还抽调了数百名优秀妇女干部到各级司法部门工作，有的担任法院院长、副院长、庭长等职务。各级妇联并派人担任法院陪审员。

通过对《婚姻法》的大力宣传，人们思想逐渐转变，称赞《婚姻法》有五好：对女人好、对男人好、对老人好、对孩子好、对生产好。许多青年男女获得了婚姻自由，许多旧家庭改善了关系。福建省惠安县有一种特殊的旧俗，规定男女结婚 3 天后，妇女就得回娘家住，直到生了孩子，才能在夫家长期居住，在农忙季节，白天到夫家劳动，晚上又要回到娘家住。妇女因不堪痛苦的生活，往往集体自杀。许多男人也因而嫖、赌、酗酒，走向堕落。经过对《婚姻法》的深入宣传，干部耐心做工作，掀起了妇女回夫家运动。

老婆婆们含笑送走女儿迎来媳妇。四川根据1954年上半年11个大城市的统计，符合《婚姻法》准予结婚登记的占申请结婚总数的96%。据内务部1955年对27个省市的统计，符合《婚姻法》登记的已占申请结婚的95%。全国离婚案件一年最多达180多万件，其中大多数是由妇女提出的。

新中国成立初期，中国婚姻家庭关系的深刻变化，是经过新旧制度、新旧思想、新旧习俗的较量而取得的。这场斗争虽然是人民内部矛盾，但斗争是复杂而激烈的，甚至有的人因此而付出了生命的代价。这一场深刻的社会革命，对促进生产力的发展，促进妇女解放运动的发展都具有深远的意义。

宣传贯彻《婚姻法》运动，虽然获得了巨大的成绩，但是新的婚姻制度不可能经过一次大张旗鼓的宣传，就普遍建立起来，必须在此基础上继续不断地长期地进行工作。婚姻制度的改革，是整个社会改革的一个组成部分，它同社会改革一样，也是在曲折中前进的。

在“大跃进”时期，在“左”倾错误的影响下，很多地方大搞“食堂化”“托儿化”，干扰了群众，特别是农民的家庭生活。三年困难时期，有些农村女青年向往到城镇找吃商品粮的人结婚，有的女青年父母想借婚事向男方索取财物，致使买卖婚姻抬头。

在十年动乱期间，公检法机构瘫痪，妇联、青年团等群众团体也被迫停止工作，婚姻问题出现了没人管的局面。许多人，尤其是青年人不知道有《婚姻法》，甚至有的人民公社连一本《婚姻法》也找不到。生产和经济遭到严重破坏，社会秩序混乱，致使被破除的旧婚姻习俗又回潮，虐待抛弃老人、残害妇女儿童、拐卖妇女的丑恶现象开始发生。在以“阶级斗争为纲”思想的影响下，有些受政治迫害的人，夫妻被迫离婚，有的青年男女的爱情遭到干涉和破坏，而没有爱情基础的却勉强成婚。广大人民群众和干部深受其害。

粉碎“四人帮”以后，中共和人民政府拨乱反正，为了保障公民婚姻家庭的合法权益，进一步调整人们的婚姻家庭关系，全国人大常委会于1980年9月颁布了新《婚姻法》。这部《婚姻法》是根据30年来改革婚姻制度的实践经验，针对“文化大革命”中包办买卖婚姻回潮，社会主义法制、道德遭到严重破坏，新时期婚姻家庭中出现的新情况而制定的。它是中国社会主义婚姻家庭的基本准则。在保留了1950年《婚姻法》的基本原则的基础上，增加了保护老人和实行计划生育的内容，并修改了结婚年龄等条款。最高人民法院、司法部、民政部、全国总工会、共青团中央、全国妇联于1981年11月30日联合发出了《关于宣传婚姻法的通知》，要求在全面宣传的基础上，突出宣传男女平等、婚姻自由，加强社会主义婚姻道德教育，大力提倡节俭办婚事等几个重点。这是中断了十几年之后，再一次在全国范围内开展的《婚姻法》普遍宣传。各级妇联还与有关部门配合开展了保护妇女儿童合法权益宣传，对有所滋长的包办买卖婚姻、借婚姻索取财物、漠视子女利益等行为进行了批评教育，对虐待残害妇女罪行严重的人，有关部门依法给予了严惩。

经过普遍的宣传教育，群众加强了法制观念，许多人改变了过去认为包办子女婚姻、打骂妻子、虐待老人等是家庭私事的错误思想。妇女学习《宪法》、《婚姻法》等有关保护妇女儿童的规定，增强了运用法律维护自身合法权益的意识。当她们受到包办婚姻的迫害、受到丈夫的虐待和遗弃时，敢于向妇联组织、报社、电台反映情况，或到法院申诉，得到了社会上的支持。城乡青年男女自主结婚的愈来愈普遍。1987年，全国申请登记结婚的有970.1万对，其中符合《婚姻法》准予登记的有924.7万对。[①] 由于思想观念的变化和妇女经济地位的进一步提高，离婚率有所上升。经过新《婚姻法》的宣传，原来夫妻不和的家庭关系得到了改善。“五好”家庭增多。1984年年底，除新疆、西藏外，全国27个省、自治区、直辖市出现“五好”家庭2000余万户。新中国成立以后，《婚姻法》的贯彻，经过了1950年、1953年和1981年三次高潮，但是几千年来的封建思想和习俗不是在几十年内能够肃清的，反对封建婚姻习俗的斗争，在相当一个长时期内，仍需不断地进行。

第二节　妇女逐步获得结婚自由的权利

新中国成立以后，随着土地改革的完成，经济、文化的发展，人们思想

① 《人民日报》1988年3月24日，民政部发布统计公报。

观点的革新和《婚姻法》的贯彻执行，中国人民的婚姻关系发生了巨大的变化。最显著的是自主婚姻逐步代替了包办买卖婚姻，青年男女婚姻自主的权利不断得到扩大，包办买卖婚姻大为减少。到了80年代，自主婚姻已占主导地位。

自主婚姻，大致有3种不同的情况。一种是男女双方在工作、劳动、学习和社会活动中相识，在政治、思想、品德和工作能力上比较了解，彼此志同道合而产生爱慕，这是一种以爱情为基础的婚姻。这种情况，在城市里，在文化素质较高的男女之间比较普遍。在农村，由于妇女参加乡镇企业和第三产业的人数愈来愈多，她们从封闭式的社会生活走向开放式的社会生活，见闻比过去广，思想比过去开阔，男女青年的交往机会比过去多，由恋爱而结婚的也就逐渐增多。第二种情况是经人介绍，双方经过交往互相了解，经本人同意而结婚的。第三种情况是由父母选择，男女双方见面，经本人同意而结婚的，这种情况以农村为多。

据对北京、上海、天津、南京、成都五大城市部分地区婚姻变化情况的调查，由自己相识而恋爱结婚的人数比例，在1950年至1953年期间仅19.34%；从1977年至1982年期间增长到32.98%，这说明自由恋爱而结婚的人数逐年增加。亲戚和朋友介绍而本人同意的，在1950年至1953年期间分别为26.81%和31.21%，从1977年至1982年期间分别为15.79%和50.18%。亲戚和朋友介绍两项加起来，经人介绍而结婚的在这两个期间都是占大多数。调查还说明父母包办的婚姻大为减少，在1950年至1953年期间占20.66%，而到1977年至1982年期间减到0.94%。

农村的婚姻情况也发生了相似的变化。

据山西省妇联、中共山西省委宣传部和省农村抽样调查队1978年对山西省35个县1050个农户所做的调查：包办婚姻占8.7%；经人介绍，本人同意的占77.7%；自由恋爱成婚的占13.6%。（调查的对象均为已婚妇女，平均年龄36.9岁；平川占31%，丘陵占22.8%，山区占46.2%。）①

另据统计，全国年平均结婚登记数，50年代为200万对，60年代为400

① 见1988年1月24日《中国妇女报》。

万对，70 年代为 600 万对，80 年代为 800 万对。据典型调查，在已登记结婚的夫妇中，自由恋爱结合的占 20% 左右；经人介绍自主结合的占 70% 左右；由父母包办，本人默许的占 10% 左右。[1]

从全国范围来看，不论城市和农村，自主婚姻中以经人介绍的方式相结合占首位。但介绍的方式和范围发生了变化。经朋友介绍的比由父母亲属介绍的大为增加。从 80 年代初开始，全国有 25 个省、自治区、直辖市的大中城市成立了婚姻介绍所。许多农村的乡镇也纷纷成立了婚姻介绍所或“红娘小组”。许多报刊还开辟了征婚启事和“鹊桥”栏目。通过这种方式，选择范围广、交流信息快，为青年男女择偶提供了更多的渠道。

结婚以经人介绍为多数的原因，是由于生产力和经济的发展尚受到一定限制，文化生活和社交活动还不广泛，青年男女相识往往仅限于本机关、本工厂、本学校和本土本乡，尤其是纺织厂、幼儿教育及初等教育单位女性多，而矿业等重工业单位男性多，异性相识的机会较少，同时，由于封建思想的影响，青年男女的正常交往有时还受到非议。经人介绍的对象，还要通过互相了解，有了感情才结婚。这种形式的结合，虽然不能说完全是以爱情为基础，但它同过去的“媒妁之言”有本质的区别，它是属于自主婚姻的范围。至于由父母选择，还要经过本人同意，也不同于由父母包办，可算是自主婚姻或半自主婚姻。总的来说，“父母之命，媒妁之言”已为青年所摒弃，婚姻自主已逐步成为新社会的主流，自己选择的以爱情为基础的婚姻将越来越多。

实行婚姻自主，包括丧偶妇女有再婚的权利。在封建婚姻制度的压迫下，寡妇被剥夺了再婚自由，而且处处受到歧视。1950 年公布的《婚姻法》，就已明文规定“禁止干涉寡妇婚姻自由”。在国家法律的保障和舆论的支持下，苦难的寡妇也冲破了各种阻力，获得了自主再婚的权利。到 80 年代寡妇的悲惨命运基本上已结束。不但年轻的妇女丧偶再婚被认为是理所当然的事，而且还发生了一个新的变化，不少丧偶的老年妇女也得以重结良缘。有的是老

---

① 见民政部邹恩同副部长《破除婚姻陋习，促进社会主义文明建设会议上的讲话》。

人自己找到了合意的伴侣，有的是经朋友介绍，或是子女代为物色促成的。不少城市设立了中老年婚姻介绍所。老年人再婚的日益增多，如哈尔滨市道里区 5 个街道办事处管区内调查：60 岁以上再婚的 1983 年 12 对，1985 年 34 对。老年丧偶妇女再婚渐多的原因，一是她们本身思想解放了，敢于公开表示自己被压抑的再婚愿望；二是生活和健康情况有所改善，人的寿命延长，以往“人生七十古来稀”，五六十岁就已老态龙钟，如今 70 左右的人仍很健壮；三是家庭日趋小型化，年轻人婚后愿意独立生活，就是同老人同住，由于工作繁忙，也难以对老人贴心照料；四是大量的离退休老人在经济上不需要依赖儿女。她们再婚后有了老伴，生活上能互相照顾，精神上能互相慰藉，也减少了儿女和社会的负担。人们称之为“黄昏之恋”，这种情况在城市比较多。

但是，在实行婚姻自主方面，还存在不少问题。由于各地区的经济和文化发展的不平衡，在生产力和经济文化落后、封建思想影响很深的地区，特别是温饱问题还没有得到解决的偏远农村，还存在着包办买卖婚姻和各种陈规陋俗。女青年自找对象、自由恋爱的正当权利往往遭到粗暴干涉。有些地方还流行早婚、娃娃亲、换亲。因包办买卖婚姻受到迫害的妇女，由于文化低，生活环境闭塞，不懂法律常识，不会运用法律武器保护自己，有些基层干部也有封建思想，对干涉婚姻自由的违法行为熟视无睹，甚至认为理所当然。有的青年男女相爱，得不到支持而被迫流落它乡。有些地方的妇女，被拐卖给异地人为妻。成婚后，被夫家严加监视，失去人身自由。有些地区，寡妇再婚，也还受到阻力，尤其是丧偶老年妇女受到的阻力更大。有的儿女认为老母再婚是给他们丢脸，有的妇女本身也怕被人耻笑。因此，在农村，老年丧偶妇女再婚的很少。80 年代以来，随着中外交流的增加，少数青年受到西方腐朽文化的影响，追求所谓的“性解放”、“性自由”，不是严肃地对待恋爱和婚姻问题，而轻率结婚、离婚，影响了本人的身心健康和事业前途，也败坏了社会风气。

以上这些问题的解决，要靠大力发展生产力，繁荣社会主义经济，提高人民的文化科学水平，这在经济和文化落后的地区尤为重要；同时要不断进行《婚姻法》等有关法律的教育，使广大人民群众知法守法，使妇女群众善于运用法律的武器保障婚姻自由的合法权利；要提高全社会的道德水准，以抵制资产阶级腐朽思想的影响；对妇女特别要加强自尊、自信、自强、自立教育，提高自身的素质，认识自身的价值，树立远大理想，从而端正恋爱婚姻观，正确处理婚姻问题。

此外，在婚事操办上，还存在着讲排场、摆阔气的铺张浪费之风。据《人民日报》1986 年 12 月 4 日报道，上海青年结婚费用平均已达 8000 元，比三年前增加了一倍，有的超过 1 万元。有的沿海经济发达城市竟高达数万元。中国消费者协会 1986 年对河北、山东、辽宁、湖北 4 省 12 个县、市农村 1167 对青年近年结婚消费情况调查，每对平均结婚费用 4827 元，比 1982 年增长了 3 倍多。但农民 1986 年的人均收入仅是 1982 年的 1. 57 倍，结婚费用已远远超过生产增长的水平。据《中国妇女报》等单位 1986 年对华东、中南、华北、西北部分农村调查：农村的彩礼数额近 6 年来上涨了近 10 倍。高额的结婚费用，给青年本身和他们的家庭带来了沉重的负担，也影响了生产的发展。有的人为此而奔走借债，甚至走上犯罪的道路，影响了婚后的生活和家庭和睦。

这个问题，引起了社会各方面密切的关注。许多地方的妇联、工会、共青团组织和村民委员会组织了“婚俗改革协会”、“移风易俗会”，“红白喜事理事会”等，宣传文明节俭办婚事，受到了群众的欢迎。

1988 年 2 月份，由民政部、国家计划生育委员会、全国妇联、共青团中央联合召开了“全国破除婚姻陋习、促进社会主义精神文明建设经验交流会”，会议重要内容之一是提倡婚事新办。会议认为：同 50 年代、60 年代相比，结婚费用确实大大提高了。其中有合理的因素，也有奢侈铺张的因素。要划清合理消费与铺张浪费的界限；把购置必要的生活用品与挥霍浪费区别开；把正当的招待亲友和大吃大喝区别开；把同事朋友赠送纪念品与“凑份子送礼”区别开。文明节俭办婚事应该以不影响婚姻当事人的生产和生活、不增加父母亲友的负担为尺度。

第三节　妇女逐步获得离婚自由的权利

婚姻自由，包括结婚自由和离婚自由。在旧中国的封建婚姻制度下，妇女没有离婚权利，而男子却可以用各种借口抛弃妻子。

1927 年以后，在中国共产党领导下创造的革命根据地，第一次明确地提出“实行离婚结婚自由”。1931 年 12 月 1 日公布实行的《中华苏维埃共和国婚姻条例》规定：“男女一方坚决要求离婚的，即可离婚。”抗日战争时期和第三次国内革命战争时期，在中国共产党领导下的抗日根据地和解放区，先后颁布的有关婚姻条例都贯彻了男女平等、婚姻自由的精神。当时国民党统治的广大地区，仍在旧的婚姻制度统治下，许多妇女虽然对自己痛苦的婚姻极为不满，但由于得不到法律的保护，自身经济不能独立，仍不敢也不能提出离婚。

中华人民共和国成立以后，1950 年颁布的《婚姻法》明确规定了离婚的权利。《婚姻法》第四章规定：“男女双方自愿离婚的，准予离婚。”“男女一方要求离婚的……如感情确已破裂，调解无效，应准予离婚。”但是离婚是个比较复杂的问题。一个家庭的破裂，涉及到子女、老人的利益。对此妇女往往有许多疑虑。生活尚不能自立的妇女，担心以后自己生活无着落，更担心失去子女。《婚姻法》从确保妇女儿童合法利益出发，规定了：“父母与子女间的关系，不因父母离婚而消除。离婚后，子女无论由父方或母方抚养，仍是父母双方的子女。”“一方抚养的子女，另一方应负担必要的生活费和教育费的一部或全部。”

在离婚后财产等问题的处理上，规定了双方婚前的财产归各自所有，夫妻共同的财产，由双方协议处理；协议不成时，由人民法院根据照顾女方和子女权益的原则判决。还规定离婚后一方如未再行结婚而生活困难，他方应帮助维持其生活。《婚姻法》中这些具体规定，使妇女在要求离婚时，打消了种种顾虑。更为重要的是土地改革的实行，农村妇女与男子一样分得了一份土地。经济上有了保障，因此那些夫妻感情不和、受丈夫公婆虐待的妇女，有了敢于提出离婚的勇气。

《婚姻法》颁布的初期，婚姻制度上新旧思想的斗争是十分激烈的。妇女要求离婚比争取结婚自主的阻力更大，除舆论的压力外，不少农村基层干部也有抵触情绪。他们有的认为离婚对贫雇农不利，说："贫农翻了身，老婆离了婚"，"宁拆十座庙，不破一门婚"。有的司法干部居然提出："贫雇农离婚不予判处。"因此，有的妇女要求离婚得不到支持，反被丈夫、公婆、甚至娘家人毒打或关禁。

1953 年，经过大张旗鼓的《婚姻法》宣传月后，在宣传贯彻好的地区，《婚姻法》的精神家喻户晓。许多男女为了解脱痛苦的封建包办的婚姻关系纷纷提出离婚，离婚案件急剧上升，出现了一次冲破封建婚姻制度的离婚高潮，全国离婚案件一年最多达 180 多万件。[①] 在山西、河北、察哈尔（1952 年撤销并入河北、山西两省）等省的农村民事案件里，婚姻案件分别占总案件的 33. 3%—99%。在北京、天津、上海、西安、哈尔滨等 8 个城市中，婚姻案件在民事案件中分别占 11. 9%—48. 9%。在这些婚姻案件中，要求离婚和解除婚约的，在农村平均占 54%—90%，在城市占 51%—84%，而离婚案件中 68%—92% 是妇女提出的，离婚主要原因是包办强迫、买卖婚姻，虐待妇女、早婚（童养媳、娃娃亲）以及遗弃等。

国家司法机关积极贯彻执行《婚姻法》，对于那些坚持维护封建婚姻而野蛮残害妇女的，如虐待妻子或童养媳致死、干涉和迫害寡妇再嫁，以及毒打、杀害要求离婚的妇女等罪犯，给予了严厉的打击和制裁，直到判处死刑。对典型案件，还召开群众大会，公开审判，藉以进行法制教育。同时司法部门在处理离婚案件时，注意调查研究，对于感情确已破裂调解无效的才准予离婚。对那些轻率离婚或夫妻间因一时气恼就提出离婚的，则进行教育和调解。

在这次离婚高潮后，从 50 年代末期直至六七十年代，离婚案件逐渐下降，每年平均 40 万件左右。[②]

---

① 《婚姻与家庭》1986 年第 3 期《女大法官马原谈婚姻与家庭》。

② 同上。

“文化大革命”期间，离婚案件曾略有上升。主要是在“以阶级斗争为纲”的“左”的错误影响下，由于政治上的冲击，一方或双方受到迫害，使家庭破裂。无辜的冤假错案给家庭带来很大的不幸。据北京市统计，1971 年与所谓犯人离婚者，占离婚总数的 55.4%。打倒“四人帮”以后，平反了冤、假、错案，不少夫妻复婚，家庭得到了团圆，1979 年复婚者占结婚总数的 11.4%，比正常年份高 2 倍左右。

1981 年 1 月 1 日，新的《中华人民共和国婚姻法》公布实行后，全国离婚数字又有较大幅度上升。据民政部统计，全国历年离婚对数（包括法院判决和登记离婚）为：

1979—1987 年全国离婚对数

表 38

年　份	1979	1980	1981	1982	1983	1984	1985	1986	1987
对数（万）	31.9	34	38.9	42.8	41.8	45.4	50	50.6	58.1

又据 1988 年 3 月 24 日民政部发布的统计公报：1986 年向民政部门和法院提出离婚的有 89.4 万件，比 1985 年上升 23.7%。其中调解或判决离婚的共 50.6 万件，比 1985 年增长 10.5%。

在各地离婚案件中，女方为原告仍占多数。在最高人民法院 1986 年受理的案件中，女方为原告的占 70% 左右。[①] 据北京、上海、天津等三大城市的部分统计，女方为原告的比例如表 39。

三大城市部分年份离婚案中女方为原告比例

表 39

地　区	单　位	时　间	离婚案件数	女方原告%
北京	六个区县法院	1986 年	349	65.3
上海	黄浦区法院	1986 年上半年	301	73
上海	金山县法院	1986 年上半年	188	70
天津	河西区法院	1984 年	100	70
天津	河西区法院	1985 年	165	67

据广西壮族自治区的两个县法院和两个市的四个区法院 1986 年审理的共

① 《婚姻与家庭》1986 年第 3 期《女大法官马原谈婚姻与家庭》。

543 件离婚案的调查统计，原告男女的比例如下表：[1]

原告分布统计表

表 40

单位＼项目		离婚案件总数（对）	原告属女方		原告属男方	
			人数	占原告总人数%	人数	占原告总人数%
总计		543	360	66.29	183	33.70
二个县	小计	145	120	82.75	25	17.24
	平乐	83	69	83.13	14	16.86
	金秀	62	51	82.25	11	17.74
桂林市	小计	216	136	62.96	80	37.03
	象山	149	97	65.10	52	34.89
	秀峰	67	39	58.20	28	41.73
南宁市	小计	182	104	57.14	78	42.85
	兴宁	60	30	50	30	50
	新城	122	74	60.65	48	39.34

从上列表看，在离婚案件中原告属女方的大于男方。这种情况在全国带有普遍性。

80 年代妇女要求离婚的原因已与 50 年代第一个《婚姻法》颁布时大不相同。主要是国家实行改革和开放以来，广大妇女参加生产和工作的范围更为广泛，经济收入增加，社会地位提高，改变了对丈夫的依赖性和从属地位。同时妇女不断地接受了新思想、新观点，改变了封建的婚姻家庭伦理道德观念，由“从一而终”“好女不嫁二夫”的封建贞节观念中解脱出来，迫切要求男女平等的、夫妻思想观点相投的、以爱情为基础的婚姻家庭生活。而有的丈夫固守过去一套男尊女卑的生活模式，漠视妻子思想观点的变化和要求改变家庭生活方式的愿望，由此产生种种矛盾而导致家庭解体。这种情况，在城市、郊区的农村较为突出。

草率结婚，草率离婚也是原因之一。各地调查材料反映：35 岁以下的青年人离婚率高、比例大，约占离婚总数的 60%—80%；结婚时间在 5 年之内的约占 50%—60%。有些人往往看上几次电影、跳过几回舞，或未婚先孕就

① 广西社会科学院邓壬富《543 件离婚案剖析》。

草草结婚，结婚后不久发现对方某些缺点就又提出离婚。

据武汉市中级人民法院统计，1978 年该市离婚案件共 110 起，其中结婚半年内离婚的 5 起，1 年内离婚的 16 起，2 年内离婚的 31 起，3 年内离婚的 12 起。3 年内离婚的案件占离婚总数的 60%。[①] 由于第三者介入的离婚案呈上升趋势，过去这类案件仅占全部离婚案件的 10% 左右，1985 年以来，上升为约占离婚案的 25% 左右。[②] 也有的是结婚后，夫妻俩不善于处理家务和家庭生活，或在经济开支、赡养老人、教育孩子等问题上意见不合而提出离婚。

在某些边远的、经济落后的农村，多数的离婚案件仍然反映为青年男女反对封建包办婚姻的斗争。据西安市妇联调查，在偏僻贫困的山区基层法院 1986 年受理的 13 件离婚案件的当事者，都是父母包办订的“娃娃亲”。

有的妇女提出离婚是由于男方的过错而引起的。如有的男方夫权思想严重，对妻子的活动多方加以限制，甚至虐待打骂；有的男方因妻子生了女婴而加歧视、折磨；有的男方地位发生了变化，如上了大学、提升了职务以后，嫌妻子不相配；有的男方经商发了财，重婚纳妾等等。

虽然在离婚的原告中以妇女为多，但也有妇女在男方为原告提出离婚时，却往往坚持不离。其中原因较复杂。由于中国长期的封建婚姻观念是“好人不离婚，离婚不正经”，社会上对离婚的妇女也不同程度地存在着歧视。在这种舆论的压力下，有的妇女宁愿忍受痛苦也仍要保持原有的夫妻家庭关系。有的妇女考虑离婚后子女受影响，不愿离婚。同时有些妇女经济收入较低，独立生活能力差，存在实际困难。

总的说来，中国的离婚率逐步上升，但离婚率还是比较低的。据民政部公布的数字，1987 年全国申请登记结婚的有 970.1 万对，符合《婚姻法》准予登记的有 924.7 万对。每千人口结婚率为 17.2。1987 年向婚姻登记机关和法院申请离婚的 102.7 万对，调解无效判决准予离婚的 58.1 万对，每千人口

① 见全国妇联《当前我国婚姻家庭情况》。
② 《婚姻与家庭》1986 年第 3 期《女大法官马原谈婚姻与家庭》。

离婚率仅为1.1①

第四节　妇女择偶观点的变化

40余年来，不论城市或农村，妇女择偶观点有了很大变化。这种变化反映了时代的特点。由于时代不同，社会环境不同，地区不同，以及本人条件不同（包括自然条件、政治文化素质、兴趣爱好、从事职业和家庭条件等各种因素），择偶条件也不尽相同。随着经济、政治、文化的发展，特别是中国实行改革与开放以来，择偶观点在不断变化。

新中国成立初期，青年妇女选择对象，比较普遍地注重对方的政治条件和劳动态度。“大跃进”时期，比较愿意找干部、劳动模范、技术革新能手等作对象。三年经济困难时期，则比较注重对方和对方家庭的经济条件。十年动乱时期，由于“唯成分论”、“血统论”的极“左”思潮影响，着重对方的家庭出身以及在派别斗争中的观点。粉碎“四人帮”以后，女青年比较愿意找有文化技术、有专业知识的男子。有的女青年愿找落实政策的干部家庭和工商业者家庭中的子弟。随着改革、开放政策的实行，许多女青年愿找有能力、有开拓精神的男性。

在农村，女青年择偶观点的变化更为明显。新中国成立后，妇女参加社会劳动和社会活动的人数增多，经济上逐步获得独立，政治觉悟大有提高，很多人改变了过去“嫁汉嫁汉，穿衣吃饭”的依赖思想。一般妇女找对象的标准是劳动生产好、学习好、政治好，最好是中共党员、青年团员、积极分子或民兵；有的姑娘还拿上识字课本考考对方的文化。但是，在国民经济三年困难时期，农民生活陷于贫困，不少女青年希望离开农村到城市去找吃商品粮的，有的地区曾流行“一军二干三工人，没有办法嫁农民”等顺口溜。在城乡差别比较大的情况下，农村女青年想离乡进城找对象的问题一直存在。自从农村实行生产责任制以后，情况发生了很大变化。许多女青年择偶不再着重追求对方的经济条件，而是首先要看对方本身的素质。她们希望找的对

① 见1988年3月24日《人民日报》。

象是有文化、有技术、有手艺、率先致富的人。她们自己也积极参加文化技术学习，希望找到志同道合的配偶，共同建立劳动致富的幸福家庭。同时，很多人也不再向往到城市找吃商品粮的“铁饭碗”，而愿留在农村找对象。据黑龙江省泰来县塔山子城镇的调查，在农村尚未实行生产责任制前的 1982 年、1983 年成婚的 410 对中，奔城求偶的占 29%；实行责任制后的 1984 年、1985 年成婚的 345 对中，奔城求偶的仅占 7%。河北霸县城关镇四村的调查，1983 年、1984 年结婚的 32 对男女青年，全是当地农民。同过去情况相反，有不少城镇青年愿意到农村去结婚，安家落户。特别是乡镇企业发展以后，城市里有的工程师、技术人员、医务人员等愿意迁居城市郊区，这就更增加了农村青年与城市青年联姻的机会。如上海城乡联姻的家庭日趋增多，1987 年全市已有 3 万多名城市青年与郊区青年结婚。[1] 而且出现了一种以前从未有的新事，农村男青年也敢于向城市姑娘求婚。过去以贫穷著名的江苏苏北地区赣榆县百名小伙子在 1984 年第 7 期的《中国妇女》杂志上登出了“俺们敢向城里姑娘攀亲”的信。

在农村，由于劳动致富还主要靠体力劳动，青年妇女选择对象很注意对方的健康情况和思想品德。广东省妇联在 1986 年东莞县常平区表山贝、英德县圣埠区和广州市郊区石井区搓龙乡 3 个经济发展情况不同地区抽样调查的 420 户人家择偶的情况：

男性和女性择偶标准比较统计表

表 41

择偶标准	男性		女性	
	人次	%	人次	%
相貌、风度	113	31. 92	14	22. 58
志趣、性格	122	34. 46	24	38. 7
学历、职业	9	2. 54	4	6. 45
家庭经济状况	75	21. 19	13	20. 96
地位级别	3	0. 85	0	0
健康状况	327	92. 37	59	95. 16

① 见 1987 年 7 月 11 日《人民日报》。

续表

择偶标准	男　性		女　性	
	人次	%	人次	%
工资收入	9	2.54	3	4.83
年龄	104	29.38	22	35.48
政治面貌	11	3.11	1	1.61
思想品德	277	78.25	46	74.19
籍贯	7	1.98	0	0

从上表中可以看到女方择偶标准重视健康情况的占95.16%，重视思想品质的占78.19%，青年男子择偶对这两项也很重视。在女子的择偶观中，“男强女弱、男大女小、男才女貌”的传统婚姻观点，仍然不同程度地存在。这在城市更为显著，有些女性希望男方的才能、学历、经济收入、社会地位和家庭条件都要比自己优越。相反地，一般男性，却不希望女方比自己强。上海市徐汇区一个婚姻介绍所1985年对1132名未婚女性求偶条件的调查，在学历、工作条件、工资收入等方面要求男方比女方强的占78.8%，要求双方相仿的占16.5%，男方条件比自己低一些也可以的仅占4.7%。对891名未婚男性求偶条件的调查，要求女方比男方强的仅占3.3%，要求双方条件相仿的占32.3%，要求女方条件比男方低一些的占64.4%。在北京等地婚姻介绍所反映的情况也大致相似。

这种男强女弱的婚姻观点在逐步发生变化。河北保定第一棉纺厂工会在1986年一份调查材料中反映，在部分女工中有一种“攀高”倾向。她们找对象的标准大多要求男方具备“三高”条件：即文化程度高（有学历、有文凭）、身材高（1.7米以上）、社会地位高（有好职业或有优越的社会关系）。这种自我设计的“最佳择偶标准”，在现实生活中很难如愿以偿。同时，由于着重了外形和地位，要求对方各方面比本人强，双方条件差异大，即使成婚，也会感到缺乏共同语言，互相格格不入而导致感情破裂。随着企业劳动制度的改革，大批女合同工进入工厂。她们之中高中毕业生居多，进厂后很多人又继续上业余学校。她们的自信心较强，依赖性较少。据对某工厂378名女工的调查，择偶观点反映如下：

女工择偶条件

表 42

对方外貌条件	人数	占百分数%	对方家庭条件	人数	占百分数%	对方经济条件	人数	占百分数%
漂亮	109	28.8	工人	131	45.8	比自己高	82	29.8
一般	106	28	干部	64	22.4	比自己低	25	9.1
身材高	89	23.6	军人	45	15.7	与自己差不多	119	43.3
身材中等	74	19.6	知识分子	46	16.1	有本事赚大钱	49	17.8

对方个性条件	人数	占百分数%	对方职业条件	人数	占百分数%
正直、清廉	72	23.9	工人	148	51.9
敢做敢为	78	25.9	干部	42	14.7
温顺和气	107	33.6	军人	31	10.9
不求有功但求无过	50	16.6	知识分子	43	15.1
			商业职员	21	7.4

从表 42 反映的情况看，在经济条件方面，女工要求对方与自己差不多的占多数；在职业条件及家庭条件方面，要求对方为工人的占多数；在个人品质方面，注重和气、正直与敢作敢为。这说明青年女工思想、文化的素质提高了，经济更加独立，视野开阔，要求同男方地位平等。

女干部中，择偶条件要求男女双方相仿的也愈来愈多。尤其在女知识分子中，更多的人冲破了传统观念。由于她们具有一定的文化科学水平，经济独立，事业心强，摆脱了夫贵妻荣的旧观念的束缚，她们要求的伴侣是有学识、有能力、有理想、有开拓精神，同时能尊重女性人格的男子，在此基础上建立思想共鸣，情趣相投，互相尊重，互相帮助的家庭。但有些男性包括一些知识分子，却往往仍然注重找温顺、貌美、年轻、善于持家的女性，而不注重她们的学识、才干。这种男女两性不能同步的择偶心理，也是大龄女青年择偶比较困难的一个因素。

在 70 年代后期，出现了未婚大龄女青年在城市增多的新问题，原因是多方面的。有的是十年动乱中上山下乡，回城以后又继续上学，耽误了结婚年龄，更重要的是她们的择偶条件偏高，这在文化素质较高、能力较强的女青年中更为普遍。据广东省社会科学院对 10% 的广州人抽样调查测定，该市高于女性平均结婚年龄的25岁至30岁之间的大龄未婚女青年有5万多人，30岁至49岁的未婚女性1万多人。而且这个数字呈上升趋势。这些女性中，相当多的是有一定文化水平、工作能力、社会经验的。她们追求男女平等和真正的爱情，不愿因为年龄的增长而在婚姻上迁就，不愿作男人的附属品。[①] 这种现象，在其他大城市也是相当普遍的。大龄青年的婚姻问题，已引起社会各方面的关注。许多地方成立了大龄青年婚姻介绍所，“红娘小组”为他们牵线搭桥，物色适合的对象。

婚姻应该以爱情为基础，但中国正处于社会主义初级阶段，虽然出现了不少以爱情为基础的婚姻，但在当前的社会条件下，大多数妇女选择配偶还不能排除非爱情的其他因素，如对方的经济情况、工作条件、家庭条件、居住条件等物质因素。在农村，男家盖有新房，是娶亲的重要条件。有的妇女依赖、享受思想仍较重，往往把对方的经济收入高和社会地位的优越，放在首要位置。

① 见1986年11月29日《文汇报》。

第十七章
妇女在家庭中地位和作用的变化

家庭是社会的细胞。它是以婚姻关系为基础，以血缘关系（包括收养关系）为纽带而建立起来的社会基本组织单位，同时也是社会生活的基本单位。中国由半殖民地半封建社会转变为社会主义社会的历史进程中，社会政治、经济、文化以及思想道德观念发生的巨大变革，对中国家庭的变化产生了重大影响。特别是新中国成立后，广大妇女积极参加了社会劳动，妇女在家庭中的地位和作用发生了显著变化，以男子为中心的男尊女卑的封建传统的家庭关系逐渐被男女平等的、文明科学的家庭关系所替代。

在中国，家庭仍担负着生产、消费、生儿育女、赡养老人等职能。作为妻子、母亲和家庭主妇的妇女，在家庭中有着特殊的地位，起着重要的作用。特别是中共十一届三中全会以后，随着商品经济的发展，广大农村和部分城市家庭重新恢复并发挥了生产的职能，妇女在家庭生产中充分发挥了聪明才智，为家庭勤劳致富做出了贡献，从而进一步提高了妇女在家庭的地位，得到了社会的普遍重视。

第一节　在家庭中夫妻地位的变化

在半殖民地半封建的旧中国，家庭中“夫为妻纲”，以男子为中心，夫妻之间是一种主从尊卑的关系，妻子没有独立的人身权利，没有家庭的财产权和财产继承权，甚至没有使用自己姓名的权利。在国民党政府的法律中明确规定：“妻子的财产、姓名、住所统归丈夫管理”。男子有娶妾的自由，妇女却必须从一而终。

新中国成立后，摧毁了封建的婚姻制度，夫妻在家庭中的地位起了深刻的变化。在1950年公布实施的《中华人民共和国婚姻法》中，明确规定了新民主主义社会夫妻之间的权利和义务："实行男女婚姻自由，一夫一妻，男女权利平等"，"禁止重婚纳妾"，"夫妻为共同生活的伴侣，在家庭中地位平等。夫妻有互爱互敬、互相帮助、互相扶养、和睦团结、劳动生产、抚育子女，为家庭幸福和社会建设而共同奋斗的义务。"1954年公布的《中华人民共和国宪法》规定了："中华人民共和国妇女在政治的、经济的、文化的、社会的和家庭的生活等方面享有同男子平等的权利。"这是中国社会主义社会家庭中夫妻关系的准则，经过四十年的实践，这些准则在现实生活中逐步实现。

一、妻子有使用自己姓名的权利

在旧社会，姓氏是一个家族传宗接代的重要标志。人们十分重视维护自己姓氏的权利。男人只有被生活所迫或其他原因不得已入赘妻家时，才改随妻姓，这被认为是不光彩的，有失人格的事。而妇女结婚后必须从夫姓，即在自己姓氏之上冠以夫姓。新中国成立之初制定的《婚姻法》规定："夫妻双方有各用自己姓名的权利。"从此，妇女在结婚后，可以仍用自己原来的姓名。土地改革时期，当妇女分到一份土地，发给土地证时，就堂堂正正地写上了自己的姓名，妇女认为是很光荣的事。

子女随父姓，不能随母姓，在新中国成立之前是理所当然的。为了进一步体现在家庭中男女平等的准则，1980年重新修订的《婚姻法》里补充规定："子女可以随父姓，也可以随母姓。"随着生儿育女是为了传宗接代的封建观念的逐渐消除，特别是在城市，一般都意识到姓名只是一个人的代号，因而夫妻双方能平等地商议决定子女的姓氏。

二、妻子在家庭中经济地位的变化

旧中国传统的家庭大多是丈夫工作养活妻子儿女，成为一家之主。绝大多数妇女没有职业，结婚后在经济上依附丈夫，被禁锢在家庭中生儿育女，操持家务，伺候公婆和丈夫。新中国的建立为广大妇女同男子一道参加社会生产劳动开辟了道路，1950 年颁布的《婚姻法》规定："夫妻双方均有选择职业，参加工作和参加社会活动的自由。"1980 年重新修订的《婚姻法》进一步规定："夫妻双方都有参加生产、工作、学习和社会活动的自由，一方不得对他方加以限制和干涉。"随着国家社会主义建设事业的发展，城乡妇女参加社会生产和社会活动的日益普遍。妻子有了自己的经济收入，并在家庭收入中的比重逐渐增加。据 1982 年对五大城市（北京、天津、上海、南京、成都）的 8 个居委会 4660 名已婚妇女的统计，其中 3811 名有社会职业，占总数的 81.79%。没有社会职业的 849 人，占 18.21%，这部分人多数是老年妇女。如上海市张家弄 739 对夫妇中，70 岁以上的老年妇女在结婚时有职业的只占 19.4%；新中国成立时正值中青年时期、1982 年 61—70 岁的妇女，结婚时有职业的占 34.4%；1982 年 51—60 岁的结婚时有职业的占 51.3%；新中国成立前后才出生、1982 年 41—50 岁的妇女，结婚时有职业的占 76%；而 40 岁以下的妇女，结婚时有职业的已占 98.4%。

再以北京市城市妇女为例。1949 年至 1957 年，北京市城市妇女的平均月收入还不到丈夫的一半，在家庭经济收入中的比重还较低。1957 年以后，妇女大批走上社会劳动岗位。她们的月平均收入可占到丈夫的 2/3 强，十年动乱期间有所下降。1979 年以后，妇女的收入已接近丈夫。北京市郊区农村妇女的经济收入状况也是呈上升的趋势。

北京城市妇女经济收入逐年增长统计表[1]

表 43

结婚年份	结婚时女方平均月收入	结婚时男方平均月收入	百分比（男方为 100）
1949—1957	1145/52 = 22.2 元	4250/86 = 49.4 元	100:45
1958—1966	3375/79 = 42.72 元	5025/93 = 54.03 元	100:79
1967—1978	5400/174 = 31.03 元	8225/187 = 43.98 元	100:71
1979—1984	8250/188 = 43.88 元	9125/191 = 47.77 元	100:92

1. 见中国婚姻家庭研究会《关于中国妇女在家庭中作用的演变研究报告》第 26 页。

北京市郊农村妇女经济收入统计表

表 44

结婚年份	没有收入%	比丈夫少%	是丈夫的一半%	与丈夫差不多%	比丈夫多%
1949—1957	25	35	8	30	1. 6
1958—1966	11	33	13	38	4
1967—1978	3	38	18	36	5
1979—1984	6	30	15. 1	43. 2	5. 5

从统计表看，妇女收入比丈夫少得多的比例下降；收入与丈夫差不多的比例在增加。随着改革和开放政策的实行，广大农村妇女从事种植、养殖业扩展到加工、服务、纺织和手工业等行业，许多农村妇女成为经营专业户的主力，她们的经济收入在家庭总收入中的比例迅速增长。据统计，1987 年江苏省吴江县庙港乡开弦弓村 47 户家庭中，妇女经济收入占全家总收入 30% 以上的有 22 户，40% 以上的 8 户，个别家庭妇女的收入占到家庭总收入的 66% 以上。吉林省怀德县 23 个乡（镇）的专业户，其中以妇女为主的占 41%，这些户中妇女的经济收入平均占全家总收入的 45% 左右。妇女有了自己的经济收入，改变了在家庭中依附丈夫的状况，夫权在家庭中逐渐失去存在的经济基础。中国农村历来把丈夫称为“当家人”，家中大事由丈夫说了算，而这些妇女在家庭中从组织生产到安排生活，基本上同丈夫有平等的发言权。

三、妻子有平等的财产权和继承权

在封建社会，妇女没有掌管家庭财产的权利，即使是从娘家带来的嫁妆也要归夫家所有。有的妇女暗中为自己积了钱财，称为“私房”，在大家庭中被认为是不合法的。婆媳、妯娌之间常为此发生矛盾。《婚姻法》规定：“夫妻在婚姻关系存续期间所得财产，归夫妻共同所有。……夫妻对共同所有的财产，有平等的处理权。”这一规定为妻子享有同丈夫平等的财产权利给予了法律保障。事实上，由于妻子参加劳动生产，有了自己的经济收入，妻子不但在法律上，而且在实际的家庭生活中有了财产支配权。

关于家庭财产继承权，新中国成立之前，妻子的权利往往被剥夺。特别是寡妇的财产继承权被侵犯的事件常有发生。寡妇再嫁如要带走丈夫的遗产，常会遭到夫家或家族中其他成员的干涉，甚至还遭毒打。新中国的《婚姻法》规定："夫妻有相互继承遗产的权利。"1985年通过的《继承法》中再一次明确规定："夫妻一方死亡后，另一方再婚的，有权处理所继承的财产，任何人不得干涉。"这一规定体现了男女平等的原则，使妇女在丈夫死亡后，不论是否再婚，都享有财产继承权。

四、男到女家落户受法律保障

中国传统的封建婚姻家庭制度，是以男子为中心，由父权与夫权统治。因此，长期以来都是女嫁男家，实行"从夫居"的婚姻居住制度。国民党的民法在其"亲属编"中规定：妻子必须以丈夫的住所为住所。那时虽有少数男到女家的，多为女方家中无儿，男方家贫，不得已而为之。男的被称为赘婿，地位低，受歧视，法律上还有限制，如赘婿须从妻姓，所生子女须从母姓等。新中国的《婚姻法》第八条规定："登记结婚后，根据男女双方约定，女方可以成为男方家庭的成员，男方也可以成为女方家庭成员。"这就打破了封建的父系家长制对已婚妇女的限制，给予了男女婚后采取哪种居住形式由男女双方平等协商约定以法律上的保障。据1982年五大城市（北京、天津、上海、南京、成都）对4982名已婚妇女统计：新中国成立前婚后住娘家的约占2%，新中国成立后，1957年前结婚住娘家的每年不超过10%，1977年到1982年则增至18.23%，并有继续发展的趋势。

五、夫妻在事业上和生活上相互帮助

随着改革开放和国家经济建设的迅速发展，妇女更广泛地参加了社会生产劳动，在经济上更趋独立，在思想上增强了自强意识，夫妻之间逐渐以民主、平等、和谐代替了男主女从、夫唱妇随的传统关系。1986年武汉市妇联对全市城区家庭夫妻在事业上、生活上亲密合作、携手前进的情况做了调查。

夫妻双方在事业上合作的情况

表45

类　别	合　计	妻管家支持丈夫干事业	夫管家支持妻子干事业	并　进	无所谓	其　他
人数	557	154	37	208	137	21
%	100	27.8	6.6	37.4	24.5	3.7

夫妻双方承担家庭劳动的情况

表46

类　别	合　计	夫妻共同承担	谁能处理谁处理	丈夫处理	妻子处理
人数	610	464	103	8	35
%	100	76.1	16.9	1.3	5.7

以上两表反映了该市家庭中夫妻在事业上、生活上相互关系的发展趋势。

许多在事业上有突出成就和贡献的妇女或男子，大都与对方的支持分不开。中国著名的女工程师傅韵芬是广州大桥的主要设计者。她接到设计任务后，深感责任重大，唯恐自己不能胜任。丈夫鼓励她大胆去干，并成为妻子工作中的好参谋，支持她顺利地完成了任务。著名舞蹈家陈爱莲的丈夫在事业上曾给她很大帮助，不幸在十年动乱中含冤去世。后来不少人为她做媒，她不求职位和钱财，选择了在逆境时关心过自己的一位工人结了婚。这位工人兴趣广泛，爱好体育和文学、艺术，常常不惜牺牲自己的时间帮助她练功、编舞，提高技艺。

第二节　妇女在家庭生产中的作用

中国的家庭，历来具有生产职能，农村家庭的传统生产方式是男耕女织。新中国成立初期，在互助组和初级社阶段，农村家庭仍然是重要的生产单位。在高级社和人民公社化时期，由于生产的集体化程度越来越高，家庭的生产职能逐步削弱甚至被取消。“文化大革命”中，家庭搞多种经营被认为是“走资本主义道路”，因而被禁止，这就使广大妇女无法在家庭生产中发挥作用。中共十一届三中全会以后，农村首先实行了经济体制改革，全面落实了家庭联产承包责任制。家庭的生产职能得到恢复，妇女在家庭生产中的作用得到了较充分的发挥。农村妇女除了同家庭成员共同种好责任田外，还积极参加多种经营。农村家庭生产形式多样，大致有以下 3 种：

第一，发展养殖、种植业。

农村家庭一般都有饲养家畜家禽的传统，妇女尤为擅长。它投资少，周期短，销路畅。利用农家院落饲养猪、牛、羊、貂、兔、鸡、鸭、鹅、鱼、蚕、蜂等等，是农村妇女从事家庭商品生产的重要内容。不少家庭妇女在饲养中学习了科学方法，积累了经验和资金，发展成为饲养专业户、重点户。北京市密云县有 5000 多个养鸡专业户，其中有 4000 多名妇女。许多农村妇女还发展了家庭种植业。她们种植经济作物、蔬菜瓜果和培育食用菌等，取得了较好的经济效益。黑龙江省鸡西市郊区红胜村等 3 个村，50% 的家庭搞大棚畦种蔬菜，引进优良黄瓜品种“长青密刺”，当年六月初就能上市。该市东太村有 428 户，家家妇女都会发豆芽菜，号称“豆芽菜村”。每到冬春蔬菜淡季，就成为妇女发豆芽菜的旺季。该村每年向市场提供豆芽菜 300 多万斤，最多的一户妇女一年生产豆芽菜 1.6 万斤，收入 4000 多元。

第二，发展家庭手工业。

家庭手工业包括手工刺绣、地毯编织、柳条编织、皮毛加工、小型零件生产等，农村妇女在这一领域发挥了特长。浙江省义乌县深塘村是生产小手工艺品专业村，家家户户的妇女参加手工艺品生产，1983 年仅此一项收入达 149 万元，户均收入 9148 元。又如被称为“北方温州”的河北省清河县，以妇女为主要劳力的家庭加工的精梳山羊绒占全国出口量的 85%；生产的摩托拉线占全国总销售量的 60% 以上。

第三，发展家庭服务业。

为满足农民的需要，许多农村妇女办起了家庭缝纫店、服装店、理发店、饭馆、钟表或家用电器修理店、油坊、磨坊以及托儿所、幼儿园等。她们肯学习，注意提高服务质量，受到群众的好评。如吉林省怀德县柳条村 60 多岁的妇女陈莲芬，1983 年带领 3 个儿媳种地、养猪、养鸡积累了资金，买了一辆大客车，成了客运专业户。陈莲芬的 3 个儿媳轮流当车长，热情为群众服务，被人们称为“女能人之家”。

此外，还有些农村妇女活跃于商品流通等领域，成为勇于开拓的新型妇女。

在城市和小城镇，随着个体工商业的发展，妇女在家庭生产中的作用也越来越大。她们从事的行业有手工业、商业、饮食业、修理业和服务业。费孝通教授在其《温州行》一文中，曾形象地描绘了温州市桥头镇家庭商品生产的状况：“全镇街道两旁鳞次栉比地建起了 845 间新房。在这些 3 或 4 层的新楼内，底层设铺面，一般是由女主人经营；二楼是生产车间，大多由儿女当家；三四层是居室。男主人外出担任供销员角色。就这样，男跑外，女主店，把设店经商、办厂生产和外出供销等商品经济环节有机地结合于一个家庭之中了。”湖南省湘潭市两湖街道 1985 年有个体工商户 296 户，其中妇女为主的有 178 户，占总户数的 60. 14%；从业人员 315 人，其中妇女 201 人，占总人数的 63. 8%。妇女在家庭从事个体经营，不要国家投资，不用招工指标，根据各自的条件选择经营项目，发挥了各自的特长，也为生活困难的家庭开辟了一条致富的门路。地处东北边陲的延边朝鲜族自治州首府延吉市的一个新型综合贸易市场——延吉西市场有 1004 户个体经营者，其中 74% 是妇女，绝大多数成为万元户。退休女工李顺子的丈夫工资低，是个长期受补助的欠债户。自从她做绿豆凉粉生意后，不仅供给两个孩子大学毕业，并为他们办了婚事，还买下了 2. 8 万元的商品房。

第三节　生育观的变化与妇女

中国封建社会传统的生育观是多子多福，儿孙满堂，“不孝有三，无后为大”。在旧社会，老年人的生活没有保障，只能“养儿防老”。这种生育观使妇女在家庭中成了生育的工具。频繁生育带来的沉重负担，耗尽了她们毕生的精力。没有生育男孩的妇女，往往要受到丈夫和公婆的歧视和虐待，甚至被丈夫遗弃，有的妇女因此被迫自杀。

新中国成立之初，在生育方面，重点是推广新法接生，尚未提出节制生育的问题。1954 年 12 月 27 日，中共中央政治局常委刘少奇召集国务院第二（文教）办公室、卫生部、轻工业部、中共中央宣传部、全国妇联等单位负责人座谈节制生育问题。刘少奇在总结讲话中指出：反对节制生育的理由都不能成立。他建议，首先搞一个中共党内指示，统一党内和干部的思想，并要求有关部门供应避孕药品与器具。

1955 年 3 月 1 日，中共中央对卫生部党组关于节制生育问题报告的批示指出："在当前的历史条件下，为了国家、家庭和新生一代的利益，我们党是赞成适当地节制生育的，各地党员应在干部和人民群众中（少数民族地区除外）适当地宣传党的这项政策，使人民群众对节制生育问题有一个正确的认识。"1955 年 6 月 10 日，全国妇联向各地妇联发出了《关于节制生育问题的通知》。在同年 12 月召开的第二次全国妇女儿童福利工作会议上，全国妇联妇女儿童福利部部长田秀涓在工作报告中提出："对于有避孕要求的妇女，应协助她们得到避孕常识的指导。"在这以后，各级妇联配合卫生部门开展了节制生育的宣传。《中国妇女》杂志也曾开辟专题栏目。但是，由于群众中旧的生育观根深蒂固，节制生育宣传的深度和广度不够，而且也不可能在短期内见效，因而造成了五六十年代的生育高峰。据统计，50 年代妇女总和生育率[①]为 5.87 胎，60 年代为 5.68 胎，超过了新中国成立以前、40 年代的 5.44 胎。旧中国虽然人口出生率高，但由于死亡率也高，所以总的人口增长速度较慢。据统计，从 1840 年到 1949 年的 109 年中，全国只增加人口 1.3 亿，而新中国成立后的 30 多年中，全国人口由新中国成立初期的 5.4 亿增至 1983 年的 10 亿多，净增人口达 4 亿多，这一增长速度给国家和家庭带来了压力，给妇女生活带来更多困难，也影响了妇女文化科学技术水平的提高。

1987 年 10 月 2 日《中国妇女报》载：据河北省石家庄市几个工厂 1982 年的调查，有两个以上孩子的女工能够出满勤的不到 1%；只有一个孩子的女工出满勤的可达 40% 以上。家庭人口的增加与家庭生活的改善发生明显矛盾。据调查，五六十年代抚养一个婴儿每月大约负担 20 至 30 元，80 年代初要负

① 指一定时期各年龄组妇女生育率的合计数。

担50至60元。这一费用相当一个普通工人一个月的工资。随着物价的上涨，到1987年要100元左右。除此，儿女长大后的婚姻、就业、住房等问题，都给家庭增添了物质上和精神上的负担。尤其是农村妇女，由于生育过多，对身体健康影响很大。

中共十一届三中全会以后，国家把实行计划生育、控制人口增长、提高人口素质作为一项基本国策。1979年国务院向全国人民发出一对夫妇只生育一个孩子的号召。1980年9月，中共中央发出《关于控制我国人口增长问题致全体共产党员、共青团员的公开信》。1980年修订的《婚姻法》和1982年重新修订的《宪法》，都规定了国家推行计划生育，夫妻双方有实行计划生育的义务。各省、自治区、直辖市结合当地实际做了具体规定。有的省、市、县针对有些家庭为要男孩而生多胎的问题，强调了贯彻男女平等、保护女婴和生育女婴的母亲，以及解决有女无儿户的困难，提倡男到女家落户等措施。安徽、甘肃等省已将这些规定作为省人民代表大会的决议颁布执行。这些规定和措施广泛宣传和贯彻执行后，受到了大多数家庭，尤其是育龄妇女的拥护。人们的生育观发生了很大变化，已由早婚、早育、多生向晚育、少生、优育转变，自觉实行计划生育的家庭增多。自中共十一届三中全会以后，全国人口自然增长率已大体控制在11‰至14‰左右。与五六十年代的20‰以上相比有了大幅度下降。

妇女总和生育率情况[1]

表47　　单位：胎

年　代	40年代	50年代	60年代	1963年	70年代	1979年	1980年	1984年
生育率	5.44	5.87	5.68	7.5	4.01	2.75	2.24	1.94

1. 摘自中国1‰人口生育率抽样调查等材料。

上表说明新中国成立的头10年，妇女的生育率是上升的，到1963年达到最高峰。70年代后逐渐下降。

妇女总和生育率下降原因有二。

一是妇女的婚龄、育龄推迟。

旧中国普遍实行早婚。40年代，中国妇女平均初婚年龄为18.46岁。新

中国成立以后，随着国家经济建设的发展和人民文化水平的提高，妇女平均初婚年龄越来越大。（详见表48）

妇女平均初婚年龄统计[1]

表48

年　代	40年代	50年代	60年代	70年代	1980年	1981年	1982年
初婚平均年龄（岁）	18.46	19.02	19.8	21.6	23	22.8	22.66

注：1. 摘自1986年10月10日《健康报》和中国1‰人口生育率抽样调查。

据统计，15至17岁早婚女性占全部初婚女性的比例，1940年为51.4%，到1980年已降到5.2%。

据1982年中国五城市（北京、天津、上海、南京、成都）家庭研究项目组调查，妇女初育年龄逐渐推迟的情况如表。

结婚年代与初育年龄交互分类表

表49

初育年龄（岁）	结婚年代											
	1946—1949		1950—1953		1954—1957		1958—1965		1966—1976		1977—1982	
	人数	%	人数	%	人数	%	人数	%	人数	%	人数	%
未生育	14	3.13	11	2.36	5	1.01	15	2.52	24	2.76	154	19.13
15—18	60	13.39	50	10.7	24	4.87	17	2.74	2	0.23	2	0.25
19—21	147	32.81	146	31.33	148	30.32	104	16.77	38	4.38	4	0.50
22—25	143	31.92	166	35.62	185	37.53	257	41.45	304	35.02	95	11.80
26—28	41	9.15	54	11.59	65	13.18	143	23.06	345	39.75	349	43.35
29—31	33	7.37	18	3.86	36	7.30	52	8.39	115	13.25	160	19.88
32—35	9	2.01	17	3.65	25	5.07	21	3.39	34	3.02	38	4.72
36—45	1	0.22	4	0.86	5	1.01	11	1.77	6	0.69	3	0.37
总计	448	100	466	100	493	100	620	100	868	100	805	100

上表说明新中国成立以前的大城市，21岁前初育的妇女占46.2%；25岁前初育的妇女占78.12%。新中国成立后初育年龄逐渐推迟，1977年至1982年，25岁以前生育的只占12.55%；在26岁以后才生育的妇女占育龄妇女的2/3强。

二是妇女生育胎数普遍减少，城市基本实现了一胎化。据统计，1982年妇女生育一胎率为51.6%，二胎率为24.2%，多胎率为24.2%。一二胎已成为生育的主要成分。① 天津市对尖山街红星第二居民委员会 462 名不同年龄已婚妇女的平均子女数抽样调查：现在 55 岁以上的、即在五六十年代有生育能力的妇女，一般子女都在 3 个以上；70 年代国家提倡计划生育，育龄妇女一般只有 1 个孩子，最多有两个孩子。

中国育龄妇女能够做到晚婚、晚育、少生、优生的原因是多方面的。主要是国家制定了一系列的有关政策，同时也由于：

1. 妇女广泛就业、老年生活有保障。她们认识到实行计划生育有利于国家、民族，也有利于家庭、个人及子孙后代。同时，就业妇女、年老退休职工生活基本上有保障，不需要依靠众多子女养老。农村经济的发展，促进了农村社会福利事业的发展，有些地方实行了老年退休制度。山东省烟台市农村，办起了敬老院 300 多处。1987 年有 9560 多个独生子女户自愿退掉第二胎生育的指标。

1987 年对全国妇联管理干部学院来自全国各地的县以上妇联的 204 名学员调查，在已婚的 200 人中，26 岁以上结婚的 127 人，占 62.2%；25 岁以下结婚的 68 人，占 33.3%；20 岁结婚的 5 人，占 2.45%。她们中生育 1 胎的 121 人，占 59.3%；2 胎的 56 人，占 27.4%；3 胎的 1 人，占 0.49%；无子女的 26 人。绝大多数人做到了晚婚、晚育和计划生育。②

1982 年在全国人口普查中，对 1981 年不同职业的妇女生育胎数做了调查统计。

不同职业妇女生育胎数统计[1]

表 50

职业别	1 胎率	2 胎率	多胎率
各类专业技术人员	81.81	14.69	3.5
机关干部企事业负责人	83.08	13.67	3.3
办事人员	89.32	9.21	1.47
服务性工作人员	83.94	12.28	3.78
商业工作人员	82.26	13.66	4.08

① 1986 年 10 月 10 日《健康报》。
② 《妇女工作》1987 年第 3 期。

续表

职业别	1 胎率	2 胎率	多胎率
生产运输等工人	82.92	13.30	3.78
农林牧渔劳动者	41.00	17.42	31.58

注：1. 1982 年普查资料。

上表说明，除了在农村从事农林牧渔劳动的妇女一胎率尚在 41%，多胎率尚占 31.58% 外，广大的职业妇女一胎率均在 80% 以上。多胎率已在 4.08% 以下。

2. 独生子女家庭生活水平高于多子女家庭的事实，使人们认识到多子女并不多福。多子女家庭妇女的精力和家庭经济负担都超过独生子女家庭。北京市农村抽样调查队对京郊 1100 个农户 1987 年的收入水平、消费水平和劳力负担的情况调查说明：独生子女家庭人均纯收入要高于多子女家庭 30.2%；人均年生活消费 932 元，高于多子女家庭 39.3%；在主要副食品消费中，蔬菜、食油、肉、蛋、鱼的消费量比多子女家庭高 16%—50%；在穿、用、住和耐用消费品拥有量等方面，都明显优于多子女家庭。另外政府对独生子女户还给予各种优待，如每年发给保健费，园田、口粮田都分双份，宅基地也有照顾，因此独生子女家庭比多子女家庭致富条件优越。

3. 妇女文化水平普遍提高有利于计划生育。中国妇女生育率在不同文化程度的层次中差别很大。文化程度较高的妇女，一般能够实行计划生育，反之则差。

1981 年不同文化程度妇女生育胎数统计[1]

表 51 %

文化程度	1 胎率	2 胎率	多胎率
大学	88.55	10.21	1.24
高中	81.86	14.73	3.41
初中	70.39	20.47	9.14
小学	44.35	28.91	26.74

注：1. 1982 年人口普查资料。

在农村，也有着同样的情况，如果文化水平较高，文盲率低，妇女总和生育率和人口自然增长率较低，反之则较高。比如，甘肃省 1982 年人口普查资料表明，天水地区文盲率为55.73%，育龄妇女总和生育率为3.2胎，人口自然增长率为16.64%；酒泉地区文盲率为29.75%，育龄妇女总和生育率为2.0胎，人口自然增长率为11.80%。这主要是因为文化科学水平高的妇女受传统的、旧的生育观影响小，一般能够以科学态度对待生育，积极响应国家号召，也易于接受避孕知识，避孕成功率高。

4. 妇幼保健工作的开展，胎儿和婴儿死亡率降低，使育龄夫妇易于接受节制生育。据统计，中国婴儿死亡率已由1949年的200‰下降到1981年的34.68‰。1985年部分城市为14‰，县为25.1‰①。湖南省常德县新法接生率稳定在99.9%以上，新生婴儿死亡率降到6‰以下，从而消除了人们生一个孩子不保险的顾虑。

全国各地开展的普及节育、优生、优育科学知识的宣传，对坚持计划生育和提高人口素质起了积极作用。如黑龙江省各地普遍进行了育龄妇女的“五期”教育：对进入青春期15—20岁的妇女讲青春期的生理变化和生理卫生，提倡晚婚；对即将结婚的妇女讲婚前体格检查的重要，新婚期卫生和性的知识以及计划生育政策和避孕知识；对产褥期妇女讲优生优育知识；对哺乳期妇女讲哺乳期卫生、婴儿喂养、早期教育；对更年期妇女讲老年人的饮食起居，疾病防预，以及更年期的保健知识等。各地通过宣传教育使妇女掌握了有关生育的卫生保健知识。

5. 现代避孕药物及技术的普及，便于育龄夫妇采取避孕措施。据统计，1987年全国有1.4亿对的育龄夫妇采取了节育措施，节育率达74%。在各种节育措施中，妇女使用避孕环的比重最大，占50.2%，输卵管结扎占25.4%。而男性输精管结扎只占10%，即75%以上的节育措施由妇女承担。

家庭生育观的变化和计划生育的实行，缓和了人口增长过快给国家各项事业发展带来的压力，提高了家庭生活水平，也提高了民族素质。但是，从全国范围看，人们生育观的变化还存在着很大差异。在一些农村，封建的传宗接代和重男轻女的传统观念仍较严重。中国农村劳动生产机械化程度不高，

① 1987年10月23日《中国计划生育报》。

不少工种仍靠体力，因此一些农村家庭，尤其是有女无儿户，宁愿受罚也要生个男孩，超生现象仍很严重。农村青年妇女至今尚有1/3的文盲和半文盲，在她们中推行计划生育尚有一定困难。中国人口多、基数大，全国人口以一年一千四五百万的速度增加，从1986年开始，全国人口出生率又进入新中国成立后第三次生育高峰，约有3.6亿人陆续进入婚育期。如果人口的增长不能得到控制，每年新增加的财富就要被过快的人口增长抵消，国力不能增强，人民生活也难以得到改善。

第四节　建设文明的家庭生活

科学、文明、健康的生活方式，对国家的物质文明和精神文明建设有着积极的促进作用。作为妻子和母亲的妇女，在家庭的精神文明建设中发挥了十分重要的作用。

新中国成立之初，面临着经济恢复的繁重任务。为了充分发挥职工的生产积极性，辽宁省的厂矿职工家属提出了家庭生活应保证职工休息好、生活计划好、卫生好、家庭和睦及邻里团结好等内容。这些内容的落实，对促进生产产生了良好的效果。各地妇联和有关部门及时把这些做法总结成经验，提出了家庭生活要做到“五好”的口号，并积极加以推广。当时，武汉市职工家属学习了沈阳市的有关经验后，许多家庭做到了计划开支、家庭团结、邻里互助，使职工能够安心投入生产。这一活动，受到了厂矿和社会的重视。1956年“三八”妇女节，全国妇联等13个单位联合倡议，在全国开展“五好”家庭活动。其内容是：热爱社会主义祖国、热爱集体、遵纪守法好；努力生产、工作、学习，完成任务好；计划生育、教育子女、勤俭持家好；清洁卫生、文明礼貌好；尊老爱幼、家庭民主和睦、邻里团结互助好。倡议发出后，全国职工、手工业者、工商业者等方面的家属，积极响应，在全国范围内形成了一个建设“五好”家庭的热潮。到1956年年底，全国共评选出“五好”家庭11万户。

十年动乱期间，“五好”家庭活动被中断，家庭领域中的精神文明建设无人问津。

中共十一届三中全会以后，在妇联组织的努力和各有关部门的配合下，“五好”家庭活动在全国范围内又重新开展起来。活动恢复之初，在解决因十年动乱造成的夫妻不和、邻里隔阂、遗弃老人、青少年犯罪等问题中，发挥了较明显的作用，受到了社会各方面的欢迎。之后，活动的范围从点逐步扩大到面，从农村、城镇逐步扩大到工矿、企业、机关、部队，活动的内容从比较单一到不断丰富，从过去的只抓精神文明发展到两个文明一起抓，并由“五好”家庭扩大到“文明宿舍”“文明楼院”“文明街巷”等等。福建省三明市曾是个脏、乱、差的城市，1979 年全市开展“五好”家庭活动后，社会风气大为好转，勤俭持家、邻里团结、讲公德、讲卫生形成风气，成为全国精神文明建设的先进市。据统计，到 1982 年止，全国城乡评选出“五好”家庭 380 多万户。在 1983 年 8 月召开的第五次全国妇女代表大会上表彰了 1 万户“五好”家庭。到 1984 年年底，全国城乡涌现出的“五好”家庭，除新疆、西藏外，已达 2078 万户。这些家庭中出现了大批受人尊重的好母亲、好婆婆、好嫂子、好小姑等，充分展示了妇女在家庭文明建设中的重要作用。

改革开放以来，随着生产的发展，中国人民的家庭生活水平和生活方式都发生了很大的变化，家庭的精神文明建设也出现了新的特点。在生活中，人们已不满足于吃饱穿暖和干活、休息的单调的旧习惯，而要求丰富多彩的物质和精神生活。在农村，这一变化更为突出。天津市蓟县翠屏山小黄土庄过去是个小山村，共有 96 户。中共十一届三中全会以后，这个小山村很快富裕起来。该村除了用公费为每户订 1 份《天津日报》农村版外，还有 10 多户农民自费订了《农民日报》《经济日报》等报纸。该村的文化室还订有 10 余种报刊。这里 40 岁以下的妇女大多具有高小、初中文化，读报和收听农业知识广播已成为她们不可缺少的精神生活内容。富裕起来的广东省东莞县许多妇女由信天命转为信科学。过去动员妇女上扫盲夜校给记工分都不愿意去，现在一听说是讲授农业技术知识，自费也参加。1985 年妇联与有关部门共办文化技术学习班 936 期，妇女参加学习的有 8.2 万人。

中共十二届三中全会提出，在抓好经济体制改革的同时，要注意人们生活方式和精神状态的变化，要两个文明一起抓。要形成适应现代生产力发展和社会进步要求的文明的、健康的、科学的生活方式。1985 年 4 月，全国妇联召开了全国“五好”家庭活动经验交流会，会议要求“五好”家庭不仅要做到家庭民主和睦，还要勤劳致富；要求先富起来的专业户不仅应是生产先进的代表，还应是精神文明的模范。会后，各地妇女积极响应，努力把勤劳致富和正确处理国家、集体、家庭三者的关系作为衡量自己家庭文明建设水平的尺度。陕西省商洛地区有 2000 户农民家庭成为既是“五好”家庭、又是农业生产专业户的“双文明”户。妇女刘正惠育苗栽桑、养蚕，每年收入 3000 多元，自己富了不忘他人，积极将桑苗支援乡亲栽种。象这样的“双文明户”，常常是“富了一家，带动一片”。

在城市，首先开展了家庭文化建设活动，其形式不拘一格。许多妇女挤时间参加各种家庭科普知识学校、家长学校、婆媳学习班，从中学习有关家庭经济管理、妇幼卫生、优生优育、家庭教育、老年保健、法律常识、人际关系等方面的知识。她们还积极参加有关家庭居室布置、盆花栽培、家庭烹调技术、家庭服装设计等方面的表演、比赛活动，大大丰富了家庭生活。还有不少妇女利用节假日参加以家庭为单位开展的运动会、音乐会、舞会以及书法、美术、摄影、棋类等比赛活动。这些活动开阔了妇女的视野、扩大了家庭成员的知识面，也增强了家庭内、外人际关系的交流，有利于社会的安定团结。

尊老爱幼是中国人民的传统美德，妇女在赡养老人、抚育子女中起着独特的作用。在家庭的精神文明建设中，尊老爱幼是一个重要的方面。

赡养老人是中国人民的好传统。中国的老人中，一部分人与一个子女同住，或不定期地轮流与几个子女同住。据全国妇联 1982 年北京、天津、上海、南京、成都 5 个城市 8 个居民点的调查，1977 年至 1982 年结婚的女青年，与婆家同住的占 47%；与娘家同住的占 18.23%。上海市 1982 年对老人生活抽样调查表明，在 661 位老人中，与已婚子女共同生活的 359 人，占 54.31%。这些老人，在力所能及的情况下，都愿意帮助子女料理一些家务；而子女则在衣食住行各方面给老人以照顾，尤其在生病时，子女对他们更加关心体贴。这些细微的照料老人的工作，绝大部分由妇女承担。据北京市妇联 1986 年的调查，在有老人的 565188 户居民中，对老人照顾好的占 35%；比较好的占 63. 8%；照顾不好或有虐待行为的占 1. 2%。

随着国家经济建设的发展，城市居民的家庭结构日趋小型化。据天津市统计局 1983 年统计，该市城镇居民中核心家庭占 82%。这就是说，许多子女已离开父母自立门户，老人则独自生活。在这些家庭，一般子女在节假日都要去看望老人；对经济有困难的，定期或不定期给予生活费；遇有老人生病，子女负责陪伴就医和照料生活。许多老年人期望的家庭模式是“分而不离”，与子女既分开居住，又离得不远。这样，既可避免与子女同住的不便，又可及时得到子女的帮助。

在农村，“养儿防老”还是一件十分现实的事情。虽然一些富裕起来的地区对老年人实行了“养老金”制度，各地也都有一些办得比较好的“敬老院”，但更多的老人还是依靠晚辈赡养。据妇联对江苏省吴江县铜罗乡的调查，1982 年全乡四代同堂的有 381 户，占全乡总户数的 6%。在其中的 55 户中，第一代人年龄最大的 92 岁，平均年龄 78 岁。他们中已没有 1 人能自食其力，生活不能自理的占 25%。这些老人，经济上由儿孙供养，生活上多由家中的妇女服侍。

农村中有女无儿户老人的赡养一直是个困难问题。新中国成立以后，人民政府积极提倡“男到女家落户”。据河北省定县在 4 个生产大队的调查，1965 年至 1980 年，“男到女家落户”的有 213 户，占总数的 1. 7%。1985 年中共中央办公厅发出 38 号文件，要求各地支持男到女家落户，使这一新风尚得到发扬。之后，一些省市结合本地情况，在政策上做了有关规定。如有的规定落户者及其子女有与当地居民、村民同等权利，任何人不得歧视刁难；有的规定在责任田、宅基地、商品供应、子女户口等问题上与本地居民同等对待或从优对待；有的规定其有继承女方父母遗产的权利等等。据统计，在“男到女家落户”搞得比较好的甘肃省陇南地区，1978 年招婿上门的达 65780 户，占全区农户的 14. 3%。这些家庭团结和睦，老人得到了赡养。

抚养教育子女是家庭精神文明建设中的又一项重要任务。新中国成立以来，在家庭教育方面克服了旧社会遗留下来的某些弊端，展现了新的风貌。

首先是克服了重男轻女的思想。在旧中国的家庭教育中，重视对男孩子的培养教育，男孩子在家庭中的地位比较优越，上学的机会首先给予他们；对女孩子多采取漠视的态度，尤其是在农村，绝大多数女孩子没有上学的机会，她们不仅在吃的、穿的方面不如男孩，而且还要承担大量的家务活。在新中国，大多数家庭都做到了对男孩、女孩一样看待、培养，尤其在城市，家长对女孩子的期望、教育与培养，与对男孩子已没有根本区别。

其次，是教育方法的改变。随着家长尤其是母亲文化素质的提高，在家庭教育中，特别是在城市的家庭中，绝大多数家长，已经改变了传统的棍棒教育方式，开始重视孩子的早期教育。许多孩子在入学前就在家长陪同或辅导下学习了绘画、音乐、外语、书法、文体等方面的知识和技能；有的家长送孩子参加各种学习班，有的还为孩子请了家庭教师。

据对上海市 1 万户家庭的调查，有科学教育方法的家庭已占 12.4%。

新中国成立以后，城市绝大多数妇女都参加了工作。为了更好地哺育下一代，国家大力发展了托幼事业。一些无法入托的孩子一般由老人隔代抚养。进入 80 年代，不少企事业单位规定哺乳期的母亲可休假半年或一年，工资发给 80%，这对婴儿的哺育十分有利。

第五节　减轻妇女的家务劳动

在旧中国，妇女被束缚在无休止的家务劳动之中，成为家庭的奴隶。新中国诞生后，随着工业和社会服务事业的发展，她们的家务劳动逐步减轻。

一、减轻妇女家务劳动的尝试及曲折

新中国成立之初，随着国家建设事业的发展，城乡妇女参加社会劳动的日益增多。这些妇女肩挑两副重担，既是劳动者、生产者，又是母亲、主妇。根据 1951 年上海市总工会女工部的材料：上海国棉一厂女工已婚者达到 80%，其中有孩子的占 70%，她们下了夜班之后，回家要做饭洗衣服看孩子，家务负担很重。为了减轻职业妇女的家务劳动，保障她们的身心健康，中国

共产党和人民政府在群众团体的配合下，首先在城市中推动和帮助工厂有步骤地改造旧托儿所，增设新托儿所，在有条件的地方，建立全托保育机关。1953 年，成都市裕华纱厂在第一季度生产中，女工因孩子问题而请假的工时共 56 天，少出 6720 码布。第二季度，工厂注意做好托幼工作，有孩子的女工缺勤率减少了 95%，产品质量保持在甲级以上，并超额完成了任务。除了兴办托儿事业，国家还发动妇联和工会的女工组织加强职工家属的工作。

在农村，各级政府在妇联的配合下，帮助妇女组织变工托儿站、农忙托儿所、抱娃娃组，同时提倡家庭成员分担家务以及邻里互助，这对农村妇女安心参加农业生产起到促进作用。

50 年代中期，中国农村普遍实现了合作化。妇女参加生产和处理家务的矛盾很突出，许多妇女不得不把缝纫、磨面等活计安排在夜间，甚至做饭也发生了困难。为了帮助女社员解决这些问题，各地合作社采取了变工互助、家庭成员合理分担家务等办法。河南省陕县高级社、许昌县明星高级社组织农忙食堂，安徽省怀远县沙沟高级社组织集体磨面，减轻女劳力的家务负担。

为了更好地保障城乡就业妇女安心生产，全国妇联的领导人蔡畅、邓颖超、章蕴等人都发表过多次有关减轻妇女家务劳动的讲话。1956 年，邓颖超在第一届全国人民代表大会第三次会议上指出：“在大量需要妇女参加生产的地区和生产忙的季节，要着重提倡家庭成员分工分业，注意采取多种多样互助合作的方式，减轻家务劳动。”在同年召开的第一次全国职工家属代表会议上，蔡畅热情赞扬了武汉市街道居民李昌炎及各地十几位男同志勇于冲破“男作女工，到老不中”的封建思想，在家庭中承担家务，帮助、鼓励女职工参加生产和做好街道工作的做法。

1958 年“大跃进”时，由于农村妇女和城市街道妇女参加社会生产的人数猛增，农村和城市街道的人民公社大办公共食堂、托儿所、幼儿园、服务站等集体福利事业，出现了所谓“家务劳动社会化”的高潮。由于不少集体福利事业的兴办脱离了当时的物质基础，后来不得不垮掉，随着“左”的错误的纠正，停办了公共食堂等，使集体福利事业在符合群众意愿和具备物质条件的基础上逐步发展。

在三年经济困难时期，为解除女职工的后顾之忧，发展社会生产，中国共产党和人民政府做出了很大努力，保留了群众需要的集体福利事业，其中一些还有了发展。如辽宁省抚顺市老虎台矿的职工家属互助工作坚持了10年，做得很出色。山东省济南市回民聚居的小长南街10位老大娘组成的缝补小组和上海市闵行新工业区的家务服务站服务项目多、灵活方便，受到群众欢迎。北京、天津等城市为小学生组织校外辅导站，解决吃午餐和课余学习场所问题，受到女职工的称赞。

“文化大革命”期间，中国处于动乱之中，城乡妇女正常的工作、生活秩序被打乱，集体福利事业受到严重破坏，这种局面直到粉碎“四人帮”，特别是中国共产党十一届三中全会以后才得以扭转。

二、改革开辟了减轻家务劳动的道路

1978年以后，中国的改革也深入到每个家庭，引起家庭生活方式的深刻变化，改革冲击着中国传统的家务劳动方式，为减轻妇女的家务劳动负担创造了物质条件。

中共中央、国务院把发展与人民生活相关的行业摆到重要议事日程。国家先后召开了食品、蔬菜、商业、煤气、轻工业品生产等方面的专业工作会议，为解决人民群众生活中的困难做了大量的工作，为减轻职业妇女的家务负担创造了条件。这主要表现在：

第一，社会主义商品经济的发展为减轻妇女家务劳动创造了条件。

改革开放以来，社会生产商品率有了大幅度提高。如1985年全国服装产量已达11亿件，与1980年的7.2亿件相比，成衣生产增长60%。1986年市场上销售的轻工产品，已由1979年以前的3万种增加到6万种以上。“六五”期间，家用电器行业已发展成产值达60亿元的大行业。到1985年年底，洗衣机的产量已跃居世界首位。国家计划委员会制定的“七五”计划期间城市居民的消费基本政策是，重点发展减轻家务劳动、丰富文化知识的家用电器。家用电器和家用机械的发展为使中国家务劳动由低级向中、高级阶段发展展示了广阔的前景。

第二，人民收入的增加，提高了家庭的购买力，减轻了家务劳动。

实行改革开放以后，妇女群众的购买力有了很大提高，许多家庭已有条件购买现代家用电器和雇用家庭服务员。“六五”期间，中国城镇职工的年平均工资收入，由1980年的762元增加到1985年的1176元。农村人均年收入，由1980年的191元增加到1985年的400元，净增209元。据统计，到1985年年底，全国已有300万台电冰箱、2600万台洗衣机进入普通家庭，电烤箱、多用途电饭锅、高压锅等已在城乡一些家庭使用。

第三，第三产业迅速发展，减轻了妇女的家务劳动。

减轻妇女家务劳动离不开第三产业的发展。1980年以来，中国第三产业有了较大发展，总产值平均递增12.6%，高于第一、第二产业的发展速度。第三产业的产值在三大产业中所占的比重，由1980年的19%上升到1985年的21.8%。

发展第三产业由于贯彻了国家、集体、个体一齐上的政策，各类服务网点如雨后春笋般出现在城乡。如全国社会服务业网点经过“六五”时期的恢复和发展，到1986年已达到153.4万个，比1978年增加16倍，从业人员353.9万人，比1978年增长5.3倍，同时每万人拥有的服务业网点，也从1978年年底不足1个，增加到14.7个。各地商业网点的增加，使城乡妇女节省了采购生活必需品的时间。1986年，仅北京市就建立以销售蔬菜和副食品为主的农贸市场250多个，商业网点1万多个，比1980年增长3.4倍。此外，加工和供应粮食复制品及各种方便食品在中国城市中已很普遍。在此期间，中国乡村服务业也以快于城市的速度得到了较大发展。上述情况表明，曾经困扰城乡群众生活的吃早点难、吃饭难、修理难等问题，开始得到缓解。

第四，煤气、沼气事业的发展减轻了妇女的家务劳动。

1978年以来，国家加快了煤气事业的建设。截至1986年，中国已有110个城市，2726万多居民用上了液化石油气，比1980年增长78.9%。可燃气已成为居民生活的主要能源之一。在中国农村，沼气、太阳能的使用，为农村妇女减轻体力劳动负担开辟了一条道路。

三、群众兴办家务服务业

进入 80 年代，中国城乡的经济体制改革使社会生活节奏加快，为了缓解城乡就业妇女多重角色的紧张程度，国家有关方面加强了对家务劳动的研究，从理论和实践上探索减轻妇女家务劳动的新办法、新途径。在各级政府的重视和支持下，中国从大城市到中小城市陆续兴办了多种形式、多种项目的家务服务事业。由街道办事处、基层妇女组织开办托儿所、幼儿园，兴办代营食堂、代销点、缝纫组、综合服务站等网点，解决孩子入托、吃早点、洗衣缝补、日用品修理、照顾老人病人等问题。开展这项工作较早的有北京、广州、武汉、天津、沈阳、杭州、苏州、无锡、常州等城市和一些县镇。

1983 年，北京市妇联与该市朝阳区妇联联合开办了以介绍家庭服务员为主要业务的“三八”家务服务公司，受到群众欢迎。1984 年 3 月，全国妇联在北京召开家庭服务工作现场会。国家劳动人事部、全国总工会、共青团中央等单位派人参加了会议。京、津、沪、穗、宁等市妇联和上海虹口区乍浦路街道党委、天津市基督教女青年会分别介绍了开展家务服务工作的经验。会议之后，家务服务工作有了较快的发展。全国 29 个省、自治区、直辖市都开展了家务服务工作，并开始向农村伸展。到 1986 年，黑龙江省已办起了 1.1 万多个家务服务站，服务项目达 40 多种，直接受益者达 11 万多人。是年，江苏、辽宁、河北、山西、黑龙江等省召开了家务服务工作经验交流会、座谈会和表彰会。1985 年，重庆市郊区成立了第一家农村家务服务公司，除组织农村剩余女劳力向城市输出外，还为农村专业户或农民企业家提供家务服务员。北京市“三八”家务服务总公司到 1988 年已为群众提供家庭服务员 3 万余名，受到社会好评。

在群众开展生活服务业的热潮中，引人注目的是天津市沈庄子街等 10 个街道的工作。他们根据不同情况，组织力量为居民进行节日服务、季节服务、随时服务、长期服务，服务项目由 20 多个发展到 250 多个，使 89% 的居民受益。居民生活中的“柴、米、油、盐、酱、醋、茶，缝、补、拆、洗、带娃娃”都用不着出居委会便能随时解决。

家务服务工作做得好的城市很多，如湖北的沙市、武汉市。特别是沙市，发动街道办事处、居委会、基层妇代会兴办的家务服务站和服务中心，使居民吃、穿、用和养老育幼不出街道都能办妥。沙市妇女学习和工作时间更加充裕，全市有50%的女工参加“振兴中华”职工读书活动、技术补习及大、中专学校的学习。不少妇女参加了书法、摄影、文学知识、美术电影、经济管理等讲座和学习班。1985年，中国首届妇女知识大奖赛获奖者2000余人，沙市女工占了20%。在沙市妇女开展的发明创造、革新创造竞赛活动中，有250名妇女为国家创造了高产值，其中一项产品获得国家纺织工业部质量银质奖，两项填补了国内空白，达到国际水平。

在中国的城市中，由街道兴办生活服务业，是在目前中国生产力的水平下减轻家务负担的有效途径之一。它坚持了为发展经济服务、为居民生活服务、为精神文明建设服务的方针，因而受到群众欢迎。

四、老年人为减轻在职妇女的家务劳动发挥作用

邻里互助是中华民族的传统美德。在城市街道居民中，许多离休、退休或闲散在家的老人主动承担家务，并志愿参加街道举办的家庭服务事业，为双职工服务。在他们家中挂着四邻的钥匙，他们照看双职工的孩子吃午饭、写作业，代双职工买菜、冲开水、管炉灶等，被誉为群众服务员、勤俭持家管理员。这些志愿发挥余热的老人在街道办事处、妇代会、居委会的支持下，不仅为居民服务，也改善了人际关系。据上海乍浦街道1984年3月统计，全街道19个里弄的865位老人长年义务为双职工的家庭服务，受益职工上千人。这个街道有176名脖子上挂钥匙的小学生，父母都是双职工，孩子们吃午饭和放学后都需要照顾。在街道居委会、妇代会帮助下，有140多名老人担任了义务辅导员，照顾孩子们的学习和生活。到1986年11月，上海已有10多万退休职工从事家庭服务劳动。他们在全市建立了1400多个家务服务公司和服务站，为2万多户居民接送幼儿、护理病人和照料家务，给居民带来了方便。这对促进女职工全身心地投入工作起着重要作用。

尽管如此，中国的服务事业仍然很不发达。城市中有相当数量的居民户

缺少家用电器，农村家用电器的普及率更低。在现实生活中，由于家务劳动过重，许多妇女不得不把宝贵的时间消耗在买菜、烹饪、洗衣、带孩子和打扫卫生上。据全国总工会1986年对北京、天津等13个省市2万多名女职工的调查，有19%的女职工由于家务太重，在工作中想当先进却心有余而力不足，有29%的女职工因家务劳动占去了较多的业余时间，想学习没时间。在双职工家庭中，虽然丈夫和妻子共同承担家务劳动，但调查表明，每天从事两小时以上家务劳动的妻子人数呈上升趋势。这些问题的存在表明，免除职业妇女的后顾之忧是提高其素质的关键，而在中国减轻妇女的家务劳动是一个十分紧迫但又不是短时间内能够彻底解决的问题。

第十八章
抚育培养教育儿童和少年

儿童和少年是国家的未来和希望。在旧中国，儿童和少年得不到保护，全国婴儿的平均死亡率高达200‰，少数民族地区和偏僻农村有的高达500—600‰。全国学龄儿童平均入学率只有20%，号称文化古都的北平，1946年学龄儿童入学率也只有50%。[①] 旧中国除了寥寥无几的托儿所、幼稚园以外，儿童设施极少。贫苦工人、农民的子女，受着饥饿、疾病的煎熬，时常面临死亡的威胁。

中华人民共和国成立以后，儿童少年成为国家的小主人。1949年，中国人民政治协商会议第一届全体会议通过的《共同纲领》和1954年颁布的《中华人民共和国宪法》都有保护儿童的规定。1982年颁布的《宪法》又进一步提出"父母有抚育未成年子女的义务"，"禁止虐待老人、妇女和儿童"，"国家培养青年、少年、儿童在品德、智力、体质等方面发展"，"发展学前教育"等内容。1950年和1980年颁布的《中华人民共和国婚姻法》的立法精神，都体现了国家对儿童的保护。在国家其他一些有关法规中，对儿童的保护也有明文规定，如有关劳动的法规中，规定了禁止雇用童工。有些省、自治区、直辖市还制定了地方性的保护儿童的法规。这些法律、法规在中国已付诸实施。而且，在中国已建立了各种儿童机构，积极开展中国的儿童少年事业。

母亲是子女生命的孕育者，也是子女终生的教师。母亲的抚育、培养和教育，对儿童的健康成长起着奠基的作用。在中国，有很多母亲由于配合学校（托儿所、幼儿园）、社会为祖国培育了德、智、体、美全面发展的儿女，

---

① 《大同民报》北平版，1946年3月21日，第4版。

被评为“好家长”。在新中国有很多妇女在社会上从事儿童教育、保健、医疗、营养、体育、服装、食品、用品、玩具、读物、科普、文艺以及儿童生理和心理研究等方面的工作。她们在家庭、学校、社会各方面都为培育祖国的后代发挥了重要作用，成为抚育、培养、教育3亿多儿童少年的一支重要力量。

第一节　中国儿童的新生活

新中国成立以后，人民政府从改造旧的儿童工作机构建立新的儿童工作机构入手，开展了新中国的儿童工作，使中国儿童的生活有了很大变化。1979年以后，中共中央要求全党全社会都要重视儿童少年的健康成长，儿童的物质生活、文化生活、校外活动等方面都出现了崭新的面貌，中国儿童的素质有了明显的提高。

一、改造旧中国的儿童机构

在旧中国，帝国主义者打着慈善事业的幌子，举办了一些“育婴堂”、“仁慈堂”、“孤儿院”等。在这些机构中的儿童，由于营养不良、传染病流行，有的遭受虐待和摧残，死亡率一般高达80%—90%，甚至更高。新中国成立不久，人民政府就着手解救这些机构中遭受苦难的儿童。1951年4月26日至30日，中央人民政府政务院，处理接收美国津贴救济机关委员会，在北京召开了处理美国津贴救济机关会议。参加会议的，包括接受美国津贴的全国性的救济福利社团的代表，全国各地规模较大的接受美国及其他国家救济机关的代表，共116人。会议推选了谢觉哉、陈其瑗、陈传纲、康克清、熊瑾玎等25人为主席团成员这个会议以后，接受外国津贴的各级救济福利机构，均由中国人民救济总会当地分会接收，从此结束了帝国主义者利用所谓慈善机关摧残中国儿童的历史。

中国人民救济总会南京分会早在1951年4月19日，就提前正式接办了“慈爱育婴院”，并立即组织力量抢救奄奄一息的50多名儿童，团结、教育、依靠该院爱国教师和职工，进行民主改革，使他们彻底改变了对婴儿的态度，订立了《爱国公约》。为了抢救婴儿，有的保育员主动为婴儿献血。同时，改善了儿童营养和管理教育，建立了卫生保健制度，婴儿的健康状况大大改善，使濒于死亡的孩子获得了新生。

人民政府还接收了国民党政府举办的救济机关，如孤儿院、生产教养院等，使许多流浪儿、乞儿、弃儿得到了教养。一些染有恶习的孩子，经过学习、劳动、生产，逐渐走上正道，开始了他们的新生活。

全国总工会、全国妇联配合政府教育、卫生部门，对旧中国建立的托儿所、幼稚园进行整顿、改造，从根本上改变了旧中国托幼机构为少数人服务的性质，确立了为广大群众服务、为生产服务的方针。工厂托儿所工人子女的比例增加，并享受免费或减费待遇。园所开始实行整日制，使儿童在园所的时间达到 8 小时至 12 小时。上海市民主妇联筹备会妇女儿童福利委员会，自 1949 年开始工作后，便派了工作组协助总工会整顿 5 个工厂托儿所。经过整顿，有的工厂建立了托儿所管理委员会，定期的母亲会，共同商讨改善托儿所的工作。各托儿所普遍建立了制度，增加了设备，给儿童补充了副食。工作人员通过学习，纠正了轻视劳动人民子女的思想和工作中的雇佣观点，开始树立了为人民服务、对孩子负责的思想，孩子得到了细心的照顾，托儿所的秩序、卫生状况、儿童营养状况大大改善，面貌一新。其他城市也对托儿所、幼稚园进行了整顿。1951 年政务院颁布了《关于改革学制的决定》，规定实施幼儿教育的组织为“幼儿园”。

二、建立新中国的儿童工作机构

新中国成立后，担负儿童工作的机构相继建立。如教育部门的幼儿教育机构，卫生部门的妇幼保健机构，民政部门负责儿童福利救济的机构以及工会、共青团、妇联下设的儿童工作机构等等。1949 年全国妇联一成立，就设立了妇女儿童福利部，第一任部长为康克清。各省、自治区、直辖市也设立了相应的机构，配合政府的教育、卫生、民政等部门开展新中国的儿童工作。

1950 年，宋庆龄在周恩来总理的支持下，把她于 1945 年所创建的中国福利基金会，改名为中国福利会，开展妇女儿童保健和儿童教育方面的实验性、示范性工作和有关的科学研究。1951 年，宋庆龄用其获得的加强国际和平“斯大林国际奖”的奖金，在上海创办了国际和平妇幼保健院。在她的领导下，中国福利会成立了少年宫、托儿所、幼儿园，创办了《儿童时代》杂志，把儿童剧院扩建为儿童艺术剧院。

为加强国内的儿童工作以及加强国际联系，1951 年 11 月 26 日，成立了中国人民保卫儿童全国委员会（以下简称保委会），这是新中国第一个全国性的保卫儿童的机构。它的宗旨是团结全国热心儿童福利事业的团体和个人，协助政府开展儿童福利工作，并联合世界上爱好和平的人民，共同反对侵略战争，保卫世界和平、保卫儿童权利。它的主要任务是：在国内，宣传政府有关保护儿童的政策法令，并推动有关方面贯彻执行，促进儿童福利工作的发展；在国外，积极参加世界保卫儿童、保卫和平的活动，宣传中国儿童的生活和儿童工作情况。保委会成立以后，由宋庆龄任主席。1981 年宋庆龄逝世后，由全国妇联主席康克清任主席。它的历任副主席有：全国妇联副主席邓颖超，科学家李四光，卫生部部长李德全，人大常委会副委员长廖承志，人大常委会副委员长史良，中华医学会理事长傅连暲，教育家韦悫，全国妇联副主席黄甘英，教育部副部长董纯才、张文松，卫生部副部长崔月犁、王伟，北京儿童医院顾问诸福棠，中国联合国教科文组织全国委员会副主席杨蕴玉。保委会委员包括妇女、青年、工会、医药卫生、教育、科学、文艺、司法、救济福利、宗教等各方面有影响的热心为儿童服务的人士。十年动乱期间，保委会的工作全部停顿，1979 年恢复工作。

三、开展新法接生和儿童医疗保健工作

为改变危害妇女儿童健康的旧习俗，培养身心健康的后代，保护妇女的健康，全国除在城乡发展托幼组织外，还大力开展了改造旧式接产婆，培训新法接生员的工作。在旧社会，有的接产婆一把剪子用三四十年不消毒，不科学的旧式接生夺去了无数产妇和新生儿的生命。由于群众中普遍存在封建迷信思想，认为生孩子能不能活是命中注定的，所以开展新法接生阻力很大。妇联和它的基层组织配合卫生部门，克服了各种困难，培养宣传骨干，广泛

宣传新法接生的好处，挑选有培养前途的旧式接生婆和年轻的妇女积极分子，参加新法接生员培训班学习，成为新法接生员，逐步推广新法接生。例如，浙江省妇联1952年开展了新法接生和育儿知识的宣传，并配合卫生部门培训了1.43万名新法接生员。通过新法接生与旧法接生的对比，群众中相信新法接生的人越来越多。

开展新法接生以后，新生儿死亡率明显下降。例如辽西省（后属辽宁省）新中国成立前婴儿死亡率平均为500‰，推广新法接生后，到1951年下降到60‰。旅大市到1951年就已基本上消灭了新生儿“破伤风”的死亡。浙江省肖山县戴树区陵溪乡43个已婚妇女，新中国成立前生育204个小孩，成活94人，死于“破伤风”的占54%。1953年推广新法接生以后，该区4个乡调查，半年中出生婴儿48人，死于“破伤风”的5人，占1%。到1955年全国大、中城市新法接生已达90%以上。农村开展新法接生的地方，一般达到30%，部分较好的已达70%，重点乡达90%以上。到1966年，全国平均新法接生率达80%。此后，由于十年动乱，到1975年，下降到50%以下。为此，卫生部门采取了一系列措施，使新法接生率迅速回升。到1977年，达88.5%；1982年达92.7%；1986年达94.4%；1987年达95.5%。

在少数民族地区，新法接生也得到了推广。1986年，新疆维吾尔自治区全区新法接生率已达88.7%；新生儿破伤风发病率降为0.3‰，内蒙古自治区新法接生率从1950年的20%上升到1986的94.4%，新生儿破伤风发病率从1950年的42‰降至1986年的0.18‰。

新中国成立以后，人民政府十分重视儿童保健工作。首先是和传染病做斗争。1950年，国家规定免费为儿童接种牛痘，以后逐步发展为包括卡介苗、麻疹、白喉、百日咳、破伤风、小儿麻痹、流脑等7种菌疫苗的儿童计划免疫。到60年代初期，已消灭了在旧中国严重威胁儿童生命和健康的天花。同时，防治儿童常见病、多发病，如佝偻病、肺炎、腹泻、营养性贫血等也被提到儿童保健的议事日程。全国各地还开展了反对弃婴、溺婴和妇婴卫生、新法育儿的宣传。

为了改善儿童的医疗保健条件，新中国成立以后，一直重视发展儿童医院和在综合医院设立儿科，增加儿科床位。在旧中国，只有3所儿童医院，173张病床，到1987年，全国有儿童医院29所，床位7000张。综合医院的儿科床位增加更多。此外，妇幼保健机构承担着大量的、特别是农村的儿童保健任务，城乡普遍设立了妇幼保健院、妇女儿童保健所（妇幼保健所）、妇幼保健站等3级保健网。乡卫生院（医院）、街道综合医院均设有妇幼保健组或由专职人员负责妇幼保健工作。乡以下的大队（村）设女乡村医生、卫生员、接生员，承担妇幼保健任务。城市的群防站、卫生站承担了不少妇幼保健任务，如通知散居儿童打预防针，婴幼儿体检等。到1988年，全国已建立3082个妇幼保健院、站、所，全国城市有60%的儿童，农村有25%的儿童接受了儿童保健系统的管理。

儿童卫生、防疫、保健工作的开展，使婴儿死亡率进一步降低，到1982年全国平均已降到34.68‰。又据卫生部门调查资料统计，1986年北京等37个城市全市或部分市区平均降到14.3‰；上海、江苏等14个省、市的81个县或部分乡平均降到27.3‰。内蒙古自治区在新中国成立前婴儿死亡率为430‰，到1986年降至37.78‰。

四、全党、全社会关怀儿童少年健康成长

1979年以后，中共中央和国务院进一步加强了对儿童工作的领导，要求全党全社会都要重视儿童和少年的健康成长。1979年，中共中央批准，由全国妇联、全国总工会、教育部、卫生部、国家劳动总局于7月24日至8月7日联合召开了第一次全国托幼工作会议，成立了国务院托幼工作领导小组①，副总理陈慕华兼任组长。由全国妇联、全国总工会、教育部、卫生部、财政部、商业部、民政部、国家计委、国家建委、国家农委、国家劳动总局、国家城市建设总局各一位负责人组成。各省、自治区、直辖市及所属地（市）、县（区）也建立了相应的机构。

① 1982年机构改革时，全国托幼工作领导小组及其办事机构撤销，工作并入全国儿童少年工作协调委员会。有些地方的这一机构仍存在。

1981年2月2日，中共中央书记处指示："全国妇联应把抚育、培养、教育3亿以上的儿童少年作为自己的工作重点。"3月17日和24日，两次在中南海召开儿童少年工作座谈会提出，全党全社会都要重视儿童和少年的健康成长，要在我们这一代人手里，把下一代培养好，使共产主义事业后继有人，代代相传，并要求全国妇联在有关部门、团体中起牵头作用。中共中央带头在节日、为儿童少年开放中南海怀仁堂。

1981年5月，由全国妇联牵头成立了全国儿童少年工作协调委员会，下设全国少年儿童文化艺术委员会和全国儿童生活用品委员会。各地也陆续成立了相应的机构。此后，又建立了中国儿童少年基金会，宋庆龄基金会，中国儿童少年活动中心，北京儿童电影制片厂（后改名中国儿童电影制片厂），全国少年儿童戏剧、歌舞、音乐、文学等4个学会及中国儿童少年电影学会，全国青少年科技活动领导小组等。各省、自治区、直辖市也普遍增设了儿童工作机构，迅速地开展了工作。

建立中国儿童发展中心（以下简称发展中心）是中国政府和联合国儿童基金会1982年至1984年的合作项目。发展中心作为全国妇联的直属机构于1983年11月正式成立。这是中国第一个跨学科、多学科的儿童身心发展应用研究的机构。

发展中心的宗旨是促进中国儿童的全面发展，贯彻"预防、应用、普及、发展"的方针，通过实地考察，了解中国儿童身心发展现状、存在问题及发展趋势；收集和分析有关儿童保健、营养、心理、教育和社会等方面的资料；结合实际需要，对儿童进行多学科、跨学科的应用研究，并开展宣传、推广和培训工作。它设有咨询机构，即中国儿童发展中心专家委员会，由国内知名的儿童保健、营养、教育、心理和社会学等学科的专家组成。还设有4个联系中心作为它的协作单位，它们是：母婴保健联系中心、儿童保健联系中心、儿童心理联系中心、儿童营养联系中心。1983年至1987年，上海、广东、新疆和黑龙江建立了科学育儿基地，宣传、推广、应用发展中心的科研成果。

发展中心建立后，至1987年，与其他科研协作单位共同开展的科研项目共46个。1986年1月、1987年5月和1988年7月先后3次在北京召开了独生子女研究工作座谈会，交流了独生子女研究工作现状和问题，并组织了6个研究课题。为了促进优生优育，发展中心还开展了对孕妇及婴儿食品的研究和评价工作。

为了解农村0至7岁的儿童体格发育现状，发展中心和首都儿科研究所受中央卫生部和全国妇联的委托，与吉林、山西、甘肃、新疆等10个省、自治区协作，于1985年至1986年两年中，对20多万名儿童进行了体格发育调查，获得了中国第一份大面积的、有代表性的农村7岁以下儿童体格发育抽样调查资料，填补了一项空白，为以后制定有关政策和计划提供了依据。

为了全面推进儿童工作，发展中心还以种子培训的方式，为儿童工作者提供了在职培训，开展了科学育儿咨询及其他有关儿童身心发展问题的研究和实践。在工作中，他们对边远地区的农村儿童给予了特别的关注。

1981年5月，由国家经委牵头成立的全国儿童生活用品委员会，统筹发展儿童生活用品。他们首先调查了国内和世界发达国家儿童生活用品的发展情况，拟定了全国儿童生活用品的发展方针、政策，制订了儿童用品的“六五”和“七五”发展规划。1981年，它会同国家计委、经委发出了《关于发展儿童生活用品生产若干问题的通知》，并会同经委和轻工业部安排了技术措施费和轻纺贷款，扶植儿童用品生产。1985年和1987年，曾两次举办了全国儿童用品新产品开发经验交流会，鼓励开发新产品，推动企业改革。1987年3月，拟定了《全国儿童生活用品发展要点》，由国家经委批转各地执行。

有关部门积极响应中共中央的号召，为儿童的健康成长提供必要的物质条件。1981年，粮食部、商业部发出通知，要求各地优先供应儿童生活用品生产所需的粮、油和服装面料。轻工业部会同商业部、农牧渔业部，于1981年和1986年召开了两次全国儿童食品工作会议。1982年轻工业部会同商业部、教育部召开了全国玩具工作会议，举办了国外玩具展览，召开看样、科研会议。财政部1981年对婴幼儿食品、1986年对部分儿童玩具实行减税或免税。商业部1986年组成了全国大、中城市妇女儿童用品专业经济联合会。经过中央和地方主管部门和企业的努力，儿童生活用品有了较大的发展。

1986年，中国玩具总产值达7.14亿元，品种约7500余种，均是1980年的3倍。1987年总产值9.4亿元，品种又增加了200种。玩具生产企业1980年有131个，1986年为246个，1988年达300多个。乳制品1986年全国产量达22.84万吨，是1980年的3.6倍，1987年增长到26.9万吨，并且已生产出具有科学配方的孕妇奶粉、母乳化奶粉、断奶食品。各地还陆续生产了儿童辅助食品、疗效食品等。国家医药局从1985年重点抓了儿童药品的生产，以改变用成人药剂减量给儿童服用的状况，并开发了治疗儿童厌食、缺铁性贫血、佝偻病、近视眼等的药品。1987年儿童药物新品种约700种，比1986年增加40%左右。其他，如儿童服装、童鞋、童帽的数量品种也有增加。

1981年成立了全国少年儿童文化艺术委员会，促进了各地儿童文化艺术的发展，丰富了儿童少年的精神生活。1986年该会曾举办全国儿童剧调演，学校剧评奖，"小百灵"赛歌录像评奖，全国少儿文艺夏令营，全国少儿歌舞录像评奖，全国幼儿木偶录像评奖，全国儿童美术劳作展览等，并组织了中国少儿歌舞团、戏剧艺术团等赴法国、南斯拉夫、新加坡等国演出。

在各地政府的关怀和儿童文艺工作者的努力下，全国专业儿童剧院（团、队）由1981年前的4家，发展到1987年的20家，演员职员有1470余人。每年全国演出儿童剧几千场，接待小观众几百万人次。此外一些省、市话剧院、团也演出了儿童剧。1981年以前，全国只有5家少年儿童出版社，50余种少年儿童报刊。到1987年，全国儿童读物的出版，发展到了一个新阶段，全国能够出版儿童读物的出版社已有40家，专业少年儿童出版社26家。少年儿童报刊已增至190多种，发行6000万份，少年儿童图书馆、阅览室也有增加。据1986年不完全统计，县以上公共系统少年儿童图书馆有80多所（其中省级34所），比1981年增长6倍多。公共图书馆少年儿童阅览室有1000余处。规模居全国之首的湖南省少年儿童图书馆建筑面积5000平方米，拥有470个座位。

儿童校外教育是新中国成立以后的一项新型教育事业，从1949年4月第一座少年宫在大连市落成以后，这项事业有了很大发展。1965年以前，全国县以上少年宫、青少年宫共195处，"文化大革命"期间大多数被占用，中共中央十一届三中全会以后，校外教育事业得到较快的恢复和发展。据不完全统计，到 1986 年全国已建有少年宫、少年之家、少年儿童活动中心等校外教育场所 8000 余处，很多大城市还在街道一级建立了儿童少年校外活动站，形成了从市、区到街道的校外教育网络。北京市 1952 年建立第一个少年之家，到 1986 年已有少年宫、科技馆、少年之家 60 处，民办公助的街道居委会少年活动站 1097 处，机关、部队、企事业、院校办的少年活动站 304 处，各级各类的校外教育点 1461 个。1982 年 2 月，经中共中央批准，在北京官园建立的中国儿童少年活动中心，设有科学技术、文化艺术、体育、影剧厅，图书阅览室及其他游艺、体育设施，不仅向北京市的少年儿童开放，还对全国的少年儿童校外活动起指导作用。

中国经济条件较差的西南、西北少数民族地区，也陆续建起了一批儿童少年活动阵地。内蒙古、宁夏、西藏 3 个自治区 1987 年建立了 13 个儿童少年活动中心，25 个儿童乐园及少年宫和科技中心等。

1981 年以后，各地较普遍地建立了一些儿童乐园。北京市到 1987 年已建立儿童乐园 221 个，85% 建在县、乡、村。到 1985 年年底，福建省已建儿童乐园 41 处，云南省在边境线和民族地区建立了简易的儿童乐园 53 处，湖南省有 20 个县市建立了儿童乐园，广西壮族自治区建立了少年宫、少年活动中心、儿童乐园等 18 处。此外，在城市的公园里一般都设有儿童活动场地。

校外科技活动，是校外教育的重要内容。1981 年，由中国科协、国家教委、团中央、全国妇联、国家体委为成员的全国青少年科技活动领导小组成立，负责协调全国青少年科技活动。几年中，青少年科技活动有很大发展。中国科协与联合国儿童基金会合作建立了 23 个科技中心，作为青少年科技活动基地，具有培训、服务、研究、示范等功能。许多省市也兴建了科技中心或在科技馆内开辟青少年科技活动场所。各地还建立了一批天文、电子、计算机、生物和业余电台等单项科技活动点。在宋庆龄儿童科学公园内，1986 年落成了一座建筑面积为 1500 平方米的宋庆龄儿童科学技术馆，该馆对儿童少年进行普及科学技术知识的教育。

此外，中国孤儿和残疾儿童社会福利事业也日益发展。1986 年，全国共有儿童福利院59所，综合的社会福利院700多所，所收养的80%是残疾儿童。各地还成立了一些残疾儿童康复中心，不仅为住院的残疾儿童提供康复治疗，还面向社会，为残疾儿童服务。上海市在儿童福利院的基础上成立了康复中心，对全院580名残疾儿童中的400名进行了康复训练，有效率达90%以上。他们还开设了康复门诊，设立了康复咨询部、街道工作小组，开办了残疾儿童家长训练班，对居住在家里的500多名残疾儿童进行了训练，向家长进行技术指导。

有些城市积极发动社会力量，建立社会福利机构，如开办街道残疾儿童日托站等。1987年，北京市由群众自发办起了两所弱智儿童养育院，根据中国科学院心理研究所研究员茅于燕的自编教材、教法，对3至7岁的弱智儿童进行特殊教养。到1988年，全国各地共有470个街道残疾儿童日托站。

五、不断提高中国儿童的素质

新中国成立以后，中国儿童的体质明显增强。1983年，国家统计局抽样调查14岁及14岁以下儿童179023人，未发现严重疾病的儿童176447人，占98.6%，明显和严重不健康的儿童2576人，仅占1.4%。据南京市1975年与1935年的9岁同龄儿童相比，男孩身高增加8.2厘米，体重增加2.8千克；女孩身高增加7.8厘米，体重增加2.2千克。1985年，首都儿科研究所和9市儿童体格发育调研协作组调查了全国9个主要城市和郊区15万余名7岁以下儿童的体格发育情况，并与1975年儿童体格发育五项指标做了比较。1985年儿童的体重一般都比十年前有不同程度的增加。在6—7岁组，平均增加0.4千克。儿童的身高比十年前也有明显增加，在6—7岁组，平均增加1.8厘米。儿童的坐高比十年前平均增加0.4厘米。郊区儿童身高增长幅度大于城区，城郊差距已缩小。

又据国家教委、卫生部等6个部委于1986年结束的中国学生体质、健康调研工作表明，自1979年以来，中国7岁以上儿童少年生长发育迅速。按每十年折算，7至18岁城市男生身高平均增长3.13厘米，体重平均增长2.17千克，胸围平均增长2厘米；城市女生身高平均增长2.45厘米，体重平均增长 1.43 千克，胸围平均增长 1.31 厘米；乡村男生身高平均增长 4.58 厘米，体重平均增长 2.98 千克，胸围平均增长 2.41 厘米；乡村女生身高平均增长 3.33 厘米，体重平均增长 2.33 千克，胸围平均增长 2.28 厘米。

据湖南省卫生厅 1987 年的材料，该省对 7 岁以下集体和散居的 2672176 名儿童按不同年龄进行了定期体检，受检儿童体格发育标准（包括身高、体重、胸围、头围、臂围、坐高）超均值的达 52.78%。

中国儿童的智力水平也不断提高，各种人才在他们中孕育成长。1985 年在日本东京举行的第三届国际青少年发明成果展览会上，中国小学五年级的女学生徐琛的《防触电插座》获“最优秀奖”。1986 年在日内瓦第十三届国际发明与新技术展览会上，13 岁女学生刘鸿燕的《任意等分角器》获“青年发明者”大奖。在国内举行的科技“小发明”竞赛中，少年儿童的作品也受人瞩目。各地还涌现了一些儿童少年文艺活动骨干。1981 年中国少年第一次参加万国邮政联盟主办的“国际少年书信写作比赛”，新疆 14 岁女学生赵爽的作品被评为第一名，获金质奖章。至 1988 年（除 1982 年外），中国少年每年都参加这种比赛，并取得了好成绩。中国还有一批小诗人崭露才华。田小菲、阎妮、任寰等出版了个人诗集，有的已被译成外文出版。

1981 年至 1988 年，全国少年儿童文化艺术委员会举办了各类国家级少儿文艺比赛 9 次。来自全国 29 个省、自治区、直辖市和台湾的数万名儿童少年参加了比赛，有数千个单位和个人获奖。中国文化部对外展览公司组织儿童少年美术品和手工艺品参加国际展览、比赛 69 次，获奖作品 512 幅。获奖者分属 10 多个民族，年龄最小的只有 4 岁。

在中国的儿童少年中，社会主义思想品德不断提高。社会主义的思想品德，主要表现在爱祖国、爱人民、爱科学、爱劳动、爱社会主义。中国涌现的一些小英雄身上，就闪耀着社会主义思想品德的光辉。

中国少年先锋队模范队员刘文学，四川合川人，他平时学习认真、热爱劳动，爱憎分明，关心集体利益。1959 年 11 月 18 日，他在与一盗窃公社农作物的地主分子的搏斗中，被地主分子残酷杀害，时年 14 岁。

内蒙古达尔罕茂明安联合旗新宝力格公社那仁格日勒生产队的两名蒙古

族牧民少年龙梅（11岁）、玉荣（9岁），于1964年2月9日替父亲出去放牧公社的384只羊时，遇到暴风雪，她们为保护集体财产，决心不离开羊群，冒着零下37℃的严寒，辗转走出35公里，顽强地同风雪搏斗了一昼夜，保住了羊群，姐妹二人严重冻伤，她们被称为“草原英雄小姐妹”。

1988年5月，经《中国妇女》杂志社发起，全国妇联书记处批准，开展“中国小英雄”评选活动，从全国寄来的近100份推荐材料中选出18名，授予“中国小英雄”的光荣称号。他们中，有在1987年大兴安岭特大森林大火灾中，奋勇救出3位邻居，自己被严重烧伤，母亲被烈火夺去生命的赵金宝；有为抢救同学与恶狼搏斗而受重伤的李永军；有同杀人犯英勇搏斗，救出同学而自己被砍伤的吴秀梅；有从洪水中抢救出3名同学，自己英勇献身的何香姣；有机智勇敢地捕捉逃犯的茅棚、马立宁、马玉民；有在列车开来的危急关头，挺身抢救儿童的王海燕、曾鸿；有在山崖忽然塌方时勇救列车的于奎明；有四年如一日照料一位孤寡老人的蔡建华；有勇斗流氓歹徒的詹燕；有奋勇抢救溺水者的黄永泽、蒋宝松、邓崇南、郑翠、朱应来、崔涛等人。他们有的是三好学生，有的是优秀少先队员或少先队干部、班干部。他们平时学习用功、遵守纪律、团结同学、热爱集体，是新中国的好少年。在中国的儿童少年中还涌现了不少拾金不昧、助人为乐、尊师敬老等好人好事。

中国的儿童少年事业，在人民政府、群众团体、广大人民的努力下，取得了显著成绩，但与社会主义现代化建设的需要还相距很远。其表现在：保护儿童少年的法律尚不完善；优生、优育、优教的宣传还不够深入广泛；儿童剧院、儿童图书馆阅览室、托儿所、幼儿园等设施还不能满足需要；优秀儿童读物匮乏；儿童生活用品的科研和生产方面还有不少问题，亟待解决；社会上拐卖儿童，溺死女婴，雇用童工的现象一度沉渣泛起。面对这些问题，必须加强领导，深入宣传教育，排除干扰，继续依靠全社会通力合作，使儿童少年事业进一步发展，使中国儿童的素质进一步提高。

第二节 中国的托幼事业

新中国的托幼事业，是国民教育事业和社会福利事业的组成部分，是保证妇女参加社会劳动的重要条件。中华人民共和国成立后，政府就把发展托幼事业纳入了议事日程。1950 年，政务院文化教育委员会批准了教育部关于托儿所归卫生部领导、幼儿园归教育部领导的建议。1956 年，教育部、卫生部、内务部联合发出通知，要求各地“托儿所和幼儿园必须有相应的增加”，按照“全面规划，加强领导”的方针，根据需要和可能，积极发展托儿所和幼儿园。在城市，要求厂矿、企业、机关、团体和群众举办；在农村，提倡由农业合作社举办。1958 年“大跃进”时的盲目冒进，1966 年至 1976 年的十年动乱，使托幼事业遭受挫折。中共中央十一届三中全会以后，随着社会主义现代化建设的发展，托幼工作受到进一步重视。1978 年五届全国人大二次会议的政府工作报告中指出：“要十分重视发展托儿所、幼儿园，加强幼儿教育。”1979 年全国托幼工作会议后，中共中央、国务院转发了会议《纪要》，要求继续贯彻公办和民办“两条腿走路”的方针，恢复、发展、整顿、提高托幼组织，并要求中央各有关部门、群众团体，按各自承担的任务，努力做好工作，推动托幼事业的发展，使托幼事业进入稳步发展的新阶段。

一、中国托幼组织的发展

旧中国的托幼事业很不发达，全国仅有幼稚园 1301 所，托儿所更少。新中国成立以后，在中共和人民政府的关心、重视下，托幼事业发展迅速。1981 年，全国有各类托幼组织 412468 所。1987 年达到 434739 所。

北京市，在旧中国只有托幼组织 9 所，到 1951 年发展到 54 所，1984 年为 5434 所，1987 年为 7795 所。宁夏回族自治区，在旧中国没有托幼组织，1981 年发展到 824 所，1983 年为 1094 所，1986 年为 1217 所，1987 年为 1319 所。吉林省 1949 年有保育院、托儿所 7 所，幼儿园 4 所，工厂哺乳室 4 处，到 1987 年有各类托幼组织 97201 所。新疆维吾尔自治区，1949 年有国家办的幼儿园 2 所，到 1987 年，有国家办的园所 885 所，集体办的 110 所，私人办的 2000 多所。河北省 1949 年有园所 4 处，1987 年有各类园所 8263 处。上海市 1949 年有园所 485 所，到 1987 年有托儿所 808 所，幼儿园 3677 所，共计 4485 所。

幼儿园发展情况

表 52

年　份	幼儿园（所）	在园幼儿数（万人）	年　份	幼儿园（所）	在园幼儿数（万人）
1946	1301	13.0	1950	1799	14.0
1951	4833	38.2	1952	6531	42.4
1953	5469	43.0	1954	6293	48.4
1955	7129	56.2	1956	18534	108.1
1957	16420	108.8	1958	695297	2950.1
1959	532043	2172.2	1960	784905	2933.1
1961	60307	289.6	1962	17564	144.6
1963	16577	147.2	1964	17706	158.9
1965	19226	171.3	1979	165629	879.2
1980	170419	1150.8	1981	130296	1056.2
1982	122107	1113.1	1983	136309	1140.3
1984	166526	1294.7	1985	172262	1479.7
1986	173376	1628.98	1987	176775	1807.84
1988	171845	1854.53	1989	172634	1847.65

二、中国城镇的托幼组织

（一）政府、机关、工矿企业、事业等单位办的园所。

在城镇，市立或县立园所是政府教育部门或卫生部门办的，师资条件较好，保教水平较高，有示范性质，很多地方以这类园所为中心，建立保教辅导网，组织观摩教学，提高园所的业务水平。据《中国教育成就》一书的统计资料，以 1987 年为例，全国共有幼儿园 176775 所，其中教育部门办的 10093 所，占 5.71%；全国幼儿园收托幼儿 1807.84 万人，教育部门办的 326.22 万人，占 18%。

很多机关、厂矿企业事业单位以及部队，高等院校设有自办的幼儿园、托儿所或哺乳室，主要是为本单位的工作人员服务。例如，北京市 1984 年有中央机关、部队办的园所 470 个，占城镇园所总数的 18%；市属企业事业单位的园所 1022 个，占城镇园所总数的 39%，以上合计占北京市园所总数的 57%。1979 年以后，全国各地有一些条件较好的这类园所，已向社会开放，收托外单位工作人员的子女，对缓和城市入托难发挥了作用。

中国的大、中型工矿企业的行政领导和工会，把托幼组织的建设，看作是职工生活福利事业的重要内容，一般都比较重视。有不少大型工矿企业的园所，房舍宽敞，设备完善，环境优美。

设有工会组织的企业、事业的托幼园所发展概况

表 53

年　份	园所数	收托儿童数	工作人员数	其中保教人员数
1963	31469	109258	36559	26152
1979	93841	3026702	465455	318162
1983	121892	3963754	651169	479754
1986	124000	5163000	884000	566000
1987	147510	5197106	775968	569074

随着托幼事业的发展，保教工作者的队伍也日益扩大。在旧中国，幼稚园数目最多的 1946 年，教职工总数为 2500 人。到 1987 年，幼儿园的教职工达 941088 人，其中女性为 886087 人，占 94. 16%；园长 48591 人，女性 46485 人，占 95. 67%；幼儿教师 651392 人，女性 562924 人，占 86. 42%；保健员 44791 人，女性 41352 人，占 92. 32%。

（二）城市街道或居民委员会办的（民办）园所。

民办园所属集体所有制，在行政上，由街道办事处或居民委员会领导，大多是街道上的妇女积极分子在妇女组织的支持帮助下，根据群众需要，因地制宜、群策群力、因陋就简地创办起来的。经过艰苦创业，有的发展成为具有一定规模的托儿所或幼儿园。

浙江省杭州市武林幼儿园，是 1952 年由街道积极分子汪菊清和 5 名家庭妇女创办的。汪菊清献出了 3 间住房及一些家具、存款。建园后，她全心全意地为孩子服务。十年动乱期间，入园儿童减少，经费入不敷出，为把幼儿园坚持办下去，她用自己的钱给生活困难的保教人员发工资。1983 年在地方政府的支持下，这个幼儿园建成 3 幢 3 层的教学楼，教育质量也不断提高。幼儿园被誉为“优良服务园所”，汪菊清被全国妇联授予全国“三八”红旗手称号。

辽宁省锦州市古塔区民族街道托儿所是 1958 年由几个家庭妇女创办的，

收托附近单位职工和管区内居民子女。还曾收过一些痴呆、聋哑、瘫痪儿童。托儿所接送孩子的时间，以方便家长为原则。所长张秀珍为了护理患小儿麻痹症的孩子，向丈夫（骨科医生）学会了按摩和整骨技术。经过她的治疗和护理，病儿有的痊愈，有的收到明显疗效。

北京建国门街道中心托儿所 1958 年创建时，没有经费、设备，工作人员是刚走出家门的家庭妇女。她们出自对社会主义社会和对孩子的爱，经过 20 多年的艰苦奋斗，发展为 10 个幼儿园。开始，她们夏天用废纸裱成土风扇给孩子降温；冬天从家里拿来柴和煤，给孩子生火取暖。后来，她们学会了自己盖房，整修室内地面。为了节约开支，她们买碎布料为孩子做演出服装，自己动手，给工作人员做工作服等。她们用节约下来的钱，为幼儿园添置了洗衣机、缝纫机、电视机、钢琴、煤气设备以及炊事机械。每个班都有了电扇、风琴和玩具、教具。该园儿童教育及营养保健工作也做得较好。在中国的不少城市，都有类似上述的集体所有制园所。这类园所收托婴幼儿数，一般占各类园所收托总数的 10% 至 30% 。最高的如福建省漳州市占 70% 。

中国政府对集体所有制园所实行民办公助的方针。但在十年动乱中受到了严重的干扰，很多这类园所缺少经费、管理不善、房屋失修、设备落后、保教业务水平也较低。针对这一情况，1979 年全国托幼工作会议要求，送孩子入民办（集体所有制）园所的家长所在单位，向园所交纳管理费。民办园所的开办费，添置大型设备及房屋修缮等开支，由地方财政部门在自筹经费（如城市附加收入，区街企业收入和机动财力等）中酌情补助。会后，各地贯彻落实会议精神，民办园所增加了收入。随着经费问题的解决，一些民办园所的房屋得到了修缮或翻建扩建，保教人员的工资福利、劳动保险有了保障，一些年老体弱的保教人员已退休、退养。新的保教人员分期分批地受到训练。

（三）私人办的托幼园所。

新中国成立后，社会上的热心人士创办了一些托幼组织。他们的房屋、设备、人员，全靠自己解决。基本上是自办、自管、自负盈亏或政府给予少量补贴。

北京市洁如托儿所，就是一个典型。所长董洁如[1]毕业于天津女子师范学校，她从30年代起，就是一位忠贞的爱国者。抗日战争爆发后，她先后将4个子女送往革命圣地延安或晋察冀解放区，投身抗日救亡斗争。新中国成立前夕，1949年8月，她用北平旧刑部街32号住宅和私人积蓄，创建了洁如托儿所，亲自担任所长，女儿王光中协助她工作。她当时办所的目的，是为从解放区进城的干部及双职工减轻家务负担，集中精力管理国家大事。在经费不足时，她用子女给她的生活费补贴，并自己动手解决玩具和教具设备，培养了工作人员自力更生、艰苦奋斗的精神。在业务上，她始终把科学育儿放在第一位。由于她身教言教，以身作则，托儿所逐步形成了“处处仔细，事事认真，规章制度，人人坚持”的好作风。1958年，因该所3年无一例传染病，9年无一例痢疾，受到卫生部的奖励。

新中国成立以后，青岛市建立了8个私人办的托儿所、幼儿园。第一个建立起来的是康乐托儿所，该所1949年9月筹备，1950年1月收托儿童。创办人张宜范[2]怀着要为新中国建设和解放妇女做贡献的热情，克服了许多困难，创办了康乐托儿所。在创办过程中，受到市妇联、工商局、房管局和群众的支持帮助。当时失业的妇女多，虽然在招考保育员的广告中说明，一年内只管吃住，没有工资，还是有20人报名。经过考试和体检，录取了6名。她们参加工作后十分积极，经过培训提高了业务水平。该托儿所当时在青岛市属一流水平，开始只收20名儿童，后发展到200多名。1951年改为康乐幼儿园，为了便利家长，有半托、日托和全托。1960年改为青岛市北区教工幼儿园。

在50年代，中国各省、市都有一些私人办的托幼机构。它作为公办园所的重要补充形式，在解放妇女、抚育婴幼儿方面，发挥了一定作用。

1956年对农业、手工业、资本主义工商业实行社会主义改造以后，不少私人办的园所转为集体（街道、居委会）办或政府办。中共十一届三中全会

---

① 董洁如，曾当选为北京市第一、二、三届人民代表大会代表，市第四届政协委员，1972年逝世。

② 张宜范，受过师范教育，1949年是青岛市文德女子中学教师，曾任山东省民盟妇委会副主任、青岛市民盟妇委会主任。

以后，随着社会主义现代化建设的发展，要求把孩子送入托儿所、幼儿园的双职工增多，“入托难”的呼声一度遍及各大中城市。1979 年全国托幼工作会议重申了“坚持两条腿走路”的方针，要求各地恢复、发展、整顿各类园所。1982 年 10 月 10 日至 11 月 6 日，全国妇联在常州召开的华东、中南、西南（缺西藏）及京、津 17 个省、自治区、直辖市城市托幼工作座谈会，再次提出要发挥国家、集体、个人办托幼园所的积极性，要求各地对于房屋、设备、人员等方面具备合格条件，申请办托幼园所的人，要给以热情支持，加强管理和业务指导，使他们按照自愿结合、自负盈亏、不断提高、有利于儿童身心发展的原则做好工作。全国妇联主席康克清在第五次全国妇女代表大会的报告中提出：“家庭托幼组织深受群众欢迎，应积极发展，并帮助它们不断提高业务和管理水平。”自从 1979 年以来，私人办的托儿所、幼儿园日益增多，发展迅速。

80 年代的私人（个体）托幼组织同新中国成立初期的私人托幼组织相比，有它更有利的条件。很多城市规定，把孩子送入私人办的园所，同送入公办、集体办的园所一样，家长所在单位向园所交纳托儿管理费。同时，政府的财政、卫生、教育部门从贷款、儿童预防接种、体检、保教人员培训等方面对私人园所给以支援。辽宁省丹东市政府为扶植个体园所，制定了优惠政策：凡具备条件自愿办园所的，有关部门不得以任何借口加以限制；在自家屋前屋后新建、扩建私人园所，在不影响统一规划的前提下，优先批给用地；对新建居民区已留出建园所用地的，允许私人投资兴建；所需建材，除钢材、木材实行平价、议价各半供应外，其他物资全部平价调拨；对经费不足的，银行给予低息贷款。

创办私人园所的有待业青年、退休教师、干部或其他热心人士。如湖北省咸丰县高乐山镇土家族姑娘刘珊，高中毕业后，立志要当一名教师。父母亲友给她介绍其他工作，她都婉言谢绝。镇妇联主任请她当幼儿教师，她欣然答应。在父母的支持下，在她家里办了幼儿园，家中有文化的人都参加了园里的工作。她担任园长兼幼儿教师、保育员和勤杂工。为了提高业务水平，她参加了州、县妇联的训练班和《学前教育》《托幼保健》函授学习，由于工作出色，这个幼儿园被评为先进幼儿园，她也被评为县特级劳动模范，州优秀青年标兵，省“三八”红旗手，被共青团中央命名为“新长征突击手”。

湖南省湘西苗族土家族自治州凤凰县沱江镇的12位退休女教师，看到县里缺少幼儿园，有些双职工的孩子在街上游荡，她们经过商议，于1981年创办了奇峰幼儿园。没有资金，向银行贷；没有园舍，3位教师腾出了住房；没有玩具、教具，她们用废纸、竹片、蛋壳等自制；没有钱聘请工作人员，就自己担任。为了儿童的健康，她们还自制中草药为孩子防病治病。到1987年，园舍由260平方米扩大到700多平方米，教职员由12人增加到47人，幼儿班由5个增加到13个，入园幼儿由192人，增加到500多人，使沱江镇幼儿入园率由1981年的40%上升到98%。

据全国妇联统计，1987年全国个体园所50652个，入托儿童862525人，其中城市25090个，入托儿童518581人。为加强个体园所的管理，许多省以政府、省托幼工作领导小组的名义或以妇联、教育部门共同的名义联合颁发了《个体园所管理办法》或《管理条例》，对建立个体园所的审批手续、办园条件、办园方向、加强园所管理等做出了规定。有些地方还建立了个体园所保教工作者协会。协会是个体园所保教工作者自愿组织起来，进行自我教育、自我管理、自我服务的群众性组织。它的任务是：教育个体园所保教工作者遵纪守法，服从政府的管理，对保教工作者进行职业道德教育，要求他们认真贯彻执行政府卫生、教育部门颁发的《城市托儿所工作条例》《城市幼儿园工作条例》《三岁前小儿教养大纲》《幼儿园教育纲要》《托儿所幼儿园卫生保健制度》等文件的规定。

除了家庭托儿所、幼儿园以外，1980年以后，家庭托儿户发展也较快。多数以一家一户为单位，只收一两个或几个孩子。其好处是不用国家投资，家庭气氛较浓，伙食较易安排，便于针对每个孩子的不同特点进行个别教育和护理。但多数托儿户的户主还要兼管家务，难以参加业务培训。北京市到1986年年底共有妇代会办的家庭托儿所357所，儿户联办的家庭托儿所571所，家庭托儿户13693户。以上累计收托婴幼儿145902人，比1983年增加了17倍。

三、中国农村的托幼组织

新中国成立以后，参加农林牧副渔各业生产的农村妇女不断增加。特别是土改后，妇女分得了一份土地，参加田间生产的积极性更加提高。由于妇女参加生产，孩子无人照管，不少地方曾发生儿童意外伤亡事故。因此，各地农村开始出现亲邻相帮、变工互助看孩子，以后又逐渐发展到建立农忙托儿互助组。河北省定县二区从 1949 年开始建立农忙托儿互助组，到 1952 年全区 45 个村，就组织了 368 个，收托儿童 1304 个，使 946 位年轻的妈妈解除了孩子的牵累，成为农业生产上的重要力量，同时，也使 478 位照看孩子的老年妇女发挥了作用。

在 50 年代初期，全国劳动模范郭爱妮的托儿互助组受到赞扬。郭爱妮，河北省邢台县折虎村人。1951 年她出席了河北省民主妇联的扩大干部会议，学习了定县地区抱娃娃组的经验，决心回去也创办托儿互助组。但一着手组织，就遇到了困难，郭爱妮用定县的事实说服了群众。她们根据“自由参加，自由退出，自愿两利，互不吃亏”的原则，民主选举了保姆，成立了托儿组。后来，这个托儿组得到了巩固，孩子们很健康，专区妇联推广了她们的经验。秋收时，全村成立了 10 个托儿互助组，85% 的有劳力的妇女参加了田间生产。

当时，建立农忙托儿组织较早的，还有江苏海门县及浙江杭州西湖区金沙乡等地。海门县的农忙托儿所的干部，是由各区、乡的妇联干部、小学校女教师或妇女群众担任。小孩伙食自带，困难户的小孩由人民政府拨出一部分教育经费帮助解决。

1953 年，中国农村已有亲邻相帮、个别寄托、农忙托儿互助小组、农忙托儿所、常年日间托儿所等多种儿童寄托形式。到 1955 年下半年，中国农村掀起了合作化运动高潮，1956 年大批高级农业生产合作社建立，妇女参加生产的人数日益增多，农村托幼组织又大发展，当年入托儿童达 600 多万人。

1958 年在“左”的错误做法影响下，农村曾要求一切有劳动能力的妇女全部参加田间劳动，要“出满勤、干满点”，提倡实现“托儿化”，据公布，这一年收托儿童数比1957年增加了10倍，达6000多万人。这个数字中显然包含盲目冒进和虚夸的成分。

1960年，在全国范围内，对农忙托幼组织进行了整顿，从保教人员中抽调青壮年劳力支援生产第一线。仅江苏省江阴县就抽调了2673人。安徽省太和县各公社抽调或调换了9300多名。在“大跃进”时期建立的农村托幼组织，凡符合群众意愿，符合生产需要，房屋设备较好、保教人员的条件较好的，大都巩固下来了，而且不断提高，如北京的四季青公社（乡）幼儿园。反之，则陆续被淘汰。

普遍建立农村托幼组织，在中国的历史上是一个创举。新中国成立之初，农村一片贫穷景象，没有房屋、设备，没有资金，没有保教人员，没有经验，农民没有寄托孩子的习惯。当时的敌对分子又乘机造谣说，孩子送到托儿所，就成了公家的人了，使一部分群众产生了疑虑。各级妇联适应生产的需要，配合政府教育、卫生部门，深入群众，进行宣传，树立典型，介绍经验，终于使托幼组织在农村普遍发展起来。但在50年代和60年代，除少数先进的农村幼儿园、托儿所以外，大部分房屋条件很差，设备简陋，工作人员未经培训，照看3岁以下婴幼儿的保姆，多是老年妇女，缺乏儿童保健和儿童教育知识。

在十年动乱中，不少农村托幼组织遭到破坏。1978年以后，重新出现发展的趋势。1980年，中国农村实行以家庭承包为主要形式的生产责任制以后，农村托幼组织又一度减少。主要原因是有些乡、村经济基础差，乡村企业少，经费难以解决；有些干部、群众思想上产生模糊认识，认为“农民分田自种，小孩自生自养”，不需要托幼组织了。随着生产责任制的逐步完善，商品生产发展，生产门路扩大，为妇女解决孩子的拖累，又成为当务之急。同时，农村生产的发展，农民生活水平的提高又为建立托幼组织提供了物质条件。而且，农民加强了对文化的渴求和望子成才的心理。在这种情况下，农村托幼组织又逐渐恢复发展，而且质量有所提高。据浙江省妇联1981年年底统计，该省农村托幼园所（班）为15597个，入托婴幼儿（0—6岁）380987人，入托率为10.2%。到1986年年底，农村托幼园所（班）有21063个，入托婴幼儿 646046 人，入托率达到 21.9%。又据湖南省统计，到 1987 年，全省农村已有各类托幼园所和学前班 31890 所，入托婴幼儿 1076116 名，占婴幼儿总数的 22.5%。据国家教委统计，1983 年农村幼儿园 98928 所，占全国幼儿园总数（136309 所）的 73%；1987 年农村幼儿园 128155 所，占全国幼儿园（176775 所）的 72%；1989 年农村幼儿园 119944 所，占全国幼儿园（172634 所）的 69%。

在 80 年代的中国农村，有不少地方翻建、扩建或新建了托幼园所，添置了设备，一改过去的“黑屋子、土台子、土凳子”的状况，常年的农村托幼园所不断增加，其中一些可与城市托幼园所媲美。例如大连近郊的海茂大队，1984 年投资扩建了幼儿园，扩建后的总面积为 1400 多平方米，室内面积 356 平方米。幼儿园四周花墙环绕，院内有滑梯、转椅、秋千和鱼池、假山；室内冬有暖气、夏有电扇，玩具、图书琳琅满目，风琴、手风琴、电子琴、打击乐器，一应俱全。山东省烟台市各县 1987 年共有农村托幼园所 6116 个，办园的村庄占村庄总数 93.2%；全市农村 3 岁以上儿童入园率为 95%。掖县、黄县、蓬莱、荣成等县农村儿童入园率已达 97%。山西省临猗县 550 个自然村，到 1986 年已办园 577 所，实现了村村办园。全县 3 岁以上儿童入园率达 95%，其中 6 周岁儿童入园率达 99%，全县农村普及了学前一年教育。辽宁省金县乡乡有中心园，农村儿童入园率为 83%。在 60 年代农村托幼组织就办得比较好的吉林省延边朝鲜族自治州的和龙县、江苏省的如东县等地，工作又有新的发展。

1979 年以后，有些地方农村也出现了个体托儿户和个体园所。据全国妇联统计，1987 年全国农村个体园所有 25652 所，入托儿童 343944 名。少数民族地区的农村托幼组织也有较大发展。例如新疆莎车县，1982 年以前只有 1 个公办幼儿园。1982 年在蔬菜村办起第一个示范性的农村中心幼儿园。全村入园儿童达 98%。到 1987 年，带动周围乡村先后建立起幼儿园 45 所。云南省新平县农村托幼组织从无到有，1985 年发展到 55 个园所（班），其中少数民族幼儿班 44 个，入班儿童 1650 人。宁夏回族自治区到 1986 年年底，在回族聚居的边远山区办起了 19 所示范性幼儿园。

四、保教工作者的成长

（一）政府、社会重视保教工作者的培训。

托儿所、幼儿园的工作质量，取决于保教工作者的业务水平和职业道德水平。在新中国成立之初，绝大多数保教工作者未经专业培训。随着托幼事业的迅速发展，保教工作者队伍不断扩大，培训保教人员的任务十分紧迫。新中国成立以后，教育部门就积极创办幼儿师范学校，培养幼儿教师。到1966年，幼儿师范学校已由1950年的1所发展到19所，到1989年又发展到63所。各地普通师范学校附设幼师班，在校学生22900多人。各种职业学校设幼儿教育专业，在校学生近9万人。各级妇联和工会配合教育、卫生部门还举办不定期的培训班，培训保教人员。

1949年7月，全国妇联妇女儿童福利部举办了第一期保育干部训练班。全国妇联妇女儿童福利部部长康克清主持了开学典礼，中共中央政治局常委朱德参加开学典礼并讲了话。7月12日开学，11月24日毕业。在毕业典礼上，全国妇联副主席邓颖超到会讲话，勉励学员为新中国托幼事业贡献自己的智慧。这一期训练班，为各地培训新中国的保教人员带了头，学员中的大多数人，后来成为保教工作骨干或培训保教人员的教师。

全国妇联妇女干部学校于1950年10月成立后，就开始办保育班。每年1期或两年办3期，训练对象有省、自治区、直辖市妇联的妇女儿童福利部干部，区、县妇联干部，托儿所所长，幼儿园主任，幼儿教师等。1954年妇女干部学校举办了机关、部队保育人员训练班；1956年至1957年上半年受全国总工会女工部的委托，在北京和武汉举办了两期工厂企业保育人员训练班。国家领导人对保育班十分重视，国务院总理周恩来、副总理李富春等到学校给学员做过报告。经全国妇联妇女干部学校培训的学员，大多成为各地开展托幼事业的骨干。同时，地方妇联也纷纷举办保教人员培训班，为新中国培养了一批批保教工作干部。

1981年12月，五届全国人大四次会议政府工作报告中提出：“培训大批的合格的幼儿教师，使更多的学龄前儿童能够进入幼儿园，并且能够受到适应他们身心特点的教育。”以后，培训保教人员、提高托幼园所质量的工作进一步受到社会的关注，民主党派妇女工作委员会及社会上的热心人士，有的也举办了保教人员培训班。

在托幼工作基础比较薄弱的少数民族地区，培训保教人员的工作也有很大发展。例如内蒙古自治区妇联结合民族和地区特点，开展了保教人员的培训。1982 年到 1987 年开办了 8 期培训班，培训学员 1415 名，其中蒙古语授课培训班 4 期，培训了 232 名蒙古族幼教工作骨干。旗（县）以上妇联从 1986 至 1987 年举办培训班 316 期，培训人数 8998 名，占应培训人数的 97.1%。自治区的培训工作，得到中国儿童发展中心和联合国儿童基金会的帮助。1979 年，新疆有 5 所师范学校开设了幼师班。西藏自治区也于 1986 年 3 月 15 日开办了首届保教骨干培训班，学员中包括藏、汉、门巴、珞巴族的儿童工作干部、妇联干部、保育院院长等。他们来自拉萨、日喀则、山南、昌都、林芝、阿里等地。

为了提高保教质量，全国各地还建立了保教辅导网，采用示范园所、中心园所带一般园所，公办园所带民办和个体园所，老园所带新园所，城镇园所带农村园所的办法，使保教人员之间互教互学、交流经验、共同提高。

（二）献身于保教事业的优秀“园丁”。

在中国，有不少保教工作者为了祖国的未来，做出了无私的奉献，在抚育、培养、教育儿童的平凡工作中，创造了不平凡的业绩。有一批在新中国成立以前就从事婴幼儿保教事业的前辈，是保教工作者的楷模。

丑子冈，1940 年到延安中央第一托儿所（后改名洛杉矶托儿所）工作，这个托儿所是抚养、教育革命后代和烈士遗孤的地方。她非常热爱自己从事的工作，组织托儿所工作人员克服困难，挖窑洞、开荒种菜、纺线织布，使托儿所逐步发展，并摸索出一套比较完善的保育制度。解放战争爆发以后，她带领托儿所的工作人员担负 90 余名孩子的转移任务。面临敌机扫射，在人力少、缺乏交通工具，又常在夜间行动的情况下，辗转千余里，使孩子们安全到达河北省平山县。新中国成立以后，托儿所迁至北京西郊万寿寺，改名军委保育院，她作为保育院的第一任院长为该院的建设、发展和提高付出了心血。1963 年，她身患癌症临终前还念念不忘孩子们，深受家长和孩子们的尊敬与爱戴。

姚淑平，1938 年由南京去延安，参加革命。1945 年，她调到延安第二保育院工作。1946 年，保育院奉命转移，途中，为抢救一个 3 岁半的生命垂危的男孩，她三天三夜守护在孩子身边，并向医生学习了急救法，把自己的血输给孩子，终于使这个孩子转危为安。新中国成立后到北京，保育院改名为“六一”幼儿园，她是该园的一位杰出教师，后任院长。在工作中，她继承和发扬了“艰苦奋斗”“刻苦钻研业务”等优良传统，全心全意地为培养祖国的后代服务。她把所有的孩子都看做国家宝贵的财富，相信在正确的教育下，每个孩子都可能成为栋梁之材。她多次被评为北京市劳动模范、模范幼教工作者，并被授予全国“三八”红旗手、全国先进儿童少年工作者称号。1988 年 5 月，全国儿童少年工作协调委员会和中国少年儿童基金会授予她“热爱儿童”荣誉奖。她是第三届全国人民代表大会代表，第五、六、七届全国政协委员。

景晏如，北京市人，1927 年毕业于燕京大学幼稚科，终生从事幼教工作，曾任北京市东华门幼儿园园长，为发展中国的幼教事业，培养年轻的幼儿教师做出了积极的贡献，她是中国人民保卫儿童全国委员会理事，全国妇女建设社会主义积极分子。

新中国成立以后，随着托幼事业的发展，涌现出大批的优秀保教工作者，她们为新中国托幼事业的发展和提高做出了重要的贡献。其中有些人被评为特级教师、全国“三八”红旗手、全国劳动模范或全国先进儿童少年工作者。她们中的代表人物有：赵赫（上海），周静（天津），黄文奥（江苏），韩芝云（天津），余丽卿（福建），齐新（湖南），邵海方（河南），游丽斯（广东），徐苗郎（上海），刘慧（湖北），王继芬（北京），康德英（北京），闵传华（江苏），邵黎柳（上海），林静华（北京），曾秀卿（福建），王月媛（北京），李培美（北京）及谭万娴（四川）等等。

40 年来，中国的托幼事业取得了很大成绩，对于促进生产的发展，解放妇女劳动力，提高婴幼儿的素质发挥了重要作用。但是从整体上看，还不能适应社会发展和人民群众的需要。比较突出的问题，一是城市婴幼儿入托难的问题尚未完全解决。托儿所、幼儿园的增加，赶不上人口增加的速度，特别是收托3岁前婴幼儿的托儿所，工作质量高的园所不很多，不能满足需要；某些城市在新建居民小区时，托儿所、幼儿园的配套建设未落实。二是保教人员的业务水平不能适应工作的要求。据国家教委统计，1989年709119名专任教师中，受过学前专业训练的有181054人，只占25.5%；园长53934人，受过学前专业训练的16711人，占30%。

第三节　家庭教育

家庭是儿童首先接触与长期生活的场所；是培养人才天然的永久的学校。家庭教育对人的启蒙和成长有不可估量的影响，家庭教育是社会精神文明的基础。在中国的11亿人口中，有1/3是儿童少年。据1985年统计，全国有2亿多个家庭，至少有4亿多位家长，承担着教育儿童少年的任务。

父母是孩子的抚育者、保护者、管理者，是孩子终生的教师。尤其是母亲，她是人类社会最原始的第一动力，是人生的第一任教师。提高家庭教育的水平，特别是提高母亲的思想、文化修养，对于提高全民族的素质，促进人才大量涌现，加速社会的发展，有着十分重要的作用。

一、家庭教育日益受到重视

新中国成立以后，中国共产党和人民政府重视家庭教育。1950年颁布的《中华人民共和国婚姻法》、1952年颁布的《小学暂行规程》（草案）都对家庭教育作过有关规定。

中共中央十一届三中全会以后，为适应社会主义现代化建设对培养人才的需要，家庭教育愈益受到重视。1981年2月，中共中央书记处要求妇联把抚育、培养、教育3亿以上的儿童和少年作为工作重点的同时，提出："帮助家长加强和改进对子女的教育"。[①] 1982年，第五届全国人民代表大会第五次会议通过的《中华人民共和国宪法》，第四十九条规定："父母有抚养教育未

① 《婚姻家庭与儿童工作》，人民出版社1982年第一版，第2页。

成年子女的义务。”家庭教育从此载入了中国的根本大法。

中华全国妇女联合会成立以后，一直把帮助母亲教育好子女作为一项重要任务。从1951年到1956年，全国妇联召开的3次妇女儿童福利工作会议上，以及历次全国妇女代表大会上，多次提出家庭教育问题，要求各级妇联向家长宣传科学教养子女的知识，精心培育祖国的接班人。1956年，在全国工商业者代表会议上，全国妇联副主席邓颖超在报告中说：“培养身心健康的后一代，是母亲们的衷心愿望，也是父母们对社会不可推卸的责任。”并提出“家庭应该和学校、社会进行密切的合作”。1957年在中国妇女第三次全国代表大会上，全国妇联副主席章蕴在工作报告中指出：“作父母的要认真努力地抚养和教育子女，特别要注意对子女进行劳动教育，培养劳动习惯，使子女能成为有社会主义觉悟的、有文化的、身体健康的社会主义劳动者”。①

1983年，在中国妇女第五次全国代表大会上，全国妇联主席康克清在工作报告中谈到要精心培育后代，做好母亲、当好“园丁”时指出：“要重视和改进家庭教育。”她首先提出：“要树立民主、和睦、平等相处、互相帮助、勤劳俭朴、好学向上、遵纪守法、文明礼貌的好家风。按照国家的教育方针和培养目标教育子女。”她特别提出：“独生子女越来越多，年轻父母应该充分认识到，疼爱孩子，就要给他们以科学的抚育和良好的品德教育。”康克清要求做家长的“要不断提高自己的思想觉悟、文化水平和道德修养，学习有关抚育、教育儿童的科学知识，对孩子从小进行爱祖国、爱人民、爱劳动、爱科学、爱社会主义的教育。”她建议“各地、各单位领导，要把改进家庭教育作为对农民、职工、干部、教师和部队指战员等进行思想政治工作的一项重要内容”②。

二、提高家长教育子女的水平

社会主义现代化建设的发展，给家庭教育提出了新的要求。为了帮助家

① 《蔡畅、邓颖超、康克清妇女解放问题文选》，人民出版社1988年第一版，第264页。
② 《奋发自强开拓前进》，人民出版社1984年第一版，第41页。

长端正教育思想，掌握教育子女的科学知识，提高教育子女的水平，国家从各方面加强了家庭教育工作。

（一）宣传家庭教育的重要性，传播国内外教育子女的科学知识。

1981 年以来，各级人民政府和妇联组织邀请有关负责人、专家、学者做报告、写文章，通过报纸、书刊、广播、电视等多种宣传工具，多层次地向社会宣传家庭教育的重要性及教育子女的科学知识和方法。仅辽宁省 1981 年至 1986 年统计，编印各种宣传材料 64.4 万册，举办短期训练班 179 期，培训骨干 56204 人；举办各种讲座 3428 次，受教育的家长达 64 万多人。广东省、市、地、县等有关部门 1987 年以来，共出版《小学生家长学校教材》《家长手册》64 万册；编印各种资料 200 多万份。

1980 年 4 月，北京市出版了《父母必读》杂志。这是全国第一份家庭教育刊物，1986 年发行 60 万册。上海、天津、浙江、江苏、武汉、陕西等省、市相继办了《为了孩子》《家庭报》《家庭・育儿》《家庭教育》《幼儿教育》《家长报》等报刊。内蒙古包头市后营子乡和赤峰市穆家营子乡、辽宁省海城市王石乡闻石村等地办了《家庭教育》小报，发到每个农民家庭。到 1987 年，全国有 24 个省、自治区、直辖市妇联出版的妇女报纸和刊物，开辟了家庭教育专栏。

1983 年，中华全国妇女联合会与中央电视台共同编写了《婴幼儿家庭教育》讲座一书，由科普出版社出版，并在中央电视台播放。全国妇联儿童工作部与卫生部妇幼司、广播电影电视部少儿部联合录制发放了以“讲卫生、防疾病、提高儿童健康水平”为内容的录音磁带。1985 年，又组织专家翻译了美国、苏联、法国和日本的家庭教育材料，编辑出版了《人才与家庭》《培养孩子自信心》《父母实用手册》等家庭教育书籍。1987 年，广东、江苏、辽宁、上海、浙江、北京 6 省、市妇联，以及家庭教育研究会的专家和家庭教育工作者，分别撰写、编辑、出版了《家长手册》。

1985 年，沈阳市开展了家庭教育宣传月，组织“好家长巡回报告团”，举办各种讲座，印发科学育儿宣传材料，掀起了宣传普及科学育儿知识的高潮。沈阳市妇联会同沈阳电视台合拍的电视系列片《家教日记》，在辽宁省和中央电视台播放后，受到好评。1987 年，新疆维吾尔自治区妇联与自治区广播电视厅在“六一”国际儿童节期间，开展了全疆首次家庭教育知识百题竞赛活动，在社会上引起了较大反响，仅反馈咨询问题就有2000多个。与此同时，新疆维吾尔自治区动员了3000多名大学生，带着维吾尔文、汉文科学育儿材料，利用暑假，深入农村、牧区，广泛宣传科学育儿知识，受到各族家长的欢迎。

（二）通过各种途径指导家庭教育。

1. 建立家庭访问、家长会、家长委员会制度。进行家庭访问，召开家长会，成立家长委员会，是新中国成立后，学校、幼儿园普遍采用的指导家庭教育的有效方式。

家庭访问，在中、小学校和托幼园所广为运用。它方式灵活，针对性强。通过家庭访问，互通情况，商讨教育儿童少年的方法，使学校教育和家庭教育相结合，提高家长教育子女的能力。

中、小学校和托幼园所，每学期召开家长会一两次。开学时，常召开全校（园）、年级、班级家长会；有时召开不同层次的家长会，如新生家长会，毕业生家长会，父母、祖父母家长会等。召开家长会时，一般由学校（园、所）负责人、班主任报告学校（班）工作，讲学校形势、任务与要求，展览学生的学业成绩，表扬学生和家长，请家长介绍教育子女的经验，听取家长的意见和要求等。

家长委员会是由家长代表参加，协助学校或班级做好家长工作的群众组织。1981年以后，北京、上海、湖南、新疆、广西等地部分中、小学校，相继建立了家长委员会，取得了较好的效果。上海市闸北区和田路小学，1982年学生开展课外科技活动时，缺少辅导员。学校通过家长委员会，聘请了36位有专长的家长来辅导，学生科技活动取得了显著成绩。3年中，涌现出41名“小发明家”，有160余件作品在全国、市、区各类比赛中获奖。学校被《中国少年报》评为创造发明活动先进集体，多次夺得共青团中央设立的“少先队员创造杯”。此后，该校各班级都建立了家长委员会。北京团结湖三中，通过学校与家长委员会共同努力，帮助学生在德、智、体、美诸方面全面发展。有个班入校时有8名后进生，经家长委员会做工作，他们有了较大的进步，有的还加入了共青团。1983 年，湖南桃江县高桥乡中心小学校家长委员会，为了带领全体家长教育好子女，经过讨论，制定了家长职责十六条，取得了良好的效果，后来在全县推广。

2. 创办各种类型的家长学校。家庭教育工作，首先是教育家长。随着家庭教育宣传工作的开展和更多的家长渴望系统地学习抚养子女科学知识的要求，家长学校应运而生。1983 年 5 月，湖南省郴州市妇联首创中国第一所母亲学校。以后，“母范学堂”“父母学校”“母婴学校”“奶奶姥姥班”“家长夜校”“周末父母学校”“炕头家长学校”“孕妇学校”“新婚夫妇学校”“广播家长学校”“电视家长学校”等，如雨后春笋般地建立起来。据全国妇联不完全统计，1988 年全国有各种类型的家长学校 13 万多所，到 1991 年已发展到 22 万多所。1986 年，广东省小学家长学校就有 1.3 万多所，参加学习的家长 200 万人次。北京市有家长学校 2470 所，北京市西城区 100% 的中学、95% 的小学、64% 的各类托幼园所开办了家长学校。在农村，家长学校也不断发展。山西省农村有家长学校 14712 所，运城地区 50% 的行政村有了家长学校。辽宁省本溪县是以林木为主的山区，那里的家长学校办到村头、院落、炕头。内蒙古哲里木盟扎鲁特旗道志杜苏木，于 1987 年办起了全国第一所牧区家长学校。

1987 年 10 月，北京市耳鼻咽喉研究所和中华聋儿语言听力康复中心发起，成立了全国第一个聋童家长联谊会，近 300 名家长参加。联谊会组织和指导家长对聋童进行语言训练。在它的影响下，1987 年全国有 20 多个城市办起近 40 个聋童语言训练班，为聋童展开通向有声世界的道路。此外，工读学校也办起了家长学校，提高家长的思想觉悟，配合工读学校教育孩子改邪归正，走上新路。

1985 年 3 月，四川省妇联和省人民广播电台联合举办了四川省广播父母学校。到 1987 年，已有学员 12 万人。学习方式以收听广播为主，自学教材为辅，期终在基层考核，合格者发给结业证。这是中国的第一个广播父母学校，也是学员人数最多的父母学校。1987 年，新疆维吾尔自治区妇联与自治区广播电视厅也联合举办了广播家长学校，用维吾尔、汉、哈萨克、蒙古族 4

种语言，向家长讲家庭育儿知识和教育子女的方法。北京市昌平县举办了电视家长学校。这些家长学校受到各族家长的欢迎。

家长学校的教学内容逐步系统化，教学方法灵活多样。家长学校一般设《家庭教育的重要性》《儿童生理》《儿童心理》《儿童教育》《儿童卫生保健》等课程，有的还向家长讲授遗传优生、胎教，婴幼儿、小学、初中、高中各阶段的教育知识，或针对不同对象设避孕节育常识、独生子女的教育以及婚姻、家庭、道德、法律知识等课。

家长学校除定期集中上课外，还采取座谈讨论、放幻灯、录像、问答、测验、交流经验、开展咨询服务或印发教材函授等方法普及家庭教育知识。在农村，充分利用有线广播进行宣传。

家长学校的建立，帮助父母更加明确了教育子女的重要性，提高了自身的思想修养水平，掌握了保育和教育儿童的科学基础知识，增强了教育孩子的责任感，改进了教育方法。同时，也推动了学校与幼儿园的教育改革，促进了学校（幼儿园）、家庭、社会三结合教育。家长学校的开办还促进了家风、校风、民风及社会风气的好转。

3. 开展家庭教育咨询活动。在普遍建立家长学校的基础上，各地妇联与卫生、教育、计划生育等部门还联合开展或单独开展了咨询活动。

1985 年年底，据 21 个省、自治区、直辖市不完全统计，家庭教育咨询站已达 6100 多处。广东省于 1983 年 2 月首先建立了全国第一个家庭教育咨询站，定期开展咨询。在 1984 年和 1985 年两年里，家庭教育咨询站接待来自本省和港澳家长 6000 人，并阅处了来自 20 多个省、市的 1000 多件书面咨询。江苏省到 1987 年 1 月为止，开展咨询活动 4000 余次，为 30.4 万余名家长解答了育儿中的各种问题。北京市 1986 年城乡共设立了 341 个科学育儿咨询站，开展咨询活动近 1000 次。北京市的咨询活动特点是形式多样，利用节假日开展咨询活动或定点定时咨询、书面咨询，或深入工厂、农村、街道巡回咨询。

（三）开展家庭教育科学研究工作。

家庭教育是一门科学，有其独特的规律。加强对社会主义家庭教育的研究，在正确的理论指导下提高家庭教育的水平，探索有中国特色的社会主义家庭教育是家庭教育科学研究工作的一项重要任务。

1980 年，北京市首先成立了家庭教育研究会。它是中国第一个研究优生、优育、优教的群众性学术团体。到 1987 年，已拥有会员 268 人，团体会员 708 个，全市 19 个区、县，331 个街、乡层层建立了相应的组织，形成了一个研究家庭教育、普及育儿知识的网络。在它的影响下，全国家庭教育工作机构陆续建立。据 1987 年统计，全国各省、自治区、直辖市、地（市、盟、州）、县（市、区、旗）、乡（区、镇）成立了家庭教育研究会、家庭教育促进会、家庭教育领导小组等机构 3757 处。实践证明，这些机构在开展理论研究、沟通信息、交流经验和提高家庭教育水平等方面，发挥了积极作用。

家庭教育研究会的共同特点是尊重专家，依靠专家，充分发挥专家的作用。家庭教育是一门综合性的科学，它涉及到教育学、心理学、生理学、社会学、伦理学、遗传学、营养学、医学等多种学科。因此，它必须依靠和发挥各有关学科的专家、学者和专业工作者的作用。广东省家庭教育研究会联系了各方面的专家、学者、专业工作者 3 万多人。专家们认为，参加这一工作，可以把新的科学知识应用到社会实践中去，做到理论和实践有机地结合，并跨出本学科范围，了解更广阔的科学领域，使理论研究有更宽广的社会基础。专家们在调查研究的基础上，通过参加学术交流会，举办讲座、咨询，发表论文等活动，提高科学育儿的理论水平。该省家庭教育研究会还邀请香港和国外有关专家讲课，使国内外专家学者相互交流，促进了科学育儿工作的发展。

研究家庭教育科学的全国性学术团体，中华全国家庭教育学会，于 1989 年 9 月 10 日在北京成立。陈慕华任名誉会长，幼儿教育专家卢乐山任会长。

三、为社会育才的好母亲

中国妇女随着文化水平、思想水平和社会地位的提高，在家庭教育中的作用越来越显著。她们以教子成才为荣。在中国推行计划生育，要求一对夫妇只生一个孩子以后，父母对子女普遍怀有更高的期望。1987 年 7 月，国家统计局在9个省、自治区、直辖市进行儿童抽样调查的同时，对14506名14岁儿童的家长（其中城市占19.6%，农村占80.4%；男10480人，女4026人）进行了无记名的问卷调查。调查的结果表明：家长养育子女的目的：为社会尽义务的占75.8%；为养儿防老的占14.6%；为传宗接代的占6.1%；充实生活乐趣的占3.5%。据黑龙江省调查，认为养育子女的目的是为社会尽义务的，在专业技术人员、管理干部、军人中占97.5%，在工人中占89.7%，在商业、服务性人员中占86%，在农民及无业人员中占76%。上海市妇联于1987年上半年，在22个区、县中抽样调查，10487户有25岁以下子女的家庭，能严格教育子女的家庭占68.6%；采取迁就、放任自流或棍棒教育的占31.4%。

上海市部分居民家庭教育方法分类统计

表54

家庭教育方法分类	户　数	%
有科学教育方法的家庭	1300	12.4
能注意管教，但缺乏正确方法的家庭	5885	56.2
对子女迁就、娇惯、溺爱的家庭	1759	16.8
采用棍棒教育方法的家庭	161	1.5
采取放任自流态度的家庭	817	7.8
家长教育方法不一致的家庭	565	5.3
合计	10487	100

随着家长文化素质的提高，教育方法也随之改进。上海市3区1县1600户的家庭取样调查，说明了这一点。（见表55）

家长文化程度与教育方法关系的统计

表55

家庭教育方法分类	家长文化程度	
	高中以上	初中以下
有较科学教育方法的家长	69.3%	30.7%
对子女迁就、娇惯、溺爱的家长	36.3%	63.7%
采取放任自流态度的家长	30.6%	69.4%
采用棍棒教育的家长	12%	88%

在父母对家庭教育重视和生活水平提高的情况下，家长对子女的智力投

资不断增加。据北京市1984年对100户家庭调查，教育子女的经费，平均占全家收入的34%。独生子女家庭用在为孩子买玩具、图书等益智用品上的花费，比多子女家庭高80%以上。人们不仅对低幼读物的需求量越来越大，钢琴、小提琴、大提琴、电子琴等高档乐器已进入普通家庭。80年代的中、青年家长，聘请家庭教师辅导子女学习的增多。仅据1986年浙江省杭州市不完全统计，全市有上千个家庭聘请了家庭教师，其中普通工人家庭占60%，知识分子及职员家庭占20%，其他家庭占20%。

为了推动家庭教育的深入发展，为了树立先进家长的典型，1984年4月，全国儿童少年工作协调委员会向全国家长提出“做合格家长”的倡议。与此同时，全国妇联在河北省武安县召开了农村家庭教育现场经验交流会，推广武安县的经验。该县在县一级和43个乡都建立了家庭教育委员会，385个大队成立了家庭教育辅导站和5200多个辅导小组。县有关部门分工负责。这次现场经验交流会促进了各地农村家庭教育工作的开展，模范家长不断涌现。

1986年，河北省评选出模范母亲29774人；湖南省表彰优秀家长与科学育儿积极分子43846人。沈阳市把开展“五好”家庭和合格家长活动结合起来，促进了家长和社会对家庭教育的重视。1986年，沈阳市评选出“五好”家庭87万户，合格家长2604名。1986年，在各地表彰好家长、家长学校的基础上，全国妇联与国家教育委员会通报表扬了100所优秀家长学校。1987年，全国妇联又表扬了100位好家长。这些典型起到了很大的推动作用，使家庭教育工作在全国各地蓬勃地开展起来。

本溪市彩屯煤矿集体公司土建队职工李墨菊与矿工杨秋令结婚时，杨秋令已有5个孩子。杨去世后，李就挑起了教养5个非亲生子女的重担，并且以真挚的慈母心对待他们。她从小事抓起，培养孩子们良好的品德；坚持正面教育，言传身教，使他们树立艰苦奋斗、自强自立精神。经过李墨菊十几年的努力，5个孩子都已长大成材。长子是本钢耐火厂的工段长、市新长征突击手；大女儿是彩屯矿小学先进教育工作者；二女儿是彩屯矿修建队先进生产者；另外2个孩子也是受到师傅们夸奖的好矿工。李墨菊的事迹，在本溪、辽宁和中央级报刊登载，中央人民广播电台和电视台进行了播放，地方和中央有关剧团编成话剧、评剧、电视剧上演，收到了很好的效果。

河北省京剧团演员王月朋的女儿任寰，从小患湿疹过敏性哮喘病，王月朋除积极为女儿治病外，在教育上付出了更多的精力，给予孩子更多的温暖和鼓励。她既重视发展孩子的智力，丰富孩子的知识，又注意引导孩子树立远大的理想和坚韧不拔的精神。为了教育孩子，她订阅了多种刊物，阅读了一些中外有关教育的书籍。在她和丈夫的精心培育下，任寰 13 岁时，已写诗 1500 多首，曾在《人民日报》《诗刊》等 50 多家报刊发表诗文 200 多篇。1985 年获中国、南斯拉夫以“我的祖国”为题的儿童诗歌比赛国际奖，1986 年获《儿童文学》评论征文一等奖。1987 年在全国妇联举办的《妇女心中的歌》征集活动中，她作词的歌曲《妈妈的头发很美》获 10 首获奖歌曲的第一名。1986 年，花山文艺出版社出版了她 11 岁的诗集《六一的风》，新华社向国内外编发了介绍她的电讯稿，《人民日报》、中央电视台、河北电视台介绍了她的事迹，美国、加拿大、日本、新加坡等国也作过报道。在一片赞扬声中，王月朋注意引导女儿正确对待荣誉。1986 年，王月朋被评为区、市模范家长，1987 年被全国妇联授予“全国优秀家长”称号。

辽宁省大连市金州酒厂福利分厂工人时丽香，只读过 7 年书，后因病双目失明。在女儿黄涛两岁时，她就经常给孩子讲有趣的故事，既启发了智力，灌输了知识，又进行了思想品德教育。孩子大一些了，她和丈夫又启发孩子到书中去寻找知识，并督促和指导孩子写日记。时丽香和丈夫都是盲人，他们买了电视机和钢琴，使女儿同别的孩子一样从中得到教益。在她和丈夫的教育下，孩子热爱生活、热爱学习。1985 年，7 岁的黄涛写的作文《老师象妈妈》，被刊登在《中国少年报》上；1986 年 8 岁时，她写的文章《一条路》在大连人民广播电台播出。黄涛还有良好的思想品德。她非常想有一块手表，可是当其意外地拾到一块女式手表时，却毫不犹豫地寻找失主。1987 年全国妇联授予时丽香“全国优秀家长”称号。

陕西省西安市文化用品公司干部李秦怀，重视对孩子的启蒙教育。在她和爱人的培育下，儿子金中养成了自觉学习、勤奋学习的良好习惯。金中 1982 年 3 月上小学，3 年多以后，于 1985 年 6 月就考入西安市一中少年班，

1983年获西安市青少年唐诗演诵比赛一等奖，1984年开始学习围棋，1986年以14连胜，获西安市青少年围棋赛冠军。李秦怀勉励自己要在单位做个好干部，在家里做个好妻子、好母亲，在学习上做个好学生。她通过自学，获得了日语结业证书。在电大毕业时，论文答辩获得较高评价，1980年被评为先进工作者，给孩子树立了榜样。她认为，每一位父母都应树立为国教子的责任感。她1985年被评为陕西省好家长，也是1987年全国妇联表彰的100名“全国优秀家长”之一。

在80年代，各级妇联表彰的优秀家长、模范家长，以及千千万万默默无闻的好家长、好母亲，对子女都能言传身教，以身作则。她们注意从德、智、体、美各方面塑造孩子的良好品格，对孩子多采用正面的启发、诱导、鼓励的教育方法。为了教育孩子，她们努力掌握抚育、教育子女的科学知识，有强烈的为祖国培养人才的愿望。有些家长已注意到培养孩子善于思考，勇于探索和创新的精神。她们的努力，正在结出丰硕的果实。

80年代，改进家庭教育，使家庭、学校、社会密切配合，共同培育儿童和青少年的工作，进一步受到了重视。但是，在全国范围内，这一工作的开展还很不平衡，在同一城市或同一农村地区存在差异，有的地方工作不够扎实和不能做到持续发展。在一部分家长中，教育子女存在简单粗暴或娇惯溺爱等错误做法。还有一些家长对子女重智力开发，轻品德教育，特别是轻视劳动教育。在智育方面，培养子女的创造性才能尚未引起更多家长的重视。因此，家庭教育的科学研究、理论指导和实际工作都需要进一步加强。

第五编

中国的妇女组织

中国的妇女组织是随着社会的发展、革命任务的需要和妇女群众的觉悟而产生的，在不同的历史时期，各种妇女组织的名称、组织形式、组织对象、组织领导、组织活动由各组织本身的性质和任务决定，并与当时国内、国际的形势有着密切联系。

中国共产党成立后，一贯重视和支持妇女解放运动，把妇女彻底解放看作党的事业的重要目标之一。在各革命历史时期，中共都根据当时的中心任务，结合妇女群众的实际，制订妇女运动的方针和任务。在历史上，中共中央和各级党组织中曾设立妇女部或妇女运动委员会；在党外建立或运用各种形式的妇女组织，广泛团结各界妇女。新中国成立以后，从中央到地方系统地建立了各级妇女联合会。进入80年代，为适应新形势的需要，各种形式的妇女组织更加广泛地发展起来。

第十九章
中华全国妇女联合会

中华全国妇女联合会是中国共产党领导的全国各族女职工、女农民、女知识分子和其他劳动妇女，拥护社会主义的爱国妇女和拥护祖国统一的爱国妇女联合的群众组织。它的基本职能是在维护全国人民总体利益的同时，代表和维护妇女的特殊利益，促进男女平等、妇女解放。它的方针是在社会主义初级阶段，团结教育广大妇女，贯彻执行中国共产党的基本路线——以经济建设为中心，坚持四项基本原则，坚持改革开放，为建设具有中国特色的社会主义而奋斗；培育妇女成为“有理想、有文化、有道德、有纪律”，“自尊、自信、自立、自强”的新人；维护妇女合法权益，推进妇女解放事业。各级妇女联合会在中国共产党领导下，深入基层群众，调查研究，了解实际情况，与有关方面配合协作，共同开展妇女工作，努力为妇女、儿童服务。

第一节　中华全国妇女联合会的产生和发展

一、中华全国民主妇女联合会的成立

在中国新民主主义革命即将取得胜利的前夜，1948 年的中共中央九月会议《通知》、中共中央《关于目前解放区农村妇女工作的决定》先后提出：要在 1949 年上半年召开全国妇女代表大会，成立中华全国民主妇女联合会。1949 年 1 月 12 日，由蔡畅、邓颖超、李德全等人组成中国妇女第一次全国代表大会筹备委员会。在筹委会的领导下，解放区各地普遍召开了各级妇女代表会议，总结工作、选出了出席全国妇女代表大会的代表。国

民党统治区的民主妇女组织也以各种形式推选代表，进行了准备工作。

1949 年 3 月 24 日至 4 月 3 日，中国妇女第一次全国代表大会，在北平隆重召开。来自解放区、国民党统治区和海外的各族各界女职工、女农民、女军人、女民兵、女知识分子、爱国民主妇女的代表欢聚一堂，商讨全国妇女解放运动的方针任务。大会通过了《中华全国民主妇女联合会章程》，选举出了中华全国民主妇女联合会的领导机构。从此，中国妇女有了自己的全国统一组织。

中国妇女第一次全国代表大会的召开和中华全国民主妇女联合会的成立，是中国妇女参加反对帝国主义、封建主义和官僚资本主义斗争的胜利成果。它标志着中国各族各界妇女在中国共产党的领导下实现了前所未有的大团结，预示着中国妇女运动进入一个新的历史阶段。

二、中华全国妇女联合会的名称和性质

中国妇女第一次全国代表大会通过的章程规定：妇女联合会名称为“中华全国民主妇女联合会”；中国妇女第三次全国代表大会改名为“中华人民共和国妇女联合会”；中国妇女第四次全国代表大会改名为“中华全国妇女联合会”（以下简称全国妇联）。

中华全国妇女联合会是在社会主义条件下，中国共产党联系广大妇女群众的桥梁和纽带，是人民政府的社会支柱，是具有群众性、广泛性和统战性质的妇女组织。中国妇女第六次全国代表大会为了进一步体现妇联工作的对象是全体妇女，突出其社会性，提出“中华全国妇女联合会是全国各族各界妇女在中国共产党领导下为争取进一步解放而联合起来的社会群众团体，是党和政府联系妇女群众的桥梁和纽带。”

第二节 中华全国妇女联合会的组织原则和组织系统

一、妇女联合会的组织原则

妇女联合会实行代表联系群众的制度和团体会员制度，并以民主集中制为原则。地方各级妇联组织按照行政区划建立。其他妇女组织，经申请可以

被吸收为妇女联合会的团体会员。

妇女联合会的各级领导机构，由全国和地方各级妇女代表大会，按照民主集中制的原则选举产生。40 年来，各级妇女联合会的组织，都是遵循上述原则建立的。

二、妇女联合会的组织系统

（一）中华全国妇女联合会。

全国妇女代表大会是中华全国妇女联合会的最高权力机构，按章程规定，每五年召开一次。代表大会选出执行委员若干人，组成执行委员会。代表大会闭会期间，执行委员会是最高权力机构。执行委员会全体会议选举主席 1 人，副主席和常务委员若干人，组成常务委员会（第三次全国妇女代表大会改称主席团委员，自第四次全国妇女代表大会开始仍称常务委员会），作为执行委员会闭会期间的领导机构。自中国妇女第二次全国代表大会起，在常委会下设书记处，主持全国妇联的日常工作。从 1949 年至 1988 年共召开了 6 次全国代表大会。1962 年至 1978 年因特殊历史情况，未能如期召开。

第一次全国妇女代表大会有代表 466 人。她们来自西北、东北、华北、华东、中南 5 个解放区，以及国民党统治区妇女界的进步力量和民主妇女团体。其中包括各民族、各界、各民主党派中的妇女以及各种宗教信仰的爱国妇女。大会选举了执行委员 52 人，候补执行委员 20 人。执行委员会选举出常务委员 17 人。会议推选何香凝为名誉主席。同年 9 月，又增选了宋庆龄为名誉主席。会议选举了蔡畅为主席，邓颖超、李德全、许广平为副主席。

第二次全国妇女代表大会有代表 891 人，列席代表 244 人。她们包括 25 个兄弟民族，8 个民主党派，还有海外华侨妇女。大会选举了执行委员 125 人，候补执行委员 28 人。执行委员会选举出常务委员 25 人。会议推选宋庆龄、何香凝为名誉主席，选举蔡畅为主席，邓颖超、李德全、许广平、史良、章蕴为副主席。

第三次全国妇女代表大会有代表 1263 人，包括 41 个民族的各阶层、各种不同宗教信仰、各种职业的妇女，其中少数民族代表 170 人。大会选举了执行委员 202 人，候补执行委员 43 人。执行委员会选举出常务委员 16 人，会议推选宋庆龄、何香凝为名誉主席，选举蔡畅为主席，邓颖超、李德全、许广平、史良、章蕴、杨之华、刘清扬、康克清为副主席。

第四次全国妇女代表大会有代表 1997 人。代表来自 50 多个民族。大会选举了执行委员 245 人，候补执行委员 55 人。执行委员会选举出常务委员 50 人。推选宋庆龄、蔡畅、邓颖超为名誉主席，选举康克清为主席，史良、罗琼、吴贻芳、曾宪植、雷洁琼、林巧稚、李宝光、郝建秀、黄甘英、林丽韫、关建、阿沛・才旦卓嘎（藏族）、玛依努尔・哈斯木（维吾尔族）为副主席。

第五次全国妇女代表大会有代表 1876 人，列席代表 213 人，包括 56 个民族。大会选举了执行委员 250 人，候补执行委员 44 人。执行委员会选举出常务委员 42 人。会议选举康克清为主席，罗琼、吴贻芳、雷洁琼、谭惕吾、李文宜、张帼英、郭力文、黄甘英、林丽韫、阿沛・才旦卓嘎（藏族）、玛依努尔・哈斯木（维吾尔族）、王琇瑛、谭茀芸为副主席。

第六次全国妇女代表大会代表 1067 人，特邀代表 116 人，列席代表 70 人，包括 56 个民族。大会选举了执行委员 301 人。执行委员会选举出常务委员 25 人，会议推选康克清为名誉主席，选举陈慕华为主席，张帼英、黄启璪、林丽韫、阿沛・才旦卓嘎（藏族）、玛依努尔・哈斯木（维吾尔族）、郝诒纯、张素我、卢乐山、聂力、韦钰（壮族）为副主席。1990 年 11 月 9 日，六届三次执委会增选赵地、杨衍银为副主席。

（二）地方各级妇女联合会。

中国妇女第一次全国代表大会以后，地方各级妇联按照国家行政区划建立。地方各级妇女联合会的最高权力机构是地方各级妇女代表大会。县以上各级妇女代表大会每 5 年召开一次，乡镇、街道妇女代表大会，每 3 年召开一次。除特殊情况外，多数地区都能如期召开。据 1988 年统计，全国有 30 个省、自治区、直辖市，370 个地（市、区、盟、州）2810 个县（市、区、镇）65145 个乡镇、街道先后建立健全了妇女联合会。农村以村（原称大队）为单位，城市以居民委员会为单位，建立健全了妇女代表会。

50 年代初曾一度建立东北、华北、西北、华东、华中、西南六大行政区妇联，作为全国妇联的派出机构，以后随着大行政区的撤销而撤销；专区妇联是省妇联的派出机构，不召开妇女代表大会；边远山区和少数民族地区，因工作发展不平衡，有的未能如期召开代表大会，但大多数配备了专职妇联干部，开展了妇女工作。

地方各级妇女联合会受中共同级组织和上级妇联组织双重领导，以同级党委领导为主。各级妇联自觉坚持中共的领导，贯彻落实中共的路线、方针和有关群众工作、妇女工作的指示，围绕中共的中心工作任务，从妇女的实际出发，进行工作。中共各级组织支持妇联贯彻执行全国妇女代表大会、上级妇女代表大会的决议和全国妇联、上级妇联关于妇女工作的重要决定，并支持妇联独立自主、创造性地进行工作。

1958 年，在“大跃进”、人民公社化运动中，个别的省、县、市撤销了妇联组织。当年，全国妇联及时组织 9 个工作组分赴 11 个省、1 个自治区进行调查研究，认为实现男女平等、争取妇女彻底解放是一项长期而艰巨的任务，妇联组织的历史使命远未完成。当年，全国妇联向中共中央送交妇联组织不能撤销的请示报告。中共中央同意全国妇联的意见。经过多方面的工作，撤销了妇联组织的地区先后恢复了妇联组织，重新开展了妇女工作。

1966 年“文化大革命”开始后，全国妇联和地方各级妇联组织被迫停止工作。林彪、“四人帮”反革命集团被粉碎以后，各省、自治区、直辖市曾先后召开了妇女代表大会，选出了领导机构。根据全国妇联第三届六次执行委员会的决定，于 1978 年召开了中国妇女第四次全国代表大会，全国妇联恢复了工作。中共十一届三中全会以后，各级妇联组织适应新形势，较快地恢复和开展了工作，打开了妇女工作新局面。

（三）基层妇女代表会。

基层妇女代表会（简称基层妇代会）是妇女联合会的基层组织。农村设在村民委员会（生产大队）一级；城市设在居民委员会一级。在乡、镇、街道企业中妇女较多的单位，也建立妇代会或妇女工作委员会。妇代会的代表，按居住区域或同一单位，由成年妇女若干人选代表1人。代表固定联系本选区的妇女群众。基层妇代会3年改选一次，选出主任1人，副主任和委员若干人，组成委员会，负责日常工作。根据需要，有些地区在居民小组内设妇女代表小组。在居住分散的农村山区、牧区，基层妇代会的组织形式从当地实际情况出发，灵活掌握。据1988年对30个省、自治区、直辖市的调查统计，城市建立了基层妇代会88498个，农村建立了基层妇代会771437个。

为了加强基层妇代会的组织建设，1950年，中华全国民主妇女联合会第一届第三次执委会扩大会议，通过了《基层妇女代表会议组织通则》，具体规定了妇女代表会的组成、任务和活动方式。

从1958年到60年代初，许多地方农村基层妇女工作实际上已归并到农村人民公社。农村基层妇代会的工作有所削弱，城市也有类似情况。1961年冬，中共中央总书记邓小平在全国省、自治区、直辖市妇联主任会议上的讲话中指出：妇联要在3年之内健全基层工作，真正发挥中共联系妇女群众的纽带作用。整顿健全基层妇代会，是妇联组织把经常工作建立起来，把妇女工作做到群众中去，把工作做深、做细的关键。为贯彻邓小平的指示，全国妇联于1962年6月25日至7月6日在西安市召开了三北（东北、西北、华北）会议；同年11月5日至20日在杭州市召开了三南（华东、中南、西南）会议，并制定了城市和农村基层妇代会工作条例。各地妇联认真加强了基层工作、经常工作。十年动乱期间，绝大多数基层妇代会又被迫停止工作。1980年，全国妇联召开了农村基层工作会议和城镇街道妇女工作会议。两会又分别修订了城乡《基层妇女代表会工作条例》试行草案。该条例规定："城乡基层妇代会的经常工作，主要有以下几项：1. 向妇女群众宣传党和政府的各项政策、法令和上级妇联的任务、要求；2. 发动组织妇女广开门路，因地制宜，举办各种生产、生活服务事业。帮助妇女学习文化、学习技术和经营管理知识；3. 关心妇女疾苦，维护妇女儿童的合法权益，推动'五好'家庭活动；4. 配合有关方面做好计划生育工作，引导妇女自觉地实行计划生育；5. 向党和政府反映妇女群众的意见和要求，监督有关政策法令的实施。"

农村实行经济体制改革，逐步建立了以家庭联产承包为主的生产责任制以后，改变了过去生产队集体经营的生产方式。这种新制度实施的初期，许多基层妇女干部的思想、基层妇代会的组织和工作方法跟不上形势的发展。全国妇联及地方妇联干部及时深入基层，调查研究，总结经验，分析问题。全国妇联为此于1982年9月在天津市召开了全国农村基层妇女工作会议。会议总结了各地整建基层妇代会的成绩和经验，肯定了基层妇代会的组织形式，指出基层妇代会是妇联的基本单位，妇联工作和活动的基础，是贯彻中共的各项方针、政策的直接执行者。基层妇代会工作的好坏是衡量妇联工作的尺度，各级妇联必须加强基层妇联组织的思想建设和组织建设，使妇联的各项任务落到实处。

会后，经过一段时间的整顿工作，相当一部分农村基层妇代会充实了一批有干劲、有文化的中青年妇女担任基层妇代会主任，并解决了一部分妇代会主任的工作报酬，基层妇女工作又活跃起来。基层妇代会工作开展好的约占1/3，一般的占大多数，不起作用的只是少数。

中国妇女第六次代表大会以后，各级妇联进一步加强了对基层妇女工作的指导和服务，抓组织、抓活动、抓队伍、抓阵地、抓协调、筹经费，增强了基层组织的活力。到1989年，全国城乡应建妇代会的基层单位，已有90%建立了妇代会。其中大多数在改革开放中扎实工作，开拓前进。

第三节　妇女工作干部的成长

一、妇女工作干部队伍的基本状况

随着各级妇女组织的建立，妇女联合会的专职干部和兼职干部逐年增多。

1949年3月，中华全国民主妇女联合会成立时，全国妇联机关有专职干部44人。1951年10月，东北、西北、华东、中南、西南五大行政区，28个省、1个自治区、8个行署、94个市和1731个县相继建立了妇女联合会，有妇联专职干部28579人。1953年以后，绝大多数县和市、区都建立了妇女联合会，妇联专职干部达4万人左右。据1988年统计，全国30个省、自治区、直辖市，370个地（市、区、盟、州），2810个县（市、区、旗），65145个乡镇、街道妇联的专职干部有98589人。

妇联的专职干部不仅数量上有较大的增长，素质也有所提高。50年代初期，妇联专职干部政治思想觉悟比较高，能深入群众，但文化程度一般比较低。以后，她们的文化和年龄结构逐步有所变化。据1987年对93275名妇联专职干部的不完全统计，她们在年轻化、知识化方面迈进了一大步。

1987年妇联干部年龄结构及文化状况

表56　　单位：人

年龄状况		原有文化程度		现在进修状况	
25岁以下	23418	大专以上	10233	大学、大专	1912
26岁至35岁	38337	高中、中专	54402	电、业、函大	2748
36岁至45岁	22708	初中	22367	中专	1964
46岁至55岁	8164	小学以下	6273	文化补习	1900
56岁以上	648			自学、大专、中专	3737

在工作实践中，妇联专职干部努力学习马克思主义理论、提高自身素质；发扬优良传统，深入基层，深入群众；适应新时期中国妇女运动的需要，开拓创新，积极工作，做出了新的成绩。

各级妇联的执行委员和常务委员，是各级妇联的领导成员，其中有妇幼保健、计划生育、医疗卫生、法律、教育等方面的专家；有各条战线上的妇女先进人物和拥护社会主义、拥护祖国统一的爱国妇女代表人物。她们生活和工作在群众之中，熟悉妇女群众的思想和要求，积极参与妇联领导层的决策，认真贯彻执行妇联组织的决议和要求，在各自岗位上，关怀和做好妇女工作。如在鞍山市黑色冶金矿山设计研究院和中国原子能科学研究院核技术应用研究所工作的执委刘绍兰、童天真等人，每次开执委会前了解情况，执委会上反映妇女的要求和意见，执委会后认真向妇女群众传达贯彻。在日常工作中，她们还及时帮助本单位妇女排忧解难。四川省成都市计划生育委员会技术顾问杨之书执委，经常与四川省、成都市妇联联系，研究如何贯彻执行全国妇联执委会的精神。她下厂、下农村检查计划生育工作时，发现问题，及时与妇联一起研究，共同解决。云南省高级人民法院阎根武执委，在审判工作中，依法维护妇女、儿童的合法权益，做了许多有益的工作。中国京剧院刘秀荣执委，在各地演出时，主动和当地妇联交谈，宣传全国妇联执委会的决议精神，代表首都文艺界和妇联，慰问工人、农民和边疆战士，处处想到履行一名执委的职责。上海港务局计算机中心、台湾籍执委林明月出国访问时，主动介绍中国妇女运动的状况和中国妇女的先进事迹，帮助国外妇女了解中国妇女和中国妇女运动的情况。同时，她还积极了解国外妇女和妇女运动的情况，回国后及时向妇联组织和妇女群众作介绍。

二、妇女工作专职干部的培训

中华全国妇女联合会重视妇女专职干部的培训，对培训工作提出了明确要求，即分级培训，逐级提高。全国妇联负责培训地、县妇联主任和相当于这一级的中层干部；省、自治区、直辖市妇联培训县、区、乡妇联干部；县、乡妇联培训村、居委会的妇代会干部。

中国妇女管理干部学院是中华全国妇女联合会培训妇女工作专职干部的基地。

1949 年 8 月，全国妇联接管了原河北省立女子职业学校，改名新中国妇女职业学校。该校设商科、缝衣科、乡师科和文化补习班，从 1949 年 8 月至 1950 年 7 月，共培训 300 多名学员。该校 1950 年 8 月改名为全国妇联妇女干部学校，中国妇女运动的前辈，全国妇联一届执委刘清扬为第一任校长。1949 年至 1958 年的 9 年中，全国妇联妇女干部学校共办妇联专职干部训练班、保育人员训练班、司法人员训练班 14 期。每期培训学员 400 至 700 人。全国妇联妇女干部学校不仅为各级妇联培训了干部，并向托幼园所和司法部门输送了人才。

全国妇联妇女干部学校开设了政治理论课和业务课。政治理论课主要是组织学员学习马列主义、毛泽东思想，以及时事、政策，用学员的亲身经历进行新旧社会对比的教育，以提高学员的政治理论水平和思想觉悟。业务课主要是学习妇女运动史、妇女儿童工作的方针和任务、妇女儿童工作的专业知识，组织学员交流妇女儿童工作经验，参观妇女儿童设施，教育学员树立全心全意为妇女儿童服务的思想，继承和发扬妇联组织依靠群众、团结教育群众、全心全意为妇女儿童服务的好传统。

1960 年冬以后，全国贯彻执行中共中央调整国民经济的方针，全国妇联妇女干部学校于 1961 年停办。

1978 年，中国妇女第四次全国代表大会决定恢复妇女干部学校。学校恢复以后，四年中办了 9 期短训班，其中 4 期是妇女工作业务普通训练班，5 期是专业训练班。专业训练班中有儿童教育、法律、妇运理论教材研究等，共培训了 1660 名地、市两级妇联主任和其他中层干部，其中包括 200 名少数民族妇联专职干部。

1984 年 6 月，全国妇联召开了妇联干部培训工作规划座谈会。会议根据中共中央、国务院关于大规模、正规化培训干部的精神，制定了妇联干部培训规划，下发了《关于妇联系统干部培训规划的意见》。为了落实培训规划，同年 7 月，全国妇联妇女干部学校扩建为全国妇联管理干部学院。1987 年 8 月，全国妇联管理干部学院更名为“中国妇女管理干部学院”。学院面向全国招生，通过全国成人统一高考后择优录取。

1989 年 5 月，全国妇联在南京召开了妇女管理干部院、校会议，成立了中国妇女教育研究会，并制定了《妇联系统岗位培训规划》。从此，中国妇女管理干部学院以岗位培训为主开展教育工作。

地方妇联专职干部的培训，从 50 年代就发展起来。1953 年，黑龙江省妇联第一个办起了地方妇联干部学校。随后，湖南、四川、内蒙古、河南等省、自治区妇联相继办起了妇联干部学校，培训了大批妇女干部，被誉为“妇女干部的摇篮”。十年动乱期间，这些干部学校被迫停办。1978 年后，地方妇联干部学校相继恢复和建立。与此同时，创办了各类短期训练班，对妇联专职干部进行岗位培训。到 1986 年，有 26 个省、自治区、直辖市妇联办了干部学校或妇女干部培训中心。通过培训，到 1987 年，有 5231 名干部达到了大、中专以上文化程度，占干部总数的 58%。

在干部培训工作中，各地采用了正规培训与短期培训相结合、集中学习与分散学习相结合，因地制宜、因时制宜的办学方法。有些省、自治区、直辖市妇联还与当地中共党校、大专院校联合办学，或由中共党校、大专院校代培。新疆维吾尔自治区妇联，委托中央民族学院代培了一批妇女干部，毕业后分配到新疆各级妇联工作。此外，不少妇联干部还参加电视大学、职工业余大学、广播函授大学的学习，不断提高了自身的政治业务水平。

到 1989 年，妇联系统已有 75% 的干部取得了大专和中等学历。一支受过马克思主义基本理论训练，具有较高文化水平的妇联干部队伍正在成长。

第二十章
妇联的经常工作与工作作风、工作方法

妇联的经常工作是根据中共中央各个时期的中心任务，妇联组织的性质、职能和妇女儿童的实际情况确定的。

为了做好经常工作，各级妇联不断改进工作作风与工作方法，深入基层，密切联系群众，为妇女群众服务，努力发挥其中国共产党联系妇女群众的桥梁和纽带作用，力争成为人民政府的社会支柱。

第一节　妇联组织的经常工作

一、参与制定法律与民主监督

（一）参与制定法律。

在国家制定有关男女公民基本权利与义务的法律或针对妇女儿童的特殊问题，制定保护妇女儿童权益的法律、法规时，妇女联合会都积极参与工作。

1949 年 9 月，蔡畅、邓颖超等 17 名全国妇联代表参与了《共同纲领》的制定。这部中国人民政治协商会议第一次全体会议通过的新中国第一个纲领性文献，在中国历史上第一次庄严宣布，废除束缚妇女的封建制度，实行男女平等、保护母亲和儿童的政策。

1954 年 9 月 20 日，中华人民共和国第一届全国人民代表大会第一次会议通过的《中华人民共和国宪法》及 1978 年第五届全国人民代表大会通过的《中华人民共和国宪法》，全国妇联都参与了讨论、修订。

新中国颁布的第一个法律——《中华人民共和国婚姻法》的制定，经过了长期和充分的准备工作。在邓颖超的主持下，中共中央妇女运动委员会于

1948年即着手起草。新中国成立以后将草案送交中央人民政府，由政务院法制委员会与全国妇联合作，广泛征求各方面的意见，反复修改，又经过由毛泽东主持的，有周恩来、朱德等中共中央领导人及政治协商会议全国委员会领导人参加的联席会议讨论两次，才提交中央人民政府委员会第七次会议讨论通过。

1979年，以全国妇联为主，组成了修改1950年颁布的《婚姻法》小组，参与了修订工作的全过程。1980年9月10日，新《婚姻法》经第五届全国人民代表大会第三次会议通过施行。

1951年和1953年，全国妇联参与了《中华人民共和国劳动保险条例》的制定；1951年，参与讨论起草了中央人民政府政务院人事部《关于废除招考工作人员及学员时“不收孕妇”规定的通知》。1988年，由劳动部牵头，卫生部、全国总工会、全国妇联参与起草了《女职工劳动保护规定》，并联合发出认真贯彻执行该规定的通知。

各级妇联还参与了有关保护儿童合法权益的法规和法令的制定。1981年11月，全国妇联会同文化部、公安部等单位联合发出《取缔流散艺人和杂技团体表演恐怖、残忍及摧残儿童少年节目》的通知。1982年，全国妇联针对社会上出现拐卖儿童的犯罪活动，向中共中央反映，要求综合治理。1983年9月2日，第六届全国人民代表大会常务委员会第二次会议通过了《关于严惩严重危害社会治安的犯罪分子的决定》。1983年至1985年，全国已有28个省、自治区、直辖市的妇联参与制定了《保护妇女儿童合法权益》的地方性法规。

凡人民代表大会制定有关人民群众的权利与义务的法律，全国妇联及地方妇联组织总提出有关女性的具体权利与义务，建议纳入法律、法规之中。为数不少的法律、法规中均有这方面的规定。妇联组织在立法方面，在维护妇女和儿童权益方面发挥了重要的作用。

（二）通过各种方式对政府工作实行民主监督。

妇联组织实行民主监督，首先是通过各级人民代表大会中妇联的代表，各级政治协商会议中妇联的委员，对政府工作提出意见、建议或提案；还通过各级妇女代表大会和妇联工作会议，向有关部门反映妇女群众、妇女干部的意见、建议。在这些会议上，妇联的代表所提的意见、建议或提案，均受到政府有关部门的重视，合理的意见都能够得到采纳。

在平时，各级妇联还通过各种方式实行民主监督。如向政府有关部门送交调查报告，参与各种问题，如教育、劳动、工资、社会保障、物价、住房等问题的讨论和研究，以保证政府的重大决策中含有合理的妇女利益成分。各级妇联在日常工作中，对中共各级和政府部门执行有关保护妇女利益的法律、政策的情况，履行了自己的监督权、批评权和建议权。

（三）培养和输送优秀女干部参与国家管理。

新中国成立以后，各级妇联就注意培养和选拔优秀的女干部到党政部门工作，参与国家管理。50 年代初，全国妇联妇女干部学校曾开办司法班，从各地妇联抽调了一批干部学习法律，毕业后，输送到各地人民政府的司法部门及人民法院、检察院担任工作。各地妇联还曾输送了一批优秀干部到政府部门工作。80 年代以后，各地妇联愈益重视这一工作，在推荐输送人才方面做了进一步的有益的探索，有的建立了妇女人才开发公司，有的设立了妇女人才信息站，有的将各条战线、各行各业的优秀妇女造册和建档，经层层筛选，向中共各级和政府部门推荐，收到很好的效果。这一工作的进一步发展，还有赖于妇女群众素质的提高和妇女参政意识的增强。

中共第十三次代表大会报告强调："群众团体要积极参与社会协商对话，民主管理与民主监督"，并形成制度。为实现这一目标，各级妇联正进一步加强妇女组织在社会主义民主建设中的作用。

二、对妇女进行宣传教育

坚持不懈地对妇女进行宣传教育，努力提高妇女的思想、道德、文化、科学素质，是帮助妇女实现自身解放的重要条件，也是在社会主义初级阶段妇女工作的战略任务。

1951 年 7 月，全国妇联召开了第一次宣传教育工作会议，会议由邓颖超主持，胡乔木代表中共中央做了重要报告。在会上通过了《关于妇女宣传教育工作的决议》。决议指出："妇女群众宣传教育工作的对象，应包括全体妇女。""妇女宣传教育工作，包括向妇女及社会各方面宣传妇女问题和向妇女宣传各方面的问题"。并提出："宣传教育的内容应包括一般的政治教育、妇女问题教育、文化教育和技术教育"，"要善于推动各方面，运用各种宣传工具和各种机会进行妇女宣传教育工作"。这次会议对各级妇联加强宣传教育工作，起了非常重要的指导作用。

历次全国妇女代表大会，妇女工作会议，省、自治区、直辖市妇联主任会议，都把加强对妇女的宣传教育工作作为重要内容。特别是在中共十一届三中全会以后，全国妇联曾几次召开宣传教育工作会议，要求各级妇联加强对妇女的宣传教育工作。1980 年 5 月，召开了宣教部长座谈会，进一步明确了农村妇女宣传工作任务，认识了宣传工作落实到基层的重要性以及妇联干部特别是宣传工作干部做到"又红又专"的迫切性。1983 年 1 月召开的宣传工作会议，贯彻了中共第十二次代表大会以及全国农村思想政治工作会议、全国城市职工思想政治工作会议的精神，总结交流了经验，研究了如何根据妇女特点，进一步加强妇女宣传教育工作。1988 年 8 月召开的宣教部长会议，强调了运用现代化的手段，加强对妇女的宣传教育工作。1989 年 9 月召开的宣传工作会议，贯彻了中共十三届四中全会及全国宣传部长会议精神，讨论了加强宣传工作的意见，要求各地要把宣传思想工作摆到妇联工作的极其重要的位置上来。

各级妇联针对各个不同时期的形势，妇女群众的思想实际，有的放矢地采取不同方式，对妇女经常进行宣传教育。教育的内容，各个时期有不同的重点。概括起来说，其内容主要有：马列主义、毛泽东思想的教育，爱国主义、集体主义、社会主义、国际主义教育，形势、政策教育，革命传统和理想教育，马克思主义妇女观、妇女解放的教育，勤俭建国、勤俭持家的教育，正确对待恋爱婚姻家庭的教育，破旧立新、移风易俗的教育，民主与法制的教育，文化教育等。各级妇联还针对妇女生活、生产的特点和要求，经常地对妇女进行妇婴卫生保健、科学育儿、正确地教育子女以及计划生育的教育等。在正面宣传的同时，针对群众思想状况，不断清除封建思想和资产阶级腐朽思想的影响。

妇女的利益和全国人民的利益是一致的，因此，各级妇联总是围绕各个时期中国共产党和人民政府所制定的中心任务，有重点地向妇女进行宣传。在五十年代的土地改革、抗美援朝、统购统销、农业生产合作化、对资本主义工商业的社会主义改造，以及大力宣传《宪法》和《婚姻法》等运动中，各级妇联都投入了大量的人力，普遍深入地在妇女群众中进行了宣传教育。在国家进入全面进行社会主义建设时期，妇联组织大力向妇女进行勤俭建国、勤俭持家，为建设社会主义而奋斗的教育。中共十一届三中全会以后，各级妇联积极向妇女宣传会议精神，要求全国妇女把注意力转移到社会主义现代化建设上来；向妇女宣传社会主义初级阶段的理论以及中共的基本路线；向妇女宣传勤劳致富光荣，鼓励妇女学文化、科学技术和经济管理知识。在改革开放中，还注意教育妇女坚持四项基本原则，反对资产阶级自由化，在学习和引进外国先进科学技术的同时，抵制资产阶级腐朽思想的侵蚀；围绕社会主义精神文明建设，教育妇女做“四有”（有理想、有道德、有文化、有纪律）和“四自”（自尊、自信、自立、自强）的新型妇女。

在宣传教育的方法上，从50年代开始，各级妇联就强调，运用各种宣传工具，通过各种渠道对妇女进行宣传教育，强调要深入基层、深入群众，一家一户、一人一事、一点一滴地进行思想工作，强调要争取做到男女一齐发动，妇联对妇女进行必要的加工补课。

运用报纸、刊物向社会宣传妇女，向妇女宣传社会是妇联宣传工作的一种重要方式。中共十一届三中全会以后，妇女报刊纷纷创办，到1990年为止，全国共有省以上妇女报刊34家，它们深受广大妇女群众喜爱。妇联的宣传渠道逐步增加，宣传阵地不断扩大，形式更加丰富多彩。各地妇联越来越多地采用电视、电影、录音、录像、广播等现代化的传播手段，向妇女进行宣传教育，扩大了覆盖面，而且更加生动，更加直观、形象化。特别是借助电视，常年地、定期或不定期地播放妇女题材的电视节目，受到群众的普遍欢迎。

80年代以来，全国妇联和各地妇联与电视台联合摄制了多部电视片、专题片、系列片，如：《女人的发现》《取缔嫖娼卖淫，制止性病蔓延》《京城无处不飞花》《风流人物看今朝》《再婚的女人》《女性之路》《女性与事业》《女性与家庭》《我说潇湘女》《向警予》《巾帼群英电视联欢会》《女性世界》《半边天》，等等。北京市妇联除与电视台合作拍片外，她们还自己编导、摄制有关妇女题材的电视片、录像片，深受妇女欢迎。

各种业余学校、夜校、培训班等，为妇女学文化、学政治、学技术创造了比较好的条件。这是在五六十年代就已采用的。到80年代，在妇女群众中创造了不少新的形式，开拓了更多的新的阵地。如妇女之家、妇女活动中心、妇女职业培训中心、文化中心户、大众读书会、农家乐园、家庭文化系列活动以及报告团、演讲团等等。通过各种形式，倡导文明、健康、科学的生活方式，促进社会主义精神文明建设，在潜移默化中，提高妇女的文化政治素质。

从80年代中期以来，各地妇联还根据中共中央的部署，积极配合有关部门，发动妇女群众，清除各种精神毒品和文化垃圾，要求妇女不看、不传、不买、不卖黄色书刊、录像等，并教育子女亲属抵制黄色污染。同时，又在妇女中提倡读好书和开展各种健康、有益的活动，丰富妇女的精神生活。

各级妇联对妇女的宣传教育工作，得到了中共各级和政府宣传部门、新闻宣传单位的支持和帮助。在妇联系统，不仅宣传教育部门或宣传干部做宣教工作，而且把对妇女的宣传教育工作贯彻到各个业务部门和各个工作环节中去。很多地方妇联还重视培养宣传员、通讯员、故事员、辅导员等宣传骨干，加强基层的宣传教育工作。

三、发动和组织妇女参加生产劳动

中国妇女是建设社会主义的重大人力资源。解放妇女劳动力，发动组织妇女参加社会生产劳动，是对社会主义事业的重大贡献；是提高妇女经济地位，实现男女平等，改善妇女在社会和家庭中的地位的关键。40余年来，妇联一直把这项工作作为重要的经常工作。

新中国成立之初，在国民经济恢复时期，妇女中普遍存在着旧社会遗留下来的轻视劳动的旧思想。妇联组织针对这种情况，向广大妇女进行了劳动光荣、劳动创造世界和妇女参加社会生产劳动才能获得真正解放的教育。同时，有些城市妇联从当地实际情况出发，组织妇女生产自救，解决旧社会遗留下来的失业问题，使妇女就业的人数逐年增加。

1958年，全国掀起了人民公社化、“大跃进”的浪潮，受中共“左”的错误影响，全国妇联曾错误地提出“全面组织生产、全面组织生活”的号召，当时城市女职工的人数超过了社会生产发展的客观需要，有些地方不顾妇女的生理特点、家务繁简、能力大小，一律要求参加生产，挫伤了妇女的劳动热情，损害了一些妇女的健康。1960年，根据中共中央“调整、巩固、充实、提高”的方针，逐步改正了这种错误，吸取了经验教训。

十年动乱期间，妇联组织瘫痪，妇女工作基本停顿。

中共十一届三中全会以后，1979年3月，全国妇联第四届第二次常委扩大会通过的决议《紧跟党的工作重点的转移，做好妇女工作》指出，要以生产为中心，调动各族、各界、各条战线妇女群众的社会主义积极性，发挥她们的特长，积极投入增产节约运动。要求各级妇联根据中共中央关于发展农业生产两个文件[①]的精神，发动农村妇女在努力增加粮食生产的同时，因人制宜、因地制宜地参加社队工副业生产和多种经营。1980年10月，全国妇联在《关于加强当前农村妇女工作的决定》中指出：农村实行多种形式的生产责任制，为妇女参加生产劳动开辟了广阔的门路。当前农村妇女工作最迫切最重要的任务，是发动组织农村妇女为农村尽快富裕起来立新功。各地妇联在中共各级组织的领导下，向广大妇女群众广泛地宣传中共有关富民政策，鼓励妇女坚持社会主义道路，发动妇女根据各地实际情况，积极参加多种经营、乡镇企业和家庭副业。

为了提高妇女文化科学技术水平，在生产中发挥更大的作用，各级妇联配合有关部门突出抓了对妇女的文化技术教育。如河南省妇联把1985年定为

---

① 两个文件即《中共中央关于加快农业发展若干问题的决定》（草案）、《农村人民公社工作条例》（试行草案）。

提高妇女素质年，在全省妇女中开展了“一学（学知识）两赛（赛科学致富、革新创造）”活动。河北省妇联开展了“我为振兴河北学文化、学科学”的活动。湖南、山东、广东、内蒙古、陕西、黑龙江、安徽等地开展了多渠道、多形式的培训工作。据 18 个省、自治区、直辖市的不完全统计，1985 年有近 2 万农村妇女参加了各种文化技术学习。1986 年 5 月，全国妇联协同中国科协、共青团中央，在保定市召开了全国农村青年实用技术培训经验交流会，推动了全国进一步开展学文化学技术的活动。

1989 年 3 月，全国妇联提出协同农业部、林业部、水利部、商业部、广播电影电视部、国家科学技术委员会、国家教育委员会、国家民族事务委员会、计划生育委员会、中国科学技术协会、农业银行、国务院贫困地区经济开发领导小组等 13 个单位，在农村妇女中开展“学文化、学技术、比成绩、比贡献”（简称“双学双比”）的竞赛活动，明确提出以“双学”促“双比”，在“双学”中，以学技术推动学文化的号召。竞赛范围包括农、林、牧、副、渔及种植、养殖、加工，商品生产和流通领域。由发起单位组织竞赛活动，协调小组统一领导。这一活动，取得了巨大成就。(详见《农村妇女》一章)。

在“双学双比”活动中，各地还注意加强扶贫帮困的工作，全国妇联在国务院贫困地区经济开发领导小组和农业部的帮助下，分 5 期培训了 331 个全国重点贫困县的县妇联主任。带动各地妇联办扶贫培训班 250 期，建立 4500 多个扶贫联系点，联系 365 万多个贫困户。这些联系点中，有不少已经脱贫。

为引导农民合理消费，增加对农业的投入，各地妇联同农业银行共同开展了“女子爱国储蓄”活动。

在城市，十年动乱以后，待业青年增多，其中女青年占待业青年总数的 70% 左右。在解决待业问题的过程中，社会上曾一度出现“让已就业的妇女回家，料理家务，腾出名额安置待业人员”的议论。全国妇联书记处针对这一情况，于 1980 年 3 月给国务院副总理万里及中共中央书记处书记彭冲写信反映了此情况，并阐述了不赞成这种论点的理由和解决待业问题的建议。1980 年 8 月全国劳动就业工作会议在北京召开。会议提出了解放思想，放宽政策，发展生产，广开生产门路，在国家统筹规划和指导下，实行劳动部门介绍就业、自愿组织起来就业和自谋职业相结合的方针。国务院副总理万里在会议总结报告中特别指出：对妇女就业问题要充分重视，实行男女同工同酬，并根据妇女的特点，因才施用。随后，国家劳动总局劳动力局发表了“发挥妇女劳动力的优势，重视妇女就业”的文章，这些议论才杜绝。

各地妇联在中共各级组织领导下，配合有关部门，为安置待业青年开辟了多种门路，举办了各种职业训练班，为待业青年就业准备条件。她们还采取拾遗补缺、见缝插针的办法，组织待业青年生产一些小商品，开拓市场；还根据群众生活需要，在居民区举办各种生活服务网点，受到群众欢迎。江苏省的各城镇妇联，配合有关部门，通过多渠道、多形式、广开就业门路，1979 年就安置待业青年 382 万人，占待业青年总数的 79%。

随着国民经济体制改革和产业结构的调整，第三产业发展较快，为妇女就业创造了有利条件。1984 年 3 月，全国妇联为解决城市职工家务负担和待业人员的就业问题，在北京召开了开展家务劳动服务工作现场会。会上北京、天津、上海、广州、南京等市妇联介绍了经验。同年 12 月，在全国妇联五届三次执委会上，康克清指出：“发展第三产业是发展生产力，提高人民生活的需要，是改革的一项重要内容”，“妇联组织要配合政府有关部门，积极支持，组织群众发展第三产业。”

各级妇联在组织发展第三产业的工作中，做出了成绩，如北京市“三八”家庭服务公司，为职工家庭介绍培训一批又一批家庭服务员，得到中共北京市委和市政府领导人的支持，受到社会的好评。沈阳市沈河区一经街道三八里委妇代会，为解除居民后顾之忧，实行了自行车存放不出院，买油盐酱醋日用小商品不出院，取牛奶不出院，订阅报纸收发信件不出院，小伤小病和老弱有病治疗不出院，青少年和老年人娱乐活动不出院，吃早点不出院，拆洗棉衣不出院，孩子入托和低年级学生吃午饭不出院等办法。许多城市妇联开展了为职工家庭服务的工作，项目众多、形式灵活，不仅减轻了家务劳动，解决了群众的后顾之忧，还安排了一批就业人员，形成了一个新兴的服务行业。

四、维护妇女儿童的合法权益

在维护全国人民总体利益的同时，维护妇女儿童的合法权益，一直是妇联的重要的经常性工作。

在50年代，人民法院凡审理涉及侵犯妇女儿童合法权益的案件，在必要时，妇联都出庭陪审。有些严重侵犯妇女儿童合法权益的典型案例、事例，曾在《中国妇女》杂志上展开群众性讨论，用强大的社会舆论为受害妇女伸张正义，有的曾一时轰动全国，收到很好的社会效果。

为维护妇女儿童的合法权益，各级妇联成立后，就建立了处理群众来信来访工作制度。全国妇联的主席、副主席、书记处书记，都曾亲自处理群众来信或来访，为妇女排忧解难。1979年3月29日，全国妇联第四届第二次常委扩大会议通过的《关于妇联组织密切联系群众，加强信访工作的意见》，要求各级妇联进一步认真负责处理好群众的来信来访。据1979年至1987年不完全统计，全国妇联共处理群众来信100465件，接待群众来访20145人次。来信来访的内容，主要有婚姻家庭纠纷，参政议政中的问题，招工招生中歧视女性的问题，违法乱纪、虐待残害妇女、儿童，以及计划生育中的问题。信访部门与有关部门配合，做了认真的处理。

有些地方妇联建立了信访网络，力争把问题解决在基层，解决在萌芽状态。她们一不等、二不靠、三不推，积极主动、分片包干、互相协作，发现问题及时处理，变上访为下访，防患于未然，减轻了群众因上访造成的人力、财力上的负担，也促进了社会的安定团结。

80年代以来，中共中央针对社会上某些丑恶现象沉渣泛起，歧视、虐待、残害妇女、儿童的案件时有发生，招工招生中男女不一视同仁等问题，做过多次指示，要求妇联把坚决维护妇女儿童合法权益这件大事抓起来，坚决同歧视、虐待、侮辱、残害妇女儿童的现象进行斗争。

1982年中共第十二次代表大会的工作报告中就提出："妇联应当成为代表妇女利益，保护和教育妇女，保护和教育儿童的有权威的群众团体。"中共中央1982年20号文件和1983年14号文件，都对妇联加强维护妇女儿童合法权益工作，作了重要指示。1983年4月11日，中共中央书记处在对妇女工作方针任务的指示中，把“坚决维护妇女儿童合法权益”提到了十分重要的地位。

为了贯彻执行中共中央的重要指示，全国妇联四届七次常委扩大会议，于1983年4月28日通过了关于《认真贯彻中央指示精神，坚决维护妇女儿童合法权益》的决议。同年九月召开的中国妇女第五次全国代表大会工作报告中宣布，要在全国范围内开展以保护妇女儿童合法权益为主要内容的法制宣传月。

1983年12月12日至15日，全国妇联在江西召开了维护妇女儿童合法权益法制宣传月现场会。在会上，中共江西省委，一些地、县、市委以及妇联组织介绍了在开展宣传月活动中，中共地方党委重视，统一领导、统一部署、统一行动，动员和组织各有关部门和全社会的力量，在宣传上、案件调查和案件处理上密切配合与协作等经验，并举办了图片展览。湖南、浙江、陕西、广东等省、自治区也介绍了经验。这次现场会，对于正在开展宣传月的省、自治区、直辖市的工作，给予了有力的推动和指导。

1982年7月，根据全国妇联的反映，中共中央指示：“县以上各级妇联要逐步设置法律顾问处或法律顾问小组。”全国妇联遵照中共中央的指示精神，于1983年7月成立了法律顾问处。它的主要任务是：运用法律武器，维护妇女和儿童的合法权益，特别是对严重侵犯妇女和儿童权益的重大、疑难案件的被害人提供法律帮助；为各省、自治区、直辖市妇联法律顾问小组推荐来访的妇女群众提供法律咨询；向国家立法、司法机关提供关于保护妇女和儿童合法权益的建议；承办全国妇联交办的保护妇女和儿童的有关法律方面的事宜；了解各省、自治区、直辖市妇联法律顾问组织的工作情况，组织交流经验；为全国妇联向各级干部和广大妇女进行社会主义民主与法制教育提供建设性意见。

到1987年，全国有29个省、自治区、直辖市妇联先后成立了法律顾问小组，255个县妇联配备了法律顾问，北京、广东、河南、黑龙江等地还建立了妇女律师事务所。

各级妇联通过信访和法律顾问机构开展了以下工作。

第一，代表妇女和儿童的利益进行团体干预，以法律的力量惩治侵犯妇女、儿童合法权益的违法犯罪行为。全国妇联法律顾问处成立的当天，几位律师就北京市3件妇女、儿童受迫害案，向受害者提供了法律帮助。半年内，处理大案、要案4件。如河南鹤壁市委打字员丁艳芳来信，控告丈夫鹤壁市团委青工部副部长赵国煊依仗权势对她残酷迫害致残的事实后，全国妇联法律顾问处协同有关方面，经过反复调查，不仅证实了丁艳芳反映情况属实，而且发现赵国煊犯有其他严重罪行。经起诉，法院判处赵国煊死刑，为妇女伸张了正义。

第二，通过典型案例的解剖和社会调查，提出立法建议，供国家立法、司法部门参考。

第三，通过处理来信、来访和咨询，做深入细致的思想工作并向社会呼吁，通过民事调解解决妇女群众的切身问题。

第四，配合有关部门开展普法教育和法制宣传，帮助妇女学法、懂法、守法和依法维护自己的合法权益。1989年，配合扫除“六害”（即卖淫、嫖娼，制作贩卖、传播淫秽物品，拐卖妇女儿童，私种、吸食、贩卖毒品，聚众赌博和利用封建迷信骗财害人），各地妇联在中共各级组织和人民政府的统一领导下，调查研究，监督举报，参与群防群治，并教育妇女分清美丑、荣辱、是非、罪与非罪，坚决支持政法机关打击罪犯。

维护妇女、儿童的合法权益的工作，除配合有关部门打击罪犯以外，还有很多关系到妇女、儿童切身利益的建设性工作。例如，加强对妇女的思想教育，不断提高妇女自身素质；配合教育部门，鼓励适龄女童入学，在青年妇女中扫除文盲，普及初等教育；关心儿童少年身心健康的发展；推动社会各方面，举办为妇女、儿童服务的事业，解除妇女参加社会劳动的后顾之忧；配合卫生部门，关心改善妇女卫生保健设施，预防疾病，保护妇女健康；关心妇女的就业问题等等，使宪法赋予妇女在政治、经济、文化、社会和家庭等方面的权益得到保障。

五、抚育培养教育儿童

儿童是国家未来的主人，是社会主义事业的接班人。培养有理想、有道德、有文化、有纪律的，德、智、体、美全面发展的一代新人，是全社会的重要战略任务，也是妇联的重要工作内容。

1949 年全国妇联成立以后，就设置了妇女儿童福利部，第一任部长为康克清。各地妇联也设立了相应的机构。配合政府的卫生部门、教育部门和工会、青年团等组织，从生产需要和群众的迫切需要出发，积极地开展了儿童工作。

1951 年 10 月，全国妇联召开了第一次妇女儿童福利工作会议。会议检查了 1949 年以来贯彻执行中国妇女第一次全国代表大会确定的妇女儿童福利工作“以生产为中心，为广大体力，脑力劳动妇女及其子女服务”方针的情况，肯定了两年中，在改造旧产婆，开展新法接生，向妇女进行妇幼卫生、新法育儿教育，开展为儿童接种卡介苗、牛痘，建立托儿组织和儿童救济机关等方面所取得的成绩，指出了妇女儿童福利工作对于推进妇女解放事业、拯救妇女儿童的生命、增进中华民族的健康和解放妇女潜在生产力的重要意义；强调了必须从群众要求和当时的具体条件出发，动员和利用社会各方面的人力和物力，采用多种多样的形式，办好妇女儿童福利事业。

1953 年 3 月，康克清在华东地区妇女儿童福利工作会议的讲话中，进一步强调要从中国实际情况出发办好妇女儿童福利事业，具体要求有三点：一是托幼组织为参加体力、脑力劳动的妇女及其子女服务；二是提倡由群众自己来办，要毫无保留地把举办托幼组织的办法交给群众；三是根据劳动妇女的需要和经济条件，举办多种多样、标准不一的托幼组织，随着群众经济条件的变化，逐步提高托幼组织的标准。

1955 年全国妇联召开的第二次妇女儿童福利工作会议，总结交流了青岛、天津、北京、上海等城市大力开展多种多样的群众性托幼组织的经验。提倡在城市发展群众“自办、自管、自给”的街道托儿所（站）幼儿园（班、队）；在农村，农忙托儿组织仍应采用多种多样的形式。同时指出，妇女儿童福利工作，是一项移风易俗的社会改革和思想改革工作，要求各级妇联继续贯彻妇女儿童福利工作的方针。

1956 年召开的第三次妇女儿童福利工作会议，强调了既要反对强迫命令和追求形式，又要反对把举办托儿组织与勤俭办合作社对立起来，解散为群众需要的托儿组织等不当做法。

这几次妇女儿童福利工作会议，为当时各级妇联开展儿童工作指出了方向。各级妇联配合政府有关部门和群众团体，全面地开展了新中国的儿童工作。在推广新法接生、宣传育儿知识以及建立城市民办托幼组织和农村托幼组织方面，妇联组织付出了更多的努力，取得了显著的成绩。

中共十一届三中全会以后，儿童工作进一步受到全社会的重视。1981 年 2 月 2 日，中共中央书记处指示：“全国妇联应把抚育、培养、教育 3 亿以上的儿童少年作为自己的工作重点。”

1981 年 4 月，由中国人民保卫儿童委员会、全国妇联、全国总工会、共青团中央、中国科协、中国文联、全国侨联、国家体委、全国青联、全国工商联等单位发起，经中共中央书记处第一百次会议批准，成立了中国第一个以筹集基金的形式，为儿童少年服务的社会福利组织“中国儿童少年基金会”。同年五月，由全国妇联牵头，成立了全国儿童少年工作协调委员会，由文化部、教育部、卫生部、国家经委、国家计委、全国总工会、共青团中央、中国科协、中国文联、国务院托幼工作领导小组、轻工业部、财政部、国家体委、中国人民保卫儿童委员会、国家出版局等 16 个单位组成。许多地方妇联也相继建立了协调机构。在政府有关部门、群众团体及社会各方面密切配合、共同努力下，中国的儿童少年不论是物质生活还是精神生活，都有了明显的改善。

1983 年 4 月中共中央确定的妇女工作方针，又把“抚育、培养、教育儿童少年健康成长”列为重要内容，进一步鼓励了各级妇联为儿童少年做好事、实事，使儿童工作更加蓬勃地发展起来。

在第六次全国妇女代表大会之前，开展关于妇联体制改革的讨论时，对于妇联的儿童工作应摆到什么地位，从什么角度去做，在妇联干部中有过不同认识。大会之后，全国妇联书记处多次进行了讨论，主席办公会议专门做了研究，基本上统一了认识。

全国妇联（1989）1号文件《关于进一步做好儿童少年工作的意见》明确指出："儿童少年工作是提高全民族素质的基础工作，党和政府以及各社会团体都非常重视儿童少年工作。母亲与儿童少年有着特殊的天然关系，妇联做为妇女群众的代表，有责任、有权利全面关心儿童少年的健康成长，应在各级党和政府的领导下，协同各有关方面共同做好这项工作。"文件中还提出，妇联进行儿童工作的具体任务主要是：加强调查研究，参与儿童少年工作的社会监督、协商对话；做好中共和政府委托的协调委员会的日常工作；发动社会力量，团结儿童教育、心理、卫生保健等各方面的专家、学者，开展家庭教育的理论研究，办好各种形式的家长学校，开展优生、优育、优教的宣传咨询服务活动，促进家庭教育事业的不断发展；从当地实际情况出发，继续努力配合有关方面，促进托幼事业的发展；加强福利基金会的工作；重视对妇联系统儿童少年工作干部的培训，不断提高他们的素质和业务水平；积极参与儿童少年工作的国际交流和友好活动等。

在明确了妇联应承担的具体任务以后，各级妇联的儿童工作又有进一步的发展。

1989年7月上旬，全国儿童少年工作协调委员会在哈尔滨市召开了第一次全国儿童少年工作先进市（县）经验交流会。会议重点介绍了哈尔滨市加强组织领导，建立5个儿童少年工作体系，使儿童工作社会化的经验，以及江苏省无锡市、天津市河西区、上海市长宁区把儿童工作列入市、区、街道的重要工作内容之中，发挥社区作用的经验。

1989年9月，全国儿童少年工作协调委员会召开了"全国优生、优育讨论会"。与会的中央有关部、委负责人和专家、学者，分别提出了儿童工作近期发展规划或建议。国务院总理李鹏出席了开幕式并作了重要讲话，全国妇联主席陈慕华做了会议总结（关于儿童工作的其他情况，见本书第十七章）。

六、妇女报刊和出版工作

妇女报刊和书籍出版事业是妇女运动的宣传教育阵地，也是反映妇女群众呼声的喉舌。全国妇联成立40年来，一贯重视通过报刊及书籍传播马列主义、毛泽东思想及其妇女解放理论和妇女运动的实践经验；传播爱国主义、集体主义、社会主义思想；讴歌妇女中的先进人物，历史上的女烈士、女英雄，鼓舞妇女为建设社会主义而努力奉献。中共十一届三中全会以后，中国妇女报刊和书籍出版事业得到了迅速的发展。

（一）全国性的妇女报刊和出版社。

全国妇联成立时，出版了《马克思、恩格斯、列宁、斯大林论妇女解放》、《中国解放区妇女运动重要文献》以及介绍解放区妇女工作、妇女群众对革命贡献的11本书籍，作为向全国妇女的见面礼。

全国妇联成立后不久，1949年7月20日，全国妇联的机关刊物《新中国妇女》杂志创刊。它是将政治思想性、妇女群众特性、知识性融为一体的综合性妇女月刊，读者对象是中等以上文化程度的妇女干部和妇女群众。它的第一任社长由当时的全国妇联宣传教育部部长沈兹九兼任。沈兹九在30年代曾与杜君慧等人在上海创办进步刊物，曾任上海《申报》的“妇女园地”主编、《妇女生活》主编，是中国著名的革命文化工作者。

1956年1月，《新中国妇女》改名为《中国妇女》。《中国妇女》杂志的办刊方针是根据中国共产党的总任务、总目标，结合妇女运动的特点，宣传中共中央关于妇女工作的方针政策；加强对妇女工作和妇女思潮的研究，开展妇女问题的讨论；反映妇女儿童的呼声，维护妇女儿童的合法权益，报道妇女在社会生活中的重要作用；帮助广大妇女正确处理恋爱、婚姻、家庭等问题；辅导读者学习法律、科技、卫生、妇幼保健等方面的知识。该杂志受到各界妇女和广大群众的欢迎，发行数量由1949年创刊时的5万份，发展到1966年的90万份。“文化大革命”中被迫停刊13年，1979年复刊。1983年年底以前发行量最高达到167万份。

英文《中国妇女》杂志，创刊于1956年，它是向国外介绍中国妇女的生活、工作，参与社会发展及自身地位变化情况的综合性刊物。发行量逐渐增加，是新中国刊物中第一个进入美国的。1987年发行遍及135个国家和地区，受到世界读者的欢迎。

《妇女工作》是全国妇联主办的专门指导妇女工作的刊物。它以传达中共中央、全国妇联对妇女工作的指示，研究妇女运动的理论和政策，探讨妇女问题，交流妇女工作经验，指导妇女工作，提高妇女干部的思想和业务水平为目的。1951 年 3 月创刊，原名为《妇女工作通讯》，1959 年改名为《妇女工作》。十年动乱期间，被迫停刊。1979 年复刊后，报道面逐步拓宽，内容更加丰富。复刊时发行量为 2 万份，1989 年增至 13 万份。

在全国妇联领导下创办的妇女、儿童刊物还有《婚姻与家庭》《学与玩》《中国儿童发展》等。

1984 年 10 月 3 日，全国妇联的机关报《中国妇女报》创刊，它是新中国成立以来第一份全国性的妇女报。创刊时为每周一刊，1988 年 7 月，改为每周三刊，向国内外发行，受到广大读者的欢迎和好评。《中国妇女报》的宗旨，是向社会宣传妇女，向妇女宣传社会，推动妇女解放事业。它以中共的四项基本原则为指针，积极宣传妇女在改革开放、社会主义建设中的作用、贡献和模范事迹，介绍妇女解放运动的理论和经验，激励妇女树立“四有”“四自”精神，积极参与国家的发展和社会进步，在变革客观世界的同时，实现自身的进一步解放。在婚姻家庭方面，引导人们破除封建落后的观念，适应社会的发展和进步。

针对社会上存在的重男轻女思想，利用舆论，维护妇女和儿童的合法权益。《中国妇女报》1988 年被评为全国“十佳”报纸之一。

新中国成立以后，全国妇联编辑出版了不少妇女运动文献和有关儿童教育的书籍，为了加强妇女、儿童书籍的出版工作，于 1981 年成立了中国妇女出版社。它本着为妇女、儿童服务的宗旨，出版了马列主义、毛泽东思想有关妇女问题的系列书籍，中国妇女运动历史和理论，杰出的妇女人物，以及法律知识、思想修养、婚姻家庭、家庭教育、儿童读物、文学艺术等各方面的图书几十种。其中《中国少数民族婚姻家庭》获 1986 年全国优秀畅销书奖；《父母实用手册》获 1986 年金钥匙纪念奖；《古今中外爱情诗选》获 1987 年全国优秀畅销书奖；《元曲鉴赏辞典》及《中外最佳幼儿智力训练集锦》获 1988 年全国优秀图书奖等等。

（二）地方妇女报纸和刊物。

各省、自治区、直辖市的妇联和有关单位，从本地区妇女工作需要出发，先后创办了各种妇女刊物和报纸。早在1949年，《西北妇女》、《西北妇女》画报、《北京妇女》和上海《现代妇女》杂志相继创刊，它们是地方最早的妇女刊物。接着内蒙古自治区、广西壮族自治区、武汉市、河北、湖南、贵州等地妇联，先后创办了妇女刊物和报纸。发行量都在万份以上。这些刊物和报纸在50年代末期，先后停刊。

中共十一届三中全会以后，地方妇女和儿童刊物迅速增长，首先出版的是辽宁省妇联创办的《妇女》杂志，它以介绍中国当代妇女先进人物和历史上的女英雄为主要内容，鼓舞妇女为社会主义建设奋勇前进。其后有河北省的《女子世界》，内蒙古自治区的《内蒙古妇女》《中外妇女文摘》《中外童话画刊》，吉林省的《时代姐妹》，黑龙江省的《妇女之友》，上海的《现代家庭》、《为了孩子》，江苏省的《莫愁》，浙江省的《家庭教育》，山东省的《祝你幸福》，河南省的《妇女生活》，湖北省的《知音》，广东省的《家庭》，四川省的《分忧》，云南省的《女声》，甘肃省的《现代妇女》，新疆维吾尔自治区的《新疆妇女》、《伴侣》，陕西省的《女友》，安徽省的《恋爱婚姻家庭》，广西壮族自治区的《女性天地》，福建省的《海峡姐妹》等相继问世。到1991年止，全国共有省以上妇女期刊24种。除汉文外，还有蒙古族、维吾尔族、朝鲜族语言刊物，分布在20个省、自治区、直辖市。此外，一些省妇联还办了妇女报，到1990年止，先后办起了《湖南妇女报》、《妇女之声报》（江西）、《山西妇女报》。据同年统计，全国妇女报纸、刊物的总发行量为1200万余份。其中发行量最大的广东省妇联主办的《家庭》杂志发行量为160万份，除大陆外，还远销港澳各地。

此外，全国一些出版社出版了一系列有关妇女题材的书籍。1978年至1989年出版的书籍中，关于马克思主义妇女运动理论、政策方面的有：《马克思恩格斯列宁斯大林论妇女》《马克思恩格斯列宁斯大林论恋爱婚姻和家庭》《毛泽东周恩来刘少奇朱德论妇女解放》《中国妇女运动重要文献》《蔡畅邓颖超康克清妇女解放问题文选》《妇女问题基本知识》等13本书。介绍中国妇女运动领导人的有：《纪念向警予同志英勇就义五十周年》《妇女运动先驱蔡畅》《邓颖超——一代伟大的女性》《记康克清大姐》、等9本书。介绍中国女烈士、女英雄模范的有：《中华女英烈》、《红军女英雄传》、《古今著名妇女人物》（上、下集）等37本书。中国妇女运动历史书籍有：《中国近代妇女运动史》《中国妇女运动史》《抗日时期的广东妇女运动》等8本书。此外，还出版了关于中国妇女运动历史资料的58本书，各地妇联编写的有关书籍百余种。

七、妇女运动历史及理论研究工作

全国妇联于1961年建立了妇女运动历史（以下称妇运史）研究组，开始收集妇运史资料。十年动乱中这项工作被迫停顿。1978年第四次全国妇女代表大会之后，又重新建立组织机构，有计划地收集新民主主义革命时期妇女运动各种史料，准备编写新民主主义革命时期的妇女运动史书。各省、自治区、直辖市以及一些专区、县，相继建立了研究妇女运动历史的工作机构，配备了专职干部，至1989年，妇联系统从事此项工作的干部约110名。

为了动员各方面的力量，做好妇运史研究工作，1979年12月3日，全国妇联成立了中国妇女运动历史资料编纂委员会。这个委员会共有委员104人，全国妇联副主席罗琼任主任，书记处书记董边、柳勉之为副主任，以后又增补书记处书记于淑琴为副主任，并增聘了几位原全国妇联书记处书记为委员。委员中有新民主主义革命时期各个历史阶段的老前辈，有各省、自治区、直辖市妇联主管研究妇运史的领导干部，有热心研究妇运史的专家、教授。一些省、自治区、直辖市妇联也建立了此项组织，从省、市、县妇联到基层，形成了收集编纂妇运史资料的网络。

全国妇联于1981年9月、1984年6月、1988年4月召开过3次讨论妇运史的工作会议，前两次还同时召开了中国妇女运动历史资料编纂委员会，交流了妇运史研究工作经验，制订了工作规划，并讨论和审查了妇运史书稿。

邓颖超于1964年12月、1979年12月、1981年9月在妇运史工作会议上分别作了讲话，阐明了妇运史研究工作的重要性、指导思想和具体做法。她指出："中国妇女运动是整个中华民族、中国人民，包括无产阶级和人类解放事业的一部分"，"中国共产党诞生以后，中国妇女运动是在党的领导下进行和发展的……妇女运动的历史，是和党的历史、中国革命的历史分不开的。""搜集妇女运动历史资料，编纂妇女运动历史，是一件很重要的工作，它既有重要的现实意义，又有深远的历史意义和影响"，"应当把这项工作看作是义不容辞的责任，"邓颖超还指出：编纂妇运史必须以马列主义、毛泽东思想为指导，依据中国共产党的六届七中全会通过的《关于若干历史问题的决议》、党的十一届六中全会通过的《关于建国以来若干历史问题的决议》，运用辩证唯物主义、历史唯物主义的立场、观点、方法，广泛收集书面资料和"活"资料，辨别真伪，弄清史实，务求准确地反映历史面目。她勉励大家要有极大的耐心、韧性和刻苦的精神，严肃认真的态度；要善于走群众路线，发扬民主，集思广益；要振奋精神，团结紧张地搞好这项工作。

80 年代以来，妇联组织在各级中共党委领导下，与社会有关方面通力合作，得到很多老同志、年轻同志和史学界专家的大力支持，妇运史研究工作有了很大的进展。据不完全统计，编印出版了各种妇运史料及书籍约 120 多种，其中不少是老、中、青妇女工作者心血的结晶。如原全国妇联书记处书记田秀涓，从 1981 年 11 月起，联络了 300 多名原晋察冀抗日根据地的妇女抗日救国会干部，经过八年的辛勤劳动，克服各种困难，收集了大量历史资料，先后编纂出版了《晋察冀北岳区妇女抗日斗争史料》《烽火巾帼》《巾帼英豪——抗日战争中的晋察冀妇女儿童摄影集》。中国妇女干部管理学院及许多地方妇联办的干部学校及少数大专院校增设了妇运史课程，编印了妇运史教材。特别是 1989 年出版的新民主主义革命时期《中国妇女运动史》，是很多妇女工作者和专家们十年辛勤工作的成果。邓颖超在这本书的序言中说，这本书是"集体劳动的硕果，内容比较丰富，值得学习。"在 1989 年 12 月 19 日举行的庆祝中国妇女运动历史资料编纂委员会成立十周年大会上，罗琼作了《让新民主主义革命时期的妇女运动历史告诉现在》的讲话，重温了邓颖超的 3 次讲话精神，总结了十年来妇运史取得的成绩，提出了今后编纂妇运史的任务。她指出，今后一段时期的主要任务是编纂社会主义时期的妇运史，我们要用亲眼所见，亲耳所闻，身受其惠的历史事实来证明：只有在中国共产党领导下，坚持社会主义道路，才能建设中国、发展中国，实现妇女的解放和发展。

马克思主义关于妇女解放的理论，自从“五四”新文化运动中传播到中国，一直是中国共产党领导中国妇女解放运动的指导思想。中共创始人、领导人李大钊，一开始就十分重视对马克思主义妇女观的研究、宣传和实践。老一辈的妇女运动领导人向警予、蔡畅、邓颖超等，是运用马克思主义妇女解放理论指导妇女运动的典范。在长期的革命实践中，马克思主义妇女解放理论逐步深入人心，覆盖着中国大地。

中共十一届三中全会以后，妇女解放理论的研究得到继承与发展，妇女理论研究机构增多，研究队伍扩大，全国妇联和各地妇联及社会热心人士进行的妇女理论研讨取得了新成果，一批妇女理论著作相继出版。

妇女理论研究主要集中在社会主义初级阶段中国妇女解放的基本理论和道路等问题上。通过研究，中国妇女进一步认识了中国的国情、妇女群众的实际情况，探索在建设有中国特色的社会主义事业中，如何推进有中国特色的妇女解放运动。在研究过程中，妇女理论研究人员坚持用马克思主义基本理论和事实，批判那些抹杀中国共产党的领导和社会主义制度的优越性，否定中国妇女运动已经取得的成绩等错误观点。她们用大量事实说明在中国共产党领导下，新中国妇女地位发生了根本变化。她们已从生产资料私有制和阶级压迫下解放出来，法律上的男女平等逐步成为现实。她们还宣传了这样一个基本观点：妇女解放与社会文明发展一样，是一个长期的历史过程，封建社会遗留下来的重男轻女及资产阶级把妇女当作商品的腐朽观点，还在侵蚀人们的思想，要消除这些陈腐没落的思想和行为，必须在推进整个社会主义物质文明和精神文明建设的过程中，不断提高妇女的地位。

从 1985 年到 1989 年，社会上资产阶级自由化思潮几次泛起，一些错误观点也影响到妇女理论的研究。有人认为“马克思主义妇女理论已经过时”“中国没有妇女运动”“妇女解放是恩赐的、超前的”“妇女群众组织可有可无”。因此，旗帜鲜明地反对自由化，批评资产阶级意识形态，成为妇女思想理论战线的一项重要任务。妇女理论研究也必须坚持马克思主义指导，坚持理论联系实际，清除资产阶级自由化的影响。1990 年“三八”国际劳动妇女节纪念大会上，中共中央总书记江泽民发表了《全党全社会都要树立马克思主义妇女观》的重要讲话。他指出，中国共产党用以指导妇女运动的理论，是马克思主义的基本原理及其妇女观，马克思主义的妇女观是运用辩证唯物主义和历史唯物主义的世界观、方法论，对妇女社会地位的演变、妇女的社会作用、妇女的社会权利和妇女争取解放的途径等基本问题做出的科学分析和概括。这种妇女观是马克思主义理论体系的组成部分。江泽民的讲话指明了妇女运动实践和妇女理论研究的正确指导思想，是妇女工作者的行动准则，这一讲话在社会上也引起了广泛的反响。全国妇联号召各级妇联干部认真学习江泽民的讲话。很快，在各级妇联干部和社会各界有关人士中出现了一个学习、研究马克思主义妇女观的热潮。

第二节　妇联的工作作风与方法

在长期的妇女工作实践中，妇联形成了自己的工作方法与工作作风，其主要特点是：密切联系群众，深入基层、倾听群众的呼声，代表群众的利益，做妇女群众的知心人、代言人；从实际出发，分析、研究妇女和妇女运动中的新问题，总结新鲜经验，开拓新的工作领域，积极主动地开展活动，努力把妇联组织建设成为代表妇女利益、保护和教育妇女儿童的有权威的群众团体。

一、深入基层，调查研究

深入基层，调查研究是妇联一向提倡的工作作风，也是妇联的优良传统，是提高妇女工作水平的基本方法。

全国妇联成立后，主席、副主席就带头深入基层，调查研究，并经常要求妇联干部要继承和发扬艰苦奋斗、深入基层、密切联系群众的优良作风。1950 年全国妇联主席蔡畅在女工工作会议上提出：“切忌既不调查研究，只凭空想办事。”

妇联干部深入基层，为群众排忧解难，出现过很多感人的事迹。如湖南省第一任妇联主任董纯，经常深入基层，哪里有困难、有问题或有经验，她就出现在那里。1954 年冬，她不顾天寒地冻，深入到湘西土家族苗族聚居的地区了解情况、访贫问苦，并总结典型经验在全省推广。她为了培养选拔少数民族妇女干部，考察了花垣、凤凰、古丈等县，并同中共州委组织部门研究培养途径和选拔办法。一个多月以后，她接到速返长沙参加重要会议的通知，在返回的路上，因冰冻封山发生车祸而牺牲。

1953 年，西北大区妇联主任曹冠群，响应全国妇联关于干部要“沉下去”的号召，到陕西省长安县新军寨“蹲点”，与群众同吃同住同劳动，给妇女群众办识字班，向妇女宣传国家大事和农村政策，兼教识字。为了破除群众中关于妇女下地劳动粮食要减产的迷信，她带头劳动，在秋收中，有一次她劳动后到井台洗手，被辘轳把打伤头部，造成严重脑震荡。她深入群众，密切联系群众，同当地群众建立了深厚的感情，也曾受到全国妇联的表扬。1990 年 9 月，她再次到新军寨看望乡亲时，受到极为热情的欢迎。当地妇女群众高兴地告诉她，村里的生产发展了，生活也大大改善了，并回忆起她当年受伤的情况，有些细节，她早已忘却，而群众却记忆犹新。

1953 年年初，东北大区妇联主任郭明秋去辽宁省辽阳市进行宣传《婚姻法》的“试点”，她乘坐的列车行驶途中，一位妇女临产。在列车员寻遍几个车厢，找不到医生的情况下，郭明秋毅然随列车员来到产妇身旁。她根据在战斗年代没有医生的情况下自己为自己接生的经验，帮助产妇生下了一个男婴。当时婴儿出现“假死”，她又提起婴儿拍打，使婴儿哭出声来。孩子的父亲、祖父得知这一情况后，十分感动，专程到《东北日报》社反映这一情况，报社以“新人新事”为题发了新闻，曾在当地传为佳话。这名婴儿后来取名韩车生，同郭明秋一家建立了深厚的感情。

50 年代初期，全国妇联提出妇联干部每年至少要有 1/3 的时间深入基层。从全国妇联到地方妇联，一般都做到了领导干部身体力行，带头下乡、下厂、下街道。她们在农村，还与妇女群众同吃、同住、同劳动。通过与妇女群众促膝谈心或召开小型座谈会，了解了妇女的情况，为妇女解决了一些切身利益问题，同妇女交了知心朋友，1960年，全国妇联党组和中华人民共和国劳动部、中华全国总工会一道，对女工劳动保护问题做了深入调查以后，向中共中央写了《关于女工劳动保护工作的报告》。中共中央把它批转到全国各省、自治区、直辖市，请各地注意加强指导这项工作。1961年全国妇联书记处罗琼、李宝光、吴绩、吴全衡4名书记，分别带领工作组到浙江、江苏、吉林、河南4省的11个县，就农村妇女劳动保护政策和农村托儿组织问题进行调查后，向中共中央送交了《关于进一步贯彻农村妇女劳动保护政策的请示报告》及《关于农村托儿组织问题的请示报告》，反映了农村妇女劳动保护及农村托儿组织方面存在的问题，提出了合理安排妇女劳动力，因地制宜地做好妇女“四期”保护工作以及防治妇女病，根据群众需要和意愿实事求是地发展农村托儿组织等意见。中共中央将两个报告批转给各地，要求各地在调查研究的基础上，根据各地具体情况，规定出切实可行的办法。

全国妇联书记处书记罗琼、田秀涓、曾宪植、杨蕴玉等人都曾深入到边远地区、少数民族地区了解妇女工作情况。1964年年底，曾宪植、杨蕴玉到云南调查，主要去了红河哈尼族彝族自治州、德宏傣族景颇族自治州、西双版纳傣族自治州、楚雄彝族自治州、大理白族自治州等地。接触的有藏、彝、傣、哈尼、侗、拉祜、景颇、撒拉、崩龙、白、纳西、独龙、苗、傈僳等14个少数民族。其中哈尼、佤、撒拉等民族定居在高山顶上，交通十分不便。在哈尼族山寨，上山下山步行往返4小时，去佤族居住地要三小时。到山寨后，她们与少数民族妇女亲切交谈、一起劳动。这次调查，历时近两个月，收集了大量资料，有些重要情况向中共中央作了汇报，为全国妇联研究和加强少数民族地区的妇女工作，提供了有价值的第一手材料。

1965年9月至12月，全国妇联副主席康克清到江西省铅山县鹅湖乡江村进行社会主义教育试点。在她的倡议下，江村修建了两座水库及“三八”茶场，生产面貌发生了很大变化。在江村，康克清每天到水库工地参加劳动，还经常深入到农民家里，同群众促膝谈心，问寒问暖，向群众宣传社会主义教育的意义，宣传《婚姻法》，宣传维护妇女儿童的合法权益以及“四期”保护，婚事新办，移风易俗等，并为婚事新办的青年做主婚人。这些情景，至今为当地群众所怀念。

进入80年代以后，全国妇联就保护妇女儿童合法权益、经济体制改革中的妇女工作以及儿童工作等多方面的问题进行了调查研究，仅1979年年底到1980年的一年中，全国妇联国内工作干部就有97%先后到18个省、自治区、直辖市的34个城市，52个县进行了调查研究。主持国内工作的各部部长、副部长，平均每人深入基层两个多月。地方妇联干部深入基层的时间更多。

全国妇联采取的干部比较长时间地（一年左右）在下面“蹲点”、书记处书记分工联系有关工作以及领导干部挂职下放的做法，都很有成效。全国妇联在历次召开代表大会或各种重要会议以前，都要派若干工作组到各地调查研究，了解妇女群众的生产、工作、学习、生活和思想情况，倾听她们的意见和要求；检查妇女工作情况，总结经验教训，发现新的问题，以便切合实际地提出新的工作任务和解决问题的意见。派干部参加各地妇联召开的各种会议，也是调查研究的好机会。

在80年代，调查研究的方法，有了新的发展，调查手段更加先进、科学。问卷调查、随机抽样调查等方法，已比较普遍地被采用。

二、同中共和人民政府及各种社会力量配合工作

妇女儿童问题，涉及全社会的各个方面。因此，妇联既要在中共各级党委领导下独立自主地、创造性地进行工作，又要同中共和政府有关部门、有关群众组织互相配合，并争取社会各界热心人士的支持和帮助。

1950年9月，邓颖超在全国妇联第一届第三次执委扩大会议上就提出：“凡属于妇联主管的工作则需主动与有关机关协同合作，凡属于其他机关主管的，妇联亦应主动配合协同推进。”

多年来妇联一直是这样做的。1950年4月，《婚姻法》公布以后，中华全国总工会、中国新民主主义青年团中央委员会、中华全国民主青年联合总会、中华全国学生联合会、中华全国民主妇女联合会联合发出通知，要求各地群众团体深入群众，进行宣传教育工作，尽力协助当地人民政府及人民法院，贯彻执行《婚姻法》。1980年10月，中共中央宣传部、全国妇联就修改

后的《婚姻法》联合发出《中华人民共和国婚姻法宣传要点》。各级妇联和有关部门，还在中共和政府统一领导下，对社会上的丑恶现象、封建陋习等进行综合治理，加强社会主义精神文明建设，不断完善各种法规，配合民政、司法部门做好婚姻登记、调解、审判等工作。

1983 年，江西省开展的维护妇女儿童合法权益法制宣传月活动，由于有关部门密切配合、大力协作，收到了很好的效果。中共江西省委宣传部、省妇联、省总工会、团省委、司法厅、公安厅、省人民检察院、省高级人民法院、民政厅等 17 个单位，首先就开展宣传月活动的意义、目的、要求、做法以及领导问题进行了集体讨论，并向中共江西省委写了《关于开展维护妇女儿童合法权益宣传月活动的意见的报告》，中共江西省委批转后，各部门又根据各自的职责、特点，研究了应做的工作，向所属系统发出书面通知，在会议上进行部署，并经常了解情况、检查督促。各部门在宣传力量上配合，案件调查上配合，案件处理上配合，发挥了各部门的积极作用。

各级妇联还经常与有关部门配合协作，促进儿童事业的发展。1981 年，经中共中央批准，由全国妇联牵头，成立了全国儿童少年工作协调委员会，康克清任主任。负责协调政府有关部门及群众团体的力量，推动儿童事业的发展。为进一步加强妇女儿童工作，于 1990 年 2 月成立了国务院妇女儿童工作协调委员会，国务委员李铁映为主任，办公机构设在全国妇联。这个协调委员会的成员，包括国家教委、国家科委、国家民委、公安部、民政部、司法部、财政部、人事部、劳动部、文化部、广播影视部、卫生部、国家体委、国家计划生育委员会、全国总工会、共青团中央、中国科协及全国妇联。这一机构，为开创妇女儿童工作的新局面，发挥着重要作用。

群众团体之间的配合协作十分重要。工会、共青团和妇联历来有配合协作的好传统。在 50 年代，全国妇联主席蔡畅曾兼任总工会的女工部部长；杨之华担任总工会女工部部长时，又是全国妇联兼职的副主席。1951 年，全国总工会和全国妇联，为做好女工和职工家属工作，曾共同发出《关于女工及职工家属工作领导关系的联合通知》。有些地方的妇联和工会配合工作做得比较好，1989 年全国总工会在常州市召开的女职工工作会议上，北京市及河南省鹤壁市曾介绍了这方面的经验。

共青团与妇联在庆祝“六一”儿童节活动、青少年教育及其他少年儿童工作方面，经常配合协作，建立了良好的合作关系。中国科协、中国文联等群众团体与全国妇联也有较好的配合协作关系。

在 80 年代，地方妇联在配合协作方面，不断有所发展。福建、辽宁、天津等省、市妇联、动员社会各方面的人力、物力、财力，为妇女儿童兴办生产、生活服务事业，解除妇女的后顾之忧，做出了成绩。吉林省四平市妇联，树立全方位新观念，通过配合、联合、沟通的方法，与全市 20 多个部门建立了妇女工作横向联系，沟通了妇联组织之间，妇联与有关部门、行业之间联系的建立，开拓了妇女工作的新局面。

各有关部门、群众团体之间的互相配合和团结协作，充分体现了社会主义制度的优越性，也是中国妇女组织的宝贵经验。

三、表彰典型，开展学先进活动

妇女在参加社会主义建设中，涌现出了许多劳动模范和先进典型。表彰先进人物，开展学习先进活动，是激励妇女群众参加社会主义建设积极性的重要方法，也是向妇女进行政治思想教育的内容之一。各级妇联历来重视这种工作方法。表彰对象是各行各业妇女中的先进集体和个人。表彰形式，有集中表彰的，也有个别表彰的；有综合性表彰的，也有按行业分别表彰的；有妇联单独表彰的，也有同有关部门联合表彰的，形式不拘一格。在表彰先进典型，开展学习先进活动中，一般是由各单位发现、培养、推荐，妇联组织通过各种方式表扬，宣传先进事迹，组织经验交流。

早在 50 年代初期，各级妇联就总结了辽宁省厂矿职工中“五好”活动的经验，加以推广。四十余年来，妇联组织多次表彰了“五好”家庭、“三八”红旗手、“三八”红旗集体，推动了学习先进活动的开展。

1958 年 12 月，全国妇联召开了全国妇女建设社会主义积极分子代表会议，第一次表彰了 2502 名妇女建设社会主义的积极分子。她们中有坚持走社会主义道路的杨玉翠、朱花球；有连续三年创造棉花高产，被吸收为陕西省科学院研究员的农妇张秋香；有勤学苦干，获得高额丰产的彭学英、周廷英；有敢想、敢作、敢于创造发明的文香兰：有一年消灭野鼠1万多只，被吸收为中华医学会昆明分会卫生学会会员的傣族农妇曹依秀；有试造草酸成功的家庭妇女詹淑权、杨菊珍等人。表彰活动鼓舞了广大妇女干社会主义的积极性，以后又不断地涌现了向秀丽、徐学惠等更多的先进人物。

从1960年至1990年，全国妇联曾8次较集中地表彰了全国“三八”红旗手、“三八”红旗集体。

1960年3月5日，全国妇联、全国总工会、共青团中央等10个单位在中央人民广播电台联合举行“庆功表模迎‘三八’，高举红旗齐跃进”广播大会。大会向在社会主义建设各条战线上做出卓越贡献的6305名先进妇女和以妇女为主体的3697个先进集体，分别颁发了“三八”红旗手、“三八”红旗集体的奖状和奖旗。

1979年9月21日，全国妇联在北京人民大会堂召开表彰大会，表彰了全国“三八”红旗手8960名，全国“三八”红旗集体1042个。“三八”红旗手中，包括45个民族，还有归侨、侨眷及台湾籍的妇女。“三八”红旗手中年龄最大的是83岁的人民子弟兵的母亲戎冠秀，年龄最小的是新疆19岁的帕尔古丽。她们在社会主义建设中做出了优异成绩，是全国各族妇女的榜样。

1983年在中国妇女第五次全国代表大会的闭幕式上，表彰了8568名全国“三八”红旗手、1391个全国“三八”红旗集体和近万户“五好”家庭，颁发了奖章、奖旗和奖牌。

1985年3月7日，全国妇联在北京政协礼堂召开了纪念“三八”国际劳动妇女节75周年大会。会上对在经济体制改革和社会主义物质文明和精神文明建设中做出优异成绩的150名先进妇女进行表彰。其中118名被授予全国“三八”红旗手荣誉称号。

1988年3月7日，全国妇联在北京怀仁堂举行大会，授予荣获“首届全国优秀女企业家”称号的50名女性为全国“三八”红旗手。

1989年3月7日，全国妇联在北京人民大会堂召开纪念“三八”国际劳动妇女节大会，授予满腔热情地投入社会主义现代化建设事业和改革事业并做出优异成绩的1008名妇女，以全国“三八”红旗手光荣称号。

1990年3月1日，全国妇联、农业部等13个单位联合表彰100名为发展农业、繁荣农村经济做出巨大贡献的女能手、女模范。全国妇联授予其中的孙淑英等85人（其他15名1985年以来已获得全国“三八”红旗手称号）为全国“三八”红旗手。

1990年8月8日，在中共中央宣传部、中华人民共和国公安部召开的第二次全国人民群众见义勇为、与犯罪分子作斗争先进分子表彰大会上，嘉奖和表彰了吕东来等27名女性，全国妇联同时授予她们全国“三八”红旗手荣誉称号。

全国妇联除集中表彰外，还及时对各个方面涌现出来的优秀妇女和先进集体进行表彰。1981年至1990年先后被授予全国“三八”红旗集体的有：荣获第三届世界杯女子排球赛冠军的中国女子排球队；第九届世界女子篮球锦标赛奖牌获得者中国女子篮球队；第二十三届奥运会奖牌获得者中国女子体操队、手球队；中国人民解放军陆军第一军第一师炮团“三八”女子救护队；铁道部乌鲁木齐铁路局北京车队第三包乘组；第十一届亚运会上荣获金牌的中国女子排球队、女子垒球队、女子足球队和其他12个集体项目队为全国“三八”红旗集体称号。1982年至1990年授予全国“三八”红旗手的个人有：全国商业特级劳动模范、煤厂工人赵春娥；第二十二届奥运会上获奖牌的张蓉芳、郎平等50名女运动员；空军航空兵烈属马秀娥；为抢救儿童而牺牲的马牡丹和致残的潘月兰；在商业战线上勇于改革的关广梅；在亚太地区残疾运动会上夺得铅球、铁饼、标枪3枚金牌的刘玉坤；有在人民财产受到侵犯的危急关头不畏强暴、不怕牺牲、用鲜血和生命捍卫了国家财产的“社会主义农村金融卫士”潘星兰、杨大兰；为保卫国家财产与歹徒英勇搏斗壮烈牺牲的女票务员、女乘务员周玉娟、刘燕兰；扎根偏远贫困牧区，为发展少数民族教育事业兢兢业业、呕心沥血，把一颗爱心奉献给教育、奉献给孩子的日本遗孤乌云；有第十一届亚运会上单项金牌获得者和接力、双打等项目金牌获得者以及女子排球队、垒球队、足球队中贡献突出的运动员93人。还授予八十年代新雷锋朱伯儒的家庭以全国“五好”家庭光荣称号。

各地妇联对本地区先进妇女个人以及先进集体进行了多层次和多种形式的表彰。全国妇联和地方妇联还对优秀家长、优秀儿童工作者进行了多次表彰。

各级妇联在历次表彰先进人物以后，都通过各种形式，开展群众性的学先进、赶先进活动。中共十一届三中全会以后，为了使学先进、赶先进的活动健康发展，全国妇联与全国总工会、共青团中央共同给中共中央写了《关于发挥先进人物作用，推动学赶先进活动》的报告。1982 年 5 月 3 日，中共中央将此报告转发全国，并着重指出：广泛、深入、持久地开展群众性的学先进赶先进的活动，是建设社会主义物质文明和精神文明的一项重要内容。宣传先进模范人物，推广先进经验，开展学赶先进的活动，一定要坚持实事求是、坚持群众路线、坚持一分为二的观点，反对脱离实际，反对生搬硬套，反对形式主义，要鼓励和指导先进模范人物谦虚谨慎、刻苦学习、联系群众、不断前进，并关心帮助她们解决实际困难。努力改变有些地方存在的先进人物受孤立、受打击、受干扰的不正常现象。各级妇联遵循以上精神，协同有关方面，引导学先进的活动健康发展。

第二十一章 妇联的团体会员及其他妇女组织

妇联的团体会员及其他妇女组织，有全国性的，有地区性的，有按单位组织的，也有按行业横向组织的。她们根据各自的特点，在妇女群众中开展工作。

《中华全国妇女联合会章程》规定：凡自愿申请加入妇女联合会的，经全国或地方妇女联合会同意，可作为妇联的团体会员。团体会员有向妇联反映妇女的意见要求，向妇女传达贯彻妇联的决议号召，执行各项妇女工作任务的义务；有参加妇联组织的有关活动，并对妇女工作提出批评和建议的权利。各级妇联对团体会员有进行业务指导的责任。

现有的妇女组织中，有些已是全国妇联的团体会员。

第一节 中国妇女联谊会

中国妇女联谊会于1945年7月15日在四川重庆成立。它是在中国共产党的影响下，由各界进步妇女，包括中国共产党党员、救国会成员、国民党中的进步分子和无党派民主人士在内的妇女统一战线组织。它的主要任务是：团结城市中上层知识妇女，为争取抗日战争的胜利、争取和平民主的彻底实现而奋斗。在成立大会上，李德全被推选为理事会主席，史良、罗叔章、刘清扬、曹孟君、胡子婴、张晓梅等20余人为理事。

中国妇女联谊会从成立起，就显示出鲜明的民主进步倾向。1945年8月，在日本帝国主义宣布投降后的第二天，该组织即发表《时局宣言》，提出七条政治主张：反对内战，成立举国一致的政府，保障妇女在政治、经济、社会及文化教育上有与男子一律平等的权利等。1945 年 11 月 7 日，在国民党不顾《双十协定》的签订，仍进攻解放区的时候，中国妇女联谊会又发出《紧急呼吁》。1946 年 1 月 30 日，在中国人民政治协商会议闭幕的前一天，中国妇女联谊会发表《对当前政治意见书》，提出停止内战，严惩内战祸首，保障人民的基本权利，改组政府，满足妇女的基本要求等 6 个方面的政治要求。1946 年 4 月，中国妇女联谊会准备迁往南京时，在重庆召开了最后一次全体理事会。会上决定理事与会员不论到什么地方，都要就地发起成立地方妇女联谊会，配合当地民众斗争，为争取和平、民主、自由而努力。不久，上海、北平、南京、重庆、昆明先后建立了 5 个分会。成都、桂林、香港、九龙等地也有妇女联谊会的组织活动。1947 年后，各地妇女联谊会与各界妇女群众一起，参加了“反饥饿、反内战、反压迫”的运动，有力地配合了人民解放战争。通过各种活动，中国妇女联谊会广泛团结了国统区的各界姐妹，成为国统区开展民主斗争的一支重要力量。

1948 年，中国妇女联谊会的代表来到解放区，参加筹备中国妇女第一次全国代表大会的工作，李德全当选为筹备委员会副主任。

1949 年 3 月，李德全等人代表中国妇女联谊会出席了中国妇女第一次全国代表大会，在会上做了《国民党统治区的民主妇女运动》的报告。在这次大会上，中国妇女联谊会的主要负责人分别被选为全国妇联的执委、常委、副主席等领导职务。

新中国成立以后，中国妇女联谊会的主要负责人被选为中央人民政府部长、副部长及民主党派的负责人。

1949 年以后，中国妇女联谊会经申请被吸收为中华全国民主妇女联合会的团体会员。妇女联谊会继续开展活动，开办了儿童福利事业。1958 年以后，妇女联谊会的大多数领导人和会员，参加了各级妇女联合会和其他方面的工作，联谊会的组织自动停止了工作。

第二节　中华基督教女青年会全国协会

基督教女青年会（简称女青年会）是一个国际性的妇女组织。全世界有

70 多个国家和地区建立了基督教女青年会组织。中华基督教女青年会全国协会于 1905 年在上海成立，次年被接纳为世界基督教女青年会会员。1923 年 10 月，中华基督教女青年会在杭州召开了第一次全国代表大会，有 12 个市会、84 处校会的正式代表及 8 个未成立分会的大市代表出席了会议。大会确定的宗旨是：本着基督的精神，联络各阶层的妇女，以促进妇女高尚健全的人格，服务社会，造福人群。大会讨论了妇女经济独立、家庭及婚姻问题，确定了禁烟（即禁止吸食鸦片）、放足、提倡平民教育和改善劳动妇女生活待遇为该会的主要活动内容。会上选举了丁淑静为协会的总干事。后由邓裕志任总干事。

女青年会成立以后，开展的活动具有教育性、娱乐性、服务性，吸引了相当数量的妇女。她们号召妇女讲卫生、节俭，传授育婴知识，开办知识妇女家务团和女子职业介绍所，在学生中举办联修会，改良家庭运动会，社会服务研究会，少女修养团等。她们还开办女工夜校，与女工促膝谈心，了解女工生产、生活情况。夜校重视时事教育，常请社会知名人士讲课，如陶行知、金仲华、章乃器常来讲时事，爱国将领冯玉祥讲过“士兵生活”。夜校成立了工友团，每逢“五卅”“三八”“五一”“九一八”等纪念日，都开展纪念活动。工友团还深入农村为农民演出进步的活报剧、演唱进步歌曲。这些活动不仅教育了民众，也教育了学员自身，不少学员成了工人运动的骨干。女青年会建立了劳动服务处，解决女工们的伤病治疗问题。该会还为罢工女工呼吁，并依靠社会力量，将失业女工介绍入厂，同时，提出保护童工、解放童工的口号。女青年会还开展了办难民收容所，为前线将士捐募寒衣，办托儿所、幼儿园等社会服务活动。

1949 年，中华基督教女青年会全国协会总干事邓裕志等人，以个人名义出席了中国妇女第一次全国代表大会。同年年底，该会向中华全国民主妇女联合会申请后，被批准为团体会员。全国妇联对协会进行业务指导和经济援助。各级妇联的有关活动，他们也积极参加。总干事邓裕志是一、二、三、五届全国政治协商会议委员；第一、二、三、四、五届全国妇联常务委员。

新中国成立以后到“文化大革命”之前，全国约有 20 个城市有基督教女青年会的组织。十年动乱期间，中断了活动。1980 年以来，上海、天津、北京、重庆、成都、昆明、南京、西安、武汉、广州、杭州等 10 多个城市陆续恢复了组织，开展了活动。

各地女青年会协同青年会，根据群众的需要，举办了各种有益的活动。如在南京、西安、天津、北京等地举办了“托福”培训班以及面向社会的“康复咨询日”。

各地女青年会还协同青年会组织了思想、学术交流活动，举办各种专题讲座，邀请名人、专家向会员进行爱国主义和社会主义教育。上海女青年会和青年会先后举办了“中国近代史讲座”“通俗经济讲座”“普法讲座”。女青年会独办的“妇女论坛”，邀请了妇女界的学者、教授演讲，利用午餐会的形式，探讨政治、经济、社会、妇女等方面的问题。有些城市还开展了联络“老朋友”以及职业妇女和家庭妇女的工作，团结了一些中上层知识妇女。

此外，该组织还开展了对外友好联络工作。

第三节　中华妇女节制会

中华妇女节制会是世界基督妇女节制会的一个属会。1925 年，刘王立明在世界妇女节制会创办者美国人福安斯·卫勒伟德的支持下，在上海成立了中华妇女节制会。梅云英、刘王立明先后担任领导人。该会联系的对象，主要是中上层知识妇女。

中华妇女节制会以节制烟、酒、赌博，提倡慈、孝、贞、俭和改善家庭生活为宗旨，反对蓄婢、纳妾，禁止缠足、束胸，发动妇女签名，不嫁多妻的男子，反对各种封建恶习。在北京、上海、武汉等地成立了分会。1958 年以前，有会员约 600 多人。

中华妇女节制会在旧中国曾创办了不少救济实体，救济了一些苦难无援的妇女、难民、妓女，成为服务于社会的一个慈善团体。1931 年“九一八”事变以后，国难深重、民众奋起，激发了中上层知识妇女的民族正义感，出现了各妇女团体团结御侮的局面。同年 10 月 1 日，由中华妇女节制会、妇女救济会等妇女团体发起，集 25 所女校、80 个团体的 2000

多人，成立了上海救国大同盟。成立大会由刘王立明和王孝英主持。大会发出通电，要求南京政府对日宣战；通电全国妇女团结起来，抵制日货，组织义勇军看护队。会后举行了游行活动。解放战争时期，中华妇女节制会与国际中国人权保障会合作，为救援遭到国民党反动派迫害的民主人士和失踪人员的家属多方奔走，并组织义务律师团向国民党法院提出控诉，因而它的会址被国民党特务占领。1948 年由上海迁至香港，在香港继续声援国内民主斗争。

1949 年，刘王立明等人代表中华妇女节制会，出席了中国妇女第一次全国代表大会。同年，向中华全国妇女联合会申请并被吸收为团体会员。刘王立明是全国妇联第一、二届常务委员，第三届候补执行委员。

新中国成立以后，中华妇女节制会继续开展社会福利事业。

1958 年以后，在妇联组织发动妇女积极参加社会主义建设事业的影响下，中华妇女节制会的会员纷纷参加了社会劳动，走上了各自的工作岗位，中华妇女节制会总会和分会，逐渐停止了活动。

第四节　工会女职工组织

女职工是中国工人阶级队伍的组成部分，她们同男职工有着共同的奋斗目标，在政治、经济、文化等方面有着共同的利益和要求。但是由于社会的、生理的原因，女职工还有着同男职工不同的特殊利益和要求，因此，在工会内部还需建立女职工组织。早在 1950 年 9 月，全国总工会《关于加强女工工作的决定》就明确规定，在有女会员 50 名以上的工会基层委员会下设女工工作委员会，50 名女会员以下的基层工会设女工委员。女工工作委员会以所在系统或单位的女职工为主要工作对象，是女职工利益的代表者。1988 年 10 月，中国工会第十一次代表大会为了更好地维护女职工的合法权益和特殊利益，充分发挥女职工在社会主义建设中的作用，决定基层工会和县以上各级工会都要设女职工委员会。女职工委员会是具有广泛代表性的女职工组织，它接受同级工会领导和上级工会女职工委员会指导。女职工委员会的工作机构是女职工部。女职工部配备相应的专职干部，负责女职工委员会的日常工作。女职工委员会主任由同级工会女主席或女副主席兼任，并设专、兼职副主任若干人。1989 年年底，全国已有女职工 5085 万人，约占职工队伍的 37%。全国有基层工会女职工委员会 315658 个，女职工工作积极分子 200 余万人。

女职工工作的任务，是根据全国总工会不同时期的中心任务，结合女职工的特点确定的。1950 年 8 月，全国工会女工工作会议上提出的女工工作任务是：动员与组织女工群众积极参加生产竞赛，提高女工生产技能，帮助女工大胆提出生产上的合理化建议，培养和教育女工学习管理企业，同男职工团结在一起，为恢复和发展新中国经济建设而奋斗。在改革开放的年代，1983 年 3 月召开的全国女工工作会议根据形势发展的需要提出：教育女职工树立主人翁的责任感，关心改革、支持改革，与男职工一起参加改革。在改革中，提高本领，增长才干，做改革的促进派。同时调查研究女职工中出现的新情况、新问题，不断总结解决问题的新经验，维护女工和男工一起当家作主的民主权利和切身利益，调动广大女工的积极性，在社会主义物质文明和精神文明的建设中，做出自己应有的贡献。1988 年 11 月中华全国总工会十一大确定的女职工工作任务是：动员女职工参加社会主义现代化建设，增强主人翁责任感，在改革和两个文明建设中建功立业；维护女职工在政治的、经济的、文化的、社会的和家庭生活等方面的合法权益和特殊利益，同一切歧视、虐待、侮辱、迫害女职工的行为作斗争；参与有关保护女职工权益的法律、法规、政策的制订、监督，协助有关部门贯彻执行女职工劳动保护法规，发挥女职工在企业民主管理中的作用；教育女职工坚持四项基本原则，坚持改革开放，努力学习马列主义基本理论，牢固树立主人翁责任感，增强工人阶级整体意识，对女工进行“四有”、“四自”教育，帮助女职工提高政治思想和文化技术素质。

全国总工会历来重视女职工工作。为了切实做好女职工的工作，曾选派过许多杰出的女干部来负责全总女职工部的工作。如：中国妇女运动的杰出领导者蔡畅，中国妇女运动的先驱杨之华，老红军戚元德，解放战争时期被人传颂的“草原红司令”蒙古族女干部乌兰，先后担任过全国总工会女工部部长。

妇联组织是以女职工为基础、为骨干的。妇联章程规定，厂矿企业的基层工会女职工委员会及其以上各级工会女工委员会均是妇联的团体会员。女职工工作是在工会统一领导下，妇联积极配合协作、共同进行的。

新中国成立以来，全国女职工工作，在各级党委的领导下，工会与妇联密切配合协作，发扬互相学习、互相帮助的好传统，取得了很大成绩。在各级工会的领导和重视下，女职工组织在提高女职工的社会主义觉悟和文化素质，维护女职工合法权益和特殊利益，加强女职工劳动保护，解除女职工的后顾之忧等方面做了许多具体深入的工作，促进了女职工的身心健康，激励了她们参加社会主义建设的积极性和创造性。各级妇联也主动关心女职工的切身利益，为她们尽心尽职地服务。历次各级妇女代表大会的工作报告中，均首先肯定各条战线上女职工在各个时期国民经济建设中的成绩和作用，并向她们提出新的号召和要求；各级妇联在历次表彰“三八”红旗手、“三八”红旗集体和“五好”家庭活动中，都规定了必须有一定数量的女职工和职工家属。许多街道基层妇代会，还举办各类托幼组织和生活服务网点，直接为女职工解除后顾之忧。有关女职工的劳动保护和其他重要问题，需要重点调查研究解决时，均由工会和妇联协同有关部门一道进行，或向中共各级组织、政府有关部门提出建议。工会和妇联召开有关的会议时，双方互派代表参加，交流情况和经验。各级工会与妇联，为了共同做好女职工和职工家属工作，在领导干部中曾互相兼职。这一做法，有利于双方协调工作的顺利进行。

第五节　民主党派中的妇女组织

中国有 8 个民主党派，它们是中国国民党革命委员会、中国民主同盟、中国民主建国会、中国民主促进会、中国农工民主党、中国致公党、九三学社和台湾民主自治同盟。新中国成立以后，它们都是中国共产党领导的参政党，与中国共产党长期共存、互相监督、肝胆相照、荣辱与共，形成了中国共产党领导下的多党合作的政治制度。

各民主党派中都有一定数量的女成员及众多家属，在她们中先后成立了妇女工作委员会（简称妇委会）。妇委会团结、推动女成员及家属在各党派内、各岗位上为社会主义建设服务，为祖国统一做贡献，为妇女儿童办实事，积极维护妇女合法权利，促进男女平等。各党派女成员及家属中，涌现了不少“三八”红旗手、劳动模范、先进工作者等优秀人物；不少家庭被评为“五好”家庭，获得各种奖励。

一、中国国民党革命委员会妇女工作委员会

中国国民党革命委员会（以下简称民革）于1948年1月成立。宋庆龄与何香凝曾分别担任名誉主席、主席。1957年民革第三届中央常务委员会决定成立“民革”妇女工作委员会。妇委会主任由何香凝担任，谭惕吾、陈建晨、傅学文任副主任。十年动乱中，民革连同其妇委会停止了活动。1979年12月，民革中央妇委会恢复工作。主任由谭惕吾担任，副主任由张素我、罗西欧、沈性元、陈久敬、孙惠书担任。随后，各省、自治区、直辖市民革也相继恢复和建立了妇委会机构。1987年，谭惕吾担任了“民革”中央监察委员会副主席。民革六届四中全会任命张素我担任妇委会主任，陈久敬、孙惠书、孙柏秋为副主任。1988年11月，民革七届一中全会通过决定，继续任命张素我为妇委会主任，孙柏秋、方利洛为副主任。

民革中央妇委会恢复工作以后，其任务是：团结、联系民革的女成员、民革成员的家属、与原国民党有历史联系的上层人士的家属，以及与民革有联系的女知名人士和知名人士的夫人等。通过组织学习，开展各种政治活动和联谊活动，调动她们建设社会主义的积极性和创造性，为四化建设和统一祖国服务。

民革中央妇委会与北京市民革创办了中山业余学校，妇委会副主任陈久敬担任副校长兼外语教研组组长。中山业余学校注重教学质量，满足了社会上许多青年的学习愿望，受到社会好评，被授予北京市职工教育先进单位称号。民革中央委员、原妇委会委员颜明宜于1981年创办了长城手

工艺品厂，以人民币 100 元起家，到 1983 年年底，总营业额为人民币 149.7 万元，纯利润总额为 49.7 万元，安排女知识青年 250 多人就业。南京市“民革”妇委会热情接待海外亲朋，仅 1986 年、1987 年两年就接待回大陆探亲、观光的亲友 200 余人。她们还开办了“三胞”[①] 中医门诊咨询服务部，优先照顾“三胞”及其在大陆的亲属就医，对行动不便的病患者送医上门，深受“三胞”欢迎。

二、中国民主同盟妇女工作委员会

中国民主同盟始称中国民主政团同盟，于 1941 年 3 月成立于重庆。1944 年 9 月，在重庆召开全国代表会议时改称中国民主同盟（以下简称民盟）。史良、李文宜曾分别担任民盟中央主席、副主席。1949 年 12 月，“民盟”中央政治局第五次会议决定成立民盟妇女工作委员会，许广平任主任，刘清扬、李文宜、李健生、沈兹九任副主任。各地民盟组织也先后建立了妇委会。50 年代，妇委会的工作主要是推动女盟员及盟员家属积极参加各项活动，为保卫祖国、建设祖国贡献力量。如在抗美援朝战争中，妇委会积极开展支援前线的工作，广东民盟妇委会一次就捐献人民币 300 万元；西安女盟员开展了慰问伤病员的工作，并捐献首饰等物价值人民币 3000 多万元。其后“民盟”妇委会一度停止了活动。

1982 年 7 月，民盟四届中央常委会第九次会议决定恢复妇委会，主任委员为沈兹九，副主任委员为陆士嘉、王振华、卢乐山。1984 年沈兹九因病辞职，主任委员由陆士嘉担任，并增选了杨敏如为副主任。1987 年 1 月以后，妇委会主任由卢乐山担任，杨敏如、冯钟芸、牛平青任副主任。民盟妇委会的任务是：团结、教育女盟员和中上层的盟员家属及所联系的女知识分子，在建设社会主义物质文明和精神文明中充分发挥她们的积极性，为统一祖国、振兴中华，为维护妇女和儿童的合法权益贡献力量。

民盟中央恢复妇委会后，全国各地民盟也先后恢复了妇委会。女盟员大

① 即台湾同胞、港澳同胞、海外侨胞。

多是中上层知识分子，主要分布在文化、教育、科技界。各级妇委会关心女盟员的生活和进步，鼓励她们在各自的工作岗位上做出贡献。

各级妇委会重视发挥女盟员中专家、教授、学者的作用，组织了许多有益的活动。民盟中央妇委会于 1984 年、1985 年分别举办了早期教育师资进修班，培训有五年以上幼教工作实践经验的骨干教师 2276 人。贵州、广西、陕西、四川、安徽、北京等省、自治区、直辖市及武汉、昆明、福州、厦门、杭州等市民盟妇委会，都举办了不同形式的幼教师资培训班，共培训师资 7000 多人。民盟中央妇委会组织幼教专家、教授编写了《婴幼儿教育必读》、《城乡婴幼儿教育指南》等书，为广大幼教工作者提供了教材。一些地区的民盟妇委会还发挥女盟员潜在的知识才能，举办了各种讲座和咨询活动，仅北京市民盟妇委会 1982 年至 1986 年就举办了学术报告会 38 次。各地女盟员还利用出国访问、讲学、学术交流、演出和探亲访友等机会，广泛开展对外联络工作，为祖国统一大业贡献力量。

三、中国民主建国会、中华全国工商业联合会妇女工作委员会

中国民主建国会（以下简称民建）于 1945 年 12 月由一部分爱国的民族工商业者和积极分子发起，在四川重庆成立。为了使“民建”的女成员及其工商业者的亲属在工商业社会主义改造中发挥独特的作用，1956 年 12 月，“民建”中央常委会决定成立妇女工作委员会。其主任委员为罗叔章。这个时期妇委会的工作是引导工商界妇女接受中国共产党和中华人民共和国的政策，支持、鼓励亲人接受社会主义改造，教育子女走社会主义道路。妇委会还启发女成员和工商业者家属自愿走出家门，参加适当的社会活动和社会生产，成为自食其力的劳动者。

中华全国工商业联合会（以下简称工商联）于 1953 年 10 月成立。它是各类工商业者联合组成的人民团体。同年，第一届工商联会员代表大会提出，各级工商业联合会根据国家的过渡时期总路线和总任务，根据和平改造资本主义工商业的方针和赎买政策，推动工商业者接受爱国主义、社会主义教育，逐步把私营企业纳入国家资本主义轨道。为了实现这个任务，民建妇委会和

工商联在工商业者家属中开展了许多活动。如组织工商业者家属学习中国共产党对工商业进行社会主义改造的政策，动员女工商业者和家属参加社会劳动。

1956 年 3 月，中华全国民主妇女联合会、中国民主建国会、中华全国工商业联合会，在北京召开了全国工商业者家属和女工商业者代表会议，交流经验，肯定了工商业者家属和女工商业者在社会主义改造和建设中的特殊作用。1960 年 2 月，中华全国工商业联合会成立了家属工作委员会（以下简称工商联家属委员会）。鉴于民建妇委会与工商联家属委员会的对象、任务基本相同，"民建"妇委会与"工商联"家属委员会合署办公，统一名称为"中国民主建国会、中华全国工商业联合会家属工作委员会"。主任委员为罗叔章，副主任委员为浦洁修、郭彤、张里夫、杨鉴清、王达夫。各省、自治区、直辖市的民建、工商联机构也先后成立了家属委员会。

1966 年，民建、工商联家属委员会被迫停止了活动。

1979 年随着民建与工商联工作的恢复，家属委员会也恢复了工作。由于家属委员会的名称不适合新形势的发展，经民建和工商联中央常委会决定，改名为"妇女工作委员会"。主任委员为罗叔章，副主任委员由杨鉴清、郭秀珍、应伊利、卓碧玉、黄织、萨若梅担任。据 1980 年统计，除西藏外，各省、自治区、直辖市的民建、工商联机构中都成立了妇女工作委员会。各级妇委会约 210 多个，联系的成员总数达 2 万多人。

1983 年 11 月，民建与工商联召开妇女工作会议，正式成立民建、工商联妇委会。主任委员为罗叔章、浦洁修，副主任委员为杨鉴清、郭秀珍、应伊利、卓碧玉、黄织、徐秀珍。其主要成员除"民建"女成员和原工商业者家属外，扩展到工商经济界中有代表性的女企业家、女个体工商业者、女工程师、女技术人员、女财会人员等等。主要任务是：推动女成员提高政治思想觉悟和自身素质，自觉地投身社会主义建设，在经济咨询和工商专业培训工作中发挥所长；推动女成员为妇女儿童做好事、办实事；做好海内外"三胞"联络工作，为实现祖国统一大业贡献力量。

1991 年 2 月，民建、工商联妇委会分开办公，各自独立地开展妇女工作和活动。

民建、工商联的妇女组织，在民建与工商联的领导下，做了许多工作。如动员工商业者家属走出家门，参加社会劳动，做自食其力的劳动者，取得很大成绩。四川省公私合营重庆水泵厂的老板娘何玉兴，积极参加本厂的生产劳动，1962 年周恩来总理称赞她是新中国第一个自食其力、从老板娘变为工人的人。何玉兴刻苦钻研技术，晋升为四级工。1978 年，她因腰部受伤，调任工具保管员，被评为五级保管员。她在修旧利废的工作中做出了贡献，多次被评为厂级先进工作者，两次被评为全国“三八”红旗手，并加入了工会组织。江苏省南京市的马青萍，原来是老久章绸缎店的老板娘。1956 年以后，她不论严寒酷暑，每日带着一个青工，背负 30 斤重的消毒水，走街串巷，对厕所和化粪池进行消毒。她数年如一日勤奋地工作，多次被评为南京市卫生系统先进工作者。江苏省南通市妇女许兆谷，1954 年就主动放弃年收入 1 万多元的“六神丸”专利权，后来又主动变卖首饰，购买公债，在工商界及其家属中起到了良好的作用。其后虽然一度受挫，但她仍组织家属参加街道各种公益活动，1980 年当选为区人民代表。江西省景德镇的刘祝平过去是一个养尊处优的老板娘，经过多年刻苦钻研，转变成了能掌握画、印、填、描等成瓷全套操作技术的“刘师傅”。她退休后来到一个集体所有制瓷厂工作，不仅生产的产品质量好，并经常超额完成任务，还培养了一批青年徒工，成为生产骨干。

民建、工商联的妇委会在发展生产和社会公益活动中做出了成绩。据 1985 年统计，各地妇委会创办经济实体 67 个，安置待业知识青年 1092 人；开办集体所有制幼儿园 21 所，个体托儿所 13 个，家庭托儿所 6 个，收托儿童 2716 人。开办幼儿教师师资培训班 12 个，培训幼儿师资 2774 人次。一些有专业特长的女成员，还深入到少数民族地区，举办各种培训班，为边疆经济开发传授技艺。在为社会主义建设集资和引进国外先进技术方面，妇委会也做了不少工作。

四、中国民主促进会妇女工作委员会

中国民主促进会（以下简称民进）于1945年12月在上海成立。其成员大部分是文化、教育界和出版界的爱国人士。雷洁琼、吴贻芳、吴若安曾任民进中央主席、副主席。1984年8月民进中央决定成立妇女工作委员会，主任为柳无非、副主任为吴锦章、娄朗怀、凌山。1987年民进全国代表会议决定柳无非任参议委员会委员，妇委会主任由霍懋征担任，副主任由刘美珍、吴锦章、娄朗怀、凌山担任。不少地方民进组织也相继成立了妇委会。

妇委会遵照民进中央对妇女工作的指示，从调查研究入手，分析了会员及所联系的女知识分子的特点和优势，听取了她们的要求和意见，确定了开创“民进”妇女工作新局面的任务和方法。妇委会积极鼓励女会员在本职工作中不断做出新贡献；帮助退休女会员安度晚年，发挥余热；交流、宣传先进人物事迹及妇女工作经验，发挥女会员在社会上办学的优势，为提高人民的文化教育水平办实事。“民进”上海市妇委会曾组织会员中的幼教专家开办了3期虹进幼师培训班，共培训774人。上海虹口区“民进”妇委会对本区商业服务公司所属的81所民办托幼园所的1600余名保教人员进行了“应知、应会”短期职业培训。民进南京市妇委会开办了前进幼师培训班，8期共培训学员800多人，受到江苏省政协的表彰。江苏省“民进”妇委会成立了幼儿家庭教育咨询服务部，组织有一定业务水平的教师在《江苏教育》上发表系列文章，深受幼教工作者和家长的欢迎。“民进”贵州省的女会员在贵阳为云南、西藏等7省、自治区的11个少数民族培训了托儿所、幼儿园的园所长200余人，为发展边远少数民族地区的幼儿教育做出了贡献。为了交流妇委会的工作经验，表彰先进事迹，启迪、鼓励女会员开拓前进，1984年12月，民进中央妇委会创办了《民进妇女》季刊，年发行量1万余册。1989年停刊。

五、中国农工民主党妇女工作委员会

1930年8月，邓演达等国民党左派在上海召集各地代表举行了第一次全国干部会议，成立了中国国民党临时行动委员会。这就是中国农工民主党的前身，当时被称为“第三党”。1947 年 2 月在上海召开第四次全国干部会议，改名为中国农工民主党。农工民主党主要由爱国的知识分子组成，其中医药界人士居多。农工民主党中央妇女工作委员会成立于 1985 年 6 月。主任委员为王群，副主任委员为王巧璋、胡尔岩。随后，各省、自治区、直辖市的农工民主党也陆续成立了妇女工作委员会。妇委会主要工作任务是：号召女党员立足本职工作，关心国家大事，在改革中献计献策；组织各种活动，开展有益于妇女儿童的工作；提高自身素质，影响和带动其所联系的妇女为祖国现代化建设贡献力量；广交朋友，推动祖国统一大业。

各级妇委会普遍开展了妇女儿童保健咨询活动。她们组织有经验的医务工作人员深入到机关、厂矿、边远山区宣传妇女保健、优生优育、科学育儿等知识，对增强人民体质和推动计划生育工作，起了积极作用。农工民主党中央妇委会克服了种种困难，创办了前进医疗咨询服务门诊部，并组织成员中的名医、专家应诊。众多的疑难症患者，在这里得到了治疗。仅 1987 年下半年，用中医中药治疗脉管炎患者就达 1700 多人次，疗效显著。这个门诊部以精湛的医术和热诚的服务，赢得了患者和社会各界人士好评，多次受到有关部门的表彰。

六、中国致公党妇女工作委员会

中国致公党是 1925 年 10 月在美国旧金山成立的，主要由归国华侨和侨眷组成。致公党中央妇女工作委员会成立于 1984 年 5 月，主任委员由致公党中央副主席郑守仪兼任，副主任委员有叶佩英、栗秀玉、谷建芬、罗天婵、凌萝达、林秀清、郑振妙。广东、广西、上海、杭州、北京、青岛等致公党地方组织也先后成立了妇女工作委员会。

妇委会致力于维护妇女、儿童的合法权益；抚育和培养儿童、少年健康成长；教育其成员自尊、自信、自立、自强；努力学习现代化科学知识，做好本职工作。妇委会还团结和推动女党员及其所联系的女归侨、侨眷在引进人才、资金、技术中发挥作用，为祖国新时期经济腾飞作贡献。致公党各级妇委会成立后，与女党员建立了密切联系，关心女党员的工作和生活，帮助女党员解决了不少实际问题，成了致公党女党员之家，极大地调动了女党员投身“四化”建设的积极性。南京儿童医院外科护士长谭月运，为解决国内缺少标准病毒血清的困难，请在海外的亲属捐助了全套标准病毒血清共 251 种，赠送给南京儿童医院病毒实验室。上海市致公党女党员刘惠贤经常与海外亲友联系，仅 1984 年就接待了海外亲友 100 多人次，并介绍他们与中国有关部门洽谈贸易，成交额达 2000 多万美元。上海的致公党党员何婉愉夫妇利用到香港探亲的机会积极穿针引线，帮助北京有关部门与美国一家公司成交化工原料达 6000 多万美元。致公党妇委会在关心青少年成长方面也做了许多工作。

七、九三学社妇女工作委员会

九三学社是由一部分文化教育界、科学技术界的爱国、进步的中、高级知识分子于 1946 年 5 月正式成立的。其妇女工作委员会（以下简称九三学社妇委会）于 1952 年年初建立。主任委员为劳君展，副主任委员有孙荪荃、叶恭绍。当时妇委会在组织女社员学习，动员女社员为社会主义建设服务方面做了许多工作。1957 年以后，妇女工作委员会一度停止了活动。

1983 年 5 月，妇女工作委员恢复了活动。主任委员为李孝芳，副主任委员有胡美、康映蕖。妇委会的主要任务是：组织推动女社员和所联系的女知识分子，坚持中共四项基本原则，坚持改革、开放，在建设社会主义物质文明和精神文明中充分贡献自己的力量；保护妇女儿童的合法权益，坚决同一切歧视、虐待、摧残和迫害妇女儿童的行为作斗争。在一些省、市的九三学社中先后建立了妇委会或妇女工作组，积极开展工作。

九三学社各级妇委会发挥女社员在科学技术上的优势，开展了讲学办学、科技咨询、智力支边等多种活动，并号召女社员投身“四化”建设，做好本职工作。如九三学社北京市妇委会，1986 年在中山公园每月举办一次儿童卫生保健咨询活动，有 17 位医药卫生界女社员参加，前来咨询者共 187 人次。还组织了妇科、儿科专家，在北京市内及郊区少数民族村进行妇幼卫生保健咨询，咨询人数达340人次。九三学社中央妇委会举办的报告、讲座中，妇委会主任李孝芳、副主任康映蕖还担任了主讲人。

八、台湾民主自治同盟妇女工作委员会

台湾民主自治同盟（以下简称台盟）成立于1947年11月，由一部分从事爱国民主运动的台湾省籍人士发起，在香港成立。1949年有正式代表参加了第一届全国政治协商会议。台盟盟员主要是居住在大陆的台湾籍人士，多数是知识分子。

1988年12月，台盟中央四届五次常委会决定成立台湾民主自治同盟中央妇女工作委员会。主任委员为郑晶莹，副主任委员有王观美、吕月贞。

台盟中央妇女工作委员会的宗旨是：进一步团结女盟员，继承和发扬台湾同胞的爱国传统，表彰先进，鼓励进取；维护女盟员和台湾籍妇女的合法权益，使她们在祖国大家庭中更好地当家做主，发挥参政、议政的作用。该委员会工作任务是：本着团结奋进，各尽所能，扎实办事的精神和作风，组织女盟员和男盟员一道，为祖国统一，振兴中华，充分发挥妇女“半边天”的作用而奋斗。

北京、上海、天津等女盟员较多的地方组织建有妇委会。妇委会开展了多样的以乡俗、乡情为内容的联谊活动，团结女台胞为促进祖国的早日统一和经济腾飞贡献力量。

第六节　党政机关、教科文卫系统中的妇女工作委员会

根据全国妇联章程的有关规定，党政机关、教科文卫系统的妇女，可按照需要和自愿，建立妇女组织，一般称妇女工作委员会。

党政机关、教科文卫系统中的妇女工作委员会是中共领导下的独立的妇女群众组织，是中共和人民政府联系妇女群众的桥梁和纽带，是妇联的基层组织，接受妇联的业务指导。

妇女工作委员会的基本任务是：（1）在本单位党政部门领导下，坚持四项基本原则，积极宣传、贯彻执行中共的路线、方针、政策。

（2）团结、引导妇女发扬自尊、自信、自立、自强精神，提高政治、思想、文化素质，艰苦奋斗、团结协作，努力工作，认真学习，积极参加社会主义物质文明和精神文明建设。（3）宣传贯彻上级妇女代表大会精神，完成妇联布置的有关工作。（4）代表和维护妇女的合法权益，参与本单位的民主管理和监督；认真做好妇女群众的思想政治工作，关心她们的工作、学习和生活，反映她们的意见、建议和要求；努力促进男女平等。配合和督促有关部门不断改善妇女劳动保护条件，帮助妇女解除后顾之忧，为妇女群众办好事、办实事。（5）向中共和政府各级机构、向妇联推荐优秀妇女人才。（6）关心妇女的业余生活，因地制宜地开展有利于妇女身心健康的文化、体育、娱乐活动。（7）协助本单位做好少数民族妇女和归侨、侨眷、台胞、台属中的妇女工作。

早在50年代初期，中央人民政府政务院的30多个部委就先后建立了妇女工作委员会。后因各种原因，多数停止了活动。进入80年代，根据女干部的要求，国务院所属机关，如财政部、商业部、司法部、外交部、劳动部、人事部、纺织部、能源部、水利部、中国科学院、船舶工业总公司、中国人民建设银行总行等单位先后恢复和建立了妇委会。各省、自治区、直辖市的部分政府机关、教科文卫系统，先后建立了妇女工作委员会。据1989年统计，全国30个省、自治区、直辖市的中共和政府机关、教科文卫系统建立了妇女工作委员会36784个。

中共和政府机关、教科文卫系统的妇女组织建立以后，程度不同地开展了各种活动。多数单位的妇委会主要开展了为妇女、儿童办好事和表彰先进的活动；同时，有针对性地解决一些实际问题。如财政部妇委会向女职工进行了理想、道德、情操、婚姻、家庭等方面的教育；每年负责组织“三八”妇女节和“六一”儿童节活动，并协助行政领导为女干部、女职工排忧解难，开办了机关哺乳室、托儿所，为机关13岁以下的儿童少年解决合作医疗问题，还热心为大龄未婚女青年当“红娘”，受到群众的拥护。

上海市教科文卫系统从1978年开始建立妇委会，到1984年年底，全市的教科文卫系统建立妇委会88个，占全市92个教科文卫系统所属单位的84%。妇委会围绕中共的中心任务，从妇女解放的需要出发开展工作，在团结较高层次妇女，促进妇女人才成长，鼓励妇女参政议政，消除男女不平等的社会偏见，解除妇女后顾之忧等方面，显示了其独特的作用，同时也为城市妇女工作拓展了新的领域。妇委会在积极发掘、推荐妇女人才上做了不少工作。如开展“三八”红旗手评比活动，是培养、发掘妇女人才的一条有效途径。一批有突出贡献，但才能未充分发挥出来的知识妇女，从当选为“三八”红旗手开始，逐步引起有关方面的重视，有的被选拔到领导岗位。如上海市委统战部副部长茅志琼，1983年是硅酸盐研究所一个课题组组长。该所妇委会鉴于她在科研工作中取得成就，被评为上海市“三八”红旗手，又有突出的组织协调能力，积极向上推荐，使其才能得以发挥。上海市副市长谢丽娟、中共上海市委常委陈铁迪、市科委党委书记陈至立和副书记章博华，以及上海市芭蕾舞团两位副团长、科技系统11名女局级干部，都曾是上海市“三八”红旗手。

上海交通大学化学系普通化学教研室的女教师占90%。由于公共基础课教学时间多，没有时间从事科研工作，没有论文，不能晋升职称。妇委会向校领导反映这一情况，引起了校领导的重视，及时纠正了重科研轻教学的倾向。女教师们激动地说，妇委会为我们说了公道话。

福建省政府各厅局的妇委会组织妇女干部、女职员积极投身改革、开放，为四化建设贡献智慧和才能。她们组织了“争当改革先进人物”“先进人物就在我身边”“岗位技术练兵”等教育和竞赛活动；举办了“做‘四自’新人”讲演会、自学成才经验交流会；在“三八”节期间，开展各种纪念、表彰活动。有的妇委会还在分房、提干、评定技术职称方面，促使妇女和男子享有平等的权利。福建省农科院妇委会组织女科技人员开展“科研、攻关、创新”竞赛，1985年，该院获省及全国重大科研项目成果奖14项，其中3项是女科技人员主持的，8项是女科技人员参与的。该院妇委会举办了女科技人员“攻关创新成果展览”，充分肯定了她们的成绩，进一步激发了她们投身科研事业的积极性。

第七节　各种妇女联谊会和协会

在改革、开放中，随着社会各界横向联系的发展，妇女工作的领域不断扩大，各种妇女联谊会应运而生。

妇女联谊会（协会、促进会等）是在中国共产党领导下的各行各业、各族各界妇女自愿组织的横向妇女群众团体。在民政部门登记后，经申请由同级妇联归口部门批准，可成为同级妇女联合会的团体会员，接受妇联的业务指导。

妇女联谊会的任务是：（1）学习和贯彻中共的路线、方针、政策，学习、交流有关知识和信息，提高会员政治、文化、科技素质。（2）传达贯彻妇联工作会议精神，宣传妇联的决议，完成妇联的有关任务。（3）结合本职工作，为社会提供文化、科技的培训和咨询服务。（4）宣传、表彰会员的先进事迹，推荐妇女优秀人才，促进妇女人才成长。（5）维护会员合法权益，关心会员工作、学习和生活，反映她们的意见、建议和要求，努力帮助她们解决实际问题。（6）加强联系，增进友谊，开展各种有益的活动，并根据联谊会各自的条件，开展与国外有关团体和个人的友好往来与合作。（7）发展会员。

联谊会实行个人会员制和集体会员制。

联谊会的领导机构是会员代表大会或会员大会，日常工作领导机构是理事会，理事会设正、副会长和秘书长。

（一）知识妇女联谊会。

上海市是科技人员云集的大城市，在48万科技人员中，女科技人员有18万，占科技人员总数的37.5%。为了适应经济改革和对外开放的新形势，给知识妇女创造一个进行思想感情交流、技术业务信息传递以及沟通各专业之间横向联系的场所，在上海市妇联部分执委和女工程师的倡议下，于1984年10月首先成立了女工程师联谊会。首批会员有117人，她们来自上海25个工业局、20个科研院所、40多个工厂企业，根据其专业，分为化工医学、轻工纺织、冶金机械、电子仪表和交通运输5个小组进行活动，并被吸收为上海市妇联的团体会员。

在上海市女工程师联谊会的影响下，江苏省的常州市、无锡市，福建省的三明市，湖北省的武汉市、宜昌市和沙市市，山东省的青岛市以及黑龙江省、辽宁省、江西省等，相继成立了女科技工作者或女知识分子联谊会，并由科技界发展到教育、卫生、文艺、新闻等各界。如相继成立了女企业家协会、首都女新闻工作者协会、山西女作家协会等等。据 1989 年不完全统计，妇女界的各种联谊会、协会组织遍及 30 个省、自治区、直辖市，共有 5081 个组织。

知识妇女联谊会成立以后，开展了多种联谊活动。

1. 开展技术和业务咨询活动，促进生产发展。

上海市女工程师联谊会成立后，接受的第一个咨询项目是为江苏省宜兴江塔化纤针织厂提供转产技术服务。上海纺织局女工程师戴淑清和华碧莲主动承担任务。她们认真查资料、找数据，从各方面进行可行性分析，研究转产的技术力量和经济效益，根据该厂现有的条件，建议放弃针织品的生产，转产有实用价值的地毯。该厂欣然接受了她们的方案。产品上马后，产销两旺，扭转了亏损局面。

陕西省知识妇女咨询服务会咨询员杨丽青，组织科技大篷车，在秦岭、大巴山区开展巡回科技咨询，使数万名妇女学会了科学养蚕技术，促进了该地区蚕业的发展。无锡市女知识分子联谊会同无锡县钱桥乡签订了为期三年的技术合作协议，帮助乡镇企业引进生产项目，挽救了濒临倒闭的工厂。

2. 沟通信息，加强横向联系。

各地女知识分子联谊会建立后，加强了横向联系。为了使工作向纵深发展，1986 年 5 月，由 8 个城市发起，在湖北省沙市市召开了首届女知识分子联谊会横向联系会。出席会议的有 12 个城市联谊会的代表和妇联的代表。会议肯定了女知识分子联谊会在各级妇联、科协等单位的指导下所取得的成绩。为了加强各地女知识分子的横向联系，决定每年召开一次年会。1987 年 6 月，在山东青岛市召开了第二次女知识分子联谊会年会。与会的有北京、辽宁、江西、安徽、成都、广州、厦门、哈尔滨、济南、青岛等 21 个省、市的 100 多名代表。

3. 发挥各自的专长，热心为妇女、儿童服务。

江西省女科技人员联谊会的135名会员，分13批到贫困县的28个乡村，举办了水稻栽培、养殖业及儿科、医务等培训班，为老区群众脱贫致富提供技术服务，培养了一批急需的医务人员，并给老区1000多名群众治病。辽宁省女友联谊会为满足广大家长开发儿童智力的要求，由副会长、辽宁大学英语教授欧阳筱苏主编了《少儿家庭英语讲座》一书，并亲自在辽宁省电视台播讲，受到广大家长和儿童的欢迎。据1987年不完全统计，参加学习的人数达20多万人，教材征订范围达15个省、市、销售量为480万册。

4. 注重提高会员素质，增强攀登高峰的意识。

上海、无锡、常州、沙市等地的知识妇女联谊会为会员举办了英语、微电脑、专利法等多种培训班，使会员们在技术业务水平方面，有了不同程度的提高。常州市女知识分子联谊会，以会员为骨干开展发明创造、献计献策活动。全市有360名会员在两年中研制革新项目367项，创造经济效益2897多万元，荣获国家级奖2个，省级奖13个，市级奖34个。会员们两年中写论文294篇，获奖24篇。

有些联谊会还向中国共产党和政府有关部门反映了会员在生活和工作中的困难，促进了一些问题的解决，同时还向有关部门推荐了一批优秀人才。

（二）中国企业管理协会女企业家协会。

女企业家协会是以女厂长、女经理为主组成的群众组织。它成立于1985年6月。1989年11月，经申请被吸收为全国妇女联合会的团体会员。

女企业家协会的宗旨是：贯彻中国共产党的路线、方针、政策，以提高女企业工作者的素质为目标，积极推行企业管理现代化，探索具有中国特色的社会主义企业管理科学体系；积极开展培训、咨询、出版、国内及国际交流、信息传递等，把协会办成培养女企业家的阵地和联系女企业工作者的纽带；增强企业的活力和市场竞争力，为加速以城市为重点的整个经济体制改革，加速实现中国四个现代化做出贡献。

女企业家协会会员有大企业的领导者，也有乡镇企业的厂长。除台湾省外，会员遍及全国28个省、自治区、直辖市。北京市、上海市、天津市、四川省、甘肃省、河南省、山西省及新疆维吾尔自治区先后成立了女企业家协会。协会举办了女企业家培训班，讲授企业管理、财务管理、经济合同法等知识，帮助女企业家提高管理水平。

（三）首都女新闻工作者协会。

首都女新闻工作者协会，于1986年成立，1987年有会员5800多人。它接受中华全国新闻工作者协会和全国妇联的指导，并为其团体会员。首都女新闻工作者协会成立以后，开展了一系列有意义的活动（详见第十一章第三节）。

第六编

中国妇女的朋友遍天下

中国妇女同世界各国妇女之间的友好交流，是中国外交活动的一个重要组成部分。中国妇女无论在政府外交或人民外交方面，都是一支积极而活跃的力量。她们坚决贯彻执行中国政府制定的各项外交政策，本着国际主义和爱国主义的原则，始终不渝地反对帝国主义、霸权主义、殖民主义，坚定不移地站在被压迫民族和被侵略国家的妇女一边，站在国际正义和人类进步一边。她们为增进中国妇女同世界各国妇女间的了解与友谊，保卫世界和平和维护妇女儿童权益做了大量工作，取得了成就。中国妇女的朋友遍天下。

在中国共产党和人民政府的领导下，全国妇联承担了开展中国妇女同世界各国妇女、妇女和儿童工作者组织以及国际妇女组织间的友好联系与合作，并受中国政府的委托参加政府间有关妇女问题的国际多边活动。

从新中国成立到50年代中期，中国外交政策的中心任务是巩固中国的独立，为社会主义和平建设争取一个有利的国际环境，坚决反对美帝国主义侵略朝鲜和在亚洲扩张的政策，着重加强与社会主义国家的交往，并积极争取同亚、非、拉民族独立国家（特别是近邻）建立和发展友好合作关系。中国妇女的国际交往从无到有，从少到多，逐步开辟了国际妇女工作阵地，提高了新中国的声誉。

50年代后期到60年代后期，美国继续执行其敌视中国的政策，中苏关系开始恶化，但亚、非、拉民族独立运动空前高涨。在这一形势下，中国妇女的国际活动重点是加强同亚、非、拉各国妇女友好往来和相互支援，支持他们的正义斗争，例如不遗余力地支持越南妇女抗美斗争，支持柬埔寨、老挝、日本、阿尔及利亚、西南非洲、古巴妇女的民族独立的斗争。为配合中国与其他国家建交工作的开展，中国妇女同西欧一些未建交国家的知名妇女及有影响的妇女组织加强了友好往来，如比利时皇太后的访华，对促进中比建交起了很好的作用。

十年动乱时期，全国妇联被迫停止正常工作，中国妇女对外民间友好联系基本上处于停顿状态。70年代以来，国际环境发生了重大变化。1971年中国在联合国的合法席位得到恢复以后，大批国家相继同中国建立了外交关系，特别是中共十一届三中全会以后，实行了改革、开放的方针，调整了外交政策，为开展国际妇女友好交流开辟了广阔的前景，中国妇女的国际工作进入了一个新的发展时期。

1978 年中国妇女第四次全国代表大会召开以后，特别是中国实行改革开放的总方针以来，中国妇女高举独立、和平、平等、发展的旗帜，全面开展国际友好活动，进一步加强并发展了同世界各国妇女的友好团结和合作，加强了同亚洲、非洲、拉丁美洲一些国家的妇女组织和知名人士，以及各个层次的妇女代表之间的友好往来，与以往没有或很少接触的一些国家妇女建立了联系；同北美、欧洲、大洋洲，包括南太平洋岛国的妇女进行了互访；与日本等国妇女间的交往更加频繁。1982 年以后，中国妇女同苏联和东欧国家的妇女组织也逐步恢复了联系。从 1978 年至 1987 年，中国妇女已同世界各大洲的 130 个国家的 305 个妇女和儿童工作者组织建立了友好联系。中国妇女的国际友好活动遍及全世界。

为了适应中国妇女和各国妇女的共同需要，中国妇女的国际友好交流活动的形式与内容更加多样化，诸如建设项目合作，接受联合国以及一些国家的项目资金，为中国妇女参与发展开展一系列活动；派遣中国妇女作为留学生到一些国家学习妇幼专业或外语，为一些国家的妇女在中国举办各种专业培训班（如幼儿教育、计划生育等）；委派技术专家到发展中国家培训刺绣、挑花等专业人才；举办大型的妇女问题研讨会，如 1990 年在北京举办了由中美妇女界人士 450 人参加的中美妇女问题研讨会；和苏联妇女一起在海参崴召开了“妇女组织在改革中的作用”的讨论会等。

全国妇联创办了英文版《中国妇女》杂志，并采用出版小册子和影视片等多种形式，向各国妇女介绍中国妇女参与社会主义建设、妇女自身地位的提高以及其生活等情况。

联合国恢复中国合法席位以后，1974 年中国首次当选为联合国妇女地位委员会的成员国，此后连续当选。联合国 1975 年创议的以平等、发展、和平为主题的“联合国妇女十年”活动，得到中国政府和中国妇女的积极支持。

中国妇女为此做出了自己的贡献。同时，中国政府是联合国提出的《消除对妇女一切形式的歧视公约》的首批缔约国之一。

1979 年，全国妇联受外交部的委托，同联合国儿童基金会建立了联系。自 1981 年以来，全国妇联代表中国参加联合国儿童基金会的执行局会议，并为争取联合国儿童基金会对中国儿童身心健康成长给予资助做了不少工作。

第二十二章
中国妇女同各国妇女的友好交往

第一节　同亚洲各国妇女的友好交往

中国同亚洲各国有着源远流长的友好关系。在历史上，各国都曾受到帝国主义和殖民主义的欺凌和压迫，有着相似的苦难遭遇。中华人民共和国诞生以后，中国同亚洲国家的传统友好关系日益扩大，中国妇女同亚洲各国妇女间的友好交往也随之取得新的发展。从 1949 年到 1987 年，中国妇女同亚洲各国妇女建立了广泛的友好联系，邀请了亚洲各国的 216 个妇女访华团、共 2304 人次来华访问；中国妇女应邀派出 62 个妇女代表团、416 人次访问了亚洲 13 个国家。全国妇联已同 18 个国家的 40 个官方或民间的全国性妇女组织有了友好与合作关系，通过互访和其他多种形式的友好接触和交流，密切和增进了中国妇女同亚洲各国妇女间的团结、友谊与合作。

中国妇女在开展对外友好活动中，同亚洲国家的交往是较早的。1949 年 12 月在北京召开了由国际民主妇女联合会（以下称国际妇联）主持的亚洲妇女代表会议，出席这次会议的有亚洲和其他地区 23 个国家的 197 位代表，她们成为新中国成立后中国妇女首批结识的亚洲朋友。

从 50 年代初到 50 年代中期，中国妇女配合中国政府对外工作，积极开展同亚洲友好国家，特别是近邻国家妇女间的广泛交往，积极支持这一地区各国妇女争取与维护民族独立与和平的斗争。1952 年，全国妇联首次接待了参加国际妇联召开的会议以后顺便访问中国的印度、印尼、缅甸妇女代表。1953 年以后，又邀请了以印度国会议员安穆・斯瓦来纳坦夫人为团长的印度妇女代表团，邀请了以巴基斯坦妇女和平委员会副主席沙阿・纳瓦兹为首的巴基斯坦妇女代表团，邀请了以印尼妇女大会前主席布佐彭多罗夫人为首的、印尼外长夫人参加的印尼妇女代表团，邀请了全锡兰妇女代表团，还邀请了全缅甸自由妇女同盟主席杜盛布率领的缅甸妇女代表团等。她们访华期间受到中国妇女的热情接待和周恩来总理、宋庆龄副主席及其他国家领导人的接见。1957 年，毛泽东主席还会见了前来参加全国妇联第三次妇女代表大会的朝鲜、越南、蒙古和印度的全体外宾。她们通过访问，目睹新中国成立后所发生的巨大变化，看到过去受压迫的中国妇女已成为国家的主人，增进了对新中国的了解，加深了与中国妇女的友谊，对中国人民与妇女的翻身解放和酷爱和平留下了深刻的印象。

中国妇女抱着寻求友谊、寻求和平、寻求知识的目的出访了一些国家，如以中国政府卫生部长、全国妇联副主席李德全为团长的中国妇女代表团，于 1955 年应巴基斯坦妇女协会的邀请访问了巴基斯坦。这是中国派出访问亚洲国家的第一个妇女代表团，受到中巴两国领导人的重视。出访前，周恩来总理接见了全团，访问期间，代表团受到巴基斯坦总督和总督夫人的接见。此次出访对促进中国妇女同巴基斯坦妇女的友好关系起了重要作用。1956 年，中国政府司法部部长、全国妇联副主席史良率团访问了印度，受到印度总统和副总统的接见。1958 年全国妇联书记处书记李宝光率团应印度全印妇女会议的邀请参加了该会第二十八届年会，受到印度总理尼赫鲁的接见。1958 年陈毅副总理夫人张茜应柬埔寨王后的邀请访问了柬埔寨。

从 50 年代末到 60 年代末，全国妇联先后邀请 13 个亚洲国家的 56 个妇女代表团、286 人次访华；派出 14 个代表团、76 人次，访问 7 国。这一时期开始同新加坡、菲律宾，阿富汗等国的妇女组织有了友好联系。1964 年中国国庆十五周年时，邀请了印尼前首席部长朱安达夫人和印尼第三副总理的夫人以及印尼共和国妇女协会联络主席海鲁尔·沙勒；1966 年邀请了菲律宾自由党参议员卡蒂瓦克夫人和阿富汗妇女协会主席伊特玛蒂来中国访问。在出访活动中，1959 年和 1960 年，全国妇联两次派妇联常委郭明秋率团访问蒙古人民共和国，代表团受到蒙古部长会议主席泽登巴尔接见。1961 年应印尼妇女运动协会的邀请，由全国妇联书记处书记郭建率团出席了印尼妇协第四次代表大会。

十年动乱时期，中国妇女同亚洲各国妇女的联系基本上处于停顿状态。

1978 年全国妇联恢复工作以后，中国妇女不仅恢复了同亚洲国家妇女组织原有的友好关系，而且扩大并发展了新的友好关系，特别是同南亚和东南亚一些国家妇女的友好交往有了较快的发展。从 1978 年至 1987 年，接待亚洲各国妇女团 85 个、1587 人次，其中接待南亚和东南亚的妇女代表团有 29 个，派出访问南亚和东南亚的代表团 11 个，访问了 5 个国家。中国妇女的朋友不仅包括妇女儿童工作者，还包括政府官员、高级官员的夫人、女议员、女法官、女律师、女作家、女职员、农妇、女工、家庭妇女等各界人士以及教育、卫生、新闻、建筑、企业、商业等方面的人士。1979 年和 1984 年，全国妇联相继邀请了以孟加拉妇女事务部部长为首的和以孟加拉社会福利部和妇女事务部部长为首的两个妇女代表团；1982 年和 1986 年，又分别邀请了以菲律宾大马尼拉市妇女理事会主席莱奥娜尔达·恩·卡玛昭为团长的和以菲律宾最高级法院首席法官郑建祥夫人为团长的两个菲律宾代表团；1982 年以斯里兰卡议会议员瓦拉潘内行政区区长兰努卡·赫拉特为首的斯里兰卡妇女代表团来华访问。同年，全国妇联接待了阿富汗抵抗组织妇女代表团。1983 年邀请了全印妇女会议主席萨罗吉妮·瓦拉谱为团长的印度妇女代表团。1984 年邀请了尼泊尔妇女组织中央委员会主席苏西拉·塔帕为团长的尼泊尔妇女代表团等。1986 年巴基斯坦旁遮普省政府社会福利妇女事务部部长莎海尼·阿蒂奎·雷赫门率团来访。她们亲自看到中共十一届三中全会以后中国在政治、经济改革所取得的巨大成就，对中国改革、开放的总方针和总政策加深了了解并深表赞赏。宋庆龄、万里、康克清分别会见或宴请妇女访华团。

1985 年，应巴基斯坦政府内阁妇女部邀请，全国妇联派以副主席雷洁琼为团长的妇女代表团访问了巴基斯坦。访问期间受到齐亚·哈克总统的接见，哈克总统称赞中国妇女是解放的妇女。巴基斯坦朋友多次强调，中国政府和人民在他们遇到困难的时候及时给予他们的慷慨援助和有力的支持，并说这充分体现了中国对巴基斯坦的真诚友谊。1982 年应印中友好妇女协会的邀请，全国妇联请对外友协常务理事陆璀为团长，率团对印度进行友好访问，受到印度总理英迪拉·甘地夫人的接见。其后又相继派出 3 个代表团分别参加印度大学妇女协会联合会成立六十周年、全印妇女会议第五十二届年会和全印民主妇联第二次代表大会。

1978 年中国妇女第四次全国代表大会以后，中泰两国妇女的友谊开始有了发展。从 1979 年开始直到 1987 年，两国妇女组织始终保持定期派妇女代表团进行互访的密切关系。1979 年，泰妇女委员会顾问素玛里·乍滴甲瓦尼率团应邀来访，这是全国妇联恢复工作后接待的第一个泰国妇女代表团，宋庆龄、陈慕华会见了代表团。此后泰国妇女理事会的历届主席，如坤仁占他尼·山达布特拉、坤仁奥拉旺·夫德叻军、巴帕·沙军叻达那、素沙坤·杜金达以及泰国大学妇女协会主席銮良·披汕布、泰华妇女联谊会会长陈淑卿、泰国法政大学校长、参议员侬尧·猜西里等人先后率妇女团应邀来访。泰国女亲王阿浓·尼鲁蓬率儿童工作考察团来中国访问考察。中国妇女十分重视发展与泰国妇女的友谊，这几个泰国妇女代表团在中国访问期间分别受到宋庆龄、邓颖超、陈慕华、康克清的亲切会见。同时，中国妇女也相继派出了几个代表团访问泰国，1980 年应泰国全国妇女理事会的邀请，全国妇联副主席、纺织工业部部长郝建秀率团赴泰国进行友好访问，这是新中国成立之后，中国妇女代表团第一次访泰，受到泰国政府的高度重视，并给予较高的礼遇。泰国王后、炳总理和泰中友协主席接见了全团。全团还参加了炳总理为庆祝国王生日举行的万寿节招待会。此后全国妇联副主席雷洁琼、黄甘英、张帼英又分别率妇女代表团访泰，受到泰国政府和妇女的隆重接待和热烈欢迎。泰国王后、诗琳通公主、王妃热情地接见了代表团。

中国妇女一贯支持那些为反对外来侵略、维护国家主权和民族独立而斗争的亚洲国家妇女。

中朝两国人民有着深厚的战斗友谊。1950 年朝鲜战争爆发后，中国妇女同中国人民一起，全力支持朝鲜人民反对美帝国主义的斗争。1951 年，中国妇女派代表参加了中国人民赴朝慰问团慰问中国人民志愿军和朝鲜人民军。同年，中国妇女派代表参加了国际妇女赴朝调查团，调查和揭发美军在朝鲜的暴行。朝鲜停战实现以后，1954 年全国妇联派出妇女代表团赴朝参加朝鲜妇女大会，支持朝鲜人民的斗争。以后两国妇女组织不断交往。1964 年，全国妇联副主席杨之华率妇女代表团访朝，进一步增进了中朝两国妇女的友谊。1978 年以来，中朝两国妇女友好往来日益频繁，友好关系有了新的发展。1979 年，朝鲜民主女性同盟副委员长率妇女代表团来华参加新中国成立三十周年庆祝活动，全国人大常委会副委员长邓颖超和全国妇联主席康克清会见了全团，在北京举行有 1000 多名妇女参加的集会，热烈欢迎朝鲜妇女的友好使者。此后 1982 年和 1985 年朝鲜民主女性同盟两次派以副委员长为首的妇女代表团访问中国。1987 年，又派团来访，增进了相互了解和传统友谊。全国妇联也于 1979 年和 1984 年先后两次派出以副主席李宝光和副主席张帼英为首的妇女代表团赴朝访问，体现了中朝两国妇女在建设自己的祖国，实现国家统一的斗争中互相支持、互相鼓励的亲密友情。

在越南人民反抗外来侵略、维护民族独立和实现祖国统一的斗争中，中国妇女始终给予了同情和支持。1956 年，中共中央妇女委员会委员、全国妇联执行委员会委员帅孟奇率妇女代表团赴河内参加越南第二次全国妇女代表大会，受到胡志明主席的亲切接见。1957 年越南妇女联合会主席阮氏十率团参加了中国妇女第三次全国代表大会。1961 年全国妇联副主席邓颖超率妇女代表团出席越南第三次全国妇女代表大会。胡志明主席到机场迎接并陪同参观访问。其后陈毅副总理夫人张茜率妇女代表团访越，受到了胡志明主席 3 次会见。这些访问不仅增进了两国妇女之间的友谊，同时也支持了越南人民和妇女反对美帝国主义侵略、争取祖国统一的正义斗争。中国妇女还经常以发函电的形式支持越南妇女的正义斗争，仅 1964 至 1965 年，全国妇联向越南妇女联合会发出支持电、函有 38 件。

中国妇女还对为维护国家主权和民族独立而斗争的柬埔寨妇女予以大力支持，并在多次国际会议上与柬埔寨妇女代表团进行友好接触与合作。

中日两国一水之隔，加强中日两国人民和妇女之间的友好往来，促进两国邦交的正常化，对于维护亚洲和太平洋区域的和平具有特殊重要的意义。

1953 年，以日本妇女团体联合会秘书长滨田系卫为首的日本妇女代表团在出席世界妇女大会后顺道来中国访问。这是新中国成立后中日两国妇女的第一次交往，从此开始了两国妇女之间的友好往来。

在1954年新中国国庆五周年之际，全国妇联第一次正式邀请日本众议院议员神近市子率团来华参加国庆活动。她们回国后热情地向日本妇女介绍新中国成立后的变化和妇女地位的提高，每位代表平均做了50场访华报告，引起巨大的反响，“到中国去”成为许多日本妇女的愿望。

此后，中日两国妇女之间的友好交往日益频繁。日中友好协会、日本妇女团体联合会、社会党妇女部、日本妇女会议、日本共产党妇女部等党派团体都相继派出妇女代表团访问过中国。如1957年日中友协第一次派出由基督教妇女矫风会副会长久布白落实率领的妇女代表团来中国，参加五一节庆祝活动。访问期间，该团与全国妇联签订了加强中日两国妇女的交流、促进中日友好的协议书。随后，日中友协又多次组团访华，这些访华团给中国妇女留下了深刻的印象。在这期间，日本国内广泛开展了反对日美安全条约、反对复活日本军国主义的斗争，中国妇女对日本人民的正义斗争寄予深切的同情和支持。1960年，中国妇女致电日本妇女团体，对日本民族英雄桦美智子惨遭杀害表示哀悼，并坚决支持日本人民的反美斗争。日本人民举行多次反对原子弹氢弹斗争大会，全国妇联都派代表随中国人民和平友好代表团参加大会。

1961年春，全国妇联副主席、全国人大常委许广平率团访问日本，日方由37个团体组成了欢迎委员会。代表团在日本1个月，访问了27个城市。所到之处，都唱着“东京—北京”的歌，日本妇女和各界朋友用鲜花热情迎接中国妇女的友好使者。许广平团长向日本人民和妇女发表的广播讲话，深情地表达了中日两国人民的友好情谊。

1972年中日两国邦交正常化，揭开了中日关系史的新篇章。

1978年全国妇联恢复工作时，适逢中日和平友好条约缔结并生效，中日友好进入了一个新的发展阶段，为两国妇女友好交往开辟了更为广阔的前景。中日两国妇女友好关系在广度和深度上都有新的发展。1978年至1987年，全国妇联共接待日本妇女代表团53个1037人次，派出访问日本的妇女代表团共22个160人次。这个时期，全国妇联恢复并加强了与日本老朋友的友好联系，同时逐步扩大了同日本各界妇女的友好往来，结识了许多新的朋友，同更多的日本妇女组织建立了友好合作关系。全国妇联已与日本27个妇女组和友好团体建立了联系。中国妇女与日本妇女界的一些老朋友的情谊与日俱增。她们为日中友好的发展与巩固做出了积极的贡献。

1978年以来，全国妇联接待了以大友世富为团长的日本全国地域妇女团体联络协议会妇女代表团、八矢弓子为团长的创价学会妇女部代表团、中村纪伊为团长的日中友协妇女团访华。此外，还有主妇同盟议长牧野可祝，日本妇女会议议长清水澄子、山下正子，劳动党统一战线妇女对策部部长土田洋子，退职妇女教职员全国联络协议会会长高田尚子，自民党各种妇女团体联合会会长园田天光光，日本友协神奈川妇女联络会会长滨田系卫等，都先后率团来访。这些来访团除一般友好访问外，还举行了专业交流和文化、艺术交流。1985年全国妇联接待的日中友好妇女文化交流访华团一行218人，举行了文艺交流和插花展览。这给中日妇女的友好往来充实了新的内容。

随着中日友好关系的新发展，两国妇女往来的一个主题，就是为中日两国世代友好而努力。87岁高龄的日本著名妇女活动家市川房枝访华时，主动要求访问南京，表达她对过去日本军国主义侵略中国，制造南京惨案的反省心情，并向雨花台的中国死难烈士敬献花束，要人们永远记取历史教训，使日中两国世世代代友好下去。邓颖超在与日本创价学会妇女部访华团谈话时说："中日两国人民不仅要世世代代友好下去，而且要一代比一代好，这是中日两国人民共同的心愿，也是我们共同坚持努力的目标。"

在这期间，全国妇联也曾多次派团访问日本。1978年全国妇联刚恢复工作不久，就派出由副主席黄甘英率领的妇女代表团赴日访问，日方对此十分重视，组成了日中友协等37个妇女组织和友好团体参加的欢迎委员会。通过这次访问，恢复了与老朋友的友好联系，广交了新朋友，扩大了中国的影响。1980年，由副主席罗琼率妇女代表团应日本全国地域妇女团体联络协会的邀请访日，日本首相大平正芳致电表示欢迎，并受到日本妇女和地方政府的热烈欢迎和隆重接待。1982年中日两国邦交正常化十周年之际，应日本各界知名妇女和妇女组织的负责人100多人组成的欢迎委员会的邀请，全国妇联主席康克清率团访日。代表团受到各界知名妇女的热烈欢迎，开展了多种形式的友好活动，广泛接触了日本各界妇女群众。日本首相铃木善幸会见了代表团，在日本人民和妇女中产生了巨大的影响。代表团的访问有力地推动了中日两国人民世代友好关系的发展。康克清主席在欢迎招待会上讲："中日关系每前进一步都凝结着我们两国姐妹的心血。我们不仅这一代友好，而且要教育子孙后代永远友好，今后中日两国人民不管遇到什么样的风浪和阻力，都将世世代代友好下去。"康克清团长的讲话，受到日本人民和妇女的热烈欢迎。1981 年以来，全国妇联先后派了 3 个农业妇女代表团和一个女科学家代表团，考察日本的蔬菜、果树、畜牧、植物保护及化学科学等方面的情况，学习了日本的先进技术和管理经验。

第二节 同西亚、非洲各国妇女的友好往来

中国妇女一贯积极支持西亚、非洲各国人民和妇女反对帝国主义、殖民主义，争取民族独立与解放的斗争；并在他们获得独立后，继续加强相互间的了解、支持和友好合作。中国妇女的解放事业，也始终受到西亚、非洲各国人民的支持和鼓舞。

新中国成立以后，中国妇女同西亚、非洲各国妇女的友好交往，经历了从无到有、从少到多的发展过程。1954 年，全国妇联曾邀请黎巴嫩、埃及、伊朗等国以及"南非非洲人国民大会"的妇女代表团来中国访问。她们是中国妇女与西亚、非洲地区妇女之间开展友好往来的先行者。50 至 60 年代，西亚和非洲各国人民争取民族解放的斗争风起云涌，广大妇女作为一支不可缺少的革命力量，活跃在斗争前列。全国妇联通过多种途径，逐步地同这一地区的为民族独立而斗争着的妇女组织建立了联系。1958 年 2 月在科伦坡和 1961 年 1 月在开罗相继召开了两次亚非妇女会议。特别值得一提的是在开罗召开的亚非妇女会议有 36 个亚非国家的 236 名代表参加，是亚非妇女空前规模的区域性国际会议。中国对亚非妇女会议十分重视，派出了以全国妇联书记处书记杨蕴玉为首的中国妇女代表团参加了会议。

1978 年，全国妇联恢复工作后，与西亚、非洲各国妇女组织的交往，在

广度和深度上，有了新的发展。到 1987 年止，全国妇联结交的妇女组织已遍及西亚和非洲 60 多个国家和地区。

中国妇女关注着为本国民族解放而斗争的西亚非妇女，50 年代曾邀请阿尔及利亚女英雄贾米拉·布依海德来华访问，加深了中、阿妇女之间的战斗友谊。1958 年，流亡在国外的阿尔及利亚妇女组织负责人玛米亚·山杜芙夫人，率团来中国参观访问。以后的两年中，全国妇联先后向阿尔及利亚民族解放军参谋部所属的妇女组织给予捐款和医药、衣物等物资援助。1962 年全国妇联书记处书记吴全衡率团首次访问阿尔及利亚，1983 年中国妇女代表团应邀再次访问阿尔及利亚。两次访阿都受到阿妇联负责人和广大群众热情欢迎。她们说，中国是最早，也是在阿尔及利亚人民最困难的时候给予支持的国家。

津巴布韦、莫桑比克、安哥拉和纳米比亚等国家的人民，争取民族独立的斗争都是在与敌方军事力量十分悬殊的艰苦条件下起步的。早在五六十年代，全国妇联即和他们有了联系。中国妇女始终以崇敬的心情关注和支持着这些国家妇女的英勇斗争，和她们交流妇女工作的经验，并在可能条件下，向这些国家的妇女组织捐款或给予力所能及的物资援助。1963 年、1964 年、1984 年，全国妇联先后接待过莫桑比克的 3 个妇女代表团。1985 年，中国妇女代表团应邀前往访问，受到热情接待。

津巴布韦妇女自 60 年代初就积极投入了争取民族独立、反对种族主义的斗争。1982 年、1983 年，津巴布韦妇联应中华全国妇女联合会邀请，两度派代表团来中国参观访问。中国妇女对为祖国独立做出贡献的津巴布韦妇女代表团，表示了由衷的敬佩。1982 年，全国妇联书记处书记张洁珣率领中国妇女代表团首次访问津巴布韦，受到津总统夫妇、总理夫妇的接见。总理夫人莉莎·穆加贝亲自陪同参观。她深情地回忆起当年斗争的往事。在南罗得西亚殖民主义者猖狂迫害革命者的年代，有一次在她受到追捕的紧急关头，向一些外国使馆求援，只有中国大使馆的大门向她开着，使她得到了安全。

1965 年，安哥拉妇女组织创始人黛奥琳达曾率领妇女代表团来中国访问，同全国妇联交流民族解放战争时期妇女工作的经验。1967 年 3 月 2 日，她与另外4位女战士在斗争中惨遭葡萄牙殖民主义者的杀害。1975年安哥拉独立后，为纪念她们，安政府确定每年3月2日为“安哥拉妇女日”，并在其首都罗安达广场上竖立了黛奥琳达等几位女英雄的铜像，以弘扬其功绩。中国妇女为曾接待过这些女英雄而骄傲。

1964年，中国妇女曾接待了来自西南非洲的妇女代表团。她们都是贫苦的劳动妇女，为了求得民族独立，历尽千辛万苦，冲破殖民主义者的重重阻力来到中国，希望就妇女参加武装斗争问题学习中国妇女的经验。毛泽东等中共和国家领导人分别会见了代表们，并请她们在人民大会堂给首都的青年和妇女介绍斗争和生活情况，起到了相互支持、鼓舞的作用。1979年西南非人民组织妇女理事会建立后，该组织的中央委员费莉达·威廉斯夫人曾随西南非人民组织主席努乔马率领的代表团来中国访问。她曾到全国妇联会见了有关领导人并交流了斗争的经验。

几内亚比绍独立以前，其妇女运动领导人曾两次率团来中国，了解新中国成立以前武装斗争及革命根据地妇女支前的工作经验。1963年，全国妇联接待的弗朗西斯卡·佩雷拉夫人，在1984年再次访问中国时，已任几内亚比绍民主妇女联盟总书记、国民议会副议长、几内亚和佛得角非洲独立党政治局委员。佩雷拉夫人高度评价中国人民对几（比）人民争取独立斗争的支持。

赞比亚等国的妇女领袖，在争取民族独立斗争期间，都和中华全国妇女联合会建立了友好联系。到80年代，赞、中两国妇女之间的关系更加密切并有了新的发展。1982年，赞比亚联合独立党中央委员、妇女同盟执行书记坎卡萨夫人率团来中国访问，中国共产党总书记胡耀邦会见了全团。同年，中国妇女代表团应邀回访，赞比亚联合独立党总书记也会见了全团。

中国妇女坚决支持南非人民和妇女反对种族隔离的正义斗争。早在南非非洲人国民大会和阿扎尼亚泛非主义者大会成立时，南非黑人妇女就积极地投入了争取民族权利和种族平等、反对种族隔离的斗争。中国妇女坚定地同南非妇女站在一起，对她们前仆后继的英勇不屈的斗争给予道义上和力所能及的物质支持。从50年代起，中华全国妇女联合会多次致电南非非洲人国民大会、阿扎尼亚泛非主义者大会，支持南非人民和妇女反对“通行证法”等一系列南非种族主义者所颁布的迫害南非黑人的法令。当南非广大妇女誉为“民族英雄”的丽莲·恩戈伊为反对“通行证法”而受到南非当局残酷迫害时，中国妇女特致函慰问并支援她的斗争，对策动震惊世界的“沙佩维尔”惨案的南非反动当局，表示了强烈的抗议。新中国成立后，全国妇联曾先后7次接待过来自南非的妇女代表，包括女英雄丽莲·恩戈伊。

1984 年是南非妇女年，4 月 5 日联合国妇女地位委员会委员、中华全国妇女联合会副主席黄甘英在中国中央电视台发表讲话，严厉谴责南非种族主义者奉行的种族隔离和种族歧视政策，对广大南非人民和妇女的英勇斗争，表示坚决支持。

1985 年，中国派代表出席了联合国反对种族隔离特别委员会与非统组织在坦桑尼亚阿鲁沙召开的“种族隔离下的妇女与儿童的苦难”的特别会议，阐明中国妇女支持南非人民团结起来，为反对种族隔离政策而斗争的一贯立场。中国代表的讲话，受到与会各方面的重视与好评。1987 年，全国妇联接待了南非非洲人国民大会妇女部代表团和阿扎尼亚泛非主义者大会妇女部代表团，更增进了中国和南部非洲妇女的友谊。

此外，中国妇女还向受迫害的南非妇女和在安哥拉难民营中的纳米比亚妇女和儿童援赠过资金、工艺品及妇女儿童用品。

对于巴勒斯坦与阿拉伯人民和妇女的正义斗争，中国妇女一贯予以同情和支持。自 50 年代以来，中国妇女代表在各种国际会议上对巴勒斯坦代表提出的反对以色列侵略扩张，恢复民族权利和收复家园的正义要求一贯给予积极支持，并通过国际多边活动结识了许多巴勒斯坦妇女朋友。1985 年 4 月，中华全国妇女联合会代表应邀出席了巴勒斯坦妇女总联盟的第四次代表大会。这次大会是在巴解组织处境十分困难的情况下召开的。巴勒斯坦妇联领导人称“中国代表与会是对大会胜利召开的最大的支持”。开幕式后，巴勒斯坦解放组织的领导人阿拉法特单独第一个接见了中国妇女代表团，赞扬中国代表团与会，不仅是对巴妇女总联盟的支持，也是对巴勒斯坦正义斗争的支持。称中国是他们的真正朋友。1987 年，全国妇联接待了巴勒斯坦妇女总联盟首次派来的代表团。她们带来了阿拉法特主席向中国领导人、中国妇女和中国人民的问候。

中国妇女与阿拉伯各国的妇女组织也一直保持着友好联系，积极支持她们反对以色列侵略扩张的正义斗争；并为促进阿拉伯诸成员国的友好团结而努力。

西亚和非洲国家取得独立以后，很多国家妇女组织的主席或名誉主席由国家元首的夫人担任。总统或元首访华时，其夫人一般陪同前来，她们都曾和全国妇联领导人进行友好会见。有的还亲自率团来中国访问，如 1987 年应全国妇联邀请来访的加纳和塞拉利昂两个妇女代表团，分别由两国总统夫人率领。这对加深中国和非洲人民的友谊、对南南合作有积极的意义。历年来，中国妇女代表团访问西亚和非洲的许多国家时，都受到了高规格的、热情友好的接待。她们受到所访各国政党、政府、议会主要负责人的接见。不少国家的元首会见了中国妇女代表团并进行亲切的交谈。如 1979 年 4 月，全国妇联副主席关建率团访问苏丹，受到热情隆重的接待。1982 年，全国妇联副主席黄甘英率团访问摩洛哥时，法蒂玛公主亲自陪同代表团参观访问，受到各地盛大欢迎。同年 6 月，黄甘英率团访问埃及，受到埃民族民主党妇女书记处的热情接待。1982 年全国妇联书记处书记张洁珣率中国妇女代表团访问马达加斯加时，马总统夫人在总统府举行盛大宴会宴请代表团，政府总理接见了全团。1987 年中国妇女代表团访问科特迪瓦、马里、乍得时，这 3 个国家的总统夫人都热情友好地会见了代表团。中国妇女代表团访问这些国家时，均受到妇女群众的热烈欢迎，把中国妇女当成她们真正的朋友。

1981 年春，非洲驻华使节夫人小组成立以后，中国妇女还开展了同西亚和非洲各国外交官和使节夫人的友好交往。全国妇联应她们的要求，每年组织若干次联谊活动，包括联欢性的招待会、专题座谈会、电影招待会以及参观访问、传授绣花和烹调技术等等。通过这许多活动，增加了非洲使节夫人们对中国妇女在政治、经济和社会发展中所起作用的了解。非洲使节夫人小组主席摩洛哥大使夫人表示：中国妇联与非洲使节夫人小组保持良好关系，一定有助于增进各国与伟大中国人民的友好情谊。

从 1980 年以来，应一些非洲国家妇女组织的要求，全国妇联先后向非洲

30 多个国家和妇女、儿童组织提供了 70 多批小额援助。这些援助，表达了中国妇女对非洲姐妹们的情意。

第三节 同拉丁美洲各国妇女的友好交往

从中华人民共和国成立之日起，中国妇女就以鲜明的立场坚决支持拉丁美洲人民反对美帝国主义的侵略、干涉，争取和维护民族独立，发展民族经济，以及维护妇女儿童的权益的斗争。从 1949 年到 1966 年的 17 年间，中国妇女接待了来自中、南美洲和加勒比的 22 个国家的 69 个妇女代表团。其中有乌拉圭、委内瑞拉、巴西、阿根廷、玻利维亚、巴拉圭、秘鲁、古巴、多米尼加等国的妇女代表团。来自古巴的妇女代表团就有 11 个共 36 人。古巴革命的重要人物切·格瓦拉的夫人曾率团来访。玻利维亚妇女联盟名誉主席利迪亚·格莱尔（70 年代当选为玻利维亚众议院议长，后任临时总统）以及委内瑞拉的知名妇女活动家阿赫利亚·拉亚等人曾先后访华。拉亚是委内瑞拉第三大党争取社会主义运动的领导人之一，是中国妇女的一位老朋友。

中国妇女曾两次派代表团参加拉丁美洲妇女大会。1959 年，以轻工业部副部长罗叔章为团长的中国妇女代表团参加了在智利圣地亚哥召开的第一次拉丁美洲妇女代表大会，这是中国妇女代表团第一次访问拉丁美洲。代表团向大会热情致词，支持她们的正义斗争。中国代表团在大会后还去智利访问。1963 年，全国妇联书记处书记吴全衡率代表团参加了在哈瓦那举行的拉丁美洲妇女代表大会。

中国妇女还对处在反美斗争第一线的拉丁美洲国家的人民和妇女给予积极的声援，坚决支持他们的反美爱国斗争。从 1949 年至 1966 年这一时期，中国妇女向拉丁美洲和加勒比国家的妇女组织共发出 39 份支援她们爱国斗争的电报，其中发给古巴妇女的就有 32 份。

从 1966 年到 1978 年，中国妇女与拉丁美洲妇女之间的联系由于“文化大革命”受到很大的影响，濒于中断。1978 年全国妇联恢复工作后，中国妇女根据中国政府独立自主的和平外交政策，加强了与第三世界妇女的团结合作，积极开展了与拉丁美洲国家妇女之间的友好往来。1980 年，中国妇女接待了来自委内瑞拉、哥伦比亚和墨西哥的妇女代表团。代表团成员都是在社会上有影响的妇女。如墨西哥代表团，就是由这个国家的革命制度党和其他政党的议员组成的。又如委内瑞拉代表团，是由委内瑞拉执政和在野的两大政党议员和两党妇女组织负责人所组成的。通过这两个团的访问，中国妇女和墨西哥、委内瑞拉两国妇女建立了友好往来。哥伦比亚妇女代表团团长是哥伦比亚执政的自由党的一名参议员的夫人，其丈夫在哥中建交问题上出过不少力，是中国人民的一位老朋友。

自 1981 年至 1987 年，中国妇女与拉丁美洲各国妇女之间的友好往来有了进一步的发展。1981 年，由墨西哥众议员瓜德卢佩·马甘达率领的墨西哥女议员、革命制度党妇女组织领导人组成的代表团访华。1984 年，以墨西哥女参议员西尔维亚·埃尔南德斯为首的墨参、众议员团一行 14 人应邀访华。以后每年都有墨西哥妇女代表团来访。1987 年，墨西哥阿梅莉亚·奥尔京率女众议员代表团，全国妇女代表团先后来访。委内瑞拉的基社党妇女领袖米拉格罗斯·冈萨雷斯为首的基社党妇女团一行 8 人，于 1981 年访华之后，又有委内瑞拉前总统佩雷斯的夫人布兰卡·德佩雷斯于 1984 年率团来中国进行访问。其他前来中国访问的有由哥伦比亚各界妇女组成的代表团；哥伦比亚基督教女青年会代表团；巴西以参议员埃乌尼塞·米契莱斯为首的和以总统公共关系顾问梅塞德斯·伊萨贝尔为首的妇女代表团；阿根廷两大政党（执政的激进党和在野的正义党）组成的妇女代表团和一个大型访华团；厄瓜多尔妇女代表团；玻利维亚妇女代表团；秘鲁妇女代表团；多米尼加妇女代表团；巴拿马妇女代表团等。此外还有加勒比海以圭亚那总统伯纳姆夫人为首的妇女代表团以及苏里南妇女代表团。

从 1980 年到 1987 年，中国妇女先后邀请了来自拉丁美洲、加勒比地区 12 个国家的 27 个代表团。

在这一时期，中国妇女派出中华全国妇女联合会副主席黄甘英、书记处书记胡德华、于淑琴等，先后 30 人次访问了拉丁美洲和加勒比地区国家。中国妇女先后访问了墨西哥、委内瑞拉、哥伦比亚、圭亚那、秘鲁、巴西、阿根廷、厄瓜多尔、玻利维亚、巴拿马等。中国妇女代表团在访问期间，所到之处受到了这些国家的总统、副总统、议长、副议长、总理、副总理、政府部长等国家领导人以及执政党总书记等人的亲切友好接见，得到高规格的礼遇。在有些城市，主人向中国妇女代表团送金钥匙或“尊贵客人”荣誉证书，有的要求签名留念，有的跳起民间舞蹈，表达对中国妇女热情友好的诚挚感情。

中国和拉丁美洲国家虽然相距遥远，但都是发展中国家。不少来中国访问的妇女代表团都很注意了解中国社会主义建设的进展情况，特别对中共十一届三中全会以来所实行的改革、开放政策十分关心，对建设有中国特色的社会主义所取得的成就表示赞赏。

中国妇女和拉美妇女还通过互访，向各自国家的人民和妇女介绍所见所闻。有一位1980年来中国访问的墨西哥女众议员偕丈夫（作家）同来访问，回到国内一年，夫妇两人就出版了一本名叫《东方巨人》的书。1981年委内瑞拉妇女团的一位记者，回国后在《瞬间》杂志上发表了多篇图文并茂的文章，谈了访华观感。其他很多来访的代表团回国后在报刊上发表观感，在电台广播，到学校、有关机关和妇女团体做访华报告。中国妇女代表团访问拉丁美洲以后也向国内妇女或有关单位传达访问情况，或在报刊撰文报道。这种交流对增进两国人民和妇女之间的了解起了促进作用。

中国妇女和拉丁美洲国家妇女的友好活动内容丰富多彩，双方经常就妇女工作交流经验，相互借鉴。近年来，根据拉丁美洲妇女的需要，中国妇女也开展了一些小型援助项目。墨西哥农联专门派农联干部来中国考察农村妇女工作。她们还要求中国派玉米皮编织人员赴墨西哥培训班传授草编技术。圭亚那妇女代表团希望学习中国的农业和手工业经验，使双方的友好合作进一步向专业技术交流发展。

中国妇女和拉丁美洲国家妇女通过双边往来，相互之间结识了不少新老朋友，友谊的桥梁越来越宽广。中国妇女的朋友不但有各妇女组织的负责人、友协组织的负责人、各界妇女群众和她们的代表人物，还有社会和政界知名人士，其中有不少人注视着中国的发展，关心中国的一切，不断地寻找机会向周围的朋友宣传中国。

第四节　同苏联、东欧各国妇女的友好往来

50 年代，中国妇女与苏联、匈牙利、捷克斯洛伐克、保加利亚、波兰、民主德国、罗马尼亚、阿尔巴尼亚等国妇女和妇女组织之间有着密切友好的联系，经常互通情况、密切协商、交流经验、互相学习和互派代表团访问。中国妇女非常珍视和苏联、东欧各国妇女这一段友好的历史。

当新中国成立之初面临着极度困难时，中华全国妇女联合会首先收到来自苏联、东欧及亚洲其他社会主义国家妇女的来电，向中国妇女热烈祝贺，这种真挚热情的友谊，给予中国妇女很大的鼓舞和支持。

1953 年，苏联妇女反法西斯委员会邀请了第一个由以中华全国妇女联合会副主席许广平为团长，中华全国总工会女工部部长杨之华、中国人民解放军女将军李贞为副团长的中国妇女代表团参加苏联十月革命三十六周年庆典，并进行了 1 个月的参观学习。经过这次访问，进一步加强了中苏两国妇女的友谊，增进了中国妇女对苏联的了解，学习了苏联妇女积极参加社会主义建设的经验。1955 年全国妇联书记处书记罗琼、杨蕴玉访问苏联妇女反法西斯委员会，学习了苏联农业集体化过程中的妇女工作经验。1956 年 9 月，苏联政府为联合国妇女地位委员会举办苏联妇女平等讲习会，中国派出以全国妇联主席团委员曹孟君为团长的妇女代表团参加，使中国妇女对苏联妇女享受的平等权利和社会主义建设中所起的作用有了进一步的了解。之后，应苏联妇女委员会邀请，1959 年中国水利电力部副部长钱正英率中国妇女代表团再次访问苏联；1960 年中国轻工业部副部长罗叔章率中国妇女代表团参加了苏联庆祝“三八”国际劳动妇女节五十周年纪念活动。

中国妇女对在苏联反法西斯战争中为保卫祖国英勇牺牲了的女英雄卓娅十分崇敬。一封封热情洋溢的信函飞向卓娅妈妈的身边。她十分珍视中国妇女和青少年对她的真挚、深厚的感情。1954 年，她在祝贺中华人民共和国成立五周年的贺词中说：“我从中国收到很多信——女工们、母亲们和青年学生们都写信给我。”“我作为争取祖国的自由和独立的解放斗争中牺牲了孩子的母亲，以万分兴奋的心情阅读这些来信。”1955 年 10 月，卓娅的母亲柳·柯

斯莫捷绵扬斯卡娅随苏联文化代表团访问中国时，全国妇联副主席邓颖超特地设宴欢迎。

50 年代，应匈牙利、捷克斯洛伐克、保加利亚、波兰、民主德国、阿尔巴尼亚六国妇女组织的邀请，中国派妇女代表团分别到这些国家访问过 3 至 4 次。1956 年中国司法部部长、全国妇联副主席史良曾率妇女代表团参加捷克斯洛伐克全国妇女代表大会。1958 年全国妇联副主席章蕴率妇女代表团前往波兰进行了友好访问。同年，应波兰《透视》杂志社邀请，全国妇联书记处书记、《中国妇女》杂志社社长董边前往波兰访问，交流了工作经验。全国妇联主席团委员沈兹九率团访问了保加利亚。

50 年代，每逢重大节日，中国妇女都邀请苏联和东欧各国的妇女代表团来中国访问。1951 年，古丝坦·伏契克娃作为捷克斯洛伐克和平委员会和妇女委员会的代表率团参加了新中国国庆活动。在北京期间，周恩来总理接见了她并鼓励她把伏契克和她本人从事的革命活动写成书，以教育后代。伏契克娃回国后，向捷克斯洛伐克人民介绍中国，做报告、发表广播讲话、座谈达几百次之多，同时撰写了大量文章。1951 年参加新中国国庆活动的还有匈牙利妇女联盟书记伊斯特万尼·华斯和罗马尼亚民主妇联主席伊丽安娜·拉契亚努。1955 年苏联妇女反法西斯委员会副主席纳捷什达·巴菲诺娃随苏联文化代表团来中国访问时，全国妇联副主席邓颖超举行宴会表示热烈欢迎。1956 年国际民主妇联理事会在北京召开，这是国际妇联第一次在中国召开的重要会议，苏联和东欧国家妇女界的重要人物都出席了会议，如苏联妇女反法西斯委员会负责书记丽迪亚·彼得洛娃（代表主席尼娜·波波娃），罗马尼亚民主妇女委员会主席斯特拉·恩尼斯库，保加利亚妇女委员会主席邮电部部长、和平大会主席佐检·德拉戈伊切娃，波兰妇女同盟主席、国务委员阿丽齐雅·穆霞洛娃，捷克斯洛伐克妇女委员会主席安涅斯加·贺地诺娃均率代表团出席了会议。会后，应全国妇联邀请在中国进行了友好访问。1959 年，保加利亚妇女委员会主席、保共中央委员拉达·托多洛娃，民主德国民主妇女联合会副主席、国会议员乌尔苏拉·弗里德里希，罗马尼亚妇女全国理事会副主席、罗大国民议会议员加·贝尔纳基都率团来中国参加了庆祝五一国际劳动节的活动。1960 年，苏联前卫生部部长、中央医师进修学院院长柯芙利金娜来中国参加“三八”国际妇女节五十周年庆祝活动。这些交往增进了中国妇女同苏联、东欧各国妇女的友谊。遗憾的是，中国妇女与苏联以及多数东欧国家妇女之间这种亲切、有益的友好往来，后来由于国家关系的变化曾一度中断。

中国妇女与罗马尼亚妇女保持着友好关系。罗马尼亚全国妇女理事会曾多次邀请中国派妇女代表团前往访问。全国妇联主席团委员曾宪植、全国妇联书记处书记杨蕴玉曾分别于 1965 年、1966 年率团前往，受到了罗马尼亚人民和妇女的热烈欢迎。

1966 年，全国妇联邀请了罗马尼亚妇女理事会主席苏桑娜・格迪亚率妇女代表团来中国进行友好访问。康克清副主席全程陪同代表团。

中国和南斯拉夫建交以后，中国妇女应南斯拉夫妇女社会地位问题委员会邀请，于 1956 年派全国妇联副主席李德全率团前往访问，受到铁托总统的接见。同年，南斯拉夫联邦人民议会副主席、南共中央委员里第亚・申特尤尔茨率妇女代表团来访，受到毛泽东主席的亲切接见。毛泽东主席在接见时，发表了关于妇女解放的重要讲话。

以后由于国家关系的影响，中断联系。1970 年后中南两国关系逐步地得到发展，中国妇女与南斯拉夫妇女之间的友好交往也随之恢复。

1978 年全国妇联恢复工作以后，接到罗马尼亚妇女理事会和南斯拉夫妇女社会地位问题委员会的盛情邀请，于 1979 年由全国妇联副主席罗琼率团赴罗马尼亚、南斯拉夫进行友好访问，受到了罗马尼亚、南斯拉夫人民和妇女的隆重、热情、友好的接待。1979 年，全国妇联邀请罗马尼亚妇女理事会主席玛丽亚・博布率团来中国访问。

1980 年，全国妇联邀请了南斯拉夫妇女社会地位问题委员会主席韦拉・科瓦切维奇率团访华。1983 年全国妇联书记处书记王云率团访问了罗马尼亚。中国妇女十分珍视和罗马尼亚妇女与南斯拉夫妇女发展友好关系。通过互相访问，中国妇女与罗马尼亚、南斯拉夫妇女相互交流了国际、国内的工作经验和情况，加强了相互间的友谊。

从80年代初起，南斯拉夫妇女社会地位问题委员会多次盛情邀请康克清访问南斯拉夫。1984年5月9日至19日，全国妇联主席康克清率团对南斯拉夫进行了友好访问，受到了高规格的礼遇。南斯拉夫老战士协会把“胜利奖章”授予康克清。康克清是当时获得这种崇高荣誉的唯一的一位外国女革命家。南斯拉夫党、政、群众组织领导人在会见中国妇女代表团交谈中，都表示了坦率、诚挚、友好的态度。在这次访南后，应罗马尼亚妇女理事会主席安娜·穆列尚的邀请，全国妇联主席康克清率团访问了罗马尼亚。访问期间，代表团所到之处，都受到热情、友好、周到的接待。访问取得圆满成功，增进了中国妇女对罗马尼亚各方面的了解，并学习了她们有计划地培养和提拔妇女干部的经验。中国妇女与阿尔巴尼亚妇女一直有着友好关系，在70年代，由于两国关系的变化，两国妇女之间也停止了来往。

1982年以后，全国妇联与苏联东欧各国的妇女组织逐步恢复了友好往来，互访活动不断增加。

1985年10月，全国妇联邀请苏联妇女委员会第一副主席克谢尼娅·普罗斯库尔尼科娃为团长的妇女代表团来中国访问。1986年6月应苏联妇女委员会邀请，全国妇联书记处书记王淑贤率妇女代表团访问了苏联。1989年全国妇联主席陈慕华率妇女代表团访问了苏联。

1986年5月，应中华全国妇联邀请，匈牙利妇女全国理事会主席、匈牙利人民共和国主席团委员杜切克·拉约什妮率匈牙利妇女代表团访问了中国。1986年10月，保加利亚妇女运动委员会主席埃列娜·拉加迪诺娃为团长的保加利亚妇女代表团来中国进行了友好访问。1987年，民主德国妇女联盟主席伊尔赛·蒂勒，捷克斯洛伐克共产党中央书记成员、捷克斯洛伐克的妇联主席玛丽·卡贝尔海洛娃，波兰妇女组织全国协调委员会主席、议会议员尤·雅·帕尔莫夫斯卡均先后率团来华进行友好访问。这几个代表团都是在中德、中捷、中波妇女之间中断了20多年的联系后，第一个来中国访问的代表团。

同年，全国妇联书记处书记胡德华率团出席民主德国妇女联盟第十二次妇女代表大会并参加了庆祝妇女联盟成立四十周年活动。应保加利亚妇女运动委员会和匈牙利全国妇女理事会的邀请，全国妇联副主席张帼英率团去保、匈两国进行了友好访问。

第五节　同西欧各国妇女的友好往来

中华人民共和国成立以后，中国妇女同发达的资本主义国家妇女之间的交往，首先是同西欧各国妇女间友好交往。新中国成立初期，中国同西欧大多数国家尚未建交。中国妇女遵循中国政府的外交路线，高举维护世界和平，保卫妇女儿童权益的旗帜，积极地开展了同西欧各国妇女间的友好往来。在50年代初，中国妇女先后邀请了来自英、法、比、意等国家的不同党派、不同职业、不同宗教信仰和不同政治见解的民间和政府高级官员组成的各种妇女代表团来中国进行访问。经过来华访问的各国友好人士的推动，中国妇女于1954年先后派出代表团访问了英国和法国，成为进入英国和法国访问的第一个中国代表团。由于当时中国同英、法还没有建交，中国的入境受到了对方政府的种种限制。中国妇女访英代表团是由全国妇联书记处书记曹孟君率领，是作为接受英国工党一位议员夫人的私人邀请前往访问的。中国妇女访法代表团是以文化团的名义前往的，团长是全国妇联副主席章蕴。这两个代表团在英、法会见了各个妇女组织的负责人，各界妇女代表，以及基层妇女组织等。这两个代表团的活动远远超过了妇女的范围，接触了不少不同政党的参众两院的议员、社会知名人士、作家、教授。他们绝大多数对中国表示友好，愿意了解中国，希望同中国建交，开展同中国的贸易往来和文化交流。访问使中国妇女和英、法妇女建立了友好联系。

1955年，中国妇女邀请了法国和意大利妇女代表团来中国进行友好访问。这两个国家的代表团大部分由政界和社会知名妇女以及国会议员所组成，来华访问的目的是为了探索同中国建交的道路。意大利妇女代表团在访问期间，受到了中国共产党总书记邓小平的接见。外贸部副部长雷任民和文化部副部长夏衍也根据意大利妇女代表团的要求分别就发展中意贸易与文化交流问题与意大利妇女代表团交换了意见。访问之后，意大利妇女代表团团长罗西夫人（意妇女联盟主席、国会议员、意共中央委员）在对外广播中说：“和中国人民以及中国这样一个资源丰富的国家尽快建立起正常的外交关系和贸易文化的交流是有利于意大利人民的。我们早就相信，在访问之后更加相信，为了意大利人民的利益，我国政府必须消除今天不合理的局面，和中华人民共和国建立正常的外交关系。”法国妇女代表团亲眼看到中国到处在进行大规模和平建设，认为中国是保卫和平的力量。有的团员说：“中国妇女已从中世纪飞跃到20世纪”，还有的说：“中国是客观存在，不承认中国就像不承认太阳和月亮一样。”

1961年，比利时伊丽莎白皇太后应全国妇联主席蔡畅的邀请来中国访问。皇太后一向主张改善比中关系。她在访华前曾多次接见过中国访问比利时的代表团成员，表示要在她身体健康时来华亲睹中国的实际情况，直接同中国领导人接触，了解中国的国内外各项政策。当这位白发苍苍的皇太后缓步走下飞机时，受到蔡畅、郭沫若、廖承志、李德全、楚图南等各方面领导人欢迎。周恩来总理、陈毅副总理与人大副委员长何香凝分别会见了皇太后一行。皇太后在中国的访问获得了很大的成功。皇太后表示这是她作过的一次最美好的旅行。特别值得一提的是，当时比利时政府在联合国持的是“两个中国”的立场，而比利时皇太后在中国却公开承认：“只有一个中国，她的心脏在北京。”回国后比利时皇太后还表示：“中国不会侵略，中国人民生活很幸福”等。这不仅对增进中、比人民友好关系，促进中比两国建交起了重要作用，而且在西方其他国家上层人士中也产生了很大反响。

中国妇女与西欧各国妇女之间的友好交往对促进中国和一些西方国家建交起了一定的推动作用。中国谚语说“饮水不忘掘井人”，中国妇女对那些在这方面出过力的朋友是始终铭记在心，永志不忘的。

从1949年至1966年，中国妇女曾邀请西欧10个国家的10批妇女代表团来访，共84人次。中国妇女派出12个代表团、49人次去英、法、比、意四国访问。

1966年至1978年，由于十年动乱的干扰，中国妇女与西欧妇女的友好往来陷于停顿。1978年秋，全国妇联恢复工作后，中国妇女与西欧国家妇女之间的联系又重新得到恢复和发展。在1978至1987年间，中国妇女邀请西欧17个国家的48个妇女代表团来访，计360余人次。她们分别由爱尔兰妇女部部长纽爱纳·芬内尔夫人、法国妇女权利部部长依韦特·鲁蒂、荷兰文化与社会福利部国务秘书克拉因费尔德·沃特尔斯夫人等率领。中国妇女曾应邀到17个国家进行友好访问，其中全国妇联副主席玛依努尔率团访问了法国、比利时、卢森堡、荷兰；全国妇联副主席谭茀芸率团访问了联邦德国和希腊；中国人民对外友好协会常务理事陆璀率团访问冰岛、芬兰、挪威；全国妇联副主席黄甘英率团访问联邦德国、英国；黄甘英还率团参加了在希腊雅典举行的世界和平大会。

西欧各国妇女，甚至有些国家的政府，对中国妇女代表团前往访问都是十分重视的，并给以隆重而热情的接待。如1981年，由全国妇联书记处书记张洁珣率领的中国妇女代表团访问意大利时，曾受到意大利总统佩尔蒂尼和众议院议长约蒂·陶里亚蒂的热情接见。1985年，全国妇联副主席郭力文率中国妇女代表团访问西班牙、葡萄牙时，受到西班牙王后索菲亚·卡洛斯、首相夫人卡门·罗梅罗、西共总书记伊巴露丽的分别接见，葡萄牙总统夫人玛丽亚·曼努埃拉·拉马略·埃亚内斯也接见了代表团。1984年，中国妇女代表团访问希腊时，希腊总理夫人，希腊妇女联盟主席玛格丽特·帕潘德里欧亲自到机场迎接；中国妇女代表团访问联邦德国时，联邦议会副议长雷格夫人亲切会见了代表团；中国妇女代表团访问法国、比利时、卢森堡、荷兰时也受到了较高礼遇，受到欧洲议会议长西蒙娜·韦伊夫人的亲切接见。中国妇女代表团还与各国著名的妇女工作者、女参议员、众议员、女教授、女社会活动家，以及各种层次的妇女组织负责人、各阶层妇女群众，进行了广泛的接触和亲切交谈，促进了人民之间的了解和相互支持。

各国代表团到中国访问，通过她们亲眼目睹的事实，在不同程度上改变了对中国的一些片面看法，消除了她们的某些疑虑和误解。她们之中有不少人回国后写文章、做报告，向自己国家的人民介绍中国的对外和平政策，中国的改革、开放，中国妇女儿童生活情况。英国伦敦大学现代中国研究院研究员伊丽莎白·克罗尔夫人曾多次来华，写过不少关于中国妇女问题的著作，如《中国的女权主义与社会主义》《当代中国婚姻政治学》《毛以后的中国妇女》等，在英国妇女运动中有一定影响。1985年，她还就中国计划生育和家庭教育状况进行专题调查。法中友协妇女团回国后，在各地巡回做报告30余次。有位教师把自己在中国访问所看到的情况制成幻灯片到学校放映给孩子看，然后让孩子们把自己所看到的中国，画成图画，辗转宣传，在孩子的幼小心灵中播下中法友谊的种子。来中国访问的妇女中，有的是记者，她们把采访所得制成广播节目在电视上连续播放。希腊妇女联盟代表团回国后，在《自由新闻》报刊上发表了题为《平等和友爱之国》的文章，特别说到代表团在访问中“不论和译员还是官方人士谈话，听到的都是肺腑之言。中国人民不只谈长处和成就，也真心诚意讲缺点和错误”。各国代表团在中国访问期间，看到中国人民能够坦诚相见，也留下了不少善意的批评和建议，这对帮助中国研究问题和改进工作很有益处。西欧妇女还以实际行动支持中国妇女儿童工作，如英国妇女理事会自1982年起，每两年向全国妇联提供两个奖学金名额，为中国培训幼教人才。

中国妇女同西欧各国妇女日益频繁的相互访问，为中国各条战线的妇女开阔视野提供了机会，藉以吸收和借鉴西欧国家的经验，为中国四化建设和妇女儿童的事业服务。自1979年以来，中国妇女通过考察访问，对欧洲妇女运动的历史、妇女组织的状况、妇女儿童的立法，妇女的社会保险及福利措施、儿童学前教育，对残疾儿童的特殊教育和少年犯罪等妇女儿童问题进行了探索和研究。有些代表团还就科学技术问题在西欧各国进行了考察学习，并取得了一定的收获。如1978年北京市儿童医院院长、儿科专家胡亚美参加中国妇女代表团访问欧洲时，与西欧著名白血病专家就儿童白血病问题进行了学术讨论并到医院进行了考察，这有助于她在治疗儿童白血病方面的研究。北京市建工局一位局长兼建筑师1985年随妇女团访问比利时和法国时，对城市建设问题进行了为期两周的行家间的接触和交流。在废品、垃圾处理的技术方面以及建筑设计方面，她从比利时的一家工厂获得了不少有益的经验。

中国妇女和西欧各国妇女虽然所处国情不同，生活习惯以至政治见解不同，但是维护和平和争取妇女解放的共同心愿已经把中国妇女与西欧各国妇女紧密地联系在一起。在30多年的交往中，中国妇女结交了不少为加强西欧同中国妇女间的友谊而不懈努力的朋友。如1954年中国妇女代表团访问法国时结识的法国著名政治与社会活动家李卜考斯基夫人，经过几十年的交往，她已成为中国妇女最真诚的朋友之一。

第六节　同北美洲、大洋洲国家及南太平洋岛国妇女的友好往来

中国和美国妇女间的交往有着悠久的历史。在中国人民进行革命战争最困难的年代里，美国进步女作家安娜·路易丝·斯特朗、爱格纳斯·史沫特莱和尼姆·克尔斯（海伦·斯诺）等都曾来到中国，向世界人民报道了中国人民革命战争的真实情况，满腔热情地支持和讴歌了中国人民和妇女争取民族解放的事业。1949 年中华人民共和国成立以后，由于美国政府敌视中国，致使两国人民和妇女间的关系几乎处于隔绝状态。但是就在这个时期，仍有一些友好的美国妇女，冲破美国政府的禁令，来华访问。

1979 年 1 月 1 日，中美两国正式建立外交关系，为两国妇女间的来往打开了一个新的局面。同年五月，中国妇女应美中关系全国委员会邀请，派出了第一个中国妇女代表团访问美国。代表团由全国妇联副主席黄甘英率领，成员有人大常委委员、女科学家、女教授、女工程师、少数民族妇女代表、妇女工作者等。代表团由美中关系委员会委员史文森（已故史迪威将军之女）等陪同，所到之处，受到热烈欢迎。代表团和女部长、女议员、女将军等各界著名妇女以及各阶层妇女群众进行了广泛的接触，受到非常热情友好的接待。有一位教授满怀激情地说，她希望美中人民的友谊大门，将从此永远敞开。访问期间中国妇女代表团还应邀出席了由全美各大学妇女研究中心举办的协调会议，并介绍了新中国妇女的状况。中美两国妇女还就妇女与教育、劳动、卫生、家庭等问题，自由地交流了情况和经验。1983 年，全国妇联书记处书记吴全衡率中国著名女医生、心理学家、儿童工作者赴美，与美国同行交流了儿童工作经验。1979 年和 1983 年，中国妇女应美国妇女争取国际了解协会邀请，先后两次派全国妇联书记处书记张洁珣等率团访美，由阿默森夫人（美中关系全国委员会副主席）、亨普希尔夫人（美国妇女争取国际了解协会主席）等陪同访问。1985 年，中国妇女又派以全国妇联副主席张帼英为

团长的中国青年女领导人代表团访美，同美国政界的女领导人、包括美国国会参众两院的女议员、女州长、女市长、女法官，以及美国一些有影响的全国性妇女组织负责人进行了友好会见。美方向中国妇女代表团介绍了有关美国教育制度、妇女参政、妇女教育、妇女就业等共同关心的问题。1987 年全国妇联书记处书记关涛应美国大学妇女联合会邀请率团前往美国访问。

自 1979 年后，美国各阶层、各界妇女纷纷来华访问。美中友好协会曾 4 次组织大型的美国各界妇女团访问中国。美国妇女争取国际了解协会、美国妇女争取和平和自由联盟、美国大学妇女联合会等相继组团来访；此外，还有不少专业代表团，如美国女科学家代表团，美国加州女律师团、美国学龄前和小学教育工作者代表团、美国加州幼教团、美国女心理学家代表团等也都前来访问。截至 1987 年年底，总计有 33 个美国妇女团前来中国访问。

通过中美两国妇女代表团的互访活动，中美两国人民和两国妇女间的友谊得到了恢复和发展，多年隔绝造成的误解和疑虑也日益消除。以台湾问题为例，不少美国朋友开始认识不清，经过交谈解释，她们才逐步认识到台湾一向就是中国领土不可分割的一部分，中美两国应遵守两国政府签署的有关公报的原则来处理这个问题。又如在维护世界和平和裁军问题上，美国妇女在了解了中国的主张之后表示十分赞赏，提出中美妇女联合起来，为世界和平事业做出努力。对中国的改革、开放，美国妇女十分关心，并提出不少善意的意见，希望中国在吸取西方经验的同时，要注意避免一些不好的东西。中美两国妇女间大量的专业交流，如在妇女儿童工作、学前教育、科学技术、法律以及心理学方面的交流，对加强扩大中美两国妇女的进一步了解和合作产生了良好的效果。

1981 年，加拿大国务部妇女地位局组织了一个妇女代表团来中国访问，其中有大学校长、教授、法官，还有从事农业的妇女代表等。通过这次访问，中、加妇女之间建立了友谊，开始了比较频繁的交往。1982 年，应加拿大联邦政府妇女地位局邀请，中国妇女派出以农业部副部长曹冠群为团长的妇女代表团访加，与加拿大妇女界人士就妇女儿童问题交流了经验。

1984 年，加拿大国际发展署（简称 CLDA）与中华全国妇女联合会开始了妇女项目的合作，通过加拿大驻华使馆的“使馆支配基金”向中国基层妇联提供无偿援助，推动中国妇女的参与发展。

1985 年，为了发展中国妇女和 CLDA 之间的友好合作关系，学习和借鉴加拿大在促进妇女参与发展方面的经验，中华全国妇女联合会应邀派团前往加拿大进行考察。代表团除广泛会见加拿大各界妇女和考察有关单位外，还听取了加拿大劳动保护、企业管理等方面的专题介绍，并与 CLDA 官员一起参加了为期 3 天的“妇女参与发展培训班”，举行了大小 10 次座谈会和讨论会。通过座谈和考察，丰富了各自对妇女参与发展的认识，为发展双方的合作关系，奠定了良好的基础。

到 1987 年年底，CLDA 与中华全国妇女联合会合作，向中国西南、西北一些少数民族边远、穷困地区提供了共 24 个项目，累计约人民币 100 万元的资助；举办了两期妇联系统干部培训班和部分省、自治区和直辖市妇联主任研讨会；在一些地区发展了养殖业，开办了小型工厂；组织农村巡回咨询队；协助培训幼师人才等。

早在中国与澳大利亚、新西兰建交之前，已有少数澳大利亚和新西兰妇女前来中国访问。1958 年，澳大利亚正式派了一个妇女代表团来华访问。团长罗帕女士是墨尔本大学教授，同时又是澳中理事会成员。她第一次抵达中国时充满了疑虑。经过多次来访，她已经成为中国妇女的好朋友。她曾写了《中国革命历史》一书，介绍中国的情况。1960 年，中国妇女应澳大利亚妇联邀请，派全国妇联书记处书记赵烽为代表，去澳大利亚参加庆祝“三八”国际妇女节的活动。

1980 年到 1985 年，中国妇女应邀曾 3 次组织代表团访问澳大利亚，受到各界妇女的热情接待。代表团还对澳大利亚妇女、儿童工作进行深入的考察，参观了不少先进的妇女福利设施。澳大利亚妇女组织曾多次组团访华。中澳两国妇女间不断交流经验，相互观摩，加深了两国妇女间的友谊与合作。

中国和新西兰于 1972 年建交。两国妇女于 1983 年开始正式组团互访。第一个应邀访华的是新西兰全国妇女理事会代表团，团长为新西兰知名妇女博依德夫人，成员有这个理事会的主席和新西兰毛利族有声望的领导人等。

1984 年，中国妇女应新西兰妇女理事会的邀请，派团回访。中国妇女代表团受到新西兰总理的接见，还出席了有政界、妇女界知名人士参加的招待会。中新两国妇女的互访，对两国妇女间的合作与发展、加强两国人民和妇女的友谊起到了促进作用。

中国妇女和南太平洋岛国过去交往较少。1984 年，中国妇女为沟通与南太平洋岛国妇女之间的友好联系，派出由全国妇联书记处书记王庆淑率领的中国妇女代表团，访问了西萨摩亚、斐济、巴布亚·新几内亚等三个南太平洋岛国。中国妇女代表团的这次出访，受到了三国政府官方人士和妇女组织的热情接待。主人以隆重盛大的传统仪式欢迎中国妇女代表团的来临。西萨摩亚元首夫人、元首的姐姐、议长夫妇、斐济政府部长及大区专员，巴布亚·新几内亚总督夫妇都专门接见了中国妇女代表团。中国妇女代表同这些国家的上层妇女以及妇女群众进行了广泛接触，建立了初步的友谊。

同年，中国妇女邀请这三个国家的妇女代表团前来中国访问。巴布亚·新几内亚妇女代表团是由总督夫人率领前来的。从此，中国妇女架设了同南太平洋一些岛国妇女之间友好联系的桥梁。

第二十三章
中国妇女同国际妇女组织的联系

第一节　中国妇女同国际民主妇女联合会的联系

国际民主妇女联合会（以下简称国际妇联）成立于 1945 年 12 月 1 日。当时正值第二次世界大战结束不久，由法国妇女联盟倡议，1945 年 11 月 26 日至 12 月 1 日在巴黎召开了第一次国际妇女代表大会，会议决定成立国际妇联。它的宗旨和任务是：加强全世界妇女的友谊与团结；完全消灭法西斯主义；保卫妇女的政治、经济、法律和社会权利；保卫儿童的健康。它的总部设在巴黎。

1945 年，第一次国际妇女代表大会向中国发出邀请，当时国民党政府派妇女代表叶南出席了大会。由于国民党政府的严密封锁，中国解放区妇女联合会筹委会没有及时收到大会的通知，未能派代表出席会议，但是，因为中国解放区广大妇女在反法西斯战争中做出了巨大贡献，在国际上有一定影响，所以在中国解放区妇女代表缺席的情况下，会议仍然做出决议：批准中国解放区民主妇女团体为国际妇联团体会员，给中国妇女留下两个理事、一个候补理事的席位，并决定在驻国际妇联书记处的常务书记中，有一位中国妇女。中国解放区妇联筹委会接到通知后，于 1946 年 4 月由各解放区妇女团体选出蔡畅、邓颖超为理事，丁玲为候补理事。同年 5 月，国际妇联电邀邓颖超参加 6 月 27 日在巴黎召开的理事会，国民党政府一味拖延、刁难，不发出国护照，邓颖超和解放区妇女团体与国民党政府进行了坚决斗争，终未能成行。直至 1947 年 2 月，中国解放区妇联筹委会才得以派出蔡畅出席了国际妇联在布拉格召开的理事会。同年 9 月，解放区妇联派陆璀为中国妇女驻国际妇联书记处第一任书记，并参加了国际妇联在斯德哥尔摩召开的第四次执委会。1948 年，国际妇联在罗马召开第五次执委会，蔡畅代表中国解放区妇女出席了会议，并当选为国际妇联副主席。

同年，国际妇联在布达佩斯召开了第二次国际妇女代表大会，中国派出以蔡畅为团长、张琴秋为副团长的 15 人组成的代表团出席大会，在会上受到各国代表热烈欢迎，并交了不少朋友。匈牙利女工、农妇、女学生、女教职员热情亲切地争相和中国妇女代表握手、拥抱，祝贺中国人民和妇女的伟大胜利并为之欢欣鼓舞。大会领导人赞誉中国妇女代表团是中国妇女英勇斗争的化身。这次大会通过了《保卫和平宣言》，号召全世界妇女积极展开保卫和平的斗争。在大会上当选的理事中有 8 位中国妇女，她们是蔡畅、邓颖超、何香凝、李德全、史良、许广平、丁玲、陆璀。蔡畅继续当选为副主席。

1949 年 4 月，中华全国民主妇女联合会成立后，蔡畅主席于 1949 年 6 月 23 日致函国际妇联，正式申请全国妇联加入国际妇联为团体会员。此后，中国妇女积极参加了国际妇联召开的各种会议和它组织的活动，并对国际妇联的工作给予大力支持。中国妇女协助国际妇联在中国举办了两次大型国际会议，即 1949 年 12 月在北京召开的亚洲妇女代表会议和 1956 年 4 月在北京召开的国际妇联理事会。1949 年至 1965 年，中国的理事和妇女代表出席了一年一次的国际妇联理事会。中国妇女以实际行动多次响应国际妇联的倡议和号召。如 1949 年 11 月国际妇联莫斯科理事会倡议每年 6 月 1 日为国际儿童节，第二年就有 51 个国家第一次庆祝了国际儿童节。中国也响应倡议，每年 6 月 1 日组织各种活动庆祝这个节日；1951 年中国妇女代表参加了国际妇联组织的调查美军在朝鲜暴行的调查团；中国妇女响应国际妇联呼吁，积极参加了《缔结五大国和平公约宣言》的签名运动。

通过出席国际妇联的各种会议和参加各种活动，中国妇女结识了很多国家的朋友，差不多每次会后都邀请一些国家的朋友来中国参观访问，也曾被一些国家的代表和妇女组织邀请到她们的国家访问，通过大会接触和相互访问，增进了彼此的了解和友谊。

中国妇女历任国际妇联副主席、理事、书记处书记的有：副主席蔡畅、杨蕴玉；理事蔡畅、邓颖超、何香凝、李德全、史良、许广平、丁玲、杨蕴玉、曹孟君、陆璀、郭建、张洁珣；书记处书记陆璀、沈元晖、杨蕴玉、吴全衡、戚云、张洁珣。

中国妇女参加国际妇联召开的重大国际会议和其组织的重要活动有：

1. 参加亚洲妇女代表会议。

1949 年 12 月 10 日在中国首都北京举行了亚洲妇女代表会议。出席会议的有亚洲及其他地区共 23 个国家、197 人。中华全国妇联主席蔡畅主持了会议，并致开幕词，国际妇联总书记瓦杨·古久里夫人作了《国际妇联为民族独立与和平而斗争》的报告，全国妇联副主席邓颖超做了《亚洲妇女为民族独立、人民民主与世界和平而斗争》的报告。周恩来总理会见并宴请了各国代表，朱德总司令在闭幕式上发表了热情洋溢的讲话。这次会议的主要议题是，反对帝国主义、为争取民族独立、人民民主、世界持久和平与妇女解放而斗争。大会确定了亚洲妇女运动的总方针与任务，这就是：亚洲一切爱好独立、和平、民主的妇女，不分民族、阶层、政治、宗教信仰，都要团结起来，结成广泛的统一战线，反对共同敌人帝国主义，为民族独立和人民民主而斗争。大会通过了关于保卫妇女权利、保卫儿童权利等项决议及《致亚洲各国妇女姐妹书》。这次大会为亚洲妇女解放运动指明了正确的方向，沟通了中国同亚洲各国妇女的联系，各国代表也加深了对新中国的了解。

2. 参加国际妇女对侵朝美军暴行调查团赴朝调查。

1951 年 5 月，来自亚、非、欧、美 17 个国家的 21 位妇女代表，受国际妇联的委托，组成“国际妇女对侵朝美军暴行调查团”到朝鲜进行实地调查。中国派遣红十字会副会长刘清扬等 3 人参加了调查团。调查团将调查结果写成了《我们控诉》的报告书，由全体团员签字，印出中、朝、法、英、俄等 25 种文字的版本，广为散发。国际妇联将该报告书分别邮寄给联合国安全理事会的会员国和联合国的代表们，并要求提交联合国大会讨论，以揭露美军所谓在朝鲜遵守海牙公约和国际法原则的伪装，用大量事实控诉美军在朝鲜残害妇女、儿童的暴行，在国际上引起很大的反响。

中国代表回国后，用举行记者招待会、报告会，印发小册子等方式，帮助中国人民进一步了解了美军侵略朝鲜的真相。

3. 出席国际保卫儿童会议。

1952 年 4 月，以国际妇联为主组织的国际保卫儿童会议在维也纳召开。参加大会的有 60 个国家的 500 余名代表。中国派以康克清为团长的 10 人代表团出席了这次会议。大会的主题是保卫和平、保卫儿童。中国代表团团长康克清在大会上控诉了日本帝国主义侵略中国的八年中，给中国母亲和儿童带来的痛苦、损失和灾难，用大量事实说明了新中国母亲和儿童的和平幸福生活。她强调“保卫儿童生命安全，消灭危害儿童安全的战争，是世界母亲们当前最迫切的要求”。她的报告受到了与会代表的热烈欢迎。

4. 出席国际妇联第三次国际妇女代表大会。

1953 年 6 月，在丹麦哥本哈根召开了第三次国际妇女代表大会。中国妇女选出李德全为团长、章蕴为副团长的 30 人代表团出席大会。代表团中有工、农业劳动模范，作家，艺术家，科学家，医务、教育、儿童工作者，妇女工作者以及宗教界等有代表性的妇女。团长李德全在大会讲话中指出：“这次世界妇女大会的胜利召开标志着国际妇女和平民主运动的新阶段，它表明了各国妇女运动的成长壮大，表明了我们妇女之间的团结和我们为孩子建设一个和平世界的坚强意志是不可摧毁的。”副团长章蕴在大会上作了题为《中国妇女为建设祖国、保卫和平而奋斗》的发言。介绍了中国妇女在祖国建设中所做的贡献，表达了中国妇女的和平愿望，阐述了中国政府的和平政策。

5. 出席世界母亲大会。

1955 年 7 月在瑞士洛桑召开了世界母亲大会，出席这次大会的有 66 个国家的 1060 余名代表。中国妇女热烈拥护并支持世界母亲大会的召开，派出以卫生部长、全国妇联副主席李德全为首的 21 人代表团出席了大会。中国妇女杰出的领导人、全国人民代表大会副委员长宋庆龄发表文章向大会祝贺，表达了中国妇女对即将召开的世界母亲大会充满着热切的希望。

在世界母亲大会上，中国代表团团长李德全的发言受到与会代表的热烈赞扬。会上各国代表特别是亚、非、拉美代表对战争的控诉，以及她们顽强斗争的精神，使中国代表受到深刻的爱国主义和国际主义教育。中国妇女代表团回国后，在妇女群众中进行了广泛的宣传，增强了广大妇女保卫世界和平、保卫孩子的信心和力量，并使她们懂得了妇女在维护世界和平事业中担负的重大责任。

6. 协助国际妇联理事会召开北京会议。

1956 年 4 月，国际妇联理事会在中国北京召开。这是第一次在亚洲国家召开这样的会议，这给中国和亚洲其他国家的妇女以很大的鼓舞。中国政府和全国妇联十分重视这次会议的召开。全国妇联全力以赴协助国际妇联做好会议的准备工作。

大会由国际妇联主席，世界著名和平战士欧仁尼・戈登夫人主持。全国妇联名誉主席宋庆龄向大会致信祝贺，蔡畅主席在开幕式上致欢迎词。邓颖超副主席在大会上发言表示："中国妇女要同全世界各国人民一起，继续坚持不懈地担负起保卫和平，制止战争的责任。"她介绍了中国妇女在新中国成立前后截然不同的状况，说明妇女只有参加争取民族独立和保卫世界和平的斗争，才能改善自己的地位，获得妇女应有的权利。会议期间，中国妇女代表团对国际妇联在亚洲的工作提出了几点建议，主要是希望国际妇联在亚洲扩大团结面，尊重各会员团体的独立自主，作风更加民主化。会上通过了《关于和妇女团体合作的声明》。声明表示愿意同各种为和平、妇女权利和保卫儿童而努力的妇女组织和个人进行合作。周恩来总理为理事会举行了盛大宴会，全国妇联、中国人民保卫儿童全国委员会等 5 个团体也联合举行了盛大招待会。这次大会，增进了中国各界妇女群众与世界各国妇女之间的了解和友谊。

7. 参加国际妇联第四次代表大会。

1958 年 6 月，70 多个国家的代表出席了这次大会。中国妇女派出了以全国妇联副主席章蕴为团长的 10 人代表团。在这次大会上，国际妇联主席欧仁妮・戈登夫人作了题为《关于当前全世界妇女的作用和责任及国际妇联的任务》的报告。章蕴在大会发言中强调"中国妇女和中国人民是主张和平共处的，是以保卫和平、促进人类进步作为自己的神圣职责的"。她还表示坚决支持各国人民反对殖民主义、争取民族独立自由的英勇斗争。坚决反对美国和其他国家的侵略政策和扩军备战政策。

中国妇女代表团还在这次大会的专题会议上，就保卫生命、为充分发挥妇女的作用创造条件以及保卫儿童和青年的权利等3个专题发言。

8. 出席庆祝“三八”国际妇女节五十周年国际妇女大会。

1960年4月21日至24日，在丹麦哥本哈根举行了庆祝“三八”国际妇女节五十周年国际妇女大会。会议主题是：妇女的地位，过去、现在和未来。出席会议的有73个国家的927名代表。会议听取了两个总报告和6个专题报告，大会通过了6个决议、致四大国首脑信、致十国裁军会议信和大会宣言。

中国的卫生部部长、全国妇联副主席李德全率团出席了大会。李德全向大会致词并主持了《妇女参与公共生活》论坛的讨论。在会上，亚、非、拉美的代表反对殖民主义、反对种族歧视，要求民族独立的呼声较高。中国代表在6个论坛上都发了言，阐明了中国妇女对和平、民族独立和妇女解放的观点，介绍了中国妇女在各方面所获得的平等权利，揭露了美国等帝国主义的侵略面目和战争阴谋，并对会议上反帝、反殖、要求民族独立、要求统一祖国的呼声予以大力支持。

9. 参加第五次国际妇女代表大会。

1963年6月，以全国妇联书记处书记、全国人大代表杨蕴玉为团长的28人代表团出席了在莫斯科召开的这次大会。杨蕴玉在大会发言中，严厉揭露了以美国为首的帝国主义的侵略政策和扩军备战政策，坚决支持被压迫民族争取民族独立，反对帝国主义、新老殖民主义的侵略、奴役和干涉的斗争，表明了中国妇女代表团是带着加强团结的愿望和本着对世界和平、人类进步和维护妇女儿童权利的严肃责任感来出席大会的，中国妇女将永远同各国姐妹一道，在反帝、维护世界和平的共同斗争中，相互支持、相互鼓励，结成最广泛的统一战线。

这次大会对世界妇女当前的斗争任务和反帝、支持民族独立等问题，在观点上发生了严重的分歧，中国妇女代表团对大会《告世界妇女书》和修改后的国际妇联纲领投了反对票。投反对票和弃权票的还有朝鲜等7个国家的代表。

除以上重要国际会议和活动以外，全国妇联还派人参加了国际妇联召开的一些有关和平、裁军、儿童等专门问题的会议，如 1962 年全国妇联书记处书记胡耐秋率团参加的瑞典哥德堡国际妇女裁军会议等。

1966 年 6 月后，由于中国和苏联及一些东欧国家关系的变化，由于“文化大革命”的干扰，中国妇女停止参加国际妇联的一切会议和活动，与国际妇联断绝了联系。

第二节　中国同联合国机构中妇女组织的联系

中国同联合国及其所属机构就妇女间问题进行接触与合作，始于 1971 年联合国恢复中国合法席位后，特别是 1978 年中共十一届三中全会后，随着中国外交政策的调整，中国在联合国这一领域的多边妇女国际活动得到更加广泛和有效的开展。

（一）参加联合国的妇女组织。

联合国恢复中国合法席位后，中国陆续当选为联合国妇女地位委员会成员国、联合国消除对妇女歧视委员会委员以及联合国提高妇女地位国际研究训练所董事，并与联合国其他下属机构和组织建立了友好合作关系。

1974 年中国首次当选为联合国妇女地位委员会的成员国，以后又连续当选为该委员会成员国。联合国妇女地位委员会是联合国审议妇女问题的主要机构，其职责是促进男女平等原则的实现，维护妇女在政治、经济、社会、公民及教育诸方面的权益，评价妇女在政治、经济、社会等各部门以及维护世界和平方面所做出的贡献，鼓励妇女充分参与国家全面发展并就旨在提高妇女地位问题向联合国经济及社会理事会提出建议和报告。自中国当选以来，中国代表团出席了该委员会的历届会议，并在会上就促进国际妇女运动的进展发挥了积极的作用。1974 至 1976 年吴绪为中国代表，1980 年至 1987 年黄甘英为中国代表。

1982 年，联合国消除对妇女歧视委员会成立后，中国连续当选为该委员会委员。联合国消除对妇女歧视委员会是根据《消除对妇女一切形式歧视公约》（以下简称《公约》）第十七条规定“成立一专家委员会”而产生的，已有 92 个成员国成为缔约国。《公约》主要内容是就立法、政治、社会、经济、文化和家庭生活等各方面提出实现男女平等、消除歧视妇女现象的一些要求和规定。联合国消除对妇女歧视委员会的任务就是审评《公约》各缔约国对《公约》执行情况所做的报告，监督各国政府根据《公约》的要求，消除歧视妇女现象。

中国在1980年联合国妇女十年中期世界会议期间，由康克清代表本国政府签署了《公约》，同年得到中国五届人大常委会第十六次会议正式批准。中国为《公约》首批缔约国之一。1983年5月，中国提交了执行《公约》情况的第一个报告，报告得到重视和好评。全国妇联国际联络部部长关敏谦为联合国消除对妇女歧视委员会的委员。

1985年，中国当选为联合国提高妇女地位国际研究训练所董事。

中国还就妇女问题同联合国社会发展与人道事务中心提高妇女地位处和联合国妇女发展基金会等机构，同亚太经社理事会及亚太发展中心等区域机构，同联合国科教文组织、工发组织、粮农组织、人口活动基金、开发计划署等专门机构均有很好的合作关系。

（二）积极支持并参加联合国系统的各种有关维护妇女权益的国际会议和活动。

全国妇联受中国政府的委托，从1976年至1985年积极参加了“联合国妇女十年”的各项活动。“联合国妇女十年”产生于1975年联合国在墨西哥举行的联合国妇女年世界妇女会议。这次大会上倡议1976至1985年为“联合国妇女十年”，其主题是：平等、发展、和平，即促进实现男女平等，争取妇女参与国家的全面发展，确认妇女在发展各国间的友好关系和合作以及加强世界和平的重要作用。中国曾派代表团出席了1975年国际妇女年世界妇女会议。1978年以后，中国对“联合国妇女十年”这一活动一直采取热情赞助、积极支持的方针。中国政府和妇女认为“联合国妇女十年”的主题反映了世界各个地区广大妇女的共同愿望和要求，尤其是发展中国家妇女，它的主题受到广大第三世界妇女的欢迎。“联合国妇女十年”的活动，有利于促进各国政府对妇女问题的关注，有利于动员各国妇女争取进步，参加本国发展和增进各国间的友好合作以及维护和平事业。

1980 年 7 月，以康克清为首的中国政府代表团出席了在哥本哈根召开的“联合国妇女十年”中期世界会议。会议总结了“联合国妇女十年”前 5 年所取得的成绩与存在的问题，并为后五年进一步提高妇女地位制定《世界行动纲领》。在这次大会上决定“就业、保健、教育”为“联合国妇女十年”次主题。出席会议的有 145 个国家的政府代表团以及联合国有关机构和非政府组织的观察员约 2000 多人。中国代表团团长当选为大会副主席，并在大会上代表中国政府作了重要发言。会议期间康克清团长还代表中国政府签署了《消除对妇女一切形式歧视公约》。

1985 年 7 月，在肯尼亚首都内罗毕召开了“联合国妇女十年”终期世界会议。由陈慕华率中国政府代表团出席了会议。出席本次会议的有 157 个国家的政府代表团，还有 56 个联合国系统机构和非政府国际妇女组织的观察员，共 6000 人，是历史上以妇女问题为主体的空前规模的世界大会。这次世界会议的主要目的是审查评价“联合国妇女十年”在国际、区域和国家各级实现其主题和次主题方面所取得的成就，以及为实现这些目标遇到的障碍，同时制定到 2000 年以前提高妇女地位的战略，为今后 15 年维护妇女权益、实现男女平等提出新的目标。会议期间中国代表团举行了记者招待会。

中国代表团在以上两次大会上除作了重要发言外，在大会的各个委员会都参加了主题和次主题讨论，会议期间同许多国家进行了广泛友好接触。除了会议期间举行数百人参加的大型招待会外，还以工作午餐、个别拜访以及交换宣传品、纪念品等方式结交朋友。中国代表团的发言全面介绍了平等、发展、和平这一主题和就业、教育、保健这一次主题在中国 10 年来所取得的进展和存在的问题；同时，从世界范围充分肯定了“联合国妇女十年”的活动推动了各国妇女争取平等、发展和维护世界和平事业的发展，并对制定未来提高妇女地位的战略等问题阐述了中国的观点和意见。对当前重大国际问题，如和平、裁军等，阐述了中国妇女的原则立场，发言中指出：“没有和平就谈不上妇女参与发展，更谈不上男女平等，而为了维护世界和平，就必须制止超级大国的军备竞赛，尤其是核军备竞赛，世界各国妇女有理由也有权利要求拥有占全世界95%以上核武器的两个超级大国认真地进行裁军谈判，达成不损害其他国家利益的协议。”在两次大会发言中，中国妇女坚持伸张正义，反对侵略，反对帝国主义、殖民主义、种族主义，特别是超级大国的霸权主义的政策和行为；坚决支持第三世界各国妇女的一切正义斗争，如支持阿富汗、柬埔寨妇女反对外国侵略和军事占领的斗争；支持被占领下的阿拉伯妇女反对以色列扩张主义、要求恢复巴勒斯坦人民民族权利的斗争；支持南部非洲妇女反对南非当局的种族主义政策和非法占领纳米比亚的斗争；支持世界各国妇女维护世界和平、反对军备竞赛的斗争。发言中还支持广大发展中国家妇女要求建立国际经济新秩序、促进南北对话、加强南南合作的合理要求。中国代表在两次大会发言后，一些正在斗争中的国家代表跑到台前与中国代表团团长热烈握手拥抱，感谢给予她们的有力支持。巴勒斯坦代表激动地说：“中国一贯坚决支持我们的斗争，我们由衷地感谢。”

为了筹备以上两次世界大会的召开，在“联合国妇女十年”中，中国相继派出代表出席了五次联合国召开的国际筹备会议和分别在印度和日本召开的两次区域性筹备会议。在这些会议上，中国代表对世界大会的议题、报告和会议的程序等问题均提出自己的意见和建议，支持发展中国家代表提出的合理要求，对超级大国的不正确观点提出批评意见，对世界大会的筹备工作做出了积极贡献。

中国先后17次派代表团或观察员参加“联合国妇女十年”主题和次主题以及到2000年提高妇女地位的战略所举办的国际或区域讨论会和培训班。如1979年在泰国举办的“‘联合国妇女十年’前半期妇女运动的思想和结构国际讨论会”；1980年在挪威举办的“日益变化的社会中有创造的妇女讨论会”和在菲律宾举办的农村妇女技术培训班；1982年在泰国举办的“农村妇女教育工作者讨论会”；1984年在苏联举办的“变化中的家庭及有关社会福利战略”，1984年举办的“妇女参与工业计划与发展讨论会”和“各国改善农村妇女境况的经验”区域讨论会；1985年在坦桑尼亚举办的“反对种族隔离特别委员会”；1986年在南斯拉夫举办的

“妇女的平等与在计划生育中的责任培训班”等。在中国，1979 年联合国亚太区域组织举办了大米加工技术培训班，1982 年联合国科教文组织举办了计划生育问题讨论会，1986 年联合国亚太发展中心举办了农村妇女讨论会。这些活动内容专业性强，参加人员多为专家，由与会各国介绍情况和经验，增进了各国妇女间的了解与友谊。

（三）参与联合国妇女发展基金在华援助项目的实施。

1982 年至 1984 年，中国与联合国妇女发展基金在北京创办了“妇女缝纫机织、纺织工厂和有收入活动的循环款基金”的援助项目。为此，联合国妇女发展基金向中国提供了 20 万美元的无息无偿援款。这有助于解决中国一些城市中待业女青年的就业问题，有助于农村特别是边远地区的妇女开展有收入的生产活动，并提高其文化、技术水平。

（四）承担联合国有关中国妇女问题的研究报告。

全国妇联承担了联合国教科文组织和亚太发展中心向中国要求的 4 份有关中国妇女问题的研究报告。一是“中国妇女在家庭中作用的演变”，二是“在社会变革中的中国妇女”，三是“妇女在扬弃中国（不好的）传统中的作用和新价值”，四是“在社会主义现代化建设中的中国妇女”。以上报告相继在 1984 年、1985 年和 1986 年完成。这有利于国际交流，同时推动了中国妇女工作的调查研究，是一项很有实际意义的国际交流工作。

（五）参加非政府国际妇女组织“论坛”的活动。

“联合国妇女十年”中期和终期两次世界会议召开的同时，在哥本哈根和内罗毕，由非政府国际妇女组织围绕“联合国妇女十年”主题和次主题举行“论坛”。“论坛”参加者极为广泛，1985 年内罗毕“论坛”有 130 个国家和 337 个国际组织的 1.5 万名代表参加，中国也派了代表团参加两届“论坛”。在“论坛”上，中国代表团举办了“中国妇女在发展中”以及有关妇幼保健、教育、计划生育等问题的讨论会，全面介绍了中国妇女的有关情况，同时在“论坛”讨论会上就消除对妇女歧视、平等、和平等问题作了发言，并展出反映中国妇女情况的图片和反映农村妇女生活的农民画。

第三节　中国同西方一些国际妇女组织的友好交往

1956 年 6 月，国际妇女争取和平与自由联盟邀请中国妇女参加该盟在英国召开的第十三次代表大会，中国派卫生部部长、全国妇联副主席李德全以来宾身份参加，应邀参加这次大会的还有英、美、法、丹麦等 15 个西方国家。大会讨论在原子革命时期在道德、科学、社会、经济和政治上的问题，以及为适应新时代国际妇女争取和平与自由联盟应承担的任务，此外还讨论了和平利用原子能和裁军问题等。李德全代表中国妇女向大会致以热情祝贺。她说："世界各国妇女都关心着和平问题，原子能的伟大发现，应该用来促进人类的文明与进步，而不是用来毁灭人类。"对裁军问题，她说："裁减军备将有助于争取世界的和平和各国人民生活福利的改善。"1955 年全国妇联曾接待了该联盟副主席郎斯戴尔教授。

1956 年 8 月，英国国际妇女合作社协会邀请中国妇女参加该协会活动，中华全国合作总社推销局副局长张越霞应邀访问，她代表中国妇女向该会祝贺，并交换有关合作社的工作情况。

从 1979 年到 1984 年，中国妇女同国际妇女同盟有过多次友好交往。1979 年全国妇联副主席林丽韫应邀参加该盟在利比里亚召开的第二十五届代表大会。1984 年 8 月，全国妇联邀请由其主席奥利夫 · 布卢默夫人为首的 4 人代表团来中国访问，康克清主席会见了代表团。

1979 年，全国妇联书记处书记吴全衡应邀参加了国际妇女理事会在马尼拉召开的"训练在社会和经济发展中的农村妇女领导人"的国际讨论会。该讨论会是国际妇女理事会同菲律宾妇女作用全国委员会和菲公民大会联合举办的。会上中国代表全面介绍了中国妇女的地位和作用。1985 年全国妇联邀请以国际妇女理事会主席米里亚姆 · 德尔夫人为首的 5 人代表团来中国访问，受到康克清主席的接见。她们着重了解了中国妇女就业范围、农业发展、妇幼保健和基层福利设施以及家庭生活等情况。

第四节　中华基督教女青年会和中华妇女节制会的国际活动

中华基督教女青年会（以下简称女青年会）是世界基督教女青年会的团体会员，已有97年的历史，和各国女青年会（全世界有70多个国家有女青年会）有着广泛的国际联系。早在中国抗日战争时期，有些国家的女青年会就开展了“中国周”、“中国月”等活动，支持中国的抗日战争。菲律宾女青年会首先送来一批破伤风药物，捐献给中国女青年会作为对中国抗战的支持。

中华人民共和国成立后，中国女青年会和一些国家的女青年会保持联系。特别是1979年以来，中国实行改革开放政策，女青年会的国际活动更趋于频繁。在这些活动中，有与各国女青年会的双边友好活动；有由女青年会派代表参加中国出国访问团的活动，如参加中国妇女代表团、宗教代表团、保卫世界和平代表团等活动。中国女青年会通过这些国际活动，广交朋友，同各国女青年会交流了工作经验。同时，在国际上介绍了中国的内外政策和中国的建设情况，使国际社会对中国在保护人民的宗教信仰自由，保卫妇女、儿童的权利和地位，反对侵略战争，保卫世界和平等问题上的态度有了进一步的了解。

1950年，中国女青年会全国协会总干事邓裕志，应世界女青年会的邀请，参加了在印度的摩索里召开的世界基督教女青年会东南亚地区领袖训练会。参加这次训练会的还有印度、泰国、新加坡、缅甸、斯里兰卡、印尼、日本等国家的女青年会代表。当时只有印度和中国已经建交，许多代表由于不了解情况，对中国心存疑虑，特别对新中国有没有宗教信仰自由的问题，很想了解。邓裕志在会上详细地介绍了中国把宗教信仰自由作为单独条文载入中国人民政治协商会议制定的共同纲领的经过。中国代表的介绍消除了一些人对新中国的疑虑，改变了对中国的看法。

同年秋，女青年会派代表参加了世界女青年会在丹麦尼柏格召开的执委会议。会议期间，中国代表就中国女青年会的独立自主的原则表明了态度。同时，还就“两个中国”的问题表明了严正的立场，指出全中国只有一个女青年会全国协会，对世界女青年会承认在台湾的女青年会为所谓“中华民国”

女青年会全国协会一事的错误做法，表示坚决反对。

中国女青年会积极地参与维护世界和平的运动。1950年冬，中国女青年会派代表参加了在华沙召开的世界和平大会，通过活动促进了中国女青年会和一些国家宗教界人士之间的了解和友谊。

1953年，中国女青年会代表作为中国妇女代表团的成员，参加了在丹麦召开的世界妇女大会。会议期间，女青年会代表向其他国家的宗教界代表介绍了中国发起组织基督教“三自”爱国运动的经验。同时还应邀参观了丹麦奥伦斯女青年会的有关活动，同丹麦的女青年会交流了经验。

1957年，应锡兰（现斯里兰卡）女青年会会长德迈尔夫人邀请，中国女青年会派协会总干事和北京女青年会总干事赴锡兰参加锡兰基督教女青年会在科伦坡举行的第三次全国大会和锡兰女青年会成立七十五周年纪念活动，受到与会代表的热情欢迎。中国女青年会代表出席了德迈尔夫人在她家邀请社会名流举行的一个盛大的欢迎会；锡兰班达拉奈克夫人专为中国代表举行茶会，介绍中国代表和锡兰各界妇女领袖见面。中国代表在锡兰还通过参观工厂、农村，接触了各方面的妇女，回答了锡兰妇女提出的许多关于新中国情况的问题，介绍了中国妇女发生的翻天覆地的变化，使锡兰朋友对新中国和新中国妇女的情况产生了极大的兴趣。

中国女青年会和日本女青年会建立友谊始于1957年。中国女青年协会副总干事施如璋去日本参加筹备“反氢弹原子弹和平会议世界大会”的工作。她结识了日本和平运动的杰出活动家日本女青年会的关屋绫子女士，从此交了朋友。在中国十年动乱期间，中日两国女青年会的联系中断。1983年施如璋率中国代表团到达日本，再次见到了关屋绫子女士，使两个女青年会之间的关系得到恢复，交往日益增多、合作日益加强。1985年冬，日本女青年会举行八十周年纪念会，中国女青年会代表团应邀参加了这次大会。

1982年，中国女青年会代表参加了中国的基督教代表团，访问了欧洲的英国、瑞典、芬兰、联邦德国、爱尔兰5国和非洲的肯尼亚。在十年动乱之后，这些国家对中国是否还存在教会和信徒有种种的传说和猜测。代表团的出现和与各国各方面人士的广泛交谈，消除了他们的疑虑和误解。同时，他们还受到英国首相和伦西大主教、瑞典国王和松贝大主教、肯尼亚总统的接见和热情隆重的款待。

中国女青年会代表在各国访问期间，都有对方女青年会的新老朋友前来会见，并邀请中国代表参加各种聚会和座谈。英国爱丁堡女青年会曾安排了一次由 200 多名妇女参加的大会，请中国代表作了关于中国女青年会的工作和中国妇女情况的介绍。英国女青年会全国协会、爱尔兰女青年会、芬兰女青年会、联邦德国女青年会、瑞典男女青年会、肯尼亚女青年会的负责人或过去来中国工作的朋友都邀请中国代表参观她们的会所或进行交谈。国际知名人士，年过八旬的瑞典女青年会名誉会长西达格林亲自出来接待，在和中国女青年会代表交谈时介绍了她多次访问中国的情况，倾吐了她对中国的美好回忆。1983 年中国女青年会的代表参加中国和平友好代表团访问美国，在美国女青年会组织的茶话会上畅谈中美两国女青年会的情况。1984 年，中国女青年会代表参加了中国基督教访澳代表团，和澳大利亚女青年会交流了工作情况。

随着中国改革开放的不断发展，中国女青年会曾先后接待了世界女青年会的两位前任会长；芬兰、印度和美国女青年会的总干事；还有一些像陆慕德一样的对中国友好的女青年会人士等。香港女青年会曾于 1986 年应女青年会全国协会邀请，来内地进行参观访问。香港女青年会介绍了成立以来在服务社会，造福妇女、儿童方面所做的工作。中国女青年会全国协会也介绍了该会恢复工作以来的情况及政府落实宗教政策的情况。随着中国旅游事业的发展，中国女青年会出面接待的来自加拿大、美国、日本以及亚非拉第三世界各国女青年会的旅游者为数不少。这些友好交往，促进了中国女青年会和各国女青年会之间的接触和联系，加强了中国妇女同各国妇女之间的友谊和了解。

中华妇女节制会全国总会是世界基督教妇女节制会的团体会员。它的宗旨是提倡禁酒、禁止服用鸦片和其他麻醉剂，还进行一些社会改良工作。总会设在英国。

1956 年，中华妇女节制会全国总会理事长刘王立明（新中国建国前上海沪江大学校长刘湛恩的夫人）和杨美真（章乃器的夫人）等，应世界基督教妇女节制会的邀请，于6月14日至21日去联邦德国不来梅参加该会召开的第二十届代表大会。到会的有42个代表团，出席代表700人，列席代表300人。

这次大会的报告和发言集中在反映各国的社会情况和改进意见。会议通过了关于禁酒的决议和关于核子用于和平事业的决议，吁请各国政府继续努力裁军，最后达到完全消灭大规模毁灭性武器；号召科学家努力研究放射性物质对于生命的影响及原子能用于和平的方法；支持联合国成立一个和几个使用核能的国际机构的计划。

中国代表团参加这次大会时，中国和联邦德国还未建交，大会给予中国妇女代表团极其热烈的欢迎。这次大会上有一位从夏威夷来的美国人，持台湾驻檀香山领事的信，企图代表中国出席（1956年时美国只承认台湾，和中国未建交），中国代表刘王立明就此向大会负责人提出交涉，指出中国代表团的出席，事先取得了大会的保证，不得在会上搞“两个中国”，要求大会一定要履行诺言，处理这个问题。同时，中国代表团还对这位来自夏威夷的美国代表做工作，终于说服了这位美国代表，只代表夏威夷，不再代表台湾。以后，这位代表还和中国代表结成了朋友。在大会期间，她经常把夏威夷民族形式的花环套在自己的颈项上，以此表明她是夏威夷的代表。有一位代表发言污蔑中国向世界各地贩卖鸦片，中国代表当即对此进行了有力的驳斥。中国代表的发言激起了与会者的多次热烈鼓掌。代表团在会议期间，参加做礼拜、主日学等宗教活动。这些事实也揭穿了中国没有宗教信仰自由的谎言。

1958年以后，中华妇女节制会的活动逐渐减少，国际活动也逐渐停止。

第五节　中国人民保卫儿童全国委员会的国际活动

1951年11月26日，中国人民保卫儿童全国委员会（以下简称保委会）在北京成立。它是响应国际民主妇联号召，为在世界各国推广保卫儿童权利、扩大世界和平力量而成立的。与此同时，世界许多国家也成立了全国或地方的保卫儿童机构。

由于保委会一成立就具有国际性，保委会早期的活动有相当一部分是参加国际性儿童会议，出版对外刊物、选送对外交流展品和对外通联等。新中国成立之初，正是两大阵营尖锐对立，资本主义世界对新中国实行封锁的时期。生活在资本主义国家的人民要了解新中国的情况是很困难的。保委会在主席宋庆龄和秘书长康克清的直接领导下，不断扩大与国外爱好和平、关心儿童事业的朋友的交往，向他们介绍新中国儿童和人民的真实情况。这些活动在当时的对外交往中，起到了先行作用。

（一）保委会同一些国家儿童工作者组织的交往。

1. 通过参加国际性儿童会议建立并扩大与国外儿童工作者的联系。1952年4月，在维也纳召开的国际保卫儿童会议，由保委会秘书长康克清率团参加。1956年在瑞士召开的国际母亲常设委员会，保委会也派代表参加。英国托儿协会成立五十周年，于1956年5月在伦敦举行纪念会议，邀请了23个国家的代表共同探讨托儿事业，保委会派副秘书长张淑义率团参加。在所有这些会议上，中国代表团都广泛地结交朋友，并向他们介绍新中国成立后儿童和人民的生活情况，以及中国人民反对侵略战争、要求和平的愿望。

2. 编印出版儿童刊物。保委会编印了包括中、英、法、俄4种文字版本的《新中国儿童画报》。1953年创刊时是年刊，后来改为双季刊。50年代初，中国书刊对外发行量很小，但作为介绍儿童的杂志，《新中国儿童》画报则比较容易为国外接受，因而比较畅销。

保委会编印的儿童作文选《新中国儿童创作》和《我们的生活》，先后于1953年和1955年出版。书中孩子们用自己纯真的语言向国外读者介绍了他们的生活和思想。前者发行到印度、英国、缅甸、印尼等国，受到读者的普遍欢迎。

3. 选送儿童展品对外交流。从1953年起，保委会开始向国外赠送儿童读物、画册、图片等。到1954年，已有不少国家给保委会来信，或通过中国外交、文化、友协等部门要求寄赠儿童绘画、作文、玩具等，供他们展览或参加国际性比赛。开始只限于和苏联、东欧国家及朝鲜、日本、印度、缅甸等进行交流，后来逐步发展到大洋洲、西北欧及美洲各国。

1954年在澳大利亚墨尔本举行的亚澳儿童艺术交流展览，及1955年“六一”国际儿童节由澳大利亚妇联维多利亚分会在墨尔本和悉尼举行的中国儿童画展上，群众称中国儿童画是“最出色的”，并说：“通过儿童的这种语言，人们对伟大的中国文化有了进一步的了解。”

1955 年，保委会通过日内瓦红十字协会总会转去一批儿童画，参加加拿大—美国红十字少年举办的国际展览。这些代表东方文化的中国儿童作品，使日内瓦红十字协会总会的工作人员爱不释手。

从 1955 年参加印度香卡周刊举办的国际儿童玩具比赛开始，中国保委会多次送往国外的玩具展览不仅注意民族特色，而且将玩具按照一定的主题组合展出。这些玩具，向国外儿童和成人宣传了中国城乡儿童在学校和家庭的生活状况。

在英国《工人日报》组织的国际儿童美术工艺作品展览和印度香卡周刊杂志社一年一度举办儿童绘画比赛中，中国每次都有作品获奖。其中 14 岁的中学生李进河的长幅手卷“农村景象”，在 1957 年香卡周刊举办的国际儿童绘画比赛中获“总统金质奖章”。

从 1955 年开始，保委会每年还向法国儿童中心委员会、法国全国反法西斯同难会和圣诞节救济反法西斯烈士子女协会捐赠以中国工艺品为主的义卖品，以救济在反法西斯斗争中死难烈士的遗孤。

4. 开展国际友好交往活动。1958 年，保委会曾先后邀请了印度儿童福利会执行秘书库尔卡尼和阿根廷保卫儿童委员会理事会书记比阿特里斯·埃斯特金夫妇来华访问。他们接触了中国各地的一些儿童机构以后，认为尽管中国儿童工作的设备条件不够先进，但它是为绝大多数儿童服务的。埃斯特金夫妇对中国城乡的保健网特别感兴趣，认为这是一条极好的经验。

1980 年 3 月，保委会接待了英国爱克斯霍尔·格兰奇盲童学校校长乔治·马歇尔。他对中国的盲童教育提出了一些中肯的意见和建议。并且把盲文打字机、各种光学镜头以及他自己撰写的通俗眼科卫生知识的书籍，赠送给中国同行。

1981 年 5 月，自费来华参观讲学的美国儿童发展学家斯玛特夫妇，在上海、南京、北京先后 6 次向有关专业工作者讲授了新兴的儿童发展学，引起听课者的普遍重视。

1981 年 9 月，儿童基金会加拿大委员会主席史密斯夫人来访。她对中国儿童工作者的献身精神十分赞许。她来华的第二年，加拿大委员会与中国建立了双边合作关系，拨款援助中国发展儿童福利事业。

1982 年 4 月，瑞典幼儿专业考察团一行 7 人，在团长里达·丽利耶斯特拉姆率领下自费访华。团员包括社会学家、哲学家、幼儿教育和心理学家、小儿科医生和出版社编辑。他们称赞中国政府对幼儿工作的重视，诚恳地与中国同行交换了有关幼儿教育的一些意见和建议。他们对中国用中草药预防儿童疾病和在青少年中推广眼保健操等很感兴趣。

国外同行的来访，不仅增进了相互的了解，加深了彼此的友谊，也使中国一些基层儿童工作者有机会接触到国外先进的儿童工作经验，从而促进中国儿童工作向科学化、现代化的道路上发展。

1980 年，联合国训练研究所向世界各国征集儿童法汇编成册。保委会组织有关部门和专家进行了多次研究讨论，并汇编有关儿童法材料送联合国训练研究所。

（二）保委会同联合国儿童基金会的友好关系。

1. 参加国际儿童年活动。1976 年联合国第 31 届大会决定 1979 年为“国际儿童年”，具体活动由联合国儿童基金会领导。中国政府决定参加国际儿童年活动，并指定由保委会负责联系及组织活动。

在政府和有关部门的支持和通力合作下，中国参加了联合国组织的一系列国际儿童年活动：人大常委会委员长叶剑英，副委员长、保委会主席宋庆龄专门为国际儿童年发表了公开讲话。宋庆龄副委员长还在日本《每日新闻》上为联合国教科文编辑的儿童年特刊题了词。

在以联合国教科文组织为主举办的以“我在二〇〇〇年的生活”为主题的世界儿童绘画比赛中，中国 6 岁儿童胡晓舟的“荡秋千”被评为 10 幅得奖作品之一。这次比赛，有 86 个国家和地区 60 万儿童的作品参加，评委会由世界各地区的 20 位著名艺术家组成。

根据联合国的建议，中国为国际儿童年摄制了儿童故事影片《啊!

摇篮》。

中国还参加了国际儿童年的铸币活动，并将售币收入中30余万美元捐赠给联合国儿童基金会。

2. 与联合国儿童基金会发展合作关系和接受其援助。1979年，联合国儿童基金会方案司司长埃克特率亚洲6国考察团来华访问时，曾向中国详细介绍了联合国儿童基金会援助的具体内容、程序和方法，强调尊重受援国的意愿，注意发展广大农村和贫困地区居民能受益的项目和帮助受援国自力更生等原则，希望中国与之建立合作关系。通过多次磋商谈判，经中国政府批准，同意与联合国儿童基金会合作，并接受其经济援助。这是新中国成立以来中国首次接受联合国组织的经济援助。1980年，中国派全国妇联书记处书记、保委会委员吴全衡以观察员身份首次参加了联合国儿童基金会执行局会议。这次会议批准了1980至1983年对中国的援助款项。1981年，中国被选入执行局，由吴全衡任执行局委员。1983年以后，由全国妇联书记处书记王淑贤任执行局委员。

1980至1981年是联合国儿童基金会与中国合作的第一个周期。中国接受了700万美元援助，用于疫苗生产、购置儿童读物彩色印刷设备、生产断奶食品和进行国际经验交流等项目。

1982年至1984年是联合国儿童基金会与中国合作的第二个周期。基金会援助的2056万美元用于创办“儿童发展中心”和开展儿童急救、冷链、理科教育、学前教育及国际经验交流等项目。

1985年至1989年是合作的第三个周期。基金会援助款5000万美元，援助项目基本是第二个周期的继续。

联合国儿童基金会共向中国提供援助7756万美元。1980年和1982年，中国也先后向联合国儿童基金会捐款45万美元。

保委会还接待来访考察团并组团出国考察。

1979年4月，保委会首次接待了联合国儿童基金会组织的亚洲6国（印度、泰国、尼泊尔、菲律宾、孟加拉、斯里兰卡）考察团。该团访华的目的是较深入地了解中国的儿童工作经验。人大常委会副委员长、保委会副主席廖承志接见了代表团全体成员。

1980 年 4 月，保委会接待了以贝利为团长的儿童基金会美国委员会代表团。团员包括联合国儿童基金会的高级官员，也包括美国政府部门的官员和社会著名人士。他们对中国与基金会发展合作关系表示了很大的热情和支持。人大常委会副委员长、保委会主席宋庆龄在宫邸会见了代表团并与他们合影留念。

当年 10 月，儿童基金会西非地区办事处阿赫达德·穆斯拉法伊（阿尔及利亚人）率领的西非考察团一行来中国考察。他们看到中国各级领导人对儿童工作的重视，不同程度地认为许多问题的解决和社会制度有关。他们对中国妇婴保健取得的成就表示钦佩。

1981 年 6 至 7 月，联合国儿童基金会在北京—青岛—上海举办了儿童基金会地区间工作人员讨论会，参加者来自联合国儿童基金会派驻亚非拉 18 个地区办事处的有关人员。讨论的目的是学习、了解各国儿童工作的经验，使之运用到基金会的政策与方案中去。通过会上对中国儿童工作的介绍和实地考察，与会者对中国自力更生、勤俭节约、因地制宜、两条腿走路的方针十分赞赏。对中国基层的组织结构、发动群众和培训基层工作人员的方法尤为感兴趣。

1980 年 3 月和 9 月，保委会先后组织了两次儿童专业考察团分别赴美国和欧洲四国（瑞士、瑞典、英国和法国）考察。考察团团长分别由保委会委员林佳楣和北京市副市长、北京大学教授雷洁琼担任。1981 年又组织儿童工作者代表团考察了日本和加拿大。考察团所到之处，都受到东道国政府官员、社会团体和有关专家的热情接待。美国总统卡特的夫人还会见了中国赴美考察团全体成员。在儿童福利事业方面，这些国家都有值得中国学习的地方，如他们的儿童法；运用社会力量举办儿童福利事业、适合不同家庭需要的多种形式的托幼机构和校外教育机构；对伤残儿童的教养；各种形式的咨询中心；玩具图书馆；对儿童早期心理和早期教育的研究；注意培养幼儿的独立人格、独立生活能力和劳动习惯等。考察团成员回国后，也注意把可以汲取的经验和方法运用到国内的儿童工作中去。

1981年以后，保委会在筹建与联合国儿童基金会的合作项目“中国儿童发展中心”期间，又组织了几次考察。在美国密执安大学、哈佛大学和洛杉矶加州大学考察期间，曾与各国有关专家接触，听取他们对各自研究机构的背景、方针、重点项目的介绍和对中国筹办发展中心的建议。日本母子爱育会由简陋到完善的发展过程；随着社会发展而演变的研究课题以及总部的设施等，都对制定中国儿童发展中心的形式、任务和规划起了借鉴作用。

以上介绍的主要是全国妇联代表中国妇女参与的国际活动。中国各界、各行各业妇女和各地区妇女同世界各国妇女都进行了很多双边或多边的友好往来，为增进中国妇女同世界各国妇女的友谊和团结做出了积极贡献。

结束语

妇女的解放与发展，是人类解放与社会发展的一个重要方面。妇女解放与发展的程度，历来同一定社会历史发展阶段的物质生产状况和精神文明程度紧密相连。当代中国是工人阶级领导的、以工农联盟为基础的人民民主专政的社会主义国家。当代中国经济是以生产资料公有制为主体，多种经济并存的体制。社会主义法律和政策保障了妇女解放，规定了男女平等的权利。大规模的社会主义物质文明建设和社会主义精神文明建设，为妇女解放与发展开辟了广阔的道路。中国妇女在广泛地参加社会主义经济建设，参与经济、政治、文化、科技等方面发展的同时，也提高了在社会各个领域中和在家庭生活中的地位和作用，逐步地实现着社会主义法律所确认的、男女平等的各项基本权利。本书陈述的大量事实表明，中国妇女对人民民主革命、社会主义革命和建设所做出的贡献，以及在自身解放进程中所取得的成就，同旧中国妇女受压迫的悲惨状况相比，无疑是发生了天翻地覆的变化，由奴隶变成了主人，同男子并驾齐驱。她们为社会主义制度的自我完善、社会主义建设以及社会主义妇女运动做出了巨大贡献。

但是，由于中国尚处于社会主义的初级阶段，经济和文化还不发达，克服半殖民地半封建社会遗留下来的帝国主义、封建主义、官僚资本主义的影响，还需要相当长的时间，社会主义民主和法制建设还有一个充实、完善的过程；歧视妇女的封建意识、资本主义腐朽思想、传统观念和偏见也远未肃清，法律上规定的男女平等权利还不可能在几十年间内完全成为事实上的平等。这些制约了妇女就业、受教育、参与政治、参与企业和事业的管理，以致妇女在政治、经济、社会、文化以及婚姻家庭等方面的一些合法权益受到侵犯，存在着妇女人身受到虐待和损害的丑恶现象；社会服务和福利事业也不能满足需要，家务劳动和抚育子女的负担还影响着妇女的发展。这些又说明，“权利永远不能超出社会的经济结构以及由经济结构所制约的社会文化的发展”,[1] 中国妇女的彻底解放还是长期的、艰巨的历史任务。

有人认为，中国妇女连解放运动的起点都没有踏上，这是抹煞社会主义优越性的错误看法。也有人认为，中国妇女已经解放得差不多了，这也不符合现阶段中国妇女解放的实际情况，是片面的。只有正确认识国情，认真追溯中国妇女运动的历史，全面分析妇女发展的现状，才能作出正确的评价，制定奋斗目标，引导中国妇女在建设有中国特色的社会主义道路上，发扬已经取得的伟大成绩，逐步克服和解决现存的困难和矛盾，继续前进。

回顾当代中国妇女走过的道路，可以得到以下几点认识：

（一）只有在马列主义、毛泽东思想指引下，在中国共产党领导下，走社会主义道路，才能促进中国妇女的解放与发展。

历史唯物主义认为，生产资料私有制既是阶级压迫、民族压迫的根源，也是性别压迫的根源。只有废除私有制，消灭一切剥削和压迫，实现社会主义—共产主义，才能使妇女从重重压迫中彻底解放出来。因此，妇女运动的目标和社会主义运动的目标是完全一致的。它不是要实现资产阶级女权运动所要求的、以资本主义社会制度为基础的少数上层妇女才能获得的所谓男女平权，而是要消除生产资料私有制、消除阶级剥削制度，消除一切使人从属于人而造成的一性从属他性的根本障碍，建立社会主义、共产主义的新社会，争取达到广大妇女群众的彻底解放和全面发展。中国广大妇女，在中国共产党领导下，作为社会主义运动的积极动力和受益者，在参与整个社会的变革和发展中，同时争取自身的解放和发展。革命战争时期是这样，社会主义建设时期也是这样。迄今为止，中国妇女所获得的一切权利，都和社会主义运动的进程同步，是和社会主义制度的日益完善、社会主义建设的发展分不开的。离开了社会主义，不仅妇女权利不可能充分地真正地实现，还会使广大妇女重新陷入重重压迫之中。只有社会主义才能救中国、发展中国，也只有

① 《马、恩、列、斯论妇女》第68页，人民出版社1978年8月第1版。

社会主义才能解放妇女，并为妇女发展创造条件。这是饱经磨难、不屈不挠的中国妇女所做出的历史选择，并已为中国妇女运动的历史所证明。矢志不渝地坚持中国共产党的领导，坚持社会主义方向，推动妇女运动健康发展，是中国妇女的历史责任。

（二）妇女要积极投身经济建设和改革开放，妇女运动要围绕经济建设这个中心进行。

在社会主义条件下，解决妇女问题的根本出路在于发展社会生产力，在于社会主义制度的自我完善，在于促进社会主义精神文明的发展。而这些，离开占人口半数的妇女的积极参加是不可能成功的。广大妇女也需要通过参加社会生产劳动，取得经济自立和提高自身素质。因此，要坚定地维护妇女的劳动权利，力争妇女在就业、提升、职业培训等方面，同男子机会均等。同时，要鼓励妇女努力成为有社会主义觉悟、精通业务、有竞争力的劳动者。

在社会主义初级阶段，以社会主义公有制为主体的多种所有制、多种经营方式并存，以按劳分配为主体的多种分配方式并存，产业结构的调整和科技的发展，都不断地给妇女劳动者提出新的需要适应和需要合理解决的课题。妇女运动要围绕经济建设这个中心，要不断提高妇女劳动者的素质，十分关心妇女劳动力的发展和合理分布，关心男女同工同酬的贯彻执行、经济资源的公平分配和利用，妇女劳动条件的逐步改善。经验证明，只有坚持社会主义原则，把维护妇女利益同促进社会生产力的发展统一起来，才能正确地协调和解决各种利益关系的冲突和矛盾，充分发挥妇女在社会主义建设中“半边天”的伟大作用。

（三）在全社会树立马克思主义的妇女观，必须坚持不懈地清除封建主义和资本主义歧视妇女的意识形态和价值观念。

中国是一个有着几千年封建意识和文化积淀的国家，封建的重男轻女、男尊女卑、男主女从的思想在许多领域里程度不同地、顽强地保留着影响。生产关系的改变、经济的增长为妇女的解放开辟了道路，创造了物质条件，但这种封建意识的影响不会自动退出历史舞台，仍然是贯彻男女平等原则的严重障碍。在对外开放形势下，资本主义的金钱至上、享乐至上、视妇女为商品和玩物的腐朽思想趁隙而入，两者相结合，就会削弱了社会主义思想阵地，阻挠妇女前进的步伐，使社会上久已绝迹的一些凌辱妇女的丑恶现象死灰复燃。因此，绝不可低估根植于私有制基础上的旧意识在一定条件下对产生和保护性别压迫和性别歧视中的作用。

推动全社会树立马克思主义妇女观，抵制封建主义、资本主义歧视妇女的意识，克服传统偏见，移风易俗，是社会主义精神文明建设的重要组成部分，妇女运动应以此作为自己长期的重要的任务。这对于形成有利于妇女解放的理论指导、舆论环境和社会价值观念都是十分重要、完全必要的。

（四）在社会主义民主和法制建设中逐步实现妇女参与政治的权利和义务。

社会主义民主是广大人民当家作主的民主，占人口半数的妇女参与政治的状况是国家政治生活民主程度的重要标志。因此，“不仅要吸引妇女独立地参加一般政治生活，而且应当吸引妇女担任公务。否则，不仅社会主义，就连完备而稳固的民主制度也无从谈起”。对于妇女来说，参加选举、参与监督、参与管理和决策，这既是合法的平等权利和机会，同时也是尽自己社会责任和义务的重要手段。实现这种权利和义务，既是社会主义建设和发展的需要，也是妇女解放和发展的需要。法制是权利和义务的规范和保障体系，它的日益完善化，与社会发展、与妇女发展同样息息相关。在妇女运动中始终要坚持民主和法制建设，坚持社会主义和男女平等原则；调动妇女在政治生活中的积极性和争取更多的机会，鼓励妇女克服过去狭隘天地的影响，切实提高自己的参政、议政能力；重视妇女干部的培养和选拔，逐步做到在各种决策机构中都有女性参加，这也是逐步发展社会主义民主，充分发挥妇女作用的重要环节。

（五）实行社会主义婚姻家庭制度，必须发展社会服务和福利事业，减轻妇女的家务负担，才能帮助妇女从沉重、琐碎的家务劳动中解放出来。

在中国，在生产资料公有制为主体的基础上，随着“四化”建设的进展以及婚姻法规的实施，家庭的性质、规模、家庭成员间的关系以及家庭观念都发生了有利于妇女解放的根本性变化。但是，家庭职能、家庭内部分工以及家庭成员间关系的现状，仍然使妇女为妻为母的家庭负担沉重，制约了女性社会角色的发展。经验证明，在发展生产的基础上，根据群众意愿相应发展公共食堂、托儿园所和老人福利等设施，有计划地调整社会生活组织结构，逐步促进家务劳动现代化、社会化，推动家庭养老抚幼职能逐渐增大由社会承担的程度，这是实际上能够解放妇女的重要条件，也是妇女运动应为之长期奋斗、并逐步促其实现的任务。

与此同时，还应该切实关心当前妇女的切身痛苦和实际困难。要坚决清除封建传统婚姻观、家庭观的影响；改造传统家庭，使之成为民主、平等、和睦的新家庭；提倡家庭成员间互爱互助，合理分担家务，以缓解妇女双重劳动的困境，全面实现妇女的价值。

（六）妇女解放与发展最终取决于妇女自己，妇女运动要始终把提高妇女素质作为战略重点。

从来没有什么救世主，劳动人民解放靠劳动人民自己，妇女解放也要靠妇女自己。社会主义法律关于男女平等的规定并不是“恩赐”，也不是“超前”，是千百万妇女和她们的杰出代表在中国共产党的领导下，在争取民族解放、阶级解放和自身解放的斗争中，与男子并肩作战、浴血牺牲取得的。今天，要使法律上男女平等的规定逐步实现，也只有在中国共产党的领导下，在社会主义建设中和男子一道努力奉献，创造更好的物质和精神条件，为维护自己的权益而斗争。法律的规定、政治方面的努力，其目的只是确立一种外部环境和条件（制度和政策）。有了这种环境和条件，妇女在受教育、就业和参与政治等等方面，仍然要依靠自身作出选择并积极消除机会均等的障碍。正确的选择和有效的竞争，都取决于妇女的政治、文化、科技水平，取决于妇女自身具有马克思主义的价值观、妇女观和克服困难、艰苦奋斗的奉献精神。因此，妇女运动要始终把全面提高妇女素质作为战略重点，坚持维护妇女受教育的权利和机会，扩大宣传并努力树立先进妇女形象，引导妇女成为有理想、有道德、有文化、有纪律和自尊、自信、自立、自强的新型妇女。

（七）妇女联合会必须联合广大妇女在中国共产党的领导下独立自主地开展工作。

当代中国的妇女运动是在中国共产党领导下开展的。中共的基本路线反映了全体人民的利益，也包括了妇女的利益。妇女还存在着特殊问题，需要在社会发展和妇女发展进程中逐步解决。作为代表和维护妇女利益的群众团体——各级妇女联合会，要善于把妇女发展的目标和社会发展的目标紧密地联系起来，在维护全国人民总体利益的同时，充分表达和维护妇女的具体利益；要在中共的领导下，在马克思主义理论指导下，遵循中共的基本路线，从实际出发，把实现中共的中心工作任务和维护妇女切身利益辩证地统一起来，独立自主地开展妇女工作。既反对孤立主义，也反对放任自流和取消主义。这是具有中国特色的社会主义妇女运动健康发展的道路。

为此，妇女联合会必须密切地联系妇女群众，向妇女群众学习，全心全意为妇女群众服务，担负起中共联系妇女群众的桥梁和纽带的重任，成为人民政府有力的支柱，妇女群众的学校和娘家。

40 余个春秋，中国妇女和人民共和国一道成长。中国妇女珍惜经过斗争赢得的一切，绝不动摇前进的方向，也绝不停顿自己的步伐。对于中国妇女，现在仍然是机遇和挑战同在。瞻望前景，社会主义的朝霞已照亮了中国 960 万平方公里的土地，“共产党好”“社会主义好”，已经成为广大人民的共同心声，久经考验的英雄的中国妇女，深知任重道远，将一如既往，坚决保卫和建设社会主义，坚决贯彻执行社会主义初级阶段的基本路线，为建设有中国特色的社会主义，为推进妇女解放事业而努力奋斗。

后　　记

《当代中国妇女》是集体智慧的成果。前后参与此项工作的有34位同志。编委会、撰稿人、工作人员主要由全国妇联的老、中、青干部组成。她们中，有14位离退休干部、5位退居二线工作的干部、8位中青年干部。老干部“不用扬鞭自奋蹄”，艰苦努力，勤奋笔耕，自觉地完成历史使命；中青年干部身兼几职，任务繁重，夜以继日地完成任务。不论老、中、青干部，都本着实事求是的精神，认真调查研究，收集整理了几百万字的资料。本书的提纲和重要内容，都经集体讨论，然后分工撰写，反复修改，通力合作，克服困难，圆满地完成了这项工程。

邓颖超大姐、康克清大姐热情关怀这本书的编写工作。邓大姐抱病为本书撰写了序言；康大姐坐着轮椅来看望编撰人员，并与大家合影留念，这是对本书编写人员的极大鼓舞。

本书是在《当代中国》丛书编辑部和全国妇联书记处指导下，以编委会为主，纵横结合的集体成果。在编写过程中得到了全国妇联有关部门的帮助。各省、自治区、直辖市妇联有关人员在审稿中提出了许多宝贵意见，帮助核实了许多资料。关心妇女运动的革命老前辈、老妇女工作者、地方各级妇联提供了有价值的意见和资料。中共中央、国务院有关部、委、局，特别是国家统计局、中央档案馆提供了重要资料。中国人民解放军专门派人撰写了“中国女军人”这一章。在此，我们向为这本书的编写付出了关怀、心血与帮助的单位、领导、个人，一并表示衷心的谢意。

本书不论资料或论点均可能有不全面或不准确之处，敬请读者批评指正。

《当代中国妇女》编委会

1992年6月